汇集十年精华
展现裁判思维
促进适法统一

《中国法院年度案例集成丛书》

主　　编	胡田野	国家法官学院副院长
副 主 编	刘　畅	最高人民法院司法案例研究院规划部主任
	李晓果	最高人民法院司法案例研究院研究部副主任
主编助理	赵文轩	最高人民法院司法案例研究院规划部编辑

编审人员（按姓氏笔画为序）

王晓梅　王　锐　王蓓蓓　王　曦　朱志磊　朱建伟
朱　琳　刘　畅　安慧中　李迎昌　李明桓　李　彦
李　洋　李晓果　李　婧　李　谦　李想成　张智颖
陈佳艺　周丽华　赵文轩　荣学磊　胡田野　胡　岩
姜子佳　姜　丹　费嘉荣　徐万佳　唐世银　唐墨华
唐鑫鑫　梁　欣　程　瑛　焦明静　童启鑫　熊　燕
潘园园

本书编审人员　胡　岩

中国法院年度案例集成丛书

侵权纠纷

裁判规则理解与适用

国家法官学院
最高人民法院司法案例研究院
—— 编 ——

中国法制出版社
CHINA LEGAL PUBLISHING HOUSE

《中国法院年度案例集成丛书》通讯编辑名单

序

党的十八大以来，以习近平同志为核心的党中央高度重视依法治国，明确提出全面依法治国，坚持在法治轨道上推进国家治理体系和治理能力现代化。党的二十大报告指出，要坚持走中国特色社会主义法治道路，建设中国特色社会主义法治体系、建设社会主义法治国家，围绕保障和促进社会公平正义，坚持依法治国、依法执政、依法行政共同推进，坚持法治国家、法治政府、法治社会一体建设，全面推进科学立法、严格执法、公正司法、全民守法，全面推进国家各方面工作法治化。人民法院始终坚持以习近平新时代中国特色社会主义思想为指导，深入贯彻落实习近平法治思想，把加强案例指导和研究作为助力推进全面依法治国的重要途径，通过制定司法解释、发布指导性案例、提炼裁判要旨、推行类案检索等系列举措，深入推进法律适用统一，不断提升司法质量、效率和公信力，努力让人民群众在每一个司法案件中感受到公平正义。

“中国法院年度案例丛书”是国家法官学院于2012年开始编辑出版的一套大型案例丛书，每年年初定期出版。截至2022年，已经连续出版11年。2020年起，丛书由国家法官学院和最高人民法院司法案例研究院共同编著。丛书编辑始终坚持以习近平新时代中国特色社会主义思想为指导，深入贯彻落实习近平法治思想，深化成果运用，认真总结案例积累的审判执行经验做法，积极回应人民群众多元司法需求，记录我国司法审判执行工作发展进程，助力丰富司法审判理论，构建中国法治话语体系。该丛书案例涵盖人民法院刑事、民事、商事、行政、知产、环资和执行各业务领域，按照业务领域和案由层级设计分册及纲目，目前汇编案例合计 1.2 万余篇。丛书严格遵循案例选编要求，突出争议焦点、裁判规则和法律适用分析，追求“好读有用”，已经形成品牌效应。为总结十余年的案例编选和研究经验，在全国各级人民法院的大力支持下，国家法官学院与最高人民法院司法案例研究院经全面梳理丛书的 1.2 万余篇案例，以新法新规为依据，对于其中“判得好且写得好”的案例进行再次深度加工，编辑出版“中国法院年度案例集成丛书”。

“中国法院年度案例集成丛书”坚决贯彻落实党的二十大报告关于坚持全面依法治国，推进法治中国建设的部署要求，深度挖掘优秀案例在完善裁判规则体系、促进统一法律适用、促进民法典等新法新规正确实施和应用法学研究等方面的法治价值、学术价值和时代价值，探索体系化提炼和编纂裁判规则的新思路，发挥司法案例的规范、指导、评价、引领作用，展现新时代我国法治建设成就，大力弘扬社会主义核心价值观，助推全民法治意识和法治素养提升。

“中国法院年度案例集成丛书”共 15 个分册：《物权纠纷裁判规则理解与适用》《合同纠纷裁判规则理解与适用》《借款担保纠纷裁判规则理解与适用》《人格权纠纷裁判规则理解与适用》《婚姻家庭与继承纠纷裁判规则理解与适用》《侵权纠纷裁判规则

理解与适用》《道路交通纠纷裁判规则理解与适用》《保险纠纷裁判规则理解与适用》《劳动纠纷裁判规则理解与适用》《公司纠纷裁判规则理解与适用》《金融纠纷裁判规则理解与适用》《知识产权纠纷裁判规则理解与适用》《行政纠纷裁判规则理解与适用》《刑事案例裁判规则理解与适用》《执行纠纷裁判规则理解与适用》。丛书在编辑工作中坚持以下原则：一是突出裁判规则价值。以历年“中国法院年度案例丛书”采用的1.2万余篇案例为精选基础，优中选优，提供给读者十余年积累的多类型、多视角的疑难新型典型性案例，概览人民法院的类型化裁判规则。二是方便读者检索。为体现以读者为本的理念，丛书分卷细化，每卷根据最新的案由、法律适用问题分类编排案例，以裁判规则、裁判思路或案件焦点的核心内容作为主标题，让读者一目了然，迅速找到目标案例。三是注重案例分析的实用性。根据最新的法律法规以及司法解释对原“法官后语”进行完善，高度提炼案例对理解和适用新法新规的参考价值，为新型疑难法律适用问题提供解决方案，为司法工作提供借鉴，为法学研究提供启迪。

中国法制出版社始终全力支持“中国法院年度案例集成丛书”的出版，给了作者和编辑们巨大的鼓励。该丛书还提供了数据库增值服务，内附精美书签，扫描其中二维码，即可免费查阅往年同类案例数据库。我们在此谨表谢忱，并希望通过共同努力，臻于至善，真正探索出一条编辑案例书籍、挖掘案例价值的新路，不断增强丛书案例的代表性、时代性、权威性，丰富案例类型，细化裁判规则，提升分析质量，以更好服务于社会主义法治国家建设、服务于司法审判执行工作、服务于学习研究法律的广大读者。

“中国法院年度案例集成丛书”既是法官、检察官、律师等法律工作者的办案参考和司法人员培训的实用教材，也是社会大众学法用法的经典案例读本，同时是教学科研机构案例研究的良好素材。当然，我们难以一步到位实现初衷，该丛书还存在各种不足甚至错误，欢迎读者批评指正。我们愿听取各方建议，不断拓宽司法案例研究领域，有效发挥类案裁判规则功能，立足新发展阶段，实现中国特色司法案例研究事业的高质量发展。

国家法官学院

最高人民法院司法案例研究院

2023 年 2 月

目 录

Contents

一、用人单位责任纠纷

二、提供劳务者受害责任纠纷

三、网络侵权责任纠纷

四、违反安全保障义务责任纠纷

五、教育机构责任纠纷

六、产品责任纠纷

七、机动车交通事故责任纠纷

八、医疗损害责任纠纷

九、环境污染责任纠纷

十、饲养动物损害责任纠纷

十一、建筑物和物件损害责任纠纷

十二、触电人身损害责任纠纷

十三、义务帮工人受害责任纠纷

十四、紧急避险损害责任纠纷

一、用人单位责任纠纷

001 用人单位侵权责任及不作为侵权责任的认定

——电子设备公司诉建筑公司、物业公司侵权责任案

【案件基本信息】

1. 裁判书字号

北京市第一中级人民法院（2020）京01民终7033号民事判决书

2. 案由：侵权责任纠纷

3. 当事人

原告（上诉人）：电子设备公司

被告（被上诉人）：建筑公司、物业公司

【基本案情】

车牌号为京NNS4××的奔驰牌小型越野客车（以下简称涉案车辆）的所有人系电子设备公司。2019年8月18日19时28分，在某小区内，苏某驾驶车牌号为河北E666××的微型自卸货车由北向南行驶，刘某驾驶的涉案车辆静止停放，苏某所驾车辆右前部与对方车辆右前部相撞，造成车辆接触部位损坏，无人受伤。道路交通事故认定书显示，苏某驾驶的车辆无交强险，苏某为全部责任，刘某为无责任。物业公司为某小区的物业管理公司。

电子设备公司主张建筑公司系为某小区旁部队单位拟修建停车场承担渣土运输的承包方，苏某系建筑公司员工，事发时在从事

建筑公司所承包的渣土运输工作，在为该公司履行工作职务期间造成涉案车辆损失，应由用人单位建筑公司承担侵权责任。

建筑公司主张该公司系为某小区旁的部队医疗所做杂物清理工作，并非修建停车场；事发时苏某确实在从事该公司的渣土运输工作，但苏某并非该公司员工，与该公司没有任何关系，苏某系案外人韩某立找来的，该公司与韩某立就渣土运输工作存在口头的承揽合同关系，并向韩某立支付费用，苏某的费用则由韩某立支付。

电子设备公司主张涉案车辆的实际使用人为该公司法定代表人刘某发，刘某发系某小区住户，涉案车辆具有该小区通行证，而物业公司作为某小区的物业服务提供方，基于《物业管理服务合同》对业主财产具有安全保护及维护小区内车辆通行秩序的管理责任，其未尽到管理责任，擅自允许渣土车辆进入小区内，亦未警示进入小区的渣土车辆应该谨慎慢行，未安排人员提示行车路线、维护通行秩序，做好渣土车辆的管理，更未提前告知业主做好相应的车辆保护工作，主观上存在过错，客观上系不作为的侵权，由此导致该公司的财产损失，应当在责任范围内承担赔偿责任。物业称，事故发生地系市政道路，该道路为某小区与部队医疗所共同使用，该公司无权阻拦施工车辆进入；因事发道路非规划车位，该公司多次在业主群中发布公告，不建议业主停靠该路段；该公司仅对具备停放功能的车位负有管理职责，因涉案车辆未按要求停放在自有产权车位而导致的交通事故，应由交管部门开具的道路交通事故认定书划分责任，物业管理企业不承担责任。

另查，双方均确认车辆进入事发路段及部队医疗所大门都必须通过某小区的大门。物业公司主张事发道路在规划时是市政道路，但由于开发商建设的原因，导致该道路并未开通，进入该道路时只能从小区大门进入。电子设备公司主张事发道路并非市政道路，建筑公司表示对事发道路的情况不清楚。

【案件焦点】

1. 苏某是否为建筑公司员工，事发时是否履行职务行为，建筑公司是否应当承担用人单位侵权责任；2. 物业公司是否存在不作为侵权。

【法院裁判要旨】[①]

北京市海淀区人民法院经审理认为：用人单位的工作人员因执行工作任务造成他人损害的，由用人单位承担侵权责任。受害人主张用人单位承担侵权责任，应当举证证明：加害人与用人单位之间存在用人关系，即用人单位任用加害人处理事务、加害人服从用人单位的指示和管理；加害人实施了侵权行为；该侵权行为源于工作任务的执行。

本案中，苏某驾驶的车辆与电子设备公司所有的车辆发生交通事故并被公安交通管理部门认定为全部责任。电子设备公司要求建筑公司承担责任的依据系车辆驾驶人苏某与建筑公司之间存在用人关系，但该公司对此提交的情况说明仅描述了事发过程，无法体现苏某与建筑公司的关系，而建筑公司的工商信息亦无法证

① 本书【法院裁判要旨】适用的法律法规等条文均为案件裁判当时有效，下文不再对此进行提示。

明电子设备公司的主张。建筑公司虽确认苏某在事发时是在从事该公司承包的部队医疗所的卫生清理工作，但表示该公司与苏某不存在任何关系，该公司将该工作交于案外人韩某立，韩某立找来苏某完成，该公司向韩某立支付费用，韩某立再向苏某支付费用。韩某立亦到庭作证，确认了建筑公司陈述的情况。另外，对于建筑公司所承包的工作是否属于建设工程的劳务分包，与本案争议焦点无关。综合上述举证情况，苏某事发时虽是在从事建筑公司的工作，但本院无法认定苏某受建筑公司的授权、指示、管理，故无法认定苏某与建筑公司之间存在用人关系，对电子设备公司要求建筑公司承担用人单位责任、支付车辆维修费的诉讼请求，本院不予支持。

不作为侵权是行为人应当履行某种义务未履行该义务而产生的侵权行为。不作为侵权责任成立的前提是行为人违反了对他人负有的作为义务，此种义务的来源包括：法定义务、约定义务、先前行为等。电子设备公司主张物业公司基于物业服务合同负有管理责任，包括维护业主财产安全、小区车辆的通行秩序等，物业公司擅自允许渣土车辆进入小区内，未对进入小区的渣土车辆做好管理工作，亦未提前告知业主做好相应的车辆保护工作，系不作为的侵权行为。本院认为，物业公司是某小区的物业服务公司，该公司有义务维护业主的财产安全、核查进入小区的车辆、维护车辆通行秩序。双方均确认车辆进入某小区及部队医疗所必须经过某小区大门，故物业公司无权阻止车辆进入小区大门，而电子设备公司提交的情况说明中已经写明，物业公司是在接到部队医疗所的告知后才放行事故车辆，且事发道路照片显示该道路上并未规划停车位，物业公司亦多次在业主群中提醒业主将车辆停放在自家车位，事发后该公司也及时通知了电子设备公司方。而事故车辆行驶在正常道路上，行驶过程中是否撞向其他车辆，物业公司无法进行管理和控制。故本院认定物业公司已履行了其应尽的义务，不构成不作为侵权，对电子设备公司要求物业公司承担不作为侵权责任、支付车辆维修费的诉讼请求，本院不予支持。

北京市海淀区人民法院依照《中华人民共和国侵权责任法》第十二条、第三十四条之规定，判决如下：

驳回电子设备公司的全部诉讼请求。

电子设备公司不服该判决，提起上诉。北京市第一中级人民法院经审理认为：在案证据不能证明建筑公司与苏某存在用人关系。此外，上诉人所提均不能证明苏某在案发当时系履行建筑公司的职务行为。故一审法院对电子设备公司要求建筑公司承担用人单位责任、支付车辆维修费的诉讼请求不予支持，并无不当，本院予以确认。物业公司虽有义务维护业主的财产安全、核查进入小区的车辆、维护车辆通行秩序等，但是对苏某所驾车辆在正常道路行驶过程中撞向其他车辆的行为及由此导致的财产损害，不负监管及赔偿义务，且结合本案证据情况，物业公司已履行了其应尽的义务。故一审法院对电子设备公司要求物业公司承担不作为侵权责任、支付车辆维修费的诉讼请求不予支持，亦无不当，本院予以确认。对电子设备公司所提的上诉理由，本院均不予采纳。综上，电子设备公司的上诉请求不能成立，应予驳回；一审判决认定事实清楚，适用法律正确，审判程序合法，应予维持。

北京市第一中级人民法院依照《中华人民共和国民事诉讼法》第一百七十条第一款第一项之规定，判决如下：

驳回上诉，维持原判。

【法官后语】[①]

本案的争议焦点为：第一，苏某是否为建筑公司员工，事发时是否履行职务行为，建筑公司是否应当承担用人单位侵权责任。第二，物业公司是否存在不作为侵权。

对于第一个争议焦点，《中华人民共和国侵权责任法》第三十四条规定："用人单位的工作人员因执行工作任务造成他人损害的，由用人单位承担侵权责任。劳务派遣期间，被派遣的工作人员因执行工作任务造成他人损害的，由接受劳务派遣的用工单位承担侵权责任；劳务派遣单位有过错的，承担相应的补充责任。"该规定在《中华人民共和国民法典》第一千一百九十一条[②]中也有所体现，但《中华人民共和国民法典》中增加规定了用人单位承担侵权责任后可以向有故意或重大过失的工作人员追偿。《中华人民共和国民法典》对于用人单位侵权责任的规定并未要求受害人举证证明用人单位的过错，因此用人单位实际上承担的是无过错责任。但是，受害人仍应举证证明以下要件：（1）加害人与用人单位之间存在用人关系，此处"用人关系"的含义为用人单位任用加害人处理事务，加害人服从用人单位的指示和管理。这种关系包括但不限于劳动合同关系和雇佣关系，认定该种关系的核心为用人单位任用了加害人，且对加害人有指示和管理的权限，可以决定加害人的工作方法、时间、

---

① 本书【法官后语】对此类法律问题涉及的法律法规等内容进行了时效性更新，下文不再对此进行提示。

② 《中华人民共和国民法典》第一千一百九十一条规定："用人单位的工作人员因执行工作任务造成他人损害的，由用人单位承担侵权责任。用人单位承担侵权责任后，可以向有故意或者重大过失的工作人员追偿。劳务派遣期间，被派遣的工作人员因执行工作任务造成他人损害的，由接受劳务派遣的用工单位承担侵权责任；劳务派遣单位有过错的，承担相应的责任。"

地点等。(2) 加害人实施了侵权行为。(3) 该侵权行为源于工作任务的执行，即实施加害行为时，加害人正在执行工作任务。本案中，电子设备公司主张建筑公司应当承担用人单位责任，但其未提交充分证据证明加害人苏某与建筑公司的关系。而苏某在事发时虽系在从事建筑公司的工作，但电子设备公司并未提交充分证据证明苏某受建筑公司的授权、指示、管理，法院无法认定苏某与建筑公司之间存在用人关系。因此电子设备公司作为受害人并未完成对上述第一个要件的举证责任。

另外，实践中还应注意的是，对于上述第三个要件，即加害行为是否源于工作任务的执行，应当依据客观标准认定，即从外观来看，只要加害行为属于从事用人单位授权、指示范围内的活动，用人单位即应当承担相应责任，无须考虑用人单位的意思。除此之外，即便加害行为超越了授权或指示的范围，但从外观来看，该行为与履行职务有内在联系，也可以认定加害行为源于工作任务的执行，如超越正常工作任务的范围，但仍然服务于单位利益等。

对于第二个争议焦点，需要分析的是不作为侵权责任。以归责原则来区分，过错责任在侵权责任中占据了重要地位。在过错责任的案件中，侵权责任的构成要件包括加害行为、过错、损害事实和因果关系。而其中的加害行为包括作为和不作为。作为即不得为而为之，意指实施了法律禁止的行为。不作为即应为而未为之，意指法律规定行为人应当履行某种义务，行为人没有履行。不作为侵权责任成立的前提为行为人违反对他人负有的某种特定的作为义务。实践中认定不作为侵权是否成立的难点在于审查加害人是否具有作为的义务。这种义务主要包括法定义务、约定义务、先前行为等。法定义务一般有法律规定的义务、因特定职务负有的义务等，如泳池救援人员有救助溺水人员的义务。约定义务指加害人与受害人之间准备缔结契约、存在契约关系等并进行了相关约定。先前行为包括因行为人的前一个行为使得他人进入危险之中，行为人通常可以控制该危险的产生和发展，如带朋友的孩子去游泳，看到孩子溺水时有救助的义务。在不作为侵权案件中，受害人需要举证证明加害人负有上述作为义务，对于加害人是否履行或部分履行了义务，受害人无须举证，这是不作为侵权责任在举证责任分配上的最明显特点。当然，受害人仍然需要证明损害后果及因果关系两个要件。而加害人如提出不承担侵权责任或减轻责任，应当就已经履行义务或部分履行义务等阻却事由承担举证责任。本案中，电子设备公司主张物业公司基于物业服务合同负有管理责任，其未履行约定职责，构成不作为侵权。由此可知，电子设备公司所指的物业公司负有的作为义务系约定义务。物业公司是事发小区的物业服务公司，确有义务维护业主财产安全、核查进入小区的车辆、维护车辆通行秩序，但根据法院查明的事实，物业公司在接到相关单位告知后才放行事故车辆，并多次提醒业主将车辆停放在自家车位，事发后也及时通知了电子设备公司。以上事实足以证明物业公司已经履行了其约定义务，并不构成不作为侵权。

实践中，工作任务具有多样性和复杂性，用人单位对个人的指示、管理亦不能一概而论，还需进行个案判断，综合案件所有事实综合考虑。审查不作为侵权责任是否成立时，重点需要考虑的是加害人是否具有作为义务以及是否履行该义务。

编写人：北京市海淀区人民法院　董琳雪

002 工作人员在执行职务中发生交通事故自行承担赔偿责任后不享有向单位的追偿权

——冯某军诉牧场追偿权案

【案件基本信息】

1. 裁判书字号

黑龙江省高级人民法院（2020）黑民再128号民事判决书

2. 案由：追偿权纠纷

3. 当事人

原告（被上诉人、再审被申请人）：冯某军

被告（上诉人、再审申请人）：牧场

【基本案情】

2017年7月31日，冯某军受牧场委托，与牧场劳资科科长于某彬一同去某法院，代理牧场参与开庭审理工作。由于庭审需要携带牧场历年的调资档案，且牧场公务用车有限，经请示牧场领导同意后冯某军驾驶自己私人所有的黑EP××××起亚小型普通客车，携带调资档案与于某彬一同去参加开庭审理工作。当天庭审结束后，冯某军与于某彬在返回牧场途中，因冯某军违反道路交通信号，驶入对向车道，在牧场烤烟厂门前，与对向高某山驾驶的三轮摩托车正面相撞，造成一死一伤的交通事故，高某山未取得机动车驾驶证且系醉酒。摩托车上的张某秋受伤，高某山经医院抢救无效后于2017年8月1日死亡。2017年10月9日，公安局交通警察大队作出某公交认字〔2017〕第101S×××号道路交通事故认定书，认为冯某军驾驶车辆上路行驶，违反交通信号，驶入对向车道，遇对向来车时操作不当，其行为违反了道路交通安全法的相关规定，是引发道路交通事故的直接原因，过错严重，对事故发生作用大，认定冯某军负事故的主要责任，高某山负事故的次要责任，张某秋不负事故责任。事故发生后，冯某军为抢救伤者和安抚死者家属，先期承担了各种费用人民币630270元。其中给付死者高某山赔偿款人民币580000元（其中包括丧葬费、死亡赔偿金、死者被扶养人生活费、精神损害抚慰金），给付死者高某山急救用款人民币8300元，给付伤者张某秋治疗费用及误工费等共计人民币10000元。冯某军在事故中因腿部受伤治疗花费人民币8970元。事故车辆维修花费人民币23000元。另查明，死者高某山和伤者张某秋的户籍是某市某区某镇，但其二人长期在牧场居住。

【案件焦点】

1. 冯某军自行承担赔偿责任后是否具有向牧场的追偿权；2. 牧场是否应当承担本案相应的法律责任以及承担责任的比例。

【法院裁判要旨】

黑龙江省绥北人民法院经审理认为：冯某军系在履行职务过程中发生的交通事故，虽然存在过错，应承担相应过错责任，但其已全额承担了交通事故损害赔偿责任，依法享有对超过应承担责任份额之外部分的责任份额向牧场主张追偿的权利。本案中，应先由用人单位牧场承担赔偿责任，再向有过错的工作人员行使权利，请求返还相应份额的经济损失。这种权利并非法律条文中明确规定的追偿权，而是一种按份债务超额承担的返还权。在冯某军代替用人单位履行完外部责任的前提下，双方在处理内部责任的分配问题上，应各自按照按份责任比例承担相应的责任份额，一方向受害人承担了超出比例份额之外责任的，有权向另一方行使权利，要求给付。本案中，冯某军承担30%的经济损失，牧场承担70%的经济损失比较适宜。

黑龙江省绥北人民法院依照《中华人民共和国侵权责任法》第三十四条，《最高人民法院关于审理人身损害赔偿案件适用法律若干问题的解释》第八条、第十一条之规定，判决如下：

一、牧场给付冯某军人民币441189元；

二、驳回冯某军的其他诉讼请求。

牧场不服一审判决，提起上诉。黑龙江省农垦中级人民法院经审理认为：本案的争议焦点为冯某军是否属于履行职务行为。《中华人民共和国侵权责任法》第三十四条第一款规定："用人单位的工作人员因执行工作任务造成他人损害的，由用人单位承担侵权责任。"冯某军的人事、工资等由牧场管理是不争的事实。虽然冯某军接受牧场委托，在牧场另案中作为委托诉讼代理人参加诉讼，但冯某军显然执行的是牧场的工作任务。根据民事诉讼法的规定，当事人的工作人员可以被委托为诉讼代理人，冯某军在另案中显然是以牧场工作人员的身份参加诉讼。冯某军向牧场相关领导请示，允许其驾驶私家汽车参加诉讼，冯某军"私车公用"行为无疑属于职务行为。冯某军执行工作任务期间，应当是指其代理诉讼的路程从开始到完成庭审返回牧场或者家中为止。综上，冯某军"私车公用"发生交通事故的行为属于执行工作任务的行为，应当由用人单位牧场承担赔偿责任。原审判令牧场承担赔偿责任正确，二审法院予以确认。牧场的上诉请求不能成立，应予驳回；一审判决认定事实清楚，适用法律正确，应予维持。

黑龙江省农垦中级人民法院依照《中华人民共和国民事诉讼法》第一百七十条第一款第一项之规定，判决如下：

驳回上诉，维持原判。

牧场不服二审判决，申请再审。黑龙江省高级人民法院经审理认为：冯某军接受牧场的委托到法院出庭参加诉讼，在返回牧场的途中发生涉案交通事故。冯某军作为代理人出庭参加诉讼的行为属于执行牧场的工作任务，原审法院认定冯某军属于履行职务行为并无不当。但涉案交通事故发生后，牧场并未委托冯某军处理事故赔偿事宜，冯某军与涉案交通事故被害人家属达成和解并支付赔偿款项亦未经牧场同意，冯某军该行为不属于履行职务行为。冯某军在未经牧场授权的情况下自行承担赔偿责任，不享有向牧场追偿的请求权基础。但鉴于涉案交通事故发生在冯某军执行牧场工作任务过程中，牧场作为用人单位依法应当承担赔偿责任，牧场在承担责任后可以向冯某军进行追偿。冯某军对于涉案交通事故发生存在严重过错，应当承担主要赔偿责任。因冯某军已经实际履行了赔偿义务，本院依照公平原则，酌情调整原审法院确定的责任比例，由牧场承担冯某军实际赔偿数额的 30%，剩余部分由冯某军自行承担。综上所述，牧场的再审请求部分成立。

黑龙江省高级人民法院依照《中华人民共和国民事诉讼法》第二百零七条第一款、第一百七十条第一款第二项的规定，判决如下：

一、撤销黑龙江省农垦中级人民法院民事判决及黑龙江省绥北人民法院民事判决第二项；

二、变更黑龙江省绥北人民法院民事判决第一项为：牧场于本判决生效后十日内给付冯某军人民币 189081 元；

三、驳回牧场的其他诉讼请求。

【法官后语】

原侵权责任法第三十四条第一款规定："用人单位的工作人员因执行工作任务造成他人损害的，由用人单位承担侵权责任。"民法典第一千一百九十一条第一款规定："……用人单位承担侵权责任后，可以向有故意或者重大过失的工作人员追偿。"民法典增加了用人单位追偿权的规定，且明确用人单位只能向因故意或者重大过失造成损害的工作人员进行追偿。虽然本案审理时民法典尚未实施，应当按照当时的法律规定处理，但从侵权责任法立法的本意和司法实践中的情况来看，一般认为用人单位应当享有追偿权，追偿的比例应当综合案件实际情况来确定。本案的特殊之处在于造成损失的工作人员自行承担赔偿责任后，其是否有权利向用人单位追偿，如果不能追偿，如何衡平用人单位和工作人员的责任。工作人员在执行职务过程中造成他人损害，用人单位需要承担无过错的替代责任。一般认为，用人单位承担替代责任后，有权利向有故意或者重大过失的工作人员追偿。在侵权责任纠纷中，追偿权的行使前提是追偿主体具有替代侵权人承担责任的义务。用人单位具有替代工作人员承担责任的义务，而工作人员不具有替代用人单位承担责任的义务，因此工作人员在未经单位授权的情况下自行承担责任后，不具有向用人单位追偿的权利。本案中，冯某军在执行职务过程中因重大过失发生交通事故造成他人死亡，为减轻刑事责任，冯某军在未经牧场授权的情况下自行向被害人家属进行赔偿，并与被害人家属达成和解，其不享有向牧场追偿的请求权基础。原审法院未注意到冯某军不具有代替用人单位牧场承担责任的义务，冯某军不能反向向用人单位行使追偿权，原审法院支持冯某军的诉讼请求属于适用法律错误。再审判决虽然从形式上仅调整了双方承担责任的比例，但判决理由同原审存在本质的不同，再审判决根本否定了冯某军具有追偿权的请求权基础。之所以判令牧场承担部分责任，主要考虑冯某军虽然不具有追偿权，但交通事故发生在其履行职务过程中，且其已经实际履行了赔偿义务，牧场作为用人单位属于应当承担替代赔偿责任的一方，冯某军自愿履行赔偿义务使牧场实际获益，故应依照公平原则，酌情承担部分责任。需要特别说明的是，这里的公平原则并非《中华人民共和国民法典》第一千一百八十六条规定的公平责任原则，不存在对公平责任原则的扩大解释和适用，再审判决以公平原则为指引和遵循，目的是防止责任分担显失公平。冯某军对于涉案交通事故发生具有重大过错，用人单位牧场承担的责任比例应当少于冯某军承担的责任比例，故再审判决调整了原审法院确定的责任比例，改判由牧场承担冯某军实际赔偿数额30%的赔偿责任，剩余部分由冯某军自行承担。在实践中，因履行职务行为发生交通事故造成人员伤亡的情况并不鲜见，责任人可能基于减轻刑事责任考量，一般均会积极赔偿并与被害人及其家属达成和解，为了取得被害人及其家属的谅解，实际赔偿的数额通常会超过法律规定的赔偿数额。如果放任责任人在赔偿被害人后可以向用人单位追偿，不仅会导致用人单位承担的责任可能超出法律规定的范围，将工作人员怠于履行注意义务的风险全部转嫁给用人单位，也可能会出现责任人为满足被害人及其家属的要求而严重损害用人单位利益的情况，甚至可能会出现责任人和被害人及其家属恶意串通的情形，再审判决确定的裁判规则较好地解决了这一问题。

编写人：黑龙江省高级人民法院　郭延泽

003 外卖员送餐途中致人损害之责任认定

——王某琴诉配送公司等健康权案

【案件基本信息】

1. 裁判书字号

陕西省西安市中级人民法院（2020）陕01民终14347号民事判决书

2. 案由：健康权纠纷

3. 当事人

原告（被上诉人）：王某琴

被告（上诉人）：配送公司

被告（被上诉人）：王某、财产保险公司

【基本案情】

王某系配送公司送餐骑手，配送公司为王某在财产保险公司购买了保险。2019年11月16日王某驾驶电动自行车在送餐途中，与行人王某琴发生碰撞致其受伤，王某琴被送往医院经诊断为左侧股骨颈骨折，住院28天，出院后王某琴购买了药品、残疾辅助器具。2019年11月19日经交警部门处理认定，王某负事故全责，王某琴无责。王某琴与王某协商相关费用未果，遂将王某、配送公司、财产保险公司诉至法院，请求判令：三被告赔偿医疗费、误工费、护理费、营养费、住院伙食补助费、交通费、伤残赔偿金、鉴定费、精神损害抚慰金等共计180194.3元。经法院委托鉴定，王某琴为九级伤残；误工期330日，护理期120日，营养期180日；后续治疗费需约3000元。

【案件焦点】

1. 外卖员与配送公司之间是雇佣关系还是承揽关系；2. 保险公司是否应在本案侵权纠纷中承担理赔责任。

【法院裁判要旨】

陕西省西安市新城区人民法院经审理认为：王某系配送公司雇员，事故发生在工作期间，应由配送公司承担赔偿责任；因本案系侵权纠纷，财产保险公司非本案侵权人，且其已表示不同意一并处理理赔事宜，王某琴此请求不予支持；配送公司向王某琴承担赔偿责任后，可根据保险合同约定向财产保险公司申请理赔。

陕西省西安市新城区人民法院依据《中华人民共和国侵权责任法》第十六条、第三十四条，《最高人民法院关于审理人身损害赔偿案件适用法律若干问题的解释》第十七条之规定，判决如下：

一、被告配送公司于本判决生效之日起三十日内支付原告王某琴医疗费 26232.7 元、误工费 33000 元、护理费 14800 元、住院伙食补助费 2800 元、伤残赔偿金 79965.6 元、残疾辅助器具费 604 元、后续治疗费 3000 元、精神损害抚慰金 4000 元、鉴定费 2720 元、交通费 540 元等共计 167662.3 元；

二、驳回原告王某琴的其余诉讼请求。

配送公司不服一审判决，提起上诉。

二审法院同意一审法院的裁判意见。

【法官后语】

外卖员受配送公司的指派送餐，双方形成雇佣关系；外卖员在送餐途中发生交通事故，由用人单位承担赔偿责任；配送公司虽为外卖员购买了人身保险，但保险公司不应在侵权之诉中承担民事责任。

一、雇佣关系与承揽关系的法律属性及区别

《中华人民共和国民法典》第一千一百九十一条及第一千一百九十二条规定，雇佣关系可基本分为用人单位和工作人员之间的关系及个人之间的劳务关系。司法判例中将雇佣关系界定为雇员向雇主提供一定劳务，雇主向雇员支付相应报酬形成的权利义务关系。雇佣关系的标的是提供劳务本身，且双方间存在较为紧密的人身依附关系，通常以完成某项劳务作为计付报酬的依据。承揽关系则是承揽人按照定作人的要求完成工作，交付成果，定作人给付报酬的权利义务关系。承揽关系的标的是提供劳务后所创造的工作成果，双方间相对独立，不存在紧密的人身依附关系，通常一次性结算劳务报酬。

承揽关系和雇佣关系的主要区别在于：(1) 人身依附性不同。雇佣关系中雇主与雇员之间存在一定的人身依附关系。雇员对工作的安排没有自主选择权，雇主可以随时干预雇员的工作，雇员的劳动系一种“从属性劳动”；承揽关系中定作人与承揽人地位平等，承揽人对工作如何安排有完全的自主权，定作人无权干预。承揽人的劳动是一种“独立劳动”。(2) 工作目的不同。雇佣关系中雇员是以提供劳务本身为目的；承揽关系的工作目的是提供工作成果。(3) 风险负担不同。雇佣关系雇员在工作中因执行工作任务造成他人损害的，由雇主承担侵权责任。这种责任属于替代责任，即由非行为人对行为人的侵权行为承担责任。雇主责任属于无过错责任，其法理基础是出于权利义务相一致的考量，雇员为雇主工作，雇主可以从雇员的工作中获取一定利益，因此雇员因工作而产生的风险，由雇主承担；而承揽关系，承揽人在完成承揽工作中造成第三人损害或者自己损害的，定作人不承担侵权责任。定作人对定作、指示或选任有过错，应当承担相应的责任。由此可以看出，法律关系的认定直接影响到对当事人的责任认定，而当用人单位作为雇主时，其履行赔偿责任的能力也往往会优于雇员，进而也会直接影响到被侵权人能否顺利获得赔偿。

二、外卖平台的用工模式及法律关系的界定

外卖平台的用工模式主要分为三类：一是自营模式，外卖员与平台直接签订书面劳动合同，受雇于外卖平台；二是外包或者代理骑手，外卖平台将其配送业务通过合同外包给代理公司，代理公司为平台选取符合条件的外卖员，并由代理公司与外卖员直接签订劳动合同或者劳务合同；三是众包 APP[①] 骑手，是指骑手个人完成用户注册，通过外卖平台审核后根据平台派单进行接单配送服务。这些骑手可能只是业余时间兼职，也可能是专职骑手，但同时服务于多家平台，具有很强的不确定性。具体到本案中，配送公司是平台配送业务的代理公司，王某接受配送公司的指令，在指定区域和时间内从事接单、配送工作，配送公司定期为王某发放劳动报酬，双方存在控制、从属和支配关系，王某所提供的劳动是配送公司生产经营活动中的组成部分，应认定双方之间为雇佣关系。王某在工作中造成他人损害，应由配送公司承担侵权责任。雇主承担侵权责任后可以对雇员行使追偿权，但只有在雇员有故意或者重大过失时，雇主才享有向雇员追偿的权利。

三、保险合同与侵权法律关系不能合并处理

本案涉及的车辆为非机动车，属于一般的责任保险，配送公司与财产保险公司之间的保险合同关系，配送公司与王某琴之间的侵权责任关系，是相互独立的两个法律关系。保险合同强调合同的相

① APP（application），指的是安装在智能手机上的软件，下文对此不再提示。

对性，王某琴无权直接请求支付保险金，配送公司也无权要求财产保险公司在保险限额内直接向王某琴理赔。目前，我国仅对机动车实行第三者责任强制保险制度，机动车发生交通事故造成损害，属于该机动车一方责任的，先由承保机动车强制保险的保险人在强制保险限额范围内赔偿；不足部分，由承保机动车商业保险的保险人按保险合同约定赔偿；仍然不足或者没有投保机动车商业保险的，由侵权人赔偿。交强险重视对被侵权人损失的填补，有基本社会保障功能，在一定范围内保险赔付责任与侵权责任相互分离，只要机动车发生交通事故造成被侵权人损害，保险人即需向被侵权人承担责任。随着技术的发展，电动自行车已成为人们交通出行和运输的重要交通工具，因电动自行车造成的道路交通事故频发，被侵权人因侵权人经济能力薄弱无力得到赔偿等问题突出，能否对非机动车进行细化管理并设置相应的强制保险期望在不久的将来会得到实现。

编写人：陕西省西安市新城区人民法院　姚建军　刘娜

二、提供劳务者受害责任纠纷

004 符合劳务关系的网络平台公司应当对劳动者工作时遭受的人身损害承担赔偿责任

——王某诉科技公司等提供劳务者受害责任案

【案件基本信息】

1. 裁判书字号

北京市第三中级人民法院（2020）京03民终14274号民事判决书

2. 案由：提供劳务者受害责任纠纷

3. 当事人

原告（被上诉人）：王某

被告（上诉人）：科技公司

被告（被上诉人）：刘某、电商公司

【基本案情】

王某注册科技公司旗下某应用程序，成为安装工人。注册协议中，对服务要求、晋升机制、服务禁忌等进行了规定，另有以下内容“本应用程序仅为广大师傅提供合作平台，与入驻师傅不存在劳动关系或劳务关系，师傅向客户提供服务过程中请注意安全施工，如发生工伤或给第三方造成损害由您自行承担相应责任”。2017年6月16日，刘某通过网店在电商公司购买地板、踢脚线并支付了相应的货款，订单及聊天记录上显示包安装和辅料。电商公司根据与科技公司签订的安装服务合作协议，将刘某的安装订单推送至某应用程序。某应用程序遂将该订单推送给王某，王某接收该订单后，与刘某联系协商确认安装信息。2017 年 8 月 12 日，王某前往刘某家中进行地板、踢脚线安装工作，在施工过程中王某被电锯锯伤。

【案件焦点】

1. 王某与谁存在劳务关系，谁应当在本案中承担赔偿责任；2. 在本次事故中，王某本人是否存在过错，是否应当减免赔偿义务人的赔偿责任。

【法院裁判要旨】

北京市顺义区人民法院经审理认为：刘某系购买电商公司地板、踢脚线的客户，与电商公司之间仅为买卖合同关系。刘某在收到某安装信息前，不认识王某，亦不知道安装工人是谁。王某与电商公司在整个安装过程中均没有任何联系，亦没有任何直接费用往来，故王某与刘某、电商公司之间不存在劳务关系，刘某、电商公司不应当承担赔偿责任。而王某作为科技公司旗下某应用程序的注册安装工人，科技公司按月支付安装费用，对工作时间、工作流程、晋升机制、禁止条款等有明确的要求。王某对刘某订单的安装工作，亦属于科技公司履行与电商公司之间的安装服务合作协议，科技公司从中获取较大利益。综上，法院认为科技公司与王某之间存在劳务关系，其应当在本案中承担相应的赔偿责任。科技公司主张注册协议的免责声明条款，不符合相关法律规定，法院不予采纳。

王某自 2015 年 9 月起注册成为某安装工，已完成 589 笔安装订单，故从一般理性人的角度可以推定出王某具有较强的专业安装技能，应当对安装工具的使用有更深刻的认识，应当尽到更为谨慎的注意义务。王某在刘某家从事安装地板工作时使用的电锯系其自行准备的，最终亦因为使用该电锯被锯伤。故法院认为王某对该受伤事故的发生未尽到更为谨慎的注意义务，酌定由王某自行对其合理合法损失承担10%的赔偿责任。

北京市顺义区人民法院依照《中华人民共和国侵权责任法》第二条、第三条、第二十二条，《最高人民法院关于审理人身损害赔偿案件适用法律若干问题的解释》第十一条、第十七条之规定，判决如下：

一、科技公司赔偿王某医疗费等各项损失共计320533.2元，于本判决生效之日起七日内履行；

二、驳回王某的其他诉讼请求。

科技公司不服一审判决，提起上诉。

北京市第三中级人民法院经审理同意一审法院裁判意见，依照《中华人民共和国民事诉讼法》第一百七十条第一款第一项之规定，判决如下：

驳回上诉，维持原判。

【法官后语】

雇员在从事雇佣活动中遭受人身损害，雇主应当承担赔偿责任。就雇主责任的问题，现行《中华人民共和国民法典》吸收了原《中华人民共和国侵权责任法》的相关规定，并增加了雇主追偿权的内容，因本案不涉及故不予赘述。在提供劳务者受害纠纷案件中，受害人是否为雇员是雇主承担赔偿责任的前提条件。当然，这里的雇佣关系是指狭义的雇佣关系，即没有纳入依照法律规定应当参加工伤保险统筹的雇佣关系，也不包括劳动法所指的劳动关系，而是指劳务关系。雇员在完成受雇工作中受到损害时，有权请求雇主赔偿，这是雇员基于劳动保护所享有的权利。雇主对雇员所受损害的赔偿责任，不能因雇佣合同中的免责条款免除。

在新型互联网平台模式下，劳动者与商户、网络平台公司、其他主体之间的法律关系纷繁复杂。在提供劳务者受害纠纷案件中，是否能够认定劳动者与商户、网络平台公司、其他主体之间存在劳务雇佣关系，是确定该类型案件赔偿主体最重要的争议焦点。

有些网络平台仅是为商户与劳动者之间搭建一个居间平台，平台公司与商户、劳动者之间仅是居间服务关系。此时，平台公司往往与劳动者签订书面合作协议，在平台客户发出需求信息后，平台将信息向平台内不特定劳动者进行推送，劳动者根据自身意愿、技能、时间安排等因素决定是否抢单，平台并不强行派单。工具由劳动者自行配备，辅料亦由劳动者自行提供，费用由劳动者与客户自行协商，平台仅按照约定比例收取服务费用。

有些网络平台主张与劳动者之间系承揽关系（如本案），认为与劳动者是按照要求完成工作，交付工作成果，给付报酬的法律关系，此时劳动者应当以自己的设备、技术和劳力完成主要工作，一般具有一定的独立性。此时，与劳动者主张的劳务关系往往不易区分，需要在审查过程中，综合考虑用工平台对劳动者的工作安排、人身管理、报酬支付方式、工作内容、利益分配等内容，从而判断双方是否构成劳务雇佣关系。

编写人：北京市顺义区人民法院　张莉　杨杰

005 业主委员会具备被告诉讼主体资格

——段某诉业主委员会提供劳务者受害责任案

【案件基本信息】

1. 裁判书字号

广西壮族自治区北海市中级人民法院（2020）桂05民终1816号民事判决书

2. 案由：提供劳务者受害责任纠纷

3. 当事人

原告（被上诉人）：段某

被告（上诉人）：业主委员会

【基本案情】

业主委员会于2014年成立并已备案。某小区无物业公司，实行小区自治，由该业主委员会对小区进行物业服务管理，段某为该业主委员会雇请的工人，负责小区公共部分的水电维修，双方没有签订书面劳动合同或协议。2019年1月14日，段某在为某小区加装围墙照明灯时，爬上约2米高的墙檐后，墙体突然崩塌，段某坠落地面受伤。随即，段某被送往医院抢救、治疗。段某住院18天，自2019年1月14日至2019年2月1日，住院医疗费合计21440.42元，门诊治疗费合计1461.15元。2020年5月26日，司法鉴定中心作出司法鉴定意见书，认定：段某之残疾已构成人体损伤十级残疾。

另查明，段某自2017年6月开始在业主委员会工作，主要负责小区公共部分的水电维修，还包括为业主提供个人维修服务，由业主个人直接支付报酬，全年的月平均工资收入为3061.3元。庭审中，段某自认业主委员会已经预赔付9000元。

【案件焦点】

1. 业主委员会是否具备本案诉讼主体资格；2. 双方当事人之间存在何种法律关系。

【法院裁判要旨】

广西壮族自治区北海市海城区人民法院经审理认为：关于业主委员会是否具备本案诉讼主体资格的问题。业主委员会是依照《中华人民共和国物权法》第七十五条第一款规定成立，具有一定目的、名称、组织机构与场所，管理相应财产，是《中华人民共和国民事诉讼法》第四十八条规定的“其他组织”。本案中，某小区没有物业服务企业，业主委员会是依据业主共同或业主大会决议，在授权范围内，以业主委员会名义从事法律行为，代替物业服务企业行使与物业管理有关的、涉及全体业主公共利益的事宜，具备诉讼主体资格。

关于双方当事人之间存在何种法律关系的问题。根据《中华人民共和国劳动法》第二条的规定，业主委员会并不具备劳动合同用人单位的资格，因此双方当事人之间不成立劳动合同关系。劳务关系是指劳动者与用工者根据约定，由劳动者向用工者提供一次性的或特定的劳动服务，用工者依约向劳动者支付劳务报酬的法律关系。本案中，段某工作地点在某小区，工作任务由业主委员会安排，主要负责小区公共部分的水电维修，报酬由业主委员会支付，因此认定双方当事人之间成立劳务关系。

广西壮族自治区北海市海城区人民法院依照《中华人民共和国

侵权责任法》第十六条、第二十二条，《中华人民共和国劳动法》第二条，《最高人民法院关于审理人身损害赔偿案件适用法律若干问题的解释》第十一条、第十九条、第二十条、第二十一条、第二十二条、第二十三条、第二十五条之规定，判决如下：

一、业主委员会向段某赔偿各项损失共计 100463.17 元；

二、驳回段某的其他诉讼请求。

业主委员会不服一审判决，提起上诉。

广西壮族自治区北海市中级人民法院经审理认为：关于业主委员会有无诉讼主体资格的问题。根据《最高人民法院关于春雨花园业主委员会是否具有民事诉讼主体资格的复函》的答复可知，业主委员会是业主大会的执行机构，根据业主大会的授权对外代表业主进行民事活动，所产生的法律后果由全体业主承担。业主委员会与他人发生争议的，可以作为被告参加诉讼。本案中，某小区无物业公司，由业主委员会对小区进行物业服务管理，现业主委员会与其雇请的工人发生争议，根据上述复函的规定，业主委员会具备作为被告的诉讼主体资格。关于业主委员会与段某之间存在何种法律关系的问题。业主委员会仅是该小区业主大会的执行机构，不属于《中华人民共和国劳动合同法》第二条及《中华人民共和国劳动合同法实施条例》第三条规定的用人单位的范围，其与段某亦未签订书面劳动合同，并未为段某缴交社保，业主委员会与段某之间不构成上述法律载明的劳动关系，故一审法院认定业主委员会与段某之间成立劳务关系并无不当，法院予以维持。

广西壮族自治区北海市中级人民法院依照《中华人民共和国民事诉讼法》第一百七十条第一款第一项之规定，判决如下：

驳回上诉，维持原判。

【法官后语】

本案最大的争议在于业主委员会是否具备作为被告的诉讼主体资格并承担相应责任。关于业主委员会可以作为被告起诉实践中已经形成较为明确的一致意见，但业主委员会是否可以作为被告并承担相应责任却有较大的争议。一种观点认为，其他组织是指依法成立、有一定的组织机构和财产，但又不具备法人资格的组织。业主委员会是业主大会的常设机构，不是法律授权的群众性自治组织，也没有相应的财产，无法作为被告，也无法承担相应的责任。本案并非业主委员会可以作为原告、被告的情况，因此业主委员会在本案中不具备被告的主体资格。另一种观点则认为，业主委员会是业主大会的执行机构，根据业主大会的授权对外代表业主进行民事活动，所产生的法律后果由全体业主承担。业主委员会与他人发生民事争议的，可以作为被告参加诉讼。因此，本案业主委员会具备被告的主体资格。笔者认为，在考虑业主委员会是否具备作为被告的诉讼主体资格并承担相应责任问题时，应区分业主委员会是否可以作为被告参加诉讼，与业主委员会是否作为最终责任承担主体。业主委员会与他人发生民事争议的，可以作为被告参加诉讼，但业主委员会是否作为最终责任承担主体，要着重审查业主委员会所从事的民事活动是否是业主大会的授权对外代表业主进行的民事活动，如果是，则相应的法律后果由全体业主承担，此时业主委员会是代表业主作为被告并承担相应法律后果，并不存在业主委员会无相应财产无法承担责任的问题，因为业主委员会只是代表全体业主承担责任，实际的责任承担主体是全体业主，不存在执行的障碍。如果不是业主大会授权对外代表业主进行的民事活动，相应的法律后果由披着业主委员会外衣的个人自行承担，而非由全体业主承担，业主委员会非适格主体。本案中，涉案小区无物业公司，实行小区自治，由该业主委员会对小区进行物业服务管理，段某为该业主委员会雇请的工人，因此，应认定是业主大会的授权对外代表业主进行的民事活动，业主委员会可代表全体业主作为被告承担相应的法律后果。

编写人：广西壮族自治区北海市海城区人民法院　吴伟燕　张彩玲

006　优势证据规则在侵权事实认定中的运用

——岳某诉工程公司等提供劳务者受害责任案

【案件基本信息】

1. 裁判书字号

湖北省武汉市中级人民法院（2019）鄂01民终7425号民事判决书

2. 案由：提供劳务者受害责任纠纷

3. 当事人

原告（被上诉人）：岳某

被告（上诉人）：工程公司

被告：技术公司、物业公司、杨某

【基本案情】

岳某长期从事电工行业，2017年11月18日，受杨某的邀约开始在涉案工地从事走线槽工作，次日在施工过程中不慎将左拇指锯伤致左拇指离断。

物业公司是技术公司基地的物业管理方，应技术公司的要求进行小型增改，增改项目的费用包含在物业管理费中。物业公司又与工程公司签订合同，由工程公司具体负责小型增改业务。杨某是工程公司法定代表人陈某的丈夫，负责现场施工管理。

【案件焦点】

岳某是否在涉案工地受伤。

【法院裁判要旨】

湖北省武汉东湖新技术开发区人民法院经审理认为：本案中，岳某及工程公司、杨某对于岳某受伤的情况各执一词，且分别提交了证据。法院在综合评判各方证据后，认为从证人陈述的细节分析，岳某及其证人的说法可信度较之杨某及其证人高，且岳某 2018 年 6 月 25 日向杨某讨要赔偿款的地点，正好是在案涉工地附近，从侧面可以印证岳某向杨某主张赔偿的事实。根据《最高人民法院关于适用〈中华人民共和国民事诉讼法〉的解释》第一百零八条的规定，民事诉讼采用的是高度盖然性的证明标准。按此规定要求，在证据对某一事实的证明无法达到事实清楚、证据确凿的情况下，对盖然性（可能性）较高的事实予以确认。结合本案的具体情况，根据各方当事人的陈述及提供的证据，依据优势证据规则采信岳某的主张，确认岳某系杨某邀约至案涉工地提供劳务而受伤。因案涉工地是工程公司承接，杨某负责现场管理，杨某系为履行工程公司职务行为，岳某雇主应为工程公司，工程公司承担侵权责任。技术公司、物业公司均不承担赔偿责任。岳某自身存在过错，应当减轻侵权人的赔偿责任。综合本案事实确定工程公司对岳某损失承担 60%的赔偿责任。

湖北省武汉东湖新技术开发区人民法院依照《中华人民共和国侵权责任法》第十六条、第二十条、第二十二条，《最高人民法院关于审理人身损害赔偿案件适用法律若干问题的解释》第十一条、第十七条、第十八条、第十九条、第二十条、第二十一条、第二十二条、第二十三条、第二十四条、第二十五条，《最高人民法院关于适用〈中华人民共和国民事诉讼法〉的解释》第九十条、第一百零五条、第一百零八条，《中华人民共和国民事诉讼法》第一百四十二条、第一百四十四条之规定，判决如下：

一、工程公司应于本判决生效之日起十日内向岳某支付赔偿款133068.02元；

二、驳回岳某的其他诉讼请求。

工程公司不服一审判决，提起上诉。

湖北省武汉市中级人民法院经审理同意一审法院裁判意见，依照《中华人民共和国民事诉讼法》第一百七十条第一款第一项之规定，判决如下：

驳回上诉，维持原判。

【法官后语】

对于法官而言，每年办理的案件众多，标的额有大有小，案情有简有繁，但是归根结底都要“以事实为根据，以法律为准绳”，法官追求的目标是还原事实真相，再适用法律对事实真相进行评判。但绝大部分的民事案件并非难在法律适用上，而是难在真相查明上，民事审判活动的意义就是查明案件真相，而这就需要通过当事人提交证据，而由法官对证据的认定来呈现。

类似本案这样缺乏直接证据的侵权责任类型的案件在民事审判

中并不鲜见，虽说作为主张赔偿的一方本应承担相应的举证责任，但囿于当事人的取证意识和取证能力，实践中并非每一个当事人都能提供精准反映侵权经过的证据，如果在另一方当事人也拒不承认侵权事实的情况下，事实的真相就难以查明。优势证据规则就成为解决此类案件的契机，即当证据显示待证事实存在的可能性明显大于不存在的可能性时，法官可据此进行合理判断以排除疑问，在已达到能确信其存在的程度时，即使还不能完全排除存在相反的可能性，也可根据已有证据认定这一待证事实存在的结论，也就是查明法律真相。但由于法律真相并不一定就是事实真相，而是根据证据规则推导出来的，对于同样的一句话不同的人会有不同的解读，因此裁判文书的说理，尤其是对证据的认定过程就显得尤为重要。

在本案的判决书中，法官着重加强了对于证据的说明和证据采纳的说理，将双方当事人提交的书证及证人证言以及对方当事人的质证意见全部陈列出来，对双方的证据进行比较分析，认真分析后得出结论，认为岳某虽无直接证据证明其受雇于杨某并在技术园区受伤，但在杨某、工程公司予以否认后，已经尽其所能地提交了所有能提交的证据，这些证据相较于工程公司提交的反驳证据来说，更为客观、真实，已然达到高度盖然性的要求，从而认定岳某受雇于工程公司并在工作中受伤这一事实的存在，并依法分责进行判决。

在侵权责任类型案件中，法官应适用优势证据规则，通过对证据的精细论证得出结论。

新旧法衔接情况：《中华人民共和国民法典》第一千一百九十二条第一款规定“个人之间形成劳务关系，提供劳务一方因劳务造成他人损害的，由接受劳务一方承担侵权责任。接受劳务一方承担侵权责任后，可以向有故意或者重大过失的提供劳务一方追偿。提供劳务一方因劳务受到损害的，根据双方各自的过错承担相应的责任”，与侵权责任法第三十五条相比并无明显变化。需要指出的是，2020 年 5 月 1 日实施的《最高人民法院关于民事诉讼证据的若干规定》删除了原证据规定第七十三条“双方当事人对同一事实分别举出相反的证据，但都没有足够的依据否定对方的证据，人民法院应当结合案件情况，判断一方提供证据的证明力是否明显大于另一方提供证据的证明力，并对证明力较大的证据予以确认。因证据的证明力无法判断导致争议事实难以认定的，人民法院应当依据举证责任分配的规则作出裁判”，系因《最高人民法院关于适用〈中华人民共和国民事诉讼法〉的解释》第一百零八条已规定“对负有举证证明责任的当事人提供的证据，人民法院经审查并结合相关事实，确信待证事实的存在具有高度可能性的，应当认定该事实存在。对一方当事人为反驳负有举证证明责任的当事人所主张事实而提供证据，人民法院经审查并结合相关事实，认为待证事实真伪不明的，应当认定该事实不存在。对一方当事人为反驳负有举证证明责任的当事人所主张的事实而提供的证据，人民法院经审查并结合相关事实，认为待证事实真伪不明的，应当认定该事实不存在。法律对于待证事实所应达到的证明标准另有规定的，从其规定”，该条已经吸收了原证据规定第七十三条的内容，并提出了更高的认定标准，即“高度盖然性”，故应适用民诉法解释的规定。

编写人：湖北省武汉东湖新技术开发区人民法院　吴国阳

007 公司与股东就其经营模式形成的内部承包约定不影响公司与劳务提供者之间形成雇佣关系

——李某诉王某、建筑公司提供劳务者受害责任案

【案件基本信息】

1. 裁判书字号

山东省淄博市中级人民法院（2020）鲁03民终500号民事判决书

2. 案由：提供劳务者受害责任纠纷

3. 当事人

原告（上诉人）：李某

被告（上诉人）：王某

被告（被上诉人）：建筑公司

【基本案情】

李某于2014年到建筑公司从事电焊工作。2014年1月24日，建筑公司与王某签订《租赁合同书》一份，合同约定：建筑公司（合同甲方）新建煤矸石砖厂一处，现对外出租，王某（合同乙方）愿意承租；租赁期为5年，自2014年2月8日至2019年2月7日；租赁费每年按乙方实现的利润总额，经双方核算后，按7∶3比例分成；由于不可抗力因素（如遇国家政策改变、自然灾害、战争等），导致本合同不能履行，本合同自行终止，双方均不承担任何责任。双方签订合同后，李某在从事电焊工作时，因不明原因连电，李某被电弧烧伤。李某受伤后住院治疗，诊断为：电弧烧

伤，烧伤面积20%，烧伤程度为二度。李某经住院治疗27天后出院，对于李某的住院费用支付问题，王某与建筑公司均主张系由对方支付。

【案件焦点】

建筑公司应否为涉案事故责任主体并承担赔偿责任。

【法院裁判要旨】

山东省淄博市淄川区人民法院经审理认为：关于建筑公司与王某之间关系的认定以及是否应对李某的损失承担赔偿责任的问题，根据王某提供的《租赁合同书》及各方当事人陈述，王某与建筑公司存在租赁合同法律关系，王某自2014年2月8日至2019年2月7日租赁建筑公司的厂房、设备进行生产经营，王某也主张在此期间与建筑公司形成租赁合同法律关系，因此李某在王某租赁的场地内从事焊接劳务，故王某为实际雇主，王某与李某之间形成雇佣关系。雇员在从事雇佣活动中遭受人身损害，雇主应当承担赔偿责任。作为雇主的王某应当为李某提供必要的安全防护措施，以防范损害的发生，确保雇员安全完成劳务。本案中，李某在从事劳务过程中，非因自身原因连电以致受伤，故李某自身不存在过错，作为雇主的王某应承担全部责任。李某主张建筑公司承担连带清偿责任于法无据，不予支持。关于李某主张的损失赔偿数额问题，经审查能够认定的经济损失共计239384.60元。

据此，山东省淄博市淄川区人民法院依照《中华人民共和国侵权责任法》第三十五条，《最高人民法院关于审理人身损害赔偿案件适用法律若干问题的解释》第十一条、第十七条、第十八条、第十九条、第二十条、第二十一条、第二十二条、第二十三条、第二十四条、第二十五条，《最高人民法院关于确定民事侵权精神损害赔偿责任若干问题的解释》第八条第二款、第十条之规定，判决如下：

一、王某赔偿李某医疗费、误工费、护理费、住院生活补助费、营养费、残疾赔偿金、精神抚慰金、交通费、鉴定费共计239384.60元；

二、驳回李某的其他诉讼请求。

李某、王某均不服一审判决，提起上诉。

山东省淄博市中级人民法院经审理认为：根据法律规定，雇员在从事雇佣活动中遭受人身损害，雇主应当承担赔偿责任。因此，雇主的认定问题就是本案的争议焦点。王某与建筑公司虽然签订了租赁合同，但在一审审理过程中建筑公司明确认可，其与王某之间实际是承包关系，并非租赁关系，王某承包的范围包括建筑公司人、财、物，对外的手续还是建筑公司，且双方签订的《租赁合同书》中，对于租赁费的计算方式，每年按照实现的利润总额，经双方核实后，按照7∶3比例分成，该涉案合同不符合出租方出租资产收取固定收益而不承担经营风险的租赁合同法律关系的特征，故能够认定王某与建筑公司基于涉案的合同，双方之间形成内部承包关系而非租赁合同法律关系。在案涉协议签订之前，李某已在建筑公司提供劳务，建筑公司作为雇主与李某形成雇佣关系，建筑公司与其股东之间对于经营模式的约定，并不影响李某与建筑公司之间的雇佣关系，建筑公司未提供证据证明在签订协议中其与李某协议解除雇佣关系，王某与建筑公司达成内部承包协议，形成另一法律关系，不能约束李某。建筑公司作为法人单位应独立享有民事权利和承担民事义务。李某受建筑公司雇用期间从事焊接劳务受伤，建筑公司为雇主，按照法律规定，应对涉案赔偿承担责任。李某在从事劳务过程中人身受到伤害，其自身不存在过错，作为雇主的建筑公司应承担全部赔偿责任。一审对此认定不当，予以纠正。综上所述，王某、李某的上诉请求成立，予以支持。

据此，山东省淄博市中级人民法院依照《最高人民法院关于审理人身损害赔偿案件适用法律若干问题的解释》第十一条、第十七条、第十八条、第十九条、第二十条、第二十一条、第二十二条、第二十三条、第二十四条、第二十五条，《最高人民法院关于确定民事侵权精神损害赔偿责任若干问题的解释》第八条第二款、第十条，《中华人民共和国民事诉讼法》第一百六十九条、第一百七十条第一款第二项之规定，判决如下：

一、撤销山东省淄博市淄川区人民法院民事判决；

二、建筑公司赔偿李某医疗费、误工费、护理费、住院生活补助费、营养费、残疾赔偿金、精神抚慰金、交通费、鉴定费共计239384.60元；

三、驳回李某的其他诉讼请求。

【法官后语】

本案涉及的主要问题在于，公司与股东就其经营模式形成的内部承包约定是否影响公司与劳务提供者形成劳务雇佣关系，以及公司是否对劳务提供者的受害直接承担赔偿责任。

依据法律规定，雇员在从事雇佣活动中遭受人身损害，雇主应当承担赔偿责任。因此，雇主的正确认定与否是有效解决此类案件的关键所在。司法实践中，雇主的认定一般遵循如下标准：（1）雇主对劳务提供方有控制、支配、指派方面的能力，能够安排具体的劳务工作，并且为劳务方完成工作提供一定的场所、工具、设备；(2) 劳务的实际受益者是谁，谁就是雇主，雇员提供的劳务增加了雇主的获益，自然就是雇主，当然司法实践是复杂的，还要具体问题具体判断；(3) 雇主的认定要结合案件中的具体法律关系，如内部承包关系、承揽关系等，不能单纯依据提供劳务的外观来认定雇主的身份。

本案中公司与其股东形成了内部承包关系。通常来看，就是公司实际上为了经营管理便利之需要，以与职工口头约定或签订书面合同的形式，将职工的权利义务关系或工作分工固定下来。但是，企业的内部承包关系与纯粹的租赁关系不同。一是在企业与员工双方的隶属关系上，企业与员工仍然有一定的股东出资、管理或指导等牵连关系，并非纯粹的厂房、设备租赁使用关系；二是在承包(租赁) 协议目的的合理性上，租赁协议是为了单纯获取厂房、设备的年度固定租金，防止闲置与资源浪费，内部承包协议则包含多种考量，除了经济效益导向之外，还包括股权配置、人力资源优化等方面；三是在相关的收益分配约定上，纯粹的租赁合同会约定公司单纯收取设备、厂房等租赁物的租金，公司不参与营收利润的分配。而内部承包合同会考虑到承包人的实际经营利润，一般年底会按照营收利润进行比例分配。综上，公司基于其经营模式的需要而与股东或员工签订的内部承包协议，除了以明示或公示的方式进行告知之外，出于公平考虑，法律上明确界定不得对抗提供劳务的相对第三方。即在劳务雇佣关系纠纷中，内部承包协议不是确认雇主的绝对标准。

本案中，一是从李某的实际工作现状来看，李某在涉案承包协议签订之前，本人已经为建筑公司提供了一段时间劳务，事实上与建筑公司形成了劳务雇佣关系，具有权利义务上的拘束力。二是要正确认定涉案协议的性质。一审中建筑公司自认其与王某之间为承包关系，公司的人、财、物均由其部分承包、支配，但对外活动还是以建筑公司的名义。租赁（承包）费计算标准，每年的利润总额按 7∶3 比例分成，不符合收益固定的租赁合同法律关系。因此，建筑公司与王某仅就公司的内部经营形成内部承包关系，属另一法律关系范畴，其效力自然无法对抗相对第三人李某。三是建筑公司与王某签订名为租赁、实为承包的涉案协议后，李某虽然是主要跟着王某并为其提供劳务，但是涉案协议中并未明确建筑公司与李某协议解除雇佣关系或李某与王某形成新的雇佣关系。因此在王某仍旧为公司股东的条件下，李某虽然直接受王某的指派从事焊接等劳务工作，但其与建筑公司的雇佣关系没有发生根本性的变化，在其提供劳务受伤的情况下，建筑公司作为雇主，自应承担赔偿义务进行损害赔偿。综上，本案一审仅依据租赁合同与租赁行为认定王某为雇主并承担赔偿责任不当，二审予以改判符合当前社会劳动用工的现状，也有利于提供劳务者受害后及时得到救济与赔偿。

编写人：山东省淄博市中级人民法院　荣明潇　杨富元

山东省淄博市周村区人民法院　张蓓

008　个人劳务中雇佣关系的认定标准

——冯某大诉某运输公司提供劳务者受害责任案

【案件基本信息】

1. 裁判书字号

江苏省常州市中级人民法院（2019）苏 04 民终 3126 号民事判决书

2. 案由：提供劳务者受害责任纠纷

3. 当事人

原告（上诉人）：冯某大

被告（被上诉人）：某运输公司

第三人：秦某

【基本案情】

2018 年 3 月，某运输公司与秦某联系，询问其是否能够为某运输公司做护栏和拆除煤气发生炉。秦某表示没有时间，遂联系冯某大和年某洋二人，由二人至某运输公司处做工，工钱由秦某负责与某运输公司结算，再由秦某给付冯某大及年某洋。2018 年 3 月 10 日，冯某大在进行煤气发生炉拆除工作时，不慎从高处摔下。秦某接到冯某大摔伤的通知后，赶至某运输公司处，将冯某大送往常州市武进中医院就诊。事故发生后，冯某大个人支付医疗费金额共计 20649.48 元。冯某大提起诉讼，要求某运输公司赔偿医疗费 20649.48 元。

诉讼过程中，冯某大明确表示不要求秦某承担赔偿责任。

【案件焦点】

能否认定某运输公司系冯某大的雇主，双方之间是否存在雇佣法律关系，如何认定雇佣关系中的雇主。

【法院裁判要旨】

江苏省常州经济开发区人民法院经审理认为：雇佣关系最显著的法律特征为雇员的工作不具有独立性，必须受雇主的指示，并由雇主向雇员给付报酬。本案中，冯某大至某运输公司处从事劳务活动，系受秦某指示，并最终由秦某向冯某大支付相应的劳务报酬。虽然冯某大与秦某均表示，秦某并未从中赚取任何利益，但是根据冯某大提供的由秦某本人书写的证人证言载明："冯某大和年某洋于2018年3月8日下午将护栏做好后，方某勤又叫他们把退火炉不用的煤气发生炉拆除。冯某大当时就打电话问我拆不拆。于是我在2018年3月8日下午赶到某运输公司，向方某勤确认是否要拆除。方某勤说，要拆的，炉子不用了，炉子拆除后要造车间。得到确认后，我就让冯某大和年某洋3月9日开始拆除，方某勤当场同意。"该证言说明冯某大在某运输公司处从事涉事劳务工作，并未直接听从某运输公司的工作指示，而是经由秦某与某运输公司确认相关工作内容后，再由秦某指示冯某大开始工作，冯某大系服从于秦某的指示。另，根据冯某大当庭陈述："我以前也跟着他干过几次，都是方某勤交给他，他再给我们，我不跟方某勤打交道。"且根据各方诉讼参与人陈述，在冯某大受伤后，与冯某大一同在某运输公司处工作的年某洋在第一时间联系的人为秦某，过一小时后，秦某到某运输公司处，方才将冯某大送医，冯某大本人及年某洋均未要求在场的某运输公司相关人员将冯某大先行送医。秦某接到电话后，亦未要求某运输公司先将冯某大送医治疗，而是回答："知道了，已经在赶来的路上。"以上均可以说明秦某与冯某大之间存在更加紧密的控制、支配和从属关系。此外，冯某大在某运输公司处工作几天后即受伤入院，随后秦某即结算给冯某大4000多元工资，而秦某从某运输公司处结取工钱，则是在2018年8月21日，说明冯某大与秦某之间应存在其他用工关系。即便如冯某大与秦某所言，在结算工资事宜上，秦某未赚取利益，但不足以证明冯某大与某运输公司之间存在雇佣关系。因某运输公司作为最终的接受劳务一方，在接受冯某大所提供的劳务过程中，提供给冯某大等使用的脚手架为安全性能较低的毛竹所搭建，亦未派人在现场进行有效和必要的安全管理，且在冯某大受伤后，亦未能从人道主义、尽快救助伤者的角度出发，第一时间将冯某大送医治疗，故对冯某大损害后果的发生亦存在一定的过错责任。冯某大本人对高处作业具有危险性应具有合理的预知，在施工过程中对自身安全未能尽到足够充分的注意义务，导致不慎摔伤，其自身亦存在一定的过错。因诉讼过程中，冯某大明确表示不要求秦某承担相应的赔偿责任，故本案中综合各方当事人的过错程度，确认由某运输公司对冯某大的损害后果承担30%的责任。因此，对于冯某大因本起事故支付的医疗费20649.48元，由某运输公司负担6194.84元。

江苏省常州经济开发区人民法院依照《中华人民共和国侵权责任法》第三条、第十六条、第三十五条，《最高人民法院关于审理人身损害赔偿案件适用法律若干问题的解释》第十一条、第十九条，《中华人民共和国民事诉讼法》第六十四条的规定，判决如下：

一、某运输公司于本判决生效之日起十日内赔偿冯某大人民币6194.84元；

二、驳回冯某大的其他诉讼请求。

冯某大不服一审判决，提起上诉。

江苏省常州市中级人民法院经审理认为：第一，关于各方当事人之间法律关系的认定。结合各方陈述的工作内容的确认，工作报酬的结算、支付等情况来看，在提供涉案劳务过程中，冯某大与秦某存在劳务合同关系，某运输公司与秦某之间存在承揽合同关系，而非冯某大所述的劳务合同关系。第二，关于法律适用。本案中，冯某大并未要求秦某承担相应法律责任，故本案并不存在适用《中华人民共和国侵权责任法》第三十五条规定的余地。而某运输公司承担相应法律责任系因其存在指示、选任过失，法律依据为《最高人民法院关于审理人身损害赔偿案件适用法律若干问题的解释》第十条规定。冯某大的上诉请求不能成立，不予支持。一审判决适用法律存在不当，法院予以纠正。但一审判决结果并无不当，法院予以维持。

江苏省常州市中级人民法院依照《中华人民共和国民事诉讼法》第一百七十条第一款第一项之规定，判决如下：

驳回上诉，维持原判。

【法官后语】

本案的处理重点在于如何认定雇佣关系中的雇佣人，即如何认定雇主。司法实践中，经常遇到涉及雇佣、承揽、承包等多种法律关系的提供劳务者受害责任纠纷。对于此类案件，如果能够厘清其中的雇佣关系责任主体，明确受害人的雇主是谁，其他相关主体的赔偿责任问题大多都能迎刃而解，这往往也是审理此类案件的难点所在。雇佣关系一般是指根据当事人约定，一方于一定或不定期限内受他方指示，为他方提供劳务，他方给付报酬的契约关系。其中指示监督对方从事一定劳务，并给付报酬之人，即雇主（雇佣人）。在雇佣关系中，雇主与雇员之间存在管理、支配和一定的从属关系。成立雇佣关系的特征在于，受雇人需接受雇佣人的监督，服从其指示。至于雇主有无从雇员的劳务活动中赚取差价，获取利益，不是认定其是否是雇主的决定因素。雇佣人指示的内容包括从事劳务的内容、时间、地点及方式等。就提供和接受劳务双方而言，如果一方对另一方享有指示或命令的权利，并且这种指示或命令是关于另一方如何完成其劳务活动的方法或要求的，则可以认定双方之间存在雇佣关系或劳务关系。

本案中，秦某通知冯某大至某运输公司从事劳务活动，劳务报酬由秦某从某运输公司结算领取后支付给冯某大，形式上符合雇佣法律关系的特征。更为关键的是，对于在某运输公司从事的具体劳务内容，无论是做护栏还是拆除炉子，冯某大仅服从于秦某的指示。特别是在完成秦某起初交代的做护栏工作后，对于某运输公司提出的拆除工作要求，冯某大并未直接听取，而是先询问秦某是否要做，在收到秦某要求做拆除工作的指示后，才开始为某运输公司拆除炉子。说明对于所从事的劳务活动，冯某大并非服从某运输公司的指示，而系受秦某的监督，服从秦某的指示。因此，本案中应当认定为秦某为冯某大的雇主，而非某运输公司。

另外，在司法实践中还需十分注意区分雇佣关系中的雇主与雇佣活动中的介绍人、召集人、管理人。本案中，冯某大及秦某即主张秦某只是劳务活动的联系人、介绍人，并非雇主。正如前文所言，雇主与雇员之间存在支配和一定的从属关系，而联系人、介绍人、召集人等与雇主最大的区别应在于他们与雇员之间不存在控制、支配关系。对于雇佣活动中的管理人，对其他雇员的劳务活动常存在一定的监督、指示和管理行为。但是管理人员对雇员的监督、管理，仅是对雇员一种外在形式上的支配，多表现为在工作场所对工作内容的分配和指导等，二者之间并不存在任何身份上的从属关系，与雇员之间是否存在身份上的从属与支配关系，是区分雇主与管理人的关键所在。另外，还可以从雇员劳务报酬支付主体、劳动工具或设备的提供主体、雇员实施劳务行为的受益主体等方面来区分雇主与其他主体。

需要指出的是，民法典施行后，最高人民法院围绕《民法典》对相关司法解释进行了修订和整理，其中删除了2004年5月1日起实行的《最高人民法院关于审理人身损害赔偿案件适用法律若干问题的解释》（以下简称《人损解释》）中第九条①、第十一条②与“雇佣活动”“雇主责任”直接相关的法律规定。民法典中虽无有关“雇佣关系”的表述与认定，但在第一千一百九十二条③中对“个人之间形成劳务关系的侵权责任”进行了规定。该条款实质上取代了原《人损解释》第十一条的规定，是目前处理提供劳务者受害责任纠纷案件依据的主要法律条文。但因民法典并未对如何认定“个人之间形成劳务关系”，以及“个人与法人、非法人组织之间形成劳务关系”侵权责任如何处理等问题作出规定，导致审判实践中在提供劳务者受害责任纠纷案件法律适用衔接问题上存在较大争议。尽管

---

① 原《最高人民法院关于审理人身损害赔偿案件适用法律若干问题的解释》第九条规定：“雇员在从事雇佣活动中致人损害的，雇主应当承担赔偿责任；雇员因故意或者重大过失致人损害的，应当与雇主承担连带赔偿责任。雇主承担连带赔偿责任的，可以向雇员追偿。前款所称‘从事雇佣活动’，是指从事雇主授权或者指示范围内的生产经营活动或者其他劳务活动。雇员的行为超出授权范围，但其表现形式是履行职务或者与履行职务有内在联系的，应当认定为‘从事雇佣活动’。”

② 原《最高人民法院关于审理人身损害赔偿案件适用法律若干问题的解释》第十一条规定：“雇员在从事雇佣活动中遭受人身损害，雇主应当承担赔偿责任。雇佣关系以外的第三人造成雇员人身损害的，赔偿权利人可以请求第三人承担赔偿责任，也可以请求雇主承担赔偿责任。雇主承担赔偿责任后，可以向第三人追偿。雇员在从事雇佣活动中因安全生产事故遭受人身损害，发包人、分包人知道或者应当知道接受发包或者分包业务的雇主没有相应资质或者安全生产条件的，应当与雇主承担连带赔偿责任。属于《工伤保险条例》调整的劳动关系和工伤保险范围的，不适用本条规定。”

③ 《中华人民共和国民法典》第一千一百九十二条规定：“个人之间形成劳务关系，提供劳务一方因劳务造成他人损害的，由接受劳务一方承担侵权责任。接受劳务一方承担侵权责任后，可以向有故意或者重大过失的提供劳务一方追偿。提供劳务一方因劳务受到损害的，根据双方各自的过错承担相应的责任。提供劳务期间，因第三人的行为造成提供劳务一方损害的，提供劳务一方有权请求第三人承担侵权责任，也有权请求接受劳务一方给予补偿。接受劳务一方补偿后，可以向第三人追偿。”

如此，在民法典框架下，关于“个人之间形成劳务关系”的认定与民法典施行前有关“雇佣关系”的认定并非完全割裂的关系，二者存在很大相关性。提供劳务者受害责任纠纷的受害主体为提供劳务一方，赔偿主体为接受劳务一方，即用工者主体，双方按照过错承担相应的责任。在一般劳务关系中，接受劳务一方以支付劳务报酬为对价取得提供劳务方提供的劳务。此种情形下，认定劳务关系中的用工主体与认定雇佣关系中的雇佣人的法律逻辑和要素没有本质上的区别，用工主体安排和指示提供劳务者从事劳务活动，对提供劳务者进行管理和监督是认定用工主体的关键要素。即便是在因承揽加工活动引起的提供劳务者受害责任纠纷中，提供劳务一方与用工主体之间是否存在管理、监督关系，也是认定二者之间形成的是一般劳务关系还是承揽关系的关键因素之一。当然区分一般劳务关系和承揽关系还涉及提供劳务所需的材料、工具、设备由谁负责提供，报酬如何结算，提供劳务者有无特定的业务范围等因素，审判实务中需结合具体案情综合考量。

编写人：江苏省常州经济开发区人民法院、南京海事法院　刘玉凤

009　从事实施工合同关系认定实际施工人

——李某军诉某家居公司等提供劳务者受害责任案

【案件基本信息】

1. 裁判书字号

江苏省南通市中级人民法院（2019）苏06民终1831号民事判决书

2. 案由：提供劳务者受害责任纠纷

3. 当事人

原告（被上诉人）：李某军

被告（上诉人）：某家居公司、刘某云

被告（被上诉人）：某工程队

【基本案情】

2016年3月24日某家居公司与某工程队签订《工程施工合同》，工程地点为通宝公司，2016年4月1日，李某军受刘某云雇请到该工地从事拆除钢结构工程工作。4月8日下午4时，李某军在施工现场从高空落地致身体多处骨折，当日被送往如皋港某医院住院治疗至2016年5月11日，某家居公司支付医疗费62751.31元。2017年9月10日李某军到如皋港某医院进行取内固定术，住院至2017年9月18日。李某军因此事故损失各项费用未得到赔偿，遂于2017年10月17日诉至法院，要求某家居公司、刘某云、某工程队赔偿损失，并申请对其伤残等级进行鉴定。经法院组织双方听证后，委托如皋市某医院司法鉴定所鉴定，意见为“被鉴定人李某军因外伤致右肩、左髋关节活动受限、右侧多发肋骨骨折等，被综合评定为人体损伤八级伤残。被鉴定人李某军损伤后的误工期限以360日为宜，营养期限以180日为宜，护理期限以180日为宜，住院期间需二人护理，余护理期限内需一人护理”。法院于2018年5月22日召开庭前会议，双方当事人均到庭发表意见，后因开庭时，刘某云被限制人身自由，李某军撤诉。2018年7月26日李某军确定刘某云在监狱服刑后，再次诉至法院，法院传票传唤双方到盐城监狱开庭，因李某军未到庭，法院按撤诉处理。2018 年 10 月 16 日李某军第三次就原主张的内容诉至法院，并要求就某家居公司垫付的医疗费 62751.31 元在本案中一并处理。

【案件焦点】

本案实际施工人与发包人应当如何认定。

【法院裁判要旨】

江苏省如皋市人民法院经审理认为：刘某云应承担雇主责任。根据双方当庭陈述，李某军打电话给刘某云询问是否有活干，刘某云遂让李某军来干活，双方雇佣关系成立，且双方一致认可该事实。根据法律规定，个人之间形成的劳务关系，提供劳务一方因劳务自己受到损害的，根据双方各自的过错承担相应的责任。本案中，李某军进行高空作业时，擅自解掉保险带，违规操作，对自身的损害应当承担次要责任。综合案情，刘某云对李某军的受伤应当承担70%的赔偿责任。某家居公司应当与刘某云承担连带责任。法律规定，雇员在从事雇佣活动时因安全生产事故遭受人身损害，发包人、分包人知道或者应当知道接受发包或者分包业务的雇主没有相应资质或者安全生产条件的，应当与雇主承担连带赔偿责任。本案中，某家居公司将工程发包给没有资质的个人刘某云，应当与刘某云承担连带赔偿责任。某工程队不应承担赔偿责任。根据庭审中当事人陈述，某家居公司与某工程队就案涉工程签订了书面合同，刘某云与某家居公司、某工程队均未签订书面合同，但该工程实际由刘某云召集人员施工，直接与某家居公司结账，领取工程款，刘某云与某家居公司形成事实上的施工合同关系，可以认定某工程队与某家居公司合同的权利义务已概括性地转让给刘某云，故某工程队不应承担赔偿责任。对某家居公司抗辩的刘某云系某工程队的项目负责人，某工程队就李某军受伤在该公司领取款项等内容，均未提供任何证据，难以采信。特别是庭审中双方争议的，由某工程队负责人刘某在某家居公司签字领取给李某军治疗款项的收条，作为关键性证据，李某军第一次诉讼时庭前会议中，某家居公司负责人于某承诺庭后三日内提供，后未能提供，本次诉讼中，法庭再次要求某家居公司提供，某家居公司承诺庭后三日内提供，但仍然未能提供，因此某家居公司应当承担对其不利的后果。

江苏省如皋市人民法院依据《中华人民共和国侵权责任法》第三条、第六条、第十六条、第二十二条、第二十六条、第三十五条，《最高人民法院关于审理人身损害赔偿案件适用法律若干问题的解释》第十一条、第十七条、第十八条之规定，判决如下：

一、刘某云赔偿李某军因事故造成的各项损失 302043.55 元，扣减某家居公司已垫付的 62751.31 元，余款 239292.24 元于判决生效后十日内履行；

二、某家居公司对刘某云上述赔偿义务承担连带责任；

三、驳回李某军的其他诉讼请求。

某家居公司、刘某云均不服一审判决，提起上诉。

江苏省南通市中级人民法院经审理认为：本案中，某家居公司曾与某工程队就案涉钢结构拆除工程签订工程施工合同，但某工程队主张签订合同后因其不愿施工，某家居公司的法定代表人于某要求其找他人施工，随后其找到刘某云，最后工程施工以及工程款结算均由某家居公司与刘某云自行处理，其未再参与。一审庭审中，刘某云对某工程队的上述主张予以认可。某家居公司对案涉工程实际由刘某云组织施工不持异议，其主张案涉工程款结算给刘某云和刘某，但未能提供结算凭证。法院认为，对施工主体不应仅根据书面合同约定，还要结合实际履行中的具体情况作出综合认定。本案中，某家居公司与某工程队虽签订了工程施工合同，但双方未按照该合同约定履行各自义务，而是由刘某云完成案涉钢结构拆除施工任务，某家居公司对刘某云的施工行为未提出异议，并直接向刘某云支付了相应的工程款，可以认定其对刘某云承接案涉钢结构拆除工程予以认可，并以其实际行动履行了相应的合同义务。故而一审法院认定某家居公司与刘某云之间形成事实上的施工合同关系符合法律规定。

江苏省南通市中级人民法院依照《中华人民共和国民事诉讼法》第一百七十条第一款第一项之规定，判决如下：

驳回上诉，维持原判。

【法官后语】

近年来施工单位受利益驱使进行违法分包造成安全生产事故偶有发生，由此引发的提供劳务者受害责任纠纷案件偶有发生。此类纠纷中大部分实际施工人与进城务工人员形成了雇佣关系，又与发包人、承包人、劳务分包人形成了多重法律关系。因此，审理此类提供劳务者受害责任纠纷案件，必须对实际施工人的身份进行准确无误的分析和认证，才能正确把握案件的争议焦点，从而准确厘清责任，有利于矛盾的解决。本案的判决，正是从事实施工合同关系对本案的实际施工人进行了准确认定，促使实际施工人在获取合法权益的同时，积极履行应尽的义务，承担应有的责任，起到了较好的社会引导作用，也为类似纠纷提供了范例。

在审判实践中，应正确理解实际施工人的内涵和外延，严格准确地把握实际施工人的范围。笔者认为，实际施工人的构成要件具体应包括以下几个方面：

一、实际施工人与发包人形成施工合同法律关系

实际施工人的出现前提是与发包人形成施工合同法律关系，这种施工合同法律关系既包括通过书面的施工合同明确约定，又包括未签订书面合同情形下形成的事实施工合同关系。本案中，某家居公司、某工程队虽签订了工程施工合同，但双方并未按照该合同约定履行各自义务，而是由刘某云完成案涉钢结构拆除施工任务，有独立的工程施工意思表示，某家居公司亦对刘某云的施工行为未提出异议，并直接向刘某云支付了相应的工程款，可以认定其对刘某云承接案涉钢结构拆除工程予以认可，并以其实际行动履行了相应的合同义务，双方形成事实施工合同关系。

二、实际施工人以非法转包、违法分包、借用资质、挂靠合同的存在为内核

与施工人相对的是，实际施工人通常是在建设工程中借用资质、挂靠、违法分包、非法转包的情形之下产生，而这些情形之下所实施的行为都属于违规行为。于是，在实际操作中，相关主体通常会采用一些隐蔽的手段，具有一定的隐蔽性。因此，在认定实际施工人时，需要通过深入了解案情，厘清相关主体在整个建设工程内部的实质性身份，对建设工程中可能存在的借用资质、挂靠、违法分包、非法转包的情形加以注意。

三、实际施工人应当是独立的第三方，且实际完成了承担工程

根据《最高人民法院关于审理建设工程施工合同纠纷案件适用法律问题的解释（一）》第四十三条第二款的规定，实际施工人能够突破合同的相对性向发包人主张权利，因此本质上其必须是独立

的第三方，这个法律地位不同于发包人和承包人，也不应当是项目经理、企业内部承包人及其他承包人的履行辅助人。

根据《建设工程项目管理规范》内容的要求，建设工程的施工应该设立能够全面承担工程施工和管理任务责任的项目经理部。而实际施工人往往出现在借用资质、挂靠、违法发包关系下的建设工程中，则不可能存在一个完整的项目经理部，也就是说，实际施工人几乎全面取代了承包人在建设工程合同中履行合同约定的角色。

编写人：江苏省如皋市人民法院　邵明振　李婕

010　提成工资形式下劳务关系的认定

——杨某某诉某水厂提供劳务者受害责任案

【案件基本信息】

1. 裁判书字号

河南省信阳市中级人民法院（2019）豫15民终857号民事判决书

2. 案由：提供劳务者受害责任纠纷

3. 当事人

原告（被上诉人）：杨某某

被告（上诉人）：某水厂

【基本案情】

2018年6月19日，杨某某在某水厂的安排下为某县某妇科医院送水途中，在某县城红苏路中段从机动车道往绿化带外的非机动车道拐弯时，不慎翻车受伤，致杨某某右侧胫骨上端粉碎性骨折、右侧股骨踝上骨折，杨某某当日上午入住在某县中医院进行治疗，2018 年 7 月 10 日出院，住院 21 天。现双方对于受伤赔付协商未果，遂诉讼。

【案件焦点】

双方当事人之间法律关系是雇佣关系还是代销关系。

【法院裁判要旨】

河南省信阳市固始县人民法院经审理认为：杨某某以送水工身份在某水厂从事运送纯净水工作，双方形成劳务（雇佣）关系。依照法律规定，提供劳务一方因劳务自己受到损害的，根据其与接受劳务一方各自的过错承担相应的责任。杨某某受伤发生在送水工作途中，某水厂应依法承担相应的责任。故对于杨某某诉求中的合理部分依法予以支持。根据现有证据，参照 2018 年河南省人身损害赔偿标准，其各项费用核定如下：（1）医疗费 5450.39 元；（2）误工费 15078.96 元（按照医嘱及某水厂方提供的杨某某工资表后三个月的平均工资）；（3）护理费 2120.02 元；（3）营养费 1530 元（根据医嘱，酌定院外 1 个月）；（5）住院伙食补助费 2100 元；（6）交通费酌定 400 元。以上费用共计 26679.37 元。某水厂应承担 19343.5 元。其余损失由杨某某自行承担。

河南省信阳市固始县人民法院依照《中华人民共和国侵权责任法》第六条、第二十六条、第三十五条，《最高人民法院关于审理人身损害赔偿案件适用法律若干问题的解释》第十七条第一款、第十九条、第二十条、第二十一条、第二十二条、第二十三条、第二十四条，《中华人民共和国民事诉讼法》第十三条第二款、第六十四条第一款的规定，判决如下：

一、某水厂于本判决生效之日起三十日内赔偿杨某某损失19343.5元；

二、驳回杨某某的其他诉讼请求。

某水厂不服一审判决，提起上诉。

河南省信阳市中级人民法院经审理认为：个人之间形成劳务关系，提供劳务一方因劳务自己受到损害的，根据双方各自的过错承担相应的责任。本案的争议焦点，一是原审认定杨某某和某水厂的关系为劳务关系是否正确；二是原审认定杨某某是在送水过程中受伤是否正确；三是原审责任划分比例是否恰当。因杨某某是某水厂招的送水工，为某水厂工作长达数年，具体负责为县城区域内客户送水，某水厂支付劳动报酬的方式是以每桶水1.3元的报酬给予送水工工资，每月结算支付一次。杨某某自备简易交通工具（三轮电瓶车），但实质上其提供的主要还是劳务，按照某水厂的安排和指派，把一定数量的纯净水运送至指定客户处即可。因此，双方之间的劳务关系是明确的，某水厂认为不存在劳务关系的意见，法院不予支持。关于杨某某受伤是否发生在送水过程中。从杨某某事发受伤后打电话给某水厂法定代表人刘某国，刘某国将其电瓶车骑回某水厂等情况，并结合当日杨某某拟送水客户有关证明，以及发生事故的时间等事实，原审认定杨某某系在为某水厂送纯净水途中受伤是有依据的。关于原审法院对双方的责任划分问题。从保护劳动者合法权益出发，一审法院酌定2∶8的责任比例分担损失也是恰当的。

综上，原审判决事实清楚，证据确实、充分。某水厂的上诉意见不能成立，其上诉请求予以驳回。

河南省信阳市中级人民法院依照《中华人民共和国民事诉讼法》第一百七十条第一款第一项之规定，判决如下：

驳回上诉，维持原判。

【法官后语】

本案是个人在提供劳务的过程中，提供劳务者因自身原因受到伤害后责任承担与损害赔偿过错程度责任比例划分纠纷。因此本案中所涉及的主要法律问题是个人提供劳务受害责任纠纷的特点，如赔偿义务主体的认定，提供劳务者受害责任的划分。

从裁判思路来看，法院评判提成工资形式下劳务关系是否成立，主要是判断一方提供劳务，另一方约定以提成的形式支付一定的社会报酬，该种情况下的提成是支付工资方式的转变，并不能改变双方的劳务关系性质，依然可以认定双方存在劳务关系，而不是代销关系。

一、劳务关系的特点

劳务关系是由两个或两个以上的平等主体，通过合同建立的一种民事权利义务关系。该合同可以是书面形式，也可以是口头形式和其他形式。劳务关系主要有以下特征。

（一）主体特征

主体上，双方当事人可以都是法人或公民，也可以一方是法人，另一方是公民。可能是法人之间的关系，也可能是自然人之间的关系，还可能是法人与自然人之间的关系。此外，法律法规对劳务提供者主体资格的要求，不像对劳动关系主体要求那么严格。

（二）关系特征

劳务关系是平等主体之间的合同关系。劳动者提供劳务服务，用人单位支付劳务报酬，无须提供保险、福利等待遇，不存在人身隶属关系。

（三）法律特征

劳务关系是平等主体之间的财产关系，其纠纷是平等主体在履行合同中产生的纠纷，应适用《中华人民共和国民法典》进行规范和调整。

劳务关系基于民事法律规范成立，受民事法律规范的调整和保护，劳务关系可能产生的责任一般是违约和侵权等民事责任。

（四）表现形式

劳务关系是劳动者与用工者根据口头或书面约定，由劳动者向用工者提供一次性或者特定的劳动服务，用工者依约向劳动者支付劳务报酬的一种有偿服务的法律关系。劳务关系是由两个或两个以上的平等主体，通过劳务合同建立的一种民事权利义务关系。该合同可以是书面形式，也可以是口头形式和其他形式。

二、工资提成的性质

提成的方式类似计件制，是将企业盈利按照一定的比例在企业和员工之间分成的方式。提成的规则在于（作为员工）帮别人卖，赚取一定比例。提成有全额提成和超额提成两种。全额提成即按照总销售额的一定比例提成，浮动工资制；超额提成即保证完成一定的基本业务量，超额部分会有提成的奖金，这种方式员工会有一定的基本工资。

现实中采用提成工资制的公司并非全部都严格按照法律规定签订用工合同，提供劳务者也因自身的局限性未能合理维护自身的合法权益。公司与提供劳务者之间更多的是用口头约定规范各自的权利与义务，权利与义务以及劳务关系并不明确。

超额提成相对于全额提成来讲更具稳定性，有基本工资就会明确员工与用人单位之间的劳务关系。全额提成的员工没有基本工资，收入与销售量直接相关，在没有签订劳动合同的前提下，如果发生争议，就需要区分劳务关系与代销关系，在一定程度上为提供劳务方维权设置了障碍。

从适用难点来看。现实生活中，劳务双方不一定全部按照要求签订书面合同，权利与义务关系缺少书面约定，一旦发生纠纷，提供劳务方一般都处于弱势地位、弱势群体，缺少书面证据，举证困难，给法院的审理带来了困难、增加了难度。

三、提成工资形式下劳务关系的认定

从基本价值取向来看，对提成工资形式下劳务关系的认定标准具有一定弹性，除参考客观评价标准外，难点还在于进行价值判断，即需要在保护灵活就业者合法权益与在劳务经济、分享经济等经济模式中实行新的工资支付形式之间实现价值平衡。一方面，支付劳务报酬的灵活性导致现有法律规定难以与之一一匹配，但不能以此为由不为提供劳务者提供基本权利的救济。另一方面，劳务报酬支付的创新对于带动灵活就业、优化资源配置、促进经济转型具有重要意义，既要秉持宽许理念引导促进其发展，也有必要规范用工企业，防止其逃避企业应当承担的社会责任。

提成工资的前提是员工帮雇佣方卖货，赚取一定比例的利润。在实践中全额提成与代销是比较容易混淆的概念，区别在于是否存在劳务关系。

从具体认定思路来看，一是在个案中要结合企业用工模式和支付劳务报酬方式来判断。对于企业用工模式多样化和劳务报酬支付的新型化，要求梳理用工企业与劳务提供者之间的关系，即企业实际掌控劳务资源分配，劳务提供者完成工作属于其经营内容。需注意的是，由于支付劳务报酬的灵活多样，即使双方签订了全额提成的书面协议，也不能仅从文字表述确认协议是具有代销关系。二是从实质角度判断劳务关系。提成工资形式下的本质上并未突破传统劳务关系的评价标准。劳务提供者对平台的依附性不能仅从工作时间、地点、履行方式等判断，还需从劳务提供者对生产资料的依附性等方面进行认定。

在提成的工资形式下认定劳务关系要考虑是否是一方提供劳动活动，另一方支付约定的报酬。全额提成要认定劳务关系就要排除代销关系，需要综合考量多种因素，提供劳务者的个人素质，是否具有稳定的销售渠道，是否具备高超的销售技能以及提供劳务者的工作内容等；而代销关系应当具备形式上的要件，即是否签订代销协议，这是代销关系与劳务关系的一个重要区别。本案中杨某某是某水厂招的送水工，为某水厂工作长达数年，具体负责为县城区域内的客户送水，某水厂支付劳动报酬的方式是以每桶水 1.3 元的报酬给予送水工工资，每月结算支付一次。杨某某自备简易交通工具（三轮电瓶车），但实质上为某水厂提供的主要还是劳务，按照某水厂的安排和指派，把一定数量的纯净水运送至指定的客户处即可，因此，双方之间的劳务关系是明确的。

编写人：河南省固始县人民法院　裴国刚　王皓娜

011 “上下班途中受伤”的雇主责任认定
——高某慧诉机电公司提供劳务者受害责任案

【案件基本信息】

1. 裁判书字号

北京市第一中级人民法院（2019）京 01 民终 5598 号民事判决书

2. 案由：提供劳务者受害责任纠纷

3. 当事人

原告（上诉人，再审申请人）：高某慧

被告（上诉人，再审被申请人）：机电公司

【基本案情】

高某慧受雇于机电公司，双方签订了《聘用协议》，聘用期限自 2016 年 3 月 17 日至 2017 年 3 月 16 日。高某慧自述于 2016 年 12 月 31 日下班时，在机电公司门口摔倒。2017 年 1 月 1 日，高某慧到医院就诊，病历显示“右膝摔伤，膝内侧肿、疼、压痛”。2017 年 1 月 9 日至 2017 年 1 月 16 日，高某慧住院治疗，出院诊断“右膝骨关节病、右膝内侧半月板损伤、高血压病”。经高某慧申请，北京市海淀区人民法院依法委托鉴定中心对高某慧伤残程度进行鉴定。该机构于 2017 年 12 月 19 日出具《司法鉴定意见书》，认为高某慧右膝半月板损伤后遗留右膝关节功能部分丧失属十级伤残。高某慧支付鉴定费 2250 元。机电公司认可高某慧于 2016 年 12 月 31 日在单位加班，下班时间为当天下午 4 点 33 分，但对于高某慧所述摔伤时间及地点不予认可。经询问，机电公司称高某慧所述摔伤地点未安装摄像头。对于高某慧摔伤后没有立即就医而是第二天才去医院就诊，高某慧解释称因2016年一直未使用医保卡，不想在全年最后一天使用，因此才于第二天去医院就诊。高某慧申请证人李某某出庭作证，李某某称其与高某慧系朋友关系，2016年12月31日得知高某慧摔倒，遂开车与高某慧丈夫一起将高某慧接回家，当时看到高某慧坐在距单位小门几十米处的石头上。机电公司对证人证言不予认可，亦未就高某慧主张提交相应反证。

因双方对高某慧摔伤后的损失赔偿问题协商不成，高某慧遂诉至法院。

【案件焦点】

1. 高某慧所受伤是否为下班途中摔伤；2. 机电公司是否应对高某慧的受伤后果承担赔偿责任。

【法院裁判要旨】

北京市海淀区人民法院经审理认为：公民的生命权、健康权、身体权受法律保护。雇员在从事雇佣活动中遭受人身损害，雇主应当承担赔偿责任。本案中，高某慧与机电公司签订聘用协议，机电公司为其发放劳务费，双方形成劳务合同关系。

关于高某慧是否属于在下班途中摔伤，根据司法解释规定，对负有举证证明责任的当事人提供的证据，人民法院经审查并结合相关事实，确信待证事实的存在具有高度可能性，应当认定该事实存在。本案中，高某慧主张其在下班出单位门口时摔伤，并提供了门诊病历等就医材料以及证人证言等证据予以证明，对待证事实已经完成初步举证责任。机电公司虽对高某慧主张的基本事实提出异议，但是未提供充分证据予以证明，故法院对高某慧上述摔伤事实予以确认。

关于高某慧在下班途中是否属于从事雇佣活动以及双方对其所受伤害的责任承担问题。根据《最高人民法院关于审理人身损害赔偿案件适用法律若干问题的解释》第九条第二款的规定，“从事雇佣活动”是指从事雇主授权或者指示范围内的生产经营活动或者其他劳务活动。雇员的行为超出授权范围，但其表现形式是履行职务或者与履行职务有内在联系的，应当认定为“从事雇佣活动”。本案中，机电公司认可 2016 年 12 月 31 日当天高某慧在单位加班，现高某慧在下班出单位门口时摔伤，加班结束走出单位门口的活动与履行单位职务有内在的联系，且与履行工作职责相关，故应属于从事雇佣活动的行为。高某慧作为机电公司的雇员，在从事雇佣活动中遭受人身损害，雇主应承担赔偿责任。被侵权人对损害的发生也有过错的，可以减轻侵权人的责任。高某慧自认其是下班后极度疲劳，两腿打软，因此在单位门口摔伤。高某慧作为年纪稍长的成年人，对自己的体能状况及精神状态应该有一定的认知，尤其在身体疲惫的情况下应当采取合理的措施防患风险的发生，其未能尽到足够的注意义务最终导致了摔伤的结果，亦对事故的发生负有一定过错，应承担一定责任。法院根据上述各方过错责任程度，确定机电公司对高某慧此次摔伤造成的合理损失承担 60%的赔偿责任，高某慧自行承担 40%的合理损失。

现高某慧主张的医疗费、护理费、住院伙食补助费、交通费、残疾赔偿金、精神损害抚慰金中的合理部分，理由正当，应予支持。高某慧主张的护理费，标准过高，法院酌定按照护理期 30 天，护理费标准为每天 150 元计算。就高某慧主张的误工费，考虑到高某慧因受伤无法继续工作的实际情况，法院酌情判定误工期为3个月，按照高某慧受雇期间月工资标准计算。经法院核实，高某慧的各项损失为：医疗费7675元、住院伙食补助费1500元、护理费4500元、交通费1000元、误工费7500元、残疾赔偿金114550元、精神损害抚慰金5000元，以上费用共计141725元。

北京市海淀区人民法院依照《中华人民共和国侵权责任法》第六条、第十六条、第二十二条、第二十六条，《最高人民法院关于审理人身损害赔偿案件适用法律若干问题的解释》第十一条、第十七条之规定，判决如下：

一、机电公司于本判决生效后十日内赔偿高某慧医疗费、住院伙食补助费、护理费、误工费、交通费、残疾赔偿金、精神损害抚慰金共计85035元；

二、驳回高某慧的其他诉讼请求。

高某慧、机电公司均不服一审判决，提起上诉。

北京市第一中级人民法院经审理认为：双方当事人对同一事实分别举出相反的证据，但都没有足够的依据否定对方证据的，人民法院应当结合案件情况，判断一方提供证据的证明力是否明显大于另一方提供证据的证明力，并对证明力较大的证据予以确认。高某慧主张其在下班途中摔伤，并提供了门诊病历等就医材料以及证人证言等证据予以证明，机电公司对此予以否认但并未提供充分证据对其反驳主张佐证。就双方争议的事实而言，高某慧提交的证据材料较为完整，能够形成证据链，双方证据相比较，高某慧的证据存在证据优势，故一审法院依据查明事实及双方举证情况，认定高某慧系在下班途中摔伤并无不当，法院予以维持。

本案系提供劳务者受害责任纠纷，依据《中华人民共和国侵权责任法》第三十五条的规定，个人之间形成劳务关系，提供劳务一方因劳务造成他人损害的，由接受劳务一方承担侵权责任。提供劳务一方因劳务自己受到损害的，根据双方各自的过错承担相应的责任。据此，雇主责任必须满足雇员“因劳务”致他人或自己受损害，即雇主仅对提供劳务一方的职务行为造成的损害承担责任，《最高人民法院关于审理人身损害赔偿案件适用法律若干问题的解释》第九条第二款规定，“从事雇佣活动”是指从事雇主授权或者指示范围内的生产经营活动或者其他劳务活动。雇员的行为超出授权范围，但其表现形式是履行职务或者与履行职务有内在联系的，应当认定为“从事雇佣活动”。上述法律以及司法解释的规定对从事雇佣活动的判断，一方面主观上要求雇员的行为以雇主授权或指示为基础，并在其范围内从事劳动行为，雇员主观上为雇主利益而工作；另一方面客观上要求即使行为超出授权范围，但其表现形式是履行职务或与履行职务有内在联系的，应作为“执行职务”看待。本案中，高某慧系在下班途中摔伤，此时其雇佣活动已经完成，主观上并无机电公司授权或指示，机电公司对其下班后的行为亦无控制权力或受有利益；而客观上，高某慧下班回家的行为形式亦无法与其从事提供劳务行为存有内在联系，故其下班后摔伤的情形无法认定为系因劳务行为导致自己受到损害。一审法院认定高某慧下班途中摔伤属于从事雇佣活动的行为，属于适用法律错误，法院依法予以纠正。高某慧以下班途中也是从事雇佣活动中为由要求机电公司赔偿各项经济损失，缺乏事实及法律依据，法院不予支持。综上所述，机电公司的上诉理由成立，法院予以支持。

北京市第一中级人民法院依据《中华人民共和国侵权责任法》第三十五条，《最高人民法院关于审理人身损害赔偿案件适用法律若干问题的解释》第九条第二款，《中华人民共和国民事诉讼法》第一百七十条第一款第二项之规定，判决如下：

一、撤销北京市海淀区人民法院（2017）京0108民初39454号民事判决；

二、驳回高某慧的全部诉讼请求。

高某慧不服二审判决，申请再审。

北京市高级人民法院经审查，认为二审认定事实清楚，适用法律正确，改判结果正当，故裁定驳回了高某慧的再审申请。

【法官后语】

本案是《中华人民共和国民法典》（以下简称《民法典》）施行前发生的关于雇员在下班途中受伤雇主应否承担赔偿责任的侵权纠纷案例，根据《最高人民法院关于适用〈中华人民共和国民法典〉时间效力的若干规定》第一条第二款“民法典施行前的法律事实引起的民事纠纷案件，适用当时的法律、司法解释的规定，但是法律、司法解释另有规定的除外”之规定，故本案适用当时的《中华人民共和国侵权责任法》第三十五条和《最高人民法院关于审理人身损害赔偿案件适用法律若干问题的解释》第九条、第十一条规定进行裁判。但在2021年1月1日《民法典》施行后，《中华人民共和国侵权责任法》等九部法律同时废止，最高人民法院一系列司法解释也进行配套修正，有关雇员在从事雇佣活动中遭受人身损害问题的规定发生了一些变化。其中《中华人民共和国侵权责任法》第三十五条关于提供劳务一方因劳务自己受到损害的规定，现为《民法典》第一千一百九十二条，即“个人之间形成劳务关系，提供劳务一方因劳务造成他人损害的，由接受劳务一方承担侵权责任。

接受劳务一方承担侵权责任后，可以向有故意或者重大过失的提供劳务一方追偿。提供劳务一方因劳务受到损害的，根据双方各自的过错承担相应的责任”。对于雇员在从事雇佣活动中遭受人身损害的责任承担，《民法典》没有相应的规定，《最高人民法院关于审理人身损害赔偿案件适用法律若干问题的解释》删除了第九条和第十一条有关雇员在从事雇佣活动中致人损害及遭受人身损害的条款，故可以考虑以提供劳务受到损害为由，依据《民法典》第一千一百九十二条规定进行裁判。

本案例是依据《民法典》侵权责任编相关规定进行具体分析。关于高某慧受伤的原因，一审、二审法院认定一致，即根据举证情况及证明力大小，采信高某慧的主张，认定其系在下班途中摔伤。本案的分歧点在于，高某慧下班途中摔伤是否属于“从事雇佣活动中遭受人身损害”，雇主应否承担赔偿责任。对此，一审、二审法院作出了不同的认定。一审法院认为系从事雇佣活动受伤，雇主应该担责，二审法院则给出了完全相反的结论。由此可见，对于雇员“下班途中受伤”的性质认定以及雇主赔偿责任的承担问题，审判实践中认识不一，需要进一步予以明确。因雇员上班与下班途中受伤雇主责任承担所面临的法律问题一致，故本文对于上下班途中受伤的雇主责任一并探讨。

一、“上下班途中受伤”性质的认定

（一）职员或雇员在上下班途中受伤，一般不认定为因工受伤

《工伤保险条例》第十四条规定，职工有下列情形之一的，应当认定为工伤：（1）在工作时间和工作场所内，因工作原因受到事故伤害的；（2）工作时间前后在工作场所内，从事与工作有关的预备性或者收尾性工作受到事故伤害的；（3）在工作时间和工作场所内，因履行工作职责受到暴力等意外伤害的；（4）患职业病的；（5）因

工外出期间，由于工作原因受到伤害或者发生事故下落不明的。从上述规定可以看出，职员在工作时间和工作场所内，因工作原因受到伤害，是认定因工受伤的主要标志。同理，雇员在工作时间和工作场所内，因工作原因受到伤害的，亦应认定为“因劳务受到伤害”。

但是，对于职员在“上下班途中”受伤，即在合理时间内往返于工作地与居住地的合理路线中受到伤害，是否属于因工受伤。对于与用人单位建立了劳动关系的职员而言，根据《工伤保险条例》的规定，除遭受交通事故伤害外，均不应认定为工伤。对于与雇主建立了劳务关系的雇员而言，是否系因工受伤，即“因劳务受伤”，需要准确界定“因劳务”即“从事雇佣活动”的范围。根据《民法典》第一千一百九十二条“个人之间形成劳务关系，提供劳务一方因劳务造成他人损害的，由接受劳务一方承担侵权责任。接受劳务一方承担侵权责任后，可以向有故意或者重大过失的提供劳务一方追偿。提供劳务一方因劳务受到损害的，根据双方各自的过错承担相应的责任”的规定，从事雇佣活动的范围应该是“因劳务”，而雇员上下班是其劳务开始前和结束后的个人活动，并非从事劳务任务，所以，雇员在上下班途中受伤，不能认定为“因劳务受伤”，要根据伤害行为的具体情节，认定系个人受伤行为、他人侵权行为或者意外伤害行为。

（二）职员在上下班途中受伤应认定为工伤的例外

同上所述，职员在上下班途中受伤，一般不认定为工伤。但是，对于与单位建立了劳动关系的职员，根据《工伤保险条例》第十四条的规定，职工在上下班途中，受到非本人主要责任的交通事故或者城市轨道交通、客运轮渡、火车事故伤害的，应当认定为工伤。即上下班途中受伤认定为工伤必须满足以下条件：一是双方建立了劳动关系即劳动者和用人单位的关系；二是因交通事故或者城市轨道交通、客运轮渡、火车事故伤害；三是在合理时间和合理路线，即在上下班时间往返于工作地与住所地、经常居住地、单位宿舍、配偶、父母、子女居住地、从事属于日常工作生活所需要的活动及其他合理路线的上下班途中；四是法律或者行政法规有明确的规定。而雇主和雇员之间建立的是劳务关系，即使上下班途中发生非本人主要责任的交通事故或者城市轨道交通、客运轮渡、火车事故伤害的，亦不能认定为因工受伤。

二、雇主承担赔偿责任的构成要件

《民法典》第一千一百九十二条规定，个人之间形成劳务关系，提供劳务一方因劳务受到损害的，根据双方各自的过错承担相应的责任。据此，雇主对雇员在执行职务中造成自身伤亡时承担责任必须满足以下条件：（1）伤者必须为雇员，即双方建立了劳务关系；（2）必须是执行职务中，系“因劳务”受损害，即雇主仅对提供劳务一方的职务行为造成的损害承担责任；（3）雇主需没有免责事由，即不存在不可抗力情形；（4）雇员存在过错的，亦应承担相应的责任。

综上，高某慧与机电公司建立的是劳务关系，其在下班途中自己不慎摔伤，此时雇佣活动已经完成，其下班回家的行为并无机电公司授权或指示，亦与其从事的劳务行为不存有内在联系，故无法认定系因劳务行为或从事雇佣活动致其受到损害，不符合雇主应对雇员承担赔偿责任的构成要件。高某慧的再审申请缺乏充分的事实和法律依据，应当予以驳回。

编写人：北京市高级人民法院　姜春玲

012 外卖骑手送外卖期间发生事故的责任认定

——黎某辉诉科技公司提供劳务者受害责任案

【案件基本信息】

1. 裁判书字号

广东省汕尾市中级人民法院（2018）粤 15 民终 285 号民事判决书

2. 案由：提供劳务者受害责任纠纷

3. 当事人

原告（被上诉人）：黎某辉

被告（上诉人）：科技公司

【基本案情】

黎某辉于 2017 年 3 月 3 日起接受科技公司雇用，双方没有签订劳动合同，报酬按照 5 元/单结算。2017 年 6 月 12 日 19 时 35 分，黎某辉接到科技公司某平台订单后前往取餐途中，与钟某某的蓝色无号牌二轮摩托车发生碰撞，造成双方均受伤、两车均损坏的交通事故。经认定黎某辉负事故主要责任，钟某某负事故次要责任。事故发生后，黎某辉即被送往医院治疗。2017 年 9 月 13 日，黎某辉以其与科技公司存在劳动关系为由到海丰县劳动人事争议仲裁委员会申请仲裁。该委以双方不存在《关于确立劳动关系有关事项的通知》里规定的管理与被管理的关系为由，于 2017 年 10 月 16 日裁决双方不存在事实劳动关系。黎某辉遂于 2017 年 11 月 20 日诉至法院要求科技公司承担赔偿责任。

【案件焦点】

黎某辉与科技公司形成何种法律关系。

【法院裁判要旨】

广东省汕尾市海丰县人民法院经审理认为：黎某辉接受科技公司某平台订单指令后进行送餐服务，科技公司按照黎某辉完成订单数量及成效向黎某辉支付报酬，有科技公司制作的佣金发放表和黎某辉银行流水单为证。黎某辉在提供劳务过程中身着科技公司统一制服，对外代表公司，其上、下班时间虽不受科技公司直接管理，但在接受订单指令后需遵守科技公司规章制度，双方形成的关系应属于雇佣关系，科技公司应对黎某辉的损失承担赔偿责任。黎某辉因逆行造成交通事故，自身也有一定过错，结合本案实际情况，双方责任比例酌定为4∶6，即40%由黎某辉自行承担，科技公司承担60%的赔偿责任。科技公司赔偿黎某辉费用234193.32元。

广东省汕尾市海丰县人民法院依照《中华人民共和国民法总则》第一百一十八条，《最高人民法院关于审理人身损害赔偿案件适用法律若干问题的解释》第十一条、第十七条、第十八条、第十九条、第二十条、第二十一条、第二十二条、第二十三条、第二十四条、第二十五条、第二十六条、第二十八条之规定，判决如下：

科技公司应于本判决生效之日起十日内赔偿黎某辉费用234193.32元。

科技公司不服一审判决，提起上诉。

广东省汕尾市中级人民法院经审理认为：本案中，黎某辉在送餐服务过程中，需遵守科技公司的规章制度，身着统一制服，对外代表公司，即其在工作时间内需接受科技公司的管理。另科技公司系按照黎某辉完成的订单数量及成效向黎某辉按月支付报酬，黎某辉对于每单的配送费用并无议价权，仅以其付出的劳务获取相应的报酬。且科技公司在劳动仲裁阶段也已自认其与黎某辉系雇佣关系，据此，本案中科技公司与黎某辉的关系符合提供劳务法律关系的特征。科技公司主张双方存在承揽关系，但未提供证据予以证明，故对该主张不予支持。据此，科技公司应对黎某辉履职过程中所受损害承担赔偿责任。但黎某辉因逆行造成交通事故，存在重大过错，根据《中华人民共和国侵权责任法》第二十六条“被侵权人对损害的发生也有过错的，可以减轻侵权人的责任”的规定，本案应适当减轻雇主科技公司的赔偿责任，酌定双方各承担50%的责任。

广东省汕尾市中级人民法院依照《中华人民共和国侵权责任法》第二十六条，《中华人民共和国民事诉讼法》第一百七十条第一款第二项之规定，判决如下：

一、变更广东省海丰县人民法院（2017）粤1521民初1506号民事判决为：科技公司应于本判决生效之日起十日内赔偿黎某辉费用196309.33元；

二、驳回科技公司的其他上诉请求。

【法官后语】

外卖行业的发展给人们的餐饮生活带来了极大的便利，但相关的法律适用问题并没有跟上步伐，外卖骑手在送餐过程中发生交通事故死亡或受伤的事件时有发生，而外卖骑手在其中处于何种地位，与外卖配送服务商形成何种法律关系，直接影响这类案件的责任承担认定问题。

本案系典型加盟模式的外卖配送，科技公司承包了某平台在汕尾城区、海丰的送餐服务，黎某辉作为外卖骑手直接与科技公司发生法律关系，黎某辉主张双方系雇佣关系，而科技公司则认为双方系承揽关系。本案中，如何认定黎某辉与科技公司之间的法律关系显得尤为重要。

雇佣与承揽均以提供劳务为基础，两者形式极为相似，且经常在不规范的情况下发生，实践中双方多数没有签订书面合同，加之人们趋利避害的心理，往往将两者的关系予以混淆，使之难以认定。司法实务中，可从以下几个方面对雇佣关系与承揽关系进行区分：

一、双方是否存在控制、支配、从属关系

雇佣关系中，雇员与雇主的地位是不平等的，双方存在一定的人身依附关系，雇员必须在雇主的指示、控制下开展工作，雇主可以制定一系列的规章制度来约束雇员，可以对雇员的具体工作表现进行奖惩，而雇员在提供劳务的过程中需遵守劳动纪律。总之，雇员必须听从雇主的指挥与安排。而承揽关系中，定作人和承揽人的地位是平等的，承揽人具有独立开展工作的权利，定作人无权干预，定作人可以对劳动成果进行必要的监督检查，但不得影响承揽人的正常工作，也不对承揽人有任何处分权，只能依据双方的合同约定追究承揽人的违约责任，承揽人在工作过程中也无须受劳动纪律的约束。

二、是以提供劳务活动为目的抑或以完成劳动成果为目的

雇佣关系中以劳务供给为目的，是以雇员提供的无形劳动力为标的，注重的是雇员提供劳务的这一行为；而承揽关系则以劳动成果的给付为目的，承揽人提供的劳务均是为了劳动成果的完成而服务，定作人偏重的是劳动成果是否得以完成。而雇佣与承揽均是以提供劳务为手段完成工作，故实践中对劳务活动与劳动成果的区分有一定的难度，实务中可结合以下几点进行区分：

(1) 是定期给付报酬还是一次性给付报酬。以劳务活动为目的的，多按照固定的时间间隔发放报酬，即定期给付；以劳动成果为目的的，一般是按照劳动成果完成的情况一次性给付报酬。

(2) 是连续性劳务还是一次性劳务。以劳务活动为目的的，为了保证工作的稳定性运行，一般是以连续性劳务的形式存在；以劳动成果为目的的，因劳动成果的完成往往是阶段性工作，故常以一次性劳务的形式存在。

(3) 提供劳务者所付出的劳动是其独立的业务或经营活动，还是构成对方的业务或经营活动的组成部分。区别劳务活动和劳动成果，还可从一方提供的劳务是否是其独立的业务或经营活动来判断，若是其独立的业务或经营活动，可认定其以完成劳动成果为目的，双方形成承揽关系；若一方提供的劳务构成对方的业务或经营活动的组成部分，可认定其以提供劳务活动为目的，双方形成雇佣关系。

三、劳动义务是否可转移

雇佣关系中，由于双方存在一定的人身依附关系，故雇员在未经雇主同意的情况下，不得将自己应承担的劳动义务转移给他人，必须亲自履行；而承揽关系中，承揽人只要完成双方约定的工作成果即可，不一定由其自己提供劳务，承揽人可将部分工作交由第三人完成，由其向定作人负责。

四、报酬支付标准不同

雇佣关系中，雇员仅以其提供的劳务价值获取报酬，只要其提供了劳务，就有权获得报酬；而承揽关系中，承揽人并不完全以其劳务价值获取报酬，还应含有成本、技术及利润等附加价值。

具体到本案中，黎某辉在送餐服务过程中，需遵守某平台的送餐规则，其送餐时间均有严格的限制，平台甚至为此制定了一系列奖惩措施，而科技公司代理“某平台”的送餐业务，实际上黎某辉在工作时间内接受的是科技公司的管理，且科技公司系按照黎某辉完成的订单数量及成效向黎某辉按月支付报酬，黎某辉对于每单的配送费用并无议价权，仅以其付出的劳务获取相应的报酬。另黎某辉自2017年3月3日至其发生事故时，均在为科技公司提供送餐的劳务活动，具有连续性特征，而非一次性劳务活动，且其付出的劳动属科技公司的业务范围。综上分析，黎某辉与科技公司形成的是雇佣关系，系提供劳务法律关系，科技公司对黎某辉应承担替代赔偿责任。但因黎某辉在本案事故中违反交通法规逆向行驶，其存在重大过错，根据原《中华人民共和国侵权责任法》第二十六条“被侵权人对损害的发生也有过错的，可以减轻侵权人的责任”规定，二审酌定双方各承担50%的责任。

值得注意的是，民法典施行后，合同法及侵权责任法因被民法典吸收而废止，《最高人民法院关于审理人身损害赔偿案件适用法律若干问题的解释》亦因此作出重大修改，人身损害赔偿司法解释中有关雇佣关系、承揽关系中损害赔偿责任的相关规定均被删除，取而代之的是民法典中第一千一百九十一条①、第一千一百九十二条②、第一千

① 《中华人民共和国民法典》第一千一百九十一条规定，用人单位的工作人员因执行工作任务造成他人损害的，由用人单位承担侵权责任。用人单位承担侵权责任后，可以向有故意或者重大过失的工作人员追偿。劳务派遣期间，被派遣的工作人员因执行工作任务造成他人损害的，由接受劳务派遣的用工单位承担侵权责任；劳务派遣单位有过错的，承担相应的责任。

② 《中华人民共和国民法典》第一千一百九十二条规定，个人之间形成劳务关系，提供劳务一方因劳务造成他人损害的，由接受劳务一方承担侵权责任。接受劳务一方承担侵权责任后，可以向有故意或者重大过失的提供劳务一方追偿。提供劳务一方因劳务受到损害的，根据双方各自的过错承担相应的责任。提供劳务期间，因第三人的行为造成提供劳务一方损害的，提供劳务一方有权请求第三人承担侵权责任，也有权请求接受劳务一方给予补偿。接受劳务一方补偿后，可以向第三人追偿。

一百九十三条[①]的相关规定，其中第一千一百九十一条不仅涵盖雇佣关系，还包括劳动关系等，但并未对工作人员在执行工作任务期间受到损害的侵权责任认定作出规定，而第一千一百九十二条，虽有对劳务者受损的相关侵权责任认定，但该条款却局限于个人之间形成的劳务关系，且不同于之前适用无过错责任原则，而是根据双方过错各自承担责任的过错责任原则。一言以蔽之，民法典施行后，对个人因与非个人之间形成劳务关系工作过程中受到损害的情形，并没有作出相关规定，司法实践中如遇到此类情形，应如何适用现行法律解决实际问题？笔者认为，在尚无明确法律规定的情形下，由单位承担提供劳务者受害的责任符合现有法律原则和精神，个人与单位形成劳务关系与劳动关系具有极大相似性，当提供劳务者因劳务受害时的责任承担应参照劳动关系确定的规则，由单位承担赔偿责任，但考虑到劳务关系适用的是民法领域，那么在发生侵权行为时亦因考虑适用民法典第一千一百七十三条中规定的过失相抵原则，即在原侵权责任法第二十六条的基础上加以修改的“被侵权人对同一损害的发生或者扩大有过错的，可以减轻侵权人的责任”[②]这一条款，确定双方责任。

本案是因外卖配送发生事故而引发的纠纷，实践中因外卖骑手

---

① 《中华人民共和国民法典》第一千一百九十三条规定，承揽人在完成工作过程中造成第三人损害或者自己损害的，定作人不承担侵权责任。但是，定作人对定作、指示或者选任有过错的，应当承担相应的责任。

② 《中华人民共和国民法典》对该条款作出三个方面的修改：一是将“损害”修改为“同一损害”，二是增加了“被侵权人对同一损害的扩大有过错”的情形，三是将“也有过错”的“也”字删除，此次修改，对损害后果进一步限定，覆盖范围更广，同时进一步确定过错责任原则与无过错责任原则的侵权行为类型均可适用过失相抵原则，相较之前，此次修改后的条款，更为严谨及科学合理。

与外卖平台代理商、外卖平台存在多种经营模式，导致法律关系难以界定，审理难度加大。本案在审理中有关法律关系的认定也出现了多种声音，有认为是雇佣关系的，亦有认为是承揽关系的，甚至有些认为是劳动关系。如何准确定性本案法律关系，还是应具体案件具体分析，正如本案的外卖骑手的工作状态，其并没有非常严格的上下班管理制度，故不宜认定为劳动关系，但其工作状态也不符合承揽关系的特征，故本案经多方比较，最终还是认为应定为雇佣关系比较合理，亦是为了进一步促使企业积极承担社会责任，引导行业良性发展。

编写人：广东省汕尾市中级人民法院　詹维敏　施伟强

013　分包人知道雇主无相应的资质，应当与雇主对提供劳务者受伤的后果承担连带赔偿责任

——吴某林诉劳务公司等提供劳务者受害责任案

【案件基本信息】

1. 裁判书字号

四川省成都市中级人民法院（2018）川01民终14158号民事判决书

2. 案由：提供劳务者受害责任纠纷

3. 当事人

原告（被上诉人）：吴某林

被告（上诉人）：劳务公司、邓某庆

被告：钢结构公司

【基本案情】

劳务公司系建筑劳务分包有限责任公司，其经营范围为：安装钢结构、网架等。劳务公司从钢结构公司承包的新津县银隆新能源一标段汽车项目工程分包了劳务工程后，又将分包的屋面、墙内、墙外上板等工程转包给不具备承包资质的邓某庆。2017 年 3 月中旬，吴某林到邓某庆承包的该工程处从事钢结构屋面安装工作。2017 年 4 月 1 日，吴某林在该工地钢结构房屋上铺设屋面时，踩到房屋面板上，因房屋面板光滑，摔落到地面上受伤。当日，被送往新津县某医院治疗，诊断为：(1) 右侧 1、2、6—9 肋骨骨折；(2) 右侧血气胸；(3) 双肺挫伤；(4) 胸 8 椎体爆裂性骨折；(5) 胸 5、6、7 棘突骨折；(6) 腰 2、3、4 右侧横突及腰 4、5 棘突骨折；(7) 枢椎齿突骨折；(8) 右侧肩胛骨骨折；(9) 右侧耻骨上支骨折等。吴某林于 2017 年 7 月 13 日好转出院，出院医嘱：建议伤后 6 个月内勿行体力活动；建议评残；伤后需严格卧床 3 个月，其间需一人护理。吴某林共花费住院医疗费 61227.59 元，其中，邓某庆垫付 42000 元；邓某庆另垫付吴某林门诊医疗费 1629 元、其他费用 3000 元。2017 年 8 月 3 日，吴某林向新津县劳动人事争议仲裁委员会申请确认吴某林与劳务公司存在事实上的劳动关系。2017 年 9 月 14 日，新津县劳动人事争议仲裁委员会作出仲裁裁决：确认双方自 2017 年 3 月起存在劳动关系。劳务公司不服，向法院起诉，法院于 2017 年 11 月 14 日判决确认：吴某林与劳务公司不存在劳动关系，该判决已产生法律效力。之后，吴某林向成都市人力资源和社会保障局申请工伤认定，2018 年 3 月 12 日，该局作出不予受理决定书，吴某林在法定期限内未申请行政复议或者提起行政诉讼。为此，吴某林诉至法院。2018年6月1日，四川唯正司法鉴定所对吴某林损伤程度作出鉴定意见：其右侧6根肋骨骨折，为十级伤残；胸8椎体爆裂性骨折，为十级伤残；胸5—7棘突骨折、腰2—4右侧横突及腰4、5棘突骨折后，为十级伤残。吴某林垫付鉴定费1000元。审理过程中，邓某庆要求对其垫付费用在本案中一并处理。

另查明，吴某林抚养有未成年子女：女儿吴某，生于2003年3月18日；儿子吴某奇，生于2008年8月1日，均系农村居民。

【案件焦点】

1. 关于责任主体及责任大小；2. 关于吴某林主张的赔偿标准及赔偿费用。

【法院裁判要旨】

四川省成都市新津县人民法院经审理认为：第一，关于责任主体及责任大小。钢结构公司将其承包工程中的劳务工程分包给有资质的劳务公司，二者之间的法律关系性质为建设工程分包合同。在本案中，钢结构公司对吴某林受伤不具有过错，故对吴某林主张钢结构公司承担连带责任的请求，法院不予支持。邓某庆作为雇主在不具备承包工程资质的情况下，从劳务公司转包屋面、墙内、墙外上板等工程，且在雇请工人施工过程中未采取必要的安全监督和防范措施，致使吴某林在施工中受伤，邓某庆具有明显的过错，应承担主要赔偿责任；吴某林作为完全民事行为能力人，在施工中对自身安全未尽到谨慎注意义务，虽自身受伤，但仍有一定过错，应自负一定责任，法院确认双方承担的赔偿责任比例为9∶1。根据《最高人民法院关于审理人身损害赔偿案件适用法律若干问题的解释》第十一条第二款“雇员在从事雇佣活动中因安全生产事故遭受人身损害，发包人、分包人知道或者应当知道接受分包或者分包业务的雇主没有相应资质或者安全生产条件的，应当与雇主承担连带赔偿责任”的规定，劳务公司明知邓某庆个人不具备承包资质而将其分包的屋面、墙内、墙外上板等工程又转给邓某庆，故应当与邓某庆承担连带赔偿责任。

第二，关于吴某林主张的赔偿标准及赔偿费用。吴某林户籍虽系农村居民，但其在新津县务工受伤的事实能够认定其为务工农民，故其主张的残疾赔偿金应当按照城镇居民标准计算，劳务公司、邓某庆辩称其残疾赔偿金应按农村居民标准计算的理由不能成立。因邓某庆垫付的医疗费 43629 元系吴某林治疗开支，庭审中，邓某庆也要求在本案中一并处理，为了避免诉累，故将该费用纳入本案赔偿范围。吴某林主张的赔偿费用符合法律规定的部分法院予以支持，法院确认列入其赔偿范围的费用如下：残疾赔偿金 73744. 8 元，被扶养人生活费 15044. 04 元，但鉴于吴某林主张的被扶养人生活费为 10029. 36 元，故其被扶养人生活费按 10029. 36 元计算，误工费 22890 元；住院生活补助费、营养费 5665 元；护理费 10300 元；医疗费（住院、门诊）62856. 59 元；鉴定费 1000 元；交通费 800 元，共计 187285. 75 元；由邓某庆赔偿 90%，即 168557. 18 元、其余费用吴某林自负；另由邓某庆酌情赔偿吴某林精神抚慰金 4000 元；劳务公司在邓某庆承担责任的范围内承担连带赔偿责任。邓某庆垫付的 46629 元从其承担的赔偿总额中予以扣除。

四川省成都市新津县人民法院依照《中华人民共和国侵权责任法》第十六条、第二十二条、第三十五条，《最高人民法院关于审理人身损害赔偿案件适用法律若干问题的解释》第十一条第二款、第十七条第一款、第十九条、第二十条、第二十一条、第二十二条、

第二十三条、第二十四条、第二十五条,《中华人民共和国民事诉讼法》第六十四条第一款、第一百四十四条及《最高人民法院关于适用〈中华人民共和国民事诉讼法〉的解释》第九十条第二款之规定,判决如下:

一、邓某庆在本判决生效后十日内赔偿吴某林125928.18元;

二、劳务公司在邓某庆承担责任的范围内承担连带赔偿责任;

三、驳回吴某林的其他诉讼请求。

劳务公司、邓某庆均不服一审判决,提起上诉。

四川省成都市中级人民法院经审理同意一审裁判意见,依照《中华人民共和国民事诉讼法》第一百七十条第一款第一项之规定,判决如下:

驳回上诉,维持原判。

【法官后语】

本案所指的雇佣关系是狭义的雇佣关系,是指没有纳入依照法律规定应当参加工伤保险统筹的个人之间形成的劳务关系,不包括劳动法所指的劳动关系。对属于《中华人民共和国劳动法》和《工伤保险条例》调整的劳动关系,受害人不能对用人单位提起民事损害赔偿诉讼,应当依照《工伤保险条例》的规定,向工伤保险机构请求工伤保险赔偿,对工伤保险赔偿有争议的,属于劳动争议,按照劳动争议案件的处理程序,必须先向劳动争议仲裁委员会申请仲裁,对仲裁决定不服的,才可以向人民法院起诉。

关于法律适用问题。根据《最高人民法院关于适用〈中华人民共和国民法典〉时间效力的若干规定》第一条第二款"民法典施行前的法律事实引起的民事纠纷案件,适用当时的法律、司法解释的规定，但是法律、司法解释另有规定的除外”的规定，本案发生于民法典施行前，故应当适用当时的法律及司法解释的规定。

关于雇主担责的依据及理由。根据《中华人民共和国民法典》第一千一百九十二条“个人之间形成劳务关系……提供劳务一方因劳务受到损害的，根据双方各自的过错承担相应的责任”规定，雇主承担过错责任的主要依据是：一是雇主对雇员的职业活动负有安全注意和劳动保护的职责义务，改善生产条件，提供安全设备和教育，组织安全生产，对雇员的职业活动提供必需的保障，是雇主和企业的责任。二是改善事故诊疗和伤残的赔偿，是对工人因职业伤害支持的经济损失和劳动能力损失的补偿，与工人操作过失有一定的关系，但雇主并不能因工人操作过失而不承担责任。即使有时由于工人自身违反操作规程造成事故，也非工人自愿。为了排除操作过失免责的影响，法律推定工人不会自己伤害自己即非工人故意造成本人受伤。三是规定雇主责任有利于促进雇主的劳动保险和劳动保护意识。按照我国现行法律的规定，即使是个体工商户都应当给工人投保工伤保险。因此，雇主承担替代责任一般能够通过保险予以分担，在法律上是公平合理的。从实际情况来看，工人遭受职业伤害使他们的劳动能力、经济收入甚至生命遭受损失，过失保险待遇仅仅是对他们的一定补偿，本身就体现了对雇主责任的减轻，设定此种情况下的雇主责任符合社会正义。

发包人、分包人与雇主承担连带赔偿责任的依据及理由。《中华人民共和国安全生产法》第二十条规定：“生产经营单位应当具备本法和有关法律、行政法规和国家标准或者行业标准规定的安全生产条件；不具备安全生产条件的，不得从事生产经营活动。”第一百零三条第一款规定：“生产经营单位将生产经营项目、场所、设备发包或者出租给不具备安全生产条件或者相应资质的单位或者个人的，责令限期改正，没收违法所得……导致发生生产安全事故给他人造成损害的，与承包方、承租方承担连带赔偿责任。”《中华人民共和国建筑法》第二十二条规定：“建筑工程实行直接发包的，发包单位应当将建筑工程发包给具有相应资质条件的承包单位”。第二十九条规定：“建筑工程总承包单位可以将承包工程中的部分工程发包给具有相应资质条件的分包单位……总承包单位和分包单位就分包工程对建设单位承担连带责任”。既然发包人、分包人知道或者应当知道接受分包或者分包业务的雇主没有相应的资质或者安全生产条件的，那么他们的行为就违反了法定义务，与造成实际损害后果的雇主具有共同的过错，从一定意义上说，构成了共同侵权，理所应当与雇主承担连带赔偿责任。

编写人：四川省成都市新津区人民法院　杜进

014　为雇员购买团体人身意外伤害险能否抵扣雇主责任

——沈某红诉通信公司提供劳务者受害责任案

【案件基本信息】

1. 裁判书字号

江苏省盐城市中级人民法院（2018）苏09民终2922号民事判决书

2. 案由：提供劳务者受害责任纠纷

3. 当事人

原告（被上诉人）：沈某红

被告（上诉人）：通信公司

【基本案情】

沈某红受雇于通信公司从事网线架设工作。2017 年 7 月 22 日，通信公司为沈某红等 9 名工人在某保险公司投保了团体人身意外伤害险。同年 8 月 12 日，沈某红在作业过程中不慎跌落，致腰椎骨折。出院当日，通信公司即与沈某红签订和解协议一份，约定：通信公司垫付沈某红出院前的医疗费和生活费共计 14630 元，在保险理赔款中予以扣除，剩余部分归沈某红所有，沈某红不得再向通信公司主张任何权利。后经人体损伤鉴定，沈某红构成十级伤残。沈某红遂诉至法院，认为和解协议显失公平，且签订协议时并不知道会构成伤残，故亦存在重大误解，请求撤销和解协议，判令通信公司赔偿各项损失 119394 元。

【案件焦点】

雇主为雇员购买团体人身意外伤害险，雇员基于保险所获得的理赔能否抵扣雇主应当承担的雇主责任。

【法院裁判要旨】

江苏省盐城市阜宁县人民法院经审理认为：《中华人民共和国保险法》第三十九条第二款规定：“投保人为与其有劳动关系的劳动者投保人身保险，不得指定被保险人及其近亲属以外的人为受益人。”（民法典施行后，保险法未发生过修正）沈某红在提供劳务过程中受伤，案涉团体人身意外伤害险的受益人是沈某红，通信公司作为雇主并不享有保险金的请求权，因此即便沈某红依据保险合同得到了理赔，也不能减轻通信公司本应承担的雇主责任，沈某红仍有权向通信公司主张赔偿。现经人体损伤鉴定，沈某红构成十级伤残，其依法应获得医疗费、护理费、误工费、残疾赔偿金等各项损失赔偿，但案涉和解协议却约定其不得再以本次事故向通信公司主张任何权利，权利义务明显失衡，构成显失公平，和解协议应予撤销。另根据查明的事实，沈某红因本起事故产生各项损失 110169 元，通信公司应当承担赔偿责任。遂判决如下：

一、撤销和解协议；

二、通信公司赔偿沈某红 110169 元；

三、驳回沈某红的其他诉讼请求。

通信公司不服一审判决，提起上诉。

江苏省盐城市中级人民法院经审理认为：案涉保险系用人单位为排除可能的损害赔偿责任而为提供劳务者购买的，目的在于分担赔偿责任。事故发生后，双方当事人自愿达成和解协议，约定用保险理赔款抵扣用人单位的赔偿责任，内容具体明确，不违反法律、行政法规强制性规定，应当认定合法有效。双方应当按照约定行使权利、履行义务。在沈某红未向保险公司主张权利，保险理赔数额尚未确定的情况下，目前没有证据证明和解协议存在重大误解或显失公平的可撤销情形，沈某红现在行使撤销权理据不足，不予支持。据此，通信公司的上诉请求成立，予以支持。依照《中华人民共和国民事诉讼法》第一百七十条第一款第二项（对应现行民事诉讼法第一百七十七条第一款第二项）之规定，判决如下：

一、撤销江苏省阜宁县人民法院（2017）苏 0923 民初 6143 号民事判决；

二、驳回沈某红的全部诉讼请求。

【法官后语】

案涉争议由来已久，笔者认为，应当以雇主意思论为原则，以雇员意思论为例外。

1. 抵扣具有正当性，支持雇主意思论。保险合同受益人是谁与投保人能否通过投保令被保险人受益而在受益范围内免除其本该对被保险人承担的侵权责任是两个不同的命题。前者解决的是保险合同利益“归谁所有”的问题，后者解决的是保险合同利益“为谁所用”的问题。团体人身意外伤害险属于商业人身保险范畴，保险合同利益依法归被保险人雇员或其近亲属所有毋庸置疑，但是雇员却非保险合同当事人，合同当事人是投保人与保险人，而雇主作为投保人，虽负有缴纳保费的义务，却不能直接享受保险合同利益，由此可见，这是一种典型的赋权型“为第三人利益合同”，即“当事人一方，约定他方向第三人给付，第三人因之取得直接请求给付之契约”。当事人中的债权人又称受约人，债务人又称立约人，第三人又称受益人。因提供劳务者受害责任纠纷属于侵权纠纷，填补损害是宗旨，故根据补偿原则，无论从哪种渠道获取救济，对于受害人雇员而言，只要能够弥补损失即可，这就为雇主出资替雇员购买商业保险转嫁用工风险提供了契机。此与雇主责任险相比，尽管雇主不是案涉保险合同利益的直接享有者即被保险人，无权以自己的名义直接请求给付保险金，但是这并不妨碍其从保险合同利益直接享有者即雇员之获益行为中间接受益即相应免除自己本该对雇员承担的赔偿责任，且从经济学、管理学的角度评判，可谓“双赢”，不仅分担了雇主责任，还保障了雇员利益，这是一种在利益互博过程中，寻找到的“利人又利己”的帕累托最优，既效率又公平，因此坚持雇主意思论不无道理。

2. 缔约必须规范，不排除雇员意思论。通常情况下，雇主要求在雇员的保险获益范围内相应免责的依据在于其自认为与雇员之间存在一份通过购买团体人身意外伤害险减轻或免除雇主责任的协议，而此协议明显属于有相对人意思表示的双方行为，需要雇主与雇员意思表示一致方能成立，因此虽说雇主意思论具有法理正当性，但是雇主的免责意思表示事先特别是在投保时有无向雇员明示，将对免责条款的成立、生效产生重大影响，因为无论采用了解主义还是到达主义，依照“意思自主”“效果意定”的意思自治原则，雇主的免责意思表示都必须先向雇员发出，经过“要约”“承诺”甚至“反要约”“再承诺”等一轮或多轮磋商的缔约过程始得完成，否则无法也无权强制雇员受领该免责的意思表示，这就意味着在雇员未明确表示接受雇主的免责意思前，该意思表示对雇员尚未生效，但是保险合同却因无须征得雇员同意，早已生效并发挥着保障功能，雇员当然有理由要求雇主另行承担赔偿责任，而且一旦雇员表示享受保险合同利益，为维护交易安全，禁止反言，雇主即不得任意撤销、变更、解除保险合同。

3. 法无禁止即自由，立法未禁止雇主作为间接受益人。从立法背景和历史沿革来看，《中华人民共和国保险法》第三十九条第二款后半段规定是2009年修订的新法在对2002年旧法第六十一条原文予以保留的基础上增设的内容，缘于“旧保险法施行过程中，逐渐暴露出一个问题，雇主以雇员为被保险人投保人身保险时，经常利用其与劳动者的不平等地位，迫使雇员作出同意雇主为受益人的意思表示，并且据此指定雇主为受益人。在保险合同成立之后，保险事故一旦发生，保险人因劳动者生命健康受到损害而给付的保险金却往往被雇主所获得，雇主将上述保险金或者只是其中的一部分作为雇主承担责任的资金给付劳动者，以此变相逃避雇主责任，甚至克扣保险金并因此获利”。由此可见，立法的初衷是为切实保护劳动者权益，防止雇主牟利，并杜绝道德风险，确保保险合同利益直接归雇员或劳动者所有，而非有意禁止雇主从保险合同中间接受益。

综上，雇主为雇员购买团体人身意外伤害险转嫁用工风险，不违反法律、行政法规的强制性规定，应当予以肯定。但是须事先告知雇员，否则事后披露不仅可能协议免赔不能，出现“赔了夫人又折兵”的窘况，还会产生即便达成协议，也面临被撤销的风险，因为保险信息一直为雇主单方控制，事后特别是在雇员处于危难之际，损伤程度未定的情况下促成协议，难免有乘人之危、显失公平或重大误解之嫌，而且人身保险实行的是定额给付，保险理赔范围与侵权赔偿范围并非一致，雇员就保险合同保障范围之外未获赔偿的部分仍可向雇主继续主张。

编写人：江苏省盐城市阜宁县人民法院　刘干

015　劳务派遣性质的清洁工参加抢险排水行为性质认定

——陈某兄诉物业公司、家居公司提供劳务者受害责任案

【案件基本信息】

1. 裁判书字号

江苏省盐城市中级人民法院（2017）苏09民终4526号民事裁定书

2. 案由：提供劳务者受害责任纠纷

3. 当事人

原告（被上诉人）：陈某兄

被告（被上诉人）：物业公司

被告（上诉人）：家居公司

【基本案情】

原告陈某兄于2015年12月受被告物业公司雇用为保洁员，被派驻在被告家居公司从事保洁工作，每月工资1500元由物业公司发放。2015年12月3日，家居公司（甲方）与物业公司（乙方）签订《物业外包服务合同》，约定：物业公司向家居公司派驻保安、保洁人员各13人，甲方将保安值班、安全服务、保洁服务外包给乙方，确保甲方办公区和责任区域范围的安全和保洁；保安、保洁人员的招聘、工资、社保、福利等由乙方负责……保洁人员对办公楼室内外卫生区域每天巡回清扫，保持楼道楼梯、大厅、会议室、卫生间、办公楼周围等公共区域卫生干净整洁，楼梯、栏杆、地面以及办公楼周围每天打扫，垃圾每天清倒，周末或节假日每天早上清扫一次，如有特殊安排，随时通知……

2016年2月1日上午9时许，陈某兄在家居公司三楼做正常保洁工作，一楼消防水管突然爆裂，水流喷射而出，迅速漫流。为保障商户及其财产免于受损，家居公司通过对讲机呼叫号召本公司员工及物业公司派驻员工参加抢险。陈某兄听到呼叫后，从三楼赶到一楼现场参加抢险，与大家一起排除积水。由于当时天气寒冷，地面积水凝结成冰，有多人跌倒。陈某兄在抢险过程中也不慎摔倒受伤，致右侧股骨颈骨折。根据陈某兄的申请，法院委托滨海县某医院司法鉴定所对陈某兄受伤后的伤残等级、误工、护理、营养期限及后续治疗费进行鉴定，该所于2017年4月2日作出司法鉴定意见书，鉴定意见：（1）陈某兄因意外致右股骨颈骨折（头下型），术后内固定在位，右髋关节活动受限，右髋关节功能丧失25%以上已构成人体损伤致残程度十级伤残。（2）陈某兄伤后住院期间需2人护理并给予营养支持，出院后需1人护理150日并给予营养支持180日，误工期限365日，二次手术取内固定需人民币8000元左右。

【案件焦点】

原告陈某兄参加抢险排除积水的行为应如何定性。

【法院裁判要旨】

江苏省盐城市盐都区人民法院经审理认为：案件的焦点是原告陈某兄参加抢险排除积水的行为是履行职务行为还是义务帮工行为。原告陈某兄系物业公司的雇员，被派驻在家居公司从事保洁工作，在工作期间，听从家居公司的指挥参加抢险，其表现形式是履行职务（服从指挥），实质是在执行工作任务（临时任务）。从陈某兄参加抢险的行为本身来看，是不需要另外支付报酬的，有义务的成分，但这与义务帮工是有本质区别的，家居公司与物业公司是合作关系，家居公司是需要向物业公司支付服务费用的，故陈某兄参加抢险的行为不是义务帮工，而属于从事雇佣活动即执行工作任务的履行职务行为。

江苏省盐城市盐都区人民法院于2017年7月31日作出（2016）苏0903民初7166号民事判决：

一、原告陈某兄因伤造成的损失合计155859.14元，扣除被告物业公司垫付的款项29676.72元后，由被告家居公司于本判决发生法律效力之日起十五日内向原告陈某兄赔偿126182.42元，被告物业公司负连带赔偿责任；

二、驳回原告陈某兄的其他诉讼请求。

宣判后，家居公司提起上诉。江苏省盐城市中级人民法院经审理认为：关于陈某兄参加抢险排除积水的行为如何定性的问题。陈某兄退休后受雇于物业公司，被物业公司派驻在家居公司从事保洁工作，结合物业公司与家居公司签订的《物业外包服务合同》，该合同仅约定保洁员的常规保洁工作，并未约定家居公司出现突发紧急情况时保洁员亦要从事抢险工作。故陈某兄损害后果实质系因陈某兄义务帮助家居公司抢险和从事保洁工作两种行为共同造成，陈某兄参加抢险排除积水的行为系义务帮工和提供保洁劳务的混合。

江苏省盐城市中级人民法院作出民事判决：驳回上诉，维持原判。

【法官后语】

本案一审、二审采用了不同的裁判思路和方法，在认定原告陈某兄参加抢险排除积水的行为如何定性问题上存在部分分歧，但对最终责任的承担及裁判结果意见是一致的，家居公司和物业公司对陈某兄的人身损害承担连带赔偿责任。

一审法院认定，陈某兄退休后受物业公司雇佣，工资报酬由物业公司支付，双方之间构成雇用关系（劳务关系）；陈某兄被派驻在家居公司从事保洁工作，陈某兄与家居公司又形成实际用工关系。陈某兄参加抢险排除积水的行为属于从事雇佣活动即执行工作任务的履行职务行为，雇主物业公司应当承担赔偿责任。同时，家居公司是用工单位，陈某兄实际上是受家居公司的临时指示参加抢险的，是为了家居公司的利益而受伤，家居公司是既得利益者，参照劳动合同法第九十二条“用工单位给被派遣劳动者造成损害的，劳务派遣单位与用工单位承担连带赔偿责任”的规定，家居公司也应当承担连带赔偿责任，故一审法院认定家居公司也是赔偿义务主体。陈某兄与物业公司之间不构成劳动关系，不受劳动合同法调整，一审法院未适用上述劳动合同法的法条，而是采用共同侵权理论，适用原侵权责任法第八条“二人以上共同实施侵权行为，造成他人损害的，应当承担连带责任”的规定进行裁判。二审法院认定，陈某兄参加抢险排除积水的行为系义务帮工和提供保洁劳务的混合，物业公司应当承担雇主赔偿责任，家居公司应当承担被帮工人之赔偿责任。二审法院采用并发的侵权理论，适用原侵权责任法第十一条“二人以上分别实施侵权行为造成同一损害，每个人的侵权行为都足以造成全部损害的，行为人承担连带责任”的规定进行裁判。陈某兄系在从事义务帮工和雇佣活动的过程中遭受的人身损害，无论是义务帮工，还是提供保洁劳务，这两种行为发生聚合导致同一损害后果，且每一种行为都足以造成其损害后果。故陈某兄有权请求被帮工人家居公司和雇主物业公司承担连带责任。

从对陈某兄参加抢险排除积水行为的定性来看，二审法院的观点更胜一筹。相对于陈某兄的人身损害，家居公司和物业公司之间没有共同的意思联络，二审法院运用并发的侵权理论将义务帮工和雇佣活动两种行为聚合起来，解决了原告陈某兄的请求权基础问题。原侵权责任法第十一条规定的情形，是并发的侵权行为即无意思联络数人侵权中因果关系聚合的类型，又称为等价因果关系，即各侵权人的行为均为发生同一损害后果的直接原因，每一独立的侵权行为均足以造成全部损害后果，各侵权行为可以互相替代，但损害结果的同一性并不因此发生改变。其形式上应该是各等价因果关系的聚合，而非各原因力的累积或叠加。从本案的实际来看，与原侵权责任法第十一条规定的情形更加贴切、更加相符，故本案应当适用侵权责任法第十一条作为裁判家居公司和物业公司承担连带责任的法律依据和法理基础。

关于提供劳务者自身受到损害的，劳务派遣单位与用工单位的民事责任，侵权责任法、民法通则、民法总则均没有明确的规定，民法典也没有明确规定。民法典第一千一百九十一条第二款规定的是提供劳务者造成他人损害的，劳务派遣单位与用工单位承担民事责任的情形，即“劳务派遣期间，被派遣的工作人员因执行任务造成他人损害的，由接受劳务派遣的用工单位承担侵权责任；劳务派遣单位有过错的，承担相应的责任”。本案系提供劳务者自身受到损害，不符合民法典该条规定的情形。就本案而言，民法典施行之前的侵权责任法第十一条规定的内容与民法典侵权责任编第一千一百七十一条规定的内容是相同的，新旧法所体现的立法精神和对侵权责任的规定是相一致的，劳务派遣单位与用工单位对并发的侵权行为应当承担连带赔偿责任。

编写人：江苏省盐城市盐都区人民法院　黄约平

016 工程转包后如何确定提供劳务者受害责任中承担连带责任的主体

——王某诉装饰公司、超市公司提供劳务者受害责任案

【案件基本信息】

1. 裁判书字号

北京市第三中级人民法院（2017）京 03 民终 130 号民事裁定书

2. 案由：提供劳务者受害责任纠纷

3. 当事人

原告（被上诉人）：王某

被告（上诉人）：装饰公司

被告：超市公司

【基本案情】

王某是具有相应作业资格的焊工。2015年10月25日王某在装饰公司承接一项装修改造工程施工过程中用力按压钢梁致其本人亲手焊接的板坠落，砸伤其脚部。当日他未前往医院治疗，第二日其在家中以白酒揉搓方式自行疗伤，其间因操作不当致其伤脚从20公分左右高的凳子上掉落在地上。10月29日，王某在潞河医院进行了治疗，并遵医嘱休息至2016年2月29日。治疗花费医疗费4798.16元。2016年2月25日，王某自行委托北京华夏物证鉴定中心对其伤情进行伤残等级鉴定，经鉴定该机构于2016年2月29日出具鉴定意见："被鉴定人王某左足第2、3跖骨骨折构成十级伤残；伤残赔偿指数为10%。"王某支出鉴定费2400元。

涉案工程系超市公司发包给湖北红旗公司北京分公司（以下简称湖北红旗公司），湖北红旗公司具有建设工程企业资质证书。湖北红旗公司将涉案工程分包给装饰公司，装饰公司不具备建设工程企业资质证书。装饰公司临时雇用王某在内的数名工人从事具体施工作业，所有人的劳务报酬均由装饰公司发放给施工工人。王某与装饰公司协商赔偿事宜未果，将雇主装饰公司和发包人超市公司诉至法院要求：装饰公司、超市公司连带赔偿王某医疗费、误工费、残疾赔偿金等各项损失共计11.57万元。

装饰公司辩称：王某事发当日没有就诊，也没有告知管理人员，事发四天后才去医院，不排除这四天发生了其他事故导致其受伤。此外，装饰公司并非直接从超市公司承包涉案工程，而是从湖北红旗公司承包涉案工程，不应由超市公司承担责任，装饰公司同意给王某 2 万元补偿。超市公司辩称：超市公司没有雇用过王某，也没有和装饰公司签订过合同。涉案工程的承包方为湖北红旗公司，超市公司不应承担责任。

【案件焦点】

涉案工程存在发包方、分包方和雇主，如何确定提供劳务者受害责任纠纷案件中承担连带责任的主体。

【法院裁判要旨】

北京市通州区人民法院经审理认为：雇员在从事雇佣活动中遭受人身损害，雇主应当承担赔偿责任。本案中，装饰公司承接了涉案装修改造工程，并临时雇用包括王某在内的几名工人从事具体施工作业，王某在施工中不慎将脚部砸伤，由此所遭受的损失应由装饰公司负责赔偿。王某作为一名具有相应作业资格的焊工，其在安放钢梁过程中用力按压钢梁致其本人亲手焊接的板坠落，并导致砸伤其脚部，可以认定王某施工操作存在失误，对其自身受伤王某存在一定的过失；且其在受伤后未及时前往医院治疗，而是采取自行按摩方式处理，并在自行处理时发生伤脚坠地的情况，故王某对其所受损害后果亦应承担一定的责任，本院认为装饰公司与王某对王某受伤的损害后果应各承担百分之五十的责任。超市公司虽然并未与装饰公司直接联系业务，也未签订书面施工合同，但该公司作为涉案工程的实际发包人，应当对该工程的实际施工情况进行合理管理，避免施工项目随意分包转包，超市公司对其发包的工程疏于管理，故该公司应当与装饰公司承担连带赔偿责任。北京市通州区人民法院依据《中华人民共和国民法通则》第五条,《中华人民共和国侵权责任法》第十六条、第二十二条,《中华人民共和国民事诉讼法》第六十四条第一款之规定，作出如下判决:

一、装饰公司赔偿王某医疗费、误工费、护理费、营养费、鉴定费、残疾赔偿金、交通费、精神损害抚慰金等共计 48488.96 元，于判决生效之日起七日内执行清，超市公司对上述给付内容承担连带赔偿责任;

二、驳回王某的其他诉讼请求。

装饰公司持辩称意见上诉。北京市第三中级人民法院经审理认为：一审判决认定基本事实不清，遗漏当事人。依照《中华人民共和国民事诉讼法》第一百七十条第一款第三项、第四项之规定，裁定如下:

一、撤销北京市通州区人民法院（2016）京 0112 民初 8132 号民事判决。

二、发回北京市通州区人民法院重审。

【法官后语】

该案例涉及提供劳务者受害责任纠纷案件中应承担连带责任的主体问题。

1. 法院应当追加可能的共同侵权人作为被告，否则遗漏必要共同诉讼当事人将导致事实不清，责任不清。

《最高人民法院关于审理人身损害赔偿案件适用法律若干问题的

解释》（2022年修正）第二条规定："赔偿权利人起诉部分共同侵权人的，人民法院应当追加其他共同侵权人作为共同被告。赔偿权利人在诉讼中放弃对部分共同侵权人的诉讼请求的，其他共同侵权人对被放弃诉讼请求的被告应当承担的赔偿份额不承担连带责任。责任范围难以确定的，推定各共同侵权人承担同等责任。"本案中，涉案工程发包人系超市公司，湖北红旗公司从超市公司处承包涉案工程后，将工程分包给施工单位装饰公司，王某受雇于装饰公司。王某在施工过程中遭受人身损害，湖北红旗公司作为分包人，按照《最高人民法院关于审理人身损害赔偿案件适用法律若干问题的解释》（2022年修正）的规定，是可能与装饰公司共同承担连带赔偿责任的主体，该分包人未被法院追加为共同被告，属于遗漏必要共同诉讼当事人。分包人未被追加进本案中，不能查清案情，分清责任。只有厘清责任主体，确认有责任的主体应当承担哪种责任及责任大小，在此基础上，赔偿权利人才能对那些应当承担责任的主体作出是否放弃的选择，否则就会事实不清、责任不清。

2. 发包人将工程分包给具有资质的分包人，分包人将工程转包给不具有资质的雇主，提供劳务者在雇佣活动中受到损害的，承担连带责任的主体应当是分包人与雇主，而不是发包人与雇主。

本案中，涉案工程发包人系超市公司，湖北红旗公司从超市公司处承包涉案工程后，将工程分包给施工单位装饰公司，王某受雇于装饰公司。从现有证据来看，发包人超市公司将涉案工程发包给有资质的湖北红旗公司符合法律规定，超市公司不应在本案中承担责任。承包人湖北红旗公司将工程转包给并不具有施工资质的装饰公司，装饰公司雇用王某在施工过程中遭受人身损害，按照《最高人民法院关于审理人身损害赔偿案件适用法律若干问题的解释》的规定及现有证据，湖北红旗公司系应与装饰公司共同承担连带赔偿责任的主体。

2003 年《最高人民法院关于审理人身损害赔偿案件适用法律若干问题的解释》第五条第一款规定，赔偿权利人起诉部分共同侵权人的，人民法院应当追加其他共同侵权人作为共同被告。赔偿权利人在诉讼中放弃对部分共同侵权人的诉讼请求的，其他共同侵权人对被放弃诉讼请求的被告应当承担的赔偿份额不承担连带责任。责任范围难以确定的，推定各共同侵权人承担同等责任。《最高人民法院关于审理人身损害赔偿案件适用法律若干问题的解释》第十一条第二款规定："雇员在从事雇佣活动中因安全生产事故遭受人身损害，发包人、分包人知道或者应当知道接受发包或者分包业务的雇主没有相应资质或者安全生产条件的，应当与雇主承担连带赔偿责任。"

《最高人民法院关于审理人身损害赔偿案件适用法律若干问题的解释》（2022 年修正）第二条规定，赔偿权利人起诉部分共同侵权人的，人民法院应当追加其他共同侵权人作为共同被告。赔偿权利人在诉讼中放弃对部分共同侵权人的诉讼请求的，其他共同侵权人对被放弃诉讼请求的被告应当承担的赔偿份额不承担连带责任。责任范围难以确定的，推定各共同侵权人承担同等责任。人民法院应当将放弃诉讼请求的法律后果告知赔偿权利人，并将放弃诉讼请求的情况在法律文书中叙明。

《最高人民法院关于审理人身损害赔偿案件适用法律若干问题的解释》（2022 年修正）删除了第十一条的规定。

《中华人民共和国民法典》第一千一百九十一条规定，用人单位的工作人员因执行工作任务造成他人损害的，由用人单位承担侵权责任。用人单位承担侵权责任后，可以向有故意或者重大过失的工作人员追偿。劳务派遣期间，被派遣的工作人员因执行工作任务造成他人损害的，由接受劳务派遣的用工单位承担侵权责任；劳务派遣单位有过错的，承担相应的责任。《中华人民共和国民法典》第一千一百九十二条规定，个人之间形成劳务关系，提供劳务一方因劳务造成他人损害的，由接受劳务一方承担侵权责任。接受劳务一方承担侵权责任后，可以向有故意或者重大过失的提供劳务一方追偿。提供劳务一方因劳务受到损害的，根据双方各自的过错承担相应的责任。提供劳务期间，因第三人的行为造成提供劳务一方损害的，提供劳务一方有权请求第三人承担侵权责任，也有权请求接受劳务一方给予补偿。接受劳务一方补偿后，可以向第三人追偿。《中华人民共和国民法典》第一千一百九十三条规定：承揽人在完成工作过程中造成第三人损害或者自己损害的，定作人不承担侵权责任。但是，定作人对定作、指示或者选任有过错的，应当承担相应的责任。

编写人：北京市第三中级人民法院　蒋巍　吴可加

017　接受劳务方对提供劳务方的疾病是否具有注意义务

——陈某喜诉物流公司提供劳务者受害责任案

【案件基本信息】

1. 裁判书字号

浙江省台州市中级人民法院（2016）浙 10 民终字第 2344 号民事判决书

2. 案由：提供劳务者受害责任纠纷

3. 当事人

原告（被上诉人）：陈某喜

被告（上诉人）：物流公司

【基本案情】

陈某喜于1951年出生，至2014年9月已年满60周岁。2014年9月开始，陈某喜跟随物流公司车辆运送货物。物流公司根据陈某喜的劳务情况，按月支付报酬。

2016年1月16日下午，陈某喜随物流公司的车辆到台州市路桥区新桥镇运送货物。到达送货地点后，陈某喜等人进行卸货。由于货物存放点为二楼，卸货方式为人员站在车厢顶抛送货物、相关人员在二楼接收货物。其中，陈某喜站在车厢顶部负责向上抛送货物。卸货过程中，陈某喜称其头晕，被他人扶下车厢，后又被送往医院住院治疗。经诊断，陈某喜为脑出血、高血压病。陈某喜的病情，在诉讼中经司法鉴定，构成七级伤残。后陈某喜向物流公司要求赔偿问题，双方未能达成一致意见，并发生争执。为此，陈某喜通过媒体主张权利。在媒体向物流公司进行采访时，物流公司对于陈某喜在运送货物过程中突发疾病以及陈某喜为其提供劳务不持异议，但认为自己不应承担责任。

诉讼中，陈某喜以媒体采访报道的视频以及医院的病历等材料为据，认为其与物流公司之间系劳务关系，其在物流公司从事工作期间突发疾病，与物流公司安排的工作强度与岗位有关，物流公司应对其发病造成的损失进行赔偿。物流公司认为，陈某喜因长期高血压引起的损失，与物流公司无关，请求驳回诉讼请求。

【案件焦点】

物流公司对陈某喜患有的高血压是否具有注意义务，对于陈某喜在劳务过程中自身疾病发作所产生的损失是否需要承担赔偿责任。

【法院裁判要旨】

浙江省台州市椒江区人民法院经审理认为：陈某喜年事已高，且患有高血压病，物流公司安排陈某喜从事货物运送工作，劳动强度较大，对诱发陈某喜本次发病存在过错，应对陈某喜因本次发病造成的损失承担相应的责任。考虑到陈某喜发病的主要原因是自身疾病所致，可以减轻物流公司的赔偿责任。根据案件的实际情况，酌情确定由物流公司承担15%的赔偿责任。对于陈某喜所主张的各项损失，依法进行了审查和认定。

浙江省台州市椒江区人民法院依照《中华人民共和国侵权责任法》第十六条、第二十六条以及《最高人民法院关于审理人身损害赔偿案件适用法律若干问题的解释》（2003年12月4日最高人民法院审判委员会通过）第十条等规定，判决物流公司赔偿给陈某喜医疗费、误工费、护理费等共计68916.65元。

物流公司持原审起诉意见提起上诉。浙江省台州市中级人民法院经审理认为：从本案的现有证据来看，造成陈某喜发病的主要原因系自身疾病所致，而作为接受劳务一方的物流公司，安排年事已高、患有高血压的陈某喜从事货物运送工作，与陈某喜疾病的发生存在一定的关系，结合实际情况，卸货劳动为本次发病的诱发因素。故根据陈某喜疾病发生的原因力大小、各当事人之间的过错程度，一审确定上诉人承担的责任比例并无不当，也在合理范围，二审亦予以确认。对于陈某喜的各项损失，一审的审查、认定并无不妥。

浙江省台州市中级人民法院依照《中华人民共和国民事诉讼法》第一百七十条第一款第一项的规定，判决如下：

驳回上诉，维持原判。

【法官后语】

本案处理重点主要在于接受劳务方对于提供劳务方的自身疾病有无注意义务，以及在劳务过程中提供劳务方自身疾病发病所产生的损失接受劳务方是否需要承担责任。对此，审判实务中存在较大争议，主要有以下两种观点：一种观点认为，接受劳务方没有义务，不应当承担提供劳务方自身疾病发病所造成的损失；另一种观点则认为，劳务可能对提供劳务者疾病的诱发有一定的影响，接受劳务方未尽全面的注意义务，应根据过错的大小承担赔偿责任。

笔者同意第二种观点。个人之间劳务关系过错责任的归责原则，本案适用的主要条文为《最高人民法院关于审理人身损害赔偿案件适用法律若干问题的解释》（2003 年）第十一条和《中华人民共和国侵权责任法》第三十五条。前述司法解释第十一条第一款规定："雇员在从事雇佣活动中遭受人身损害，雇主应当承担赔偿责任。雇佣关系以外的第三人造成雇员人身损害的，赔偿权利人可以请求第三人承担赔偿责任，也可以请求雇主承担赔偿责任。雇主承担赔偿责任后，可以向第三人追偿。"《中华人民共和国侵权责任法》第三十五条规定："个人之间形成劳务关系，提供劳务一方因劳务造成他人损害的，由接受劳务一方承担侵权责任。提供劳务一方因劳务自己受到损害的，根据双方各自的过错承担相应的责任。"从两个法条的规定来看，侵权责任法对于个人之间形成劳务关系的提供劳务者受害责任纠纷，适用过错责任的归责原则进行了重大修正，从之前的“无过错责任”到现在的“过错责任”。在劳务关系中，通常情况下，接受劳务方较提供劳务一方强势，且受害方一般为提供劳务方。由此可见，侵权责任法降低了受害方权利的保护程度。在此种情况下，应在判断提供劳务方过错和接受劳务方过错时加以区别，提高接受劳务方的注意义务。可以预见，随着法治社会的推进，人们的法律意识会进一步提升，劳务双方的地位也会趋于平等。在此之前，进行过错认定的区别判断，有利于消除侵权责任法重大修正所带来的抵触情绪，也有利于减少侵权责任法实施前后同案不同判的差距。2020 年 12 月 23 日修正的《最高人民法院关于审理人身损害赔偿案件适用法律若干问题的解释》删除了原解释第十一条的规定。2021 年 1 月 1 日起施行的《中华人民共和国民法典》沿用了侵权责任法第三十五条关于提供劳务者受害责任的规定，进一步明确了个人之间劳务关系过错责任的归责原则为过错责任。民法典第一千一百九十二条第一款规定“个人之间形成劳务关系，提供劳务一方因劳务造成他人损害的，由接受劳务一方承担侵权责任。接受劳务一方承担侵权责任后，可以向有故意或者重大过失的提供劳务一方追偿。提供劳务一方因劳务受到损害的，根据双方各自的过错承担相应的责任”。

本案中，虽然物流公司对于陈某喜患有高血压等疾病没有过错，但陈某喜年事已高，物流公司在没有充分询问、了解陈某喜身体状况的情况下，就安排陈某喜从事货物运送、卸载等强度较大的工作，存在过错。同时，陈某喜明知自己身体患病，还从事强度较大的工作，自身也存在较大过错，可以减轻物流公司的赔偿。

编写人：浙江省台州市椒江区人民法院　陈静

三、网络侵权责任纠纷

018 网络服务提供者的侵权责任

——陈某诉网络公司、樊某名誉权案

【案件基本信息】

1. 裁判书字号

浙江省玉环市人民法院（2020）浙1021民初1439号民事判决书

2. 案由：名誉权纠纷

3. 当事人

原告：陈某

被告：网络公司、樊某

【基本案情】

被告网络公司是微博网站的经营者。被告樊某系案外人邱某淇的现女朋友，而原告陈某系案外人邱某淇前女朋友。2020年1月22日至3月10日，被告樊某以“台州玉环×××××”的微博用户名连续在被告网络公司的微博平台发微博。内容分别有：“我也是万不得已公布其信息，一个花季少女16岁开始在外同居，骗钱，堕胎……”“给你脸不要脸，电话打到你办公室，整个单位都知道，用你的话，那又怎么样……”“昨晚收到信息了吗？照片上是你吗？还钱……”等，并附原告及案外人邱某淇的生活照片等。上述微博博文阅读量最少的在1000人次，最多的有6865人次。被告樊某该微博的粉丝有 28 人，关注有 1123 人，微博文 14 篇。

2020 年 2 月 3 日原告三次在被告网络公司微博平台针对被告樊某的不同博文连续提交四条投诉信息，2 月 4 日又提交一条投诉信息。但被告网络公司对其中三条的处理状态是“等待处理”，其中两条的处理状态是“驳回举报”。

2020 年 3 月 5 日，原告通过被告网络公司微博平台网页底部区域投诉举报大厅——权益纠纷——人身权益投诉——本人投诉，要求被告网络公司对“台州玉环×××××”封号或删除相关博文，并上传自己的身份证信息，保证声明及链接。但被告网络公司并没有进行处理。

2020 年 3 月 26 日，原告向被告网络公司寄送诉求书一份，要求其对名为“台州玉环×××××”的博文删除并关闭该微博号。被告网络公司接到后，于 2020 年 4 月 1 日对该微博号进行了封号。

另查明：案外人邱某淇与原告陈某交往期间有对外举债的情况。

【案件焦点】

网络服务提供者在本案中是否需要承担侵权责任，以及需要承担何种法律责任。

【法院裁判要旨】

浙江省玉环市人民法院经审理认为：公民的名誉权受法律保护。对本案两被告是否构成侵权及责任承担，评判如下：

1. 被告樊某是否构成侵权。被告樊某与原告陈某因私怨引发纠纷，自 2020 年 1 月开始在微博平台发布原告的个人信息，揭露原告的“过往”，用词刻薄，低俗至极，无论事件真伪，对原告进行侮辱的主观故意明显，系列博文意在贬低原告的社会评价，构成侵犯原告的名誉权。

2. 被告樊某的民事责任承担。被告樊某微博粉丝 28 人，关注 1000 余人，博文阅读量虽有 1000 人以上，但没有证据证明被告樊某的微博粉丝或关注的人与原告的亲友存在交叉，给原告造成的损害后果难以评估，故对原告主张赔偿精神抚慰金不予支持。本院确定被告樊某就其侵权行为应当向原告陈某赔礼道歉，同时消除影响、恢复名誉限定在被告网络公司的微博平台。原告所主张的公证费用 1200 元系为本案主张侵权的事实进行证据固定，是必要的费用支出，本院予以支持。

3. 被告网络公司是否应对被告樊某的侵权行为承担相应责任。被告网络公司应当加强对上传博文内容的管理与审查。原告陈述曾多次投诉，但被告网络公司均未予以处理。作为网络平台提供者，平台运行期间在接到他人投诉的情况下应高度注意并及时审查，被告网络公司对原告的投诉没有引起足够重视，其存在过失。本院已确定被告樊某就自己的行为向原告赔礼道歉，因涉及侵权影响的范围与被告网络公司有关，被告网络公司对此应负有配合转载相关判决内容的义务。而被告樊某承担的公证费用 1200 元为金钱给付义务，对此被告网络公司应当承担连带责任。

浙江省玉环市人民法院依照《中华人民共和国侵权责任法》第十五条第一款第七项、第八项，第二十二条，第三十六条第二款，《中华人民共和国民事诉讼法》第一百四十二条之规定，判决如下：

一、被告樊某应于本判决生效后十日内在被告网络公司微博平台更改为实名后向原告陈某赔礼道歉，消除影响、恢复名誉，相关内容在平台上保持 30 天。如果被告樊某不履行，被告网络公司应当在微博平台更改原被告樊某的微博名为实名后转载本判决书的说理及主文部分。如果被告樊某主动删号或其他因素导致无法转载的，除追究其拒不履行的责任外，还需在其他媒体刊登本判决相关内容（媒体及道歉内容由本院审核），费用由被告樊某承担；

二、被告樊某于本判决生效后十日内支付原告陈某为侵权支出的公证费用1200元，被告网络公司对此承担连带责任；

三、驳回原告陈某的其余诉讼请求。

宣判后，当事人均未上诉，判决书已生效。

【法官后语】

本案的主要争议焦点是网络服务提供者在本案中是否需要承担侵权责任，以及需要承担何种法律责任。

一、网络服务提供者在本案中是否需要承担侵权责任

（一）对于“知道”的理解

《中华人民共和国民法典》第一千一百九十七条，在原《中华人民共和国侵权责任法》第三十六条规定的“知道”的基础上增加了一个“应当知道”。也就是说，这个知道不单单是指有明确证据表明网络服务提供者已经知道了网络用户在实施侵权行为，还应该包括间接证据推断网络服务提供者有极大可能知道的情形。“应当知道”也可以被称为“推定知道”，指的是一个正常的，理性的人在尽到注意义务时，可以通过判断来确定侵权事实的存在。这就要求网络服务提供者应尽到两个方面的义务：一方面是消极义务，即在接到有人投诉举报时，要核实内容是否存在侵权；另一方面是积极义务，即对于网络用户发布的明显违反国家法律法规、公序良俗的内容，进行积极审查，并采取必要措施。

本案中对于樊某的侵权行为，作为网络服务提供者的网络公司不能通过积极义务审查出来，情有可原，但在原告多次投诉后，被告网络公司仍不引起重视。被告樊某的博文只有14篇，且针对性很强，贬低原告的意思表示明显。但凡被告网络公司进行过审查，其都不难判断出该侵权事实，然而被告网络公司在原告多次投诉后，采取驳回原告投诉或待处理等消极方式，不及时处理，导致侵权结果扩大。在接到原告通知时，被告网络公司就应当知道有网络用户在实施侵权行为。

（二）对“必要措施”的理解

这里的必要措施应当是合理的，防止侵权结果扩大的措施，具体从措施的合理性以及最终效果两个方面来把握。必要措施的合理性指的是在网络服务提供者能力范围内可以采取的普通大众所能接受的措施；措施的最终效果指的是网络服务提供者能够证明其采取的措施可以有效阻止侵权行为的实施，可以有效避免或减少侵权后果的产生。网络服务提供者可采取的必要措施包括但不限于删除内容、屏蔽、封号等。另外根据《中华人民共和国民法典》第一千一百九十五条第二款“网络服务提供者接到通知后，应当及时将该通知转送相关网络用户，并根据构成侵权的初步证据和服务类型采取必要措施；未及时采取必要措施的，对损害的扩大部分与该网络用户承担连带责任”的规定，网络服务提供者还应当转发通知相关的网络用户，并对构成侵权的初步证据和服务类型及时采取必要措施，即及时固定住侵权的初步证据，以方便权利人主张权利。

本案中，原告于2月就开始向作为网络服务提供者的被告网络公司投诉，被告网络公司于4月1日才对被告樊某的侵权微博账号采取封号措施。且在原告向法院起诉维权时，其并未提供侵权网络用户樊某的真实身份信息，也未固定侵权的初步证据。时隔近两个月，才采取措施，并未达到及时的要求。从原告提供的证据显示，被告网络公司在2月就有驳回其投诉的情形。所以，被告网络公司的抗辩理由不能成立。

综上，被告网络公司在明知被告樊某利用其网络平台实施侵权行为的情况下，未及时采取必要措施，其应当对该侵权行为给原告造成的损失承担连带责任。

二、网络服务提供者应当承担何种责任

人格权遭受侵害的，受害人可以要求侵权人停止侵害、消除影响、恢复名誉、赔礼道歉等，且该民事责任应当与行为的具体方式和造成的影响范围相当。

在本案中，原告主张要求被告樊某赔礼道歉，消除影响、恢复名誉，赔偿精神抚慰金10000元，赔偿公证费1200元，要求被告网络公司承担连带责任。因损害结果难以评估，原告亦未提供证据证明其遭受了精神损害，所以对于精神抚慰金的请求不予支持。对于网络服务提供者是否要对原告赔礼道歉，消除影响、恢复名誉并承担连带责任，首先，我们认为连带责任应当是针对金钱给付义务的，其次，在本案中，网络服务提供者并非直接侵权人，要求其赔礼道歉也不是很妥当，但可以要求其配合完成侵权人履行判决书确定的民事责任。对于公证费1200元，因是原告维权的必要合理支出，且是因为网络服务提供者未为其提供维权的初步证据所形成的。网络服务提供者应当承担连带偿付责任。

三、如果消费者遭受了网络暴力，应当如何维权

一是保存证据。为让证据的证明力更强，可以到当事人住所地的公证处进行公证。

二是找平台协商。根据《中华人民共和国民法典》第一千一百

九十五条的规定，网络服务提供者接到通知后，应当及时将该通知转送相关网络用户，并根据构成侵权的初步证据和服务类型采取必要措施；未及时采取必要措施的，对损害的扩大部分与该网络用户承担连带责任。

三是要求平台提供实际侵权人资料并提起诉讼。根据《最高人民法院关于审理利用信息网络侵害人身权益民事纠纷案件适用法律若干问题的规定》（2020 年修正）第三条的规定，原告起诉网络服务提供者，网络服务提供者以涉嫌侵权的信息系网络用户发布为由抗辩的，人民法院可以根据原告的请求及案件的具体情况，责令网络服务提供者向人民法院提供能够确定涉嫌侵权的网络用户的姓名（名称）、联系方式、网络地址等信息。

编写人：浙江省玉环市人民法院　卢燕　陈巧峰

019 网络空间影射型名誉侵权责任的认定路径

——辛某诉李某网络侵权责任案

【案件基本信息】

1. 裁判书字号

广东省广州市中级人民法院（2020）粤 01 民终 14945 号民事判决书

2. 案由：网络侵权责任纠纷

3. 当事人

原告（被上诉人）：辛某

被告（上诉人）：李某

【基本案情】

辛某、李某均是某 APP 上的主播，案涉争议发生前后在某 APP 上分别有 3400 万余名和 450 万余名的粉丝。

李某在某 APP 上对某主播的主播专场内容进行评价，认为该主播行为不当。李某在直播中以“仓鼠”代称该主播；评价了一系列与辛某有关的热点事件；还使用了粗言秽语。直播期间，观看人数为 1.4 万人至 1.6 万人不等。2019 年 4 月 17 日，微博用户“网红×××”以标题“！李×喊话辛×你是个啥!”转发该段视频的录像，该微博又被多人转发、回复和点赞。直播观众、微博用户，通过弹屏、回复的方式，认为被评价人为辛某。有部分用户对李某的评价、使用代称的行为表示赞同。

辛某委托律师处理涉案纠纷和保全相关证据，支付了律师费 40000 元和公证费 20260 元。

【案件焦点】

李某的涉案行为是否侵害了辛某的名誉权。

【法院裁判要旨】

广州互联网法院经审理认为：首先，只有行为人的行为指向特定对象时，才可以构成对他人名誉权的侵害。但是，指向特定人的方式并不限于直接表明其姓名，还可以以别名、化名甚至是通过描述特定事件等指向他人，使人合理地理解其内容是指向特定人的方式。李某在直播中使用了“仓鼠”这一代称，评价了一系列与辛某有关的热点事件。直播的观众和微博用户，均已根据直播内容，将“仓鼠”理解为辛某，并针对性地进行解释、辟谣。据此，可以认定李某评论的对象指向辛某。两名证人虽然出庭作证称其没听说辛某有叫过“仓鼠”的称号，但其证人证言仅能代表其个人的认知，不足以代表全体网民的认知。李某辩称其发表的言论与辛某身份不具有对应性，法院不予采纳。其次，微博用户的评价反映出李某直播内容的背景，即与辛某有关的某一热点事件。虽然李某对辛某的直播专场行为进行了否定性的评价，但是辛某作为在直播界中有一定知名度的人士，能够享受比普通公众更多的名望和社会资源，理应受到更多的舆论监督，对评论言论负有更高的容忍义务。综上，辛某称李某通过虚构辛某乘人之危，在人背后说坏话等虚假事实损毁其名誉，法院不予采纳。李某在直播行为中，使用“仓鼠”代指辛某，却未能合理解释使用“仓鼠”代指辛某的原因，故辛某主张李某使用贬损性外号贬低辛某人格，法院予以采纳。李某在直播行为中多次使用粗言秽语作为句子成分。虽然李某并未直接使用上述词汇侮辱辛某，但其多次使用粗言秽语，贬低辛某人格意图明显，故辛某主张李某使用攻击性词语贬低辛某人格，法院亦予以采纳。最后，李某的直播过程有约 1.5 万人观看，并引起观众的评议和对李某的附和，可以认定为造成了一定影响。李某的账号有数百万名粉丝关注，其应当知道自己的直播行为可能会带来的社会影响。李某称未体现任何的社会、网络影响，与证据反映事实不符，法院不予采纳。综上所述，李某使用粗言秽语评价辛某的行为，使用“仓鼠”代指辛某，已构成对辛某名誉权的侵害。

广州互联网法院依照《中华人民共和国民法通则》第一百二十条、第一百三十四条，《中华人民共和国侵权责任法》第二十条，《中华人民共和国民事诉讼法》第六十四条第一款，《最高人民法院关于确定民事侵权精神损害赔偿责任若干问题的解释》第八条，《最高人民法院关于审理利用信息网络侵害人身权益民事纠纷案件适用法律若干问题的规定》第十六条、第十八条，《最高人民法院关于审理名誉权案件若干问题的解答》第十条之规定，判决如下：

一、李某在判决发生法律效力之日起五日内，在某 APP 的直播中，向辛某赔礼道歉，为辛某消除影响、恢复名誉（赔礼道歉内容需经原审法院审核）；

二、李某在判决发生法律效力之日起五日内，赔偿辛某经济损失费 20000 元；

三、驳回辛某的其他诉讼请求。

李某不服一审判决，提起上诉。

广东省广州市中级人民法院经审理认为：本案二审争议的焦点为李某的涉案行为是否侵害了辛某的名誉权？本案中，一审法院结合涉案直播视频的内容、李某在直播行为中的言论以及直播用户的反应，认定李某评论的对象系指向辛某，且构成对辛某名誉权的侵害，有事实和法律依据，法院予以确认。李某上诉称其表现的内容没有体现对辛某的针对性，与事实不符，法院不予采纳。李某在二审庭审中提出申请追加“网红×××”博主为本案被告，因“网红×××”博主并非本案的必要共同被告，故对李某的该项申请，法院不予准许。综上所述，李某的上诉请求不能成立，法院不予支持。原审认定事实清楚，判决并无不当，法院予以维持。

广东省广州市中级人民法院依照《中华人民共和国民事诉讼法》第一百七十条第一款第一项之规定，判决如下：

驳回上诉，维持原判。

【法官后语】

名誉权是民事主体的重要人身权利。在互联网时代，一些行为人为了规避法律风险，在通过微信公众号、微博、网络直播等途径发布贬损他人的言论时，往往并不直接指出对象的名称，而是采取“指桑骂槐”“含沙射影”等间接的方式暗指他人，使得被侵权人的确定相对困难，但法院依然可以从言论信息受众的普遍理解以及特征要素的对应性，合理确定言论指向对象，进而要求侵权人承担相应责任。通过严谨的司法审查与合理的司法规制，促使网络用户消除侥幸心理、规范自身言行，积极营造尊重他人、向上向善的网络环境。

一、影射型言论的特点

影射型言论是通过采取外号、特定修饰语、事件等特征要素指代对象，但不直接指明对象的言论表达方式。在判断行为人发布的言论是否属于影射型言论时，可根据以下要点进行判断：第一，属于暗指而非明指，即言论未直接指明对象，其指向性需要结合具体的情境、事件等综合判断；第二，属于特指而非泛指，即该言论并非针对不特定对象而发表，而是描述了对象的特征要素，具有明确的指向性。此处所提及的对象特征要素要求具有可识别的显著性，因为只有可以根据言论所提及的特征要素识别出特定对象，对该言论进行司法审查才具有现实意义。反之，如果无法完成对象识别，则该影射型言论将无法与特定的民事主体建立客观联系，进而原告的适格性也将失去根基。

二、影射型言论的司法判断

（一）以信息受众角度作为判断视角

因影射型言论暗示性、影射性的特点，在判断言论指向性时不可避免地会存在主观性。如果仅从诉讼当事人的视角出发，因其诉讼利益的对立，双方对言论的指向性往往存在截然不同的解释。事实上，名誉作为一种社会性的评价，该权利受到损害表现为权利人的社会评价遭到不应有的降低，此种社会评价的降低是客观的而非权利人主观上的感受。因此，为了更加契合名誉权损害的实然结果，如果无法直接判断影射型言论所指向的对象时，可以从社会性入手，从信息受众的角度切入，重点判断一般公众在接收言论信息后所作出的通常理解，包括对象特征要素与指向人所具有的特征要素是否具有对应性，一般公众是否会将言论与所指对象建立明确关联。

本案中，从直播间用户评论可以看出，大量直播的观众和微博用户将“仓鼠”理解为原告，且将被告的言论理解为指向原告，并针对性地进行解释、辟谣，可以推断被告的言论指向原告属于信息受众的通常理解。

《中华人民共和国民法典》（以下简称《民法典》）施行后，案件判决所依据的民事单行法、司法解释的内容被《民法典》替代、吸收。《民法典》在沿用旧法侵权行为认定、侵权责任承担规则的基础上，明确了名誉的内涵是对民事主体的品德、声望、才能、信用等的社会评价，即以立法的形式确认了名誉的社会性，而社会性的评价自然由言论的信息受众作出。《民法典》的规定为信息受众角度的判断路径提供了直接法律依据，对之后的类案办理具有启发意义。

（二）以高度的对应性作为判断标准

在审查特定人是否为影射型言论所指向的对象时，核心在于审查言论中所包含的特征要素与特定人本身所具有的特征是否相对应。影射型言论中所提及的对象特征要素信息越多、越具有个性化，其指向对象的可对应性也将显著提升。应当注意的是，此时的对应性不必然要求达到唯一、排他对应的程度。根据民事诉讼的证明标准，只要有证据证明的事实具有高度可能性，足以使知悉特定背景的信息受众理解为是用来指称特定人，即可认定该人属于被影射的对象。

对应性审查，还需排除非对称信息下信息受众根据偶然巧合的对应性作出逆向理解的情形。若行为人并无侵权的主观恶意，只是其言论所含对象特征要素偶然巧合指向他人，如虚构某一刑事案例的罪犯名称“张三”恰好与“侵权对象”名字相同，未达到高度对应性的程度，不能据此认定行为人实施了侵害名誉权的行为。

本案中，“仓鼠”的代称以及一系列与原告有关的热点事件，多个对象特征要素的叠加，充分降低了偶然巧合的可能，缩小了信息受众根据这些要素锁定对象的范围，使被告发布的言论所指对象与原告达到了高度对应性的程度。再结合前述信息受众的通常理解以及影射目的，足以认定原告即为被告言论所指对象。

三、影射型言论侵犯名誉权的认定

在确定了言论所指的对象后，对于该言论是否侵害了所指对象的名誉权，则应根据侵害名誉权的构成要件进行具体分析，即综合考虑对象社会评价是否降低、此种降低与言论之间的因果关系和行为人是否具有主观恶意这三个要素。

本案中，被告在直播时虽未提及原告的姓名，但使用了“仓鼠”代称评价对象，并着重评价了该对象参与的几例事件，在能够认定被告言论所指向的对象为原告情况下，被告使用贬损性词汇评价原告，该直播过程约有 1.5 万人观看，并引起大量直播观众评议，可以认定造成了一定影响并使原告的社会评价降低，构成对原告名誉权的侵害，依法应当承担相应的法律责任。

网络空间并非法外之地，任何心存侥幸的侵权行为，最终都逃避不了法律的规制。《民法典》对网络空间人格权保护作出了更加全面的规范，增设了人格权请求权和人格权行为禁令等机制。对于网络用户来说，更要注意在发表言论时应严守法律底线、尊重他人的人身权利，积极弘扬正能量。

编写人：广州互联网法院　冯立斌　李佳

020　公共场所未成年人隐私权的保护

——李某诉魏某、网络公司网络侵权责任案

【案件基本信息】

1. 裁判书字号

北京互联网法院（2019）京 0491 民初 33767 号民事判决书

2. 案由：网络侵权责任纠纷

3. 当事人

原告：李某

被告：魏某、网络公司

【基本案情】

某天早上，小女孩李某因不愿上学而哭闹，父母将其绑在树上进行教育。路人魏某未经允许使用手机拍摄了上述过程，并将未经处理的高清视频私信给网络公司的某平台大 V 进行传播。视频中，李某的面部特征清晰，还露出了内裤。当天魏某便通过其平台账号共发布了 4 篇相关博文，第 1 篇因涉案视频未通过审核致使该视频没有发布，而第 2 篇、第 3 篇均是转发的包含涉案视频的博文。后魏某将前三篇博文进行了删除处理，并在平台上发布

第4篇文章向李某道歉。李某父亲虽通过平台私信和手机App"问题反馈"栏目联系网络公司的某平台客服并通过这两种途径通知了网络公司删除涉案视频，但网络公司未收到该内容。

【案件焦点】

1. 魏某原发或转发涉案博文是否侵犯李某的肖像权、名誉权、隐私权，是否应当承担责任；2. 网络公司是否因未履行"通知删除"义务，而与魏某承担连带责任。

【法院裁判要旨】

北京互联网法院经审理认为：魏某原发或转发的涉案博文侵犯了李某的肖像权、隐私权，并未侵犯其名誉权，魏某应就其侵权行为承担相应的责任，网络公司无须与魏某承担连带责任。

首先，关于肖像权。肖像是指通过影像、雕塑、绘画等方式在一定载体上所反映的特定自然人可以被识别的外部形象。虽然《中华人民共和国民法通则》第一百条规定不得以营利为目的使用他人肖像，但是并不意味着不以营利为目的就可以随意使用他人的肖像。本案中，魏某未经李某监护人同意，擅自拍摄涉案视频，并在网络上传播包含李某可以被识别外部形象的涉案视频，魏某存在主观过错，其网络传播行为属于公开李某的肖像，侵犯了李某的肖像权。

其次，关于隐私权。隐私是自然人的私人生活和不愿为他人知晓的私密空间、私密活动、私密信息。本案中，李某虽被其父母当街管教，但知悉范围仅限于当地当时的过路人群，对李某造成的影响有限，魏某在明知是李某的监护人予以制止的情况下仍然进行拍摄，并将该视频上传到网络上，同时对于涉案视频中涉及李某私密部位的片段，并未进行打码处理，侵犯了李某的隐私权。

最后，关于名誉权。名誉是对民事主体的品德、声望、才能、信用等的社会评价。《中华人民共和国民法通则》第一百零一条规定，公民、法人享有名誉权，公民的人格尊严受法律保护，禁止用侮辱、诽谤等方式损害公民、法人的名誉。本案中，魏某传播的涉案视频是对于事发当时的客观记录，其随涉案视频而发的评论亦在合理范围内，没有对李某有侮辱、诽谤之处，所以魏某没有侵犯其名誉权。

本案中，魏某传播涉案视频的行为侵犯了李某的肖像权、隐私权，应当承担相应的责任。根据原告李某的诉讼请求，法院判定魏某当面向李某赔礼道歉，酌情给予精神损害抚慰金 3000 元，公证费 200 元以及律师费 3000 元。

同时就魏某的传播行为而言，魏某于传播当日即自行删除涉案视频。对于魏某的传播行为，不存在网络公司接到通知采取必要措施的适用空间。因此，网络公司无须与魏某承担连带责任。

北京互联网法院依照《中华人民共和国民法通则（2009 修正）》第一百条、第一百零一条，《中华人民共和国未成年人保护法（2012 修正）》第六条、第三十九条，《中华人民共和国侵权责任法》第二条第二款、第六条第一款、第十五条、第三十六条第二款之规定，判决如下：

一、本判决生效之日起十日内，被告魏某向原告李某当面赔礼道歉；

二、本判决生效之日起十日内，被告魏某赔偿原告李某精神损害抚慰金 3000 元；

三、本判决生效之日起十日内，被告魏某赔偿原告李某律师费 3000 元、公证费 200 元；

四、驳回原告李某的其他诉讼请求。

宣判后，当事人均未上诉，判决书已生效。

【法官后语】

本案的审理过程中，《中华人民共和国民法典》（以下简称民法典）已经公布，但是尚未实施，《中华人民共和国未成年人保护法》（以下简称《未成年人保护法》）亦处在修订过程中，承办人一直跟进学习上述两部法律的条文和精神，应当讲，本案是未成年人保护法规定的“最有利于未成年人原则”和民法典规定的“动态系统论”在司法实践中的一次成功运用。本案“动态系统”的考量案件中的具体因素，并基于“最有利于未成年人原则”，最大限度地保护未成年人的合法利益，对类似案件的审理具有示范意义，并为无数职业的或非职业的表达者作出提点与教育指引。

一、公共场所隐私权的发展现状

随着人类社会文明的进步和发展，隐私已经成为我们迫切需要关注的问题。在我国，对于关于公共场所隐私权的问题没有相关的界定，学界上对于公共场所隐私权问题的探讨此起彼伏，至今仍未能得出统一的结论。由于立法上并没有对公共场所隐私权作具体的规定，一方面，公众缺乏其对公共场所隐私权的保护意识，许多无意识的行为往往被有心之人加以利用，致使隐私权遭受侵害；另一方面，也助长了社会上不良现象的发生，在公交车上偷拍、马路上偷拍等事件频频被曝出，造成了人们的恐慌，这些无疑是对隐私权的挑战。

隐私之所以被我们重视，实则是因为，其已经成为我们日常生活的一种现实性需要。客观上讲，“隐私止于屋内”的传统理论已经无法满足现实发展的要求，隐私权的保护范围已经慢慢从传统的私人领域延伸至公共领域。出于对社会上弱势群体以及公共利益等众多因素的考量，私人领域和公共领域的界限也不再泾渭分明，如网红通过直播的方式公开自己的日常起居、商业公司及公园等开放场所安放的摄像头监控行人等行为。因此，对隐私权的保护已不再是单纯的以“场所”来进行划分，转而向“人”进行过渡。这也就意味着，我们对隐私权的保护不应仅局限在私密空间、私密场所，隐私并不能因身处场所而被区别对待，即便身处公共场所，也同样享有不被任何人侵犯的隐私权，尤其是对于社会上的弱势群体，更应当注重对隐私权的保护。

二、公共场所隐私权的认定

本案中，原告的父母采取“特殊”的教育方式，将原告绑在树上进行教育，全然不顾及原告的感受，这种教育方式本身就是不可取的，也是不明智的。原告父母“当众”教育的方式并不能真正解决问题，反而不利于未成年人的身心健康发展。但是路人魏某的行为却使得这个问题变得更为严重，魏某在未经原告的父母同意的情况下，私自用手机对着原告进行拍摄，并在事后偷偷将视频上传到微博上，该视频中对于涉及原告的隐私的相关内容，魏某并未作任何处理。魏某虽然声称其如实拍摄视频并上传网上的行为，目的是保护未成年人，但事实上，原告的父母当众将原告绑在树上的行为已经对原告造成了伤害，不过这种伤害也仅限于过往的路人，魏某在未经处理的情况下将视频上传到网络上，这种情况已经远远超出原告父母当初的预期，知悉范围已经远远超出当地当时的过路人群，魏某的行为确已对原告造成了再次伤害。

本案在认定隐私是否存在及其范围时，明确提出应当从权利人本身的意愿和社会一般合理认知两个视角共同去界定，即一个人在主观上期待保护的某种隐私，必须是合理的，是符合社会上一般合理认知的，这样才能受到保护。然而如何判断隐私期待是否是“合理”的，则需要结合客观因素综合进行考量。实际上，权利的产生往往伴随着一定的义务，在保证不违反公共利益的情况下，公民有权行使监督权，适当的监督能够促进社会的发展，减少侵权行为的发生，但这也往往伴随着权利和自由的冲突，我们对隐私的保护往往意味着对他人权利的限制，如若权利行使不当，势必会造成对他人的伤害，侵害他人的隐私权，因此权利的行使方式必须要控制在一定的限度里。

过去的法律条文中虽然规定了侵权责任的四个构成要件，但现实中所面临的问题是复杂多样的，如果完全地按照这四个构成要件给案件“下定义”，不免显得过于死板，缺乏灵活性，还有可能造成不公正的裁判结果，因此在判断隐私权等人格权是否遭受侵犯时就需要借助民法典规定的动态系统论条款，灵活考虑案件中的相关因素，避免“全有”或“全无”情形的发生，保证裁判结果的客观公正。本案基于“最有利于未成人原则”，综合考量了行为人的职业、影响范围、过错程度，以及行为的目的、方式、后果等因素进行判定，最大限度地减小对未成年人造成的损害。

三、公共场所未成年人隐私权的保护

公共场所隐私权作为隐私权的一种具体类型，是对隐私权在空间上的一种限定。对公共场所隐私权的保护即意味着，我们的人格尊严和自由在公共场所依然受到保护。如今，随着互联网技术的发展，立法上对公共场所隐私权的保护越来越向网络空间倾斜，网络空间作为一个开放的、虚拟的空间，就信息的传播速度而言，远远超出了现实空间，视频一旦被上传至网络上，所带来的影响是不可估量的，这也就加大了隐私权保护的难度，更加模糊了公共领域和私人领域的界限，同时随着短时间内信息的传播，足以形成一个监控网络数据库，我们的隐私将呈现半透明化，不利于公共场所隐私权的保护。

近年来，国家越来越注重对未成年人的保护，未成年人作为社会上的弱势群体，应当享有不被任何人侵犯的人格权，切实有效地保护好未成年人在公共场所的隐私权是正当其时、十分必要的。但是对公共场所隐私权的保护往往掺杂着多种利益关系，不能单方面的一概而论。本案中，魏某虽有权行使监督权，但权利的行使必须要合法合规，不得损害未成年人的合法利益，魏某传播的涉案视频虽是对于事发当时的客观记录，但由于原告未成年人的特殊身份，应当格外注意对未成年人利益的保护，魏某采取的方式超出了舆论监督的限度，已经背离了其保护未成年人利益的初衷。倘若魏某没有直接将涉案视频上传到网络上，而是将事情反映给相关部门，或是将视频进行打码再上传至网络，所带来的影响远小于此，并且也能实现保护未成年的目的。

本案中网络公司在魏某删除视频后，不存在接到通知进行删除的必要，网络公司作为网络服务提供者，即使尽到了其“通知—删除”的义务，但这也反映出网络公司对于“涉及未成年人内容”的视频资料的审核有待加强，从“通知删除”规则角度来看，这种事后补救的做法虽然删除了视频问题，但实际上在视频删除之前的这段时间里，仍对未成年人造成了伤害，法律虽然不能苛责网络提供者对所有的视频负有较高的注意义务，但对于关涉特殊利益的视频仍应承担较高的社会责任。法院另行通过司法建议的方式，敦促网络公司以“特定管理”的方式加大对于“涉及未成年人内容”的审核力度，对于未成年人的保护是十分有利的，同时对于日后其他网络服务提供者的发展起到了良好的警示教育作用。

编写人：北京互联网法院　朱阁

首都经济贸易大学　李岩

021 法定代表人使用个人网络社交账号发布针对竞争对手的诋毁信息，可判令公司通过该个人账号承担责任

——科技公司诉网络公司商业诋毁案

【案件基本信息】

1. 裁判书字号

天津市第一中级人民法院（2020）津 01 民终 1929 号民事判决书

2. 案由：商业诋毁纠纷

3. 当事人

原告（被上诉人）：科技公司

被告（上诉人）：网络公司

【基本案情】

原告科技公司成立于 2017 年 9 月 19 日，经营范围包括房地产经纪服务，是×××××home. com 域名持有者。被告网络公司成立于 2015 年 1 月 19 日，经营范围包括房地产经纪服务、房地产信息咨询等。案外人印某坤是被告网络公司的法定代表人。

2017 年 11 月 6 日，印某坤在其朋友圈中转载文章《今年一个

新起的留学生租房平台叫什么×××××，我看叫“胡来”》并且评论“我亲自和最大公寓商核实了，确实从未和这家移民公司旗下的×××××签署过任何合作协议，更未授权过这家公司去A收取学生租金。假的就是假的，永远都变不成真的，做生意就是要踏踏实实，搞歪门邪道一定不行”。同日18：57印某坤发布朋友圈“A已经明确官方多次要求你停止销售对方产品，为什么你还在欺骗学生说你可以帮学生申请A的公寓？并诱导学生向你交钱！一个正儿八经的企业，会这么做？不要再奢想那一套见不得光的鬼把戏可以拿到留学生身上胡来，我不答应！”2017年11月5日21：12印某坤在朋友圈转发文章《风险提示：×××××内部消息，英国最大公寓商之一取消了》并评论“骗子就是骗子，我亲自核实了十几家公寓商，至今尚未有一家承认和这个公司有过合作。对方的行为已经不再是商业竞争，而是挑战商业诚信和法律法规……”

印某坤的新浪微博账户为“印某坤是80后”，简介中显示“异乡好居，海外留学租房买房平台！www.××××zz.com。”2017年11月10日04：03，该微博用户发布“×××××到底还是出事了，学生最后还是都来找异乡好居收拾烂摊子……”同日12：55发布“××××××同志，你每一个谎言都被公寓商一一官方戳破，想换个马甲继续骗？……你不觉得你在给中国人和中国企业丢脸吗？渣得很！”

印某坤的某网注册账号××××× Yin介绍中显示Founder&CEO at ×××××，××××× · Peking University，Haidian District Beijing，China · 500+。该用户在其主页发布数个截图并发表“有一家名为×××××的新公司……并引诱学生直接向他们支付租金，学生们说他们被骗了，所有学生的预订现已被供应商取消……”

【案件焦点】

1. 涉案被控行为是否属于印某坤的职务行为；2. 被告是否构成商业诋毁以及法律责任应如何承担。

【法院裁判要旨】

天津市和平区人民法院经审理认为：原告、被告经营范围均包括海外房地产经纪服务，双方存在竞争关系。印某坤作为被告的法定代表人，由其个人认证的三个账号的注册名称以及其所发布的内容可见，上述账号具有开展商品宣传、销售等经营活动的功能。同时，印某坤发布的涉案内容与被告从事房屋经纪的经营范围密切相关，系为实现被告的利益而实施的行为，与印某坤的私人事务无关，故涉案被控行为虽由印某坤具体实施，但并非属于印某坤的个人行为，应属于职务行为。

印某坤在其评论中使用的包括“歪门邪道”“骗子就是骗子”“渣得很”“肮脏行径”等措辞均是负面词汇。同时，印某坤发布的“我亲自和最大公寓商 A 核实了，确实从未和这家移民公司旗下的×××××签署过任何合作协议”等内容。而彼时，原告作为刚刚成立两个月的公司，正处于起步及业务开拓阶段，即便没有与上述公寓商进行合作也符合常理，但是，印某坤在发布涉案言论未能对事实进行全面、客观、审慎陈述，容易引发相关公众的错误联想，从而破坏竞争对手的交易机会。综上，被告法定代表人发布该些文字内容具有明显的贬低他人、引导消费者购买方向、形成市场竞争优势的主观故意。被告网络公司作为同业竞争者，未尽谨慎注意义务，发布的涉案内容，给原告商誉造成一定不良影响，构成商业诋毁，应承担停止侵权、消除影响、赔偿损失的民事责任。

考虑到网络公司商业诋毁行为的方式是在其法定代表人认证的

账号上发布相关的内容等因素，原告主张消除影响的方式和范围亦与侵权行为所造成的影响范围相当，故原告主张被告在其法定代表人印某坤认证的领英网账号、微博账号、微信朋友圈对其侵权行为进行赔礼道歉，消除影响的声明的诉讼请求，予以支持。

天津市和平区人民法院依照《中华人民共和国反不正当竞争法》第十一条、第十七条，《中华人民共和国民事诉讼法》第六十四条第一款，《最高人民法院关于适用〈中华人民共和国民事诉讼法〉的解释》第九十条之规定，判决如下：

一、被告网络公司于本判决生效之日起立即停止对科技公司的商业诋毁行为，即删除在其注册账号上的涉案侵权内容；

二、被告网络公司于判决生效之日起十五日内，于注册账号上连续48小时刊载声明，用以赔礼道歉、消除影响（声明内容须经法院审核）；

三、网络公司于本判决生效之日起十日内赔偿原告合理开支20000元；

四、驳回原告的其他诉讼请求。

网络公司不服一审判决，提起上诉。

二审法院同意一审法院的裁判意见。

【法官后语】

本案在当事人双方存在竞争关系问题上比较清晰，主要应厘清的是，法定代表人在其个人社交账号发表具有诋毁其他公司信誉言论是否为职务行为，如属职务行为，责任承担方式应如何确定等问题。

一、法定代表人发表诋毁竞争企业信誉言论属职务行为

商业诋毁是存在于商业领域内的特殊侵权行为，反不正当竞争

法所规制的商业诋毁的行为主体是经营者，而非个人，特点是存在竞争关系的一方经营者为了获取不正当的经营利益，编造、传播虚假信息或者误导性信息，损害竞争对手的商业信誉、商品声誉。因此，一侵权行为是否为职务行为，即是否成为构成商业诋毁的关键。

因法定代表人当然地负有进行企业商业推广、参与商业竞争的责任要求和利益冲动，一般情况下，只要法定代表人实施的侵权行为与法人的商业经营有关，都应当认为是职务行为。具体而言，对法定代表人并无法人决议的侵权行为是否属于职务行为的判断，主要应考虑如下方面因素：(1) 法人是否由侵权行为受益；(2) 侵权行为的受害人或受众对侵权行为人的身份判断（是否将行为人视为是为了法人利益进行侵害行为的法定代表人角色）；(3) 所实施的侵权行为分属的业务类型是否属于法定代表人一般的职责内容（如维持或提高法人声誉、增加企业竞争机会等）。

本案中，印某坤作为网络公司的法定代表人，在其个人网络平台账号发布侵权信息的行为，该行为在客观上贬低了竞争对手的商业信誉，网络公司潜在受益，从行为外观上看，印某坤的账号发布的案涉侵权信息系对竞争对手的贬低，受侵害的竞争对手和账号信息的受众当然地认为该行为是其作为网络公司法定代表人而为。因此，印某坤实施的案涉侵权行为应属于职务行为，构成商业诋毁。

二、法定代表人通过个人网络平台账号实施商业诋毁的侵权责任特殊承担方式——通过个人网络账户承担责任

法定代表人实施商业诋毁的侵权责任需由法人承担，但具体到通过网络账号实施的商业诋毁行为，其影响范围和效果具有明显的

账号主体个人特性，侵权行为的后果一般率先和主要在其账号粉丝、平台社交好友等主体间出现，继而经这些主体再向外传播扩散，社会评价、商业信誉降低等的不良影响也一般以该主体为中心，呈涟漪状扩散，赔礼道歉、消除影响的公告、声明等通过个人账号发布的作用也会更为直接、有效，否则难以真正实现对受害人的权利救济。因此，有必要确定在法定代表人的个人平台账号上删除侵权内容、发布声明等。

确定通过法定代表人个人网络平台账号承担责任不存在履行障碍，账号虽由法定代表人控制，但法定代表人与法人此时利益一体、意志一致，能够配合法人承担判决所确定的责任，主动地履行删除、刊登声明等义务，抑或故意一起拒绝履行义务，但不会出现法人欲履行而不能的情况。因此，判决由法人将法定代表人个人账户中的侵权内容删除或在个人账户中赔礼道歉等，是与侵权行为所造成的影响范围相当的合理且灵活的责任承担方式。

编写人：天津市和平区人民法院　冯震　贾丽娜

022 玩家消费权与游戏运营商处罚权的界限

——陆某诉某游戏公司网络侵权责任案

【案件基本信息】

1. 裁判书字号

广西壮族自治区高级人民法院（2019）桂民再681号民事判决书

2. 案由：网络侵权责任纠纷

3. 当事人

原告（上诉人、再审申请人）：陆某

被告（被上诉人、再审被申请人）：某游戏公司

【基本案情】

2013年7月11日，陆某通过某游戏公司经营管理的《××幽魂2》网络游戏中实名申请注册了2个××通行证账号，并分别在每个账号下创建了3个角色，共计6个角色。根据某游戏公司设置的程序，注册××通行证必须接受《××通行证服务条款》《最终用户使用许可协议》《服务条款》《××网上交易平台服务协议》等网络服务合同。根据某游戏公司的数据显示，2015年2月22日，陆某的两个角色ID在藏宝阁分别出售了96000000的银两（游戏道具），交易价格均为800元人民币（包含交易手续费）。某游戏公司认为陆某的游戏行为属于“牟取不正当利益”，于2015年2月24日对陆某的6个角色进行了“角色隔离和扣除该角色游戏币”的处罚措施，处罚原因是“利用游戏内容牟取不正当利益”，并于2015年2月25日对合计1520.8元的交易款进行截流，处罚类型为“牟取不正当利益”；2015年2月27日，陆某通过缴纳“保释金”5000元宝（游戏道具）的方式解除了对其中2个角色ID暂时隔离的处罚措施。解除角色隔离后，某游戏公司未返还清除的游戏币，陆某缴纳的元宝已领回。另外4个角色ID尚未解除隔离。某游戏公司提供的玩家账号角色ID信息基本记录载明，陆某的2个账号、6个角色人物的娱乐互动中“是否帮会”“是否结婚”均为否，商城购买及“藏宝阁”购买记录均为0。某游戏公司提供的“玩家自己组队赚钱牟利记录表”及“玩家任务记录”载

明：2014 年 2 月 24 日至 2015 年 2 月 24 日，陆某在游戏中频繁利用自己多个游戏账号角色自己组队，共完成了“师徒”任务 9182 次，“中三环”任务 3266 次等，赚取了大量银两（游戏道具）。

陆某认为，某游戏公司的处罚行为侵犯其合法权利，向法院起诉请求某游戏公司解除对其账号下所有角色人物的处罚措施，返还扣除的交易款 1600 元及利息 500 元，返还清空的游戏币，同时要求某游戏公司向陆某公开书面道歉并赔偿经济损失人民币 63623 元。

【案件焦点】

1. 某游戏公司对陆某案涉游戏账号的相关处罚措施是否构成侵权；2. 陆某的诉讼请求是否有事实和法律依据。

【法院裁判要旨】

广西壮族自治区宾阳县人民法院经审理认为：陆某获取虚拟游戏币后，未将这些虚拟游戏币用以提升自己的装备，增强与其他玩家的互动，而是将之放置在××中出售，其行为不属于正常的娱乐互动，属于“牟取不正当利益”，某游戏公司据此处罚不构成侵权。

广西壮族自治区宾阳县人民法院依照《中华人民共和国侵权责任法》第六条第一款，《中华人民共和国民事诉讼法》第六十四条第一款的规定，判决如下：

驳回陆某的全部诉讼请求。

二审法院同意一审法院裁判意见。

陆某不服一审、二审判决，申请再审。广西壮族自治区高级人民法院经审理认为：

第一，某游戏公司对陆某案涉游戏账号的处罚构成侵权。

《××幽魂 2》对玩家注册游戏账号并无数量限制，每个账号下最多可创建 4 个角色。陆某在案涉游戏中注册了两个账号，每个账号下分别创建 3 个角色，无论是注册账号数量还是创建角色数量，均符合游戏规则。游戏的“师徒”任务，师父每日可接“师徒”任务为 30 次，徒弟每日可接“师徒”任务为 6 次；“中三环”任务每日次数上限为 5 次，获得的奖励随着完成任务次数的增加而递减。一年内陆某共完成“师徒”任务 9182 次，“中三环”任务 3266 次。一年按 365 天计算，陆某两个角色 ID 每年最多可完成“师徒”任务 26280 次［（30+6）×365×2］，完成“中三环”任务 3650 次（5×365×2），陆某完成“师徒”“中三环”任务的次数并没有超出某游戏公司提供的该游戏设定的任务次数上限。因此，陆某的游戏行为并不违反游戏规则。同理，陆某把通过游戏规则获取的游戏币（银两）在该游戏设置的“藏宝阁”与其他玩家进行交易且交易成功，说明该交易行为亦不为游戏所设置的交易规则所限制，符合该游戏设置的规则。因此，某游戏公司对陆某游戏角色处罚没有事实依据。

第二，陆某的部分请求有事实和法律依据。

陆某请求某游戏公司立即解除对所有角色的处罚措施，返还清除的游戏币，退还扣除的交易款及利息 500 元，向陆某公开书面道歉并赔偿经济损失 63623 元。某游戏公司在扣除陆某交易款 1520.8 元期间，导致陆某对被扣除的交易款无法占有和使用，某游戏公司应承担赔偿交易款被占用期间的利息损失。利息损失可参照《最高人民法院关于审理民间借贷案件适用法律若干问题的规定》第二十九条第二款第一项的规定，按照年利率 6%计算。陆某请求支付 500 元利息已经超过该计算标准，不予支持。至于陆某请求某游戏公司公开书面道歉并赔偿经济损失 63623 元的问题。再审庭审中经询问，陆某的经济损失数额系其根据广西平均工资收入水平和玩案涉游戏时间计算得出，但其并未提供证据证明其实际造成的损失为多少，也未提供证据证明其收入情况和名誉遭受损害情况，虽然某游戏公司的处罚行为客观上侵犯了陆某的权利，但尚不足以造成了其他经济损失和对其名誉的损害，因此对该项请求不予支持。

广西壮族自治区高级人民法院依照《中华人民共和国民事诉讼法》第二百零七条、第一百七十条第一款第二项的规定，判决如下：

一、撤销本案一审判决和二审判决；

二、判决某游戏公司于本判决生效之日起十日内解除对陆某 2 个角色的暂时隔离措施；

三、判决某游戏公司于本判决生效之日起十日内返还对 6 个角色 ID 清除的游戏币；

四、判决某游戏公司于本判决生效之日起十日内退还扣除的交易款 1520. 8 元及利息损失（该利息损失以 1520. 8 元为基数，从 2015 年 2 月 24 日起，按照年利率 6%的计算标准，计至某游戏公司退还交易款之日止）；

五、驳回陆某的其他诉讼请求。

【法官后语】

网络游戏产业随着互联网与计算机技术的发展，已成为全球瞩目的顶尖娱乐产业，在文化产业链中占据重要地位。随之而来的是，网络游戏纠纷案件也与日俱增。虽然我国推出了一系列政策法规规范游戏市场，但在维护网络游戏环境公平和利益平衡上，真正的主角还是运营商，在游戏运营商与游戏玩家地位不完全对等的前提下，相关法律法规对运营商并未形成有效制约，运营商在履行监管职责时，常会出现损害游戏玩家合法权益的情形。针对这些存在的问题，笔者认为玩家的消费权与游戏运营商的处罚权的界限应有如下区分。

1. 游戏玩家有自主选择的消费权

游戏玩家作为消费者，有自主选择消费权，只要其在游戏规则范围内进行游戏活动，运营商便无权干涉玩家的游戏行为，玩家就不应被处罚。如果玩家正常的游戏行为可能会影响游戏环境的公平，则说明游戏规则存在漏洞，运营商应通过游戏后台修补漏洞，而不应将玩家合法合规的游戏行为导致游戏环境不公平的过错归责于玩家。对“娱乐互动”的认定，没有统一的标准，每个游戏玩家参与特定游戏的动机和获得的游戏体验都是主观的、个性化的，运营商作为游戏提供方，只能对游戏具体的娱乐形式进行设定，客观上并不能规定游戏玩家所能获得的游戏心理体验。

2. 运营商对玩家的处罚应有所制约

首先，游戏规则是由运营商设置，网络服务合同也是由运营商提供，对游戏环境进行监管的还是运营商。可以说，运营商在整个网络游戏服务中既是规则制定者，又是裁判员，往往会为了自身利益而损害玩家的合法权益。运营商直接以玩家游戏数据“异常”，认定玩家存在不良游戏行为，并对玩家的封号、隔离角色、清除游戏币、扣除交易款等处罚，没有确切依据。游戏数据异常可能会因多种情况导致，未必是因玩家使用了私服、外挂或其他破坏游戏程序的手段。其次，运营商的处罚理由不能与游戏规则相矛盾。运营商在认定玩家是否存在不良游戏行为时，应严格按照游戏规则和服务条款来认定，不能与自身设定的游戏规则相矛盾，否则处罚理由无法成立。如果运营商认为游戏场景存在漏洞，完全可以中止该场景或者对该漏洞进行修补。如果存在客观原因导致中止或修补不能立即实施，运营商应对玩家公告该漏洞的具体情况，并公告玩家禁止使用该漏洞以及对不正当使用漏洞的处罚措施，而不是简单粗暴地通过强硬手段对游戏玩家处罚。最后，运营商的处罚条款应符合法律规定。玩家倾入大量时间和精力升级装备，提高等级，游戏装备、游戏币等均是玩家的虚拟财产。游戏装备或者游戏币交易后兑换成人民币，就不再是保护虚拟财产的问题了。虽然运营商与玩家对处罚属于约定事项，但运营商在服务协议中约定可以强制扣除玩家交易款的条款，违反了《中华人民共和国行政强制法》关于行政强制措施应当由行政机关具备资格的行政执法人员实施，其他人员不得实施的相关规定，运营商不具有该项执法权，因此运营商无权扣除交易款。运营商拟制处罚条款时应严格按照法律规定，否则合同条款的效力将是存在问题的。

新旧法衔接说明：本案例判决后，民法典颁布，民事诉讼法和《最高人民法院关于审理民间借贷案件适用法律若干问题的规定》也作了相应的修改，但本案例所适用的侵权责任法第六条第一款，民法典侵权责任编中并未对该条进行修改。本案例所适用民事诉讼法的相关条文内容亦未作修改，只是条文数有所变化。至于《最高人民法院关于审理民间借贷案件适用法律若干问题的规定》的修改，因属于实体法范畴的修改，本案立案在《最高人民法院关于审理民间借贷案件适用法律若干问题的规定》修改之前，应适用修改之前的条文规定。经审查，因此本案例不存在与民法典等相关法律规定相冲突的情形。

编写人：广西壮族自治区高级人民法院　朱子聪　李延　田丽霞

023 平台未处理“有效删帖申请”的责任认定

——汽车公司诉网络公司网络侵权案

【案件基本信息】

1. 裁判书字号

北京互联网法院（2018）京0491民初1412号民事判决书

2. 案由：网络侵权纠纷

3. 当事人

原告：汽车公司

被告：网络公司

【基本案情】

原告系多个“××同享”注册商标的注册人。2018年6月，原告发现被告运营的网络博客中有多名用户发布或转发了《揭露××同享设备招商加盟骗局！骗人的》《〔转载〕揭露××同享设备招商加盟骗局！骗人的》等多篇侵权文章。原告多次联系被告并按照被告要求通过电子邮件递交了删帖申请，被告未按要求进行删除。2018年8月8日，原告委托律师向被告发送了律师函，再次要求被告删除侵权信息，被告仍未予删除。原告主张文章捏造、歪曲事实，对原告及“××同享”商标、品牌及名誉进行恶意诋毁，已经构成侵权。被告未及时删帖导致类似侵权文章被大量发布或转发，不仅影响了原告的正常经营，对原告的声誉也造成了极为恶劣的影响。被告不能提供有效的侵权人信息，应当承担全部的侵权责任，故要求被告停止侵权、赔礼道歉、提供实际侵权人的身份信息、赔偿经济损失与合理支出。网络公司不同意原告的全部诉讼请求。

【案件焦点】

原告的行为是否构成有偿删帖，被告是否可以以此为由对抗“通知—删除”义务。

【法院裁判要旨】

北京互联网法院经审理认为：公民、法人享有名誉权，禁止用侮辱、诽谤等方式损害公民、法人的名誉。涉案文章使用“招商加盟骗局”“骗人”“骗子公司”等词语，并将文章发布在微博这一公共交流平台，该行为侵犯汽车公司名誉权的可能性极大，同理，本案审理过程中，被告作为网络服务提供者，接到原告的有效删帖申请后，应当履行“通知—删除”义务，及时删除涉案文章。

关于侵权行为及责任的认定。依据《中华人民共和国侵权责任法》第三十六条与《最高人民法院关于审理利用信息网络侵害人身权益民事纠纷案件适用法律若干问题的规定》第五条的规定，被告是否应该承担侵权责任，涉及两个关键问题：其一，原告向被告发送的删帖通知是否有效。原告于6月6日、6月11日、6月15日、6月22日四次使用被告公示的方式发送通知，通知内容包含通知人的名称、联系方式、侵权文章的网络地址、删除理由，并于6月11日和7月13日两次对被告提出的质疑进行回复，原告发送的通知符合法律规定的条件，应当认定为有效。其二，被告收到原告的删帖申请后，以原告系有偿删帖为由未及时删除涉案链接，该抗辩理由是否成立。虽然原告在2018年6月8日、6月11日、6月14日在线咨询时，向客服提供的删帖申请人名称为“科技公司”，与通过邮件提交的删帖文档中的申请人“科技有限公司”不一致，但从原、被告就删帖事宜多次反复沟通的内容来判断，被告主张原告系有偿删帖，证据不足，故被告的抗辩理由法院不予采信。因此，被告应对损害的扩大部分与网络用户承担连带责任。综合通知的准确程度及本案实际情况，法院认定被告收到原告 7 月 13 日发送的邮件之日至侵权文章删除之日的损失由被告与网络用户承担连带责任。被告承担赔偿责任后，有权向直接侵权人追偿。

关于被告作为网络平台是否完全履行了应尽的披露义务。《最高人民法院关于审理利用信息网络侵害人身权益民事纠纷案件适用法律若干问题的规定》第四条规定，平台提供侵权人的具体信息，包括侵权人的姓名（名称）、联系方式、网络地址等，但是否可以提供真实姓名、身份证件号码、注册时间、注册 IP①、登录地址等，应以被告掌握的侵权人的具体信息为准。本案中，被告已经向原告披露了博客账户的 UID②、昵称、绑定的手机号、博客注册时间及注册 IP，原告并无证据证明被告掌握侵权人的其他身份信息，故现有证据可以认定被告已经尽到了充分的信息披露义务。即使认定被告未尽到信息披露义务，该事实也只能作为判断人民法院应否对被告采取罚款或强制措施等的具体情节，而非认定被告侵害原告名誉权的事由。

北京互联网法院依据《中华人民共和国民法总则》第一百一十

---

① IP（Internet Protocol Address），是指互联网协议地址或网际协议地址，下文对此不再提示。

② UID（User Identification），是用户身份证明的缩写，是指在用户注册时系统直接分配的一个数字账号。

条,《中华人民共和国侵权责任法》第二条、第六条、第十五条、第三十六条,《最高人民法院关于审理利用信息网络侵害人身权益民事纠纷案件适用法律若干问题的规定》第十六条、第十八条第一款之规定,判决如下:

一、本判决生效之日起15日内,被告网络公司在其博客首页发布声明,向原告汽车公司赔礼道歉,声明内容应持续保留24小时(声明内容须经审核,逾期不履行,法院将选择在一家全国发行的报刊上公布本判决书主要内容,费用由被告网络公司负担);

二、本判决生效之日起15日内,被告网络公司赔偿原告汽车公司合理支出11500元;

三、驳回原告汽车公司的其他诉讼请求。

判决后,双方当事人均未上诉,本判决现已生效。

【法官后语】

本案在审理过程中,《中华人民共和国民法典》(以下简称民法典)尚未公布,故适用原侵权责任法(2010年)第三十六条关于网络侵权责任的规定,民法典公布后,民法典第一千一百九十四条到第一千一百九十七条对网络侵权责任作了进一步的细化和分类,与侵权责任法的基本精神和原则是一致的。同时,本案适用的《最高人民法院关于审理利用信息网络侵害人身权益民事纠纷案件适用法律若干问题的规定》(2014年)也依据民法典的规定在2020年进行了修订,2014年的第三条、第四条、第十六条、第十八条对应2020年的第五条、第六条、第十一条和第十二条。

本案是对"通知—删除"规则深度细化的典型案例。互联网产业飞速发展,网络言论如过江之鲫,数不胜数,网络平台应对用户所发言论秉持中立态度。若涉嫌侵权，平台在接到权利人的通知后，应及时采取必要措施，以避免损失的扩大。

1. 通知有效性的认定标准

《最高人民法院关于审理利用信息网络侵害人身权益民事纠纷案件适用法律若干问题的规定》(2014年) 第五条规定："依据侵权责任法第三十六条第二款的规定，被侵权人以书面形式或者网络服务提供者公示的方式向网络服务提供者发出的通知，包含下列内容的，人民法院应当认定有效：(一) 通知人的姓名 (名称) 和联系方式；(二) 要求采取必要措施的网络地址或者足以准确定位侵权内容的相关信息；(三) 通知人要求删除相关信息的理由。被侵权人发送的通知未满足上述条件，网络服务提供者主张免除责任的，人民法院应予支持。" 第六条规定："人民法院适用侵权责任法第三十六条第二款的规定，认定网络服务提供者采取的删除、屏蔽、断开链接等必要措施是否及时，应当根据网络服务的性质、有效通知的形式和准确程度、网络信息侵害权益的类型和程度等因素综合判断。" 依据上述规定，可明确以下三点内容：第一，只要通知内容具备上述法律规定的要件，网络服务提供者接到通知后应及时采取必要措施。网络服务提供者不能自行设定额外的条件，也不能以自行制定的平台规则为由推卸责任，更不能要求权利人提供权威机关出具的侵权证明。否则，必将大大加重被侵权人的维权成本，导致大量案件涌向法院，浪费司法资源，平台自身承担责任的风险也大大增加。第二，及时，是指网络服务提供者认识到存在侵权行为的明显可能时，则应立即采取措施，通常表现为一个有效的通知到达网络服务提供者之后，在可期待该网络服务提供者应处理该通知的时间段内。第三，必要措施，是指足以防止侵权行为的继续和侵害后果的扩大，包括删除、屏蔽、断开链接、暂时中止对该网络用户提供服务等。

本案中，原告汽车公司四次使用被告网络公司公示的方式发送通知，通知内容包含通知人的名称、联系方式、侵权文章的网络地址、删除理由，并两次对被告提出的质疑（同一邮箱曾为其他单位申请过删帖）进行回复，故该通知应认定为有效。

2. 有偿删帖的认定及法律后果

有偿删帖是指新闻网站及其从业者违反互联网信息管理的规定，收受他人财物和好处，有偿删除、下沉、稀释网上不利信息的行为。有偿删帖的利益链上主要有三种角色：(1) 买家。买家是指有删帖需求的人，主要有个别企业、明星等。(2) 卖家。卖家是指有权删帖的人，根据网络公司的权限设置，不同权限的人，其控制的删帖范围也略有不同。拥有删帖权的人利用职务上的便利为自己牟取非法利益。此外，也包括少部分黑客。(3) 中介。中介有不同的表示形式，如QQ群、淘宝店铺、网站平台等，有时存在层层转包，由此形成较长的利益链。网站平台一般以共享资源的形式相互合作，形成有偿删帖、发帖、灌水等形式的中介模式产业链，网站平台大大方便了雇主与水军之间的联系，雇主发布任务信息后支付保证金，由平台代为保管，水军领取任务完成后向平台结算佣金。

发表网络发言是公民行使言论自由权的重要表现形式，即使帖子存在不当或违法内容，也须通过一定程序，以公开、公正的方式予以评价或者删除。而网络水军普遍从事编造虚假信息、诽谤攻击、非法推广等违法活动，严重侵害公民的人身财产权利，破坏网络正常生态，不仅侵犯了发帖人的言论权，更有可能构成犯罪。

本案中，被告仅仅依据不同人使用同一邮箱为不同公司申请删帖，就怀疑原告是有偿删帖，而没有及时履行删帖义务，实际上，提交删帖申请的是原告方的职工，原告的行为不符合有偿删帖的形式要件，被告也未提交证据予以佐证，故不能认定为有偿删帖。若被告担心错删而承担责任，可以利用反通知、留存申请人信息等方式免除自己的责任。如果坚持认为原告系有偿删帖，应及时报警，而不是消极地不履行删除义务。事实上，对违反相关规定，侵犯他人隐私权、名誉权等情形的帖文，若网络服务提供者能提供更快捷的通道，保证个人提出的合理主张能够被接受，畅通正常删帖渠道，对于遏制有偿删帖也有一定积极作用。

综上，及时履行删除义务是网络服务提供者的一项法定义务，收到权利人发送的有效通知以后，应及时进行删除操作，否则需要就扩大的损失与侵权人承担连带责任。

编写人：北京互联网法院　方淑梅　柴榕翔

四、违反安全保障义务责任纠纷

024 关于安全保障义务合理范围界定以及归责原则问题

——刘某艳等诉高速公路管理处、财产保险公司违反安全保障义务责任案

【案件基本信息】

1. 裁判书字号

河北省滦南县人民法院（2019）冀 0224 民初 3234 号民事判决书

2. 案由：违反安全保障义务责任纠纷

3. 当事人

原告：刘某艳、张某凤、张某红

被告：高速公路管理处

被告（追加）：财产保险公司

【基本案情】

2019 年 3 月 2 日 6 时 30 分，李某鹏驾驶冀 B3××××号轻型厢式货车与行人张某江相撞，造成张某江经医院抢救无效后死亡。此次某交警大队作出事故认定书，认定张某江承担本次事故的主要责任，李某鹏承担本次事故的次要责任。

原告刘某艳系死者张某江的配偶，原告张某凤系死者张某江的长女，原告张某红系死者张某江的次女。

原告刘某艳、张某凤、张某红以李某鹏、财产保险公司为被告于 2019 年 5 月 15 日向本院提起机动车交通事故责任纠纷诉讼，

主张因此次事故造成如下损失：医药费 13338.33 元，伙食补助费 150 元，营养费 150 元，办理丧葬事宜误工费 1800 元，交通费 3000 元，死亡赔偿金 182403 元，被扶养人生活费 60709.33 元，丧葬费 35816.5 元，精神损害抚慰金 30000 元，共计 327367.16 元，请求判令被告赔偿原告各项损失共计 223683.59 元。本院于 2019 年 6 月 28 日作出（2019）冀 0224 民初 1494 号民事判决，认定此次事故给原告造成了如下损失：医药费 13314.93 元，伙食补助费 120 元，营养费 120 元，办理丧葬事宜误工费 1607 元，交通费 1000 元，死亡赔偿金 182403 元，丧葬费 35816.5 元，精神损害抚慰金 20000 元，共计 254381.43 元，并判决如下："一、被告财产保险公司在交强险医疗费赔偿限额内给付原告刘某艳、张某凤、张某红医疗费 10000 元，在交强险死亡伤残赔偿限额内给付死亡赔偿金等 110000 元（含精神抚慰金 20000 元），本判决生效即履行。二、被告财产保险公司在超出交强险医疗费赔偿限额部分在商业三者险赔偿限额内给付原告刘某艳、张某凤、张某红医疗费 1421.97 元，在超出交强险死亡伤残赔偿限额部分给付 52330.60 元，本判决生效即履行；以上一、二判项，应由被告某财产保险支公司共计给付原告刘某艳、张某凤、张某红经济损失 173752.57 元。三、被告李某鹏不赔偿原告刘某艳、张某凤、张某红经济损失。四、驳回原告刘某艳、张某凤、张某红的其他诉讼请求。"该判决已经发生法律效力。

另查明，张某江所居住村的村北为某高速公路，在案涉事故发生地附近有一高速涵洞，因周边未能设置有效的隔离设施及明显的警示标识，导致高速公路外侧田地间至高速公路有人为踩踏后形成的路面。

又查明，被告高速公路管理处在被告财产保险公司投保了公众责任保险，累计责任限额 20000000 元，每次事故责任限额 5000000 元，每次事故每人责任限额 800000 元，保险期间自 2018 年 11 月 12 日 0 时起至 2019 年 11 月 11 日 24 时止，被保险人营业处所地址为某高速公路全段。案涉事故发生在保险期限内。

【案件焦点】

高速公路管理处是否违反了安全保障义务。

【法院裁判要旨】

河北省滦南县人民法院经审理认为：根据原告提供的唐港高速交警大队道路交通事故责任认定书、事故发生地附近照片等证据相互印证，形成证据链条，能够认定受害人张某江是通过高速公路涵洞附近人为踩踏形成的路面步行上了高速公路，并发生交通事故死亡。被告高速公路管理处作为事故发生路段的道路管理者、经营者，对高速公路及其附属设施负有经常性、及时性的巡视、养护、维护义务，但本案事故发生路段未能设置有效设施阻止行人进入高速公路，人为踩踏形成了路面，被告未尽到管理职责，对张某江的死亡存在过错，应承担侵权赔偿责任。张某江违反道路交通安全法的规定进入高速公路，其本人对事故的发生也存在过错，可以减轻被告的赔偿责任。根据过错程度，以被告对损害后果承担 20% 的责任为宜。因被告高速公路管理处在被告财产保险公司投保了公众责任保险，案涉事故发生在保险期限内，被告财产保险公司应承担保险责任。关于三原告因张某江死亡所造成的经济损失，本院（2019）冀 0224 民初 1494 号民事判决已经予以认定，即经济损失共计

254381.43 元。

河北省滦南县人民法院依照《中华人民共和国侵权责任法》第六条、第十六条、第二十二条、第二十六条、第七十六条，《中华人民共和国保险法》第十条、第十四条之规定，判决如下：

一、被告财产保险公司于本判决生效后十日内赔偿原告刘某艳、张某凤、张某红经济损失 50876.29 元；

二、被告高速公路管理处不赔偿原告刘某艳、张某凤、张某红的经济损失；

三、驳回原告刘某艳、张某凤、张某红的其他诉讼请求。

宣判后，当事人均未上诉，判决书已生效。

【法官后语】

安全保障义务，是指一定的主体由于担任某项或者从事某种业务而依法被要求履行的一定作为义务，义务人应当对这种人身和财产安全履行相应的积极作为或者消极不作为义务。具体是指经营管理者在经营管理的范围内对进入管理范围内的当事人之人身、财产安全依法承担的安全保障义务，其义务主体为服务场所的经营管理者，包括经营管理的所有者、管理者、承包经营者等对该场所负有法定安全保障义务或者具有事实上控制力的公民、法人或其他社会组织。

当今，人们在公共场所享受社会发展进步带来便利的同时，也因公共场所存在的潜在危险使人们的人身、财产置身于某些潜在的危险之中。近年来，因公共场所发生安全事故而引发的损害赔偿纠纷日益增多，而对于公共场所的不特定人，很难通过自身努力来完全避免危险的发生，如未明确经营管理者相应的保障义务，那么当事人的合法权益将很难得到保障，于 2003 年发布的《最高人民法院关于审理人身损害赔偿案件适用法律若干问题的解释》第六条①明确将“安全保障义务”作为条文正式公布，该条规定：“从事住宿、餐饮、娱乐等经营活动或者其他社会活动的自然人、法人、其他组织，未尽合理限度范围内的安全保障义务致使他人遭受人身损害，赔偿权利人请求其承担相应赔偿责任的，人民法院应予支持。因第三人侵权导致损害结果发生的，由实施侵权行为的第三人承担赔偿责任。安全保障义务人有过错的，应当在其能够防止或者制止损害的范围内承担相应的补充赔偿责任。安全保障义务人承担责任后，可以向第三人追偿。赔偿权利人起诉安全保障义务人的，应当将第三人作为共同被告，但第三人不能确定的除外。”这就从整体上规定了安全保障义务人的义务范围和责任界限。原《中华人民共和国侵权责任法》第三十七条②规定，宾馆、商业公司、银行、车站、娱乐场所等公共场所的管理人或者群众性活动的组织者，未尽到安全保障义务，造成他人损害的，应当承担侵权责任。因第三人的行为造成他人损害的，由第三人承担侵权责任；管理人或者组织者未尽到安全保障义务的，承担相应的补充责任，将“安全保障义务”上升到立法层面。而《中华人民共和国民法典》第一千一百九十八条规定将上述两者融合到一起，义务主体既包含了经营场所的经营者，又包括了公共场所的管理者。因此，不仅营业场所的经营者要对进入本经营场所的消费者和潜在消费者负有安全保障义务，非营业场所的公共场所，其管理者同样对进入该公共场所的人员负有安全保

---

① 《最高人民法院关于审理人身损害赔偿案件适用法律若干问题的解释》（2020年），删除了原司法解释第六条的规定，相关内容已被民法典所吸收。

② 《中华人民共和国侵权责任法》现已废止，该法条内容现已被《中华人民共和国民法典》第一千一百九十八条所吸收。

障义务，并且该条对于安全保障义务人对第三人的追偿权也进行了明确规定。另外民法典第一千二百五十四条特别规定，物业服务企业等建筑物管理人应当采取必要的安全保障措施防止高楼抛物坠物的发生，未采取必要的安全保障措施的，应当依法承担未履行安全保障义务的侵权责任。由此可见，我国民法上违反安全保障义务的侵权责任制度在进一步完善，且适用范围上在进一步扩大，并形成了安全保障义务一般规定与具体规定相结合的立法体例。

经营者的安全保障义务的法理基础是社会活动安全注意义务，以强调在社会生活上应负防范危害的义务，具体指在自己有责任的领域内，负有义务采取必要的、具有期待可能性的防范措施，保护第三人免予危险的义务，其未尽到安全保障义务主要有以下几种情形：

1. 经营管理者纯粹的不作为，没有营造好一个很安全的环境，导致当事人者受到损害。例如，挖掘水沟，应加盖或采取必要措施。

2. 经营管理者提供的服务本身或硬件设备不安全导致当事人受害。例如，餐馆楼梯未全部修好，应设告示牌或者切断通往楼梯的通道。

3. 因从事一定营业或职业的经营者消极不作为，未勤勉地尽到对不法侵害的防范和制止义务。例如，经营旅馆饭店，应注意清除楼道油渍，维护电梯安全，保证安全门畅通无阻的义务。

4. 因自己行为将导致发生一定结果的危险而负有防范义务。比如，在公路上堆放修筑物件，但未开启或维持某种交通而负有的警告、防范义务。

安全保障义务的目的在于避免他人的人身、财产遭受损害，所以安全保障义务也可以界定为避免他人遭受损害的义务。从我国立法的实践来看，部分法律法规虽规定了各种具体情况下经营者承担的安全保障义务，但由于个案案情的不同，经营管理者的安全保障义务也有所不同，相应的其应承担的责任也不同。而经营者安全保障义务合理范围的确定以及对归责原则的把握，是判断经营管理者是否需要承担赔偿责任的标尺，也是审理安全保障义务责任纠纷案件的关键。安全保障义务责任纠纷案件在司法实践中有以下需要注意的地方：

1. 经营管理者合理限度内的安全保障义务的界定及范围、标准

法律、法规仅原则性地规定了安全保障义务制度的权利、义务主体和责任承担方式，但对安全保障义务的范围没有原则性的指引，虽然学界提出了一些司法中可以借鉴的原则和规则，但对于法律适用而言还不够明确和细化，这就要求我们在司法实践中对安全保障义务案件需要谨慎地进行合理研判，要运用合理限度原则对安全保障义务合理范围进行认定。安全保障义务制度的一个重要目的性意义在于促进群众性活动的良好运行。“合理限度范围”要求一种平衡状态，一方面，活动的参与者的安全应得到基本的保障；另一方面，人们在社会活动中对他人人身、财产安全的注意义务是有合理限度的，社会活动的管理者，其安全注意义务的承担都应当存在一定的底线，他们并不扮演维护公共安全的警察角色，不能无限制地加重其负担，两者若不能兼顾就会打破平衡，从而制约群众性活动的良性开展。

首先，运用“理性认知风险”规则，确定经营管理者在理性认知下应预见的风险和义务，包括法律规定、行业标准、双方约定以及合理注意，初步确定义务范围以及管理者应达到理性的注意程度。

所谓理性认知，从内容上来讲，应当包括对法律规定的认知，法律、法规对安全保障义务的内容或标准有明确规定的，组织者应当严格遵守法律、法规的规定。

其次，是对行业标准的认知，在没有法律、法规明确规定的情况下，安全保障义务人要达到同类活动组织者所应达到的通常注意程度；但实践中我们发现相关法律规定不但非常少，而且抽象，行业标准在许多群众性活动中往往还未形成，即便有也存在大量规避责任的情形或不够周延。所以依然不足以完成确定义务主体的理性认定义务范围的工作，此时就需要借鉴所谓的“合理注意”原则，即要以理性人即具有一般谨慎的人，采用一般注意和技能的人的一般注意为基础，对义务范围作出一个初始的合理判断，查明在特定的场合所采取的合理的谨慎和预防措施是否达到了合理注意，判断经营管理者是否能够防范明显的事件、可能的事件和可能预见的事件理性认知的风险范围。

最后，要运用“合理期待”规则，根据经营管理者的实际能力和客观环境的限制，再一次限定经营管理者的安全保障义务范围。

2. 安全保障义务的归责原则问题

民法理论认为，需要尽适当注意义务却没有尽这种义务，就具有民法上的过错，就应当承担过错的民事赔偿责任，安全保障义务的归责原则适用过错责任原则，然而经营者的安全保障义务不是无限的，只有经营者未尽合理限度范围内的安全保障义务，才会产生损害赔偿责任。关于安全保障义务人过错的举证责任应当由谁来承担的问题，笔者认为，部分责任仍应由受害人一方来承担，因为存在于法理学层面并根植于社会基本价值判断中的安全保障义务本身就是为受害人的权利保护而创设的，所以使其就安全保障义务人的过错进行举证是利益平衡的结论，在认定经营管理者合理限度内的安全保障义务外，部分亦应由受害者自担的风险，受害人作为权利人在安全保障义务规范中也同样属于理性人的设定，这就要求受害者对于自己所参加的活动中可能存在的风险应有一个理性的认知，并要为自己的行为承担责任，即对于一般性的社会生活风险，受害者具有专业判断能力或经营者预先充分提醒，而受害者对于活动风险没有达到理性判断的程度，就应当自己承担部分损害后果。

根据《中华人民共和国公路法》第四十三条第二款的规定："县级以上地方人民政府交通主管部门应当认真履行职责，依法做好公路保护工作，并努力采用科学的管理方法和先进的技术手段，提高公路管理水平，逐步完善公路服务设施，保障公路的完好、安全和畅通。"这就进一步明确了高速公路管理者有做好安全、防护、警示的保障义务。本案中，高速公路管理处作为事故发生路段的道路管理者、经营者，对高速公路及其附属设施负有经常性、及时性的巡视、养护、维护义务，但本案事故发生路段未能设置有效设施阻止行人进入高速公路，人为踩踏形成了路面，被告未尽到管理职责，对受害者的死亡存在过错，应承担侵权赔偿责任。但受害者本身未尽到高度的观察、注意、自我保护义务，对由此造成的损害后果自身也有较大过错，故应承担相应的责任。

综上，安全保障义务是公共场所或公共设施管理人的一种法定义务，安全保障义务人既要保障其管理的场所或设施的安全性，也要对在场所内活动或使用设施的人进行必要的警告、指示说明、通知及提供必要的帮助，以预防侵害的发生。判断安全保障义务的"合理限度"，应当根据与安全保障义务人所从事的营业或者其他社会活动相适应的安全保障义务的必要性和可能性，结合具体情况认定。对经营管理者合理限度的界定既事关安全保障义务人的责任成立，又事关其责任范围的确定。其判断的标准一般是，该安全保障义务人的行为是否符合法律、法规、规章或者特定的操作规程的要求，是否属于同类社会活动或者一个诚信善良的从业者应当达到的通常的程度，包括维护、保管公共设施以及及时发现安全隐患并采取妥善措施消除危险，对可能造成危险的设施、行为设置明显的标志并采取相应的保护措施。

编写人：河北省滦南县人民法院　梁秀生

025 参与人在高风险娱乐活动中应当对自身安全承担注意义务

——晏某强诉生态农庄违反安全保障义务责任案

【案件基本信息】

1. 裁判书字号

北京市第一中级人民法院（2020）京 01 民终 2384 号民事判决书

2. 案由：违反安全保障义务责任纠纷

3. 当事人

原告（上诉人）：晏某强

被告（上诉人）：生态农庄

【基本案情】

晏某强前往生态农庄“弹力空间蹦床公园”内玩耍。进入馆内之前，晏某强等人签署了《弹力空间蹦床馆入场安全免责须知》，其中规定了场馆内的注意事项和安全准则，并载明“如本人违反安全须知和安全准则，则馆内发生的所有安全问题，责任自负”。

庭审中，生态农庄提交的当天场馆内监控视频显示：11 时 59 分晏某强在白色区域一个蹦床上玩耍（此时工作人员正在一旁另一张蹦床上做跳跃、空翻等动作），约 12 时晏某强在做一个空翻跳跃时头背部先与蹦床接触后倒在蹦床上，后自行从白色蹦床上爬起后平躺在两个白色蹦床间的红色间隔带上，约站立一分钟后随同伴一起走出蹦床场馆内，其间，晏某强同伴及场馆内工作人员多次上前察看晏某强情况。另外，监控视频中，白色蹦床区域在蹦床馆入口正前方，馆内墙上及地上多处贴有提示标语“一张床一个人”“禁止连续跳跃蹦床”。

诉讼中，经鉴定晏某强致残等级为十级。

【案件焦点】

1. 生态农庄是否尽到了安全保障义务；2. 晏某强自身是否应当承担主要责任。

【法院裁判要旨】

北京市延庆区人民法院经审理认为：宾馆、商业公司、银行、车站、娱乐场所等公共场所的管理人或者群众性活动的组织者，未尽到安全保障义务，造成他人损害的，应当承担侵权责任。

第一，虽然生态农庄在晏某强进入蹦床馆内要求其签署了安全免责须知，但该条提示并非特别标注。生态农庄在蹦床馆内的墙上及地上多处贴有提示标语，起到了一定的安全提示作用，但未能充分说明危险动作存在的受伤风险，消费者并不具备完全的风险判断能力。

第二，从生态农庄提交的证据来看，其蹦床馆内对高级区域和初级区域的区分并非显而易见，也并非如晏某强一样的初玩者能简单区分，且从馆内区域设计来看，白色蹦床区域（生态农庄所称高级区域）在蹦床馆入口正前方，其设置不具有科学性，也未对其进入白色区域进行确认或及时劝诫和阻拦，故生态农庄未尽到区域区分、引导、确认等安全保障义务。

第三，从视频来看，蹦床馆内一名身穿荧光绿色上衣的工作人员在白色蹦床区域的一张蹦床上做跳跃、空翻等动作，晏某强自进入蹦床馆内径直能看到上述工作人员的动作，其在蹦床上的动作和步调与该工作人员有一定的一致性，故该工作人员的表演动作对晏某强有一定的迷惑和诱导性。

第四，蹦床作为一项具有一定危险性的运动，生态农庄对该项运动的危险性有一定的认识，但在晏某强跳跃倒地后，馆内工作人员未及时出现，也没有专业医护人员察看救治，工作人员发现后，在蹦床区域连片的情况下，工作人员亦未考虑晏某强附近区域周围人员的弹跳对晏某强的影响而进行阻止。综上，生态农庄虽对晏某强进行了安全提示，但提示的内容并不全面，未尽到安全保障义务，对晏某强的受伤存在过错，应当承担赔偿责任。

北京市延庆区人民法院依照《中华人民共和国侵权责任法》第十六条、第二十六条、第三十七条第一款，《最高人民法院关于审理人身损害赔偿案件适用法律若干问题的解释》第十七条、第十八条、第十九条、第二十条、第二十一条、第二十二条、第二十三条、第二十四条、第二十五条、第二十六条，《中华人民共和国民事诉讼法》第六十四条第一款之规定，判决如下：

一、生态农庄于判决生效后七日内赔偿晏某强医疗费 24364.45 元；

二、生态农庄于判决生效后七日内赔偿晏某强误工费 3600 元；

三、生态农庄于判决生效后七日内赔偿晏某强护理费 1800 元；

四、生态农庄于判决生效后七日内赔偿晏某强营养费540元；

五、生态农庄于判决生效后七日内赔偿晏某强住院伙食补助费160元；

六、生态农庄于判决生效后七日内赔偿晏某强残疾赔偿金27196元；

七、生态农庄于判决生效后七日内赔偿晏某强精神损害抚慰金1000元；

八、生态农庄于判决生效后七日内赔偿晏某强鉴定费1003.24元；

九、生态农庄于判决生效后七日内赔偿晏某强交通费160元；

十、生态农庄于判决生效后七日内赔偿晏某强残疾辅助器具费560元；

十一、驳回晏某强的其他诉讼请求。

晏某强与生态农庄均不服一审判决，提起上诉。二审法院同意一审法院的裁判意见。

北京市第一中级人民法院依照《中华人民共和国民事诉讼法》第一百七十条第一款第一项之规定，判决如下：

驳回上诉，维持原判。

【法官后语】

可支配收入的增加促使广大人民群众不断提高对于生活品质的要求，日益丰富的社会娱乐活动可供消费者选择。在我们享受现代社会带来的丰富多彩与自由的同时，也发觉自己其实亦处于一个充满损害的风险社会。①

---

① 程啸：《侵权行为法总论》，中国人民大学出版社2008年版，第66~69页。

一、新旧法的选择适用

“法不溯及既往”是现代法治国家普遍适用的一项基本原则，该原则要求法律对其实施前未经审判的行为不具有效力。2021年1月1日，《中华人民共和国民法典》正式施行。在此特殊的时间节点上，很多案件事实发生在《中华人民共和国民法典》施行之前，但案件审理持续至施行之后，这就出现了需要裁判者选择适用的问题。按照“法不溯及既往”的原则，新法对以往的行为或事实应当没有溯及力，《最高人民法院关于适用〈中华人民共和国民法典〉时间效力的若干规定》第一条第二款亦明确规定“民法典施行前的法律事实引起的民事纠纷案件，适用当时的法律、司法解释的规定，但是法律、司法解释另有规定的除外”。对于本案来说，晏某强在生态农庄发生事故的案件事实发生在《中华人民共和国民法典》施行之前，故在法律适用中应当选择旧侵权责任法的相关规定。同理在计算相关费用时也应当适用旧《最高人民法院关于审理人身损害赔偿案件适用法律若干问题的解释》。但应当指出的是，《中华人民共和国民法典》对我国民事领域的规范和理论成果都有创新和发展，在规定更为详尽的同时体现出了现代国家治理的导向，笔者将在下文中结合其相关规定予以论述。

二、生态农庄是否尽到了安全保障义务

（一）安全保障义务的性质及适用领域

社会风险理论认为，过多的人群聚集在一起，就会形成一种社会风险，人群聚集范围越大则社会风险也越高。[①] 安全保障义务的设定在目的上是使组织者、经营者、管理者通过履行自身义务来降低

① 黄胜开：《我国踩踏事故民事责任制度的检讨》，载《河北法学》2015年第6期。

风险发生的可能性，也是对可能发生的不特定风险进行提前分配，从而在风险真正来临时可以对参与者的损害进行一定的弥补。那么，安全保障义务存在的领域应当对社会生活中的风险进行全面考量，又不应刻意扩大其适用范围，否则将会阻碍社会生活的自由开展。从立法具体的表述中，安全保障义务主体范围经过了一个渐变式的过程。在《中华人民共和国民法典》中专门将“经营场所”“公共场所”“群众性活动”与“经营者”“管理者”“组织者”加以区分性规定时，无疑是明示了安全保障义务的存在不以契约关系及盈利为前提，“经营者”“管理者”“组织者”均可以成为安全保障义务的责任主体。笔者对《中华人民共和国民法典》这一规定深表赞同，安全保障义务的设立本身是为了应对多变的大千世界，风险的存在均不会以有偿与否为考量，扩大安全保障义务的适用范围及主体，更加可以体现法律规制与保护的作用。本案中的判断较为简单，生态农庄作为对外开放的经营主体，向游客提供蹦床消费项目并聘请教练在现场进行教学及管理，晏某强作为蹦床活动的参与者，在其进入蹦床场馆那一刻起，经营者与管理人员就应当对晏某强具有安全保障的义务。而场馆内的教练为生态农庄的聘用人员，其在工作中所应承担的义务应当由生态农庄予以继受，本案中安全保障义务的责任主体应为生态农庄。

（二）生态农庄是否尽到了安全保障义务

“软硬件标准”① 的展开与司法审判的审理思路较为契合，亦容易被社会大众所接受，基本可以对是否在“合理限度内”进行诠释。具体为：第一，硬件设施标准。安全保障义务的义务人的硬件设施

---

① 张新宝：《民法分则侵权责任编立法研究》，载《中国法学》2017年第3期。

状况具体又可以细分为物和人两个方面。物的方面主要是指服务场所内的配套服务设施、设备应当保证安全可靠，应当符合国家及行业标准。在人的方面安全保障义务是指经营者对于可能出现的危险应当采取必要的安全防范措施，配备数量足够的、合格的安全保障人员，如保安、健身教练、救生员等。第二，软件设施标准，主要是要履行消除不安全因素，为消费者提供一个安全环境的义务。大致为：其一，管理义务，保障参与者有序参加活动，减少不必要的冲突。其二，提示义务，在有安全隐患的地方放置警示牌，告知风险的类型。其三，减少外来风险的义务，对于外界可能影响内部安全的风险进行隔离。其四，保护及救助义务，在风险到来之际对参与者进行保护及风险发生后对伤者进行救助等。根据法经济学的理论基础，风险与利益一直是相辅相成的状态，风险越高说明利益越高，其义务标准也相应越高。具体到本案中，生态农庄在一审、二审时均抗辩称，其已经在多处设立了"注意安全"的警示标语，而且分出"初级"和"高级"的区域配专门教练指导和管理，并在游客入门前签订的《弹力空间蹦床馆入场安全免责须知》中也对危险进行了阐述，说明自身已经履行了安全保障的义务。诚然，生态农庄的上述做法确实说明对蹦床项目的危险性有一定的预知，并想要通过各种手段予以避免风险。但值得注意的是，意识到义务的存在与实际履行义务之间存在天壤之别。从现场情况来看，生态农庄虽然提示了蹦床具有危险性，但整个场地仍处于完全开放的状态，"初级"区域与"高级"区域之间亦无工作人员进行讲解与引导，蹦床经验过少的游客根本无从明确获知风险是否确实存在及后果。《弹力空间蹦床馆入场安全免责须知》中有蹦床存在风险的告知，但作为关系到人身安全的告知其并未提示游客特别注意。在缺少警示的情况下，现场负责管理和教学的教练在场地中轻松的做出空翻、后空翻的高难度动作，亦会使游客放松对蹦床危险的警惕，对高难度动作进行模仿。由此可见，生态农庄虽预知了蹦床项目的风险，但是并未切实履行安全保障义务，其所称场地存在的“软硬件措施”几乎是形同虚设，避免的只是自身承担法律责任的风险，而不是游客受伤的风险。

三、生态农庄能否以自甘风险作为抗辩理由。

在竞技体育中，刺激、对抗与冲撞正是本身魅力之所在，而参与者明知自己所参加的体育活动具有这种特性，仍然自愿冒险从事该行为，故其因此遭受损失应当自担。就自甘风险的理论层面早有研究，在相关案件中也多被当事人予以引用为抗辩理由。但是，自甘风险的适用也是有条件的，其中最基本的损害应当是由加害人的行为所导致。《中华人民共和国民法典》在自甘风险的规定中，也明确了该条的适用条件之一是“因其他参与者的行为而受到损害”。[1]因此，本案并不存在自甘风险适用的前提条件，因为蹦床并不需要有其他参与者一起参与或对抗，因此不能因晏某强选择了蹦床就认定其应当自甘风险，从而免除或减轻生态农庄的责任。

编写人：北京市第一中级人民法院　姜斐

① 《中华人民共和国民法典》第一千一百七十六条第一款规定，自愿参加具有一定风险的文体活动，因其他参加者的行为受到损害的，受害人不得请求其他参加者承担侵权责任；但是，其他参加者对损害的发生有故意或者重大过失的除外。

026 精神疾病研究和治疗的专科医院，对其正在办理住院手续尚未实施诊疗的患者，具有较一般公共场所更为严格的安全保障义务

——周某荣等诉某医院违反安全保障义务责任案

【案件基本信息】

1. 裁判书字号

湖北省襄阳市中级人民法院（2020）鄂06民终3676号民事判决书

2. 案由：违反安全保障义务责任纠纷

3. 当事人

原告（被上诉人）：周某荣、邵某然、邵某非、邵某喆

被告（上诉人）：某医院

【基本案情】

周某荣系死者邵某虎之妻，邵某然、邵某非、邵某喆系死者邵某虎之子女。2019年12月23日，邵某虎因行为异常，经常胡言乱语，被其亲属送至某医院治疗，于2020年1月6日出院。病历记载其入、出院诊断均为：使用酒精引起的精神和行为障碍；躁狂发作。出院时医嘱为：院外坚持服药，药物由家属保管，避免误服、漏服；注意休息、避免劳累等。某医院于出院当日出具的《非正常出院告知书》载明邵某虎的目前诊断为躁狂发作，目前出院可能存在的风险是：精神症状未完全消失，自知力未恢复，病情不稳定，出现消极、冲动毁物、伤人、外出等行为。患者家属即原告周某荣在该告知书上自书“我已明白并理解以上情况，仍

坚持要求出院”并签名。2020年1月11日20时许，邵某虎在家饮酒后又出现情绪、行为异常，其妻子周某荣、堂弟邵某勇等多人将其于当晚20时30分左右送至被告某医院就诊，该院安置康复楼四病区值班护士接待后通知值班医生到场接诊，随后对病人邵某虎进行安全检查，并告知当晚无法办理住院手续，若要将邵某虎留在医院，需要家属陪护。家属决定让邵某虎留院，由其堂弟邵某勇陪护，其他人回家，值班护士遂带着邵某勇开始安排病室床位。其间，邵某虎在走廊自行将衣服脱至只剩秋裤，说“我要洗澡”，之后就直接走向该院2病室，当时是20时49分。20时53分，值班护士进入2病室洗澡间查看，发现邵某虎用从天花板上拉出的白色电线自缢，立即抱住邵某虎往上抬并呼救，其同事和患者家属随即过来将邵某虎从电线上救下，抬至病室走廊就地进行急救并报警。当晚，邵某虎经抢救无效后死亡。后家属报警，经法医鉴定为自缢死亡，排除刑事案件。在派出所的调解下邵某虎的家属与某医院达成协议，约定某医院先行支付丧葬费20000元。后邵某虎的家属向法院起诉要求某医院赔偿其各项损失共计919702.91元。

【案件焦点】

1. 精神疾病研究和治疗的专科医院对患者的安全保障义务的归责原则和责任限度；2. 精神疾病研究和治疗的专科医院安全保障义务的过错如何认定的问题。

【法院裁判要旨】

湖北省襄阳市襄城区人民法院经审理认为：本案事件发生在办理住院手续的过程中，尚未实施诊疗，案由应为违反安全保障义务损害责任纠纷。被告某医院作为公共场所的管理人，对就诊的患者负有安全保障义务。且被告作为精神疾病研究和治疗的专科医院，对就诊的患者负有别于普通医院的特别注意义务。邵某虎到被告处就诊时从进入被告处卫生间用天花板内的电线自缢，到身亡仅仅四分钟时间，足见被告病室内卫生间的设施不足以保障患者的人身安全，对邵某虎未尽到安全保障义务。另外，邵某虎的家属对其有监护义务，而邵某虎自杀前正处于使用酒精引起的精神和行为障碍、躁狂病发作期间，且此前邵某虎在被告处第一次住院时其家属明确知晓患者病情及需要陪护和预防，就此危险和防范，其陪护的家属应为明知，而在就诊中其陪护的亲属未对其进行全程陪护和预防，以致悲剧发生，对此死者家属负有对邵某虎监护不周的过错，应承担相应的民事责任。综上，邵某虎在其亲属监护不周的情况下自杀，是本案事件发生的主要原因；被告涉案的安置康复大楼的设施经验收为合格，而对于一个身体健全、一心求死的精神和行为障碍躁狂发作的成年患者来说，被告显然不可能确保整个院区范围内每一位置在每一时刻均是绝对安全的，故其病室内的设施不足以保障患者安全是本案事件发生的次要原因，由被告对四原告的损失承担 20% 的赔偿责任。

湖北省襄阳市襄城区人民法院依照《中华人民共和国侵权责任法》第六条第一款、第十六条、第二十六条、第三十七条第一款，《中华人民共和国精神卫生法》第三十八条，《最高人民法院关于审理人身损害赔偿案件适用法律若干问题的解释》第十七条第三款、第十八条、第二十七条、第二十八条、第二十九条，《最高人民法院关于确定民事侵权精神损害赔偿责任若干问题的解释》第十条之规定，判决如下：

一、被告某医院于本判决生效之日起十五日内一次性赔偿原告周某荣、邵某然、邵某喆、邵某非各项损失共计150936.27元；

二、驳回原告周某荣、邵某然、邵某喆、邵某非的其他诉讼请求。

某医院不服一审判决，提起上诉。湖北省襄阳市中级人民法院经审理认为：二审中当事人的争议焦点是某医院对邵某虎的死亡是否存在过错。二审法院认可一审判决关于院方室内设施不足以保障患者人身安全，院方对邵某虎未尽到安全保障义务的裁判理由。除此之外，邵某虎因精神疾病被家属送至某医院治疗，院方对患者除负有医治的责任外，还负有相应的监管责任。但某医院工作人员却在安排床位的过程中，忽视监管，以致邵某虎脱离院方和陪护人员视线范围，某医院亦存在过错。一审判决综合考虑院方和家属一方的责任，判令上诉人对四被上诉人因邵某虎死亡遭受的损失承担20%的赔偿责任，事实和法律依据充分。一审认定事实清楚，适用法律正确，应予维持。

湖北省襄阳市中级人民法院依照《中华人民共和国民事诉讼法》第一百七十条第一款第一项之规定，判决如下：

驳回上诉，维持原判。

【法官后语】

因本案侵权事实发生在《中华人民共和国民法典》（以下简称《民法典》）施行前，故适用原《中华人民共和国侵权责任法》（以下简称《侵权责任法》）第三十七条的规定，目前生效实施的《民法典》第一千一百九十八条对安全保障义务人责任的规定与《侵权责任法》基本一致，不同点在于《民法典》就责任主体的范围列举予以细化，且从“公共场所管理人或者群众性活动的组织者”扩大表述为“经营场所、公共场所的经营者、管理者或者群众性活动的组织者”，并新增了存在第三人侵权情形时安全保障义务人承担责任后向第三人追偿的权利。《侵权责任法》和《民法典》均对安全保障义务人责任作了一般概括性规定，未对精神专科医院的安全保障义务作特别规定。精神病人因不具有对其行为的完全控制力和意识，大部分属于无民事行为能力人和限制民事行为能力人，在精神专科医院发生违反安全保障义务的情形时，可综合参照教育机构对无行为能力人和限制行为能力人的安全保障义务责任来确定责任承担和归责原则，应为较一般公共场所管理人更为严格的过错责任原则，但也应控制在合理限度内。

本案的特殊性在于患者自杀行为发生在患者进入精神疾病专科医院后正在办理入院手续时，因尚未确立医疗服务合同关系且损害后果并非医疗机构或医务人员的诊疗行为所导致，所以本案涉及的问题是关于精神疾病研究和治疗的专科医院对患者的安全保障义务的归责原则和责任限度。

关于精神专科医院的安全保障义务的过错如何认定问题。因其所收治的患者具有一定个人或者社会危险性，根据《中华人民共和国精神卫生法》第三十八条的规定，医疗机构应当配备适宜的设施、设备，保护就诊和住院治疗的精神障碍患者的人身安全，防止其受到伤害，并为住院患者创造尽可能接近正常生活的环境和条件。由此可见，其对就诊的患者负有的注意义务有别于普通医院，负有特别的注意义务，要采取有效的安全措施以消除危险，且配备的设施、设备能够保障人身安全。例如，窗户应设置限位装置、排查病人有无携带危险物品、水、电装置是否存在危险等。又如，精神专科医院在采取捆绑、约束等措施时不能超越必要限度，以免对患者造成伤害。同院的其他具有暴力倾向的精神病患者会对其他患者的人身安全产生威胁的，医院在分配病房和看护该类患者时须尽到高度的注意义务，防止患者受到伤害。

本案结合了精神病患者的监护人对其的监护义务和医院的安全保障义务对损害结果发生的因果关系参与度来划分侵权责任。本案中，患者家属对其有监护义务，精神病人被送至精神病医院住院治疗，可以视为监护人将部分监护职责依据医疗服务合同委托给医院，在患者办理住院手续等待入院时虽然并未成立医疗服务合同，但是基于精神病专科医院收治病人的特殊性，从进入医院开始，监护人的监护责任可视为部分但并未完全转交给院方，家属在明知患者的病情且在不久前出院时签署《非正常出院告知书》的情况下，对高度注意、随时陪护、预防其危险行为的监护措施应为明知，但患者的陪护亲属未做好陪护和预防工作，对此家属负有监护不周的过错，该过错与患者自杀的后果具有较大的因果关系，家属应承担与其过错相对应的民事责任。综合考虑院方和家属一方的责任，法院最终判令院方承担20%的赔偿责任，体现了将院方的安全保障义务限制在合理的范围之内。

编写人：湖北省襄阳市襄城区人民法院　王芳

027 安全保障义务主体责任不因“外包”转移

——杨某赏诉超市、环境科技公司违反安全保障义务责任案

【案件基本信息】

1. 裁判书字号

北京市海淀区人民法院（2020）京 0108 民初 21884 号民事判决书

2. 案由：违反安全保障义务责任纠纷

3. 当事人

原告：杨某赏

被告：超市、环境科技公司

【基本案情】

超市系超市某分店的实际经营者。2016 年，超市（甲方）与环境科技公司（乙方）签订《清洁服务合同》，约定由乙方为甲方提供清洁服务事宜。2019 年 10 月 19 日上午，杨某赏前往超市某分店购物。双方无争议事实为杨某赏在水果区行走时摔倒，摔倒后由超市工作人员叫了救护车，将杨某赏送至医院，并垫付了部分费用。双方争议部分为杨某赏摔倒原因及责任承担。

针对摔倒原因，杨某赏主张系因地面积水湿滑摔伤，并提交现场视频及照片加以证明。该视频及照片显示事发现场地面存在部分污渍划痕，并无明显水渍，另从视频和照片中可以看出杨某赏所穿鞋的鞋底纹路存在较多磨损，鞋底较为光滑。超市表示因事发时环境科技公司员工刚拖过地，故地面存在潮湿情况。环境

科技公司认可地面存在划痕，但表示无法核实当时是否刚拖过地，但如果系刚拖过地，则地面不可能存在积水情况。环境科技公司称根据照片可以看出杨某赏鞋底光滑，存在明显磨损痕迹，对摔伤杨某赏自身亦存在过错。杨某赏对此不予认可，其主张事发时所穿鞋子系2019年5月购买的新鞋，并提供购物小票加以证明。超市及环境科技公司对小票的真实性认可，但表示购物小票仅能证明鞋子价格，无法证明该小票和事故的关联性。经询问，双方表示事发地点没有监控，杨某赏、超市主张事发地点周围并未设立警示牌，环境科技公司主张其在合理范围内在超市的重点区域摆放了警示牌，并提供相应照片为证。杨某赏、超市对环境科技公司提交照片不予认可，表示无法核实该照片是事发时拍摄。

针对责任承担，杨某赏主张超市及环境科技公司均未尽安全保障义务，具体表现为超市及环境科技公司在地面湿滑的情况下未设立警示标志提示顾客小心地滑且环境科技公司作为保洁单位未确保地面干燥，故要求超市及环境科技公司承担连带赔偿责任。经询问，杨某赏表示其主张连带责任的依据系《中华人民共和国侵权责任法》第八条“二人以上共同实施侵权行为，造成他人损害的，应当承担连带责任”。超市主张自己已将地面保洁和安保义务都承包给环境科技公司，且双方清洁合同约定赔偿责任由环境科技公司承担，故因地面保洁原因导致杨某赏摔伤应由环境科技公司赔偿。环境科技公司主张清洁合同约定的保洁范围是积水，本案并非积水导致摔伤，故其未违反合同约定，不应承担赔偿责任。

【案件焦点】

1. 环境科技公司作为外包单位是否应承担安全保障义务责任；2. 超市是否已履行安全保障义务责任；3. 本案侵权责任应如何认定。

【法院裁判要旨】

北京市海淀区人民法院经审理认为：宾馆、商业公司、银行、车站、娱乐场所等公共场所的管理人或者群众性活动的组织者，未尽到安全保障义务，造成他人损害的，应当承担侵权责任。被侵权人对损害的发生也有过错的，可以减轻侵权人的责任。

本案中，双方对杨某赏在超市某分店中摔伤的事实均没有争议，本院对此予以确认。就摔伤原因，结合杨某赏提交的照片和视频，可以看出事发地点周围地面存在明显污渍划痕，而杨某赏所穿的鞋子底面存在磨损情况，较为光滑，以现有证据，结合双方当事人陈述，本院认定杨某赏之摔伤系地面不整洁及其自身鞋子磨损共同导致。就责任承担，超市某分店的实际经营管理者系超市，故承担超市某分店安全保障义务的责任主体应为超市，作为公共场所的经营管理者，超市有责任提供安全整洁的场所环境，对于杨某赏因超市内地面不整洁而导致摔伤的事故，超市已违反安全保障义务，应承担相应的责任。超市虽抗辩称其与环境科技公司签订了《清洁服务合同》，将超市内的日常保洁工作委托环境科技公司负责，但该项抗辩并非其不承担安全保障义务的理由，故本院对此不予采纳。针对杨某赏要求环境科技公司与超市承担连带赔偿责任的诉求，根据杨某赏在庭审中的陈述，其主张二被告承担连带责任依据系共同侵权，但其未提供证据证明环境科技公司及超市存在共同侵权的行为，且要求环境科技公司及超市就违反安全保障义务承担连带责任缺乏法律依据，本院对此不予支持。杨某赏作为成年人，其穿着底面磨损严重的鞋外出活动，杨某赏自身亦具备一定过错。综上，综合考虑双方过错程度，本院酌情认定由超市承担70%的赔偿责任。本院最终认定杨某赏的损失为：医疗费64504.77元、住院伙食补助费200元、护理费4500元、营养费3000元、交通费626元，合计72830.77元。按照70%的赔偿责任并扣除垫付费用后，超市应向杨某赏赔偿各项损失48722.54元。

北京市海淀区人民法院依据《中华人民共和国侵权责任法》第三十七条之规定，判决如下：

一、超市于本判决生效后十日内，向杨某赏赔偿医疗费、住院伙食补助费、护理费、营养费、交通费合计48722.54元；

二、驳回杨某赏的其他诉讼请求。

宣判后，当事人均未上诉，判决书已生效。

【法官后语】

《中华人民共和国民法典》第一千一百九十八条第一款规定："宾馆、商场、银行、车站、机场、体育场馆、娱乐场所等经营场所、公共场所的经营者、管理者或者群众性活动的组织者，未尽到安全保障义务，造成他人损害的，应当承担侵权责任。"相比《中华人民共和国侵权责任法》第三十七条规定，该条款未对安全保障义务的责任承担作出实质性改变，故本案例虽系在《中华人民共和国民法典》生效前发生的案件，但现仍具有参考价值。本案中，双方争议的核心焦点系超市是否可以通过"外包"形式将安全保障义务转移给环境科技公司。该问题的实质是对安全保障义务内容的解读，对此，理论上存在三种观点。

第一种观点认为，安全保障义务仅属于侵权法上的一般注意义务，只要义务人谨慎地选任了具有履行该义务能力的第三人，就相当于履行了自己的安全保障义务。若采取该种观点，本案中只要超市可以证明其与环境科技公司签订合同时具备谨慎选任具备良好资质履行人的情形，则证明超市已尽到履行安全保障义务。

第二种观点认为，当安全保障义务人借由他人履行相应安保义务时，原义务人安全保障义务的内容转换为持续监督的义务，这一监督义务并非来源于双方的外包合同，而是源自安全保障义务自身的转换。据此，安全保障义务人仅需要对自己的监督过失承担相应责任。若采取该种观点，本案中需查明的焦点则转换为超市是否对于环境科技公司的履职行为实行监管责任，若未履行监管职责，则超市应承担补充责任。

第三种观点认为，安全保障义务属于法律创设的特殊义务，安全保障义务人虽可以委托他人代为履行，但并不能使其免除该项义务，其仍需确保该项义务被正确履行。目前该种观点属于实务界中的主流观点，本案中法院采取的亦为该种观点，即超市作为安全保障义务人，虽可以通过外包的形式将保洁服务等内容委托给环境科技公司，但该行为并不能改变超市安全保障义务主体身份，在本案中只需查明存在未尽安全保障义务的情况，如未确保地面整洁，仍然应由超市承担侵权责任。

对于采取第三种观点的理由，笔者认为，可以通过安全保障义务人和被侵权人两个层面理解。在安全保障义务人层面，法律创设安全保障义务时所考虑的是作为经营、管理或组织活动这一整体性行为的影响，安全保障义务人应负有预防危险、保障安全的责任，若允许其可以通过外包形式转移责任，因承包人的风险偿付能力无法保证，最终损失反而可能由被侵权人自己承担。此外，安全保障义务人作为场所管理者，无论从人员安排、运营策略等各方面考虑，安全保障义务人都处于更优的风险预防地位，其对于经营管理活动具备最终决定权，因此将责任锁定在安全保障义务人本身有利于督促其更好地预防风险发生。在被侵权人层面，其选择进入安全保障义务人所管理的场所，系居于对场所安全性的合理信赖，这一信赖系基于安全保障义务人本身的，举例而言，普通消费者进入商业公司等环境中，并不能了解商业公司是否将保洁等工作外包给他人实施，消费者对场所安全的信赖是针对商业公司管理者本身的，因此若要求消费者对在商业公司中未出现的所谓保洁公司请求赔偿，显然不利于保护消费者的权益。

编写人：北京市海淀区人民法院　王子葭

028 电信诈骗案件中银行的安全保障义务界定

——黑某诉某银行紫芳园支行违反安全保障义务责任案

【案件基本信息】

1. 裁判书字号

北京市丰台区人民法院（2020）京 0106 民初 21983 号民事判决书

2. 案由：违反安全保障义务责任纠纷

3. 当事人

原告：黑某

被告：某银行紫芳园支行

【基本案情】

2019年12月25日，黑某至某银行紫芳园支行自动存款机汇款。次日，经黑某向派出所报警，派出所出具《受案回执》，载明：你于2019年12月报称的被诈骗案一案我单位已受理。同日，黑某被传唤至派出所询问。

庭审中，黑某称，其转账系因遭受电话诈骗，其带着现金去银行，在某银行紫芳园支行的自动存款机上操作了存款转账，最终产生了财产损失。事发后其本人精神遭受很大刺激，希望社会保护老年人弱势群体。

某银行紫芳园支行为证明其支行已尽到相关义务，提交照片、黑某办理业务过程的录像等证据佐证。照片显示该支行自动存款机紧邻右侧显著位置贴有大幅蓝底白色及黄底黑色两张显眼的文字告示，蓝底告示上有醒目的警徽及大字标题“警方提醒您防诈骗”，内容主要为关于电信诈骗犯罪活动的警醒、电信诈骗犯罪主要形式的列举及快捷报警方式等；黄底告示上有醒目的警察卡通形象及大字标题“民警提示”，内容主要为对打着公安、司法机关、社保或医保等幌子的电话诈骗及网购、中奖信息等诈骗手段的提醒。录像显示黑某系自行办理业务，未向在场银行工作人员寻求帮助，该支行大厅始终播放防诈骗提示。黑某对以上证据主张，其实际办理汇款时间自下午四点多直至某银行紫芳园支行当日停止营业，此期间一直在通话，故未听见周遭提示，根据视频可知，此期间某银行紫芳园支行没有任何工作人员对其进行询问，违反安全保障义务的案由成立。

【案件焦点】

1. 某银行紫芳园支行在本案中是否负有防范电信诈骗风险的安全保障义务；2. 某银行紫芳园支行是否尽到防范电信诈骗的安全保障义务。

【法院裁判要旨】

北京市丰台区人民法院经审理认为：黑某主张其遭受电信诈骗侵害导致财产损失，结合其存款事实、报警回执及双方庭审陈述等在案证据，本院对其遭受电信诈骗的事实予以确认。因第三人的行为造成他人损害的，由第三人承担侵权责任；管理人或者组织者未尽到安全保障义务的，承担相应的补充责任。黑某以某银行紫芳园支行未尽到安全保障义务为由，主张银行应赔偿其因遭受电信诈骗所产生的损失，某银行紫芳园支行主张其已尽到了安全保障义务，对双方诉争，依法认定如下：

一、某银行紫芳园支行在本案中是否负有防范电信诈骗风险的安全保障义务

某银行紫芳园支行辩称主要围绕其已尽到安全保障义务进行反驳，但违反安全保障义务系侵权之债，应以当事人依法负有安全保障义务为前提，当事人事后的自认不构成安全保障义务的来源，故应对某银行紫芳园支行于本案是否负有该义务予以认定。本院阐明如下：

首先，从安全保障义务的规定来看，对于场所内第三人的不法行为导致的损害，安保义务人负有相应的安保义务。安全保障义务之目的在于保障公共场所内的人身及财产安全，确保进入公共场所的人员之固有利益不受损失。产生歧义之根源在于电信诈骗在侵权方式上与安保义务所保护的常见侵害有较大的区别：从侵害方式上

看，并无可显著识别的第三方对黑某财物的直接侵害；从在场人员上看，直接侵权的第三方并不在场，银行无法针对第三方进行身份识别、行为监督及交易管理等风险防范；从行为表象来看，系黑某自身通过办理存款业务的方式实现了钱款转移。综上，电信诈骗侵权与安保义务中一般的第三人侵权相比，具有隐蔽性、借助现代通信手段所产生的跨空间性、其不法性难以即时辨别的混淆性等显著区别，但就其本质而言，电信诈骗仍系不法第三人对位于银行场所内的受害人的固有财产的侵害，符合安全保障义务的法律要件和防范安全风险的法律目的。

其次，从客户与银行之间的关系来看，本案黑某通过某银行紫芳园支行向他人账户进行存款，其与某银行紫芳园支行之间存在金融合同关系，双方除履行合同的主要权利义务外，还需依照诚实信用原则，根据合同的性质、目的和交易习惯履行通知、协助、保密等义务，银行一方基于其专业、信息等作为优势缔约方，有义务就可能存在的电信诈骗风险对合同相对方尽到适当的告知、提示，而双方之合同义务，亦是安全保障义务的考量因素。

最后，银行对于进入营业点、利用其设备进行转账交易的客户，依法负有适度地防范电信诈骗侵害的安全保障义务。黑某作为到某银行紫芳园支行现场办理转账业务的金融合同消费者，某银行紫芳园支行对黑某依法负有防范其遭受第三人不法电信诈骗侵害的安全保障义务。

二、某银行紫芳园支行是否尽到防范电信诈骗的安全保障义务

黑某主张其系老年人且长时间操作自助存款机，若某银行紫芳园支行工作人员上前提供帮助即可防止诈骗结果的发生，其本质系对某银行紫芳园支行是否尽到安全保障义务、是否应对老年人群体

尽到特殊注意义务的争议。对是否尽到安全保障义务的认定应结合案件情况予以认定，本院综合某银行紫芳园支行已尽到的作为情形、黑某所选择的银行服务形式及其影响认定如下：

首先，根据在案证据，某银行紫芳园支行在自助存款机周边专门进行了防范电信诈骗的风险告知，在自助机现场既有通过录音方式播放的声音提醒，亦有图文方式的醒目警示，即文字及语言警示同时兼具，业务办理者实际仅需略加注意周遭环境即可注意到银行的专门警示。可以认定，某银行紫芳园支行已经按要求在营业网点和柜台醒目位置张贴防范电信网络新型违法犯罪提示等。

其次，黑某作为业务办理者，掌握选择所办理银行业务方式的主动权，本案其使用的系某银行紫芳园支行的自助存款机，就其性质而言，属于自助办理业务，并非银行窗口的人工服务，银行未派人员上前符合自助服务的特性。并且从银行自助机器的使用主体来看，自助机器的利用系面向不特定人群，需要考量不特定使用者包括隐私性、便捷性、个人能力等多方面的需求，不能仅以年龄高为由即断定所有老年人群体均有相应的需求，即使有，亦可现场主动向银行提出服务需求。故在黑某选择自助办理业务的情况下，某银行紫芳园支行工作人员是否上前协助完全属于市场服务质量范畴，并非其义务。

最后，黑某自身过分缺乏警惕性系其自始至终未能寻求帮助的原因所在。从黑某使用自助服务的角度而言，如其自身缺乏操作知识，可主动寻求帮助，亦可转为银行的窗口人工服务，而黑某在长达半个多小时的操作中，实际并未主动寻求银行的帮助，如系第三方不法诱导所致，亦系该第三方导致其未享受相应银行服务，不应归结于银行一方；从对电信诈骗的防范意识来看，近年来电信诈骗犯罪导致诸多令人惋惜的损害发生已近乎引起社会的高度关注，并非罕见的犯罪行为，黑某即使作为老年人，亦应了解相应的信息及风险。

法律一般将完全民事行为能力人视作一个能够具有正常的风险认知、能够自主行为并自甘风险的一般理性人，作为一个社会一般观念中的理性人，既享受法律下的自由，亦承担相应的行为、交易等伴随的社会风险，于本案情形中，某银行紫芳园支行对黑某不存在高于一般人的注意义务。综上情形，本院认定某银行紫芳园支行对黑某尽到了相应的安全保障义务，案外不法分子的侵权行为系本案损失发生的法律原因。对黑某主张因某银行紫芳园支行侵权遭受的损失，本案不予认定，亦基于此，其关于赔偿被骗款项的诉请，缺乏事实依据，本院不予支持。

北京市丰台区人民法院依照《中华人民共和国侵权责任法》第六条、第三十七条之规定，作出判决如下：

驳回黑某的诉讼请求。

宣判后，当事人均未上诉，判决书已生效。

【法官后语】

确定银行的安全保障义务应当考虑社会利益的平衡，使银行的安全保障义务具有现实性、必要性。客户因遭受电信诈骗在银行被侵害的直接原因是加害人所为的侵权及犯罪行为，银行在安全保障上的不作为并不是损害后果发生真正的事实上的原因。银行已尽到合理限度内的安全保障义务的，不对客户因遭受电信诈骗损失的财产承担相应责任。

从各类电信诈骗案件来看，无论前期作案人以何种骗局诱导受害人，归根结义都要落实到银行交易上，无论是柜台转账、还是自助设备、网上银行、手机银行转账等，从交易链条来讲，银行交易都是无法越过和避开的一个环节，因此银行也成为防止电信诈骗链条中重要的一环，银行作为交易媒介所发挥的保障客户资金安全的防火墙作用是非常重要的。尤其是近年来，老年人作为受害群体的案例屡见不鲜，一般而言老年人对于自动取款机、网银等电子交易渠道不熟悉，多数是通过柜台交易完成的资金划转，银行柜员在办理转账业务时可以通过观察客户是否紧张，是否不间断接听电话，进而作出初步判断，通过询问是否认识收款人等措施有效阻止受骗资金的转出。银行方面通过落实加强支付结算管理防范电信网络新型违法犯罪有关事项等规范性文件，在很大程度上减少了老年人在柜台交易中可能遭遇电信诈骗概率的发生。

本案系因老年人遭遇电信诈骗在自助存款机汇款导致的银行安全保障义务责任认定，与其他同类电信诈骗引发的侵权纠纷案件一样，本案的核心焦点在于银行是否依法负有防范客户遭受第三人不法电信诈骗侵害的安全保障义务以及是否尽到防范电信诈骗的安全保障义务。于本案情形中，虽法院判决认定银行对黑某不存在高于一般人的注意义务，但法律仅确定所应当尽到的义务底线，无法亦不可能要求市场服务的层次或标准，而服务质量的提升、对不同人群提供差异性服务标准等，应通过市场竞争来实现。银行作为市场主体，理应通过提升其服务质量及服务效果，达到赢得客户信赖、提升市场竞争力的目的。就银行方面理应在以下两个方面强化落实防范电信网络新型违法犯罪有关事项的规定，减少纠纷的发生。

一是为老年人等客户提供专门的金融服务。根据《国务院办公厅印发关于切实解决老年人运用智能技术困难实施方案的通知》的精神原则，坚持传统金融服务方式与智能化服务创新并行，充分兼顾老年人需要。例如，老年人作为特殊群体，容易遭受不法侵害或遇到财产损失纠纷，在对于老年人客户办理存款汇款、理财等业务过程中，银行人员应更加主动进行服务或帮助，提醒其阅知防诈骗提示，向该客户群体尽到高于一般人的风险告知提示注意义务，充分考虑老年人习惯，不断改善老年人服务体验，充分提升对老年人等客户的服务质量和客户满意度，以打造高质量服务标准的最佳客户体验银行。

二是保留自助服务区域的必要人工服务。智能技术的高速发展，各大银行营业网点均开始转变为增设自助服务区与限缩柜台窗口服务的经营模式，但随着我国老龄化社会的到来，老年人在运用智能技术方面遇到的困难日益凸显。本案中，农业银行虽在自助服务区域内配有专职安保人员实行守护值班，但是在黑某长时间自行办理业务过程中，该保安人员并未对其滞缓的操作行为与逗留行为有所察觉或提供问询。因此，建议银行在自助服务区域保留必要的人工服务帮助，配备工作人员对该区域进行定时或不定时的巡视和监管，对于发现使用自助机器办理业务的客户存在的问题及时提供帮助，突出人性化服务，以减少可能产生的纠纷隐患。

编写人：北京市丰台区人民法院　周海平　全敏敏　李坤

029　对健身房等场所管理者安全保障义务的认定

——李某诉文化公司公共场所管理者责任案

【案件基本信息】

1. 裁判书字号

北京市第二中级人民法院（2020）京02民终8843号民事判决书

2. 案由：公共场所管理者责任纠纷

3. 当事人

原告（被上诉人）：李某

被告（上诉人）：文化公司

【基本案情】

2019 年 3 月，李某向文化公司所属某健身会所购买 20 节私教课程，支付课程费和会费总计 5400 元。2019 年 4 月 10 日 08：40 左右，在第一节私教课进行过程中，李某按照健身教练梁某指示做上下蹲跳动作时受伤，李某稍事休息后自行离开。2019 年 4 月 12 日李某至甲医院就诊，被诊断为左膝扭伤；膝关节半月板损伤，行动不便，建议休息一周。李某支付医疗费 926.89 元。2019 年 4 月 24 日，李某至乙医院就诊，被诊断为左膝扭伤；膝关节前交叉韧带损伤；行动不便，建议手术。李某支付医疗费 60 元。2019 年 5 月 4 日，李某至丙医院住院治疗，住院 5 天，被诊断为左膝前交叉韧带损伤，左膝半月板损伤，左膝内侧髌骨韧带损伤。李某认为文化公司应提供安全的场地和具备相应资质的教练，并尽合理的安全提醒和保障义务。本案中，李某是第一次去健身，教练并未出示其教练资格证，也未事先告知其安全注意事项，在第一次上课时就安排了具有一定难度和危险性的健身动作，并且没有做好保护措施，直接导致其在做第一个波比跳动作时摔倒受伤。李某受伤后，文化公司工作人员亦没有采取任何救助措施，而是让其自行离开，未尽救助义务。故文化公司未能尽到安全保障义务，存在严重过错，应该对李某受伤承担全部责任。

【案件焦点】

1. 李某左膝部损伤的原因认定；2. 对李某左膝部损伤的责任划分。

【法院裁判要旨】

北京市丰台区人民法院经审理认为：宾馆、商业公司、银行、车站、娱乐场所等公共场所的管理人或者群众性活动的组织者，未尽到安全保障义务，造成他人损害的，应当承担侵权责任。李某系在文化公司上私教课时受伤，文化公司作为专业健身机构，应当提供专业的健身指导服务，安排专业的私人教练负责指导健身，其应具有较大的保障义务；李某作为健身人员，亦应知晓健身运动存在损伤风险，清楚自身身体状况，对自己的安全尽到基本的注意义务。根据双方陈述，文化公司在安排李某第一次上课过程中，在不了解李某基本身体状况的情况下，即安排李某做了多个热身动作，导致李某摔倒受伤，应当承担相应的侵权责任。文化公司主张李某腿部存在陈旧性损伤、健身与损伤之间不存在因果关系的抗辩意见，与案件鉴定意见相左，法院不予采信。法院综合考虑双方的过错程度，酌定李某对自身损害承担10%的责任，文化公司承担90%的责任。

北京市丰台区人民法院依照《中华人民共和国侵权责任法》第十六条、第三十七条，《中华人民共和国民事诉讼法》第六十四条之规定，判决如下：

一、文化公司于本判决生效后十日内支付李某医疗费、住院伙食补助费、交通费、残疾辅助器具费合计74790.68元；

二、文化公司于本判决生效后十日内支付李某误工费、护理费、营养费、残疾赔偿金、被扶养人生活费合计217992.06元；

三、文化公司于本判决生效后十日内支付李某精神损害抚慰金10000元；

四、驳回李某的其他诉讼请求。

文化公司不服一审判决，提起上诉。北京市第二中级人民法院认为：本案上诉主要争议焦点为李某左膝部损伤的原因认定以及相关责任划分。

关于李某左膝部损伤的原因，文化公司在（2019）京0106民初29229号民事案件中曾申请对李某到其健身房健身与其受伤是否存在因果关系及李某的左膝是否存在陈旧性损伤进行鉴定。但一审中文化公司未就鉴定意见书提出异议，亦未申请鉴定人员出庭说明情况，二审中亦未提交充分有效证据证明鉴定意见书存在不合法之情形，故本院对其该项主张不予采信。

关于相关责任划分，本案中文化公司作为经营健身房的专业机构，应当为顾客提供安全可靠的健身设施，配备专业适当的健身教练，并根据李某的个人情况对健身运动给予充分的指导说明和提醒警示，现其未能全面了解李某身体状况，导致李某受伤，对此应承担相应责任。同时，李某作为具备完全民事行为能力的成年人，亦应对自身身体素质具备充分认知，对健身运动存在的损伤风险予以必要关注。本案中，李某对自身安全亦未尽到充分的注意义务，对此李某应自行承担相应责任。综合考虑双方的过错程度及李某的损伤情况，一审法院酌定文化公司承担90%的责任，李某承担10%的责任，符合本案实际情况，本院予以维持。

北京市第二中级人民法院依据《中华人民共和国民事诉讼法》第一百七十条第一款第一项之规定，判决如下：

驳回上诉，维持原判。

【法官后语】

本案是一起因健身房的经营者未尽到合理限度的安全保障义务导致消费者受伤引起的民事纠纷。《中华人民共和国民法典》第一千一百九十八条在原《中华人民共和国侵权责任法》第三十七条的基础上完善了安全保障义务的适用主体和适用情形，该条第一款规定，宾馆、商业公司、银行、车站、机场、体育场馆、娱乐场所等经营场所、公共场所的经营者、管理者或者群众性活动的组织者，未尽到安全保障义务，造成他人损害的，应当承担侵权责任。民法典赋予特定主体相关的安全保障义务，是为了更好地保护在经营场所、公共场所正常活动大众的人身安全；同时也有利于合理分配损害责任，避免纠纷的发生，从而弘扬文明和谐、诚信友善的社会主义核心价值观。就本案而言，涉及的法律问题主要有：

第一，经营者合理限度内安全保障义务的界定及标准。经营者利用其经营的场所、设施，从中获利，就应对其场所具有控制危险发生和扩大的能力。对于损害的发生，只要消费者对于保障义务人的过错进行一定的客观证明，证明保障义务人未尽到符合一般社会价值所认同的安全保障义务即可；但同时，安全保障义务并不是让经营者承担绝对的、无条件的义务，对消费者的倾斜保护并不意味着忽视经营者的合理需求和利益，经营者承担的安全保障义务是在合理限度范围内的，只有经营者未尽合理限度范围内的安全保障义务，才会产生损害赔偿责任。判断安全保障义务的“合理限度”，应当根据与安全保障义务人所从事的营业或者其他社会活动相适应的安全保障义务的必要性和可能性，结合具体情况认定。本案中，文化公司作为经营健身房的专业机构，为顾客提供安全可靠的健身设施并配备专业适当的健身教练属于其正常经营必备的条件，但其在

第一次上课前未根据李某的身体情况对健身运动给予充分的指导说明并对其中可能出现的风险予以合理的提醒警示，这属于对李某没有尽到合理限度内符合一般社会价值所认同的安全保障义务，因此该公司应对李某在健身运动中受伤承担相应的责任。

第二，免除或减轻经营者责任的条件。安全保障义务仅是合理防范避免风险的义务，不能要求相关责任人为所有的责任买单。在该类特殊侵权案件中，可以减轻或免除经营者责任的情况有三种：一是受害人自我加害的情形，这一般由受害人对自己的行为承担责任，可以免除经营者的责任，当然前提是受害人必须为完全民事行为能力人。二是受害人的损失是由第三人造成的，根据《中华人民共和国民法典》第一千一百九十八条第二款的规定，即因第三人的行为造成他人损害的，由第三人承担侵权责任；经营者、管理者或者组织者未尽到安全保障义务的，承担相应的补充责任。三是受害人有过错的，可以减轻经营者的责任。在本案中，李某作为具备完全民事行为能力的成年人，亦应对自身身体素质与健身运动可能存在的损伤风险予以认知与关注，但其对自身安全也没有尽到充分的注意义务，对此李某应自行承担部分责任。

因此，综合考虑双方的过错程度及李某的损伤情况，法院酌定文化公司承担90%的责任，李某承担10%的责任，符合本案实际情况。人民法院通过司法裁判，增强公众对核心价值观的情感认同，把价值认同和道德实践、法律准则结合起来，从被动参与到主动付出，从刻意为之到习以为常，最终才能在全社会形成良好的道德风尚。

编写人：北京市丰台区人民法院　袁新

030 自甘风险规则中群众性活动组织者违反安全保障义务应适用过错责任

——李某廷诉篮球协会等群众性活动组织者责任案

【案件基本信息】

1. 裁判书字号

北京市第二中级人民法院（2020）京02民终2503号民事判决书

2. 案由：群众性活动组织者责任纠纷

3. 当事人

原告（被上诉人）：李某廷

被告（上诉人）：篮球协会

被告（被上诉人）：某街道办事处

被告：体育局

【基本案情】

2017年体育局作为主办单位，篮球协会作为承办单位举办了社区篮球联赛。在该联赛举办前的8月22日，篮球协会发出了关于举办2017年社区篮球联赛的通知，该通知载明了篮球联赛报名时间、地点、方式等事项。体育局作为甲方与乙方篮球协会签订了协议，该协议约定了比赛地点、预算、双方权利义务、费用及给付时间、违约责任等事项。在社区篮球联赛举办过程中，篮球协会没有为李某廷投保人身意外伤害保险及公共责任保险。

2017年11月3日下午，李某廷作为某街道下属街道一队的队员参加了社区篮球联赛。李某廷在比赛中右膝受伤。李某廷向一审法院提起诉请，要求体育局、篮球协会、某街道办事处赔偿其交通费、住院伙食补助费、误工费、护理费、营养费、鉴定费、残疾赔偿金、被抚养人生活费、精神抚慰金共计24万余元。

【案件焦点】

1. 李某廷遭受损害的责任承担主体及责任比例认定问题；2. 李某廷主张的损害赔偿数额的认定问题。

【法院裁判要旨】

北京市房山区人民法院经审理认为：因篮球比赛属于对抗性较强的体育竞技活动，该活动本身存在固有的风险，李某廷作为多次参加篮球比赛的运动员对该类活动存在的安全风险是明知的，其在此情况下自愿参加此次篮球比赛，应对其自身在比赛活动中可能受伤是有一定认知的。李某廷在此种情况下参加比赛属自甘承担风险的行为。李某廷在比赛时因争抢篮板受伤，其对自身自甘风险的行为应承担相应的后果。

此外，依据《中华人民共和国侵权责任法》第三十七条规定的安全保障义务条款，认定篮球协会作为承办公益性群众性活动组织者，有为参赛运动员投保人身意外伤害保险的义务，但其未能为李某廷投保人身意外伤害保险，因此其应对李某廷的合理损失承担相应的赔偿责任。因李某廷未能提供其所投保的意外保险的保险公司的名称和保险赔付情况的证据，故法院根据本案的实际情况酌定篮球协会赔偿李某廷合理损失100000元。李某廷过高的诉讼请求法院不予支持。

北京市房山区人民法院依照《中华人民共和国侵权责任法》第六条之规定，判决如下：

一、篮球协会于本判决生效后十日内赔偿李某廷100000元；

二、驳回李某廷的其他诉讼请求。

篮球协会不服一审判决，提起上诉。北京市第二中级人民法院经审理认为：该案的争议焦点有二，一是李某廷遭受损害的责任承担主体及责任比例认定问题；二是李某廷主张的损害赔偿数额的认定问题。

关于争议焦点一，第一，李某廷参与篮球比赛，属于自甘风险行为，因此造成的损害首先应由其自己承担。第二，篮球协会未给李某廷购买意外伤害保险，未完全适当地履行安全保障义务，应在过错范围内承担相应的赔偿责任。

篮球协会作为竞赛承办方，系本次篮球比赛的组织管理人；依据篮球协会与体育局的协议约定及赛事惯例，篮球协会负责赛事的组织、执行及赛事活动的安全保障，故其在履行前述组织管理职能时，负有职务范围内的安全保障义务。依据查明的事实，篮球协会在组织管理及风险提示上履职到位，不存在过错。现李某廷主张篮球协会没有为其投保意外伤害保险，致使其所受伤害无法获得保险赔偿，篮球协会应对此承担责任。故二审法院就篮球协会未给李某廷购买意外伤害保险是否属于安全保障义务履行缺位进一步分析如下：首先，由风险运动主办方负责购买保险符合“危险开启理论”及体育产业保障运动员利益的通行做法。其次，篮球协会未履行为李某廷购买意外伤害保险的约定义务，存在过错。最后，篮球协会安全保障义务履行缺位与李某廷因伤所受损失在一定范围内构成法律上的因果关系。

关于争议焦点二，对于李某廷主张的损害赔偿数额的认定问题，篮球协会应赔偿的损失数额应以其履行投保义务时李某廷可获赔的保险金额为限。结合篮球协会提交的中体跑步球类运动及田径保险—接触类 2018—计划二和 2016 年公众责任保险（A）投保单及理赔政策，并以李某廷本次伤情的残疾程度计算其可以获得的赔偿为 21000 元。而李某廷系于 2017 年 11 月的篮球比赛中受伤，故一审法院认定篮球协会赔偿李某廷 100000 元明显超出篮球协会应负担的合理数额。最后参考篮球协会其他年度投保保险的理赔政策和标准，考虑到本次诉讼持续时间及给李某廷工作生活带来的不利影响，本院认定篮球协会应赔偿李某廷损失 25000 元。

北京市第二中级人民法院依照《中华人民共和国侵权责任法》第三十七条，《中华人民共和国民事诉讼法》第一百七十条第一款第二项之规定，判决如下：

一、撤销北京市房山区人民法院民事判决第二项；

二、变更北京市房山区人民法院民事判决第一项为篮球协会于本判决生效后十日内赔偿李某廷 25000 元；

三、驳回篮球协会的其他诉讼请求；

四、驳回李某廷的其他诉讼请求。

【法官后语】

民法典首次确立了在文体活动中可适用自甘风险规则作为免责事由，该规则的确立是基于以往民事规范和司法实践的重新梳理和系统编撰后的规范化、逻辑化的表达。本文阐述的案件尽管发生在民法典实施以前，一审、二审法官在无成文法的情况下援引法理将李某廷在篮球比赛中受伤认定为自甘风险行为，体现了立法缺失下法官援引法理的裁判摸索，并以侵权责任法第三十七条安全保障义务人责任对群众性活动组织者责任予以认定。本文以民法典中确立的自甘风险规则为切入点，对该案件进行重新解读，以期实现民法典新规则在司法裁判适用过程中的统一性和适当性。

一、自甘风险造成损害的归责原则

自愿参加具有一定风险的文体活动，因其他参加者的行为受到损害的，除因其他参加者对损害的发生有故意或者重大过失外，造成的损害首先应由自己承担。依据民法典第一千一百七十六条之规定，自甘风险的构成要件应包括：一是受害人明知风险；二是受害人自愿参与；三是导致损害发生的是文体活动的固有风险；四是其他参与者没有故意或者重大过失。体育中的固有风险是体育项目的组成部分，该类风险的发生是显而易见和可以预见的，并具有不可避免性、不确定性，甚至在一些体育活动中，以追求在不确定性中找到刺激感、成就感作为体验式的活动追求。

李某廷作为多次参加篮球比赛的运动员对该类活动存在的风险是明知的，在此情况下自愿参加此次篮球比赛，在比赛过程中因争抢篮板造成损害，其争抢篮板的行为并未超出篮球比赛固有风险的范围，应认定为自甘风险的行为。

二、群众性活动组织者违反安全保障义务应以过错责任为归责原则

群众性活动组织者是指面向社会公众举办的参与人数较多的活动的法人或者组织者。[①] 依据致损行为的来源不同，安全保障义务分

---

① 王圣明：《〈中华人民共和国侵权责任法〉条文解释与立法背景》，人民法院出版社2010年版，第158页。

为直接责任和补充责任。如果因安全保障义务主体未尽安全保障义务，直接导致损害的发生，安全保障义务主体是直接侵权人，承担直接责任。如果损害系因第三人行为导致，安全保障义务主体因履行安全保障义务造成损害的发生，安全保障义务作为间接侵权人应承担补充责任。无论是直接责任还是补充责任，安全保障义务主体尽到了安全保障义务，就可以免除责任，因而群众性活动组织者违反安全保障义务应以过错责任为归责原则。

有观点认为，安全保障义务主体的责任是一种过错推定责任，安全保障的义务主体应当对自己尽了相应的安全保障义务承担证明责任。过错推定原则是一种法定的归责原则，适用于特定的侵权责任纠纷中，从本条的立法原意来看，立法并未将未尽到安全保障义务的证明责任明确为过错推定原则，故被侵权人对安全保障义务主体未尽安全保障义务仍应承担相应的举证责任。

本案中，篮球协会作为此次竞赛的承办方，负有职务范围内的安全保障义务，尽管其在组织管理及风险提示履职到位，不存在过错，是否能以篮球协会未给李某廷购买意外伤害保险为由认定篮球协会未履行安全保障义务呢？对于活动组织者而言，因其组织了群众性活动，开启了危险源，基于其对组织活动具有一定的控制力，组织者应当在活动中负有监督、管理的义务，故而安全保障义务是一种因先前行为而引发的责任。结合庭审查明的事实，篮球协会在其竞赛规程及秩序册中已经载明医院救治等相关费用由保险及本人负担，且其历届联赛均由篮球协会购买保险，作为此类公益活动的惯例，参赛者有理由认为本届联赛应当由篮球协会购买保险，故因篮球协议未给李某廷购买保险的行为存在过错，故应当承担违反安全保障义务的责任。

三、群众性活动组织者未完全适当地履行安全保障义务，应就其未履行安全保障义务造成的损失承担赔偿责任

根据危险发生的不同阶段，安全保障义务体现为三个方面，即危险预防义务，危险消除义务和发生损害后的救助义务。根据民法典确立的自甘风险制度，李某廷参与篮球比赛，属于自甘风险行为，因此造成的损害首先应由自己承担。篮球协会因未给李某廷购买人身意外保险，造成李某廷发生损害后无法通过保险理赔分担损失，故而认定篮球协议应赔偿的损失数额应以其履行投保义务时李某廷可获赔的保险金额为限，将一审判决中篮球协会的赔偿数额由100000元变更为25000元。

本案体现了自甘风险新规的价值功能和社会导向作用，从新规视角对此案的解构分析，有利于建立新旧法衔接下自甘风险适用规则的精细化安排，明晰群众性活动组织者应适用过错责任的归责原则。倡导群众性活动组织者通过合同约定或赛事章程的强制性规定将购买保险纳入赛事主办人的安全保障义务，有利于更好地衡平参赛者与主办人的利益，推动及完善运动员的意外伤害处理机制。在文体活动领域构建自甘风险规则是衡平风险探索与伤病损害的意义所在，通过合理规划赛事活动、增强赛事安全保障、提供赛事风险补偿，更加有利于推动我国群众性体育运动的蓬勃发展。

编写人：北京市通州区人民法院　刘晓静

031 第三人侵权情况下，安全保障义务人违反安全保障义务承担责任的认定方式及我国自甘冒险制度的适用范围

——王某鹏诉刘某征、旅游公司生命权、健康权、身体权案

【案件基本信息】

1. 裁判书字号

北京市第三中级人民法院（2020）京 03 民终 11186 号民事判决书

2. 案由：生命权、健康权、身体权纠纷

3. 当事人

原告（被上诉人）：王某鹏

被告（上诉人）：刘某征、旅游公司

【基本案情】

2018 年 1 月 6 日，王某鹏和刘某征到旅游公司开办的某乐园滑雪。下午 4 时，王某鹏在难度为初中级的曼陀罗雪道滑雪途中，于雪道转弯靠近防护网处坐倒，并滞留半分钟，同样在雪道中滑行的刘某征与王某鹏相撞。刘某征拨打雪卡上载明的某乐园急救电话后，旅游公司对王某鹏进行了救助。当日，王某鹏被送至医院急诊抢救中心治疗。2018 年 1 月 10 日，王某鹏出院，住院时间为 4 天。2018 年 1 月 10 日至 2018 年 2 月 15 日，王某鹏在某医院住院治疗，住院时间为 35 天。2018 年 9 月 20 日至 2018 年 9 月 26 日，王某鹏在某医院住院治疗，住院时间为 6 天。

另查，曼陀罗雪道无指定的休息区、修整区或缓冲区；2018年1月6日至1月10日，曼陀罗雪道曾发生7起滑雪者受伤的事故。

诉讼中，本院依法委托某司法鉴定中心对王某鹏的伤残等级及误工期、营养期、护理期进行鉴定。经鉴定，王某鹏左腕关节功能丧失50%以上的伤残等级为九级；左侧桡神经损伤，遗留相应肌群肌力4级的伤残等级为十级；伤残赔偿指数为25%。王某鹏的误工期为365日，护理期为150日，营养期为150日。

【案件焦点】

1. 刘某征是否有过错及与王某鹏的损害后果之间是否存在因果关系；2. 旅游公司的行为是否违反安全保障义务以及与王某鹏的损害后果之间是否存在因果关系；3. 侵权责任应如何承担；4. 损害赔偿的数额应如何计算。

【法院裁判要旨】

北京市朝阳区人民法院经审理认为：首先，刘某征作为在后的滑雪者未尽到避让前人的注意义务，致使与王某鹏相撞。刘某征存在过错，其行为对王某鹏的损害发生有因果关系，应当承担侵权责任。

其次，旅游公司未尽到其作为善良管理人标准下必要的谨慎和努力，未尽到安全保障义务，对王某鹏的损害发生存在过错。而且，若旅游公司履行其安全保障义务，如在雪道旁或防护网处设置警示标牌或标志，从理性人视角出发，滑雪参与者因为事先受到警示而会提前采取相应预防措施，从而降低甚至消除事故发生的风险。旅游公司不履行上述安全保障义务与王某鹏损害后果具有较强的关联性。因此，旅游公司的过错与王某鹏损害后果具有客观联系，构成侵权行为要件项下的因果关系。

最后，刘某征的过错行为并非王某鹏受损的唯一原因，旅游公司亦独立实施了侵权行为，两者结合起来共同导致了王某鹏损害后果的发生，构成无意思联络数人侵权。综合本案情况，本院判定旅游公司、刘某征对王某鹏损害后果各承担50%的责任，并赔偿王某鹏因伤致残而发生的必要费用。

北京市朝阳区人民法院依照《中华人民共和国侵权责任法》第六条、第三十七条，《最高人民法院关于审理人身损害赔偿案件适用法律若干问题的解释》第十七条、第十八条、第十九条第一款、第二十一条第一款、第二十二条、第二十三条第一款、第二十四条、第二十五条，《最高人民法院关于民事诉讼证据的若干规定》第四十条之规定，判决如下：

一、刘某征赔偿王某鹏各项费用共计2404369.76元；

二、旅游公司赔偿王某鹏各项费用共计310901.86元；

三、驳回王某鹏的其他诉讼请求。

刘某征、旅游公司均不服一审判决，提起上诉。

北京市第三中级人民法院经审理，确认一审法院认定的事实清楚和证据明确，同意一审法院裁判意见。

北京市第三中级人民法院依照《中华人民共和国民事诉讼法》第一百七十条第一款第一项之规定，作出如下判决：

驳回上诉，维持原判。

【法官后语】

一、本案中旅游公司未尽到安全保障义务

滑雪为有高度专业性、技巧性、危险性的活动，滑雪场属于容易出现安全事故的公共场所，此时旅游公司作为盈利性滑雪场的经营者、管理者，其应当承担更高标准的安全保障义务，具体包括：(1) 旅游公司应遵守法律规定，尽到审慎注意义务，确保不因自己的行为或管理、控制下的物件及人员给他人造成损害，具体表现在：①提供合格的雪道、客运索道、滑雪器具等雪场设备；②对滑雪中可能出现的各种危险情况进行告知及安全警示；③对雪道设置安全保障措施，包括以明晰而又简单易懂的标志标识场地界限、难度等信息，配备巡逻人员、医务人员保障滑雪者安全等。(2) 旅游公司应在合理限度内采取相应的行为，在一定程度上降低第三人对他人实施侵权行为的风险或在侵权发生时减少损害程度，具体表现在：配备安保人员、医务人员，在发生第三人侵权的情况下对侵权行为及时予以制止，对受伤人员及时进行救助、送医等。

结合本案情况，旅游公司未尽到安全保障义务，对王某鹏的损害发生存在过错。

二、本案应适用民法典第一千一百七十二条规定的竞合型无意思联络的数人侵权情形

第三人侵权情形下，安全保障义务人违反安全保障义务承担责任的形态包括补充责任、共同侵权情形下的连带责任、并发型无意思联络数人侵权情形下的连带责任及竞合型无意思联络数人侵权情形下的按份责任。

本案中，首先，旅游公司与刘某征不存在主观上的意思联络，且旅游公司违反安全保障义务的行为或刘某征未尽到注意义务的行为均不足以造成王某鹏的全部损害后果，故本案不适用共同侵权及并发型无意思联络数人侵权情形下的连带责任。其次，关于补充责任及竞合型无意思联络数人侵权形态。根据上文分析，区分该两种侵权责任形态，核心在于判断安全保障义务人是否尽到了安全保障

义务，如果没有，该不作为与被侵权人的损害后果之间是否存在因果关系。本案中，旅游公司存在未尽到安全保障义务的违法行为。关于因果关系。我国现行法律上对因果关系的判断标准多采用相当因果关系规则，即确定行为与结果之间有无因果关系，要依行为时的一般社会经验和知识水平作为判断标准。本案中，若旅游公司履行了安全保障义务，滑雪参与者事先受到警示，从理性人视角出发，其会提前采取相应预防措施，从而降低甚至消除事故发生的风险。故旅游公司违反安全保障义务行为与本案王某鹏损害后果具有客观联系，构成侵权行为要件项下的因果关系，进而满足侵权行为的构成要件，构成独立的侵权行为。

刘某征与旅游公司均独立实施了侵权行为，两者结合起来共同导致了王某鹏损害后果的发生，因此应适用民法典第一千一百七十二条规定的无意思联络的数人侵权情形。

三、本案不宜适用民法典第一千一百七十六条规定的自甘风险制度

自甘风险，是指被害人原可以预见损害之发生而自愿冒损害发生之危险，而损害结果真的不幸发生之情形①。我国民法典第一千一百七十六条首次规定了自甘风险制度②，其构成要件包括：(1) 自愿参与具有一定风险的文体活动；(2) 其他参与者没有故意或者重大过失。应当严格限制我国民法典第一千一百七十六条规定的自甘

① 曾世雄：《损害赔偿法原理》，中国政法大学出版社 2001 年版，第 261 页。

② 该条规定："自愿参加具有一定风险的文体活动，因其他参与者的行为受到损害的，受害人不得请求其他参加者承担侵权责任；但是，其他参加者对损害的发生有故意或者重大过失的除外。活动组织者的责任适用本法第一千一百九十八条至第一千二百零一条的规定。"

冒险制度的适用范围，将其限定为具有多个参加者的，具有身体对抗性、协同性或竞技性的，具有内在的、固有的、可以为一般人所预见到的风险的文化体育活动，且受害者因其他参加者所受损害须与活动的内在风险之间存在因果关系。另外，该条明确规定自甘风险的法律后果只是免除其他参与者的侵权责任，对于安全保障义务人未尽到安全保障义务情形下的责任承担，仍要依照民法典其他规定进行判断。

本案中，首先，滑雪①并非对抗性或协同性运动，各滑雪者之间不必然产生相撞的风险。其次，滑雪运动虽然具有高度专业性、危险性，但这种风险是来自该运动本身，而非其他参加者。故不宜将滑雪运动纳入该条规定的“有一定风险的文体活动”。退一步说，即使滑雪运动符合“有一定风险的文体活动”的构成要件，滑雪运动的规则亦包括“后者避让前者”，被不遵守规则的他人撞击导致严重后果亦不是滑雪运动内在的、固有的风险，也并非一般人所能预见。本案中，王某鹏的损害后果是刘某征从后方撞击王某鹏所致，高速状态下的撞击并造成两处伤残的严重后果不宜认定为王某鹏自愿承担危险的范围。

因此，本案不符合民法典第一千一百七十六条规定的自甘风险制度的构成要件，不宜适用该规定。

编写人：北京市朝阳区人民法院　杨兵　韩迪

---

① 此处的滑雪不包括多人参加的滑雪比赛，滑雪比赛由于具有竞技性，在多人高速竞滑情况下，参赛者间有碰撞可能。

032 经营者安全保障义务应结合损害事故综合认定

——董某勋诉某酒店、某酒店分店健康权案

【案件基本信息】

1. 裁判书字号

山东省济南市中级人民法院（2020）鲁01民终1793号民事判决书

2. 案由：健康权纠纷

3. 当事人

原告（被上诉人）：董某勋

被告（上诉人）：某酒店

被告：某酒店分店

【基本案情】

2018年12月3日17时57分，董某勋由东向西步行至某酒店分店前方区域时，因其边走路边看手机，被某酒店分店设置的横栏铁链（用来隔离自家停车场和相邻酒店的停车场）绊倒。后董某勋被送往山东省立医院治疗，诊断结果为：右侧尺骨鹰嘴骨折，住院8天。双方就纠纷未达成调解，董某勋将某酒店分店诉至法院，要求某酒店分店赔偿其医疗费、二次手术费用、住院伙食补助费、营养费、误工费、护理费、交通费、精神损害抚慰金等，共计124118.29元。

【案件焦点】

1. 某酒店分店设置铁链是否存在过错；2. 董某勋走路低头玩手

机是否存在过错；3. 董某勋的摔倒与某酒店分店设置铁链行为有无因果关系；4. 某酒店分店是否尽到安全保障义务。

【法院裁判要旨】

山东省济南高新技术产业开发区人民法院经审理认为：自然人的生命权、身体权、健康权受法律保护。根据《中华人民共和国侵权责任法》第三十七条第一款的规定，宾馆、商业公司、银行、车站、娱乐场所等公共场所的管理人或群众性活动的组织者，未尽到安全保障义务，造成他人损害的，应当承担侵权责任。本案中，某酒店分店作为酒店经营部门，在其停车场周边设置铁链，但是并未设置任何安全警示标志，导致路过的董某勋被铁链绊倒摔伤，疏于履行自己在合理限度内的安全保障义务，其行为具有一定的过错。另外，董某勋作为一个成年人，系完全民事行为能力人，在行走过程中没有注意自身安全，其行为对于事故的发生也具有一定的过错。一审法院结合事故发生时的现场录像、周边环境，综合考量双方过错程度，确认某酒店分店对董某勋的损失承担50%的赔偿责任。某酒店分店为某酒店的分公司，根据《中华人民共和国公司法》第十四条的规定，公司可以设立分公司。设立分公司，应当向公司登记机关申请登记，领取营业执照。分公司不具有法人资格，其民事责任由公司承担，故某酒店分店对董某勋的赔偿责任由总公司某酒店承担。

山东省济南高新技术产业开发区人民法院依照《中华人民共和国侵权责任法》第三条、第六条、第十六条、第二十六条、第三十七条，《最高人民法院关于审理人身损害赔偿案件适用法律若干问题的解释》第十七条、第十九条、第二十条、第二十一条、第二十二条、第二十三条、第二十四条，《中华人民共和国民事诉讼法》第六十四条、第一百四十二条之规定，判决如下：

一、某酒店于判决生效之日起十日内给付董某勋医疗费19205.04元、住院伙食补助费400元、营养费1575元、误工费8126.51元、护理费4150元、交通费250元、二次手术费5000元、鉴定费1472.9元，共计34179.45元；

二、驳回董某勋的其他诉讼请求。

某酒店不服一审判决，提起上诉。山东省济南市中级人民法院经审理认为：《中华人民共和国侵权责任法》第六条第一款规定，行为人因过错侵害他人民事权益，应当承担侵权责任。根据该规定，侵权行为的成立须具备四个构成要件，即行为人实施了侵权行为、行为人存在过错、产生损害后果、侵权行为与损害后果之间存在因果关系。本案中，事故发生地点位于某酒店分店停车场，该停车场以酒店外墙、停车杆、护栏和绿化带等与外界隔离，是某酒店分店管理区域内的独立场所，并非行人通行的正常道路。该停车场与其他酒店停车场相邻，某酒店分店设置隔离桩及铁链与其他酒店相隔离，属其正常的内部管理行为，其该行为不存在过错。董某勋从涉案酒店所属的停车场穿行，并非在正常的人行通道上行走。同时，董某勋行走时一直低头看手机，至上述隔离设置处时，仍边低头看手机边行走，以致未抬脚跨越隔离物，从而摔倒。结合董某勋关于其此前曾多次在此穿行的陈述，二审法院认定董某勋摔倒是其未按正常道路行走且行走中未注意观察道路情况，与上述某酒店分店隔离设置不存在因果关系，故对董某勋的诉讼请求不予支持。

山东省济南市中级人民法院依照《中华人民共和国民事诉讼法》第一百七十条第一款第二项之规定，判决如下：

一、撤销济南高新技术产业开发区人民法院民事判决；

二、驳回董某勋的诉讼请求。

【法官后语】

本案中，判断某酒店分店侵权行为是否成立的重要因素是某酒店分店是否违反安全保障义务，这要从是否符合安全保障义务的空间范围、义务来源和是否在合理限度内尽到安全保障义务三个方面进行分析。

一、经营者承担安全保障义务的空间范围

经营者不是在任何地点、任何时间都要对所有人承担相应的安全保障义务。在法律中对安全保障义务有一定的限制，义务承担者和权利人进行接触或者权利人进入义务人所需要承担安全保障义务的场所，在这段时间内义务人需要承担安全保障义务。安全保障义务是在公共场所。根据侵权责任法第三十七条①的规定，公共场所应该具有与宾馆、商场、银行、车站、娱乐场所等场所类似的特征②：一是公共性，公共场所必须是对外开放的。二是管理性，即该公共场所由特定的组织或者特定自然人进行管理。三是服务性，包括营利性服务和公益性服务。在 1987 年国务院发布，经 2016 年、2019 年两次修订的《公共场所卫生管理条例》中第二条以列举的形式归纳了公共场所的范围：(1) 宾馆、饭馆、旅店、招待所、车马店、咖啡馆、酒吧、茶座；(2) 公共浴室、理发店、美容店；(3) 影剧

---

① 《中华人民共和国民法典》第一千一百九十八条规定，将侵权责任法第三十七条规定的责任主体中的"公共场所的管理人"，进一步明确规定为"经营场所、公共场所的经营者、管理者"。

② 王楚：《论侵权责任中公共场所的安全保障义务》，载《甘肃政法学院报》2011 年 1 月。

院、录像厅（室）、游艺厅（室）、舞厅、音乐厅；(4) 体育场(馆)、游泳场（馆）、公园；(5) 展览馆、博物馆、美术馆、图书馆；(6) 商业公司（店）、书店；(7) 候诊室、候车（机、船）室、公共交通工具。本案例中，事故发生地点属于某酒店分店管理的停车场，该区域以酒店外墙、停车杆、护栏和绿化带等与外界隔离，其作用是为酒店客人提供停车便利，仅对酒店客人开放，具有特定的功能性。因此，董某勋虽在某酒店分店管理的停车场内受伤，但其不具备作为安全保障义务对象的条件。

二、安全保障义务的来源

安全保障义务的来源主要有三个方面：(1) 法律直接规定。比如，消费者权益保护法第七条的规定。(2) 合同约定的主义务。比如，旅客运输合同中，客运公司对乘客人身财产安全的保障义务。(3) 法定或合同约定的附随义务。例如，餐饮业、旅馆向顾客提供服务时，应同时对接受服务的客人的人身财产安全进行保障。本案中，董某勋与某酒店分店不存在任何合同关系，也不属于法定须提供安全保障义务的情形。因此，从义务来源的角度出发，要求某酒店分店尽到合理范围内的安全保障义务的基础不存在。

除安全保障义务外，某酒店分店在事故区域设置铁链是否具备合法性也是判断其是否存在侵权行为的又一重要因素。因事故停车场与其他酒店停车场相邻，某酒店分店设置隔离桩及铁链与其他酒店相隔离，属其正常的内部管理行为。反之，董某勋未遵守公共秩序，在该停车场处穿行，未在正常的人行通道上行走，违反公序良俗原则，如若让某酒店分店承担赔偿责任，显然不妥。

三、安全保障义务的承担应当在合理范围内

法律上规定安全保障义务人承担合理限度范围的义务，既是为了避免过分限制义务人的行为自由，也是为了衡平安全保障义务人与受害人之间的利益。在经营者承担责任的情形中，经营者履行安全保障义务应以其是否排除了危险源为标准。

侵权责任纠纷中判断经营者是否在合理范围内承担了安全保障义务可参考四个标准[①]：（1）消除内部不安全因素，为消费者创造一个安全的消费环境。例如，公共交通工具和浴池没有定期的消毒、存在不合理的危险而不事先告知等。（2）通过对外部不安全因素的防范，制止第三方对消费者的侵害。这主要是指通过经营者的服务工作，照顾、保护消费者的人身、财产安全不遭受来自外界、第三人的侵害。（3）不安全因素的提示、说明、劝告、协助义务。经营者应当对各种可能出现的伤害和意外情况作出明显的警示。例如，经营者对经营场所内的电源、易于滑跌的急弯陡坡等可能发生危险的部位或事项，应以醒目的方式，用文字、图案给出提示或警告。必要时，在场的保安及管理人员，应当随时口头提醒、劝阻、警告。（4）对于已经或者正在发生的危险，进行积极的救助，以避免损害的发生或者减少损害。综合考量上述四个标准，判断经营者是否在合理范围内履行安全保障义务，以及履行安全保障义务时是否足以排除了危险源，从而认定是否应当承担相应的民事责任。本案例中，某酒店分店不存在对董某勋承担安全保障义务的基础，也就无从谈起是否在合理范围内履行安全保障义务的问题。

编写人：山东省济南市中级人民法院　刘丹丹

---

① 崔艳：《经营者安全保障义务的合理范围》，载《河南公安高等专科学校学报》2007年8月。

033 管理者对私自进入未开发区域的游客不承担安全保障义务

——林某祥、李某云诉某村委会等侵权责任案

【案件基本信息】

1. 裁判书字号

湖北省黄冈市中级人民法院（2020）鄂11民终772号民事判决书

2. 案由：侵权责任纠纷

3. 当事人

原告（上诉人）：林某祥、李某云

被告（上诉人）：旅游公司、某村委会

被告（被上诉人）：某县文化和旅游局

【基本案情】

某河谷位于湖北省某县某镇某村内，系未经开发的自然河谷。2018年8月11日，某服务公司自发组织包括林某在内的41名员工，前往某县旅游。当晚，公司领队与导游等人称在手机上搜索到由某县文化和旅游局所发布的介绍某河谷的文章，遂商定于翌日前往该地游玩。

2018年8月12日上午9时，该团队乘车来到旅游公司。旅游公司事先没有与该团队有过联系和业务往来，也没有收取该团队的任何费用。该团队仅在旅游公司所开的农家乐中订了中餐，就在当地村民的带领下自行从后门进入某河谷进行徒步活动。后林某脱离队伍，自行进入河谷中的深潭附近。中午12时，团队人员

准备集合返回，清点人数时发现林某失踪。遍寻无果后，该公司领队报警并雇请打捞队来此打捞，遂将林某的尸体从十几米的深潭里打捞上来。后经派出所认定排除林某被他杀的可能。

2018年8月14日，某服务公司与林某祥、李某云（二人系受害人林某父母）达成《协议书》，约定“鉴于2018年8月11日林某及公司其他几名员工自发组织前往某河谷游玩发生意外身亡事件……公司同意代为支付赔偿金75万元后，取得林某祥、李某云向某县文化和旅游局及其他赔偿义务人的赔偿请求权……”事后，林某祥、李某云为维护自身合法权益，向法院提起诉讼，以旅游公司、某村委会以及某县文化和旅游局对此次事故的发生有过错为由，请求判令旅游公司、某村委会、某县文化和旅游局共同赔偿林某祥、李某云因林某死亡所造成的损失。

二审审理期间，承办法官对受害人林某溺亡事故发生地进行实地勘察。该地位于某河谷半山腰处，系山涧瀑布水流冲刷岩石而形成的一处天然水潭，潭壁四周岩石湿滑，潭水深不见底。该水潭人迹罕至，周边无村民居住，无可供游客驻足观赏的旅游设施，亦无便道连接河谷之外的盘山公路。旅游公司的经营场地之一某驿站并无通往事故发生地水潭的人行通道。

【案件焦点】

1. 某村委会、旅游公司是否具有安全保障义务；2. 受害人是否应“自甘风险”。

【法院裁判要旨】

湖北省英山县人民法院经审理认为：林某具有完全民事行为能

力，自发结伴到某河谷游玩，擅自脱离团队，溺水身亡，根本原因在其自身，其本人应承担主要责任。旅游公司没有员工出面劝阻某服务公司职员出入某河谷游玩，没有尽到充分的安全保障责任，且旅游公司临近某河谷，因地缘优势而成为该处旅游有一定效益的受益方，酌定旅游公司承担3%的赔偿责任。因某河谷地处某村委会村内，某村委会依法对其具有管理权，某村委会在失事深潭周围未设置较严实的防护栏，未尽到充分的安全保障责任，存在一定过失，酌定某村委会承担5%的赔偿责任。某县文化和旅游局发布公众号荐文，宣传某河谷风景，与林某溺水死亡无直接因果关系，对该野外风景亦无直接管理之责，故某县文化和旅游局对林某溺水死亡不承担赔偿责任。

湖北省英山县人民法院依照《中华人民共和国侵权责任法》第六条、第七条、第十六条、第十八条、第二十六条、第三十七条之规定，判决如下：

一、限旅游公司在本判决生效之日起20日内赔偿林某祥、李某云各项损失10810元；

二、限某村委会在本判决生效之日起20日内赔偿林某祥、李某云各项损失18017元；

三、驳回林某祥、李某云的其他诉讼请求。

林某祥、李某云、旅游公司、某村委会均不服一审判决，提起上诉。湖北省黄冈市中级人民法院经审理认为：一是正确理解并适用《中华人民共和国侵权责任法》第三十七条所规定的公共场所的经营者和管理者的安全保障义务是判断某村委会、旅游公司是否承担侵权责任的关键。

首先，受害人溺亡事故发生地是否属于公共场所是判断某村委会是否承担安全保障义务的前提条件。该条所规定的公共场所指的是人群经常聚集、供公众使用或服务于大众且能够举办群众性活动的场所。而根据二审法院承办法官实地勘察情况来看，该地周围丛林密布，人迹罕至，无可供行人正常通行的道路，亦不具备举行群众性活动的条件。因此，事故发生地从地理位置和周边环境来看均不属于《中华人民共和国侵权责任法》第三十七条中所规定的公共场所。因此，某村委会对于事故发生地不具有该法条所规定的安全保障义务。虽然某河谷位于某村委会辖区内，但是某村委会作为村民自治组织对辖区内未经正式开发的自然河谷滩涂仅具有一般的安全管理义务。该义务应以普通的安全管理义务为限，不应扩大范围解释。如果要求某村委会对辖区内所有潜在的危险都负有安全保障义务，对辖区内所有滩涂、水潭、瀑布等自然区域都必须采取围蔽、设置警示标志等相应的防护措施，则明显超过善良管理人的注意限度，将大大加重某村委会的负担，不符合公平原则的要求。某村委会对受害人林某一行人私自进入河谷进行徒步活动而发生溺亡事件事先并不知情也无法预见。因此，某村委会对受害人林某溺水死亡事件的发生并无过错，不应当承担赔偿责任。

其次，旅游公司是否从此次活动中获益是判断该公司是否具有安全保障义务的必要条件。根据林某祥、李某云所提供的证据无法证明某河谷的实际经营管理人系旅游公司，更无法证明事故发生地属于该公司的经营场所。受害人林某一行人仅在该公司就餐，就进入河谷游玩一事并未事先告知该公司，该公司既非活动的组织者也未从中获取利益。故旅游公司对事故发生地不负有安全保障义务，对受害人林某溺水死亡并无过错，无须承担赔偿责任。

二是判断某县文化和旅游局是否应承担侵权责任应审查其对事故的发生是否具有主观上的过错，以及与此次事故的发生是否具有法律上的因果关系。本案中，某县文化和旅游局发布微信公众号推荐某河谷的风景，针对的是不特定的社会公众，目的在于向社会公众宣传本县的旅游资源，并非故意诱导受害人林某等一行人前往某河谷徒步旅游，故某县文化和旅游局对受害人林某溺水死亡并不具有主观的过错。况且，某县文化和旅游局的旅游推荐行为并不必然引起受害人林某的溺亡事故，其与受害人林某溺水死亡并无法律上的因果关系，故一审判决某县文化和旅游局不承担赔偿责任并无不当，本院依法予以维持。

三是审查受害人林某对于事故的发生是否具有过错。他在对河谷地理状况不明、水潭深浅不知的情况下，自愿前往某河谷进行户外徒步探险，其个人应当预见并且可以预见徒步进入未开发的河谷且擅自脱队进入不知深浅的水潭游泳可能造成的风险，并且这种风险如果加以谨慎防范是可以避免的。因此，受害人林某对此次事故的发生具有过错，是导致其溺亡的直接原因。

湖北省黄冈市中级人民法院依照《中华人民共和国侵权责任法》第三十七条，《最高人民法院关于适用〈中华人民共和国民事诉讼法〉的解释》第四条，《中华人民共和国民事诉讼法》第一百七十条第一款第一项之规定，判决如下：

一、撤销湖北省英山县人民法院民事判决；

二、驳回林某祥、李某云的诉讼请求。

【法官后语】

随着户外徒步运动的兴起，活动中发生意外伤害的侵权责任纠纷时有发生。为了填补受害人的损失，个别法官在审理时往往陷入以结果为导向倒追责任主体的审理误区，从而将安全保障义务进行扩大解释，加重了场所管理者的负担。因此，在审查各主体是否承担侵权责任时仍应回归一般侵权责任的构成要件，严格把握安全保障义务的适用条件和范围限度，避免权责不相适应的情形出现。而在审查场所的管理者是否具备安全保障义务时应注意以下几点：

首先，安全保障义务来源于“场所责任”和“组织责任”，其义务存在的前提条件是该场所应属于公共场所，应具备组织群众性活动的必要条件。本案发生在《中华人民共和国民法典》颁布实施之前，故应适用原《中华人民共和国侵权责任法》第三十七条的规定。《中华人民共和国民法典》第一千一百九十八条则在原《中华人民共和国侵权责任法》第三十七条的基础上进行了修改。一是在第一款列举式中增加了机场、体育馆这两类典型的公共场所。二是将安全保障义务主体表述由原来的“公共场所的管理人”调整为“经营场所、公共场所的经营者和管理者”。三是第二款增加规定了安全保障义务主体在承担相应的补充责任后，有权向实施了直接侵权行为的第三人追偿。值得注意的是，本条规定了违反安全保障义务的侵权责任是过错责任，其中第一款规定了安全保障义务主体的直接责任。即在没有第三人行为介入的情况下，义务人因违反安全保障义务导致被保护人遭受损害，义务人承担的是直接责任。第二款规定了安全保障义务主体的补充责任。因第三人的加害行为而产生损害，安全保障义务主体未尽安全保障义务并承担相应的补充责任后，可以向第三人追偿。

而本案中，根据原《中华人民共和国侵权责任法》第三十七条的规定，公共场所指的是人群经常聚集、供公众使用或服务于大众且能够举办群众性活动的场所。但就本案中，从二审承办法官实地勘察结果来看，受害人林某溺亡事故发生地丛林密布，人迹罕至，无人行便道，更无任何旅游设施。故该地并不具备成为公共场所和举办群众性活动的硬件条件。

其次，安全保障义务内容的确定应仅限于管理人的管理和控制能力范围之内。某村委会作为村民自治组织对辖区内未经正式开发的自然河谷滩涂仅具有一般的安全管理义务。该义务应以普通的安全管理义务为限，不应扩大范围解释。如果要求某村委会对辖区内所有潜在的危险都负有安全保障义务，对辖区内所有滩涂、水潭、瀑布等自然区域等都必须采取围蔽、设置警示标志等相应的防护措施，则明显超过善良管理人的注意限度。并且，成年人才是自身安危的第一责任人，如果总是将自身安危寄托在相关管理机构无时无刻的提醒之下则明显加重了它们的义务负担。

最后，本案发生在民法典颁布实施之前，但是裁判结果与民法典第一千一百七十六条“自甘风险原则”的立法宗旨不谋而合，即具有完全民事行为能力的成年人作为法律意义上的“理性人”，对于自身凭借常识即可预见的风险应当自担损失。他们既充分享受法律之下的权利与自由，也应承担自身抉择带来的风险和责任。而作为一名理性的成年人，不随意进入非群众性活动场所是每一个公民应自觉遵守的行为规范，也是构建社会主义法治社会的应有之义。

编写人：湖北省黄冈市中级人民法院　闫思

034 对群众性体育活动组织者的安全保障义务不宜过高
——王甲等诉蒋某群众性活动组织者责任案

【案件基本信息】

1. 裁判书字号

广西壮族自治区桂林市秀峰区人民法院（2019）桂 0302 民初 480 号民事判决书

2. 案由：群众性活动组织者责任纠纷

3. 当事人

原告：王甲、李甲、王丙、王丁

被告：蒋某

【基本案情】

王甲系王乙的父亲、李甲系王乙的母亲，王乙与王丙系夫妻关系，二人生育一女王丁。

2018 年 6 月月底，蒋某成立国标气排球微信群，用于群友之间联络打球。2018 年 11 月 10 日前，蒋某应群友的要求组织比赛，遂在该微信群发布比赛公告，比赛公告载明比赛场地、时间及意外保险由参赛人员自行购买等事项。蒋某负责收集参赛人员的报名费、联系场地、安排比赛场次和购买比赛用品，裁判、记录员则由比赛间隙有空的群员担任。王乙交纳 20 元报名费给蒋某，报名参加比赛。2018 年 11 月 10 日比赛当天，上午进行了 3 场比赛，中午休息，下午进行了 2 场比赛。

王乙在下午进行第二场比赛时，突然晕倒在场上。蒋某见状后，马上呼喊有急救知识的群友过来救治，对王乙行心肺复苏、人工呼吸。在二人抢救王乙时，蒋某于当天16时42分用手机拨打120急救电话。120救护车于17时13分将王乙送入某市妇女儿童医院急诊科抢救，后经抢救无效后死亡，死亡医学证明（推断）书载明死亡原因为猝死。

蒋某按实际场地使用时间支付场地费450元，并在王乙去世当晚，组织微信群群友进行爱心捐助（包括剩余报名费）。

另查明，2018年11月11日，某市举办国际马拉松比赛，某市公安局于2018年11月1日发布交通管制通告，2018年11月10日的管制路段非涉案赛事地点，管制时间也非涉案赛事时段。

四原告认为被告在组织气排球赛事过程中，安排比赛场次过多、未合理安排比赛时间、没有为参赛人员购买保险、未制订应急预案，对王乙的死亡应承担侵权责任，应赔偿四原告各项损失的30%。

【案件焦点】

蒋某作为群众性业余体育活动的组织者是否尽到了安全保障义务。

【法院裁判要旨】

广西壮族自治区桂林市秀峰区人民法院经审理认为：蒋某组建国标气排球微信群，发布公告组织了本次赛事，并负责收取报名费、联系场地、安排比赛场次、购买比赛用品，系活动赛事的活动组织者，但仅收取群友每人20元的报名费，其支出的场地费及比赛奖励等费用已超过收取的费用，并未从中盈利。结合证人梁某某的证言，王乙晕倒在地之前并未与他人有身体接触，其损害后果并非第三人造成。蒋某已在比赛公告中提示参赛人员需身体健康，并自行购买保险。比赛过程中，发现王乙晕倒后，立即组织在场的医护人员进行抢救，拨打120电话。四原告认为安排比赛场次过多，导致原告过度劳累致死，未提交相关证据予以佐证，不予采信。经查，比赛当天下午比赛场地周边并非桂林市国际马拉松比赛管制路段，四原告认为被告没有合理安排比赛时间，导致贻误抢救时间与事实不符。综上，蒋某尽到了作为群众性活动组织者的安全保障义务，对王乙的死亡不应承担侵权责任。

广西壮族自治区桂林市秀峰区人民法院依照《中华人民共和国侵权责任法》第三十七条，《中华人民共和国民事诉讼法》第六十四条第一款，《最高人民法院关于适用〈中华人民共和国民事诉讼法〉的解释》第九十条之规定，作出如下判决：

驳回王甲、李甲、王丙、王丁的诉讼请求。

判决后，双方当事人均未上诉，本判决现已生效。

【法官后语】

气排球运动是一项集运动、休闲、娱乐为一体的群众性体育项目，老少皆宜，在桂林地区非常普及。本案被告系退休人员，为组织中老年群友进行气排球运动，组建了国标气排球微信群。在进行涉案比赛过程中，群友王乙猝死，当晚被告还组织群友进行爱心捐款，半年后四原告作为家属却将被告诉至法院，要求赔偿22万余元。该案在桂林地区引起广泛关注，许多市民通过线上发帖的方式讨论案情，在开庭当天亦有四十余名气排球爱好者至法院旁听庭审。在案件审理过程中，桂林地区众多气排球微信群群主由于害怕担责，有的选择与群友签订书面免责状，有的甚至不敢再组织进行比赛。本案的判决，对当地气排球运动的良性开展具有导向性意义。

经查，王乙晕倒在地之前，并无接触他人，故可排除第三人行为造成其损害后果的情形。本案的争议焦点在于被告蒋某作为群众性业余体育活动的组织者是否违反安全保障义务。

违反安全保障义务的侵权行为，是指依照法律规定或者约定对他人负有安全保障义务的人，违反该义务，因而直接或者间接地造成他人人身或者财产权益损害，应当承担损害赔偿责任的侵权行为。违反安全保障义务侵权责任的构成，包括以下四个要件：(1) 未尽安全保障义务；(2) 有受害人受到人身、财产损害的事实；(3) 损害事实与未尽安全保障义务的行为之间具有因果关系；(4) 违反安全保障义务行为的行为人具有过错（未尽注意义务的过失)。

未尽安全保障义务的行为，一般是消极行为，是不作为的行为形态。依据诚信原则以及公序良俗原则，被告蒋某作为体育活动的组织者邀请群友进行体育比赛，其负有一定的保障参赛人员安全的义务。但体育活动对参加者的身体健康有较高的要求，王乙作为完全民事行为能力人，应对自己参加体育活动的风险有一个理性的认知。被告蒋某作为涉案赛事活动组织者计划了活动的时间、限制了活动参加人数、通报了活动强度、强调了活动纪律、在选择参赛人员时考察了参赛者以往的活动经历，并将活动的风险和责任的承担告知参赛者，已经做到了对活动风险的理性认知和防范；在事发当天王乙晕倒后，被告蒋某组织群友中的医护人员对其采取了人工呼吸等救助措施，并拨打急救电话求助，采取的救助措施符合当时的客观环境及自身条件，履行了积极的救助义务。因此，被告蒋某作为涉案赛事活动组织者尽到了合理限度内的安全保障义务，对王乙的死亡后果，不承担侵权责任。

笔者认为，对于非营利性的群众性体育活动，不宜对组织者应尽的安全保障义务要求过高，组织者仅尽到适当的安全保障义务即可。

编写人：广西壮族自治区桂林市秀峰区人民法院　魏友杨

035 “乘客须知”告示能否等同于尽到安全保障义务

——翟某诉动漫城、保险公司公共场所管理人责任案

【案件基本信息】

1. 裁判书字号

湖北省洪湖市人民法院（2019）鄂1083民初268号民事判决书

2. 案由：公共场所管理人责任纠纷

3. 当事人

原告：翟某

被告：动漫城、保险公司

【基本案情】

2018年7月19日晚，原告翟某携妻子、女儿、外孙到被告动漫城玩碰碰车，购买了两张碰碰车票后，原告翟某独自驾驶1号碰碰车，女儿陪伴外孙驾驶另一辆碰碰车。在驾驶碰碰车娱乐过程中，原告翟某驾车碰撞到护栏边的防撞坎，原告身体前移导致左腿髌骨与碰碰车体挤压骨折受伤，原告受伤后在洪湖市某医院住院治疗56天，花费医疗费20237.77元。原告单方委托武汉中诚法医司法鉴定所作出《司法鉴定意见书》，支出鉴定费用3000元。被告保险公司不服该鉴定，经湖北同济法医学司法鉴定中心重新鉴定认定：翟某伤残程度十级，后期医疗费1.5万元或据实赔付，自受伤之日起，给予误工时间180日，营养时间90日。

另查明，被告动漫城办理了营业执照、娱乐经营许可证、特种设备使用登记证，安全护栏和车辆设备完好，入口处有碰碰车

乘客须知提示安全注意事项，营业期间有工作人员驻守。被告动漫城在被告保险公司投保平安公众责任保险，保险期间为2017年11月28日至2018年11月27日，每次事故赔偿限额1000000元，每次事故每人赔偿限额300000元，本保单对人身伤亡每次事故绝对免赔额为300元或损失金额的10%，本次事故发生在保险期限内。原告翟某认为，被告动漫城对其经营场所内游玩的人负有安全保障义务，应当对其娱乐设施设备、保护防范、应急救助、入场人员管理等各方面具备足以保障游客安全的条件和管理措施，但在经营管理期间，却发生翟某在动漫城内开碰碰车受伤的事件，足以说明其场所在管理、安全保障方面存在隐患和疏漏。

【案件焦点】

被告动漫城是否尽到了安全保障义务。

【法院裁判要旨】

湖北省洪湖市人民法院经审理认为：被告动漫城对原告在被告动漫城消费时发生人身损害的事实没有异议，结合庭审查明的事实以及原告受伤时的监控视频证据显示，被告动漫城是取得娱乐经营许可证的合法经营主体，车辆、设施正常。在原告进入碰碰车场消费时，入口处有“乘客须知”标志牌，醒目提示“入座后，必须系好安全带”。但在原告进入碰碰车驾驶时，被告动漫城工作人员未对原告是否系好安全带进行检查，导致原告未系安全带驾驶碰碰车碰撞防撞坎时，原告身体前移导致左腿髌骨与碰碰车体挤压骨折受伤，被告动漫城未完全尽到安全保障义务。

《中华人民共和国侵权责任法》第三十七条第一款规定，宾馆、商业公司、银行、车站、娱乐场所等公共场所的管理人或者群众性活动的组织者，未尽到安全保障义务，造成他人损害的，应当承担侵权责任。原告翟某在被告动漫城消费时受伤，被告动漫城未完全尽到安全保障义务，依法应当承担侵权责任。该法第二十六条规定，被侵权人对损害的发生也有过错的，可以减轻侵权人的责任。原告翟某作为成年人，在参与碰碰车这类有一定碰撞危险的消费项目时，忽视“乘客须知”的安全提示，存在一定过错，依法可以减轻被告动漫城的部分责任，法院酌定责任比例为5.5/4.5。因此，原告损失129615.77元，由被告动漫城按责任比例55%承担71288.7元，其余45%损失由原告翟某自行负担。因被告动漫城在被告保险公司投保平安公众责任保险，故被告保险公司在保险限额范围内扣除每次事故绝对免赔额损失金额的10%后赔偿64159.8元；被告保险公司未予赔付的免赔额损失金额的10%即7128.9元（71288.7-64159.8=7128.9）由被告动漫城予以赔偿，因被告动漫城已垫付2000元，被告动漫城还需负担5128.9元。

湖北省洪湖市人民法院依照《中华人民共和国侵权责任法》第三十七条第一款、第二十六条，《最高人民法院关于审理人身损害赔偿案件适用法律若干问题的解释》第十七条第一款和第二款、第十八条，《中华人民共和国保险法》第十四条、第六十四条、第六十五条、第六十六条，《中华人民共和国民事诉讼法》第六十四条、第一百四十二条的规定，判决如下：

一、被告保险公司于本判决生效之日起十日内赔偿原告翟某人身损失款64159.8元，被告动漫城赔偿原告翟某人身损失款5128.9元；

二、驳回原告翟某的其他诉讼请求。

判决后，双方当事人均未上诉，本判决现已生效。

【法官后语】

对于是否尽到安全保障义务的判断，因案而异。由于现实生活千差万别，无法找到一个统一的标准，应当具体问题具体分析，充分利用客观上存在的一些要素，如从安全保障义务的性质、侵权行为的性质和力度、安全保障义务人的保安能力以及发生侵权行为前后所采取的防范、制止侵权行为的措施等方面，综合判断。

就本案而言，对所有进入该游乐场所的人，公共场所管理人对特殊风险、安全警示都应有告知、警示的义务。只有这样，公众才能采取避免损害的相应措施。这是一般标准，也是最低标准。原告进入碰碰车场消费时，入口处有“乘客须知”标志牌，醒目提示“入座后，必须系好安全带”。从这个角度出发看，公共场所管理人履行了安全保障义务。当然，如果法律对公共场所安全保障的内容和管理人行为的标准有直接规定，即应该依法律规定来判定是否尽到安全保障义务。但仅仅履行这个一般标准，是否就能证明公共场所管理人尽到了安全保障义务呢？对于与其有交易、邀请等特殊结合关系的人，公共场所管理人负有“交易上必要的注意”义务，高于侵权法上的一般人的注意标准，或者为善良管理人的标准。依据管理人的职业、是某种社会活动的成员、出于某一年龄阶层等来判断其通常所应该具备的认识。这种判断标准是一种“中等偏上”的标准，即一个合理的、审慎的人的行为标准。乘客购票驾驶碰碰车，碰碰车这类游玩设备存在一定的碰撞安全风险，系好安全带是驾驶的前提。所以，公共场所的工作人员应当提示并检查乘客是否系好安全带，否则公共场所的管理人就未尽到适当的安全保障义务。

受害人有过错的，可以减轻侵权人的责任。本案的原告自身具有避免发生危险之识别能力或注意能力。原告作为成年人，在参与碰碰车这类有一定碰撞危险的消费项目时，忽视了“乘客须知”的安全提示，自身也存在一定过错，故依法减轻公共场所管理人的责任。

《中华人民共和国民法典》颁布实施后，吸收了原《中华人民共和国侵权责任法》第二十六条、第三十七条及原《最高人民法院关于审理人身损害赔偿案件适用法律若干问题的解释》第十七条的内容，对本案的裁判结果无实质影响。

编写人：湖北省洪湖市人民法院　王娟

036 当事人对事实存在争议时餐饮经营者应对事实情况承担举证责任

——陈某诉餐饮公司公共场所管理人责任案

【案件基本信息】

1. 裁判书字号

北京市朝阳区人民法院（2019）京 0105 民初 7285 号民事判决书

2. 案由：公共场所管理人责任纠纷

3. 当事人

原告：陈某

被告：餐饮公司

【基本案情】

被告系餐饮经营企业。2018 年 10 月 22 日，原告在被告处用餐时从吧台椅上摔倒在地受伤。当日，被告陪同原告到某医院就诊，诊断为骶尾部软组织伤等，当天医疗费由被告支付。2018 年

10月27日，原告再次到某医院就诊，临床印象为骶骨骨折，建议休息3天。2018年11月7日及2018年11月14日，原告又两次到某医院治疗。某医院于2018年11月14日出具诊断证明，临床印象为骶尾部外伤、尾骨病，建议休息一周，随诊。经查，原告共计支付医疗费1790.03元。

基于上述情况，原告的诉讼请求为要求被告赔偿原告误工费20000元及后续治疗费3000元、营养费2000元、精神损失费1000元。

原告称其摔倒的原因是原告所坐的吧台椅子，椅面与椅腿分开，摔倒后被告将椅子拿走。被告对此否认，称事发时没有椅子损坏的情况发生，其吧台椅的高度约90厘米。经询问，被告称事发时原告摔倒的位置位于角落，不在监控范围内，且监控录像只保存7天，当时原告没有提取，也没有记录，其店里安装的监控摄像头有十几个，故被告答辩称，原告称我店椅子面和腿分开导致原告摔倒在地，与事实不符。当时椅子是完好的，也没有人碰原告，不同意原告的全部诉讼请求。原告称其就餐的位置并非角落，而是大堂中间的位置。经询问，双方均称事发当时未拍摄现场照片。

【案件焦点】

1. 原告摔倒是否系因吧台椅损坏造成；2. 双方均未提供事发当时的证据时，谁对此有举证义务。

【法院裁判要旨】

北京市朝阳区人民法院经审理认为：原告在被告处就餐从吧台椅上摔倒受伤，双方就原告摔倒是否系因吧台椅损坏造成产生争议，考虑到原告摔倒受伤，具有伤痛影响，难以有效固定现场证据，在此情况下，被告作为餐馆的经营者，有义务保护现场固定相关证据。现被告在双方纠纷未解决之际，既不能提供现场监控视频，又没做当场的证据采集，贸然对现场进行了破坏，不利于原告在合理时间内就事发情况取证，故应由被告承担事发情况的举证责任。

鉴于本案原告就餐所坐的吧台椅本身较高，具有一定危险性，一旦椅子本身出现损坏，极易引发严重摔伤，原告的陈述具有一定合理性。综合现场就餐情况及双方举证责任分配情况，对原告主张的因被告吧台椅损坏造成其摔伤的事实予以认定。关于原告损失，根据原告的举证认定医疗费 1790.03 元，酌定误工费为 4000 元。关于后续治疗费，尚未实际发生，不予支持。关于营养费和精神损失费，原告伤情较轻，不予支持。

北京市朝阳区人民法院依据《中华人民共和国侵权责任法》第十六条、第三十七条第一款，《最高人民法院关于民事诉讼证据的若干规定》第七条之规定，判决如下：

一、餐饮公司于本判决生效之日起七日内赔偿陈某医疗费 1790.03 元、误工费 4000 元；

二、驳回陈某的其他诉讼请求。

判决后，双方当事人均未上诉，本判决现已生效。

【法官后语】

宾馆、商业公司、银行、车站、娱乐场所等公共场所的管理人或者群众性活动的组织者，未尽到安全保障义务，造成他人损害的，应当承担侵权责任。餐饮经营企业作为公共场所的管理人负有保障就餐者免遭损害的义务，且义务的确定也在餐饮企业管理人的管理和控制能力范围之内。《中华人民共和国民法典》第一千一百九十八条第一款规定，相较于原《中华人民共和国侵权责任法》第三十七条第一款的规定，将安全保障义务主体的范围规定为“宾馆、商场、银行、车站、机场、体育场馆、娱乐场所等经营场所、公共场所的经营者、管理者或者群众性活动的组织者”，对于安全保障义务主体范围的规定并未进行实质性修改，与原《中华人民共和国侵权责任法》第三十七条的立法精神并不相悖，只是此种调整相较于原规定的表述更加科学、准确。结合本案，原、被告就吧台椅是否损坏、吧台椅的位置位于角落还是大堂、吧台椅的位置是否在监控范围内、原告摔倒是否因为吧台椅损坏造成的说法均不一致，而双方对上述争议事实均称无法举证证明，这就引发了举证责任分配的问题。

举证责任分配具有法定性，实体法律规范本身包含了法律对举证责任分配的内容，原则上举证责任由法律分配。2002 年《最高人民法院关于民事诉讼证据的若干规定》第七条规定，在法律没有具体规定，依本规定及其他司法解释无法确定举证责任承担时，人民法院可以依据公平原则和诚实信用原则，综合当事人举证能力等因素确定举证责任的承担。该条款是对法官分配举证责任的规定。虽然 2020 年《最高人民法院关于民事诉讼证据的若干规定》删去了上述举证责任的规定，但在特殊的情况下，即在案件的法庭调查和法庭辩论已经结束，案件的事实仍然真伪不明，且审理的案件待证事实依照现有法律及司法解释无法确定审理案件的举证责任，或者法律分配的举证责任会导致明显不公平的结果的情况下，法官仍可以根据《中华人民共和国民法典》第六条规定的公平原则和第七条规定的诚实信用原则等分配举证责任。

根植于社会基本价值判断中的安全保障义务，本身就是为受害人的权利保护而创设的，所以受害人应承担对安全保障义务人的过错举证的责任，这亦体现了利益的平衡。本案中双方均认可原告就餐时摔倒，但双方就原告摔倒是否系因吧台椅损坏造成有争议。餐饮经营者利用其经营的场所、设施并从中获利，对其经营场所、服务设施和就餐环境负有安全保障义务，其应对其场所具有控制危险发生和扩大的能力，在经营场所的消费者及其他人无能力亦没有义务来承担风险。结合本案，考虑到原告摔倒受伤，具有伤痛影响，难以有效固定现场证据。在此情况下，被告作为餐馆的经营者，有义务也有能力保护现场并固定相关证据。而被告事发后对现场进行了破坏，导致原告无法在合理期限内对现场证据进行取证，在法院审理过程中，被告又未向法院提交照片或视频证明事发情况，据此可分配双方的举证责任，认定应由被告承担事发情况的举证责任。在法院已释明举证责任后，被告仍未提供证据，鉴于本案原告就餐所坐的吧台椅本身较高具有一定危险性，一旦椅子本身出现损坏极易引发严重摔伤的情况，法院对原告主张的因被告吧台椅损坏造成其摔伤的事实予以认定。综上，当事人对事发事实存在争议时，法院依据公平原则认定应由餐饮经营者承担举证责任并非苛责，在经营者没有证据表明其尽到了合理限度范围内的安全保障义务时，其应该承担举证不能的后果。

编写人：北京市朝阳区人民法院　马悦

037 地铁车站对残障人士安全保障义务的合理限度与责任认定

——宋某某诉地铁一分公司生命权、健康权、身体权案

【案件基本信息】

1. 裁判书字号

北京市朝阳区人民法院（2018）京0105民初31005号民事判决书

2. 案由：生命权、健康权、身体权纠纷

3. 当事人

原告：宋某某

被告：地铁一分公司

【基本案情】

宋某某因患病，需坐轮椅出行。2016年9月6日13时50分，宋某某及父母乘坐地铁到达惠新西街南口站C出口准备刷卡出站。宋某某询问地铁工作人员有无直梯出站，在被告知没有直梯的情况下，宋某某乘坐父母推行的轮椅，于13时54分自行搭乘自动扶梯出站。13时55分07秒，轮椅在扶梯上倾倒，宋某某随轮椅倒下并受伤。约1分钟后地铁工作人员赶到，为宋某某提供了帮助。后宋某某被送往中国人民解放军海军总医院进行救治，经诊断为右股骨远端骨折、右踝关节撕脱性骨折。宋某某住院15天后出院。

【案件焦点】

残障人士搭乘地铁出行，地铁车站管理人对残障人士的安全保障义务的合理限度与责任认定。

【法院裁判要旨】

北京市朝阳区人民法院经审理认为：宋某某自行乘坐轮椅搭乘自动扶梯摔倒受伤，其主张地铁一分公司没有设置直梯，也无专人为残障人士提供帮助，其未尽到安全保障义务，因此应由地铁一分公司承担责任。从本案录像、照片证据及宋某某对录像的质证意见来看，自宋某某及家人到达出站刷卡口向地铁工作人员询问是否有直梯到自行搭乘自动扶梯再到摔伤，整个过程仅不到 5 分钟，表明其自地铁工作人员处得知没有直梯出站后在很短时间内便决定自行搭乘自动扶梯出站。宋某某也在庭审中表示在其走向自动扶梯时有地铁工作人员制止。结合自动扶梯上粘贴的安全乘梯提示标识及规定以及宋某某受伤后作出的表述，可见宋某某及家人知晓不能乘坐轮椅搭乘自动扶梯却仍然为之，其作为完全民事行为能力人，更应予以适当的注意和自我保护。宋某某及家人没有尽到注意义务，应对宋某某受伤承担主要责任。

根据侵权责任法第三十七条的规定，宾馆、商业公司、银行、车站、娱乐场所等公共场所的管理人或者群众性活动的组织者，未尽到安全保障义务，造成他人损害的，应当承担侵权责任。地铁一分公司在自动扶梯上粘贴安全乘梯提示标识及规定，并对宋某某乘坐自动扶梯加以了制止，其尽到了一定的安全保障义务。然而，地铁一分公司当庭提交证据表示出站口设置有无障碍设施，只要拨打无障碍设施呼叫电话即可启动无障碍设施。宋某某作为乘车人，无法详尽知晓地铁出站口设置有何种类型的无障碍设施，地铁工作人员告知宋某某该出站口没有设置直梯时，应主动向宋某某告知其可以使用无障碍设施出站，并加以引导，但双方提交的证据无法证明地铁工作人员提供了引导帮助，对此地铁一分公司应承担一定责任。

基于本案现有证据和责任分析，就宋某某所受伤害，法院酌定宋某某承担责任比例为80%，地铁一分公司为20%。

关于损失具体数额，地铁一分公司对宋某某提交的证据全部认可，故确定宋某某的损失为：医疗费82997.28元、交通费431元、护理费12000元、营养费4500元、住院伙食补助费900元、鉴定费3150元、鉴定检查费551.36元，以上共计104529.64元。根据责任比例划分，由宋某某自行负担83623.71元，由地铁一分公司负担20905.93元。

北京市朝阳区人民法院依据《中华人民共和国侵权责任法》第十六条、第二十六条、第三十七条，《最高人民法院关于审理人身损害赔偿案件适用法律若干问题的解释》第十九条、第二十一条、第二十二条、第二十三条、第二十四条之规定，判决如下：

一、地铁一分公司于本判决生效之日起十日内赔偿宋某某医疗费、交通费、营养费、护理费、住院伙食补助费、鉴定费及鉴定检查费共计20905.93元；

二、驳回宋某某的其他诉讼请求。

判决后，双方当事人均未上诉，本判决现已生效。

【法官后语】

残障人士等特殊社会成员平等参与社会生活，需要全社会的支持与关怀，其必要条件是无障碍环境的建设与有效管理。近年来，无障碍环境建设逐步得到全社会的重视，在各有关方面的共同努力下，我国无障碍建设取得了积极的进展。本案的纠纷就发生在残障人士乘坐地铁出行的过程中，争议焦点也系原告宋某某在坐轮椅时乘坐滚梯发生轮椅倾倒，导致其受人身损害的责任由谁承担的问题。

笔者认为，应从两个方面对原告宋某某的损失加以考量。

首先，地铁公司注意义务的必要限度——与地铁经营活动相关的注意义务。民法典第一千一百九十八条的规定是："宾馆、商场、银行、车站、机场、体育场馆、娱乐场所等经营场所、公共场所的经营者、管理者或者群众性活动的组织者，未尽到安全保障义务，造成他人损害的，应当承担侵权责任。"公共场所违反安全保障义务的情况通常分为四种：设施设备未尽安全保障义务，如电梯、旋转门、自动门等危险性设备致人受伤；服务管理未尽安全保障义务，如在人多拥挤的场合未采取防范措施致人受伤、对特殊需求人群未尽警示告知提醒义务；防范制止第三人侵权行为未尽安全保障义务，如在公共场所侵权行为进行时管理人未予以及时制止，致人受伤；未尽到提示义务，如对于刚清洁完的地板未标注"小心地滑"。对于公共场所管理人，尤其是对残障人士开放的管理人而言，需要加强具有危险性设施设备的检修和维护力度，做好公共场所的危险性设施巡查及安全提示工作，定期派专人对场所内的各项设施进行安全检查，还须不断提高管理水平和服务意识，维护好场所秩序，避免残障人士受到人身损害。地铁公司在地铁站出（进）站口设置有无障碍设施（直梯），残障人士拨打无障碍设施呼叫电话即可启动无障碍设施，站内设置有盲道等，在自动扶梯上粘贴安全乘梯提示标识及规定，有工作人员对残障人士加以引导等，这些安全保障措施对于地铁这一公共场所来说是必需的，如果缺少而致残障人士损害，都需承担侵权的主要责任。本案中，地铁一分公司尽到了上述义务，应该认定其尽到了大部分的必要的注意义务。但是，残障人士相对于普通人，其需要更多的照顾与关怀，需要公共场所管理人给予尽可能多的注意。本案中，宋某某作为乘车人而非地铁工作人员，其无法详尽知晓地铁哪个出站口设置了无障碍设施，设置有何种类型的无障碍设施，其在向地铁工作人员询问上述问题的时候即其需要帮助的时候，地铁工作人员应主动向宋某某告知其可以使用无障碍设施出站，并加以引导。但双方提交的证据无法证明地铁工作人员提供了引导帮助，对此地铁一分公司应承担一定的责任。

其次，被侵权人因自身参与过失应承担风险。具备完全民事行为能力的人故意或不合理地使自己处于其明知的一项危险活动的损害风险中，则由行为人自己承担风险。成年人应是自身安危的第一责任人，不能把自己的人身安全寄托在相关机构无时无刻的提醒之下。残障人士出行活动应“趋利避害”，更应遵守在公共场所活动的行为规范。进入地铁车站，靠近或使用危险性设备时，残障人士及其家人更须提高警惕，具有一定的注意义务。未尽注意义务导致人身损害，必然需要自行承担一定比例的责任。从本案录像、照片证据以及当事人的陈述来看，宋某某及其家人作为完全民事行为能力人，未尽适当的注意和自我保护，应承担风险责任，对宋某某受伤承担主要责任。

综合以上两点，地铁的安全保障义务应当在合理的限度范围内，在被侵权人自身未尽必要注意义务时，不能苛求地铁公司承担不合理的高度危险防免义务。同时，为兼顾保护弱者与公平，在本案这类案件中残障人士等特殊人群可能取证困难，可以尝试适用过错推定原则，即地铁一方能够举证证明其已尽到了当时技术条件允许范围内的相应安全保障义务的，可以减轻或者免除其责任，否则推定其对损害的发生具有过错。

关于违反安全保障义务的侵权责任的法律沿革，原《中华人民共和国侵权责任法》第三十七条规定，宾馆、商场、银行、车站、娱乐场所等公共场所的管理人或者群众性活动的组织者，未尽到安全保障义务，造成他人损害的，应当承担侵权责任。因第三人的行为造成他人损害的，由第三人承担侵权责任；管理人或者组织者未尽到安全保障义务的，承担相应的补充责任。

《中华人民共和国民法典》第一千一百九十八条规定，宾馆、商场、银行、车站、机场、体育场馆、娱乐场所等经营场所、公共场所的经营者、管理者或者群众性活动的组织者，未尽到安全保障义务，造成他人损害的，应当承担侵权责任。因第三人的行为造成他人损害的，由第三人承担侵权责任；经营者、管理者或者组织者未尽到安全保障义务的，承担相应的补充责任。经营者、管理者或者组织者承担补充责任后，可以向第三人追偿。本条规定对侵权责任法第三十七条进行了修改，修改的内容主要体现在两个方面：一是对第一款的修改，在列举式中增加了机场、体育场馆这两类典型的公共场所，另外将安全保障义务主体表述由原来的“公共场所的管理人”调整为“经营场所、公共场所的经营者、管理者”，较侵权责任法更为细致，对负有安全保障义务的主体进行了扩充列举。二是第二款增加规定了安全保障义务主体在承担相应的补充责任后，有权向实施了直接侵权行为的第三人追偿。

编写人：北京市朝阳区人民法院　毛文蝶

038 网络直播服务提供者的侵权责任认定

——何某诉网络公司网络侵权责任案

【案件基本信息】

1. 裁判书字号

北京市第四中级人民法院（2019）京04民终139号民事判决书

2. 案由：网络侵权责任纠纷

3. 当事人

原告（被上诉人）：何某

被告（上诉人）：网络公司

【基本案情】

本案所涉案外人吴某宁为原告何某之子，吴某宁自2017年开始在被告网络公司旗下的网络平台“某直播”（以下简称某平台）发布徒手攀爬高楼等高度危险性视频，百度百科词条载明：吴某宁，微博名“吴某宁”，国内高空挑战“第一人”。

根据被告调取的视频内容显示，自2017年7月27日吴某宁第一次上传视频开始至2017年11月1日止，吴某宁共计上传视频154个。绝大部分视频内容均为其攀爬各种办公楼、铁塔、烟囱等高空建筑或在上述高空建筑顶端或边缘处表演行走等高空危险性表演。

2017年9月12日，被告邀请吴某宁为其某平台6.0版本作推广活动，进行户外挑战视频的拍摄，将身体悬挂在楼梯处，并同时做若干个动作，全程露出“某6.0”的字样，后被告通过案外人张某支付吴某宁酬劳2000元。

2017 年 11 月 8 日，吴某宁在攀爬长沙某大楼拍摄危险动作视频时不慎坠落，其后身亡。

2017 年 12 月 12 日，被告封禁了该账号。庭审中，依据被告的陈述，对于粉丝给吴某宁的打赏，其收益是由某平台与吴某宁按照比例进行分成。

原告主张被告应当承担对吴某宁死亡的侵权责任，故请求被告赔偿原告共计 6 万元，并要求被告赔礼道歉。但被告认为，第一，某平台提供信息存储空间的行为不是侵权行为。第二，被告没有处理吴某宁上传视频的法定义务，不作处理不具违法性。第三，被告与吴某宁之间就某平台新版本软件的推广合作不是加害行为。第四，被告前述行为与吴某宁高坠身亡不具法律意义上的因果关系。第五，被告前述行为不具有主观侵权过错。故被告不应承担侵权责任。

【案件焦点】

1. 网络直播平台对直播危险行为发生损害是否承担侵权责任；2. 认定网络直播平台对直播危险行为担责能否直接适用安全保障义务条款。

【法院裁判要旨】

北京互联网法院经审理认为：关于网络服务提供者是否应对网络用户承担安全保障义务的问题，网络公司作为网络服务的提供者和管理者，其在特定情况下对吴某宁所上传危险动作视频应具有一定的发现排查能力，负有且并未完全尽到安全保障义务。

某平台为吴某宁提供网络上传视频的通道，借助吴某宁的知名度进行宣传，对其持续进行该危险活动起到了一定的促进作用。网络公司未尽到安全保障义务是导致吴某宁坠亡的诱导性因素，二者具有一定的因果关系，且对吴某宁的坠亡具有过错。

北京互联网法院依照《中华人民共和国侵权责任法》第三十六条第一款、第三十七条第一款等规定，判决如下：

一、网络公司赔偿何某 3 万元；

二、驳回何某的其他诉讼请求。

网络公司不服，提起上诉。北京市第四中级人民法院经审理认为：侵权责任法第三十七条第一款规定了违反安全保障义务的侵权责任。该条文规定的安全保障义务是物理公共场所的管理人或者组织者负有的保障他人人身、财产安全的注意义务。网络服务提供者是否可以作扩大解释适用上述规定，尚存争议。在适用侵权责任法第六条第一款规定的过错责任原则能够归责的情况下，不必扩大解释侵权责任法第三十七条第一款的适用范围。故一审判决适用法律有误，应当予以纠正。

网络公司主张吴某宁的行为是自甘风险行为。吴某宁从事的高空建筑物的攀爬活动并非一项具有普通风险的文体活动，而是对他人和自己都存在巨大安全风险的活动；况且侵权责任法并未规定自甘风险规则，网络公司亦非活动的参加者，故无法援引自甘风险规则免除责任。综上，一审法院适用法律错误，但裁判结果正确。

北京市第四中级人民法院依照《中华人民共和国侵权责任法》第六条、第二十六条，《中华人民共和国民事诉讼法》第一百七十条第一款第一项，《最高人民法院关于适用〈中华人民共和国民事诉讼法〉的解释》第三百三十四条之规定，判决如下：

驳回上诉，维持原判。

【法官后语】

本案的发生引发了关于网络直播服务提供者对直播内容审核不当是否应当承担侵权责任的探讨。这个案例提供了一个重要的分析样本。

1. 网络直播平台对直播危险行为担责适用过错原则

网络直播平台对用户直播行为负有依照法律法规、公序良俗以及合同授权进行规范管理与采取必要措施的义务。从直播平台营利模式分析，平台与主播按比例共享虚拟礼物打赏一直是直播平台获利的主要方式之一。基于权利与义务相统一原则，网络直播服务提供者享受了直播内容带来的现金收益与流量增幅，应负有对直播内容进行必要审核和采取有效管理措施的义务。网络直播服务提供者未尽到审查义务的，负有疏于审查管理的过错。

网络公司在已知吴某宁上传视频具有高度危险性的情况下，还借助其知名度进行推广活动，并支付相应的报酬，疏于对危险直播进行断链、删除或者下架等力所能及的管理措施，故对吴某宁的坠亡存在一定的过错。

从因果关系的认定方面来说，虽然网络公司的行为并不直接导致吴某宁坠亡这一损害结果发生，但并不意味着二者不存在任何联系。网络公司在吴某宁坠亡的两个月前，以吸引粉丝、增加关注度为目的，借助其知名度为某平台进行宣传并支付酬劳。这对吴某宁持续进行该危险活动起到了一定的诱导和鼓励作用，加大了其坠亡的风险，亦符合侵权行为构成的因果关系要件。

2. 网络直播平台对直播危险行为担责不应直接适用安全保障义务条款

违反安全保障义务的侵权责任是一种特殊侵权责任，在法律法规没有明文规定一方主体作为安全保障义务人的前提下，从法律的谦抑性原则角度出发，应优先考虑适用过错原则或者推定过错原则确定侵权责任。

《中华人民共和国民法典》第一千一百九十八条第一款规定了商业公司、车站等公共场所的管理人或者组织者违反安全保障义务的侵权责任。该条属于现实物理场所的安全保障义务人的侵权责任条款。网络空间作为虚拟公共空间，具有高度技术化和信息化的特征，现实物理场所的基础安全问题在民法理论中是依靠“安全保障义务”制度加以解决的，网络空间中的安全问题有其异于现实物理场所之处。将有形物理空间的安全保障义务扩张到无形网络空间，适用安全保障义务来确定网络服务提供者的网络侵权责任，尚存争议。在目前的民法体系下，当案件事实处于两个或多个规范涵盖范围之内时，应当考虑的是适用何种法律规范更有利于提高事实与法律规范的契合度，从而更好地体现法律正义，维护社会公平正义。本案中，在适用过错责任原则能够归责的情况下，不必扩大解释《中华人民共和国民法典》第一千一百九十八条第一款的适用范围。

网络空间的虚拟性决定了网络侵权所侵害权益的特殊性，个案司法过程有必要进行法律价值的衡量，使裁判结果既能维护公共秩序的稳定，又能兼顾善良风俗、诚实信用原则，保护好各方主体的合法利益。

编写人：北京市第四中级人民法院　朱玲

039 安全保障义务中证明标准的判断和举证责任分配的转移

——管某诉农场公司健康权、身体权案

【案件基本信息】

1. 裁判书字号

江苏省无锡市中级人民法院（2017）苏02民终5468号民事裁定书

2. 案由：健康权、身体权纠纷

3. 当事人

原告（被上诉人）：管某

被告（上诉人）：农场公司

【基本案情】

2016年7月24日下午，管某等一行人至农场公司经营的水上乐园游玩。当晚10点左右，管某同行人员韩某向某派出所报警，称“管某在水上乐园玩耍时攀爬到一个浮球上后摔落下来，晚饭后到医院检查发现骨折”等，某派出所告知可以在明天上班后找负责人协商处理。2016年7月25日12点左右，韩某又报警，要求农场公司承担赔偿责任并提供现场监控录像等，农场公司部门经理舒某称现场监控录像故障修理中。

事发当日20点左右，管某曾至安镇医院急诊就医并拍摄DR[①]片一张，DR报告显示：右跟骨粉碎性骨折，余所见跖趾骨未见明

① DR（digital radiography），一种数字化成像技术，下文对此不再提示。

显骨折征象。次日，管某至东港医院入院治疗，入院时间为9点19分，入院诊断为右跟骨骨折，入院后进行了石膏固定、消肿、修复治疗等，后于2016年8月1日出院。管某因上述治疗共自负医疗费1367.35元。2017年3月16日，管某的误工期被评定为210日，护理期被评定为90日，营养期被评定为90日。

管某主张其系从农场公司水上乐园的浮球上摔下致伤，且当时水上乐园的水深设置等均不符合安全规范，是造成事故发生的主要原因，要求农场公司赔偿医疗费、住院伙食补助费、营养费、护理费、误工费、交通费等合计48957.35元。

农场公司认可在管某事发时，该公司确实在开展水上活动，管某提供的照片是现场的浮球设施，该浮球有设置攀爬的手把，该浮球上并未标明“禁止攀爬”等字样。农场公司不认可管某的受伤系在农场公司水上乐园发生，否认管某主张的损失事实与农场公司存在因果关系，管某在受伤几个小时后才就医也不符合常理。农场公司拒绝赔偿。

法院依据农场公司申请，至安镇医院进行调查，安镇医院医务科科长（骨科副主任医师）周某陈述：管某未在安镇医院进行入院治疗，安镇医院不留存急诊病历的电子档案；从管某在安镇医院拍摄的DR片可以判断，其系由从两米左右高处坠落导致的受伤，该伤情完全有可能在疼痛两三个小时甚至一天后再进行就医。

【案件焦点】

1. 管某是否在农场公司经营的水上乐园受伤；2. 如果是，农场公司应否承担赔偿责任及数额。

【法院裁判要旨】

江苏省无锡市锡山区人民法院经审理认为：关于争议焦点 1 是管某为证明事发经过，申请韩某、瞿某出庭作证。韩某系管某妻子的姐姐，韩某陈述了管某及其一行人事发当日前往农场公司在其水上乐园及温泉玩耍的整个经过。瞿某陈述了在农场公司邂逅管某等一行人的经过及送管某就医等细节。农场公司对韩某、瞿某的证言不予认可。法院认为，与一方当事人有利害关系的证人证言不能单独作为认定案件事实的依据。但是，韩某的证言可以与非利害关系人瞿某的证言基本相对应，且与管某的就医经过、受伤伤情、报警记录等均相印证，在农场公司未提出反证的情况下，法院对韩某、瞿某的证人证言予以采纳。虽然管某未提供直接证据，但上述间接证据已构成较完整的证据链条，管某在水上乐园进行游玩时从浮球上滑落跌伤的事实具有高度可能性，法院认定该事实存在。

关于争议焦点 2 是宾馆、商业公司、银行、车站、娱乐场所等公共场所的管理人或者群众性活动的组织者，未尽到安全保障义务，造成他人损害的，应当承担侵权责任。本案中，农场公司设置了水上乐园项目，但未能提供这些水上设施已经过安全检验及其已尽到安全保障义务的证据，事发地的浮球亦未设置存在安全隐患标识等，故农场公司应对管某的受伤承担赔偿责任。管某作为成年人，应对攀爬浮球存在危险性作出判断，并采取合理方式避免危险的发生，管某自行攀爬浮球并未抓牢把手而跌落，对损害的发生存有一定过错，故应相应减轻农场公司的责任。综上，法院综合事故发生的原因、事故中各方的过错程度等，确定农场公司对管某因涉案事故遭受的各项损失承担 60%的赔偿责任。

江苏省无锡市锡山区人民法院判决如下：

一、农场公司应于本判决生效之日起十日内支付管某22066.41元；

二、驳回管某的其他诉讼请求。

农场公司不服一审判决，提起上诉。在二审审理过程中，农场公司以其与管某达成和解并已履行为由，于2018年2月8日申请撤回上诉。江苏省无锡市中级人民法院经审查认为，农场公司的撤诉行为系其真实意思表示，且不违反法律规定，予以准许。依照《中华人民共和国民事诉讼法》第一百七十三条规定，裁定如下：

准予农场公司撤回上诉。

【法官后语】

首先，安全保障义务的主体具有外延性。安全保障义务，是指宾馆、商场、银行、车站、机场、体育场馆、娱乐场所等经营场所、公共场所的经营者、管理者或者群众性活动的组织者所负有的，在合理限度范围内保护他人人身和财产安全的义务。民法典第一千一百九十八条将侵权责任法第三十七条与《最高人民法院关于审理人身损害赔偿责任案件适用法律若干问题的解释》第六条的规定予以了结合，并将原有规定中的“管理人”明确为“经营者”+“管理者”，从而使安全保障义务主体更具有外延性，有利于法院对主体的认定予以解释适用。从事一定社会活动的民事主体，如果其从事的活动具有损害他人人身、财产的危险，则该民事主体负有合理限度内的关心、注意义务，应采取必要的、具有期待可能性的防范措施，保护第三人避免危险。随着各种娱乐项目、潮流活动的兴起，实际上这些项目的管理人或者活动的组织者亦负有安全保障义务，如对提供的活动设施应进行大量安全试验、测量；对具有一定危险或挑战的项目进行参与人员筛选和前期培训；在参与人遇险时具有救助义务；等等。如果安全保障义务人未尽到与其从事社会活动相适应的安全保障义务，则应承担相应赔偿责任，受害人对损害的发生也有过错的，可以减轻安全保障义务人的民事责任。

其次，在过错责任的基础上动态调整举证责任的分配。在因果关系认定上，仍旧应先由受害人证明义务主体与受害行为之间存在因果关系；在归责原则上，仍采取过错责任，受害人负有证明“安全保障义务人存在过错”的责任。但是，鉴于安全保障义务中受害人的弱势地位，以及安全保障义务主体负有积极保护他人的义务，对受害人的证明标准要求不应过高，当法官对案件事实形成心证优势时，要动态调整举证责任的分配，即适当适用举证责任倒置的方式来实现权利与义务的衡平。具体而言：

1. 因果关系的证明。以本案为例，受害人虽没有在事故发生第一时间报警，但是其在几小时后报警，并提供了报警记录、就医记录、证人证言等大量间接证据的情形下，法官已对本案的事实形成了初步的心证优势。安全保障义务人未在第一时间否认事故发生的事实，也未及时提供监控录像等，故在受害人已提供其他较充分的间接证据的情况下，举证责任分配应转移至安全保障义务人，由安全保障义务人对事故并非发生在其场所内承担举证责任，如安全保障义务人不能提供充分反证，法院应采信受害人提供的证据，即使这些证据均是间接证据，但在没有反证的情况下它们足以构成证据链条。

2. “主观过错”的证明。受害人对安全保障义务人存在疏于履行保障义务的过错举证只要能达到一定的客观认同度就可以了，其中受害人在该场所内受到损害通常是义务人未尽到安全保障义务的情势证据之一，在受害人初步举证后，即推定安全保障义务人有过错，安全保障义务人此时应对自己尽到了相应的安全保障义务承担主观证明责任，即安全保障义务人应就其已尽到与其所从事社会活动相适应的安全保障义务进行反证和抗辩。例如，本案中，如果安全保障义务人能够举证证明其通过警示标志等尽到了足够的提醒义务，且其使用的水上设施已经通过安全使用测试等，则可以判断损害系受害人自身原因所导致，其不能以此要求赔偿。通过举证责任的分配与调整，可以实现过错责任原则的适用与利益平衡的兼顾。

编写人：江苏省无锡市锡山区人民法院　柯菲菲

040　场馆坠物致伤情形下安全保障义务人与监护人责任的划分

——张甲诉健康生活馆人身损害赔偿案

【案件基本信息】

1. 裁判书字号

江苏省扬州市中级人民法院（2018）苏10民终2901号民事判决书

2. 案由：人身损害赔偿纠纷

3. 当事人

原告（被上诉人）：张甲

被告（上诉人）：健康生活馆

【基本案情】

张甲的母亲王某原系被告健康生活馆的员工。2017 年 12 月 24 日上午，张甲与孪生弟弟张乙随其母亲王某至被告处上班，后王某按照健康生活馆负责人林某的指派外出接客户，张甲及其弟弟则留在被告店里玩耍。此后，被告店里的镜子脱落，砸伤了张甲的脚踝，张甲先后被送至小纪中心卫生院、苏北某医院救治，苏北某医院诊断张甲伤情为右胫骨骨折，医生建议张甲住院，但张甲母亲考虑到家里还有张乙需要照顾，故拒绝住院。2017 年 12 月 27 日，张甲进行石膏外固定手术。2018 年 1 月 24 日，行石膏拆除术，同时医生建议休息三个月，暂不下地行走。2018 年 3 月 25 日复诊，医生建议休息两个月，2018 年 3 月 31 日复诊，医生建议观察血运，功能锻炼，可能会导致骨骼生长障碍，随诊。

2017 年 12 月 24 日张甲受伤当日，张甲父亲张某因张甲的受伤及治疗问题与被告店长林某发生纠纷，后张某将林某打伤，该纠纷经小纪中心派出所出警处理。后因双方对张甲因伤造成的损害赔偿不能达成一致意见，张甲诉至江苏省扬州市江都区人民法院，要求健康生活馆赔偿其各项损失 13229 元，并承担本案诉讼费用。

【案件焦点】

健康生活馆镜子坠落致无民事行为能力人张甲受伤，作为安全保障义务人的健康生活馆与张甲监护人的责任应如何划分。

【法院裁判要旨】

江苏省扬州市江都区人民法院经审理认为：公民的健康权受法律保护。行为人因过错侵害他人民事权益，应当承担侵权责任。被侵权人对损害的发生也有过错的，可以减轻侵权人的责任。本案中，被告作为对公众开放的经营单位，对墙壁上安装的镜子应当采取严格措施确保安全、不脱落，现原告因被告店里的镜子脱落受伤，且原告监护人临时脱离监护责任系为履行被告交办的职务行为，因此被告应当承担相应的侵权责任。众所周知，无论哪个用工主体，都禁止员工在工作时间从事与工作无关的事项，原告母亲在工作时将孩子带至单位本就不妥，带至单位后脱离监管，致孩子意外受伤，亦应承担相应过错责任。原告诉称外出时将孩子托付给被告看管，但原告没有证据予以证明，被告予以否认，依法不予采信；被告辩称镜子安装牢固，不会脱落，该辩称意见亦未提供证据予以证明，且对没有民事行为能力的孩子苛求过高的注意义务，与法律规定及常理不符，亦依法不予采信。综上，根据原、被告各方的过错责任，酌定原、被告双方各负纠纷的30%、70%责任。江都区人民法院经双方当事人举证、质证，依法认定原告的经济损失以上合计9152元。对于原告的上述合法损失，被告应依法赔偿原告损失的70%，即6406元（小数点后取整），其他损失由原告监护人自负。

江苏省扬州市江都区人民法院依照《中华人民共和国民法总则》第三条、第二十三条、第三十四条，《中华人民共和国侵权责任法》第六条、第十六条、第二十六条、第三十七条之规定，作出如下判决：

一、被告健康生活馆于本判决生效之日起十日内赔偿原告张甲损失6406元；

二、驳回原告张甲的其他诉讼请求。

被告不服一审判决，提起上诉。

二审法院同意一审法院裁判意见。

【法官后语】

本案争议焦点主要在于负有安全保障义务的健康生活馆，在其场馆内物品坠落致无民事行为能力人张甲受伤情形下，与张甲的监护人监护不力情形并存时，就张甲的损害赔偿责任应如何划分。这需要对安全保障义务与监护制度的相关法律规定与立法本意进行解读和考量。

首先，安全保障义务是指从事或持续特定危险的经营者，对社会活动的参与者所负有的防范危险发生的特定义务，承担义务的形式包括积极的作为（如采取必要措施防范危险）和消极的不作为，它是基于民法上的诚实信用原则而生的，系经营者的法定义务。对此，民法典多条文均有规定。根据这些规定，承担安全保障义务的主体为公共场所的管理人或群众性活动的组织者，如宾馆、商业公司、车站等。责任形式分为直接责任和补充责任两种，安全保障义务人因自身未尽合理的安保义务致人损害的，承担直接的侵权责任；因第三人原因致人损害的，安全保障义务人在未尽合理安保义务的范围内承担补充责任。

其次，监护是为了保护无民事行为能力人或限制行为能力人的人身和财产权益，同时也是为了交易安全的需要而设立的一项制度。对于未成年人而言，监护与亲权不可分离，其监护人一般是父母。未成年人的父母需要承担的监护职责包括保护未成年人的人身免受伤害，保护未成年人的合法财产权益不受侵害，以及教育，抚养，代为诉讼等。此外，根据《中华人民共和国民法典》第一千一百六十五条、第一千一百七十九条、第一千一百七十三条、第一千一百九十八条规定，行为人因过错侵害他人民事权益，应当承担侵权责任。被侵权人对损害的发生也有过错的，可以减轻侵权人的责任。

这就是所谓的过错责任原则和过错相抵原则，也是安全保障义务人在监护人监护不力情形下责任减轻的依据。

具体到本案中，原告张甲作为无民事行为能力人在被告健康生活馆玩耍时被场馆内的镜子坠落砸伤，作为经营者，健康生活馆未尽安全保障义务，应当承担相应过错责任。原告母亲作为监护人将孩子带至上班地点后外出，其对孩子监护不力，亦应承担相应过错责任。又因监护人脱离监护系因为履行安全保障义务人的工作职责，对此，一审、二审法院认定健康生活馆对原告损失承担70%主要责任、监护人承担30%次要责任，符合侵权损害赔偿的比例原则，也与民法的公平精神相契合，合法、合情、合理。

值得注意的是，对此类问题在审判实践中亦应关注特定情形下临时监护责任的转移以及第三人原因介入致损例外情形的把握。本案中，张甲监护人在案件审理中主张曾将张甲交给健康生活馆工作人员照顾，但未提供证据，健康生活馆主张镜子坠落系张甲哥哥所为，亦未提供证据，故不符合上述例外情形，一审、二审法院结合全案证据及法律规定，才作出上述判决。

编写人：江苏省扬州市江都区人民法院　赵峰

041　公共场所管理者安全保障义务范围及责任比例

——曹某诉娱乐公司健康权案

【案件基本信息】

1. 裁判书字号

上海市奉贤区人民法院（2017）沪0120民初15026号民事判决书

2. 案由：健康权纠纷

3. 当事人

原告：曹某

被告：娱乐公司

【基本案情】

2016年7月2日晚，原告曹某在被告娱乐公司经营的一家KTV[①]唱歌。次日零时许，原告在上卫生间时不慎摔倒，左侧下巴撞到了铁质卫生纸筒边缘，至其面部裂伤。原告在上海知淮数字科技有限公司从事影视制片的职务，每月工资收入5500元，其2016年6月15日至7月14日的工资收入为3861.32元。根据鉴定机构出具的司法鉴定意见书，原告因此次受伤需休息15天，营养7天，护理7天。

【案件焦点】

1. 被告娱乐公司作为公共娱乐场所的管理者对于原告的受伤是否存在过错；2. 原告自身对其所受损失是否具有过错；3. 原告的损失应如何计算。

【法院裁判要旨】

上海市奉贤区人民法院经审理认为：宾馆、商业公司、银行、车站、娱乐场所等公共场所的管理人或群众性活动的组织者，未尽到安全保障义务，造成他人损害的，应当承担侵权责任。本案中，被告娱乐公司作为娱乐场所的管理人，应对其所经营的场所包括卫生间负有安全保障义务，根据法院查明的事实，其在卫生间未设置

---

① KTV，指的是提供卡拉OK影音设备与视唱空间的场所，下文对此不再提示。

安全警示标志及使用铁质卫生纸筒，对使用其卫生间的人员均造成了潜在的安全隐患，且与原告的受伤或是伤势的扩大存在因果关系，故法院确认被告娱乐公司对原告的受伤负有一定的责任。原告作为正常的具有完全行为能力的人，在使用卫生间时，应该知道卫生间的地面比一般地面更为湿滑，应该更加注意安全，但原告实际上并未尽到谨慎义务，故原告对其受伤也负有一定的责任。综合原、被告双方的责任大小，法院确定被告对原告此次受伤承担40%的赔偿责任。

对于原告具体损失中的医疗费，法院根据医疗机构出具的医疗费发票等收款凭证，结合2016年7月11日的门诊、急诊病历等相关证据，确定为810.80元。原告虽然未能提供事故当天的门诊、急诊病历，但结合询问笔录等证据，法院确认原告提交的医疗费票据与本案诉争事故具有关联性。误工费，根据原告提供的证据，法院确认其因本次事故造成的误工费损失为1639元。营养费，法院按照每天30元的标准，参照司法鉴定意见书的期限7天，确认金额为210元。护理费，法院按照每天40元的标准，参照鉴定意见书的期限7天，确认金额为280元。鉴定费，系原告的实际损失，法院予以支持，金额为1000元。至于原告的后续整容费用，可待实际发生后再另行主张权利。综上所述，原告因本次事故造成的损失3939.80元，被告应赔偿原告其中的40%即1575.92元。

依照《中华人民共和国侵权责任法》第六条、第十六条、第二十六条、第三十七条第一款之规定，判决如下：

娱乐公司于本判决生效之日起十日内赔偿曹某1575.92元。

判决后，双方当事人均未上诉，本判决现已生效。

【法官后语】

一、公共管理者安全保障义务与过错的认定

民法典第一千一百六十五条规定，行为人因过错侵害他人民事权益造成损害的，应当承担侵权责任；第一千一百九十八条规定，宾馆、商场、银行、车站、机场、体育场馆、娱乐场所等经营场所、公共场所的经营者、管理者或者群众性活动的组织者，未尽到安全保障义务，造成他人损害的，应当承担侵权责任。在侵权纠纷案件中，被告承担赔偿责任的基础是被告的行为（包括作为和不作为）对原告的人身或财产构成了侵权。在过错侵权的场合，被告成立侵权需具备四个条件：被告实施了违法加害行为（作为或不作为）；原告遭受了可救济的损害；加害行为与损害之间具有因果关系以及被告对损害的发生具有过错。就过错侵权的四个构成要件而言，本案的争议主要发生在被告娱乐公司的过错认定上。

过错分为故意和过失。本案中，被告娱乐公司作为公共管理者并无造成原告在厕所内摔伤的故意；而其是否存在过失，则需结合过失的判断标准进行法律评价。对于法律明确规定了行为标准的，违反该法定标准致人损害的，一般可以认定行为人具有过失；对于法律没有明确规定行为标准的，则通常以合理人标准判断行为人有无过失。合理人标准系一种类型化和客观化的标准，需以类似行业、职业或社会成员在此种情形下所能达到的标准为判断依据。对于娱乐公共场所的管理者而言，其负有安全保障义务。此等义务是基于交易安全义务理论，对公共场所管理人或群众性活动的组织者科以的法定作为义务，对所有以正当理由进入公共场所管理人管理范围内（包括与其经营的场所相配套的空间）的人，公共场所的管理人都负有安全保障义务，以保护其人身、财产安全。未尽到安全保障义务的，则违反了作为义务，存在过错，构成不作为侵权的，应当承担侵权责任。

就本案纠纷而言，认定被告娱乐公司存在过错便在于被告娱乐公司未尽到安全保障义务。理由有二：其一，娱乐场所的配套设施卫生间同样属于其管理的空间范围，加之卫生间地面湿滑，被告娱乐公司作为专门经营管理娱乐场所的管理人应当知道，但却未在属于其管理的卫生间内设置警示标志；其二，被告娱乐公司在卫生间内使用的铁质卫生纸筒较其他材质的卫生纸筒更为锋利，因而对使用其卫生间的人造成了潜在的安全隐患。据此，可以认定被告娱乐公司作为 KTV 的管理人，未尽到安全保障义务，存在过错，应当对原告的本次受伤承担赔偿责任。

二、公共场所管理者未尽到安全保障义务的责任比例与受害人过错

受害人对其所受损失是否存在过错将影响着行为人的责任比例。从侵权责任法的立法体系来看，公共场所管理者的安全保障义务受《中华人民共和国民法典》第一千一百九十八条的规制，该条位于该法第四章，是关于侵权责任主体的特殊规定。由此可知，公共场所管理者未尽到安全保障义务构成侵权的，不属于特殊类型的侵权，如受害人同时存在过错的，应适用民法典关于责任减免的一般规定认定公共场所管理者的责任比例。

在受害人过错的认定上，应当考虑两个要素：第一，受害人对于损害的发生或者损害结果的扩大具有故意或过失；第二，受害人的过错与损害的发生或者扩大具有因果关系。值得注意的是，因受害人的过错而发生或扩大的损害与加害人导致的损害须具有损害的同一性，即行为人的作为或不作为与受害人的过错相结合导致同一损害。比如，受害人的过错导致的损害与行为人的作为或不作为导致的损害不是同一损害，则属于各自侵权，不适用过失相抵原则。

三、受害人损失计算的依据与标准

本案中原告的损失主要是医药费、误工费、营养费、护理费、鉴定费，同时原告还提出要求保留后续主张整容费的权利。对于原告的医药费损失，虽然被告提出应当有相应的门诊、急诊病历，该主张通常是为了明确有关的医药费支出与涉讼事故之间存在关联性而提出的，但是考虑到本案中原告并未提供事发当天的就诊记录，法院根据医疗机构出具的医疗费发票等凭证，结合2016年7月11日原告的门诊、急诊病历，询问笔录等，确认了原告提交的医药费票据与本案的诉争事故具有关联性是合理的。而对于原告的误工费损失，虽然被告主张按照最低工资标准，但法院结合原告提供的工资卡明细和工资证明，以原告实际误工损失确定误工费也是恰当的。

编写人：上海市奉贤区人民法院　毛小利

042　经营者违反公共场所安全保障义务提供瑕疵服务致消费者人身损害的责任认定

——李某诉纺织公司、纺织公司某山庄违反安全保障义务责任案

【案件基本信息】

1. 裁判书字号

山东省淄博市中级人民法院（2018）鲁03民终3042号民事判决书

2. 案由：违反安全保障义务责任纠纷

3. 当事人

原告（上诉人）：李某

被告（被上诉人）：纺织公司、纺织公司某山庄

【基本案情】

2017年7月16日晚上，李某和朋友到某山庄经营的游泳池游泳。根据李某提供的录音证据证实：某山庄收取了李某20元的费用。20时53分，李某从泳池边的跳台上跳入泳池，头部碰撞池底发生意外，造成李某受伤，随即便被他人救起。李某随后被“120”急救车送入淄矿集团中心医院急诊治疗。李某于2017年7月28日到北京大学第三医院住院治疗，被诊断为：无骨折脱位型颈脊椎损伤、C2/3、C3/4、C4/5、C5/6、C6/7椎间盘突出、椎管狭窄、腰椎间盘突出、L4/5、L5/S1椎间盘突出。李某出院后，双方对于赔偿事宜协商未果。李某起诉要求某山庄赔偿医疗费、误工费、住院伙食补助费、护理费、残疾赔偿金、交通费、鉴定费、被扶养人生活费、惩罚性赔偿等费用共计1112487.84元；纺织公司承担连带赔偿责任。纺织公司、某山庄辩称，涉案游泳池系被告对其内部职工使用的游泳场所而不对外经营，双方之间未形成游泳服务合同关系，原告到被告所有的游泳池进行游泳是擅自游泳行为，其产生的涉案损害应由其自行承担；即使本案被告所有的游泳池场所存在瑕疵，那么本案因双方未形成服务合同关系，也仅能适用民法总则的相关规定或者侵权责任法的过错原则，而原告存在主要过错。

【案件焦点】

公共场所经营者违反安全保障义务和提供服务存在缺陷并导致消费者损害的责任承担。

【法院裁判要旨】

山东省淄博市淄川区人民法院经审理认为：李某作为消费者，付费进入某山庄经营管理的游泳池游泳，与某山庄已形成消费者和经营者的关系，人身安全应得到保障，若经营者未尽到安全保障义务，造成消费者损害的，应承担侵权赔偿责任。某山庄开办的游泳池属于酒店的内部体育、休闲设施，但是并非不对外开放经营，某山庄辩称只对公司内部职工开放的主张，证据不足，不予认定。开办经营性游泳池实行体育经营许可证制度，经营者的设施和服务应当满足《游泳场所开放条件与技术要求》的规定，并且应取得游泳场馆营业许可证。某山庄在未办理经营许可证、未在游泳场馆内配备充足的安全设施和救护人员的情况下，即进行对外营业有过错，应承担相应赔偿责任。李某是具有完全民事行为能力的成年人，在受伤之前从泳池边跳过一次水，应该能够注意到游泳池的深浅。根据《因果关系及参与度鉴定意见书》，李某在本次受伤之前已存在椎管狭窄、颈椎间盘突出症、腰椎间盘突出症，并存在临床症状、体征的情况，李某自身应当认识到从跳台上跳水有可能导致病情加重或病情突然发作的危险，应格外小心谨慎，李某自身缺乏安全意识也存在过错，应当减轻被告的赔偿责任。李某跳水受伤与造成病患损伤的参与度为50%，故李某的赔偿数额应按50%计算，再根据双方的过错程度，酌定由被告承担60%的赔偿责任，李某自身承担40%的责任。某山庄的赔偿数额应为：367819.28×50%×60%=110345.78（元）。某山庄作为纺织公司的分支机构，领取了营业执照但不具备法人资格，在某山庄不能赔偿的前提下，纺织公司应承担补充赔偿责任。某山庄在未取得游泳场馆营业许可证的前提下，向消费者开放不符合国家规定标准和行业要求的室外游泳池，对李某受伤存在过错，应适用《中华人民共和国消费者权益保护法》第五十五条第二款规定承担惩罚性赔偿。结合本案案情，考虑某山庄的过错程度，李某自身亦存在过错，酌情确定惩罚性赔偿的数额为30000元。

山东省淄博市淄川区人民法院依照《中华人民共和国民法总则》第一百二十条，《中华人民共和国民法通则》第一百一十九条，《中华人民共和国侵权责任法》第三十七条第一款，《中华人民共和国消费者权益保障法》第十八条、第四十九条、第五十五条第二款，《最高人民法院关于审理人身损害赔偿案件适用法律若干问题的解释》第六条、第十七条、第十八条、第十九条、第二十条、第二十一条、第二十二条、第二十五条，《中华人民共和国民事诉讼法》第六十四条第一款之规定，判决如下：

一、某山庄赔偿李某110345.78元，纺织公司承担补充赔偿责任；

二、某山庄支付李某惩罚性赔偿款30000元，纺织公司承担补充赔偿责任；

三、驳回李某的其他诉讼请求。

李某持原审起诉意见提起上诉。山东省淄博市中级人民法院经审理认为：李某作为成年人，具有完全民事行为能力，对于自己的身体状况以及在一般性的游泳池进行跳水活动存在的风险应当具有清晰的认识。而且李某系第二次跳入水中，应清楚地了解泳池的水深等条件，在没有受过专业训练的情况下，应当对自身安全尽到谨慎注意的义务，但其放任自己的行为，导致发生泳池跳水受伤的事故，李某具有明显过错。李某在泳池跳水的行为本身即属未尽到安全注意义务，且也应当知道其身体状况不宜进行跳水仍予以放任，对损害事故的发生具有过错。一审考虑李某自身状况对损害后果的参与度并因此确定赔偿责任并无不当。某山庄未尽到安全管理义务，对于损害的发生具有一定过错，但其在经营中并无主观恶意，也未获取过高收益，而李某自身未尽到安全注意义务是损害发生的主要原因，具有明显过错。一审综合考量了本案事实，酌情确定惩罚性赔偿数额并无不当。

山东省淄博市中级人民法院依照《中华人民共和国民事诉讼法》第一百七十条第一款第一项的规定，判决如下：

驳回上诉，维持原判。

【法官后语】

我国的侵权责任法对住宿、餐饮、娱乐等公共场所的经营活动确立了安全保障义务，其经营者违反该义务的，应依法承担相应的责任。

经营者的安全保障义务的法理基础是社会活动安全注意义务，出于在调整商业活动秩序中设立这种特殊义务的社会经济价值及道德的需要，法律在综合考虑后依据诚实信用及公平原则确立了该种法定义务。审判实践中，审查经营者的安全保障义务，笔者结合本案，认为主要应考察以下几个方面：第一，经营设施符合实体经营标准，即符合国家、行业标准或相应规定，对设施定期予以维护，使公众免受侵害；第二，经营者提供的产品及服务符合保护安全的义务，对经营项目本身具有危险性的，经营者应向公众作出真实的说明和明确的警示；第三，保护公众免受意外侵害的义务，在危险发生后积极采取补救措施，以积极的作为承担经营者应有的保障义务，防止损害扩大。

当然从另外一个角度即消费者权益保护法的角度出发来看，公共场所经营者与消费者存在消费合同关系，经营者有保证消费者的消费安全的合同附随义务。故对于消费者而言，这种公共场所经营者的安全保障义务也可以理解为是其与经营者之间形成的消费合同的附随义务，这种附随义务的内容就是保证消费者在消费过程中的安全。对此，《中华人民共和国消费者权益保护法》第五十五条第二款规定："经营者明知商品或者服务存在缺陷，仍然向消费者提供，造成消费者或者其他受害人死亡或者健康严重损害的，受害人有权要求经营者依照本法第四十九条、第五十一条等法律规定赔偿损失，并有权要求所受损失二倍以下的惩罚性赔偿。"而该法第四十九条和第五十一条分别是对消费者的人身损害物质赔偿和精神损害赔偿的规定。因此，对于此情形下的责任承担，除按普通人身损害进行赔偿外，根据该法第五十五条第二款规定，受害人还有权主张其所受损失二倍以下的惩罚性赔偿。

综上所述，在公共场所经营者违反安全保障义务造成其提供服务存在缺陷并导致消费者损害的情况下，受害人依法既可向经营者主张违反安全保障义务的人身损害赔偿，还可以根据《中华人民共和国消费者权益保护法》第五十五条第二款规定要求惩罚性赔偿。具体到本案中，某山庄作为经营主体，李某作为消费者，双方形成了服务合同关系，某山庄有保证李某消费安全的合同附随义务。某山庄开办经营性的游泳池未按照《游泳场所开放条件与技术要求》取得游泳场馆营业许可证、未在游泳场馆内配备充足的安全设施和救护人员，且未对水深做出明确及明显标识的情况下对外营业，李某作为消费者，交费并进入游泳池游泳，某山庄在不具备开业要求的情况下未尽到安全保障义务、未采取必要的措施除去或防止危险，给李某造成人身损害，应当依据其过错程度承担相应的侵权责任，并承担相应的惩罚性赔偿。

编写人：山东省淄博市中级人民法院　荣明潇　朱倩茹
山东省淄博市淄川区人民法院　唐峰

043 路侧收费停车场对停放的车辆受损是否承担侵权责任

——冯某诉停车公司财产损害赔偿案

【案件基本信息】

1. 裁判书字号

北京市第三中级人民法院（2018）京03民终15238号民事判决书

2. 案由：财产损害赔偿纠纷

3. 当事人

原告（被上诉人）：冯某

被告（上诉人）：停车公司

【基本案情】

2018年4月18日，冯某将自己的一辆路虎牌小客车停放于由停车公司经营的收费停车场，并交纳100元停车费。冯某称下午三点开车时，发现车辆前保险杠和前雷达被砸坏，遂报警，停车公司人员到场，但不予解决。诉讼中，经冯某申请，法院向派出所调取了涉案停车场监控视频，显示车辆前侧确有受损，受损车辆所在停车位前方系物流公司的货车，存在卸货情形，停车管理员确认了受损车辆停车时的车况，并称其发现物流公司的货车停放在受损车辆前方时，曾致电冯某挪车，但冯某对此不予认可。

冯某另称，其曾在附近烟酒店查看该处保存的监控视频，发现受损车辆前的车辆有货物倾斜，但由于受到遮挡，未能看到货物是否砸在受损车辆上。另外，停车公司与北京市朝阳区人民政府香河园街道办事处签订有《北京市临时占道停车场委托经营协议》，约定停车公司依法对涉案停车场实施经营管理，建立健全经营管理制度和服务规范，为停车者提供安全、优质、高效的停车服务。冯某认为车辆在收费停车场停放期间受损，且停车场违规让大货车卸货，故要求停车场赔偿修车费14000元、耽误用车的补偿费4000元、车辆折旧费8000元、误工费3000元。停车公司认为冯某未提供相关证据证明车辆在其处受损及损坏程度的事实，而且停车公司提供的是占道停车服务，不是保管服务，双方之间仅为路侧临时停车收费关系，根据发改委审批的停车费收费标准，涉案停车位收费标准仅为每小时10元，相对低廉的收费根本无法做到专人专车看守，停车场经营人不应承担较高的注意义务，否则有违公平原则和权利义务对等原则。

【案件焦点】

路侧收费停车场属于开放性停车场，提供的是占道停车服务。当车辆在停放期间受损且无法查明直接侵权人的情况下，路侧收费停车场是否应当承担侵权责任及承担何种类型的侵权责任。

【法院裁判要旨】

北京市朝阳区人民法院经审理认为：侵权责任法规定公共场所的管理人或者群众性活动的组织者负有安全保障义务。停车公司经营的停车场是开放性收费停车场，作为停车场的经营管理人，停车公司收取了停车费，应当为停车者提供安全的停车服务。根据本案的证据可以认定冯某的车辆在停车公司处停车时发生了损坏，且车辆前侧损坏较为明显。停车公司在明知冯某停车位前方有大型货车停车及卸货，存在货物砸伤车辆及监管车辆安全存在盲区的情况下，应负有更高的安全保障义务。但现有证据未能充分证明停车公司确已尽到安全保障义务，故停车公司应对冯某的合理损失承担部分补充赔偿责任。冯某未能提供证据证明其主张的修车费数额，但涉案车辆受损必然会给冯某造成该部分损失，法院根据本案的实际情况酌情予以确定。冯某主张的其他损失没有提供证据予以证明，法院不予支持。

北京市朝阳区人民法院依照《中华人民共和国侵权责任法》第三十七条之规定，作出如下判决：

一、停车公司于判决生效后七日内给付冯某 3000 元；

二、驳回冯某的其他诉讼请求。

停车公司不服一审判决，提起上诉，认为冯某车辆受损系物流公司造成，应由侵权人承担侵权责任。停车管理人员发现前方车辆卸货时已经及时通知了冯某，侵权事件发生后，停车公司也已通知冯某、通报路段主管、及时报警并配合民警进行现场调查，已经尽到了安全提示义务，对冯某的损害没有过错，不应承担侵权责任。

北京市第三中级人民法院经审理认为：公共场所的管理人或者群众性活动的组织者，未尽到安全保障义务，造成他人损害的，应当承担侵权责任。因第三人的行为造成他人损害的，由第三人承担侵权责任，管理人或者组织者未尽到安全保障义务的，承担相应的补充责任。依据本案查明的事实，冯某的车辆停放在停车场期间受损，停车公司主张系第三人物流公司的货车在卸货过程中导致冯某车辆受损，但是现场的监控视频存在盲区，不能确定涉案车辆受损的具体责任人。停车公司虽然称其提供的仅是路侧临时占道停车服务，所收费用比较低，不应负过高的注意义务，但涉案停车场所并非密闭空间，本身存在一定的安全隐患，停车公司应尽到基本的安全隐患提示义务，应当在第三人侵权时能够提供证据指向具体侵权人，因停车公司未能尽到上述义务，故停车公司应当就冯某的损失承担补充赔偿责任，停车公司关于其没有过错，不应承担责任的主张，法院不予采信。一审法院据此确认的赔偿数额合理，法院予以维持。

北京市第三中级人民法院依照《中华人民共和国民事诉讼法》第一百七十条第一款第一项之规定，作出如下判决：

驳回上诉，维持原判。

【法官后语】

近年来，随着我国经济持续稳定健康发展，人民收入水平显著提高，私家汽车进入寻常百姓家，给人民的生活带来了极大便利。然而，在一些城市特别是一线、二线大城市，随着汽车保有量的大幅提升，市区停车难、停车贵的问题越发突出。为了方便人民工作生活、规范停车，很多城市在道路两侧画线开辟路侧停车场，收取停车费用。然而，车主交纳停车费用后，有时会发生车辆被剐蹭、划伤、损坏等情况，而且车主经常无法查找到直接侵权责任人，此时车主往往会起诉要求停车场的经营管理人承担合同违约损害赔偿责任或者侵权损害赔偿责任。对于该类案件如何处理，车主和停车场往往各有苦衷。车主往往认为，既然我向停车场交纳了停车费用，停车场就应当保证停车期间车辆安全，发生损害的，停车场就应当承担损害赔偿责任。停车场的经营管理者则往往认为，我们收取的仅是停车占道费，费用较低，并非车辆看管或者保管费用，不应当承担赔偿责任。

对于该类案件应如何处理，笔者认为，应厘清以下两个问题：一是界定停车费性质；二是定性停车场负有的法律义务。

1. 路侧停车费性质上应为占道使用费，不应认定具有保管性质。路侧道路属于社会公共资源，政府为了方便车主停车、维护良好的社会生活秩序，将一部分道路两侧开辟为停车场，并收取部分费用，该类收费系因占用道路公共资源而支出的费用，性质上应为占道使用费。而且，该类收费的标准由国家相关部门统一批准审定，经营企业没有自主定价权，收费的标准相对较低，与车辆价值无关，不符合保管合同的本质特征，如果认定停车场承担保管人应尽的保管义务显然有违等价有偿、权利义务相对等的基本原则。此外，今后路侧收费停车场的发展趋势是实行电子收费，不再设立专门的收费人员，停车场更难以承担看管义务。故笔者认为，难以认定路侧收费停车场的经营管理者承担类似保管合同中保管人承担的保管义务。

2. 路侧收费停车场应承担一定的提示、维护秩序的安全保障义务。根据《中华人民共和国民法典》第一千一百九十八条的规定，安全保障义务是指从事住宿、餐饮、娱乐等经营活动或其他社会活动的自然人、法人、其他经济组织对进入该经营场所或社会场所的消费者、活动参与者，负有人身、财产安全的保障义务。从主体上看，路侧收费停车场属于开放性停车场，是固定路段的公共场所，其经营管理者完全符合上述法律规定的义务主体资格。而且，根据停车场与相关政府单位签订的《北京市临时占道停车场委托经营协议》，停车场经营管理者依法对停车场实施经营管理，建立健全经营管理制度和服务规范，为停车者提供安全、优质、高效的停车服务。虽然该类义务不宜作扩大解释为保管人应承担的保管义务，但笔者认为，路侧收费停车场应承担一定的提示、维护秩序的安全保障义务。特别是本案中，涉案停车场存在大货车卸货的情形，对停车场的安全秩序有较大影响，停车场管理者更应尽到基本的安全隐患提示义务，并采取适当措施维护停车场安全秩序，否则应承担适当的补充赔偿责任。

编写人：北京市朝阳区人民法院　王有成

044 履行安全保障义务存在不足应承担相应赔偿责任

——刘某诉酒店公司违反安全保障义务责任案

【案件基本信息】

1. 裁判书字号

福建省厦门市中级人民法院（2018）闽02民终4183号民事判决书

2. 案由：违反安全保障义务责任纠纷

3. 当事人

原告（上诉人）：刘某

被告（被上诉人）：酒店公司

【基本案情】

2017年2月14日，刘某之父刘某某（1963年12月6日出生）进入酒店公司的经营场所消费。16时左右，刘某某在泡澡池泡澡时，整个人滑入水池中，之后与刘某某相邻的客人叶某某发现异样，呼叫酒店公司服务员将刘某某从水池中救起，酒店公司服务员随即对刘某某进行急救，并呼叫“120”。“120”急救人员到达后，发现刘某某已无自主呼吸、自主心跳，即行心肺复苏术并急送医院。16时34分，刘某某被送至医院，经抢救无效后于17时19分宣告死亡，死亡原因为呼吸心跳骤停。

据叶某某（现场目击者，事发时其泡澡位置与刘某某相邻）陈述，其看到刘某某慢慢滑入水池中，刚开始以为刘某某在潜水，不是很在意，过了一分钟之后，其开始觉得奇怪，刘某某还没有上来。他用脚踢了刘某某两下，刘某某没有反应，其赶紧呼叫服务员，服务员将刘某某救起后，对刘某某实施了急救。

据舒某某（现场目击者，事发时其泡澡位置在刘某某对面）、詹某某（现场目击者，事发时其坐在泡澡池旁边的椅子上休息）陈述，事发时，其二人并未发现泡澡池中有何异样。

据酒店公司的现场服务员林某某（酒店公司的泡澡池负责人）、邱某某（酒店公司的男宾更衣部主管）陈述，其二人事发时在泡澡池周围为客人提供服务，并未发现泡澡池中有何异样。

刘某系刘某某的女儿。刘某于本案审理中陈述刘某某与其前妻离婚后没有再婚，除刘某外，刘某某没有其他子女，刘某某的父母均已先于其死亡。

酒店公司经厦门市公安局许可，经营范围包括留宿洗浴按摩。事发泡澡池水深 1 米左右，水池入口处标注“温馨提示”，提示内容为“水温 39℃±1℃，高血压、心脏病、皮肤病、酒醉者禁止入内”。

刘某认为酒店公司所经营的会所作为消费场所，在事故发生时未履行安全保障义务，未及时实施救助，导致错过抢救的黄金时间，其应当承担未能及时采取救助和处置措施的责任，故刘某诉请酒店公司赔偿损失 1069688 元。酒店公司辩称，刘某之父刘某某在深度仅 1 米的泡澡池内泡澡期间，因其自身健康原因而呼吸心跳骤停猝死，经公安机关法医鉴定，刘某某死亡原因排除他杀及溺水所致，酒店公司对刘某某的死亡没有责任，请求驳回刘某的诉讼请求。

【案件焦点】

在刘某某的意外身亡过程中，酒店公司是否尽到了合理的安全保障义务。

【法院裁判要旨】

福建省厦门市思明区人民法院经审理认为：事发泡澡池系酒店公司经营的公共场所，酒店公司作为经营者和公共场所的管理人，应在合理限度范围内对消费者的人身和财产尽到安全保障义务。

回顾本次事件的发生和处置过程，酒店公司已在泡澡池入口设置“温馨提示”，并在有人呼救后，第一时间对刘某某进行施救，而从刘某某滑入水池到有人呼救，时间间隔仅一分钟左右，从事件发生到将刘某某送至医院，时间间隔也仅半小时左右，故应认定酒店公司对刘某某基本尽到了事发前提示、事发后及时施救的安全保障义务。但是，酒店公司在履行安全保障义务方面也存在一定的不足：一是事发地点泡澡池水深1米，水温39℃±1℃，不适合潜水，酒店公司应对潜水的消费者给予更多关注和提醒，但从在案证据来看，酒店公司的现场服务员并未对疑似潜水的刘某某给予任何关注和提醒；二是酒店公司虽有在泡澡池入口设置“温馨提示”，但该提示并不醒目，且未有证据显示除泡澡池入口处的“温馨提示”外，酒店公司有对消费者进行过口头或其他书面提示。

刘某某在泡澡过程中，未表现出任何异常，在滑入水池后，也未挣扎、呼救，且刘某某作为完全民事行为能力人，应对其身体状态和承受能力进行合理的预判，而正常成年人也不可能在水深仅1米的水池中溺水。本次事件发生极快，从刘某某滑入水池到有人呼救仅一分钟左右，从事件发生到将刘某某送至医院仅半小时左右，而从事件发生到宣告刘某某死亡仅一小时左右，因此刘某某因其自身原因导致死亡的可能性极大。

综合考虑本次事件的发生情况、刘某某的自身原因和酒店公司履行安全保障义务的不足，法院认定酒店公司应承担10%的赔偿责任。刘某主张其因刘某某死亡造成的损失包括丧葬费34608元、死亡赔偿金925080元、精神损害抚慰金100000元，其中丧葬费、死亡赔偿金符合法律规定，法院予以确认，但精神损害抚慰金过高，法院根据酒店公司的过错程度酌定为5000元。据此，酒店公司应按责任比例向刘某赔偿100968.8元。超出部分，法院不予支持。

福建省厦门市思明区人民法院依照《中华人民共和国侵权责任法》第十六条、第三十七条第一款之规定，作出如下判决：

一、被告酒店公司于本判决生效之日起七日内赔偿原告刘某100968.8元；

二、驳回原告刘某的其他诉讼请求。

二审法院同意一审法院的裁判意见。

【法官后语】

宾馆、商场、银行、车站、娱乐场所等公共场所的管理人或者群众性活动的组织者，未尽到安全保障义务，造成他人损害的，应当承担侵权责任。判断公共场所管理人是否尽到合理限度范围内的安全保障义务，需要借助法律法规规定的注意义务和理性人的审慎管理义务作为判断标准，通常以公共场所管理人是否尽到了同类情形下通行的注意义务作为衡量尺度，如是否达到了主管机关所要求的安全保护标准，在执行这些标准时是否存在疏忽、纰漏，在发生损害时的处置措施是否妥当等。

休闲会所作为公共场所的经营者和管理人，应当采取切实、有效的安全保障措施，认真履行最谨慎之注意义务，在能力所及范围内最大限度地保障消费者的人身和财产安全。就泡澡这一休闲项目而言，休闲会所履行合理限度范围内的安全保障义务主要包括两个方面：一是对潜在危险的预防义务，休闲会所应当采取必要措施防止对消费者人身和财产损害的发生，保证其提供服务场所、设施、设备的安全性，提供服务的人员具有特定的施救技能，在醒目的位置设置警示牌，对进店的消费者就泡澡注意事项进行特别的告知、说明和提醒，同时对消费者的消费过程给予更多的关注，及时发现并消除安全隐患。二是对突发事件的应急处理义务，休闲会所对突发事件，应当有应急处理预案，第一时间对发生危险的消费者进行有效施救，即必须施救时间及时且施救方法得当。

当今社会，安全保障义务充斥于社会生活的方方面面，个体在享受公共服务的同时，也受到安全保障义务的保护。当然，安全保障义务的具体内容和合理限度的边界因案而异，需具体问题具体分析，既不能过于严苛而过分加重公共场所管理人的安全保障义务，限制了公共场所管理人的活力，也不能过于宽松而导致对受害人的保护力度不够，使安全保障义务的法律效果大打折扣。

编写人：福建省厦门市思明区人民法院　朱晨

045　对未成年人的安全保障义务应作合理性判断

——马某某诉教育公司侵权责任案

【案件基本信息】

1. 裁判书字号

北京市朝阳区人民法院（2018）京 0105 民初 96179 号民事判决书

2. 案由：侵权责任纠纷

3. 当事人

原告：马某某

被告：教育公司

【基本案情】

2018年9月1日上午9点，马某某的父亲携马某某与保姆到教育公司经营的儿童游泳俱乐部的经营场所参加亲子游泳体验课程，教育公司收取课程体验费168元。教育公司经营场所前台区域内设置了一圈环形蓝色软包凳子。上午11时10分，马某某在凳子外侧走路时摔倒，头部磕到凳子上，当时保姆位于马某某身旁。

事发后，马某某的父亲带马某某到北京大学第一医院就诊，经诊断系头外伤，行清创缝合并口服抗生素，医嘱建议如头晕、呕吐、嗜睡应及时就诊，再观察。马某某目前已经痊愈。

庭审中，马某某就各项诉讼请求分别予以明确：（1）医疗费437.65元系就医支出。（2）营养费850元，马某某表示按照日50元标准主张治疗过程17日。（3）护理费16146.21元，马某某表示医嘱建议前三日随时观察，由马某某的父亲看护马某某周六、周日及周一共计三天，按照马某某的父亲税前工资每小时224.2529元计算72小时。（4）精神损失费参照护理费主张，按事发前三日计算。（5）误工费9867.126元，马某某表示日常由保姆照料，马某某的父亲看护三日后正常上班，但需要对马某某格外特殊照顾，以马某某的父亲每小时224.2529元为标准按照每日两小时主张14日。另外，就此事双方沟通四次，每次请假3小时，合计12小时，因办理起诉事宜误工4小时，均予以主张。（6）交通费229.5元系就医治疗及交涉沟通的交通支出。

【案件焦点】

1. 教育公司是否尽到安全保障义务；2. 马某某监护人对于损害发生是否存在过错；3. 马某某主张损失数额是否合理合法。

【法院裁判要旨】

北京市朝阳区人民法院经审理认为：马某某与教育公司就亲子游泳课程培训达成合意，课程结束后，双方之间的教育培训合同已经履行完毕，马某某亦由监护人马某某的父亲看护，不应以是否尽到教育、管理职责推定被告之过错行为。经查明事实可知，马某某于教育公司培训场所内摔倒，头部碰触到场地内摆放的环形软包凳子上受伤。教育公司作为亲子游泳培训机构，面对群体多数为幼童，应当有工作人员在人员流动频繁的前厅维持秩序并对相关设施予以提示，尤其是在课程结束人数较多情形下，应采取相应疏导措施避免意外发生。但教育公司未能尽到安全保障义务，其应就马某某摔伤负担相应责任。另外，事发时，马某某已由监护人或监护人指定看管人照看。马某某尚年幼，看护人应当对于马某某行走能力及风险有所判断及预知，尤其是在人员密集且场地陌生之环境下，看护人更应加强注意义务及保护意识，避免意外发生。但监护人未能尽到监护责任，亦应就马某某摔伤负担相应责任。综合考虑上述情况，酌情判决教育公司对于马某某摔伤所致损失承担50%的赔偿责任。

就各项损失，医疗费应以自付费用确定实际损失。关于营养费，马某某年幼且伤及脑部，其主张加强营养理由正当，且数额未超过合理范围，予以支持。关于护理费，马某某的父亲未因护理行为发生误工损失，以马某某的父亲收入标准主张护理费于法无据，考虑马某某伤情结合医嘱酌情确定三日护理期，参照护工从事同等级别护理的劳动报酬为标准核算护理费用。关于精神损失费，马某某经诊断系脑外伤，其伤情未达伤残，对于精神损失费难以支持。关于误工费，马某某年龄尚幼，不存在工资收入及误工损失；马某某的父亲所述误工情节亦未发生实际损失，对此不予支持。关于交通费，结合马某某就医复查情况及交涉过程酌情判处。

北京市朝阳区人民法院依据《中华人民共和国侵权责任法》第二十六条、第三十七条之规定，判决如下：

一、教育公司于本判决生效之日起七日内赔偿马某某医疗费139元、营养费425元、护理费300元、交通费100元；

二、驳回马某某的其他诉讼请求。

判决后，双方当事人均未上诉，本判决现已生效。

【法官后语】

学龄前儿童认知能力较弱，尚处于无民事行为能力阶段，在健全规范商业运行模式的同时需要强化防护在先的法律意识、构建安全的环境氛围。安全保障义务将负有管理义务的主体消极不作为设立为一种特殊的侵权形式，作为传统侵权行为的有益补充，体现了社会安全功能及正义分配功能。

本案例具有一定的典型性和特殊性，同时涉及教育机构对未成年人的安保义务与公共场所管理人安保义务的交叉与融合，上述两项安保义务存在较为明显的不同。一是公共场所管理人或者群众性活动组织者，包括但不限于宾馆、商业公司、银行、车站、娱乐场所等公共场所或者体育性活动、竞技类比赛等群体性活动中负有管理义务和责任的主体；二是为未成年人提供学习培训的教育机构，包括但不限于公立具有法定培训义务的幼儿园、学校及各类以营利为目的的民营性质的培训机构。两者相较，教育培训机构针对的受众群体仅限定为无民事行为能力人，而公共场所管理人则面对各类多样群体。由此决定两者虽同为安保义务，但义务程度及安保责任存在差异。教育培训机构以专业性为基础，所负安保义务重于公共场所管理者，且以过错推定判定责任承担，公共场所管理者的安保义务则依然适用过错责任。举证责任的评判更多体现在司法实践中，举证责任的分配往往直接决定最终的结果。本案的处理首先需要甄别法律关系并确定法律适用。马某某在教育公司处接受亲子游泳培训课程，自课程开始至课程结束在场所内按照教育公司的指示和规则学习游泳，教育公司作为教育培训机构负有安保义务。游泳课程结束后，马某某回归至其监护人控制范围内，活动不再受教育公司任何影响和约束，此时教育公司作为公共场所管理人负有安保义务。而马某某摔倒发生在培训结束后，故案件适用公共场所管理人的安保义务。

公共场所管理人的安保义务以其独特的公平价值起到了利益平衡的作用，但苛求管理者的安保义务则有碍经营秩序的良性运转，故安保义务合理性的标准和判断显得尤为重要。承担安保义务应当有时间限制，在经营场所营业期间或者社会活动进行期间，即合理期间。安保义务的合理限度应当在不强加给管理人过多义务的前提下，最大限度地保护群体人身及财产安全，充分考虑是否履行了适当的检查、告知、提示及保护等义务，是否在危害发生后采取了必要的救济措施，同时还要考量采取防控措施和救济措施的困难性和可行性。鉴于公共场所和群体性活动的类别众多、情形各异，对于安保义务的理解应当结合具体行业情况在司法实践中予以判断。本案中，教育公司作为亲子游泳培训机构，面对群体多数为未成年人，对于未成年人的行为能力及风险隐患应当有所预警和判断。在成年人与未成年人混同活动区域应当充分考虑室内设施的材质和摆放，在节假日或者课程结束后人员流动密集时段进行人员分流及疏导，设置专人负责临时性陪护、看管未成年人，这些措施及方式应属合理限度内的注意义务。教育公司未尽到上述安保义务，应当承担相应的赔偿责任。

安全保障义务的适用范围广、类别多，往往需要法官进行独立判断，在保障社会群体人身财产安全的同时兼顾管理者和组织者的防控能力及经营风险，以利益平衡为原则，实现法律效果和社会效果的统一。

关于法律适用的说明，本案侵权行为发生于民法典实施之前，根据《最高人民法院关于适用〈中华人民共和国民法典〉时间效力的若干规定》第一条第二款的规定，本案适用事发时《中华人民共和国侵权责任法》第二十六条、第三十七条第一款，上述两个条款分别对应《中华人民共和国民法典》第一千一百七十三条、第一千一百九十八条一款，法条内容一致，法律规定没有变化。

编写人：北京市朝阳区人民法院　孙琪

046　物业服务企业安全保障义务的认定

——姜某诉物业公司侵权责任案

【案件基本信息】

1. 裁判书字号

北京市石景山区人民法院（2018）京 0107 民初 2259 号民事判决书

2. 案由：侵权责任纠纷

3. 当事人

原告：姜某

被告：物业公司

【基本案情】

被告为某小区的物业管理单位，服务期限为2016年5月21日至2019年5月20日。原告曾系某小区租户，后搬离该小区，租住期间其与某小区前物业服务公司A物业公司签订过《某小区停车位管理协议》，租赁小区车位，租赁期限为2013年9月1日至2014年8月31日。2016年7月27日下午，原告发现停在该小区车位上的车右前车胎被人扎破，随即报警，警方去物业监控室调取监控录像时发现事发车位为视频盲区，致使该案未侦破，原告遂向物业公司索要赔偿。被告认为没有和原告签委托协议，也没有收原告临停费，小区监控不可能全部覆盖，因此不同意进行赔偿。

庭审中，原告称租赁期限到期后其通过挂靠某小区其他业主的方式继续使用该车位，并称搬离该小区前其一直向物业公司交纳该车位使用费。经释明，原告未能提供其向物业公司缴纳该车位使用费的相关证据。

【案件焦点】

物业服务企业对原告案涉车辆是否负有安全保障义务及保障义务程度，是否应赔偿原告相应轮胎损失。

【法院裁判要旨】

北京市石景山区人民法院经审理认为：侵害民事权益，应当承担侵权责任。构成一般侵权责任，需要违法行为、损害后果、因果关系及行为人过错同时具备。当事人对自己提出的诉讼请求所依据的事实或者反驳对方诉讼请求所依据的事实，应当提供证据加以证明，但法律另有规定的除外，在作出判决前，当事人未能提供证据或者证据不足以证明其事实主张的，由负有举证证明责任的当事人承担不利的后果。

本案中，被告是否应当赔偿原告相应轮胎损失，需考量被告是否为原告相应轮胎损失的肇事人、被告是否负有对原告案涉车辆安全保障义务及保障义务程度。结合本案查明的事实，法院认为被告对原告相应轮胎损失无赔偿义务，理由如下：第一，原告提供的证据不足以证实被告系其相应轮胎损失的肇事人，被告对该损失不应承担直接侵权责任；第二，原告非某小区业主，其与被告不存在物业服务关系，原告未提供证据证实其在案涉轮胎被扎期间交纳过相应车位使用费，即便其提供该相应证据，其交纳对象亦非被告，被告提供的收据亦能显示案涉轮胎被扎期间某小区车位使用费的收取主体非被告，在被告与原告之间既不存在物业服务关系，被告亦未收取过原告相应车位使用费的前提下，对被告针对案涉车辆的相应安全保障义务不应要求过于苛刻，故被告对原告案涉车辆不负有相应安全保障义务，对原告相应轮胎损失亦不应承担基于安全保障义务方面的赔偿责任。

北京市石景山区人民法院依照《中华人民共和国侵权责任法》第二条，《最高人民法院关于适用〈中华人民共和国民事诉讼法〉的解释》第九十条之规定，作出如下判决：

驳回姜某的全部诉讼请求。

【法官后语】

我国司法实务中常有人身或财产安全在小区内受到侵害的案件，鉴于此问题和人们生活息息相关，笔者结合本案对物业服务企业应否承担安全保障义务及保障义务的归责原则、适用限度等问题进行分析。

民法典施行之前，我国侵权责任法及相关司法解释对安全保障义务的适用范围、责任承担等进行了明确规定，民法典施行之后，安全保障义务之规定得到了进一步完善。《中华人民共和国民法典》第一千一百九十八条规定："宾馆、商场、银行、车站、机场、体育场馆、娱乐场所等经营场所、公共场所的经营者、管理者或者群众性活动的组织者，未尽到安全保障义务，造成他人损害的，应当承担侵权责任。因第三人的行为造成他人损害的，由第三人承担侵权责任；经营者、管理者或者组织者未尽到安全保障义务的，承担相应的补充责任。经营者、管理者或者组织者承担补充责任后，可以向第三人追偿。"此条明确扩充了安全保障义务人的范围，同时增加了追偿权的规定。增加追偿权，一是符合不真正连带责任的法理，第三人因为距离损害更近，属于终局责任人，安全保障义务人可以向其追偿；二是有利于避免司法中的争议，为实践中出现的具体案例提供法律依据。①

通过上述规定可以看出，安全保障义务的责任形态一个是自己的责任，另一个是相应的补充责任。涉及物业管理区域类纠纷主要是补充责任，即对于防范、制止侵权行为未尽到安全义务。对于防

① 石宏：《〈中华人民共和国民法典〉释解与适用·人格权编侵权责任编》，人民法院出版社2020年版，第190页。

范、制止侵权行为未尽到安全保障义务的侵权责任的构成要件为：(1) 负有安全保障义务的场所是经营场所、公共场所或者群众性活动场所；(2) 这些场所的经营者、管理者或者活动组织者负有防范、制止侵权行为侵害他人的义务；(3) 第三人实施侵权行为，致使这些场所的消费者、参与者受到损害；(4) 经营者、管理者或者活动组织者未尽到防范、制止侵权行为的安全保障义务，是造成损害的原因。

判定物业服务企业在此种情况下应否承担责任，首先需要明确物业服务企业对小区业主的人身和财产安全是否负有安全保障义务。从我国目前的物业管理实践及司法实践来看，物业服务企业对小区业主的人身和财产安全负有安全保障义务。《物业管理条例》第二条、第四十六条、第四十七条规定均对物业服务企业安全保障义务的范围和基本内容进行了明确。物业服务企业负有防止不因自己的行为而直接使业主的人身或财产受到侵害的义务，亦负有防止业主遭受第三人侵害的安全保障义务。具体而言，物业服务企业应当协助做好物业管理区域内的安全防范工作，包括执行门卫值班制度、实施保安巡逻、检查进出小区车辆、对房屋及配套设施进行维修维护、防范并制止危害小区公共安全秩序的行为等。我国现行立法中，安全保障义务为民法典侵权责任编明确规定的义务，主要源于法律的规定，但在理论及司法实践中，其亦可因契约产生，甚至可依据经营的实际情况和社会生活的一般常识，但最终表现为一种法律上的负担。[①] 当业主人身或财产遭受损害，其既可以基于合同向物业服务企业主张违约责任，也可以向第三人主张侵权责任并基于法律规

① 张铮、冯海：《从事经营活动的营利性组织应尽安全保障义务，因其过错造成损害的应承担相应的损害赔偿责任》，载《人民司法》2016年第17期。

定要求物业服务企业承担补充责任。

关于安全保障义务的归责原则，因权利救济途径不同，安全保障义务的归责原则亦有所区别。若业主基于合同约定主张物业服务企业承担违约责任，原则上应适用严格责任，即业主只要举证证明物业服务企业的行为不符合合同约定即可。司法实践中常遇到的情况为第二种，即业主权利遭受第三人侵害，业主以物业公司未尽到安全保障义务提起侵权之诉。此种情形下应适用过错责任原则，举证责任应由受害人承担，即业主应举证证明物业公司主观上存在过错。

法律上设定安全保障义务主张考虑到经营管理人或组织者在特定范围内比一般人具有更高的控制力、预见并降低危险的能力更强，但安全隐患的防止与注意义务并不能完全由安全保障义务人来承担，而应由安全保障义务人和被保障人分担，因此安全保障义务应限制在合理的限度之内。通常来说，判断物业服务企业是否尽到了安全保障义务，一般要审查其行为是否符合法律或合同要求、是否符合行业一般规范、是否尽到了一个善良管理人应尽的注意义务。除此之外，还要综合考虑物业服务企业的受益情况、风险控制能力、物业费收取标准、采取防范措施的成本与遭受损失的比例、受保护对象自身情况、对危险源可预见能力等多方面因素。

具体到本案中，根据已查明的事实，原告并非案涉小区业主，其亦未提交证据证明案涉轮胎被扎期间向被告交纳过相应车位使用费，此种情况下，若要求物业公司对原告的损失承担安全保障义务，则属明显加重物业公司责任，扩大其承担义务的范围。本案案涉轮胎被轧系案外第三人侵权所致，在物业公司没有过错的情况下，原告应向侵权人主张权利，其要求物业公司承担赔偿责任没有依据。

编写人：北京市石景山区人民法院　张云　贯艳杰

047 超越医院资质范围的医疗行为是否属于职务行为的认定

——徐甲等诉某卫生院医疗损害责任案

【案件基本信息】

1. 裁判书字号

江苏省泰州市中级人民法院（2018）苏12民终968号民事判决书

2. 案由：医疗损害责任纠纷

3. 当事人

原告（上诉人）：徐甲、徐乙、王乙、朱某

被告（上诉人）：某卫生院

【基本案情】

2013年5月13日，受害人王甲经某1医院诊断为怀孕16周。后受害人王甲欲做引产，因通过正规途径引产需要开相关证明，其家人私下请托某卫生院妇科主任桂某为王甲实施手术。同年6月30日，桂某明知某卫生院无实施14周以上终止妊娠手术资格，且未对病人进行必要的术前常规检查、未书面告知受害人手术的风险，为王甲实施了清宫终止妊娠手术，王甲在手术过程中出现大出血，经抢救无效后死亡。

另查明，泰州市妊娠14周及以上人工终止妊娠手术凭证定点单位名单中，姜堰区的定点医院为：市某医院、市中医院、某1医院、某2医院。实行凭证定点引产必须取得市人口计生委出具的引产介绍信，否则不得施行引产手术。人工终止妊娠药品只能在定点医院使用，并建立完整的管理台账制度，人工流引产药品确因医学需要改作他用时，须经院长或分管院长批准。2013年4月1日，某卫生院在晨会传达了上述文件的规定，并对“两非”工作、实名登记工作、准生证的检查、引产药品管理作了布置。

徐甲等人作为王甲的家属诉至法院，请求判令某卫生院赔偿因医疗事故造成王甲死亡产生的医疗费2000元、护理费155元、住院伙食补助费18元、营养费20元、交通费1500元、死亡赔偿金650760元、精神损害抚慰金50000元、误工费6976元、被扶养人生活费203710元、丧葬费29700元，合计944839元。

【案件焦点】

桂某明知某卫生院不具备14周以上终止妊娠手术资格，仍然为受害人“非法堕胎”的行为是否属于职务行为。

【法院裁判要旨】

江苏省泰州市姜堰区人民法院经审理认为：尽管某卫生院不具备14周及以上人工终止妊娠手术的资质，但在行为外观上，王甲至某卫生院处以化名的形式由桂某开具了处方、填写了病历，在向某卫生院缴纳费用后自某卫生院处领取了药物米非司酮以终止妊娠，并凭桂某开具的血常规单子向某卫生院交费后进行了抽血，后王甲按照桂某28日的用药嘱咐服用了药物米非司酮等至30日再次至某卫生院处由桂某在某卫生院的妇产科门诊处进行了清宫手术，双方之间已经成立了诊疗服务合同。桂某作为某卫生院具有医师资格的医务人员，其开具处方、实施手术、填写病历等均是以某卫生院医务人员的名义在工作时间、工作地点所实施的诊疗活动，亦符合其所持的执业医师执业证书载明的内容，故其一系列诊疗行为应定性为职务行为，该定性亦与生效刑事判决认定桂某构成医疗事故罪的事实相印证。

江苏省泰州市姜堰区人民法院据此依照《中华人民共和国侵权责任法》第十五条第一款第六项、第十六条、第二十六条、第五十四条之规定，判决如下：

一、某卫生院于本判决生效后十日内赔偿徐甲、徐乙、王乙、朱某死亡赔偿金、丧葬费合计 421714 元；

二、驳回徐甲、徐乙、王乙、朱某的其他诉讼请求。

二审法院同意一审法院的裁判意见。

【法官后语】

本案主要焦点在于：从事超越用人单位资质范围或者明令禁止的行为是否属于职务行为的认定。职务行为认定的主流观点认为，所谓职务行为，应指一切与雇佣人所命执行之职务通常合理相关联的事项。但“内在关联”本身即为高度概括且极度抽象的概念，如何理解“内在关联”，笔者认为，可以通过“两步走”的方法对“内在关联”进行理解与适用。

第一步，以行为外观为判断基准的“内在关联”分析。

受雇人在行为外观上即具备执行职务之形式，裁判者根据受雇人的行为特征，在客观上较易认定，且便于操作。在客观上“内在关联”，首先考虑时空标准。受雇人行为的时空范围对认定职务行为极为重要。一般行业领域，受雇人从事职务行为具有相对固定的时空。其次考虑名义标准。名义是行为人对外身份资格的显露。一般而言，“时空标准”“名义标准”等以行为外观为判断基准的方法已足以认定职务行为，然而法律事务的复杂性常存在于例外的情形，对于受雇人超出职权范围、授权范围甚至为雇主所禁止的行为是否可以认定为职务行为，仅进行上述第一步的解析尚不足够。

第二步，以价值判断对特殊类型案件进行“内在关联”分析。

认定职务行为的目的在于判断用人者是否担责。而雇佣人责任的依据，系使用他人，享用其利者，应承担其害，负其责任，雇佣人并具有较佳能力，得借商品劳务的价格或保险分散损害。理论上常归纳为报偿理论、控制力理论、深口袋理论，因此用人者责任要求雇主对受雇人之行为具有可预见性，事先应有必要之防范，以达到最大限度保护受害人利益之目的。对于受雇人超越职责的行为、违反禁止行为、擅自委托行为、借用机会行为等，若雇主事前可以预见，且未能采取有效防范措施的，雇主仍需承担责任。被雇用者是在用人单位管理下进行工作，受用人单位的监督，用人单位对被雇用者有相当程度的控制力，因此用人单位对被雇用者的行为承担责任，促使用人单位更好地履行管理、监督被雇用者的职责，以防损害之发生。

具体到本案中，尽管桂某实施的14周及以上人工终止妊娠手术并不属于某卫生院的资质范围，但相应的侵权行为某卫生院应当能够预见并可以采取措施予以避免，由于某卫生院内部管理不善，导致相应医疗事故发生，故应视为与执行工作任务具有内在联系。此类医疗行为，双方之间存在强烈的信赖关系，故有对受害人特别保护之必要。

职务行为的认定本质上应是斟酌各种情况所为的价值判断，非仅凭一项固定原则或者某项单一因素所能确定的，用人单位替员工承担责任系折中于两项原则：增加被害人求偿之机会与避免过分加重企业经营者之负担。本案最终的结果实系裁判者综合上述两点原则而为。

民法典第一千一百九十一条第一款前段规定，用人单位的工作人员因执行工作任务造成他人损害的，由用人单位承担侵权责任。该条款延续了侵权责任法第三十四条的规定，因此在“职务行为”的认定上属一脉相承，即需通过“两步走”方法判断行为与职务的内在关联性。需要说明的是，该条第一款后段：用人单位承担侵权责任后，可以向有故意或重大过失的工作人员追偿，属于民法典新增的部分。一方面解决了长期以来司法实践中虽达成共识，但一直无法可依的情况；另一方面更加完善的条款进一步印证了“两步走”方法的正确性，即根据“深口袋理论”需对受害者予以特殊保护，用人者责任仅为替代责任，最终的责任承担者仍为实际侵权人。本案判决生效后，卫生院履行了赔偿义务，后起诉向涉案医生进行了追偿，本院支持了其诉讼请求。

编写人：江苏省泰州市姜堰区人民法院　林成才

048　机械式停车库管理者不承担安全保障义务

——胡某诉物管公司等生命权、健康权、身体权案

【案件基本信息】

1. 裁判书字号

广东省广州市中级人民法院（2017）粤01民终6972号民事判决书

2. 案由：生命权、健康权、身体权纠纷

3. 当事人

原告（上诉人）：胡某

被告（被上诉人）：物管公司、车库公司、车库公司广州分公司

【基本案情】

原告胡某租赁××公寓1004房用于居住，被告物管公司收取了物业管理费。2017年5月4日原告胡某通过走火梯（消防通道）进入××公寓地下一层的车库内，在行进途中掉入引车渠并受伤，后被人发现送至医院救治，出院诊断为腰椎、胸骨、肋骨等骨折、多处软组织挫伤等。涉案车库为机械性车库，所有车辆进出均从车库外通过机械操作完成。

另查明，珠江实业集团将××公寓地下室机械停车库出租给被告车库公司全面经营管理，出租期限自2015年5月1日起至2018年4月30日止。

【案件焦点】

被告物管公司、车库公司、车库公司广州分公司是否对原告胡某承担安全保障义务，并因此对原告胡某的人身伤害承担相应的赔偿责任。

【法院裁判要旨】

广东省广州市越秀区人民法院经审理认为：胡某进入车库的楼梯为走火梯（消防通道），且该车库为机械车库，所有车辆均系从车库外通过机械操作入内。鉴于此，胡某作为一个完全民事行为能力人，应对自己行为导致的受伤后果承担责任。胡某提出物管公司、车库公司、车库公司广州分公司侵权事实的主张，证据不足。故该院对于胡某要求物管公司、车库公司、车库公司广州分公司承担赔偿责任不予支持。

广东省广州市越秀区人民法院依照《最高人民法院关于民事诉讼证据的若干规定》第二条之规定，判决如下：

驳回胡某的诉讼请求。

胡某不服原审判决提起上诉。广东省广州市中级人民法院经审理认为:《中华人民共和国侵权责任法》第三十七条规定，宾馆、商业公司、银行、车站、娱乐场所等公共场所的管理人或者群众性活动的组织者，未尽到安全保障义务，造成他人损害的，应当承担侵权责任。安全保障义务是一种法定义务，适用过错责任原则。涉案车库是封闭式无人车库，车主停车取车只能在外围停车间，车库没有开放式入口和可供人正常行走的通道，因此涉案车库并不具有开放性，不能认定为公共场所。同时，事发时原告胡某进入车库不是经由正常的行人通道，而是经防火的消防通道，连续打开两道防火门并打开手机手电筒进入车库内。原告作为一个完全行为能力人，在事发时也有着足够的时间判断周围的环境，但其由于疏忽大意，对自身的安全采取放任的态度，以致本案事故的发生，应对自己行为导致的受伤后果自行承担责任。综上，驳回原告的诉讼请求。

广东省广州市中级人民法院依照《中华人民共和国民事诉讼法》第一百七十条第一款第一项之规定，判决如下:

驳回上诉，维持原判。

【法官后语】

违反安全保障义务的归责原则适用过错责任，因此该侵权责任的认定需满足加害人实施了加害行为、受害人遭受损害、加害行为与损害之间具有因果关系、加害人有主观过错这四项构成要件。在司法诉讼中，加害行为常常是当事人争议的焦点。就违反安全保障义务的加害行为而言，一般情况下体现为消极的不作为，通常包含未能做到警示提醒、协助、安保、消除危险等行为。但不可忽略的是在界定加害行为之前，主体的适格性成为审查违反安全保障义务的第一步。

根据民法典的规定，负有安全保障义务的主体共分为两类，一是公共场所的管理者，二是群众性活动的组织者。在司法实践中涉及第一类主体的侵权案件相对更多，因为此处的公共场所外延广泛，几乎在每个日常的生活场景中都能找到相对应的负有安全保障义务的主体，如商店、车站、旅馆、游乐场、公园等，这些场所都具有对不特定主体开放的特点。具体到本案中，案件争议的焦点在于该停车库是否属于公共场所，也即停车库的管理者是否为安全保障义务的主体。涉案的被告车库公司的车库为巷道堆垛类停车设备，车主停车时只需将车辆开到地面指定的升降机平台上，后续车辆停放由机械自动完成。当车主下车取卡完成存车时，升降机自动下降入库，随后搬运器再将车辆放置到空余的车位上，升降机卸车的同时又上升至地面，故而地面无通往车库的入口。当车主取车时，也只需在地面等待搬运器将车运送至升降机上，升降机带车上升至地面，停取车辆的整个过程系智能机械操作，车库内亦无人行通道。因此，被告车库公司经营和管理的车库为封闭式车库，车辆停放区对公众不具开放性，也就是说该车库不属于公共场所，被告车库公司也不是公共场所的管理者即不负安全保障义务。

民法典第一千一百九十八条将原侵权责任法“宾馆、商场、银行、车站、娱乐场所等公共场所的管理人”的表述调整为“宾馆、商场、银行、车站、机场、体育场馆、娱乐场所等经营场所、公共场所的经营者、管理者”。民法典所列举的经营场所包含以公众为对象进行商业性经营的场所以及对公众提供服务的场所，同样强调对象的公众性和场所的开放性，并未对侵权责任法关于安全保障义务的主体作出实质性修改，调整后的民法典的表述更加科学、准确。

另外，原告作为居住在涉案车库所在公寓的租客加之其女友亦使用该封闭式车库，应当知道通过正常方式无法进入该车库。原告在进入车库的过程中，开启了两道贴有“车库重地，非工作人员禁止出入，违者自负”警示牌的防火门且自述防火门后黑暗，以打开手机手电筒的方式前行六米左右，这些行为均说明原告作为一个完全民事行为能力人本应对周围环境作出合理判断并采取避让措施而未为之，故其应当承担自身不当行为造成的损害。况且，被告在防火门上标注了警示标语，亦履行了一般人的注意义务。

法谚有云：除非有特殊的干预理由，良好的政策应使损失止于其所发生之处。这恰恰解释了侵权责任法的基本精神——每个人须为自己的行为负责，他人仅在法定情况下承担损害赔偿责任。安全保障义务不应成为悬在公共场所管理者与群众活动组织者头上的“达摩克利斯之剑”，更不是个人行为自由的“尚方宝剑”。可喜的是，本案正是通过对公共场所的界定限制了安全保障义务的适用，以避免安全保障义务被泛化。此外，当下也有一些司法实践在积极探索安全保障义务的合理限度，如从进入公共场所的方式与时间或者从公共场所的公益性质入手限缩安全保障义务的范围。由此我们可以看出，无论权利与义务均有其限度，良好的司法正是这一合理范围。

编写人：广东省广州市越秀区人民法院　黄倩倩

049 娱乐场所安全保障义务“合理限度”的认定

——许某杳等诉娱乐中心等违反安全保障义务责任案

【案件基本信息】

1. 裁判书字号

福建省厦门市中级人民法院（2017）闽02民终3757号民事判决书

2. 案由：违反安全保障义务责任纠纷

3. 当事人

原告（被上诉人）：许某杳、张某娥、宦某燕、许某成

被告（上诉人）：娱乐中心、陈某忠

被告：娱乐中心新阳分店

【基本案情】

2015年8月16日4时27分，黎某在娱乐中心新阳分店大厅内，因朋友即该KTV陪酒人员冉某某的服务小费给付纠纷，先与许某碧发生口角，许某碧上前挑衅，被朋友章某埕等人拉住。27分46秒，黎某不顾旁人的拉劝，随即持弹簧刀上前与许某汪对峙，欲持刀捅许某汪时被推倒，许某碧与许某惠亦上前参与斗殴。互殴期间，黎某使用弹簧刀捅刺许某碧左胸部，划伤许某碧左大腿、左脚趾等处，自己右手食指也被划伤。28分零6秒，黎某打斗至大厅上网区，KTV工作人员、保安人员冲出来分开打斗双方。后许某碧自行走回中央圆柱沙发坐在沙发上后慢慢滑下地板。28分28秒，黎某被KTV工作人员推进电梯离开。许某碧经送医院抢救无效后死亡。

2015年8月16日，黎某到海沧公安分局新阳派出所投案。许某杳、张某娥、宜某燕、许某成在厦门市人民检察院向厦门中院提起公诉指控黎某犯故意伤害罪一案中提起附带民事诉讼，请求判决黎某赔偿经济损失共计1033381元，其中死亡赔偿金792000元，丧葬费30366元、被抚养人生活费205515元、办理丧葬事宜支出的交通费5000元。2016年4月25日，厦门市中级人民法院作出（2016）闽02刑初13号《刑事附带民事判决书》，认定黎某应赔偿许某杳、张某娥、宜某燕、许某成1028179.5元，其中死亡赔偿金792500元、被抚养人生活费205515元、丧葬费30364.5元。判决：（1）黎某犯故意伤害罪，判处无期徒刑，剥夺政治权利终身；（2）黎某应于本判决生效之日起三十日内赔偿附带民事诉讼原告人许某杳、张某娥、宜某燕、许某成造成的各项经济损失共计1028179.5元。该判决发生法律效力后，许某杳、张某娥、宜某燕、许某成向厦门市中级人民法院申请强制执行。2016年11月30日，厦门市中级人民法院作出（2016）闽02执691号之一《执行裁定书》，载明查无被执行人黎某名下有可供执行财产，裁定终结本次执行程序。

另查明，许某杳、张某娥系许某碧之父母，宜某燕系许某碧之妻子，许某成系许某碧与宜某燕的婚生子。

【案件焦点】

娱乐中心新阳分店对于被害人许某碧受侵害是否已尽到应有的安全保障义务。

【法院裁判要旨】

福建省厦门市海沧区人民法院经审理认为：本案系违反安全保障义务责任纠纷。关于娱乐中心新阳分店是否尽到安全保障，义务的问题。根据《最高人民法院关于审理人身损害赔偿案件适用法律若干问题的解释》第六条第一款“从事住宿、餐饮、娱乐等经营活动或者其他社会活动的自然人、法人、其他组织，未尽合理限度范围内的安全保障义务致使他人遭受人身损害，赔偿权利人请求其承担相应赔偿责任的，人民法院应予支持”和《中华人民共和国侵权责任法》第三十七条第一款“宾馆、商业公司、银行、车站、娱乐场所等公共场所的管理人或者群众性活动的组织者，未尽到安全保障义务，造成他人损害的，应当承担侵权责任”的规定可知，安全保障义务人是否承担责任的关键在于其是否尽到了安全保障义务，即安全保障义务人是否存在过错，应当适用过错责任原则。赔偿权利人请求损害赔偿时，应当基于其所受损害的事实，提出赔偿义务人负有符合社会一般价值判断所认同的安全保障义务，即要有承担安全保障义务人具有过错的举证责任。本案争议的焦点为，娱乐中心新阳分店是否尽到了合理限度内的安全保障义务。首先，如何理解“合理限度范围内”的安全保障义务。总体上讲，该安全保障义务的“合理限度范围”，应当根据与安全保障义务人所从事的营业或者其他社会活动相适应的安全保障义务的必要性和可能性，结合案件具体情况予以认定。对该合理限度的界定既事关安全保障义务人的责任成立，又事关其责任范围的确定。本案中，KTV 作为娱乐场所，在该场所内的消费者较易醉酒，而人在醉酒后的行为更加难以控制，因此 KTV 作为娱乐场所应当比普通的宾馆、饭店等设置更为严密的安全保障机制并承担相对更为严苛的安全保障义务。而本案中，许某碧受伤是因黎某使用刀具将其刺伤，且事故发生地点就在娱乐中心新阳分店经营的娱乐场所内。虽然娱乐中心新阳分店的安保人员在打架发生后不到一分钟就分开斗殴双方，但在许某碧等人与黎某双方刚发生争吵时并未采取有效措施制止和预防事态的进一步扩大，没有尽到安全保障义务，应承担一定范围内的补充赔偿责任，本院认为应以20%为宜。本案许某杳、张某娥、宦某燕、许某成的损失额为1028179.5元，娱乐中心应当赔偿205635.9元。

关于承担补充赔偿责任主体问题。首先，《中华人民共和国个人独资企业法》第十四条第三款规定，分支机构的民事责任由设立该分支机构的个人独资企业承担。娱乐中心是个人独资企业，娱乐中心新阳分店是娱乐中心的分支机构，其民事责任应由娱乐中心承担。其次，依据《中华人民共和国个人独资企业法》第三十一条规定，个人独资企业财产不足以清偿债务的，投资人应当以其个人的其他财产予以清偿。许某杳、张某娥、宦某燕、许某成提供的现有证据不能证实娱乐中心的企业财产不足以清偿债务，故要求投资人陈某忠承担补充赔偿责任，证据不足，本院不予支持。

福建省厦门市海沧区人民法院依照《中华人民共和国侵权责任法》第二条、第六条、第三十七条，《最高人民法院关于审理人身损害赔偿案件适用法律若干问题的解释》第六条，《中华人民共和国民事诉讼法》第六十四条第一款之规定，判决如下：

一、娱乐中心应于本判决生效之日起十日内支付许某杳、张某娥、宦某燕、许某成205635.9元；

二、驳回许某杳、张某娥、宦某燕、许某成的其他诉讼请求。

一审宣判后，被告娱乐中心不服，向福建省厦门市中级人民法院提起上诉：请求撤销一审判决，改判驳回许某杳、张某娥、宦某燕、许某成的全部诉讼请求。

二审法院认为，本案系违反安全保障义务责任纠纷。根据《中华人民共和国侵权责任法》第三十七条的规定，宾馆、商业公司、银行、车站、娱乐场所等公共场所的管理人或者群众性活动的组织者，未尽到安全保障义务，造成他人损害的，应当承担侵权责任；因第三人的行为造成他人损害的，由第三人承担侵权责任；管理人或者组织者未尽到安全保障义务的，承担相应的补充责任。本案侵权人黎某因琐事与许某碧发生口角冲突后，未能冷静处理，用刀捅伤许某碧并导致其死亡，应承担相应的侵权责任。作为本案事发地的娱乐中心新阳分店，在正常营业时间停止后，没有尽快清退现场人员，且对冉某某等人在营业场所内陪酒及吵架的异常情况没有及时发现和处理，在黎某和许某碧因误会引发口角后也未能予以有效劝阻，故一审判决由娱乐中心对许某杏等人因亲属死亡造成的经济损失承担20%的补充赔偿责任，属合理范围的裁量，应予维持。娱乐中心针对一审认定事实相关细节所提出的异议，不足以影响本案的责任认定，同时，娱乐中心主张其已尽到安全保障义务，也与前述事实不符，故二审法院对其主张不予采纳。

福建省厦门市中级人民法院作出民事判决：驳回上诉，维持原判。

【法官后语】

安全保障义务行为研究的关键问题之一是如何认定其行为的“合理限度”。民法典第一千一百九十八条第一次以立法的方式将安全保障义务作出条文性规定，虽未具体指明“合理限度”的内容，但深究文义，其中的安全保障义务也包含了“合理限度”的内容，因无限度不构成法律上的义务，负有安全保障义务的行为主体，其义务的合理限度直接关系到负有义务的行为人是否承担民事责任。

本案的争议焦点在于，KTV作为娱乐场所，其负担的安全保障义务“合理限度”如何界定？KTV是否已尽到“合理限度范围内”的安全保障义务？

笔者认为，安全保障义务应当“因行业而异”，如宾馆、商业公司、银行、娱乐场所等，它们各自承担的安全保障义务内容、客体不同，故对“合理限度”的把握应采取“区别性原则”。KTV作为娱乐场所，内部消费者比较容易醉酒，加大了酒后发生冲突的概率。基于KTV本身性质及高收益、高风险的特点，相较于普通宾馆、饭店等营业场所，KTV应承担更为严苛的安全保障义务。

作为娱乐场所的KTV，其安全保障义务主要包括预防风险、排除风险和救助义务。KTV履行安全保障义务的行为是否在合理限度内，应审查如下三个方面：第一，管理是否谨慎周到。管理范围分为硬件和软件两个方面。硬件方面，KTV应当保证场所内所有的设施、设备，符合国家标准，不存在危害相对人人身和财产安全的隐患。软件方面，KTV应在场所内安排适合的安全保障人员，对可疑人员进行必要的盘问，消除场所内部的不安全因素，为进入场所的人员创造一个安全的环境。同时有效防止第三人对场所内部人员的侵害，以及场所内部已经存在的不安全因素，应尽快排除。根据《娱乐场所管理条例》第二十二条的规定，任何人不得非法携带枪支、弹药、管制器具或者携带爆炸性、易燃性、毒害性、放射性、腐蚀性等危险物品和传染病病原体进入娱乐场所。本案中，娱乐中心KTV未设置相应的安检设施，未能及时发现黎某携带弹簧刀具进入 KTV 内，以致为后续侵权行为埋下了伏笔，娱乐中心 KTV 在创造安全的娱乐环境方面存在一定过失。第二，制止侵害是否果敢。KTV 内部消费者受到外来第三人侵害时，KTV 应负有阻却违法行为、果敢制止犯罪侵害和尽力控制危险程度的义务，制止无效的应该及时报告公安机关。第三，实施救助是否及时。当发生第三人侵权行为时，相关工作人员除对侵害行为进行及时的制止外，应迅速采取报警、积极救助等措施，以防损害的进一步扩大。本案中，娱乐中心 KTV 作为安全保障义务人，在其经营场所内具有他人不可比拟的危险控制能力，最可能了解整个场所的实际情况，并且最可能及时预防损害的发生或者减轻损害造成的后果。许某碧等人与黎某双方在娱乐中心大厅内这一显而易见的环境下发生争吵，娱乐中心 KTV 即应立即采取措施分离制止，然而娱乐中心 KTV 保安人员直至双方从争吵演化升级成打架斗殴才出面制止，其未及时、尽力履行控制危险的安全保障义务，存在一定过失。

除上述三个方面审查 KTV 是否在“合理限度范围内”履行安全保障义务外，KTV 是否尽到安全保障义务，还应当参照行业标准。主要看 KTV 在保护原告人身安全方面是否尽到了同行 KTV 在保护顾客方面所尽到的注意程度，是否遵守了同行 KTV 在从事娱乐活动时所遵守的惯例。如果本案被告在保护原告方面已经尽到了其他 KTV 在同样或者类似情况下尽到的注意义务，那么本案被告不应当就第三人实施的犯罪行为对原告承担侵权责任。

编写人：福建省厦门市海沧区人民法院　黄建和　林烨

050 农村儿童溺水，村民小组、村委会的责任认定
——黄某昌、韩某沌诉村委会公共场所管理人责任案

【案件基本信息】

1. 裁判书字号

广东省汕尾市中级人民法院（2017）粤 15 民终 120 号民事判决书

2. 案由：公共场所管理人责任纠纷

3. 当事人

原告（被上诉人）：黄某昌、韩某沌

被告（上诉人）：村委会

【基本案情】

2015 年 8 月 22 日下午 2 时许，黄某昌、韩某沌的儿子黄某某（男，2005 年 9 月 13 日出生）与同村其他孩子共 6 人，一起到池塘进行游泳玩水。该池塘属村民小组所有。游泳过程中，黄某某不慎溺水，经抢救无效后死亡。2015 年 9 月 1 日，黄某昌、韩某沌以村委会在其管理使用的池塘周围没有配置安全设施和警示标志，未尽到管理责任和安全保障义务为由提起诉讼，请求：（1）村委员会向其支付死亡赔偿金 238205.5 元（按照汕尾市上一年度农村居民人均收入乘以二十年计算）、丧葬费 9680 元、交通费 4700 元、精神抚慰金 150000 元，共计 402585.5 元；（2）诉讼费由村委会承担。一审法院“驳回原告黄某昌、韩某沌的诉讼请求”。黄某昌、韩某沌不服判决而提起上诉，汕尾市中级人民法院将本案发回重审。重审时，一审法院依法追加村民小组作为第三人参加诉讼。

【案件焦点】

1. 涉案损害后果与村委会履行村务职责有无法律上的因果关系的问题；2. 村委会应负民事法律责任如何认定的问题。

【法院裁判要旨】

广东省陆丰市人民法院经审理认为：本案事故发生时，黄某某虽属无民事行为能力人，但即将满 10 周岁，其对在池塘上玩耍、游泳应有一定的认知，但其并未尽到安全注意义务。而黄某昌和韩某沌作为父母，对黄某某也未尽到教育引导和管理监护的义务。因此，黄某昌、韩某沌和黄某某对本案事故应承担主要责任。此外，村民小组作为池塘的管理者和权属所有者，明知池塘可能带来的危险性，却未设置防护栏或采取其他防护措施，最终导致黄某某溺水身亡的严重后果。因此，村民小组对本案损害后果应承担次要责任。村委会作为村民小组上级领导机构，应对池塘的安全责任起到督促和监督作用，但村委会未尽责任，故造成事故的发生，应负有一定的连带责任。综合双方在本案事故中的过错程度及对损害后果所引起的原因大小，酌情确定村民小组对本案事故承担 40%的责任，黄某昌、韩某沌承担 60%的责任。具体赔偿项目评析如下：

关于丧葬费。根据《最高人民法院关于审理人身损害赔偿案件适用法律若干问题的解释》第二十七条的规定，丧葬费按照《广东省 2015 年度交通事故人身损害赔偿计算标准》的一般地区职工平均工资标准，计算六个月为 32395 元（64790 元÷12 个月×6 个月）。

关于死亡赔偿金。根据《最高人民法院关于审理人身损害赔偿案件适用法律若干问题的解释》第二十九条的规定，黄某某死亡时不满 10 周岁，生前为农村居民，死亡赔偿金应参照《广东省

2015 年度交通事故人身损害赔偿计算标准》的农村居民人均可支配收入标准 12245. 6 元/年，按二十年计算为 244912 元（12245. 6 元×20 年）。

关于交通费。在诉讼中，黄某昌、韩某沌未能提供交通费票据证明实际的交通费用支出，且事故发生时是在当地，故依法不予支持。

关于精神损害抚慰金。因黄某某的溺水死亡，客观上给作为其父母的黄某昌和韩某沌造成极大的精神创伤，但黄某昌、韩某沌主张精神损害抚慰金 150000 元过高，可适当给予补偿 50000 元。

综上所述，村民小组应向黄某昌、韩某沌支付各项赔偿金共计 130922. 8 元［（32395 元+244912 元+50000 元）×40%］。

广东省陆丰市人民法院依照《中华人民共和国民法通则》第一百一十九条和《最高人民法院关于审理人身损害赔偿案件适用法律若干问题的解释》第一条、第十八条、第二十七条、第二十九条之规定，判决如下：

一、第三人村民小组应在本判决生效之日起十五日内向原告黄某昌、韩某沌支付 40%的赔偿款 130922. 8 元；

二、被告村委会对该赔偿款项负有连带清偿责任；

三、驳回原告黄某昌、韩某沌的其他诉讼请求。

村委会不服一审判决，提起上诉。广东省汕尾市中级人民法院经审理认为：本案案由应为公共场所管理人责任纠纷。一审判决对本案焦点认定存在错误，现将事由分析如下：

关于涉案损害后果与村委会履行村务职责有无法律上的因果关系的问题。首先，村委会与村民小组都是村民自治组织，各自享有独立的民事权利主体资格。而我国现行法律并无明确规定上下级管理关系是承担民事法律责任的必然依据，一审判决仅以二者关系认定村委会应对村民小组所负侵权之债承担连带赔偿责任，明显缺乏法律依据，应予以纠正。其次，村委会虽不是涉案水塘的所有人和直接管理人，但根据《中华人民共和国村民委员会组织法》第二条第二款关于村民委员会办理本村的公共事务和公益事业，调解民间纠纷，协助维护社会治安等的有关规定，村委会不仅对分设若干村民小组负有统筹管理公共事务的职责，而且负有维护全体村民合法权益的职责。至于村委会与村民小组之间在村务公共管理、公益事业等中的职责区分、有无混同、代行管理等情形，因组织自治性、管辖地域重合性，一般村民是无法识别和分辨的，作为村务管理者的上述当事人彼此推诿管理职责，但又未能充分举证证实二者权责确有不同的事实。最后，涉案水塘因无人管理而荒废多年，儿童不幸溺水的重大事故足以证实涉案水塘对公共安全产生极大的危险性，现作为村务管理责任方的村委会、村民小组应自行承担举证不能的诉讼后果。显然，村委会在履行全村范围内的公共事务和公益事业的职责中不够谨慎而有懈怠、松散之情节。因此，涉案损害后果与村委会履行村务职责有法律上的因果关系。

关于村委会应负民事法律责任如何认定的问题。本案中，村民小组承担直接的侵权赔偿责任，黄某昌、韩某沌主张村委会对此应承担连带赔偿责任，村委会则以其并非涉案水塘所有人或管理人为由辩驳。根据我国现行法律及司法解释的相关规定，一方对另一方当事人所负合同之债抑或侵权之债等承担连带责任必须有明确的法律依据。如前所述，村委会与村民小组都是各自享有独立的民事权利主体，既然本案当事人对原审第三人村民小组作为承担涉案损害赔偿的直接责任人均已服判，因此村委会之所以承担民事法律责任是基于村务管理权责不明，即不应承担连带赔偿责任。根据《中华人民共和国侵权责任法》第三十七条第二款关于“因第三人的行为造成他人损害的，由第三人承担侵权责任；管理人或者组织者未尽到安全保障义务的，承担相应的补充责任”的规定，综合本案实际情况，酌定村委会在村民小组不能清偿损害赔偿款 130922.8 元的 80%范围内承担补充赔偿责任。

广东省汕尾市中级人民法院依照《中华人民共和国侵权责任法》第三十七条第二款，《中华人民共和国民事诉讼法》第一百七十条第一款第二项之规定，判决如下：

一、维持广东省陆丰市人民法院（2016）粤 1581 民初 246 号民事判决第一项、第三项；

二、变更广东省陆丰市人民法院（2016）粤 1581 民初 246 号民事判决第二项为：上诉人村委会在原审第三人村民小组不能清偿损害赔偿款 130922.8 元的 80%范围内承担补充赔偿责任；

三、驳回上诉人村委会的其他上诉请求。

【法官后语】

本案在审理中，对于村民小组、村委会是否应对儿童溺水的损害后果承担责任，存在一定的争议。实践中，在处理该类案件时，存有以下三种不同意见：

第一种意见认为，村委会等基层自治组织作为水塘的所有人、管理人，对水塘具有监管职责，应能预见水塘的危险性以此设置明显标志、采取有效的安全设施，由于其未尽到安全保障义务，造成的损害后果，其应承担次要责任。

第二种意见认为，村委会等基层自治组织作为水塘的所有人、管理人，仅对水塘本身负有安全保障义务，对他人不负有安全保障的法定义务。根据《最高人民法院关于审理人身损害赔偿案件适用法律若干问题的解释》及民法典的规定，只是对部分经营活动、公共场所经营者和其他社会活动的组织者规定了安全保障义务，而水塘地处偏僻，不是公众进入的商业经营场所、公共场所和其他社会活动的场所，其管理人明显不是商业经营场所、公共场所的经营者和其他社会活动的组织者，除对水塘本身负有安全保障义务外，当然没有对他人负有安全保障的义务，也即没有对水塘设置警示标志和防护设施、禁止他人游泳的法定义务。且水塘管理人也没有从中受益，如要求其承担责任，明显违背民事权利义务对等原则，故其不应承担赔偿责任。

第三种意见认为，村委会等作为基层群众性自治组织，通常办理的是区域内的公共事务和公益事业，对其不应苛求对他人负有严格的安全保障义务，只要其已尽到管理者的一般注意义务即可，但即使其已尽到一般注意义务，水塘对儿童来说仍存在安全隐患，故根据公平原则，酌情由管理者承担10%的赔偿责任。值得一提的是，现行的民法典严格限制了公平责任的适用范围，故该观点的取舍也就不言而喻了。

根据本案实际情况，笔者持第一种意见，理由如下：

第一，笔者认为，对于“公共场所”的概念可以作扩大解释。从侵权责任法第三十七条规定可以看出，我国法律对“公共场所”的概念采取了开放式列举的方式，虽然该条款列举的几个公共场所均是人流较多的经营场所，但并不表示非经营场所的管理人不负有安全保障义务，不能以此来排斥非经营场所。身处这样一个风险社会，每个社会成员都负有在特定情形下适当注意他人的人身、财产安全的社会责任，如果将场所局限于经营场所，并不利于保护受害人的权益，不利于和谐社会的创建，毕竟像类似本案的情况是大量存在的，这种情况更应借助侵权责任法的保护来维护受害人的合法权益。而且对于进入公共场所的人数，法律上也没有明确的限制，故笔者认为，不能以地处偏僻及非经营场所为由而否定其公共场所的性质。在这之后民法典的颁布，对上述规定中作了部分修改，即在列举式中增加了机场、体育场馆这两类典型的公共场所，扩大了法律意义上“公共场所”的范围，显而易见，在实际运用该条款时，不应局限于字面文义上，而应适当扩大解释，以便更全面地保护人民群众的人身、财产利益。

第二，管理人对其公共场所内的不特定的人负有安全保障义务。本案中的事故发生地水塘是属村民小组所有，村民小组依法应对涉案水塘存在的安全隐患采取有效防范措施，履行安全保障义务和管理义务。但在因农田灌溉需要而对涉案水塘进行挖深改造的情况下，村民小组作为所有人、管理人，没有履行防范危险、避免损害发生的义务，而是放任涉案水塘的荒废，不对水塘进行管理而任由危险的发生，最终导致本案受害人（未成年人）进入该水塘而溺亡，故村民小组对本案事故的发生应承担一定的责任。

第三，本案当事人对一审判决村民小组为侵权的直接责任人及损害后果的赔偿责任比例均无异议，并未就此上诉。故本案最主要的焦点应是村委会是否应对本案的损害后果承担责任及承担何种责任。一审判决村委会对村民小组的赔偿款项负有连带赔偿责任，是基于村委会系村民小组的上级领导机构为由，然而根据民法通则第八十七条“债权人或者债务人一方人数为二人以上的，依照法律的规定或者当事人的约定，享有连带权利的每个债权人，都有权要求债务人履行义务；负有连带义务的每个债务人，都负有清偿全部债务的义务，履行了义务的人，有权要求其他负有连带义务的人偿付他应当承担的份额”的规定，承担连带责任，须有法律的规定或当事人的约定，而我国现行法律并无明确规定上下级管理关系是承担民事法律责任的必然依据，且本案侵权的直接责任人系村民小组，而非村民小组与村委会，两者并不构成共同侵权，村委会与本案损害后果并没有直接的因果关系，故一审判决村委会承担连带责任缺乏法律依据。那么村委会在本案中应承担何种责任？根据我国相关法律的规定，村委会的主要职责是办理本村的公共事务和公益事业，村民小组的职责主要是经营管理属于村民小组集体所有的土地、企业和其他财产以及公益事项，由此看来，村委会与村民小组的职责既有联系又有区别，但作为一般村民来说，是无法识别和分辨的，作为村务管理者的村委会与村民小组因未能在本案中提供证据证明各自的管理职能及第三人知道该情况，便不能以其职责不同为由对抗不知情的第三人，故村委会系基于村务管理权责不明而应对本案损害后果承担责任。在儿童溺水事件高发的农村，如若村委会对此无责，极易令其懈怠履行其管理公共事务的职责，将不利于保护其村民合法的人身、财产权益。据此，二审根据侵权责任法第三十七条第二款的规定，判决村委会承担补充责任。现侵权责任法已被废止，代之于民法典侵权责任编，新的规定对上述条款增加了安全保障义务主体在承担相应的补充责任后，有权向实施了直接侵权行为的第三人追偿的内容。而本案中，因村委会和村民小组间的权责混乱，可认定村委会和村民小组都应属涉案水塘的管理者，而村民小组作为直接管理者，因不作为导致事故发生，是该事件的直接侵权者，与上述规定中实施直接侵权行为的第三人的内涵一致，而村委会负责全村的公共事务和公益事业，由村委会对村民小组的侵权行为承担补充责任符合上述规定的立法精神，新的规定赋予了安全保障义务违反人的追偿权，明确了直接侵权人的过错明显重于安全保障义务违反人。

诚然，本案无论是以何种意见作出判决，作为监护人的一方承担的均是主要责任或全部责任，无法推卸。农村儿童溺水事件的频繁发生，表现出如今农村的防溺水安全教育缺乏、家长的不重视、对儿童的监管不到位等。其实，防溺水教育重在预防，而家长是第一道关，责任不容懈怠，只有加强家庭教育与社会宣传，才能减少此类事件的发生。希望本案可以引起社会警示作用，共同将防溺水安全教育落到实处。

编写人：广东省汕尾市中级人民法院　施伟强　詹维敏

051　安全保障义务的合理界定与公平责任原则的合理运用

——张某明诉某庄园、王某违反安全保障义务责任案

【案件基本信息】

1. 裁判书字号

山东省淄博市中级人民法院（2017）鲁 03 民终 795 号民事判决书

2. 案由：违反安全保障义务责任纠纷

3. 当事人

原告（上诉人）：张某明

被告（被上诉人）：某庄园、王某

【基本案情】

2015 年 3 月 8 日，杨某杰以虚假身份应聘王某经营的某庄园服务员。晚 18 时许，张某明到庄园牡丹厅就餐，其间，杨某杰从张某明挂在椅子上的包中窃取现金 10000 元。2015 年 4 月 27 日，杨某杰被刑事拘留，同年 6 月 2 日被逮捕。2015 年 10 月 13 日，淄博高新技术产业开发区人民法院作出（2015）新刑初字第 82 号刑事判决书认定杨某杰犯盗窃罪，判处有期徒刑二年，并处罚金 20000 元。当事人双方协商赔偿事宜未果，张某明遂诉至法院，要求某庄园、王某依法赔偿其损失 10000 元和经济损失 1000 元。张某明在起诉中主张其作为消费者到某庄园就餐，双方形成服务合同关系，根据《中华人民共和国侵权责任法》的规定，杨某杰在工作过程中利用工作便利实施盗窃行为，作为经营主体的被告对所聘用人员疏于教育、管理等职责，故应由作为雇主的被告承担责任。根据《中华人民共和国消费者权益保护法》的规定，某庄园应为消费者提供安全用餐环境，原告选择在相对封闭的牡丹厅就餐已尽到合理注意义务，被告未履行安全保障义务，应赔偿原告的损失。某庄园、王某则辩称，原告自身对贵重物品未妥善保管，自身应存在较大过错，而被告已经尽到安全保障及提示义务，无任何过错，且杨某杰并非因履行职务而造成原告损失。因此，应由杨某杰承担赔偿责任。原告主张的经济损失于法无据，不应支持。

【案件焦点】

张某明能否依据经营者的安全保障义务要求某庄园、王某对其财产损失承担赔偿责任。

【法院裁判要旨】

山东省淄博高新技术产业开发区人民法院经审理认为：原告的诉讼主张中既有违约又有侵权。根据《中华人民共和国合同法》第一百二十一条之规定，原告对民事责任的竞合情形，无明确选择，只能在全面审理后按照有利于权利人原则酌情处理。本案中，原、被告形成以消费与服务为主要内容的合同关系。王某作为消费与服务合同的经营者，除应全面履行合同约定义务外，还应根据《中华人民共和国合同法》第六十条履行保护消费者人身、财产不受非法侵害的附随义务。为了履行这一附随义务，经营者必须根据本行业的性质、特点和条件，随时、谨慎地注意保护消费者的人身、财产安全，但因盗窃犯罪的隐蔽性，即使经营者给予应有的注意和防范，也不可能完全避免刑事犯罪对顾客财产的侵害。侵害一旦发生，只能从经营者是否尽到“合理限度范围的谨慎注意义务”来判断其是否违约。首先，杨某杰入职时向被告提供的虚假身份证照片与其本人没有任何差别，被告并非公安机关，不具备对该身份证真伪进行辨别的能力，即被告已履行了相应审查义务；其次，要求被告在杨某杰入职时作出其存在犯罪可能的判断，显然是强人所难；最后，原告主张被告对杨某杰疏于教育、管理，但据一般社会常理，即使被告加强教育、管理也不必然杜绝犯罪行为发生。因此，被告通过履行合理的谨慎、注意义务，也不可能识别或预见杨某杰有实施犯罪的可能，故不存在违约行为。违反安全保障义务导致他人损害，应当适用过错责任原则，即原告应举证证明被告存在过错，而衡量安全保障义务人的过错程度，要考虑其行为是否尽到了合理、谨慎的行为人应当尽到的注意义务。结合本案案情，被告并不存在侵权过错，原告财产被盗是杨某杰犯罪的直接、必然结果，而非由杨某杰提供的服务直接造成，不属于《中华人民共和国消费者权益保护法》规定的情形。另外，从事雇佣活动是指从事雇主授权或指示范围内的生产经营活动或者其他劳务活动，杨某杰实施的犯罪行为显然不是由王某授权或指示，故对原告提出杨某杰在工作过程中实施盗窃行为应由作为雇主的被告承担责任的主张，不予支持。但因原告是在实施有利于被告获利的就餐行为时权益受损，可酌情由被告向原告补偿部分经济损失，故结合本案实际情况酌定王某补偿原告2000元。据此，一审判决如下：

王某补偿张某明2000元。

张某明持原审起诉意见提起上诉。山东省淄博市中级人民法院经审理认为：某庄园提供的是餐饮商品和服务，服务员的故意犯罪行为并非某庄园提供商品和服务的范畴，其主张某庄园构成餐饮合同违约的理由显然不能成立，其要求适用消费者权益保护法处理本案的意见，不予采纳。本案中，杨某杰的盗窃行为是造成张某明财物损失的直接原因，杨某杰虽然是在餐饮服务过程中实施的犯罪行为，但不是基于履行职务的行为，而是其个人违法犯罪行为，实际侵权人应是杨某杰本人而非某庄园，故张某明的损失应由杨某杰承担直接赔偿责任。杨某杰即使预留身份证信息，某庄园也无法审核其犯罪情况，偷窃行为也不会避免。张某明在就餐期间，某庄园应对张某明财物承担一定安全保障义务，但基于餐饮服务关系形成的安全保障义务范围不能无限扩张；结合包间封闭性及某庄园应尽注意义务，在某庄园不存在侵权过错前提下，从公平原则角度出发，一审判决王某向张某明补偿2000元，符合本案实际，予以支持。据此，二审判决如下：

驳回上诉，维持原判。

【法官后语】

本案主要涉及如何合理界定经营者的安全保障义务的问题，即张某明能否依据该项义务要求某庄园、王某承担赔偿责任。

原《中华人民共和国侵权责任法》第三十七条创设了“安全保障义务”，主要用于解决某些公共场所发生的损害赔偿问题。包括“宾馆、商场、银行、车站、娱乐场所等公共场所的管理人或者群众性活动的组织者，未尽到安全保障义务，造成他人损害的，应当承担侵权责任”。且当“因第三人的行为造成他人损害的，由第三人承担侵权责任；管理人或者组织者未尽到安全保障义务的，承担相应的补充责任”。由此可见，违反安全保障义务的侵权责任是过错责任，判断经营者、活动组织者有无过错关键看其是否已经尽到了“合理限度”的安全保障义务，如是否达到法律法规、规章或操作规程的要求；是否达到同类经营者、组织者的通常注意程度；是否尽到善良经营者、组织者的注意程度。另外，在第三人侵权损害情形下，经营者、组织者在未尽安全保障责任范围内承担补充赔偿的责任。

本案中，某庄园、王某在饭店柜台、房间内设置有相应警示标语，并在服务员杨某杰入职时，对其身份证进行合理查看，均可视为对就餐顾客的人身、财产安全尽到了适当的安全保障注意义务。张某明虽主张杨某杰是服务员，故其入职时某庄园、王某对其身份证的简单查验，不足以预防侵权行为的发生，也不能据此认定某庄园、王某已尽到对顾客的谨慎注意义务，但“法律不能强人所难”。依据经验法则与餐饮行业惯例可知，一审对某庄园、王某以查验方式履行注意义务的认定并无瑕疵，况且张某明的损失是因杨某杰的盗窃行为所引起，由杨某杰本人承担民事赔偿责任更加恰当。另外，对于本案还应当对某庄园、王某是否承担“相应的补充责任”予以分析，补充责任应当依据经营者、组织者未尽安全保障义务致第三人侵权行为发生的过错程度大小而认定，在第三人杨某杰侵权负赔偿义务的情形下，一审、二审依据案情与法理认定某庄园、王某已履行“合理限度范围内”的安全保障义务，则其因对张某明财产受损无过错的事实而不必承担补充责任。一审依据民法中公平原则，酌定某庄园、王某补偿张某明2000元，也结合了张某明在某庄园就餐时财产受损事实与杨某杰房间服务员的便利身份这一客观案情，体现了法律适用的灵活性，也为类案处理提供了可行化思路。

另外，张某明在本案中还主张合同违约与适用《中华人民共和国消费者权益保护法》的诉讼请求。不过安全保障义务是服务合同中的附随义务，其内容与侵权情形下的认定并无根本不同，可依据过错程度予以确定；消费、服务中对产品、服务的质量、数量等所产生的争议是《中华人民共和国消费者权益保护法》的保护范围，服务员杨某杰的盗窃行为非餐饮消费中的服务行为，不受该法规制，张某明据此主张显然于法无据。

值得注意的是，由于社会生活的复杂性、多样性，加之法律和司法解释中对“安全保障义务”的范围一般不作具体界定，仅提供一定价值指引，法官往往有较大的自由裁量权。故在审理此类案件时，法官应加强对类案的检索与理论分析，以尽可能地实现法律适用的统一性。

编写人：山东省淄博市中级人民法院　荣明潇　杨富元

052 共同危险行为参与人受到损害应如何确定民事责任

——张某诉物业公司、置业公司生命权、健康权、身体权案

【案件基本信息】

1. 裁判书字号

四川省遂宁市中级人民法院（2016）川 09 民终 770 号民事判决书

2. 案由：生命权、健康权、身体权纠纷

3. 当事人

原告（上诉人）：张某

被告（上诉人）：物业公司

被告（被上诉人）：置业公司

【基本案情】

2015 年 1 月 11 日下午，张某与共同学十余人到某商住楼玩“撕名牌”游戏。游戏过程中，张某从电梯安全门坠入电梯井内受伤。2015 年 1 月至 2015 年 7 月，张某共计住院 116 天。2015 年 2 月 10 日，遂宁市船山区安全生产监督管理局作出的（遂船）安监管勘（2015）001 号勘验笔录表明，该电梯安全门上面“内围井道危险，非专业人员禁止开门”的警示标志系事发后张贴上去的，除此之外，无其他安全警示标识标牌。某商住楼楼盘系置业公司开发，物业公司是该楼盘的物业管理公司。

张某认为置业公司与物业公司均存在过错，都应对其承担侵权赔偿责任。置业公司作为某商住楼楼盘的开发商，没有对安装好

的电梯安全门进行锁闭，没有尽到确保工程设施安全的义务。而物业公司作为某商住楼楼盘的物业管理者，没有及时排除管理区域内的安全隐患，没有盘查阻止外来人员进入小区，没有在危险设施处设置警示标志，但物业公司认为其没有设置警示标志的法定义务。

置业公司主张其与物业公司于2011年5月16日签订的物业管理合同约定，物业公司对整个项目所有房屋的物业进行管理，其中就包括三楼未出售的商业房屋；对电梯及井道等共用设备、设施的运行进行维护和管理，并提供了电梯资料和电梯钥匙移交清单证明电梯及相关设施设备经过验收合格投入运行使用并已交付物业公司，但物业公司对此予以否认。此外，事发时张某作为17岁的高中生，应具有一定的安全意识，与同学进行身体对抗性质的危险性游戏，共同危险行为参与人都应当对事故发生承担相应的责任。物业公司认为事发时该三楼商业房未出售，属于开发商置业公司所有，事故责任也应由置业公司承担。

【案件焦点】

张某参与共同危险行为受到损害应由谁承担民事责任，以及民事责任比例如何确定。

【法院裁判要旨】

四川省遂宁市船山区人民法院经审理认为：张某与其同学均系高二在校学生，应当具备相应的安全常识，在未征得小区管理者允许且不能确定现场环境足够安全的情况下，在某楼盘玩“撕名牌”这种危险性质的游戏，导致张某从电梯安全门踏空坠入电梯井道是其受伤的主要原因，根据过错责任原则，确定张某承担40%的责任，其同学若干承担30%的责任。但原告明确表示放弃追加被告，故该部分责任就由原告自行承担。置业公司系该楼盘开发商，已经将小区的管理工作和电梯配套钥匙移交给物业公司，对该小区没有管理职责，在本案中并无过错，不应承担责任。物业公司作为某楼盘的物业管理者，有义务排除小区内的安全隐患，但其没有及时发现电梯检测门虚掩而将其关闭，亦未及时进行检修，张贴警示标志，因此，物业公司在本案中没有尽到管理职责，存在过错，应当承担30%的赔偿责任。四川省遂宁市船山区人民法院依照《中华人民共和国侵权责任法》第六条、第八条、第十二条、第十四条、第十六条、第二十二条，《最高人民法院关于审理人身损害赔偿案件适用法律若干问题的解释》第三条、第六条、第十七条、第十九条、第二十一条、第二十二条、第二十三条、第二十四条、第二十五条，《最高人民法院关于确定民事侵权精神损害赔偿责任若干问题的解释》第一条、第九条、第十条、第十一条之规定，作出如下判决：

一、张某受伤所产生的各项损失共计人民币740484.07元，由张某自行承担518338.85元，由物业公司向张某赔偿222145.22元。限本判决生效后十日内付清；

二、驳回张某的其他诉讼请求。

张某持原审起诉意见提起上诉。四川省遂宁市中级人民法院经审理认为：张某与十余名同学一道擅自进入某楼盘尚未投入使用的三楼商业用房玩游戏，不慎从三楼电梯安全门坠入电梯井底摔伤。张某作为事发时已年满17周岁的高中二年级学生，应当具备相应的安全意识。其在未征得物业管理人员的同意下，擅自进入该区域与同学玩危险性的游戏，且在玩耍中未谨慎注意行走路径的安全，导致其受到损害，其自身应承担相应的民事责任。置业公司与物业公司《前期物业管理委托合同》签订后，某小区的物业管理即由物业公司负责。某楼盘建设项目于2014年7月15日经相关部门验收为合格工程。物业公司作为小区的物业管理者，应对该区域内的共用设施、设备进行管理、维护，经常性检查运行情况，及时排查安全隐患，以避免造成相关安全事故。还应对非小区人员进出进行询问并登记，但物业公司对于非小区人员张某及其同学进入小区并未进行询问和阻止，且对张某及其同学在物业公司管理的三楼区域玩危险性游戏的行为亦未进行阻止。同时物业公司在从事物业管理过程中，应在危险区域设置警示标志，以尽到安全警示义务，而物业公司在事故发生地未设置警示标志。因此，物业公司对张某的损害应承担相应的民事责任。置业公司作为某小区的建设者，已将小区的物业管理委托物业公司实施，对于小区发生的安全事故，应由物业管理人物业公司承担相应民事责任，置业公司不承担民事责任。一审判决根据过错责任原则，对张某所受损害作出的民事责任划分是正确的，本院应予确认。

四川省遂宁市中级人民法院依照《中华人民共和国民事诉讼法》第一百七十条第一款第一项之规定，作出如下判决：

驳回上诉，维持原判。

【法官后语】

本案处理重点主要在于共同危险行为参与人受到损害应由谁承担责任以及责任分配的问题。民法典第一千一百六十八条规定：“二人以上共同实施侵权行为，造成他人损害的，应当承担连带责任。”共同危险行为参与人在活动中相互之间存在安全提醒的义务，共同危险行为导致参与人自身受到损害的应参照共同侵权行为的原则划分责任。

具体到本案中，张某与同学共同玩具有危险性的“撕名牌”游戏，共同危险行为参与人作为已经17周岁的高二在校学生，事发时应当具备相应的安全意识，具有履行提醒义务的民事行为能力。张某应当对游戏过程中本人的人身安全承担主要责任，与张某共同玩耍的同学作为共同危险行为的参与人，都应当对张某在玩耍过程中的安全承担相应的提醒义务。因此，张某在玩耍过程中从电梯安全门坠入电梯井内受伤，自身应当承担主要责任，而其他共同玩耍的同学因未尽到提醒义务，应共同承担相应的责任。物业公司作为事发楼盘的管理者，事发前未对可能存在安全隐患的公共设施设备设置安全警示标志，未尽到安全警示的义务，也应当对张某的损害承担部分责任。本案中，未表明该共同危险行为存在组织者，物业公司也并非直接加害人，因此与张某共同参与危险行为的同学与物业公司对张某的损害承担的是次要责任，张某自身承担主要责任。因原审原告张某放弃对与其共同参加危险行为的同学的民事责任，法院判决该部分责任予以扣除，由张某自行承担是正确的。

《中华人民共和国民法典》施行后，原《中华人民共和国侵权责任法》第八条编为《中华人民共和国民法典》第一千一百六十八条，内容未作变更。

编写人：四川省遂宁市中级人民法院　刘翾

053 构筑物的所有人、管理人、使用人疏于管护致人损害应承担赔偿责任

——陆某恩、覃某内诉水电公司生命权案

【案件基本信息】

1. 裁判书字号

云南省文山壮族苗族自治州中级人民法院（2016）云26民终829号民事判决书

2. 案由：生命权纠纷

3. 当事人

原告（被上诉人）：陆某恩、覃某内

被告（上诉人）：水电公司

【基本案情】

陆某恩与覃某内系夫妻关系，居住在某村民小组，受害者陆某浩（女、殒年25岁）是两原告的女儿。涉案电站隶属水电公司。电站从某村委会某小组往村委会方向修建一条全长13公里的水渠引水发电，2009年电站建成产电。未修建电站水渠前，水渠沿线有条小路，是某村民某小组村民去谷拉街的便道。电站修渠过程中，将水渠修建在靠山一侧，另一侧修通一条宽约3米的泥路与水渠并行，泥路是电站员工日常查看水位、捞渣的通道，也是附近排依、平洋小组村民去谷拉乡赶集、办事的交通要道。陆某浩居住地距水渠3公里。

2015年11月20日下午，陆某浩和侄女陆某茜驾驶摩托车从富宁县者桑乡回谷拉乡老家，在途经涉事水渠旁上游6公里至7公

里路段时两人落入水渠溺亡。事发后，双方因赔偿事宜协商无果，原告以涉案电站的水渠修建在公共道路边但未对沟渠采取任何安全防范措施，致行人坠落溺亡为由诉至人民法院，要求被告承担70%的责任，即各项经济损失共计443718.80元，受害人承担30%的责任。经现场勘验，那林电站水渠宽约2.8米，深约3米，日常水位2.6米。案发后，被告于2015年12月开始，对涉案水渠及旁边路面部分进行修缮。

【案件焦点】

水电公司是否应对陆某浩的死亡承担赔偿责任及责任的划分问题。

【法院裁判要旨】

云南省富宁县人民法院经审理认为：

1. 关于陆某浩是否为跌落那林电站引水渠溺水死亡的问题。事发后，富宁县公安局谷拉派出所虽然未对陆某浩、陆某茜的死亡原因作进一步调查，但本案结合死者被发现的地点、涉事摩托车打捞点、报案人员在事发之日对附近村民的询问结果及死者家属的陈述等已知的基础事实，可以推定陆某浩搭载侄女陆某茜途经涉案那林电站水渠旁的道路时落入水渠并溺亡的事实。

2. 关于被告对陆某浩的死亡是否存在过错的问题。那林电站引水渠属人工构筑物，被告作为引水渠的管理者和收益者，有义务对引水渠进行管理和维护，除保障引水渠的功能正常运行外，还要消除引水渠对他人人身、财产安全构成的潜在危险。受害人陆某浩居住地距电站水渠3公里，附近村小组村民日常到政府所在地谷拉乡赶集或办事均途径水渠旁的道路。根据《最高人民法院关于民事诉讼证据的若干规定》第四条第四款之规定，本案适用过错推定的归责原则和举证责任倒置的举证规则，被告作为该水渠的管理者，其未能提交按规定尽到科学合理防护、设置警示标志等义务的证据，也未就本案的基础事实、推定事实提出反证。被告应对疏于、怠于履行维护、管理义务承担相应的法律责任。陆某浩是完全民事行为能力人，且居住在涉事路段附近的村小组，应对事发地的情况比较熟悉，在驾驶机动车辆路过引水渠边的道路时未尽到注意安全的义务，导致落入引水渠内溺水身亡，陆某浩应对自身的死亡承担主要的民事责任。综合案情，受害者陆某浩自身承担80%责任，水电公司承担20%责任。

3. 受害人陆某浩因落水死亡产生的合理损失有：（1）死亡补偿费。陆某浩于2013年8月与文山州富宁县教育局签订《教师聘用合同书》，为在职教师，属城镇居民。依照《最高人民法院关于审理人身损害赔偿案件适用法律若干问题的解释》第十七条第三款、第二十九条之规定，参照“2015年云南省道路交通事故人身损害赔偿有关费用计算标准”中2014年城镇居民人均全年可支配收入24299元/年计算，死亡赔偿金为485980元（20年×24299元/年），原告主张485980元，本院予以确认。（2）丧葬费。依照《最高人民法院关于审理人身损害赔偿案件适用法律若干问题的解释》第十七条第三款、第二十七条之规定，参照“2015年云南省道路交通事故人身损害赔偿有关费用计算标准”中2014年国有经济单位在岗职工平均工资为54368元/年，丧葬费为27184元（54368元/年÷2），原告主张27184元，本院予以确认；（3）被扶养人陆某恩、覃某内生活费。因两原告未向本院提交证据证明两原告丧失劳动能力又无其他生活来源，故对于此项请求，本院不予支持。据此，陆某浩因溺水死亡产生的合理损失共计 513164 元。

综上，原告的诉求部分有事实和法律依据，应予以部分支持。云南省富宁县人民法院依照《中华人民共和国民侵权责任法》第六条、第二十六条，《最高人民法院关于审理人身损害赔偿案件适用法律若干问题的解释》第十六条第一款第一项、第十七条第三款、第二十七条、第二十九条，《最高人民法院关于民事诉讼证据的若干规定》第四条第四款之规定，判决如下：

一、原告陆某恩、覃某内因陆某浩死亡产生的损失共计 513164. 00 元，由被告富宁县富东水电有限公司赔偿 20% 即 102632. 80 元。限判决生效后二十日内履行完毕；

二、驳回原告陆某恩、覃某内的其他诉讼请求。

水电公司持一审判决事实错误、适用法律错误及程序违法意见提起上诉。文山壮族苗族自治州中级人民法院经审理认为：原判认定事实清楚，程序合法，虽然适用法律有瑕疵，但判决结果正确，依法应予维持。依照《中华人民共和国侵权责任法》第六条，《中华人民共和国民事诉讼法》第一百七十条第一款第一项之规定，判决如下：

驳回上诉，维持原判。

【法官后语】

本案诉争的焦点之一：受害人陆某浩的溺水身亡是否与水电公司存在因果关系。一般侵权责任的构成要件所必须具备的条件包括行为、过程、损害事实和因果关系。如何正确把握诉争的这一要件，应结合案情进行综合分析。案例中，陆某浩在途经涉事路段落入水渠溺亡是事实，涉事水渠原来有小路，是受害人去谷拉乡赶集、办事的交通要道，因那林电站修渠所为，使得受害人日常出行的道路与水渠是并行状态，这种状态如不进行科学管护则安全隐患的潜在危险不可避免。水电公司对水渠疏于管理、怠于履行其安全维护义务是受害人陆某浩的溺水身亡与水电公司有因果关系的重要因素。本案发生于民法典实施前，适用当时的法律、司法解释的规定，根据原《中华人民共和国侵权责任法》第六条第一款的规定，行为人因过错侵害他人民事权益，应当承担侵权责任，故水电公司应承担相应的侵权责任。

2021 年 1 月 1 日施行的《中华人民共和国民法典》第一千一百六十五条规定，行为人因过错侵害他人民事权益造成损害的，应当承担侵权责任。依照法律规定推定行为人有过错，其不能证明自己没有过错的，应当承担侵权责任。司法实践中，过错责任是指造成损害并不必然承担赔偿责任，必须要看行为人是否有过错，有过错则有责任，无过错则无责任。在过错责任原则下，同时满足以下条件的，行为人应承担侵权责任：一是行为人实施了某一行为。二是行为人行为时有过错。过错还要区分是故意和过失。故意指行为人预见到自己的行为会导致某一损害后果而希望或者放任该后果发生的一种主观心理状态；过失指行为人因疏忽或者轻信而使自己未履行应有注意义务的一种心理状态。三是受害人的民事权益受到损害。四是行为人的行为与受害人的损害有因果关系。行为与损害二者之间存在前者导致后者发生的客观联系。而在过错责任原则中，通常由受害人证明行为人是否有过错，但在一些情况下也适用过错推定。

本案诉争的焦点之二：受害人陆某浩的溺水身亡的责任划分问题。过错程度是评判责任划分的标准，案例中，水电公司的不作为行为是导致本案受害人陆某浩落水死亡的原因之一，综合案情，水电公司承担民事赔偿责任20%符合法律事实。受害人陆某浩作为完全民事行为能力人，对自己的行为应具备预判能力，同时其本人居住在涉事路段附近的村小组，对事发地的情况比较熟悉，在驾驶机动车辆路过引水渠边的道路时未尽到安全的注意义务，导致落入引水渠内溺水身亡，死者应当对自身的死亡承担主要的民事责任即80%的责任。

编写人：云南省富宁县人民法院　黄文海

054　物业服务企业的安全保障义务范围

——周某英诉物业公司违反安全保障义务责任案

【案件基本信息】

1. 裁判书字号

福建省厦门市中级人民法院（2014）厦民终字第761号民事判决书

2. 案由：违反安全保障义务责任纠纷

3. 当事人

原告（上诉人）：周某英

被告（上诉人）：物业公司

【基本案情】

2011年8月10日凌晨，案外人柯某朋从某公园某寺破损的围栏翻越“某山庄”的围墙进入“某山庄”实施盗窃。柯某朋被户主温某益发现后，为抗拒抓捕，以随身携带的水果刀捅伤温某益，同住人原告周某英因听到哥哥温某益呼救而赶来，亦被捅伤，柯某朋最终通过二楼的阳台雨棚逃离。2011年12月19日，上述犯罪事实经福建省厦门市中级人民法院（2011）厦刑初字第158号刑事附带民事判决书确认，柯某朋被判处死刑。2012年6月11日，福建省高级人民法院作出（2012）闽刑复字第26号刑事裁定书，同意厦门市中级人民法院（2011）厦刑初字第158号刑事附带民事判决书判决内容，并依法报请最高人民法院核准。目前，柯某朋已被执行死刑。另，柯某朋未婚，父母已七十余岁，年老体弱无劳动能力，无财产可供执行。

被告物业公司为“某山庄”物业管理服务（范围包括保安服务）的提供者。“某山庄”内设置有76台监控探头，夜晚光线不佳处部分探头只能显示漆黑图像。监控室内设置8台监控屏幕，均可切换探头视频。依照被告安保部排班表，应值2011年8月9日晚班者12人。据被告陈述，当日值班共10名保安，其中领班杨某坤请假，由李某（之前未从事过保安工作，无相关培训证书）替班。夜间巡逻制度为一人，一小时巡逻一次。事故发生的8月10日凌晨1时30分，李某到监控岗值班，其余保安正常值班及巡逻，均未发现柯某朋进入小区及在小区内游逛的情况。3时30分许，大门岗保安陈某龙接到×××号别墅业主电话才知晓有小偷的情况，马上通过对讲机通知其余保安。李某及另外三名保安赶往×××号别墅，被告知小偷已跑，立刻开始四处搜捕犯罪嫌疑人。4时许，保安陈某利与柯某朋（已自×××号别墅出来）相遇。对峙过程中，陈某利通过对讲机通知其他保安前来支援，柯某朋夺取陈某利的电动车逃脱。不久，陈某龙接到965号别墅业主电话称有小偷后，迅速通知其余保安赶往×××号别墅，并拨打了110报警电话。10分钟后，陈某龙又拨打了120急救电话。

另查明，原告周某英因柯某朋的犯罪行为受伤后，当日以“全身多处刀砍伤”（主要为左肩、左臂）入厦门大学附属中山医院治疗。住院 19 天，出院时左肩关节仅可小幅度自主外展活动，左腕及左手各指自主背伸活动障碍，左手虎口区皮肤痛触觉明显减退。门诊及住院费用共为 19592.06 元。2012 年 5 月 16 日，某司法鉴定所接受厦门市公安局思明分局刑事侦查大队的委托对原告周某英所受的损害进行伤残等级鉴定，结论为周某英左肩、左臂、左手的损伤及后遗症符合劳动能力鉴定职工工伤与职业病致残等级七级伤残。

【案件焦点】

1. 本案诉讼主体是否遗漏柯某朋合法继承人；2. 被告是否负有安全保障义务以及被告是否已尽到安全保障义务。

【法院裁判要旨】

福建省厦门市思明区人民法院经审理认为：

1. 本案直接侵权人柯某朋已被执行死刑，在上述刑事附带民事执行中，已查明柯某朋未婚，无财产可供执行，其继承人即父母已七十余岁，年老体弱无劳动能力。鉴于柯某朋无财产可供继承，其继承人无义务承受柯某朋的赔偿责任，且柯某朋的合法继承人并无赔偿能力，因此无须追加柯某朋为本案当事人。

2.“某山庄”小区内的公共道路及与私人别墅之间相连的部分属于公共场所，由于山庄小区本身并不禁止外来人员的进入，而围墙、门等设施亦不能绝对排除不法分子的入侵，被告作为物业管理及保安服务的提供方，利用上述公共场所营利，并对上述公共场所拥有控制力，应当对处于小区内的业主负有相应程度的安全保障义务，该义务应至少应达到对小区内公共场所的人、物情况进行有效监控，并积极开展巡逻，及时发现并排除危险之存在，提醒业主注意人身财产安全，避免危险损害，必要时采取报警等措施请求有关机关介入消除危险源之程度。本案中，被告在安全保障方面存在如：监控安装不足、位置设置不合理、画面不能正常显示；安保知识普及、技能培训不足、日常管理制度不足、深夜巡逻制度及巡逻方式不合理或存在漏洞、突发事件应急处置不到位等过错，可以认定被告未能充分、合理地尽到上述安全保障义务，应当向原告承担相应的补充责任。

关于原告的损失赔偿范围，法院认定如下：医疗费 19591. 16 元、住院护理费 1330 元、住院伙食补助费 1140 元、交通费 400 元、营养费 4000 元、误工费 24733. 33 元、残疾赔偿金（被抚养人生活费计入其中）130989. 6 元、精神抚慰金 100000 元，共计 182184. 09 元。

由于柯某朋已被执行死刑且无可供执行财产，被告承担的补充责任范围为柯某朋无法赔偿原告因侵权行为遭受的全部损失。考虑被告在柯某朋进入“某山庄”进而抢劫原告致原告受伤一案中存在的过错及原因力大小，以及在原告受到犯罪行为伤害后，被告组织了相应的报警、援救、协助收集犯罪线索等工作，本院酌定被告就原告损失应承担的相应责任为全部赔偿责任的 25%，即 45546. 02 元。据此，依照福建省厦门市思明区人民法院《中华人民共和国侵权责任法》第十六条、第三十七条，《最高人民法院关于审理人身损害赔偿案件适用法律若干问题的解释》第六条、第十七条至第二十五条，《中华人民共和国民事诉讼法》第六十四条第一款的规定，判决如下：

被告物业公司于本判决生效之日起十日内一次性向原告周某英赔偿经济损失 45546. 02 元。

原告周某英与被告物业公司持原审起诉意见提起上诉。福建省厦门市中级人民法院经审理认为：原审判决认定事实清楚，适用法律正确，依法应予维持。据此，福建省厦门市中级人民法院依照《中华人民共和国民事诉讼法》第一百七十条第一款第一项之规定，作出如下判决：

驳回上诉，维持原判。

【法官后语】

安全保障义务主要是指从事住宿、餐饮、娱乐等经营活动或者其他群众性活动的自然人、法人、其他组织，应尽的合理限度范围内的使他人免受人身及财产损害的义务。在我国，安全保障义务是一种侵权责任层面的法定义务，违反安全保障义务造成他人损害的，应当承担侵权责任。

1. 物业服务企业的安全保障义务

从安全保障义务的法理基础而言，物业服务企业应当承担安全保障义务：一是危险控制理论，物业服务企业作为小区的管理者更加了解服务设施、设备的性能以及相应管理要求，服务场地的实际情况，更能预见可能发生的危险和损害，并更有可能采取必要的措施防止损害的发生或者减轻损害的程度，对小区具有危险的控制能力；二是收益与风险分配说，物业服务企业从提供物业服务经营活动中获利，应当也为参加活动的人提供安全的环境，负担安全保障之义务；三是从经济学角度看，物业服务企业作为管理者是避免和减轻损害发生的最小成本防范者；此外，从社会学角度看，物业服务企业也应当承担一定的社会责任，确保小区的公共道路、场所的安全、可靠、无危险。

实体法规范方面，从本案侵权行为发生时的原《中华人民共和国侵权责任法》第三十七条[1]来看，其将承担安全保障义务的主体规定为“公共场所的管理人或者群众性活动的组织者”，而根据《物业管理条例》第二条[2]的规定，物业服务企业对其服务的物业区域负有维修、养护、管理和维护义务，是当然的管理者。故物业服务企业在提供物业服务、从事物业管理过程中，负有安全保障义务。

2. 物业服务企业违反安全保障义务的判断

作为一种法定义务，物业服务企业的安全保障义务内容主要体现在《物业管理条例》第二条、第四十六条、第四十七条[3]，包括维修、养护、管理、维护义务；违法行为及时制止、报告义务；安全防范、应急措施、及时报告、协助救助义务，等等。此外，物业服务企业还应尽一般的危险告知义务、注意义务、保护义务。

（1）过错责任原则

本案侵权行为发生时，《中华人民共和国侵权责任法》第三十七条对于违反安全保障义务责任的承担，采用的是“未尽安全保障义

---

① 《中华人民共和国侵权责任法》第三十七条规定，宾馆、商场、银行、车站、娱乐场所等公共场所的管理人或者群众性活动的组织者，未尽到安全保障义务，造成他人损害的，应当承担侵权责任。因第三人的行为造成他人损害的，由第三人承担侵权责任；管理人或者组织者未尽到安全保障义务的，承担相应的补充责任。新颁布的《中华人民共和国民法典》第一千一百九十八条在吸收《中华人民共和国侵权责任法》相关规定的同时，扩大了安全保障义务主体的范围为“经营场所、公共场所的经营者、管理者或者群众性活动的组织者”，增加的一种场所——经营场所和一种主体——经营者。

② 《物业管理条例》第二条规定，本条例所称物业管理，是指业主通过选聘物业服务企业，由业主和物业服务企业按照物业服务合同约定，对房屋及配套的设施设备和相关场地进行维修、养护、管理，维护物业管理区域内的环境卫生和秩序的活动。

③ 《物业管理条例》第四十六条规定，对物业服务区域内违反有关治安、环保、物业装饰装修和使用等方面法律、法规规定的行为，物业服务企业应当制止，并及时向有关行政管理部门报告。有关行政管理部门在接到物业服务企业的报告后，应当依法对违法行为予以制止或者依法处理。第四十七条第一款规定，物业管理企业应当协助做好物业管理区域内的安全防范工作。发生安全事故时，物业管理企业在采取应急措施的同时，应当及时向有关行政管理部门报告，协助做好救助工作。

务”的字眼，采用的是过错责任的归责原则，无过错即无责任。故安全保障义务人存在“未尽安全保障义务”的过错而致他人民事权益受侵害的，应当承担侵权责任。新颁布的《中华人民共和国民法典》对违反安全保障义务的归责原则也做出与《中华人民共和国侵权责任法》相同的规定。

(2) 具体判断标准

我国法律并没有对违反安全保障义务的过错要件作出规定。笔者认为，安全保障义务以消极不作为而侵权作为前提，是否违反该义务不能单纯地从受害人遭受损害结果判断，应当根据具体案情、结合物业服务企业的安全保障义务内容及履行情况加以判断、认定。具体到本案中，被告作为物业服务企业存在如下过错：

①设施设备设置不合理且不能均正常显示。第三人自进入讼争小区到业主报案，其间共一个半小时，但仅有一处监控共4分钟出现其身影，如此长时间处于无监控状态下，可见内设置的监控或被告对监控运行状态的维护存在明显疏漏。

②工作人员安保知识普及、技能培训方面。小区保安在得知有小偷进入小区后，虽立即前往事发现场，但却置监控岗无人管控，未能发挥监控统筹事件后续处理之重要性，致使最终未能及时发现并抓捕小偷，且当值保安对小区监控数量不了解、不清楚，显然有违其作为最具控制力管理人的角色。

③日常管理制度方面存在不足。事发当日，被告保安领班请假，安排了此前并无相应经验和技能的另一人作为临时领班，而该人又在监控岗值班时擅离岗位。且事发当日值班仅10名保安，比被告安保部排班表12人少，存在缺岗现象。

④巡逻制度、方式不合理。被告推行的是由一名保安一小时进

行一次的深夜巡逻制度及巡逻方式，但第三人进入小区后一个半小时中，均未能发现异常，致使未能及时防范、制止犯罪，存在明显漏洞。

⑤突发事件应急处置上存在不足。被告在第一次接到有小偷的通知后，就该别墅业主是否有报警、自己是否报警，通知了谁报警的陈述存在矛盾，事实上，系原告受到犯罪伤害后，公安机关才接到相关报案，被告迟延报警的行为，延误了公安机关介入案件及抓捕的最佳时间。

综上，被告对原告负有安全保障义务，但存在上述过错，故认定被告未能充分合理尽到上述安全保障义务。

3. 第三人介入侵权情形下的安全保障义务

本案主要涉及的是在第三人实施盗窃、抢劫直接侵权行为的情形下，物业服务企业作为安全保障义务人的责任承担问题。如前所述，本案被告作为讼争小区的物业服务企业，在本案中存在过错，未尽到安全保障义务，根据侵权行为发生时的《中华人民共和国侵权行为法》第三十七条第二款[①]的规定应当承担相应的补充责任。而补充责任作为发生于前位赔偿义务人赔偿不足时，请求后位义务人赔偿的情形，具体到个案中应如何把握“相应的”补充责任？

笔者认为，关于第三人介入侵权情形下的安全保障义务，《中华人民共和国侵权责任法》实施前，《最高人民法院关于审理人身损害赔偿案件适用法律若干问题的解释》（法释〔2003〕20号）第六条

---

① 《中华人民共和国民法典》第一千一百九十八条第二款吸收《中华人民共和国侵权责任法》相关规定，未作修改。

第二款[①]就作出了规定，可以将其中规定的“安全保障义务人能够防止或者制止损害的范围内”作为《中华人民共和国侵权责任法》“相应的”补充责任的标准，即根据安全保障义务人在事前预防、事中处置制止、事后救助等的表现、作用来判断，具体的责任比例由法官根据个案情形自由裁量确定。

具体到本案中表现为：首先，被告在第三人进入讼争小区前，存在监控设备设置不合理、人员技能培训不足、日常管理不到位、巡逻制度存在漏洞等过错；其次，在第三人进入小区时，被告监控室脱岗、对突发事件应急处置明显存在反应不足和迟延；最后，在事故发生后，被告积极组织报警、援救、协助收集犯罪线索等工作。在被告能够防止或者制止损害的范围内，酌定其就原告损失应承担“相应的”补充责任为全部赔偿责任的25%。

需要说明的是，在2020年和2022年新修改的《最高人民法院关于审理人身损害赔偿案件适用法律若干问题的解释》均删除了关于第三人介入侵权时“安全保障义务人能够防止或者制止损害的范围内”的规定，但在具体个案的法律适用中，仍可作为裁量“相应的”补充责任的参考。

编写人：福建省厦门市思明区人民法院　彭朝辉　黄素梅

---

① 《最高人民法院关于审理人身损害赔偿案件适用法律若干问题的解释》（法释〔2003〕20号）第六条第二款规定，因第三人侵权导致损害结果发生的，由实施侵权行为的第三人承担赔偿责任。安全保障义务人有过错的，应当在其能够防止或者制止损害的范围内承担相应的补充赔偿责任。安全保障义务人承担责任后，可以向第三人追偿。赔偿权利人起诉安全保障义务人的，应当将第三人作为共同被告，但第三人不能确定的除外。

055 如何认定侵权行为与损害结果之间的因果关系

——张某诉度假村公司违反安全保障义务责任案

【案件基本信息】

1. 裁判书字号

北京市第一中级人民法院（2016）京01民终3号民事判决书

2. 案由：违反安全保障义务责任纠纷

3. 当事人

原告（上诉人）：张某

被告（被上诉人）：度假村公司

【基本案情】

被告经营一家室内游泳馆，原告为被告游泳班的学员。据原告陈述，2015年7月27日下午，原告前往被告的游泳馆学习游泳。原告换好衣服准备进泳池，因为游泳池边有积水，致使原告滑倒在地，当时原告的游泳教练李某生在场。原告没有报警，亦没有前往医院就诊，在游泳池边休息后回家休养。8月16日，原告前往医院就诊，经医院诊断：原告右膝前交叉韧带断裂；右膝内侧半月板损伤；建议休息1个月。医院给原告下发了住院通知单，但原告没有住院治疗。2015年8月28日，原告诉至法院，请求判令被告赔偿：（1）医疗费1492.66元；（2）预交住院费40000元；（3）护理费9900元；（4）误工费13849.20元；（5）交通费500元；（6）住院伙食补助费1350元；（7）营养费2250元；（8）精神损害抚慰金2000元。以上损失共计71341.86元。经本院主持调解，双方分歧较大，无法协商解决。

【案件焦点】

张某摔伤是否由度假村公司侵权行为所致。

【法院裁判要旨】

北京市延庆区人民法院经审理认为：当事人对自己提出的主张有责任提供证据予以证实，没有证据或者证据不足以证明当事人的事实主张的，由负有举证责任的当事人承担不利后果。法院认为，本案的争议焦点在于被告的游泳池边是否存在积水导致原告摔倒受伤。为了证明被告存在加害行为，原告提交了证人证言一份，教练李某生的证言显示：学员张某于 7 月 27 日在被告处学游泳期间误伤右腿。庭审中，应被告申请，李某生出庭作证。李某生明确表示原告提交的证言系原告本人书写，并告知自己原告是为了方便向公司请假，自己为了帮忙才进行了签名。李某生认可 7 月 27 日下午张某身体发生不适，但并没有看到张某在游泳馆里摔倒。且即使根据原告提交的证言，亦只能证明原告误伤右腿，至于受伤的具体原因，无法进行判断。原告认为自己于 7 月 27 日在被告游泳池边摔倒，但当天并没有前往医院就诊，也没有进行报警。从医院 8 月 16 日的诊断证明来看，原告伤情较重，需要住院接受治疗。原告就医时距 7 月 27 日已半月有余，于情理明显不符。综上，原告不能证明被告存在加害行为，其主张缺少事实和法律依据。

北京市延庆区人民法院依照《中华人民共和国民事诉讼法》第六十四条之规定，判决如下：

驳回原告张某的诉讼请求。

张某持原审意见提起上诉。北京市第一中级人民法院经审理认为：依据《最高人民法院关于民事诉讼证据的若干规定》第二条之规定，张某应就其损害后果与行为人的侵权行为之间存在因果关系承担举证责任，没有证据或者证据不足的将承担不利后果。

就侵权行为及侵权主体一节，张某提供了其游泳教练李某生的书面证言，法院认为，证人李某生到庭陈述的证言与张某提交的书面证言内容并不一致，故对该证人的书面证言原审未予采信，有相应的法律依据，法院亦不持异议。就张某摔伤的具体原因，除其个人陈述外并未提供其他有效的证据予以证明。加之依据医院诊断张某伤情较为严重，为右膝前交叉韧带断裂，右膝内侧半月板损伤，但从张某自述受伤时间到就医时间间隔半月有余，这于情理明显不符。故在张某未能就侵权主体、所受损害与侵权行为之间存在因果关系完成举证责任的情形下，张某要求度假村公司承担侵权赔偿责任，缺乏事实及法律依据，法院不予支持。

北京市第一中级人民法院依照《中华人民共和国民事诉讼法》第一百七十条第一款第一项之规定，判决如下：

驳回上诉，维持原判。

【法官后语】

侵权行为和损害结果之间具有因果关系作为民事侵权案件四个构成要件之一，它是任何侵权损害赔偿案件中承担责任的必要条件，也是法官在审理案件中不可回避的问题。侵权责任的因果关系，是指违法行为和损害事实之间的因果关系，即若不存在这种违法行为，损害就不会发生，则该行为是损害结果发生的原因；反之，即使不存在该行为，损害也会发生，则该行为就不是损害发生的原因。因果关系的认定是法院确定侵权责任赔偿的前提。对于侵权民事责任因果关系的分析认定，应当分两个步骤进行：首先，确定行为人的行为或者依法由责任人承担责任的事件或行为是否在事实上属于损害结果发生的原因，即事实上的因果关系。其次，确定事实上属于损害结果发生原因的行为或时间在法律上是否能够成为责任人对损害结果承担责任的原因。

在审判实践中，面对复杂的案件，有些案件能借助专业的技术人员告诉法官二者之间是否存在因果关系，但在更多的案件中需要法官在前后众多的因素之间分析二者的因果关系。在对因果关系进行认定时，不但要根据原告所举的证据判断是否成立因果关系，还要全面分析原告提供的证据是否必然导致损害结果的发生。若认定被告的行为与原告所受损害存在事实因果关系，则认定二者之间因果关系成立；如客观事实上被告的行为并非原告所受损失的原因，则二者之间不存在因果关系，除非法律另有特殊规定。因法官业务能力的局限性，在认定事实因果关系的基础上，应当最大限度地排除主观性的法律政策因素，将认定的这一过程交由一般人的通常观念或由专业领域内的专家证明，法官只要对原告主张导致损害事实发生的被告的行为进行符合证据规则的判断即可。

在本案中，原告摔伤的具体原因，除其个人陈述外并未提供其他有效的证据予以证明。加之依据医院诊断张某伤情较为严重，为右膝前交叉韧带断裂，右膝内侧半月板损伤，但从张某自述受伤时间到就医时间间隔半月有余，这于情理明显不符。

根据2008年《最高人民法院关于民事诉讼证据的若干规定》第二条“当事人对自己提出的诉讼请求所依据的事实或者反驳对方诉讼请求所依据的事实有责任提供证据加以证明。没有证据或者证据不足以证明当事人的事实主张的，由负有举证责任的当事人承担不利后果”之规定，原告有义务向本院提供证据证明其所受损害与侵权行为之间存在因果关系，在本案中，原告并没有提出相应证据，且如上文所述，其受伤到医院就医相隔半月之久，这于情理明显不符，因此其主张损害赔偿的诉讼请求法院不予支持。

值得注意的是，2019年10月修订的《最高人民法院关于民事诉讼证据的若干规定》，删除了原规定第二条“当事人对自己提出的诉讼请求所依据的事实或者反驳对方诉讼请求所依据的事实有责任提供证据加以证明。没有证据或者证据不足以证明当事人的事实主张的，由负有举证责任的当事人承担不利后果”之规定，但并不是说举证责任的要求发生了变化。根据民事诉讼法、民诉法解释有关规定和举证责任一般性要求，“主张法律关系存在的当事人，应当对产生该法律关系的基本事实承担举证证明责任；主张法律关系变更、消灭或者权利受到妨害的当事人，应当对该法律关系变更、消灭或者权利受到妨害的基本事实承担举证证明责任”。“当事人对自己提出的诉讼请求所依据的事实或者反驳对方诉讼请求所依据的事实有责任提供证据加以证明”，系民事诉讼的一般性规定和常识性要求，“没有证据或者证据不足以证明当事人的事实主张的，由负有举证责任的当事人承担不利后果”亦系举证不能的当然性后果，除部分特殊类侵权诉讼实行举证责任倒置的证明责任分配外，一般性侵权仍需主张权利受到妨害方承担侵权行为与损害结果之间存在因果关系的证明责任。

编写人：北京市延庆区人民法院　常丹

056 风险性娱乐项目的安全保障义务

——蔡某才诉度假村公司违反安全保障义务责任案

【案件基本信息】

1. 裁判书字号

江苏省扬州市中级人民法院（2015）扬民终字1991号民事判决书

2. 案由：违反安全保障义务责任纠纷

3. 当事人

原告（被上诉人）：蔡某才

被告（上诉人）：度假村公司

【基本案情】

2014年4月6日，原告蔡某才陪同家人购票进入被告度假村公司开设的度假村公园游玩，在进行山地卡丁车项目时，原告蔡某才驾驶的卡丁车冲出跑道致其从车上跌落，后腰1椎体爆裂性骨折，后经仪征市公安局铜山派出所出警后联系救护车将其送医治疗。2015年6月23日，经原告蔡某才申请，法院委托，原告蔡某才的伤情经其司法鉴定所鉴定，鉴定意见为：被鉴定人蔡某才因外伤致L1爆裂性骨折遗留腰部活动受限构成十级残疾；在伤残成因中，本次事故为主要因素，腰椎退变为次要因素，事故的损伤参与度可考虑为70%~80%；误工期限评定为180日，护理期限评定为90日，营养期限评定为90日。

上述事实，有原告向本院提供的游园套票、通用收据、仪征市公安局铜山派出所接处警证明、事发时现场照片、医疗费票据、鉴定报告，以及原、被告当庭陈述等证据予以证实。

【案件焦点】

度假村公司是否尽到了安全保障义务。

【法院裁判要旨】

江苏省仪征市人民法院经审理认为：根据相关法律规定，娱乐场所的管理人在经营活动中未尽到安全保障义务，造成他人损害的，应当承担侵权责任；被侵权人对损害的发生也有过错的，可以减轻侵权人的责任。本案中，原告蔡某才陪同家人到被告度假村公司开设的游乐场中游玩，被告度假村公司作为游乐场的经营者和管理者，应承担起相应的管理和安全保障义务。被告度假村公司经营的卡丁车项目是具有风险的娱乐项目，其对于每一位参与该项目的游客应负有谨慎提示和安全告知义务，根据原告亲属拍摄的事发时现场的照片，未见有相关警示提醒标志，而被告度假村公司提供的相关证据不能证明在事发前已履行宣传告知义务，也不能证明原告蔡某才属于不适宜参与该项目的人员；该卡丁车项目跑道弯道较急，跑道两侧缺乏安全围挡，驾驶卡丁车过弯时易冲出跑道；被告度假村公司未对车辆进行妥善的日常检查、维修，卡丁车部件老化，车身锈蚀焊接痕迹明显，事发后手刹断裂，存有一定的安全隐患，故被告度假村公司对于事故的发生存有过错，应对原告蔡某才的损害承担相应的侵权责任。原告蔡某才作为完全民事行为能力人，应当明知卡丁车娱乐项目的危险性，其在转弯时未能控制好车速，未做到谨慎驾驶和确保自身安全，对自身损害的发生也负有过错，根据双方行为过错的严重程度及本案的实际情况，法院酌定被告度假村公司应承担损害60%的赔偿责任，其余40%的损失由原告蔡某才自行承担。

江苏省仪征市人民法院依照《中华人民共和国侵权责任法》第

二十六条、第三十七条第一款之规定，作出如下判决：

被告度假村公司于本判决生效之日起十日内给付原告蔡某才赔偿款 80584.4 元。

度假村公司持原审起诉意见提起上诉称，度假村公司已尽到安全保障义务，卡丁车项目本来就具有危险性，道路笔直不具有游乐性，弯道前方有警示标牌，一审认定无警示标牌没有事实依据。江苏省扬州市中级人民法院经审理认为：度假村公司未尽到安全保障义务。根据《中华人民共和国侵权责任法》第三十七条的规定，宾馆、商场、银行、车站、娱乐场所等公共场所的管理人或者群众性活动的组织者，未尽到安全保障义务，造成他人损害的，应当承担侵权责任。卡丁车项目本身是具有风险性的娱乐项目，度假村公司为该娱乐场所的管理人，应尽到相应的安全保障义务。从蔡某才亲属拍摄的事发时现场的照片看，事发现场存在弯道较急、转弯半径较小，两侧缺乏安全围挡，弯道处也无警示标示等安全隐患。即便从度假村公司提供的照片看，也存在相关警示提醒标示过于简易，弯道线路未注明等问题。此外，对此类风险较高的卡丁车项目，度假村公司对驾驶人员应具有安全提示和驾驶指导的义务，但从度假村公司提供的证据看，其无法证实已对蔡某才尽到相应义务。因此，事故现场存在安全设施缺失、警示标志不完善、安全提示和驾驶指导未尽责等安全隐患，作为管理人度假村公司未尽到其安全保障义务。度假村公司虽对此有异议，但其提供的证据并不足以推翻上述事实的认定，故度假村公司的该项上诉理由，法院不予支持。

江苏省扬州市中级人民法院依照《中华人民共和国民事诉讼法》第一百七十条第一款第一项之规定，判决如下：

驳回上诉，维持原判。

【法官后语】

根据危险控制理论的要求，从事娱乐项目的经营者最了解整个场所的实际情况、最能预见可能发生的危险和损害，并最有可能采取必要的措施防止损害的发生或者减轻损害的程度，理应承担一种主动作为的安全保障义务。

1. 风险性娱乐项目的经营者未履行与该风险相对应的安全保障义务，应根据过错原则承担相应的侵权责任

安全保障义务通常是在当事人之间并没有合同约定的情形下产生的一种要求一方为了另一方的人身安全和财产安全而积极作为的义务，因违反安全保障义务而产生的责任是不作为责任。安全保障义务是一种侵权责任法层面的法定义务，违反安全保障义务导致他人损害的，应当适用过错责任原则。

2. 风险性娱乐项目中，安全保障义务的主要内容包括“物”和“人”两个方面

第一，“物”之方面的安全保障义务，主要体现为安全设施的配备、保管、维护义务，具体到本案中，主要为卡丁车跑道弯道设置、安全护栏、警示标志以及卡丁车本身的日常检查与维护；第二，“人”之方面的安全保障义务，主要体现在配备适当的人员为参加活动的他人提供必要、适当的安全保障，本案中，根据卡丁车娱乐项目的风险特殊性，应包括身体状况询问、安全事项提示、驾驶之前的安全指导等。

3. 风险性娱乐项目中，安全保障义务的判断标准

判断娱乐项目经营者是否履行了安全保障义务，可以从法定标准（如法规直接规定）、特别标准（如对未成人的安全保障）和一般标准（如商业公司对客户的窃贼提醒）三个方面进行把握。原国

家质量监督检验检疫总局关于卡丁车场建设规范对沥青路面的卡丁车车场的分类和场地建设规定了标准要求，包括路面、弯度、坡度、告知警示牌、医疗设施、安全区、安全隔离墙等，虽然本案中的卡丁车属于泥土路面的山地卡丁车，不属于对应的规范范围，但可以根据沥青路面的卡丁车车场标准的安全要求进行一定的比照类推，度假村公司经营的卡丁车跑道弯度过小、坡度过小、缺少安全墙隔离和告知警示牌等都不符合卡丁车安全保障义务的标准，且是导致事故发生的重要原因，根据其安全保障义务不作为的过错，应承担相应侵权责任。

民法典第一千一百九十八条第一款规定，宾馆、商场、银行、车站、机场、体育场馆、娱乐场所等经营场所、公共场所的经营者、管理者或者群众性活动的组织者，未尽到安全保障义务，造成他人损害的，应当承担侵权责任。对侵权责任法第三十七条修改的主要内容是在列举式中增加了机场、体育场馆这两类的公共场所，另外将安全保障义务主体表述由原来的“公共场所的管理人”调整为“经营场所、公共场所的经营者、管理者”。这一表述，回应了学者对“管理者”表述可能使部分经营人逃脱安全保障义务的担忧，[1]明确表明相关场所的经营者就是安全保障义务主体。本案中，度假村公司就是游乐场的经营者，与民法典第一千一百九十八条规定的安全保障义务主体“经营场所的经营者”相符。

编写人：江苏省扬州市中级人民法院　陈建志

---

① 杨立新：《民法分则侵权责任编修订的主要问题及对策》，载《现代法学》2017年第1期。

057 公益性质公共场所管理者的侵权责任

——马某义诉绿化服务中心公共场所管理人责任案

【案件基本信息】

1. 裁判书字号

北京市第三中级人民法院（2015）三中民终字第08915号民事判决书

2. 案由：公共场所管理人责任纠纷

3. 当事人

原告（上诉人）：马某义

被告（被上诉人）：绿化服务中心

【基本案情】

被告系2002年设立的全民所有制事业单位，负责县域内公园的建设及管理，街头行道树、绿地的维护管理等工作，密云县法制公园系被告管理范围。2014年4月18日晚，原告到公园东口南石板路段散步时摔伤。当日，原告到某县中医院就医，其伤经诊断为“右胫骨远端骨折、右踝骨骨折，右后踝骨折”，在该院住院治疗6天。2014年4月24日，原告到医院住院治疗9天，并行右胫腓骨骨折切开复位内固定加植骨术。原告为此支付医疗费26781.43元。在开庭审理过程中，原告申请对其伤残等级及营养期、护理期进行鉴定。某司法鉴定所接受本院的委托进行鉴定，鉴定意见为马某义的伤残程度为九级，伤残率20%，其伤后合理的护理期限可考虑120日，合理的营养期限可考虑120日。原告支付鉴定费3150元。原告另要求被告赔偿住院期间日用品费500元，但并未提供证据予以证明。

为证明原告所诉，原告向本院提供两位证人出庭作证。依据证人证言，事发时，原告与其中一位证人并排向西行走，原告在证人右侧，原告突然摔倒，斜坐在石板路上，右腿伸出石板路外。

另查明，原告受伤的公园是公益性开放公园，该公园不收费，公园入口竖有“游客须知”的提示牌，事发时原告经过的南石板路段没有照明设施。依据双方均认可的事发路段照片显示，事发园路路段系由长条石板铺设，路面较为平整，两侧为园林绿化树木种植区域，非用于通行，石板路面高于绿化区域地面。

【案件焦点】

作为公益性质公园的管理者是否应当对在公园中不慎摔伤的游客承担民事侵权责任。

【法院裁判要旨】

北京市密云区人民法院经审理认为：公共场所的管理人未尽到安全保障义务，造成他人损害的，应当承担侵权责任。被告作为公益性公园的管理单位，对游客尽到安全保障义务应在一定合理限度范围内，不应对其责任要求过于严苛。被告在公园入口处设立了明显的游客须知，且事发路段路面较为平整，则其已经尽到了合理限度范围内的安全保障义务。事发路段未设置照明设施、石板路面高于园林绿化路面，属于公园有别于其他公共路段的设置，且原告未提供该设置不符合设计规范的相关证据，故本院对于原告以此认定被告应承担赔偿责任的陈述意见不予采纳；原告关于公园内游人过多、路面积水有泥的陈述意见，缺乏事实依据及证据支持，本院亦难以采纳。依据双方的陈述和所提供的证据可以判断，原告摔伤系由于其未充分注意自身安全所致，并非因公园所提供的服务不当及设施不完备，故对于其摔伤所产生的经济损失，原告应自行承担。

北京市密云区人民法院依照《中华人民共和国侵权责任法》第三十七条，《中华人民共和国民事诉讼法》第六十四条之规定，作出如下判决：

驳回原告马某义的诉讼请求。

马某义以“园林中心自 2003 年接管公园至马某义受伤始终没有在事发路段安装照明设施，‘游客须知’提示牌亦没有提示公园中缺乏照明设施，且法制公园内管理混乱，也没有安全保卫人员，故园林中心没有尽到安全保障义务，应对马某义人身损害承担赔偿责任”为由上诉。北京市第三中级人民法院经审理认为：《中华人民共和国侵权责任法》第三十七条第一款规定：“宾馆、商场、银行、车站、娱乐场所等公共场所的管理人或者群众活动的组织者，未尽到安全保障义务，造成他人损害的，应当承担侵权责任。”需要注意的是，对于是否尽到安全保障义务的衡量标准，应符合社会一般价值判断，应控制在合理限度范围内。本案中，法制公园是公益性、开放性公园，根据法理和常理，正如一审法院所认定，对其安全保障义务不应苛求。园林中心作为法制公园的管理单位，固然要尽到合理限度内的安全保障义务，但马某义作为完全民事行为能力人，亦应对自身安全负充分的注意义务。法院认为，即使如马某义所主张，“游客须知”提示牌没有明示公园缺乏照明设施，且事发当时游园人数相对较多，马某义亦应根据自身能力结合公园实际情况选择安全的游园路线、适时采取安全避让措施以防可能发生的危险。因法制公园设有“游客须知”，事发路段路面较为平整，且马某义提供的证据不足以证明园林中心在安全保障方面存在过错，故对马某义要求园林中心承担赔偿责任的诉讼请求，法院不予支持。综上，马某义的上诉请求和理由没有事实及法律依据，法院不予支持，原判并无不当，应予维持。北京市第三中级人民法院依照《中华人民共和国民事诉讼法》第一百七十条第一款第一项的规定，作出如下判决：

驳回上诉，维持原判。

【法官后语】

本案处理的难点在于作为公益性质公园的管理者是否应当对在公园中不慎摔伤的游客承担民事侵权责任。

侵权责任法第三十七条第一款规定，宾馆、商场、银行、车站、娱乐场所等公共场所的管理人或者群众性活动的组织者，未尽到安全保障义务，造成他人损害的，应当承担侵权责任。民法典基本沿用了侵权责任法第三十七条的规定，但更加明确。民法典第一千一百九十八条规定：“宾馆、商场、银行、车站、机场、体育场馆、娱乐场所等经营场所、公共场所的经营者、管理者或者群众性活动的组织者，未尽到安全保障义务，造成他人损害的，应当承担侵权责任”。根据上述规定，公共场所既包括以公众为对象进行商业性经营的场所，也包括对公众提供服务的场所，除了本条的列举之外，码头、公园、餐厅等也都属于公共场所。因此能够确定公益性、开放性、免费性公园应当亦属于我国相关法律的“公共场所”的一种，受到安全保障义务的约束。

让公共场所的管理人承担侵权过错责任的前提是其是否尽到了安

全保障的义务，这种义务的具体内容，法条中虽然没有明确，但它既可能基于法律的明确规定，也可能基于合同义务，还可能基于诚实信用原则而产生，要看双方的举证是否到位。也就是说，即便是公益性公园，但不能因其具有开放性和免费性就可以免除责任，因此被告的答辩中关于“公园是公益性公园，不收取费用”则原告造成损伤与其无关的答辩意见，不能予以采纳。但是，也同样因为其开放性和免费性，使其管理人应当承担的侵权责任与其他收费性场所管理者的责任不尽相同。实践中，判断安全保障义务人是否已经尽到安全保障义务，一般可以参考该安全保障义务人所在行业的普遍情况、所在地区的具体条件、所组织活动的规模等因素，从侵权行为的性质和力度、义务人的保安能力以及发生侵权行为前所采取的防范、制止侵权行为的状况等方面，根据实际情况综合判断。对于公益性公园的管理人是否尽到了安全保障责任，应从以下两个方面进行分析。

一是公益性公园管理者的安全保障责任范围。公益性公园的管理者除应当履行对公园内硬件设备符合安全要求的静态义务外，还应当及时、勤勉地对安放在公园内的设施设备进行使用性能、安全性能的检查和维护，保障设施设备的正常使用，一直处于良好的动态运行状态，不存在危及人身或者财产安全的隐患；另外公园的管理者也应当对公园的环境进行安全评估及预测，保障游人安全。

二是对合理限度的理解。公益性公园的安全保障义务的限度应止于一般预见。公益性公园由政府或社会公益资金出资建造、维护，其并不进行盈利活动，不向公众收取费用，游客可以自由出入、游玩，游客和公园之间不存在服务合同关系。如果以营利性组织所要尽的严格的安全保障义务去要求公益性公园管理人，会加大政府管理该类型机构的成本，致使政府不愿意多设立这样的便民利民场所，导致公共性公园的萎缩，最终损害的是整个公民群体的合法权益。因此对被告的“安全保障义务”的认定应当止于一般预见，也即原告摔伤是否是被告所能预见的范围。根据双方陈述及所提交的证据上看，首先，原告虽然否认其长期穿行公园，但从其居住地点（就在公园附近），其应当对公园的设施设置有所了解。即使如原告所主张，“游客须知”提示牌没有明示公园缺乏照明设施，且事发当时游园人数相对较多，原告作为有完全行动能力的成年人应根据自身能力结合公园实际情况选择安全的游园路线、适时采取安全避让措施以防可能发生的危险。其次，正如前文所分析，石板路面略高于园林绿化路面的设置，是属于公园的一种设计，被告对道路两旁树木的栽种也没有不合理的设置，因此被告难以预见原告在正常行进过程中意外摔伤的可能，原告也无法举证游园人流过多或有人在道路上骑行等情形的存在，故被告已经尽到了一般预见限度内的安全保障义务，不应承担赔偿责任。

编写人：北京市密云区人民法院　王宁

058 公共场所安全保障责任如何认定

——吴某平诉某市场违反安全保障义务责任案

【案件基本信息】

1. 裁判书字号

北京市第一中级人民法院（2015）一中民终字第1114号民事判决书

2. 案由：违反安全保障义务责任纠纷

3. 当事人

原告（上诉人）：吴某平

被告（被上诉人）：某市场

【基本案情】

2014年2月25日下午5时许，原告吴某平至被告某市场处准备购物，因急需上厕所，便来到某市场内设置的公厕。如厕过程中吴某平在下台阶时摔伤。后吴某平诉至法院以某市场的厕所湿滑却没有设“小心滑倒”的警示标牌，未尽到安全保障义务为由要求被告赔偿其因伤遭受的各项经济损失共计103101.98元。

某市场认为吴某平作为完全行为能力人，未能小心行走是事故发生的主要原因。另外，吴某平摔倒时所处的厕所是向社会公众免费开放的场所，而其也并非该厕所的消费者。再者，该厕所的地面铺设的是防滑地砖，且安排有固定的人员定期打扫，故地面不存在湿滑的现象。综上，某市场认为吴某平要求其承担安全保障义务的主张，缺乏事实和法律依据，不予认可。

【案件焦点】

作为市场的管理人，某市场在本次纠纷中是否应当承担责任，如需承担责任应承担多大责任。

【法院裁判要旨】

北京市延庆县人民法院经审理认为：宾馆、商场、银行、车站、娱乐场所等公共场所的管理人或者群众性活动的组织者，未尽到安全保障义务，造成他人损害的，应当承担侵权责任。本案中，某市场作为厕所的管理人，在其拖完地面、地面比较湿滑的情况下，未放置明显的安全警示标志，造成吴某平不小心滑倒摔伤，未尽到安全保障义务，应承担次要责任。而吴某平作为完全民事行为能力人明知地滑，在如厕的过程中其对自身安全的注意义务不够，应承担主要责任，具体责任比例由本院酌定。关于吴某平要求的后续治疗费因该损失尚未实际发生，待其实际发生后，可另行诉讼。关于某市场已经履行妥善管理职责的辩称意见，因在庭审中被告认可在原告滑倒摔伤时并未放置明显的安全警示标志，故本院对某市场的该项辩称意见不予采纳。

北京市延庆县人民法院依照《中华人民共和国侵权责任法》第十六条、第二十六条、第三十七条之规定，作出如下判决：

一、被告北京康庄兴隆生活消费品零售市场中心（是否应该写成某市场?）赔偿原告吴某平医疗费 14761. 78 元、住院伙食补助费 500 元、护理费 1200 元、营养费 600 元、交通费 128 元，以上共计 17189. 78 元，于本判决生效后七日内履行；

二、驳回原告吴某平的其他诉讼请求。

吴某平持原审起诉意见提起上诉，要求撤销原审判决，改判某市场承担 70%的责任。北京市第一中级人民法院经审理认为：根据《中华人民共和国侵权责任法》第三十七条第一款及第二十六条的规定，某市场作为市场厕所的管理人，在地面湿滑的情况下，未尽到提示义务，在吴某平摔伤这一损害后果中，理应承担相应的责任。但吴某平系成年人，对地面湿滑的状况应系明知，在此情况下，作为行为人应对自身的安全尽到较高的注意义务，吴某平未尽到相应义务，存在过错，可以减轻某市场的责任。故原审法院根据现有证据，核定吴某平对损害发生承担主要责任，并认定双方各自承担的责任比例并不违反法律规定。吴某平此次摔伤后，如有后续治疗费用，待其实际发生后，可另行主张。综上，原审法院认定事实清楚，适用法律正确，依法应予以维持。

北京市第一中级人民法院依照《中华人民共和国民事诉讼法》第一百七十条第一款第一项之规定，作出如下判决：

驳回上诉，维持原判。

【法官后语】

安保责任纠纷案件的关键在于确定公共场所的管理人是否应当承担责任以及承担多大责任。本案中，吴某平为购物而来到某市场，则在自己的管理范围内，某市场应对吴某平负有一定安全保障义务。案中的厕所为某市场所设并由其管理，吴某平在此如厕理应享受市场安保待遇。某市场未在湿滑的厕所地面设置警示标牌为安保失职，应该承担责任。但吴某平作为完全民事行为能力人未对自身的安全尽到较高的注意义务，也存在过错，根据原《中华人民共和国侵权责任法》第二十六条规定，可以减轻某市场的责任。

值得注意的是，假设本案中吴某平进入某市场并非为购物，纯粹只是为了上厕所，那么市场是否还需承担责任？笔者认为市场仍需担责，因为市场疏于管理的行为如因此可免责的话并不利于其今后改进措施、改善管理，从而为今后更多进入市场的人埋下安全隐患。故除从事非法活动外，进入公共场所的一般人，即便其目的与该场所的功能并不契合，仍可享受该场所的安保义务，一方面有利于保护行为人的利益，另一方面也对公共场所管理者起到一定督促作用，同时又不至于对其过于苛责，符合公序良俗的精神。

本案涉及的《中华人民共和国侵权责任法》第十六条、第二十六条以及第三十七条第一款规定对应的是现行《中华人民共和国民法典》第一千一百七十九条、第一千一百七十三条以及第一千一百九十八条第一款规定，对比新旧法，《中华人民共和国民法典》对原侵权责任法的相关表述进行了一定的调整，使得条文用语更加精准。尤其是第一千一百九十八条第一款，在具体列举安保场所时增加了机场和体育场馆，并在等后面增加了“经营场所”与原公共场所并列作为前述列举场所的概括，同时增加“经营者”与原管理人、群众性活动的组织者并列作为责任主体，将安全保障义务发生的场所和责任主体进行了进一步细化和更精准的定义，确立了更明确的判断标准，使得安全保障制度更加完善。

编写人：北京市延庆区人民法院　姚梅娟

059 公共汽车管理人未尽安全保障义务致人死亡的责任承担

——余某妹等诉公交公司侵权责任案

【案件基本信息】

1. 裁判书字号

浙江省温州市中级人民法院（2014）浙温民终字第1227号民事判决书

2. 案由：侵权责任纠纷

3. 当事人

原告（被上诉人）：余某妹、黄某珍、黄某、黄某斌

被告（上诉人）：公交公司

【基本案情】

2013年7月1日早晨6时许，黄某林乘坐公交公司经营的公交车，从灵昆始发前往温州市区医院治疗。黄某林买票后，坐在右边第一排靠窗的位置。时至6时33分许，黄某林在座位上突然昏迷，有乘客发现后，便喊乘客昏倒了。6时35分36秒、38分56秒，因公交车两次刹车，黄某林的头部两次撞到座位前的栏杆上，相邻乘客帮其扶正坐好，同时，多位乘客喊售票员与驾驶员停车，但公交车辆还是继续行驶。直至黄某林口吐白沫，售票员才通知驾驶员停车。6时47分17秒，售票员拨打“120”急救中心电话。过了十几分钟后，救护车将黄某林送往医院抢救，经医院抢救无效死亡。

另查明，黄某林患有肾衰竭，经常进行血透治疗。医院诊断黄某林系心跳呼吸骤停而死亡。2013年7月1日6时40分51秒，公交车上有乘客拨打“120”急救中心电话。黄某林生前系温州市龙湾区退休干部。

被害人黄某林的妻子儿女余某妹、黄某珍、黄某、黄某斌认为公交公司未尽到安全保障义务，导致发生黄某林死亡的结果，严重侵犯了原告的合法权益。遂提起诉讼，要求：（1）判令公交公司立即赔偿原告损失313251.56元［其中抢救医疗费1358.06元、死亡丧葬费20043.5元、死亡赔偿金（按公交公司承担50%责任计算）241850元、精神损害抚慰金50000元］；（2）本案诉讼费由公交公司承担。

【案件焦点】

1. 运营中的公共汽车是否属于为公众提供交通服务的“公共场

所”，公共汽车的管理人未尽到安全保障义务，造成他人损害的，是否应当承担侵权责任；2. 用人单位的工作人员在执行工作任务时应作为而不作为，造成他人损害的，用人单位是否应当承担侵权责任。

【法院裁判要旨】

浙江省温州市鹿城区人民法院经审理认为：被告作为承运人，在承运过程中，负有救助患有急病乘客的义务。黄某林因患有肾衰竭疾病，在其乘坐被告的公交车前往医院就诊过程中出现昏迷，当同车的乘客发现后予以告知的情况下，作为被告工作人员的公交车售票员与驾驶员理应及时采取救助措施。但根据公交车上的监控录像显示并结合目击证人陈某弟、李某华的证言可知，在黄某林昏迷过程中被告工作人员没有及时采取相应的紧急救助措施，没有及时为黄某林的抢救赢得时间，被告的工作人员存在相应过错，应承担适当的赔偿责任。黄某林明知自己患有严重肾衰竭并可能引发昏迷，仍独自外出就诊，且黄某林死亡的直接原因系其自身肾衰竭引发心跳呼吸骤停，被告工作人员的过错行为仅是导致黄某林死亡的间接原因，故被告的赔偿责任应以原告方所受损失的10%为限。法院确认原告方诉请的黄某林医疗费1358.06元、丧葬费20043.50元（40087元/12月×6个月）、死亡赔偿金483700元（34550元×14年），合计505101.56元，为原告方所受全部损失。故被告应承担50510.16元。原告方要求被告赔偿精神损害抚慰金50000元，因黄某林的死亡主要系其自身疾病引发，故法院不予支持。黄某林系温州市龙湾区居民，应按城镇居民标准计算赔偿款。被告抗辩黄某林应按农村居民标准计算赔偿款，依据不足，法院不予采纳。依照《中华人民共和国侵权责任法》第六条第一款、第十六条、第十八条、第三十四条第一款的规定，判决如下：

一、被告公交公司于本判决生效之起五日内给付原告余某妹、黄某珍、黄某、黄某斌赔偿款 50510.16 元；

二、驳回原告余某妹、黄某珍、黄某、黄某斌的其他诉讼请求。

公交公司不服一审判决，提起上诉。

浙江省温州市中级人民法院经审理认为：《中华人民共和国侵权责任法》第三十七条第一款规定："宾馆、商场、银行、车站、娱乐场所等公共场所的管理人或者群众性活动的组织者，未尽到安全保障义务，造成他人损害的，应当承担侵权责任。"该条款所指的"公共场所"既包括以公众为对象进行商业性经营的场所，也包括对公众提供服务的场所，而在行驶运营过程中的公共汽车属于为公众提供交通服务的场所，故公交公司的公交车应当属于"公共场所"。公交公司的公交车配有售票员、驾驶员两位工作人员，其中售票员负有注意车内情况、遇到乘客身体突发情况时立即喊驾驶员停车的管理职责。2013 年 7 月 1 日 6 时 33 分许，售票员听到乘客喊声时，应当及时了解情况，直到 6 时 39 分许，已有多位乘客喊停车时，售票员仍未让驾驶员停车，其显然未尽到作为售票员应负的公交车管理职责，并对此具有过失。又根据《中华人民共和国侵权责任法》第三十四条第一款的规定，售票员在执行工作任务时未尽到注意义务，造成他人损害，应由其用人单位公交公司承担侵权责任。公交公司上诉主张其没有责任的理由不能成立，故不予支持。《中华人民共和国侵权责任法》第三十四条第一款规定的"执行工作任务"并未局限于积极行为，公交公司关于该条款仅适用于积极行为的上诉主张，不当限缩了该条款的适用范围，也不予采纳。本案争议的问题是公交公司作为公交车这一公共场所的管理人，是否未尽到安全保障义务而造成他人损害，故双方的纠纷系公共场所管理人责任纠纷，原审确定本案为生命权纠纷确有不当，应予以纠正。公交公司对本案案由提出的上诉主张成立，二审法院予以支持。黄某林生前系温州市龙湾区退休干部，原审适用城镇居民标准确定死亡赔偿金是正确的。综上，公交公司的上诉主张部分成立，但不影响原审判决结果，故对原审判决予以维持。

【法官后语】

1. 公共汽车是否属于民法典中的“公共场所”

《中华人民共和国民法典》第一千一百九十八条第一款：“宾馆、商场、银行、车站、机场、体育场馆、娱乐场所等经营场所、公共场所的经营者、管理者或者群众性活动的组织者，未尽到安全保障义务，造成他人损害的，应当承担侵权责任。”根据该规定，民法典中的公共场所应具有如下特征：一是公共性。公共场所必须是对外开放的，允许社会上一般公众自由进出。当然，这里的自由进出并不一定是指任何人的完全自由进出。二是管理性。即该公共场所由特定的组织或者特定自然人进行管理。三是服务性。这里所讨论的公共场所的宗旨必须是服务性的，包括营利性服务和公益性服务。《公共场所卫生管理条例》中第二条以列举的形式归纳了公共场所的范围：(1) 宾馆、饭馆、旅店、招待所、车马店、咖啡馆、酒吧、茶座；(2) 公共浴室、理发店、美容店；(3) 影剧院、录像厅（室）、游艺厅（室）、舞厅、音乐厅；(4) 体育场（馆）、游泳场（馆）、公园；(5) 展览馆、博物院、美术馆、图书馆；(6) 商业公司（店）、书店；(7) 候诊室、候车（机、船）室、公共交通工具。综合民法典中公共场所的三个特征，以及国务院上述条例关于公共场所的界定，应当可以认定本案中的公共汽车也属于民法典中的“公共场所”。

2. 公共管理人承担安全保障义务的判断标准

《中华人民共和国民法典》第一千一百九十八条是对安全保障义务的原则性规定，只是说明未尽到安全保障义务、造成他人损害的，应当承担侵权责任。总体上讲，该安全保障义务的“合理限度范围”，应当根据与安全保障义务人所从事的行业或者其他社会活动相适应的保障义务的必要性和可能性，结合案件的具体情况予以认定。判断的标准一般是该安全保障义务人的实际行为是否符合法律、法规或者特定的操作规程的要求，是否属于同类社会活动或者一个诚信善良的从业者应当达到的通常的程度。另外，预见可能性的大小也是作为判断保障义务是否属于“合理限度范围内”的标准之一。具体到本案，对于公交公司负有安全保障义务这一点并无大的争议，问题的关键在于死者黄某林在座位上突然昏迷后，公交公司何时给予救助才是尽到合理限度内的安全保障义务。本案中，被害人突然昏迷，2013 年 7 月 1 日 6 时 33 分许，已有乘客喊停车，售票员当时理应已经听到乘客的喊声，应当及时了解情况却未予理会，直到 6 时 39 分许，已有多位乘客喊停车时，售票员仍未让驾驶员停车，显然难谓其已尽到“合理的安全保障义务”，因此应依法承担侵权责任。

3. 工作人员消极不作为能否构成“执行工作任务”致人损害的侵权

民法典第一千一百九十一条规定，用人单位的工作人员因执行工作任务造成他人损害的，应由用人单位承担侵权责任。从文义解释来看，此处的“执行工作任务”致人损害，并未区分“主动实施行为造成他人损害”，或是履职期间违反安全保障义务等消极“不作为”致人损害，所以不能以违反安全保障义务属于“不作为”

为由，排除本条文的适用。同时，从立法原意来看，民法典本条的规定对使用人责任制度作了大幅度的改造。按照大陆法系传统理论，使用人责任采推定过错责任。被用者于执行职务中造成他人损害的，由使用者承担赔偿责任，但如使用者对于被用者之选任、监督已尽相当注意义务，则不承担赔偿责任。但在现代经济社会，使用人大多是企业，在招工的时候往往有资质要求、有严格的考核，单位内部有严格的规章制度和监督管理，很容易证明自己对于雇员之选任、监督已尽相当注意，亦即证明自己没有选任、监督过失，因而不承担责任。可见过错推定责任，对受害人不利。正是为了贯彻保护民事主体合法权益的立法目的，为了充分救济受害人，民法典第一千一百九十一条将使用人责任改成无过错责任，只要工作人员因执行工作任务造成他人损害的，无论用人单位举出什么样的证据，都不能推卸其侵权责任。

编写人：浙江省温州市中级人民法院　刘伟达

浙江省温州市鹿城区人民法院　陶静

060　如何认定经营者尽到合理限度范围内的安全保障义务

——葛某永诉徐某清等人身损害赔偿案

【案件基本信息】

1. 裁判书字号

江苏省无锡市中级人民法院（2013）锡民终字第1221号民事判决书

2. 案由：人身损害赔偿纠纷

3. 当事人

原告（被上诉人）：葛某永

被告（上诉人）：徐某清

被告（被上诉人）：夏某洁、王某才

【基本案情】

徐某清与葛某永系朋友关系。2011年3月11日下午2时许，徐某清、葛某永酒后到浴场洗澡，在更衣室里，葛某永与徐某清嬉闹摔跤，其间浴室老板王某才到更衣室现场进行了劝阻。王某才离开后，徐某清和葛某永继续嬉戏打闹。后徐某清将葛某永摔倒在地上，致葛某永头部着地，但没有明显的受伤症状。半小时后，徐某清与葛某永来到浴场吧台结账，徐某清结账后自行离开，葛某永在收银台北面的长沙发上休息。当日晚8时许，葛某永被发现躺在沙发上，脸色有点苍白、手脚冰凉，但未见头部或身体其他部位有出血的异样，在轻轻地打呼噜，就像睡觉一样。浴场服务员告知其葛某永可能喝多了酒，随即王某才电话联系葛某永的小舅子将葛某永送至江阴市某医院抢救。入院诊断为葛某永急性特重型颅脑损伤，经抢救脱离危险。葛某永为此前后花去门诊与住院医疗费用共计202511.24元。司法鉴定所出具的鉴定意见为：葛某永因意外受伤构成八级伤残，其伤情与夏某洁、王某才经营的浴场在葛某永自下午2点左右受伤至8点左右送到医院期间未能及时救治存在因果关系。南门浴场登记业主为夏某洁，2009年9月25日，夏某洁将该浴场转让给王某才。葛某永遂将徐某清、王某才、夏某洁诉至法院，要求徐某清赔偿各项损失共计501089.84元，王某才、夏某洁对上述损失承担连带赔偿责任。

【案件焦点】

夏某洁、王某才是否应对葛某永的损害承担过错赔偿责任。

【法院裁判要旨】

江苏省江阴市人民法院经审理认为：徐某清将葛某永摔倒在地致其头部损伤，徐某清对此负有主要责任，葛某永的行为对损害结果的发生存在一定的过错，也应承担相应的责任。葛某永至南门浴场洗澡，浴场有义务保障葛某永的人身安全。葛某永与徐某清在浴场嬉闹摔跤受伤，与浴场本身的服务行为没有直接的因果关系。王某才对葛某永与徐某清嬉闹摔跤进行了必要的劝阻，葛某永在浴室沙发上休息期间，从外观和行为举止判断不出葛某永已经受伤，其间也未曾要求浴场工作人员送他去医院或者拨打 120 等。因此，浴场无法预见到葛某永已经受伤，其已尽到了保障顾客人身安全的义务。故综合全案情况分析，南门浴场在本案中不存在过错，无须承担损害赔偿责任。综上，酌定徐某清与葛某永对葛某永的损害承担的赔偿责任比例为 7∶3。葛某永的各项损失合计 489391.74 元。

据此，江苏省江阴市人民法院依照《中华人民共和国民法通则》第一百零六条第二款、第一百一十九条，《中华人民共和国侵权责任法》第六条、第三十七条，《最高人民法院关于适用中华人民共和国侵权责任法若干问题的通知》第四条，《最高人民法院关于审理人身损害赔偿案件适用法律若干问题的解释》第十九条、第二十条、第二十一条、第二十二条、第二十三条、第二十四条、第二十五条、第二十八条，《中华人民共和国民事诉讼法》第一百四十四条之规定，作出如下判决：

一、葛某永因人身伤害造成的经济损失 489391.74 元，由徐某清赔偿 342574.22 元，扣除已付款 180000 元，余款为 162574.22 元，于本判决发生法律效力之日起十日内给付；其余部分由葛某永负担；

二、驳回葛某永的其他诉讼请求。

徐某清持原审起诉意见提起上诉。江苏省无锡市中级人民法院经审理认为：葛某永受伤系因与徐某清酒后在南门休闲浴场更衣室嬉闹摔跤、徐某清将葛某永摔倒在地所致，故徐某清作为侵权人应对葛某永受伤造成的经济损失承担赔偿责任。因本案系葛某永与徐某清酒后嬉闹摔跤引发，葛某永对本案损害结果的发生亦具有一定过错，故可适当减轻徐某清的赔偿责任。关于浴场是否要承担赔偿责任，应考察其是否已尽到合理范围内的安全保障义务予以确定。本案中，葛某永受伤系酒后与徐某清在浴场嬉闹摔跤中造成，并非浴场的服务行为所致。在葛某永与徐某清嬉闹摔跤过程中，王某才进行了劝阻；在嬉闹摔跤结束后，葛某永的外观及行为举止亦较为正常，并没有明显的受伤迹象。其在浴场沙发上休息期间，其亦未要求浴场送其至医院治疗。故虽然葛某永的伤情与其未能得到及时的救治存在因果关系，但其在嬉闹摔跤中实际已受伤的情况已超出浴场合理预见的范围。故综合全案情况分析，浴场在本案中不存在过错，无须承担损害赔偿责任。原审综合全案情况，酌定对葛某永受伤造成的经济损失，由葛某永自行承担 30%，由徐某清承担 70% 的赔偿责任亦无不当。据此，依照《中华人民共和国民事诉讼法》第一百七十条第一款第一项之规定，作出如下判决：

驳回上诉，维持原判。

【法官后语】

为了更好地保护社会公众在公共场所的人身、财产安全，《中华人民共和国民法典》第一千一百九十八条规定了经营者的安全保障义务。但经营者的安全保障义务并不是无限的，判断经营者是否需要对受害人承担赔偿责任，判断的标准为经营者是否尽到合理限度内的安全保障义务。

经营者违反安全保障义务应予赔偿的责任是一种过错责任，即未尽到“合理限度”范围内的安全保障义务才可认定其存在过错。判断安全保障义务的“合理限度”，应当以安全保障义务人所从事的行业性质、经营特点以及行为人是否尽到了同类交易情形下通常的注意义务作为衡量的尺度。对该合理限度的界定既关系到安全保障义务人责任的成立，又关系到其责任范围的确定。判断的标准可以包括以下几个方面：（1）该安全保障义务人的行为是否符合法律、法规、规章或者特定的操作规程的要求；（2）是否属于同类社会活动或者一个诚信善良的从业者应当达到的通常程度；（3）经营者对于损害的结果的可预见性及大小。

本案中，浴场虽然在葛某永受伤后未及时送诊救治，但浴场不存在过错，具体可以分为两个阶段进行考察：一是在葛某永与徐某清嬉戏摔跤过程中，浴场的老板王某才进行了劝阻和制止，虽然最终未能阻碍葛某永人身损害事故的发生，但其已经尽到了合理的安全保障义务；二是在葛某永躺在浴场沙发上休息时，虽然其已经受伤，但是未有受伤的明显特征，浴场工作人员对葛某永受伤的事实并不知情，且浴场的沙发本来就具有供顾客休息的功能，所以浴场的工作人员未能判断葛某永已经受伤的事实符合常理。另外，葛某永自身并未告知浴场的工作人员其已经受伤或向浴场的工作人员呼救，浴场的工作人员未将葛某永送往医院救治符合诚信善良人的行为，法律不应对其过于严苛。综上，浴室在葛某永受伤后未及时送诊救治不存在过错，其在将葛某永送往医院的过程中实施了积极的救助配合工作，故认定南门浴场已尽到合理限度内的安全保障义务，无须对葛某永的人身损害承担补充赔偿责任。

编写人：江苏省无锡市江阴市人民法院　李峰　廖宏娟

061 放弃对第三人继续索赔而要求安全保障义务人补充赔偿的应如何认定

——丁某六诉陈某刚、刘某人身损害赔偿案

【案件基本信息】

1. 裁判书字号

江苏省苏州市中级人民法院（2013）苏中民终字第1178号民事判决书

2. 案由：人身损害赔偿纠纷

3. 当事人

原告（上诉人）：丁某六

被告（被上诉人）：陈某刚、刘某

【基本案情】

丁某六系黄某寿之母，黄某寿没有结婚也没有生育子女。2012年1月24日13时30分许，王某在陈某祥烟杂店内，因琐事与黄某寿发生争执并扭打，在此过程中王某持板凳击打黄某寿头部，后黄某寿经抢救无效死亡。经法医鉴定，黄某寿系轻度外伤和情绪激动等因素促发自身潜在性冠状动脉粥样硬化性心脏病发作死亡。后人民检察院以故意伤害罪对王某提起公诉，该案在审理过程中，被害人黄某寿的母亲丁某六向法院提起附带民事诉讼，要求王某赔偿死亡赔偿金 526820 元、精神损害抚慰金 50000 元、丧葬费 20252.5 元、被扶养人生活费 20977.5 元、办理丧葬事宜误工费 3000 元、交通费 1000 元，合计经济损失 622050 元。该附带民事诉讼在审理过程中，丁某六与王某双方在庭后达成调解协议，在王某支付赔偿款 150000 元后丁某六不再要求王某赔偿，后丁某六向法院申请撤回附带民事诉讼。

陈某刚是陈某祥的儿子，与刘某系夫妻关系，陈某祥因年龄大，数年前已将陈某祥烟杂店交由陈某刚和刘某经营，该烟杂店经营范围为烟、小百货零售。陈某刚、刘某另在该烟杂店内私设有棋牌室。王某与黄某寿就是在该棋牌市内打麻将时发生争执继而扭打，导致黄某寿昏迷。事发后，陈某刚将黄某寿送至常熟市第一某医院抢救，花去医药费 532.4 元，后又支付丁某六 20000 元表示属于人道主义补偿，无须返还。

后丁某六以违反安全保障义务为由，将陈某刚、刘某告到法院，要求二人承担赔偿责任。陈某刚二人则认为，黄某寿之死与其无关，不应担责。

【案件焦点】

丁某六放弃对直接加害人王某继续索赔的权利后，是否能以棋牌室经营人陈某刚、刘某违反了安全保障义务为由，要求二人承担补充责任。

【法院裁判要旨】

江苏省常熟市人民法院经审理认为：第三人的侵权责任和安全保障义务人的补充责任有先后顺序。应先由第三人承担侵权责任，在无法找到第三人或者第三人没有能力全部承担赔偿责任时，才由安全保障义务人承担补充责任。丁某六已经就自身的损失向王某提起附带民事诉讼，而且双方就赔偿问题达成一致意见，后丁某六撤诉，并表示不再要求王某赔偿。至此，丁某六的民事赔偿问题已经处理完毕。陈某刚、刘某在事发时为抢救黄某寿垫付的医药费532.40元及事发后支付丁某六20000元，并表示不要求丁某六返还，予以准许。

江苏省常熟市人民法院依照《中华人民共和国民事诉讼法》第六十四条、第一百四十四条，《最高人民法院关于民事诉讼证据的若干规定》第二条之规定，判决如下：

一、陈某刚、刘某补偿丁某六20532.40元（已履行）；

二、驳回丁某六的其他诉讼请求；

丁某六持原审起诉意见提起上诉。江苏省苏州市中级人民法院经审理认为：对于安全保障义务人的补充赔偿责任，应该从以下两个方面去理解：加害人负有侵权赔偿责任；加害人没有能力承担赔偿责任的，安全保障义务违反人在其能够防止或者制止损害的范围内承担补充赔偿责任。具体而言，首先，只有在第三人无力赔偿的情况下，安全保障义务人才承担责任；其次，安全保障义务人的补充责任不是指与直接侵权人承担连带责任，即使在第三人无力赔偿的情形下，安全保障义务人承担责任的范围也要与其过失程度相适应，即与其未尽履行管理职责的程度相适应。在本案中，丁某六已经就赔偿责任与直接侵权人王某达成调解，并不再要求王某继续赔偿，实际上就是放弃了对直接侵权人继续索赔的权利，因此也就没有依据要求陈某刚、刘某承担补充赔责任。当然，陈某刚、刘某自愿垫付医药费532.40元及补偿丁某六20000元，系对其权利的正当处分，及对其安全保障义务范围内可能应付责任的自愿承担，对此行为，应予以肯定。

江苏省苏州市中级人民法院依照《中华人民共和国民事诉讼法》第一百七十条第一款第一项之规定，判决如下：

驳回上诉，维持原判。

【法官后语】

本案中，丁某六已经就自身的损失向王某提起刑事附带民事诉讼，而且双方就赔偿问题达成调解。丁某六不再要求王某继续赔偿，实际上就是放弃了对直接侵权人继续索赔的权利，因此其要求安全保障义务人承担补充责任违背了补充责任承担的后序性。该案例厘清了经营者在第三人侵权情况下安全保障责任判定的审理思路，明确了安全保障义务人承担责任的次序，对今后同类案件的审理具有一定的指导意义。

1. 如何判断经营人是否构成对安全保障义务的违反

根据民法典的规定，安全保障义务人的补充责任适用过错责任原则。在实务中，判断是否存在过错一般是根据客观标准展开的，如以“善良家父”或“合理人”的要求判定，若经营者已尽到安全保障义务，则其不具备过错，否则便认定为存在过错，须承担与过错程度相应的补充责任。笔者认为，从客观标准来进行归责，可以结合所从事的事务是否合法、损害行为的来源、风险的预防和控制、一般人的感受四个方面进行判断。本案中，陈某刚二人经营的棋牌室未有相应审批手续，且基于通常的理解，类似封闭经营空间和所涉经营内容较易引发冲突，因此应当承担更严格的安全保障义务。应重点审查陈某刚二人在冲突发展的过程中，是否采取比通常情况下，更加积极且必要的措施阻止冲突的升级，如果没有，则可以认定其已经构成对安全保障义务的违反。

2. 关于补充责任承担的后序性的理解

从法律条文不为所动文义来理解，第三人是其自身加害行为的直接责任人，安全保障义务人承担补充责任具有后序性，即安全保障义务人只有在受害人无法从第三人处获得赔偿时才承担责任。审判实践中一般直接判定实施加害行为的第三人应承担的责任后，再判定安全保障义务人“在其能够防止或者制止损害的范围内”承担补充责任的比例，对于第三人是否具备偿还能力，一般可以在执行阶段根据相应的程序和措施进行认定，第三人确无履行能力的，再启动对安全保障义务人补充责任的执行。因补充责任存在后序性，受害方与第三人达成调解并主动放弃对第三人继续索赔的行为，其已就对自身的损失和直接加害人进行了处分，第三人继续赔偿责任已经消灭，自然无法再要求安全保障义务人承担补充责任。

3. 新旧法衔接情况说明

根据民法典第一千一百九十八条的规定，经营场所的经营者未尽到安全保障义务，造成他人损害的，应当承担侵权责任。因第三人的行为造成他人损害的，由第三人承担侵权责任，经营者未尽到安全保障义务的，承担相应补充责任。经营者承担补充责任后，可以向第三人追偿。民法典的规定在延续了原侵权责任法相关条文规定的基础上，采纳了“追偿肯定论”的观点。安全保障义务人只有在未尽安全保障义务行为的前提下，才对被侵权人承担责任，且该补充责任相对第三人的责任依然存在后序性，并与安全保障义务人的过程程度相符。该规定也是基于对被侵权人与安全保障义务人利益衡平的考量。

编写人：江苏省苏州市常熟市人民法院　曾昊清　张金梁

062 商业公司安全保障义务的合理限度

——成某芳诉商业公司人身损害赔偿案

【案件基本信息】

1. 裁判书字号

江苏省南通市中级人民法院（2013）通中民终字第 0702 号民事判决书

2. 案由：人身损害赔偿纠纷

3. 当事人

原告（上诉人）：成某芳

被告（上诉人）：商业公司

【基本案情】

2011 年 11 月 15 日 12 时 37 分左右，成某芳从商业公司二楼乘下行自动电梯时摔倒受伤。成某芳受伤后经通州区中医院诊断为“右胫腓骨骨折”，进行右胫腓骨骨折切开复位内固定术，住院 9 天，前后共用去医药费 13658.25 元。

2012 年 8 月 31 日，某司法鉴定所对成某芳的伤情作出鉴定，鉴定意见为：成某芳右胫腓骨骨折，一般需休息 6 个月；住院期间需 2 人护理，出院后 1 人护理 2 个月；营养期限为 2 个月。

案涉自动人行道电梯由电梯公司制造，出厂编号为 07HJJ81×××，使用地点是商业公司东侧 2 层-1 层东台（下行），维保单位是建筑安装公司。2011 年 11 月 10 日，该梯经某特种设备安全监督检验研究院检验为合格，下次检验日期为 2012 年 11 月 4 日。建筑安装公司每月两次对该梯进行维修保养，对整机运行状况、出入口安全警告标识、启动设置等项目检查后作出记录表，其中2011年10月27日、11月11日、11月26日的记录表上都评定正常。

商业公司提供的监控录像显示，成某芳踏上扶梯时没抓扶手，并在上面行走，经过一段时间后，成某芳摔倒，但录像无法看清其摔倒过程。事发后，成某芳被同行人员搀扶着走出扶梯。成某芳对其摔倒原因表述含糊不清。

2012年12月，成某芳起诉商业公司作为公共场所的管理人，未尽到安全保障义务，应承担赔偿责任，请求商业公司赔偿损失46924.25元。

【案件焦点】

商业公司是否尽到了合理限度内的安全保障义务。

【法院裁判要旨】

江苏省南通市通州区人民法院经审理认为：成某芳乘坐自动扶梯，未按警示标识握好扶手安全通行，其对自身伤害应承担主要责任。商业公司作为管理者，应明知电梯正常运行中也存在使人摔倒的危险可能性，应提供尽可能安全、便利的其他购物通道并明示告知。但商业公司的消防通道楼梯，位置不明显，让顾客无从知晓并通行。故商业公司未在合理限度内尽到安全保障义务，应对成某芳在电梯上造成的人身伤害承担次要责任。

关于成某芳的损失，医药费13658.25元、取内固定医药费用6000元、住院伙食补助费162元（9天×18元/天）、营养费750元（75天×10元/天）、护理费4650元（93天×50元/天）；根据成某芳的就诊地点和所需护理人员情况，交通费酌情考虑100元；成某芳右胫腓骨骨折，治疗恢复期间用拐杖合情合理，对其主张的拐杖费

155 元予以支持；成某芳当庭陈述没有工作，故不支持其误工费主张。成某芳的损失合计人民币 25475. 25 元。

江苏省南通市通州区人民法院依照《中华人民共和国侵权责任法》第三十七条第一款、第二十六条、第十六条之规定，作出如下判决：

一、商业公司于本判决发生法律效力后 10 日内赔偿成某芳损失 7643 元；

二、驳回成某芳的其他诉讼请求。

一审判决后，成某芳与商业公司均不服，遂提起上诉。江苏省南通市中级人民法院经审理认为：成某芳在商业公司购物乘坐自动扶梯时不慎摔伤造成伤害，成某芳作为一个完全民事行为能力人，具有注意义务而未能注意自身安全，对损害的发生自身负有过错，应承担主要责任。根据《中华人民共和国侵权责任法》第三十七条第一款的规定，商业公司负有合理限度范围内的安全保障义务。安全保障义务的范围既包括配套服务设施设备的安全保障，也包括安保人员的配备以应对可能出现的危险，对可能存在的危险情况进行警示说明，对于已经发生的风险进行积极的救助等。本案中，商业公司虽对电梯进行定期检验、保养，张贴了使用安全守则，具有一定的警示作用，但在成某芳摔倒后并未及时采取制动措施，也无相关人员及时出面予以救助。故成某芳的摔伤与商业公司未完全尽到安全保障义务有一定的关联，商业公司应当承担相应的民事责任。原审法院认定成某芳的摔伤与商业公司未尽合理限度内的安全保障义务相关，判决其承担部分责任并无不妥。商业公司认为其尽到了安全保障义务的上诉理由不能成立，法院不予采纳。关于误工费的问题，成某芳未能提供充分证据证明其相关损失，故对其误工费主张不予支持。两上诉人的上诉理由均不能成立，法院不予采纳。原审判决依法予以维持。

江苏省南通市中级人民法院依照《中华人民共和国民事诉讼法》第一百七十条第一款第一项之规定，作出如下判决：

驳回上诉，维持原判。

【法官后语】

民法典第一千一百九十八条规定，宾馆、商场、银行、车站、娱乐场所等公共场所的管理人或群众性活动的组织者，未尽到安全保障义务，造成他人损害的，应承担侵权责任。这是经营者负有安全保障义务的法律规定。而经营者的安全保障义务并不是无限度的，经营者只可能在合理限度范围内承担安全保障义务。而如何衡量“合理限度”，是司法实践中比较难以掌握的问题，直接关系经营者有无责任以及责任的大小。

经营者安全保障义务原则上应尽到以下两点：首先，经营者应当保障其经营场所的建筑物及其配套服务设备、设施的安全性，使之符合国家强制标准或相应的行业标准或法律许可的基本安全标准。这是对经营者硬件方面的要求。其次，经营者应当根据其从事的行业特点和经营场所可能出现的危险，配备相应数量的、合格的安全保障人员，保障消费者的人身和财产安全。例如，安全保障人员具有相应的专业知识，认真、积极地履行保护义务，有效保障消费者的人身、财产安全，在危险发生后，提供积极救助等，以避免损害的发生或损失的扩大。

本案中，商业公司提供了符合要求的自动人行道电梯，并进行了相关风险提示，可以说尽到了一定范围的安全保障义务。但商业公司未对运行风险较高的自动人行道电梯配备安保人员，以致在事故发生后未能及时采取有效措施制止侵害行为，也未能对受害人进行及时救助，其服务明显存在一定瑕疵。因此，可以判定商业公司未完全尽到合理限度的安全保障义务，应承担一定的责任。

本案判决于民法典编纂之前，适用原《中华人民共和国侵权责任法》第三十七条第一款有关违反安全保障义务的侵权责任的规定作出判决。《中华人民共和国民法典》第一千一百九十八条规定了住宿、餐饮娱乐、银行、交通运输等公共场所的经营者、管理者或者群众性活动组织者的安全保障义务以及违反安全保障义务应承担的责任。该条对侵权责任法第三十七条进行了修改，修改的内容主要体现在两个方面：一是对第一款的修改，在列举式中增加了机场、体育场馆这两类典型的公共场所，另外将安全保障义务主体表述由原来的“公共场所的管理人”调整为“经营场所、公共场所的经营者、管理者”；二是第二款增加规定了安全保障义务主体在承担相应的补充责任后，有权向实施了直接侵权行为的第三人追偿。民法典新规定，对于安全保障义务的规定更加详细，表述更为准确。本案的判决，亦符合民法典的规定。

编写人：江苏省南通市通州区人民法院　金永南

063　公共场所管理人安全保障义务“合理范围”的界定

——刘某信诉房地产公司违反安全保障义务责任案

【案件基本信息】

1. 裁判书字号

北京市第二中级人民法院（2012）二中民终字第12972号民事判决书

2. 案由：违反安全保障义务责任纠纷

3. 当事人

原告（上诉人）：刘某佶

被告（被上诉人）：房地产公司

【基本案情】

2012年2月16日20点45分许，原告途经被告管理的某大厦的停车场，在行人入口处，被一条无人牵着的大狗冲撞，致原告摔伤，狗主人逃逸。该停车场系一个根据市政府要求常年向社会车辆及社会居民开放的公共活动场所，每日都会有周边居民进入该停车场游玩、散步、遛狗等。调取的现场监控录像显示，该狗主人未用绳子牵狗，在停车场遛狗近两个小时，无一名被告的保安前来制止。原告认为，原告摔倒致门牙受损，不仅影响就餐且严重影响原告的形象，对原告工作、婚姻及其生活均有深远影响，被告属于安全保障义务人，应履行提醒告知义务，应承担违反安全保障义务的责任。

【案件焦点】

被告是否因未尽到安全保障义务而应对原告承担赔偿责任。

【法院裁判要旨】

北京市东城区人民法院经审理认为：本案的焦点在于被告是否属于未能尽到防止第三人侵权的安全保障义务。就本案而言，判断被告是否应承担安全保障义务侵权责任，关键在于被告是否有过错，原告所受损害是否属于被告能够防止或者制止的损害范围。首先，公共场所管理人或者组织者安全保障义务的范围应当根据公共场所管理人或者组织者本行业的性质、特点和条件来确定。就停车场性质而言，主要是对停放车辆和停车场内设施进行管理维护，对停车场内可能存在的危险情况进行警示说明，以及对于已经发生的危险进行积极的救助，防止损失的扩大，且上述危险情况应为停车场管理者所能预见和判断的。被告所管理的停车场是非封闭式的停车场，允许行人穿行，且不属于禁止遛犬区域，犬只未被采取安全措施，并非停车场管理者所能预见的。且被告不享有对未采取安全措施的犬只的执法权，对动物饲养人或者管理人违反相应的养犬管理规定的行为进行制止不应属于被告法定必须履行的义务。其次，据录像显示，原告当时未报警，也未向停车场管理人员求助，事发后自行离开，由此可知，被告也不存在未尽对已经发生的危险进行积极的救助、防止损失扩大的安全保障义务的行为。综上，被告并非未能尽到防止第三人侵权的安全保障义务，但从社会公德方面考虑，被告如发现违反养犬管理规定的行为应适当予以提醒，现被告愿意给付原告 800 元，本院对此不持异议。

北京市东城区人民法院依照《中华人民共和国侵权责任法》第三十七条，《最高人民法院关于审理人身损害赔偿案件适用法律若干问题的解释》第六条之规定，作出如下判决：

一、自本判决生效之日起 7 日内，被告房地产公司给付原告刘某信人民币 800 元；

二、驳回原告刘某信的其他诉讼请求。

刘某信持原审起诉意见提起上诉。北京市第二中级人民法院依照《中华人民共和国民事诉讼法》第一百五十三条第一款第一项之规定，作出如下判决：

驳回上诉，维持原判。

【法官后语】

本案处理重点主要在于安全保障义务人合理限度范围内的界定。虽《最高人民法院关于审理人身损害赔偿案件适用法律若干问题的解释》2020年修正与2022年修正时均删除原第六条之规定，但该条规定与民法典第一千一百九十八条规定精神并不冲突，亦有利于前后裁判尺度的统一，故仍具备参考意义。民法典第一千一百九十八条第二款规定的“经营者、管理者或者组织者未尽到安全保障义务的”判断，仍可借鉴该条对于“合理限度范围”的界定与适用。具体到审判实践中，对于未尽到安全保障义务的界定需要衡量的因素众多，如根据收益与风险相均衡的原则，安全保障义务人是否受益，如为公益性机构，其安全保障义务自然较盈利性机构低；从法律经济学的角度讲，预防和控制风险的成本是否能为安保义务人所承受；从降低损害后果的角度讲，安保义务人是否采取了积极的救助措施等。

具体到本案中，需要考虑的问题则是，被告对停车场的安全是否达到了法律、法规、行业规程等所要求达到的注意程度，或是否达到了一个诚实善良的经营者所应达到的注意程度？事发时间是否在其正常营业时间之内？其注意义务是否与其经营条件和规模相适应？是否需超出其本行业的性质、特点？其是否在危险发生后怠于进行积极的救助而致受害者损失扩大？一审、二审法院对本案停车场的安全保障义务责任范围的界定基本都采用了以上的分析路径。

由此也应认识到，对于未尽到安全保障义务的界定，不仅需要法官严格依法办案，更需要法官具备一定的生活实践经验，以切实做到司法效果和社会效果的统一，充分保障司法的公平、正义。

编写人：北京市东城区人民法院　张绪纯、乔宇

064 购房者看房过程中的安全保障义务应由哪方承担

——黄某祥诉房地产公司、工程公司违反安全保障义务责任案

【案件基本信息】

1. 裁判书字号

福建省厦门市中级人民法院（2012）厦民终字第1767号民事判决书

2. 案由：违反安全保障义务责任纠纷

3. 当事人

原告（被上诉人）：黄某祥

被告（上诉人）：房地产公司

被告：工程公司

【基本案情】

2010年12月24日，黄某祥认购了被告房地产公司位于商品房项目×楼×层×单元，与房地产公司签订了商品房认购协议书，同时交付了定金三万元整。次日，黄某祥介绍戴荣跃、戴启琼到房地产公司商品房项目处，售楼人员带领三人至由工程公司施工的在建工地看房，看房过程中由于工地电梯无人，四人便决定走楼梯上楼。在此过程中黄某祥行走的楼面模板突然断裂，致其摔落至地下室，导致下肢骨折。后经伤残等级鉴定为十级伤残。黄某祥住院期间，房地产公司已垫付各项费用43101.97元。房地产公司认为，黄某祥的所受伤害与房地产公司签订商品房认购协议书

没有因果关系；黄某祥系完全民事行为能力人，其应当对其自身造成的伤害承担相应的责任。工程公司认为，黄某祥与工程公司没有任何关系；黄某祥系完全民事行为能力人，其受到的伤害是由其自身过错原因造成，应当为自己的行为承担全部责任；工程公司对原告的摔伤没有过错，没有侵权行为，不应承担责任，即使要承担赔偿责任也应由房地产公司承担。

【案件焦点】

1. 开发商对进入存在一定安全隐患的在建工地的购房者的人身安全是否负有安全保障义务；2. 房地产公司与工程公司之间应如何承担赔偿责任。

【法院裁判要旨】

福建省厦门市集美区人民法院经审理认为：黄某祥所摔伤之处是在一个不能承重的模板覆盖的天井，模板掩盖了危险的存在，常人无法判断其存在潜在危险，故无法作出回避危险的判断，因此黄某祥对自己的损害没有过错。施工方作为工地的管理者，应对该隐蔽危险的存在承担责任。售房者既然同意看房者进入工地，就应履行概括性的安全保障义务。二被告均未履行应尽的注意义务，应对损害负担连带赔偿责任。依照《中华人民共和国民事诉讼法》第六十四条之规定，判决如下：

被告房地产公司、被告工程公司应于本判决生效之日起10日内连带赔偿原告黄某祥住院伙食补助费、交通费、误工费、伤残赔偿金、鉴定费、精神损害赔偿金共计89329元。

原审判决以后房地产公司提起上诉。福建省厦门市中级人民法院依照《中华人民共和国民事诉讼法》第一百五十三条第一款第一项的规定，判决如下：

驳回房地产公司的上诉，维持原判。

【法官后语】

注意义务乃现代侵权法上过失判定的指标或者基准，是过失及其判断标准客观化的必然结果，它使过失判断具有简便易行的特征，非常有利于过失的判定，因而对于受害人的救济和公平的实现具有十分重要的意义。民法上的注意义务是义务主体谨慎地为自己一切行为（包括作为和不作为）的义务，其核心内容包括行为致害后果预见义务和行为致害后果避免义务。我国法律对注意义务进行了规定，2003 年《最高人民法院关于审理人身损害赔偿适用法律若干问题的解释》第六条第一款规定："从事住宿、餐饮、娱乐等经营活动或者其他社会活动的人、法人、其他组织，未尽合理限度范围内的安全保障义务致使他人遭受人身损害，赔偿权利人请求其承担相应责任的，人民法院应予支持。"2021 年民法典第一千一百九十八条也对此进行了规定，"宾馆、商场、银行、车站、机场、体育场馆、娱乐场所等经营场所、公共场所的经营者、管理者或者群众性活动的组织者，未尽到安全保障义务，造成他人损害的，应当承担侵权责任。因第三人的行为造成他人损害的，由第三人承担侵权责任；经营者、管理者或者组织者未尽到安全保障义务的，承担相应的补充责任。经营者、管理者或者组织者承担补充责任后，可以向第三人追偿"。对注意义务的考察必须置于侵权过失的认定之中。而在过失的认定中，第一步就是确定有无损害的发生，从客观上判断是否有可能避免致害后果的发生以及行为人采取什么样的行为才能避免致害后果的发生，以确定能否排除不可抗力和意外事件的存在；第二步就是判断采取避免措施是否属于行为人的义务、是怎样的一种义务；第三步，在注意义务得到确认以后，再考虑行为人是否具有注意能力，如果行为人具有注意能力而未采取避免措施从而导致损害的发生，行为人就是违反了注意义务，就应当依法承担过失侵权责任。

1. 为什么购房者不用承担责任

本案中，黄某祥系与其朋友在房地产公司售楼人员带领下到在建工地看房过程中受伤。根据双方无异议的事故现场照片，模板系完全、固定的覆盖在天井之上，且现场凌乱不堪处于未完工状态，常人既无法得知此处通道功能设计情况，也无法从外观判断出此处系由模板覆盖且模板承重能力较低，因此黄某祥对自己的损害没有过错。

2. 为什么开发商及施工方对购房者因看房行为而造成的损害承担连带赔偿责任

本案中，购房者进入存在一定安全隐患的在建工地发生损害的，施工方作为工地的管理者，应对该隐蔽危险的存在承担责任。售房者既同意看房者进入工地，就应履行概括性的安全保障义务。开发商与施工方均未履行应尽的注意义务，施工方与售房者对注意义务的关注度是没有区别的，因此应对购房者的损害负担连带赔偿责任。

编写人：福建省厦门市集美区人民法院　张亚芬

065 无约定情形下的合理注意和安全保护义务如何认定

——许某梅、邵某根诉罗某换等人身损害赔偿案

【案件基本信息】

1. 裁判书字号

江苏省宿迁市中级人民法院（2012）宿中民终字第1194号民事判决书

2. 案由：人身损害赔偿纠纷

3. 当事人

原告（被上诉人）：许某梅、邵某根

被告（上诉人）：时某岭、罗某换

被告：姜某兵、严某军、葛某烨

【基本案情】

2011年10月29日下午，杨某、严某军、时某岭、葛某烨、姜某兵准备到洪泽湖看人采砂，杨某、严某军、时某岭、葛某烨四人一起乘车从泗阳县城驶往泗阳县裴圩镇，姜某兵驾驶自己的金杯车在裴圩镇等待。到达裴圩镇时，杨某在路过泗阳县裴圩镇移动营业厅时，经邵某某母亲许某梅同意，将邵某某带走，后杨某将邵某某带至姜某兵车前，严某军等对杨某说："谁家的小孩？湖底水深、风大，危险。"杨某回答："朋友家的，没有事，我带他出去玩玩。"于是杨某等乘坐姜某兵驾驶的金杯车从裴圩镇驶向洪泽湖。到洪泽湖边后，姜某兵联系了罗某换，让罗某换驾驶自己的快艇送杨某等到湖中，后杨某、邵某某、严某军、时某岭、

葛某烨乘坐罗某换驾驶的快艇往洪泽湖中驶去，姜某兵未一同前往。快艇到达洪泽湖中采砂船边后，严某军、时某岭、葛某烨、罗某换先登上采砂船，杨某在快艇上对邵某某说："二毛，你坐着不要动弹，不要狂。"邵某某回答后，在无防护措施情况下，杨某也登上采砂船，将邵某某单独留在快艇上，后邵某某落水死亡。经鉴定，邵某某死亡原因为溺死。

【案件焦点】

特定情形下，未与监护人约定未成年人安全保护义务的成年人，对未成年人所遭受的损害是否应承担赔偿责任。

【法院裁判要旨】

江苏省泗阳县人民法院经审理认为：行为人因过错侵害他人民事权益，应当承担侵权责任。根据《中华人民共和国未成年人保护法》第二十一条第一款的规定："未成年人的父母或者其他监护人不得使未满八周岁或者由于身体、心理原因需要特别照顾的未成年人处于无人看护状态，或者将其交由无民事行为能力、限制民事行为能力、患有严重传染性疾病或者其他不适宜的人员临时照护。"杨某经许某梅同意，将邵某某带走，双方形成临时委托监护关系，杨某负有照看邵某某的义务。杨某将邵某某带至洪泽湖中，乘坐罗某换驾驶的快艇到采砂船边，将邵某某独自留在快艇中，使邵某某身处危险环境又无任何安全保护措施且无人看护的状态，导致邵某某溺水身亡，杨某违反了照看义务，被追究刑事责任，其对邵某某的死亡存在过错，应承担相应的责任。本案罗某换作为快艇的所有权人，未依法取得驾驶资质，在将杨某、邵某某等运至洪泽湖中时，未采取安全防护措施，未让乘艇人穿救生衣，在无安全防护措施的情况下先于离开快艇，对乘艇未成年人邵某某的死亡具有过错，应承担相应的责任。姜某兵对邵某某的死亡没有过错，不应承担责任。时某岭与杨某等明知邵某某系未成年人，同意邵某某一同前往并一同登上快艇，却在共同行为时的危险环境下未对邵某某尽到必要且合理的照看义务，具有一定过错，应承担一定责任。依照《中华人民共和国侵权责任法》第六条，《最高人民法院关于审理人身损害赔偿案件适用法律若干问题的解释》第十七条、第三十五条和《中华人民共和国民事诉讼法》第一百二十八条之规定，作出如下判决：

一、被告罗某换于本判决生效后10日内赔偿原告许某梅、邵某根各项费用共计50000元；

二、被告时某岭于本判决生效后10日内赔偿原告许某梅、邵某根各项费用共计20000元；

三、被告严某军于本判决生效后10日内赔偿原告许某梅、邵某根各项费用共计20000元；

四、被告葛某烨于本判决生效后10日内赔偿原告许某梅、邵某根各项费用共计20000元；

五、驳回原告许某梅、邵某根对被告姜某兵的诉讼请求；

六、驳回原告许某梅、邵某根的其他诉讼请求。

时某岭、罗某换上诉后，江苏省宿迁市中级人民法院依法维持原判。

【法官后语】

《中华人民共和国未成年人保护法》第六条第一款规定，保护未成年人，是国家机关、武装力量、政党、人民团体、企业事业单位、社会组织、城乡基层群众性自治组织、未成年人的监护人以及其他成年人的共同责任。第二十一条第一款规定，未成年人的父母或者其他监护人不得使未满八周岁或者由于身体、心理原因需要特别照顾的未成年人处于无人看护状态，或者将其交由无民事行为能力、限制民事行为能力、患有严重传染性疾病或者其他不适宜的人员临时照护。未成年人受其年龄、知识、阅历的限制，认知能力和行为能力的欠缺，往往对事物缺乏正确的认识和判断，对影响其安全的环境或者因素缺乏应有的考量和危机意识。相对来说，同意未成年人加入共同行为的成年人，在共同行为过程的同环境下对危险的判断和掌控能力均较高，即使对未成年人没有约定的看护义务，也应对未成年人尽到合理且必要的提醒、防护、制止等安全保护义务。若成年人未尽到相应的未成年人保护义务，则应承担与其过错程度相当的赔偿责任。

1. 未成年人保护义务来源于法律的直接规定和当事人之间的约定，具备法定性和约定性双重属性。

其法定性体现在：适格主体在特定的时间、环境、场合下，需要对未成年人尽到合理且必要的提醒、防护、制止等安全保护和注意义务。例如，成年人在进行某项具有一定危险性的活动或者行为时，同意未成年人共同参与、共同加入，那么在共同行为过程中，面对危险或者可能存在风险隐患的情况时，应当对未成年人尽到合理且必要的提醒、防护、制止等安全保护义务，该义务不以成年人与未成年人的监护人之间存在委托照看、监护关系为前提。其约定性则主要体现在：经未成年人的监护人同意，将未成年人带离其监护人身边，则对未成年人的人身、财产安全负有当然保护义务，保护未成年人的人身、财产免受损害。

2. 在义务法定的情况下，认定成年人对未成年人是否尽到合理且必要的安全保护义务，以及对造成未成年人的损害是否具有过错，需要综合考量损害发生的原因、场合、时间等多项因素，并结合成年人对于危险、损害等的发生是否可预见、可控制、可避免，不能无限扩大一般成年人对相关未成年人法定安全保护义务的范围和限度。如果成年人确实未尽到合理且必要的安全保护义务造成未成年人损害的，即使彼此之间无委托照看、监护义务也需承担与其过错相适应的责任。

3. 当未成年人安全保护义务来源于多重法定保护义务或约定义务重合叠加时，相应主体未尽到保护义务的过错程度也随之加大，所承担的赔偿责任也会较其他主体加重。

编写人：江苏省宿迁市泗阳县人民法院　刘玲

066 旅游服务者因未履行安全保障义务对游客造成损害的应当承担相应赔偿责任

——许某敏等诉旅行社公司人身损害赔偿案

【案件基本信息】

1. 裁判书字号

江苏省徐州市人民法院（2011）徐民终字第1523号民事判决书

2. 案由：人身损害赔偿纠纷

3. 当事人

原告（上诉人）：许某敏、周某礼、吴某群、周某希

被告（被上诉人）：旅行社公司

【基本案情】

2009年7月13日，某粮食储备库为组织本单位职工旅游与旅行社公司签订《江苏省国内旅游合同》，旅游内容为：日照二日游。周某德作为某粮食储备库的职工参加了该次旅游活动。2009年7月18日，旅游团到达日照后，旅行社公司委托旅行社公司提供当地导游服务。按照约定当日下午的旅游活动内容是到海滨浴场游玩。在前往海滨浴场前，导游向旅行团告知海水浴不在服务范围内，属自愿项目，发生意外责任自负，包括周某德在内的17名游客在提示上签了字。抵达海滨浴场后，因无停车位，导游又将旅游团带至浴场。周某德在下海游泳时发生溺水事故，经某医院抢救无效后，于2009年7月27日死亡。事故发生时，浴场正处于维修阶段，海水浴场游客须知以及友情提示中均有该海水浴场“停止营业，海上无任何防护设施，严禁游客下海游泳冲浪”等内容。许某敏、周某礼、吴某群、周某希分别是周某德的妻子、父亲、母亲和儿子，因赔偿事宜与旅行社公司协商未果，遂起诉到一审法院，要求旅行社公司赔偿各项损失共计743717.84元。旅行社公司认为，在前去旅游地点时导游已经告知所带入地点均禁止下海，如发生意外，责任自负，周某德也在告知书上签了字。旅行社公司在本次事故中没有责任。

【案件焦点】

1. 旅行社公司是否在存在侵权行为以及行为是否存在过错；2. 旅行社公司的行为与周某德的死亡后果之间是否存在因果关系。

【法院裁判要旨】

江苏省徐州市泉山区人民法院经审理认为：（1）旅行社公司作为旅游服务者，有义务将包括周某德在内的游客安排到具备安全保障的正常营业场所接受旅游服务，旅行社公司违反上述义务，将周某德等游客带至不具有安全保障条件的非正常营业的浴场游玩，对周某德享有的安全保障权利造成了损害，应认定旅行社公司的行为存在过失。（2）旅游者在海滨浴场所享有的安全保障利益应当包括溺水后获得被紧急救助的利益。因旅行社公司的过失行为导致浴场急救行为的缺失，故旅行社公司的过失行为与周某德溺水死亡后果之间存在一定的因果关系，应当承担相应的赔偿责任。（3）因周某德系成年人，应当对下海游泳行为的危险性有合理认知，亦应当根据海水浴场的告知内容对自己下海游泳行为作出合理判断，因此周某德选择下海游泳的行为与导致溺水事故的后果亦有一定因果关系，其对事故后果亦应当承担相应责任。综上，考虑周某德的行为过失以及旅行社公司的行为过失与周某德溺水死亡后果之间存在的原因力关系，法院酌定旅行社公司向许某敏、周某礼、吴某群、周某希承担周某德事故损失 20%的赔偿责任。一审法院判决如下：

一、旅行社公司赔偿许某敏、周某礼、吴某群、周某希丧葬费 3166. 7 元、死亡赔偿金 82208 元、精神损害抚慰金 10000 元，合计 95374. 7 元；

二、旅行社公司赔偿周某礼被扶养人生活费 17537. 3 元；

三、旅行社公司赔偿周某希被扶养人生活费 23675. 4 元；

四、驳回许某敏、周某礼、吴某群、周某希的其他诉讼请求。

许某敏、周某礼、吴某群、周某希均不服一审判决提起上诉，二审法院经审理判决如下：

驳回上诉，维持原判。

【法官后语】

旅游服务者、旅游辅助服务者在提供旅游服务时负有保障旅游者的人身和财产安全的义务，旅游者在接受旅游服务时享有人身和财产安全保障的权利。旅游服务者、旅游辅助服务者负有的安全保障义务不但要求旅游服务、旅游辅助服务者提供的旅游项目要安全，而且要求旅游服务者、旅游辅助服务者在旅游者受到伤害时能够提供及时和必要的救助。本案中，旅游辅助服务者，即接受被告委托的当地旅行社擅自改变旅游线路，将周某德等人带至浴场游玩，由于该浴场处于停业状态，没有任何防护设施，也没有救生员等其他救助条件，以致发生周某德溺水身亡事件，显然侵害了包括周某德在内的全体旅游者的安全保障权利，对周某德的溺水死亡应当承担相应赔偿责任。又因为当地旅行社是接受被告的委托提供导游服务，所以因当地旅行社未尽安全保障义务，导致周某德在下海游泳时溺水死亡，相应的赔偿责任应当由被告承担。

由于受害人周某德是一名具有完全行为责任能力的人，对下海游泳的危险性应当有一定的认知，特别是在浴场设有禁止游泳的警告牌的情况下，更不应该再贸然下海游泳。受害人周某德明知该浴场禁止下海游泳，仍然不顾危险，下海游泳，将自己置于高度危险之中，对自己溺水死亡的发生应当承担主要责任。

本案发生在2009年7月13日，应当适用当时的法律规定处理本案。原《中华人民共和国民法通则》第一百一十九条第一款规定，侵害公民身体造成伤害的，应当赔偿医疗费、因误工减少的收入、残疾者生活补助费等费用；造成死亡的，并应当支付丧葬费、死者生前扶养的人必要的生活费。因旅行社在旅游服务中未尽到安全保障义务，造成周某德溺水死亡，因此旅行社应当承担赔偿责任。原

《中华人民共和国民法通则》第一百三十一条规定，受害人对损害的发生也有过错的，可以减轻侵害人的民事责任。周某德明知该浴场禁止下海游泳，仍然不顾危险下海游泳，将自己置于高度危险之中，对自己溺水死亡的发生应当承担主要责任，因此应当减轻旅行社的赔偿责任。法院判决旅行社承担20%的赔偿责任，符合法律规定。

2010年《中华人民共和国侵权责任法》开始实施。原《中华人民共和国侵权责任法》第十六条规定，侵害他人造成人身损害的，应当赔偿医疗费、护理费、交通费等为治疗和康复支出的合理费用，以及因误工减少的收入。造成残疾的还应当赔偿残疾生活辅助具费和残疾赔偿金。造成死亡的，还应当赔偿丧葬费和死亡赔偿金。原《中华人民共和国侵权责任法》第二十六条规定，被侵害人对损害的发生也有过错的，可以减轻侵权人的责任。对照侵权责任法和民法通则关于侵权责任的规定，侵权责任法和民法通则对侵权赔偿责任的规定基本相同。

《中华人民共和国民法典》第一千一百六十五条第一款规定，行为人因过错侵害他人民事权益造成损害的，应当承担侵权责任。《中华人民共和国民法典》第一千一百七十九条规定，侵害他人造成人身损害的应当赔偿医疗费、护理费、交通费、营养费、住院伙食补助费等为治疗和康复支出的合理费用，以及因误工减少的收入。造成残疾的还应当赔偿残疾生活辅助器具费和残疾赔偿金；造成死亡的，还应当赔偿丧葬费和死亡赔偿金。《中华人民共和国民法典》第一千一百七十三条规定，被侵权人对同一损害的发生或者扩大有过错的，可以减轻侵权人的责任。民法典关于侵权责任的一般规定与民法通则和侵权责任法的规定基本相同，在立法中均采用了过错原则和过失相抵原则，体现了过错与责任相一致的原则，是处理侵权赔偿责任纠纷案件的最基本的法律依据。

编写人：江苏省徐州市泉山区人民法院　张新建

五、教育机构责任纠纷

067 父母的法定监护责任不因子女入学而转移

——韦某梅等诉某学校、梁某教育机构责任案

【案件基本信息】

1. 裁判书字号

广西壮族自治区贵港市中级人民法院（2020）桂08民终984号民事判决书

2. 案由：教育机构责任纠纷

3. 当事人

原告（上诉人）：韦某梅、黄某平、覃某盟

被告（被上诉人）：某学校、梁某

【基本案情】

韦某（曾用名：覃某）出生于2003年10月20日，系韦某梅与覃某盟的婚生女儿。韦某梅与覃某盟于2009年4月28日办理离婚登记手续，双方自愿离婚，约定韦某归韦某梅抚养。2010年2月1日，韦某梅与黄某平登记结婚后共同抚养韦某。韦某生前就读于某学校九年级。某学校对学生出入校门管理制度规定，学生因事因病需出入校门时，一律凭班主任签字同意的盖有德育处公章的假条出入。请假条下方有与家长联系情况一栏，包括电访、家长亲自到校两种方式。2018年12月20日，韦某（事发时年满十五周岁）以需要去医院看病为由再三向班主任梁某请假，梁某予

以批准后，未以任何形式通知韦某监护人请假的情况。韦某于16：50许离开学校，于17：47回到家中，当时背着黑色背包，手提鼓着的白色塑料袋，向楼下网吧的管理人员借笔、日常交谈，网吧管理人员未见其有异常，进入厕所十分钟左右后于18：02上楼。韦某梅于19：06回到家中，发现韦某留下字条："爸爸妈妈，很抱歉以这种方式见面，原因在我个人，对不起，我无法再坚持像个正常人一样生活下去了，我爱你们，对不起。"19：17，韦某梅打电话给黄某平，黄某平于19：26打电话给梁某，询问韦某是否在校，梁某告知韦某请假一事，黄某平去学校寻找未果后，黄某平表示于19：50许发现韦某在家中楼顶自缢并对韦某进行心肺复苏。黄某平于19：51打电话给韦某梅，韦某梅于20：10拨打120电话，救护车到达时间20：22。某医院院前急救病历显示，家属代诉约20时上楼寻找女儿时发现上溢于自家楼顶，当时已无生命迹象，随后自行心肺复苏。医院到诊时查体：体温不升，P0次/分，R0次/分，BP测不出，神志丧失，瞳孔左侧右侧均为φ6.0mm，对光反射消失，颈动脉搏动未触及，双肺呼吸音消失，心音消失，面色、口唇、肢端紫绀，颈部正中可见约10cm横行勒痕，呈暗红色，生理反射消失。经抢救无效，于21：30宣布死亡。黄某平于20：36、20：59、21：08、21：23、21：29五次打电话给梁某。后刑事侦查大队以本案不属于刑事案件为由，不予立案。

另查明，韦某在小学六年级时有过早恋，原告阻止后，韦某曾一个人跑到家中楼顶的天台坐着，在原告做韦某思想工作后，韦某并无异常。原告表示韦某初中期间很乖。梁某亦反映韦某性格乖巧、在校是好学生，平时及请假时均无异常情形。

【案件焦点】

1. 某学校、梁某未告知原告韦某请假或派人陪同韦某应否承担教育机构责任；2. 梁某是否具有导致原告错失发现、救助韦某时机的行为，与韦某的死亡有无法律上的因果关系。

【法院裁判要旨】

广西壮族自治区贵港市覃塘区人民法院经审理认为：关于争议焦点一，教育机构责任是指在学校和其他教育机构的教育、教学活动中或在其负有管理责任的校舍、场地、其他教学设施、生活设施中，由于学校未尽教育、管理职责，导致在其中学习或生活的无民事行为能力人和限制民事行为能力人遭受人身损害的，学校依法应当承担的侵权责任。在职责产生上，学校的教育、管理责任来自教育法律、法规的直接规定；在履行义务的时间上，学校只在法定的教育管理活动期间对学生负有教育、管理职责；在履行义务空间上，学校只能在其能力所及的空间范围。

本案中，首先，事发当日韦某已年满15周岁，对其自身行为有相应的认知能力及判断力，其以看病为由向班主任梁某请假的行为系与其年龄、智力相适应的民事行为，梁某批准其请病假系正当履行管理责任的行为，且韦某在请假后已回到家中，其回到家后的时间段、空间上，不再属于学校管理职责的时间、空间范围内。其次，参照《学生伤害事故处理办法》第九条第十一项规定，因下列情形之一造成的学生伤害事故，学校应当依法承担相应的责任……对未成年学生擅自离校等与学生人身安全直接相关的信息，学校发现或者知道，但未及时告知未成年学生的监护人，导致未成年学生因脱离监护人的保护而发生伤害的……学校有责任与未成年人监护人及时沟通有关信息，以保证学校保护与监护人保护的衔接，但学校未及时告知，并不意味学校必然对学生所发生的伤害承担法律责任，应综合考虑两者之间有无法律上的直接因果关系，需对照《学生伤害事故处理办法》第十二条学校无法律责任之例外情形予以综合确定。该办法第十二条第三项、第四项规定，因下列情形之一造成的学生伤害事故，学校已履行了相应职责，行为并无不当的，无法律责任……学生有特异体质、特定疾病或者异常心理状态，学校不知道或者难于知道的；学生自杀、自伤的。本案中，原告并无证据证实韦某自杀系因学校的不当行为如老师粗暴侮辱性的批评、不文明体罚等日常教育、管理问题所导致；最后，结合韦某的日常表现，作为至亲的原告亦未能发现韦某有自杀倾向等异常情形，乃至事发当日韦某请假时、回到家中与网吧管理人员交流时均未有异常情形，学校、老师无从预见和防范韦某自杀的发生，难以对其进行有针对性的疏导、教育和管理，梁某作为班主任遂按照日常教学管理同意韦某请假，虽梁某确实未以任何形式通知韦某监护人请假，但未告知原告韦某请假的行为与韦某死亡不存在法律上的直接因果关系，韦某的自杀原因在于个人，不应无限扩大学校的管理责任。综上，韦某自杀已经超出常人能预见的风险防控范围和预见能力，学校、梁某不存在行为不当之情形，不应对韦某的自杀行为承担教育机构责任。

关于争议焦点二，梁某是否延误了原告对韦某救助的时机。从医学角度而言，自缢主要是缺氧、阻断血流而窒息，一般 5~10 分钟足以对大脑造成不可逆转的损伤，导致死亡。18：02 分韦某上楼，韦某梅 19：06 回到家中，19：17 韦某梅打电话给黄某平，19：26 黄某平打电话给梁某，从 18：02 到 19：26 时间跨度长达 1 小时 24

分。正如前述证据分析，不能确定韦某准确死亡时间，如韦某在该时间段自缢，不排除原告首次打电话给梁某前，韦某已经死亡的可能。某医院院前急救病历亦显示原告在救护人员来到时，自述韦某当时已无生命迹象。退一步说，即使在原告第一次打电话给梁某时，韦某未死亡，但原告无确实、充分证据证实当时有告知梁某关于韦某所留字条内容、梁某确定告知韦某已经在校，梁某延误了原告对韦某救助的时机。被告质疑原告自述的寻找方式有不符合常理之处。原告发现韦某自缢于楼顶的时间为19：50，韦某梅在家发现韦某留下字条，意味着韦某有回过家中，但从19：17~19：50这么长的时间段，原告没有询问网吧管理人员韦某是否回来、是否出去，一个简单的询问即可锁定家中是最关键的搜索范围。而且，寻找学生范围、方式一般而言首先是家中、家中至学校途中、学校，向老师、同学、朋友、可能知道去向的有关人员等询问，原告即便不问作为班主任的梁某，去学校寻找韦某符合常理、逻辑，且其中一个原告去学校寻找，亦不影响其他原告同时在家、在其他地方寻找。原告诉称因梁某的一句“你去学校找”致使延误对韦某救助的时机，被告难免提出质疑。根据“谁主张，谁举证”原则，由原告承担对其不利的法律后果，就现有证据，不予支持原告提出梁某延误韦某救助时机的主张。

韦某的自杀，对于原告家庭而言是悲剧，是生命中不可承受之重，确令人无比痛心及惋惜，但被告是否承担教育机构责任仍需以事实为根据，以法律为准绳，依照各方提交证据所查明的法律事实，依法驳回原告的诉讼请求。

广西壮族自治区贵港市覃塘区人民法院依照《中华人民共和国侵权责任法》第三十九条以及《最高人民法院关于适用〈中华

人民共和国民事诉讼法〉的解释》第九十条第二款之规定，判决如下：

驳回原告韦某梅、黄某平、覃某盟的全部诉讼请求。

韦某梅、黄某平、覃某盟均不服一审判决，提起上诉。广西壮族自治区贵港市中级人民法院经审理认为：关于被上诉人某学校、梁某应否对韦某的自杀行为承担责任的问题，原判已经作了充分而正确的论述，该院支持原判对此问题的论述。原判认定事实清楚，适用法律正确，审判程序合法，实体处理恰当，依法应予维持。

广西壮族自治区贵港市中级人民法院依照《中华人民共和国民事诉讼法》第一百七十条第一款第一项之规定，判决如下：

驳回上诉，维持原判。

【法官后语】

学生的人身安全问题一直是社会关注的焦点，但学生自杀、自伤事件仍层出不穷，究其根本，在于学生的心理健康问题。面对同一种刺激，有些人可以坦然处之，而有些人却往往表现出软弱的一面，常采取退缩、逃避甚至极端错误的做法，不惜失去年轻的生命。为了减少这一类悲剧的发生，我们应当从本案中吸取教训，在日常的学习、生活中，学校与家长应多与学生进行沟通、交流，在建立信任的基础上，及时对其心理上的疑惑和问题采取干预措施，提高学生的心理素质、定期进行心理普查，同时也要加强自身对学生自杀前兆和危险信号知识的学习，进行家校互动，共同呵护学生的健康成长。

本案中韦某的自杀，对于原告家庭而言是悲剧，是生命中不可承受之重，确令人无比痛心及惋惜，但被告是否承担教育机构责任仍需以事实为根据，以法律为准绳。

学校依法对在校学习、生活的学生履行教育、管理、保护的职责。韦某属于限制民事行为能力人，学校应适用过错原则，承担与其过错程度相应的民事责任。事发当日，韦某已年满15周岁，对其自身的行为应有一定的认知能力及判断力，其向班主任请病假的行为系与其智力相适应的民事行为，对自缢这种危险行为的后果也应当能够预知，其选择请假回家后在自家楼顶自缢，显然是有意避开学校及同学的注意力。且事发前，韦某在平时上课和生活中的行为举止均没有表现出明显异常，其本人也未主动就心理困扰问题向学校求助，老师、同学以及其父母均反映其性格乖巧、成绩优异。在这种情况下，学校难以对其进行有针对性的疏导和教育，亦无从预见和防范其自杀的发生。

但对韦某父母而言，父母的法定监护责任不因子女入学而转移，父母较之学校及老师，更能及时掌握其心理动态，根据法律规定，对学生在家期间和非在校期间，应由其法定监护人承担相应的监护职责，联系本案的具体情况，对韦某自缢造成的损害后果，应由韦某及其父母共同承担。此外，某学校虽对学生请假事项制定了严格的管理制度，但该管理制度系其内部规定，而非法律、行政法规的强制性规定，班主任梁某未严格执行该管理制度并不违法，在通常情况下并不足以导致学生自杀，且韦某在请假后已经安全到家，故本案中学校的教育或管理行为与韦某的死亡损害后果不存在法律上的因果关系。至于原告所主张的因梁某欺骗其说韦某在学校，从而延误了抢救时间，并提出，如果事发当天知道韦某不在学校而直接在家中寻找，或许有可能会避免本案事件在当天发生。但韦某自缢在主观上明显存在躲避他人之行为，不想让他人知晓其轻生的意识，他人无从得知和防范，且原告未能提供充分证据证明梁某存在欺骗行为，加之其寻找韦某的过程确实存在可质疑之处，故其该主张理据不足，依法不予支持。

关于法律适用问题，因《中华人民共和国民法典》自2021年1月1日起施行，《中华人民共和国侵权责任法》同时废止，根据《最高人民法院关于适用〈中华人民共和国民法典〉时间效力的若干规定》第一条第一款规定，民法典施行后的法律事实引起的民事纠纷案件，适用民法典的规定。如类似案件发生于2021年1月1日前，则适用《中华人民共和国侵权责任法》第三十九条之规定；发生于2021年1月1日后，则适用《中华人民共和国民法典》第一千二百条之规定。

编写人：广西壮族自治区贵港市覃塘区人民法院　冯倩瑜

068 学校对于学生自杀身亡是否存在过错的认定

——曾某、陈某诉某中学等教育机构责任案

【案件基本信息】

1. 裁判书字号

广西壮族自治区梧州市中级人民法院（2019）桂04民终1144号民事判决书

2. 案由：教育机构责任纠纷

3. 当事人

原告（上诉人）：曾某、陈某

被告（被上诉人）：某中学、肖某、李某

【基本案情】

原告曾某、陈某是死者小曾的父母。被告某中学是小曾生前就读的学校，被告肖某是小曾的班主任，被告李某是小曾的年级主任。

2018年10月20日，小曾以脚踢的方式攻击同年级二班的一名同学，导致该同学身上多处明显伤痕。事后，学校对小曾这一违反学校纪律的行为进行了教育。鉴于小曾在该学期还有过与其他同学用包装绳将一名同学全身绑住等其他违反纪律的行为，学校遂通知其母亲陈某到学校对其进行共同教育，并由陈某将小曾接回家进行教育。2018年10月31日下午，陈某送小曾返回学校，到校后陈某与李某、肖某共同对小曾再次教育，最后，学校提出小曾需完成2000字的检讨书方能返校，陈某再次将小曾接回家教育并监督其完成检讨书。2018年11月1日下午3时许，小曾在家写好遗书后，服用陈某购买的用以治疗失眠的安眠药自杀身亡。曾某、陈某认为，小曾是因为学校、老师以种种理由推脱，一而再再而三地对小曾进行停学，擅自剥夺小曾的受教育权，且要求小曾完成2000字的检讨，压力过大，才产生悲观厌世情绪，最终吞服安眠药自杀而亡的；学校、肖某、李某的行为与小曾的死亡有直接关系，给曾某、陈某造成了严重的损害后果，学校、肖某、李某应承担小曾死亡所造成的70%的赔偿责任，遂将学校、肖某、李某告上法庭。

【案件焦点】

被告某中学、肖某、李某对于小曾自杀死亡是否存在过错、是否应承担侵权赔偿责任。

【法院裁判要旨】

广西壮族自治区岑溪市人民法院经审理认为：《中华人民共和国侵权责任法》第三十九条采用的是过错责任原则。就本案而言，事发时小曾已年满14周岁，系限制民事行为能力人，对于服用大量安眠药的危险性自身完全能够认识到，故小曾本人存在相应的过错。原告作为小曾的父母，依法负有监护的责任，小曾离开学校回到家中，原告应充分履行对未成年子女的监护责任，而原告未将安眠药置于未成年人无法触及的地方进行妥善保管，且在小曾自杀期间回过家而未发现小曾的行为，原告陈某的上述行为是对其监护责任的疏忽，最终导致小曾自杀身亡，原告未充分履行监护责任，亦存在过错。至于学校是否尽到教育、管理职责，要看学校是否尽了合理注意保护未成年学生人身安全的义务。本案中，学校对于小曾的两次交由其家长接回家教育及要求其完成2000字检讨书，均是履行教育、管理责任的范围，是积极的教育行为。小曾在家服用安眠药自杀身亡，是学校无法防范的，也是不可能预见的事件，否则无疑会放大学校应当承担的责任，让学校承担无限制的教育、管理职责。未成年人与学校之间的关系本质上是一种教育关系，不是监护关系。同时，参照《学生伤害事故处理办法》第十二条的规定，被告某中学对于小曾自杀死亡没有过错，不应承担侵权赔偿责任。被告肖某、李某系该校的教师，二人对小曾的教育，是职务行为。因此，对原告要求被告肖某、李某承担侵权赔偿责任的诉请，不予支持。

广西壮族自治区岑溪市人民法院依照《中华人民共和国侵权责任法》第三十九条，《中华人民共和国民事诉讼法》第六十四条和《最高人民法院关于适用〈中华人民共和国民事诉讼法〉的解释》

第九十条之规定，判决如下：

驳回原告曾某、陈某的诉讼请求。

二审法院同意一审法院的裁判意见。

【法官后语】

学生伤害事故的归责是过错责任原则，学校过错的本质是教育管理过错，学校承担学生伤害事故的责任范围是在学校负有管理职责的时间、范围内发生的学生伤害事故，并且学校对伤害事故的发生有过错。《学生伤害事故处理办法》第十二条第四项规定，学生自杀、自伤的，学校已履行了相应职责，行为并无不当的，无法律责任。作为人民教师对学生有进行教育管理的权利和义务，未成年学生多次违反学校规章制度，教师代表学校对该学生进行教育批评，且不存在违法行为的，受害人在其家长接回家中后服用安眠药自杀的结果与教师的行为之间不存在法律上的因果关系，学校不承担法律责任。

教师的职责是教书育人。教育法规定，教师对犯错误的学生具有惩罚权，但没有规定学生犯了哪一种错误教师应该如何惩罚。因此，教师没有明确的执法权。初中阶段的学生身体及心理都日趋成熟，但该阶段也有可能是某些学生最叛逆的时期。这个阶段教师的压力相对较大，既要代父母行教育之职，引导和教育好这些叛逆的孩子，又要保护好本年级、本班的其他学生不受影响。当叛逆的学生屡教不改时，要求家长配合教育或者接回家教育不失为一种处理方式。

在本案中，年级主任、班主任对于小曾的违纪行为多次进行批评教育，但收效不佳，遂联系其家长陈某要求其接回家教育并书写检讨书的教育，在整个过程中并没有违法行为。原告没有足够的证据证明小曾的自杀行为与学校和老师的教育方式存在因果关系，小曾自杀的时间和地点也都不在学校负有管理义务的范围之内。因此，学校不应承担民事责任，两位老师的行为是正常履行职务的行为，原告要求其二人承担侵权赔偿责任无事实和法律依据。

《中华人民共和国民法典》2021 年 1 月 1 日开始施行，本案发生在民法典施行之前，但民法典对该法条只是整理吸收入第七编侵权责任第一千一百六十五条，故对本案法律适用并无实际性的影响。

编写人：广西壮族自治区岑溪市人民法院　王支芳

069 未成年人参加学校体育竞技活动中受人身损害时侵权责任的认定

——王某某诉某中学等生命权、健康权、身体权案

【案件基本信息】

1. 裁判书字号

北京市朝阳区人民法院（2019）京 0105 民初 72801 号民事判决书

2. 案由：生命权、健康权、身体权纠纷

3. 当事人

原告：王某某

被告：某中学（以下简称××一中）、甄某某、甄某、吴某某

【基本案情】

2018年11月30日下午，××一中组织初二（9）班和初二（11）班开展五人制足球比赛，王某某系初二（9）班参赛球员，甄某某系初二（11）班参赛球员。赛前，体育老师带领两个班级的参赛球员进行热身活动并讲解比赛规则。比赛过程中，王某某带球时，甄某某过来抢球，双方发生肢体接触导致王某某倒地受伤。事发后，因校医到场发现伤情较为严重，校方通知了王某某家长并叫救护车将王某某送往空军总医院救治。王某某于当日转院至某医院住院治疗，经诊断系盖氏骨折（右），于当日在神经阻滞下行桡骨骨折切开复位钢板螺钉内固定术、尺骨骨折闭合复位术。2018年12月3日，王某某出院。

【案件焦点】

未成年人参加学校体育竞技活动中受人身损害时侵权人承担的责任与学校作为管理人承担的责任各自如何认定。

【法院裁判要旨】

北京市朝阳区人民法院经审理认为：无民事行为能力人或者限制民事行为能力人在幼儿园、学校或者其他教育机构学习、生活期间，受到幼儿园、学校或者其他教育机构以外的人员人身损害的，由侵权人承担侵权责任；幼儿园、学校或者其他教育机构未尽到管理职责的，承担相应的补充责任。本案中，王某某在××一中组织的五人制足球比赛中与甄某某发生肢体接触导致受伤。结合法院查明事实可知，王某某及甄某某均无故意违反运动规则致对方人身受伤的主观过错，二人相撞系足球运动中的正当危险后果；××一中依据要求组织足球比赛并进行申报，提供符合比赛的足球场地及设施，配备裁判、校医等必备人员，赛前讲解注意事项并进行必要准备活动，事发后及时通知家长并协助就医，××一中尽到了必要的管理职责，故甄某某及父母、××一中均不具备法定承担赔偿责任的过错条件。

就足球比赛中受害者风险负担的问题，足球比赛系具有高度危险和激烈对抗性的竞技体育运动，参赛人员都应当意识到在激烈对抗中存在可能伤及他人、也可能被他人所伤之风险。王某某、甄某某系限制行为能力人，就年龄及智力发育程度而言，对足球比赛应有所了解，对参加足球比赛可能存在的风险亦应有所认知，明知上述风险而仍自愿参赛，应视为各方自愿承担相应的危险后果。若就足球比赛发生的意外伤害而苛求追究致害人责任，势必增加体育活动参与者的注意义务，与体育活动必然的危险性相矛盾，进而影响参加竞技体育运动人员的积极性，不利于体育运动的开展。

综上，王某某向甄某某及父母、××一中主张赔偿医疗费、交通费等损失于法无据，难以支持。需要指明的是，××一中可通过保险救济途径协助解决王某某相关损失，望各方协力、探索途径减少因意外伤害导致王某某所受之损失。

北京市朝阳区人民法院依照《中华人民共和国侵权责任法》第四十条之规定，判决如下：

驳回王某某的诉讼请求。

判决后，双方当事人均未上诉，本判决现已生效。

【法官后语】

健康是青少年成长成才和幸福生活的根基，关系着亿万家庭福祉，校园体育活动则是增强青少年体质、促进青少年健康成长的重要环节。然而，在青少年校园体育运动日益深化的同时，高频率的校园体育运动伤害事故也如影随形。本案中，原告王某某所遭受的人身伤害就是在校园足球比赛中发生的。足球运动属于具有高度危险和激烈对抗性的竞技体育运动，参赛球员在比赛中存在伤人或被伤之风险。尤其是中小学校园中的青少年，尚不具备足球竞技的专业能力和身体素质，亦缺乏安全保护的应激性技能，一旦出现伤情往往后果较为严重。

未成年人在校园体育活动中受伤，由谁对其损失进行救济是侵权法所要关注的问题。在这一类案件中，主要考量两类主体是否需要承担责任：一是导致未成年人受伤的直接侵权人；二是学校或其他教育机构。

1. 导致未成年人受伤的直接侵权人责任的界定

根据《中华人民共和国民法典》第一千二百零一条的规定，无民事行为能力人或者限制民事行为能力人在幼儿园、学校或者其他教育机构学习、生活期间，受到幼儿园、学校或者其他教育机构以外的第三人人身损害的，由第三人承担侵权责任。考量校园体育活动中的直接侵权人是否承担侵权责任，应适用一般侵权行为的构成要件，即违法行为、损害结果、因果关系和过错四种。在本案中，损害结果已客观发生。本案被告甄某某对原告王某某的健康权有所侵害，也即违反了法定的不可侵犯他人健康权的义务。但同时，我们仍需考虑此中是否存在违法阻却事由。双方自愿参加体育竞技活动，在一定程度上了解激烈体育竞技的对抗性存在可能的不确定性，并接受轻微程度的人身损害风险，符合自甘风险的构成，导致了违法阻却。超出预期的严重人身损害，则不能推定参加体育活动的未成年人愿意自甘风险，需要根据案件具体事实来判断。最后，就是考虑直接侵权人是否具有过错。过错包括故意与过失。故意是行为人预见自己行为的结果，仍然希望它发生或者听任它发生的主观心理状态。对抗性体育运动因其天然的竞技性，行为人对损害结果并无预见能力，故排除故意之适用。过失，系行为人对受害人应负注意义务的疏忽或懈怠。诸如足球、篮球之类的对抗性体育运动不可避免会带来大量身体接触，甚至身体之对抗与接触就是完成比赛的必要方式。在本案以及类似案件中，都是未成年人在进行体育活动，侵权人与受害人囿于认知判断及体育技能的不专业，对体育运动中可能存在的危险较之成年人或职业运动员更无法预见，也不可能完全避免。结合法院已查明的事实可知，王某某及甄某某均无故意违反运动规则，致对方人身受伤的主观过错，因此二人之间系合理范围内的身体冲撞而意外导致的人身损害，直接侵权人甄某某的行为不符合侵权构成的四要件，并不需要承担侵权责任。对于运动中，侵害方并不存在过错。由此可见，在本案中，被告方最终因不具有过错而使侵权行为的构成要件不完整，侵权行为故而不能成立。

2. 学校或其他教育机构责任的界定

根据《中华人民共和国民法典》第一千二百零一条的规定，幼儿园、学校或者其他教育机构未尽到管理职责的，承担相应的补充责任。学校对学生人身伤害事故承担责任，需证明其未尽到管理职责，主要体现在学校有疏于管理、保护和教育的行为。体育是教育的重要组成部分之一，是必要的教学活动。然而，再详尽的安全防范教育也不可能排除所有体育比赛的风险，且这也正是体育竞技运动的特殊性之所在。《学生伤害事故处理办法》第十二条明确规定，在对抗性或者具有风险性的体育竞赛活动中发生意外伤害的，学校已履行了相应职责，行为并无不当的，无法律责任。因此在本案中，学校依据要求组织足球比赛并进行申报，提供符合比赛的足球场地及设施，配备裁判、校医等必备人员，赛前讲解注意事项并进行必要准备活动，事发后及时通知家长并协助就医，履行了相应职责，未疏于管理，不存在承担责任的过错，不应承担责任。

竞技比赛中发生的非恶意肢体碰撞均属意外，不适用侵权责任，学校于管理职责范围内的过错责任亦无法解决赔偿问题。若就足球比赛发生的意外伤害而苛求追究致害人和学校的责任，势必增加体育活动参与者的注意义务，与体育活动必然的危险性相矛盾，进而影响参加竞技体育运动人员的积极性和体育教学，不利于未成年人全面健康成长。因此，未成年人在参加学校体育活动中要提高自身安全保障意识和相关知识，减少自身伤害及伤害他人事故的发生。同时，学校也应绷紧安全保障的弦，全面保护未成年人的人身安全。

关于未成年人在教育机构受到损害时侵权责任认定的法律沿革，原《中华人民共和国侵权责任法》第四十条规定，无民事行为能力人或者限制民事行为能力人在幼儿园、学校或者其他教育机构学习、生活期间，受到幼儿园、学校或者其他教育机构以外的人员人身损害的，由侵权人承担侵权责任；幼儿园、学校或者其他教育机构未尽到管理职责的，承担相应的补充责任。

《中华人民共和国民法典》的相关规定在第一千二百零一条：无民事行为能力人或者限制民事行为能力人在幼儿园、学校或者其他教育机构学习、生活期间，受到幼儿园、学校或者其他教育机构以外的第三人人身损害的，由第三人承担侵权责任；幼儿园、学校或者其他教育机构未尽到管理职责的，承担相应的补充责任。幼儿园、学校或者其他教育机构承担补充责任后，可以向第三人追偿。本条在侵权责任法第四十条的基础上进行了修改，修改的主要内容是：一是将教育机构以外实施了直接侵权行为的主体统一定义为第三人，较原规定中“人员”“侵权人”这样的表述更为精准。二是增加“幼儿园、学校或者其他教育机构承担补充责任后，可以向第三人追偿”的规定。在本条规定的第三人侵权的场合，幼儿园、学校或者其他教育机构未尽到管理职责承担的侵权责任是一种间接侵权责任，责任形态属于补充责任。本条规定幼儿园、学校或者其他教育机构在承担补充责任后享有追偿权，在体系上与民法典第一千一百九十八条安全义务保障主体承担补充责任的规定保持一致。

编写人：北京市朝阳区人民法院　毛文蝶

070　未成年人因伤主张私立学校学费及补课费等赔偿是否应获得支持

——苏某某诉教育公司等教育机构责任案

【案件基本信息】

1. 裁判书字号

北京市第二中级人民法院（2017）京02民终4384号民事判决书

2. 案由：教育机构责任纠纷

3. 当事人

原告（上诉人）：苏某某

被告（上诉人）：教育公司、教育公司分公司、某学院

【基本案情】

2015 年 4 月 27 日 17 时 30 分左右，在教育公司分公司租用的某学院的体育馆内，苏某某在进行击剑训练时摔倒，导致右臂摔伤。后经某医院诊断为右尺桡骨骨折（下端），某医院出具诊断证明书，医嘱建议生活不能自理两个月（自 2015 年 4 月 27 日开始）。后因协商未果，故主张教育公司及其分公司、某学院连带赔偿以下损失：在此期间，产生医疗费 2009.9 元、护理费 17724 元、营养费 5000 元、交通费 1120 元、教育费 51205 元，以上合计 77058.9 元。此外，由于苏某某年幼，在治疗期间饱受折磨，且治疗后行为受限，主张精神损失抚慰金 80000 元，经鉴定构成十级伤残并主张残疾赔偿金。

【案件焦点】

1. 如何确定教育公司及其分公司的责任；2. 未成年人因伤所支出的教育费 5 万余元应否支持。

【法院裁判要旨】

北京市大兴区人民法院经审理认为：无民事行为能力人在幼儿园、学校或者其他教育机构学习、生活期间受到人身损害的，幼儿园、学校或者其他教育机构应当承担责任，但能够证明其尽到教育、管理职责的，不承担责任。本案中，击剑训练作为体育运动本身就存在一定的危险性，而苏某某在事发时尚属无民事行为能力人，故作为具有管理保护责任的教育公司分公司应对学员负有更多注意及保护的义务。从通过事发当日的监控视频中可以看出，在苏某某进行训练时，并未有教练人员带领并进行指导，教育公司分公司的教练人员未充分履行职责，故教育公司分公司应对苏某某在事故中受到的损害承担全部责任。教育公司分公司系教育公司的分公司，系教育公司的分支机构，不具有独立法人资格，其民事责任由教育公司承担，故苏某某要求教育公司及其分公司共同承担赔偿责任的诉讼请求，于法有据，予以支持。某学院并非负责苏某某的教育机构，故苏某某要求某学院共同承担赔偿责任，于法无据，不予支持。

依照相关法律规定判决赔偿医疗费扣除医保报销后部分确定为1228.7元。护理费为苏某某法定代理人因护理苏某某而减少的工资收入；苏某某已提供其母吕某的误工证明及劳动合同等证据材料；关于期限，由法院依据医嘱确定护理期限为两个月，确定护理费为6000元。对苏某某主张的其他护理费用，未有相应误工费用证明，不予支持。酌定交通费520元、营养费2000元。

因苏某某已构成十级伤残，其伤残赔偿指数确定为10%，经计算残疾赔偿金为105718元。苏某某要求教育公司公司及其分公司赔偿80000元精神损害抚慰金的诉讼请求过高，酌情支持10000元。

对苏某某主张的鉴定费，有票据予以证明，应予以支持，对检查费，系鉴定费的一部分，亦有票据支持，并入鉴定费中一并予以支持，确定为3213.85元。对苏某某主张的教育费，于法无据，不予支持。北京市大兴区人民法院依照《中华人民共和国侵权责任法》第十六条、第二十二条、第三十八条，《最高人民法院关于审理人身损害赔偿案件适用法律若干问题的解释》第十九条、第二十一条、第二十二条、第二十四条、第二十五条之规定，判决如下：

一、教育公司分公司及教育公司共同给付苏某某医疗费1228.7元、护理费6000元、交通费520元、营养费2000元、精神损害抚慰金10000元、鉴定检查费3213.85元、残疾赔偿金105718元（均于判决生效后七日内给付）；

二、驳回苏某某的其他诉讼请求。如果未按判决指定的期间履行给付金钱义务，应当依照《中华人民共和国民事诉讼法》第二百五十三条之规定，加倍支付迟延履行期间的债务利息。

苏某某、教育公司及其分公司均不服一审判决，提起上诉。北京市第二中级人民法院经审理认为：公民、法人合法的民事权益受法律保护。苏某某向教育公司分公司交纳了学习击剑的培训费，并在教育公司依合同有权使用的体育馆内进行击剑训练，苏某某所学课程的设置及教练人员的安排均由教育公司负责，故教育公司系苏某某学习击剑课程的教育机构。苏某某在击剑课上摔倒受伤，受伤时不满十周岁，属无民事行为能力人。根据《中华人民共和国侵权责任法》第三十八条之规定："无民事行为能力人在幼儿园、学校或者其他教育机构学习、生活期间受到人身损害的，幼儿园、学校或者其他教育机构应当承担责任，但能够证明尽到教育、管理职责的，不承担责任。"本案中，苏某某在做击剑辅助协调性练习中摔倒受伤，虽然有教练员在场，但教练员距离训练的学员站位较远，不能及时对学员不正确、不熟练的姿势动作加以纠正和指导，亦不能对训练中的学员可能出现的运动损伤进行及时的保护，故教育公司未尽到教育管理职责，理应承担赔偿责任。现教育公司及其分公司上诉坚持称苏某某系练习普通动作时自行摔倒，教练员已经尽到相应职责，公司不应承担责任，与事实不符，故对其此项上诉主张不予采信。应当指出，教育公司分公司系教育公司的分支机构，其不具备法人资格，故本案承担赔偿责任的主体应为教育公司。一审法院认定教育公司分公司承担赔偿责任欠妥，本院予以改判。（依据《中华人民共和国公司法》第十四条规定，"分公司不具有法人资格，其民事责任由公司承担"。）

某学院与教育公司签订了体育场馆的《委托运营管理合同》，某学院不是本案中苏某某学习击剑训练的教育培训机构，故一审法院驳回苏某某要求某学院承担赔偿责任的请求是正确的。

关于赔偿范围，一审法院根据苏某某及其法定代理人的诉讼请求及相关证据，除医疗费的认定有误外，依法判定及酌定的鉴定检查费、残疾赔偿金、护理费、交通费、营养费及精神损害抚慰金数额适当，应予维持。苏某某及其法定代理人认为一审法院酌定的交通费、营养费及精神损害抚慰金数额偏低，应予增加，理由并不充分，不予支持。关于护理费，一审法院根据苏某某的伤情及实际情况，确定的护理人数、天数及确定的护理费数额适当，现苏某某主张其父带薪休假 6 天的护理费，法律依据不足，不予支持。关于苏某某所主张的教育费 51205 元，因不属法定的赔偿项目，故一审法院对此不予支持并无不当。苏某某及其法定代理人坚持此项上诉请求，法律依据不足，不予支持。鉴于一审法院在苏某某医疗费数额的认定上存在错误，经核算应为 2009. 90 元，对此予以纠正。依照《中华人民共和国民事诉讼法》第一百七十条第一款第二项之规定，判决如下：

一、撤销北京市大兴区人民法院（2015）大民初字第 17132 号民事判决第二项；

二、变更北京市大兴区人民法院（2015）大民初字第 17132 号民事判决第一项为：教育公司赔偿苏某某医疗费 2009. 90 元、护理费 6000 元、交通费 520 元、营养费 2000 元、精神损害抚慰金 10000 元、鉴定检查费 3213. 85 元、残疾赔偿金 105718 元（于判决生效后七日内给付）；

三、驳回苏某某的其他诉讼请求。如果未按本判决指定的期间履行给付金钱义务，应当依照《中华人民共和国民事诉讼法》第二百五十三条之规定，加倍支付迟延履行期间的债务利息。

【法官后语】

目前，社会上的教育培训机构多如牛毛，良莠不齐，但培训机构的师资、经营主体、场地设施安全，尤其是在运动中出现的一些伤害事故应如何处理，家长往往忽略。在签订合同时家长重点关注课时、时长和费用，对于合同权利和义务，如何退费，关注不够。家长给孩子报班时应谨慎考虑，签订合同时要考虑周全，若有特别约定应一并写入合同或备注，索要发票，注意留存证据。本案双方之间只有一张缴费收据，也不是正规发票。

一、教育培训机构的责任承担

民法典将八周岁作为区分无民事行为能力人和限制民事行为能力人的年龄界限。民法典第一千一百九十九条规定："无民事行为能力人在幼儿园、学校或者其他教育机构学习、生活期间受到人身损害的，幼儿园、学校或者其他教育机构应当承担侵权责任；但是，能够证明尽到教育、管理职责的，不承担侵权责任。"民法典的条文中将幼儿园、学校或者其他教育机构应当"承担责任"明确为应当"承担侵权责任"。但依旧沿袭了侵权责任法对教育机构的归责原则，采用的区分原则，即根据未成年人的民事行为能力的不同，规定过错责任原则或者过错推定责任原则。由于本案苏某某系无民事行为能力人受到人身损害，故采用过错推定原则。教育机构是过错推定，证明自己没有过错的举证责任在教育机构，若不能举证证明自己尽到了教育和管理责任，就推定其有过错并承担民事责任。训练时动作的复杂程度、课程设置是否合理、教练有无资格证、对学员的保护是否有效及时、指导是否到位，都是考量教育机构是否存在过错的因素。

受到场地的限制，学员的准备活动在剑道场进行，加大了运动损害风险，又加之教练的保护没有到位，致使学员受伤，一审法院确定教育公司承担全部责任是正确的。另外分公司不具备法人资格，不应承担民事责任，这也是改判的一方面原因（民法典第七十四条规定：“法人可以依法设立分支机构。法律、行政法规规定分支机构应当登记的，依照其规定。分支机构以自己的名义从事民事活动，产生的民事责任由法人承担；也可以先以该分支机构管理的财产承担，不足以承担的，由法人承担。”分支机构虽然具有一定的独立性，但属于法人的组成部分，不具有独立的法人资格，不能独立承担民事责任）。一审中，苏某某支出的医疗费核算出现错误，二审予以纠正。

二、苏某某下列赔偿项目能否支持存在争议

1. 私立学校学费

本案特殊在苏某某就读的小学是私立学校，而非公办校，若公办学校就不存在学费损失。苏某某就读的私立学校半学年缴费 13600 元。半学年按四个月计算，苏某某因伤两个月未到校上课，其中的 6800 元，是否应予支持？

一种观点认为，此费用作为间接损失应予支持，本案当事人就读学校的性质属私立学校，收费较高，因伤两个月没有上学，学校虽然不退学费，但是对于交付费用的一方而言也属于损失，6800 元的学费应予支持。

另一种观点认为，私立学校收取学费，有关学费的退还与否，学生家长与学校应有协议，如果学费按规定不退还，说明此支出的费用不属于损失，不应赔偿。由于家长并未提供相应收退费协议，故其主张学费损失，证据不足，不予支持。

2. 两个月未到校上课，聘请家教发生补课费34800元

苏某某因伤两个月未到校上课，自行聘请家教补课，语、数、英等课程共计34800元，补课费能否支持。目前在审判实践中，也存在争议。有观点认为，既然实际发生，应该支持。有观点认为，补课费不是法定赔偿项目，标准不好掌握，不予支持。

未成年人因伤不能到校上课，为了怕课业落下，有的家长会请家教补习，由此产生补课费。成年人因伤不能工作存在误工损失，而未成年人因伤恐怕耽误的只有学业。家长请家教心情可以理解，但也要视情况而定。例如，年级的高低、课程的难易程度、身体受伤部位、伤情的严重程度等。本案中，苏某某上小学三年级，受伤是右手腕部，虽是骨折，相对伤势较轻，补习四门功课，两个月费用高达34800元，虽是实际损失，但如此补习是否会加重赔偿义务人的负担。另外，补课费不是法定赔偿项目，视本案具体情况，补课实属不必，即便酌定，自由裁量的数额也不好确定。考虑一审法院没有支持，故慎重起见，本案对此项费用没有支持。

3. 右手腕受伤致吉他班学习无法继续，缴纳的吉他学费9600元，能否支持

因伤导致的其他兴趣班无法继续，可依据此前报班时的合同主张相应课时的退费，而不能仅以缴费收据，主张相应赔偿，对此二审法院没有支持。

综上，本案对苏某某的部分上诉请求予以支持，对教育机构的上诉主张不予支持，最终改判处理。

编写人：北京市第二中级人民法院　艾明

071 校园欺凌中正当防卫的认定及责任划分

——郝某诉保险公司等教育机构责任案

【案件基本信息】

1. 裁判书字号

河南省安阳市中级人民法院（2017）豫 05 民终 376 号民事判决书

2. 案由：教育机构责任纠纷

3. 当事人

原告（被上诉人）：郝某

被告（上诉人）：保险公司

被告：张某、耿某、张某甲、某小学

【基本案情】

郝某与张某均为某小学六年级同班学生。2014 年 12 月 29 日上午课间操期间，郝某踹了张某一脚，被老师看见瞪了两眼。做完操后，郝某和另一学生把张某拖倒在地，拉着张某的胳膊在操场上拖着走；张某挣脱，之后郝某又将张某摁倒在地，并坐在张某身上；张某躺在地上来回晃动反抗过程中使郝某跌倒导致头部着地；郝某起来后又朝张某胸口踩了两脚后捂着头回教室上课。后郝某发现头部血肿，继而眼部肿胀，先后到吕村镇卫生院、安阳县中医院、郑州大学第一附属医院、北京某医院、中国中医科学院眼科医院进行治疗。2015 年 2 月 11 日被郑州大学第一附属医院出院诊断为：双眼眶尖综合征、双眼眶内血肿、双眼角膜上皮缺损、双下睑倒睫、血友病乙。法院审理过程中，经当事人申请，司法鉴定科学技术研究所司法鉴定中心对郝某伤残程度及外伤与目前受害结果的因果关系、参与度进行鉴定，鉴定意见为：郝某头部等处因故受伤后遗一眼低视力1级，相当于道路交通事故十级伤残（外伤的参与度拟为45%~55%）。另查明，某小学在保险公司为每一位在校学生投保有校（园）方责任保险，每人赔偿限额为300000元。保险合同约定：精神损害保险公司不负责赔偿。该事故发生在保险期间内。

【案件焦点】

1. 未成年人在学校遭受校园欺凌，反抗时致侵权人受伤能否认定为正当防卫，对于侵权人因此遭受的损失是否承担赔偿责任；2. 个人体质状况对损害后果的影响是否属于侵权责任法意义上的过错，侵权人的赔偿责任是否因此而减轻。

【法院裁判要旨】

河南省安阳县人民法院经审理认为：公民享有身体健康权。根据侵权责任法第三十九条的规定，限制民事行为能力人在学校或者其他教育机构学习、生活期间受到人身损害，学校或者其他教育机构未尽到教育、管理职责的，应当承担责任。原告郝某系限制民事行为能力人，在被告某小学学习期间受到人身损害，某小学虽然要求学生在课间休息时间不得嬉戏打闹，但在出现学生嬉戏打闹甚至发生打架的情况下，未能及时进行必要的告诫和制止，最终导致原告郝某身体受到伤害，某小学应当承担一定责任，因某小学在被告保险公司为每一位在校学生（包含原告郝某在内）投保有校（园）方责任保险，故被告保险公司应在保险限额内承担赔偿责任；原告要求某小学和保险公司承担赔偿责任的主张，符合法律规定，本院予以支持；被告保险公司辩称原告伤情系原告追打别人造成应该由原告自身承担的意见，本院不予采纳；但郝某作为年满10周岁的小学高年级学生，应当懂得并遵守校规校纪，然而其在课间休息时间主动向同学挑衅最终导致自己受伤，对此后果其应承担主要责任。原告要求被告张某及其监护人张某甲、耿某承担赔偿责任的诉讼请求，无事实和法律依据，不予支持。被告保险公司辩称原告的诉讼请求已超诉讼时效的意见，法院认为，根据《最高人民法院关于贯彻执行〈中华人民共和国民法通则〉若干问题的意见》第一百六十八条的规定，人身损害赔偿的诉讼时效期间，伤害明显的，从受伤害之日起算；伤害当时未曾发现，后经检查确诊并能证明是由侵害引起的，从伤势确诊之日起算。本案中，郝某受伤当日尚能正常上课，病情在后来逐渐加重，又经多次住院治疗，其诉讼时效期间不应从受伤害之日起算，且原告曾于2015年8月12日向法院提起诉讼，撤诉后又于2016年3月9日提起本案诉讼，故其诉讼请求并未超诉讼时效，被告保险公司的此项辩解理由不予采纳。关于原告的各项损失评价如下：医疗费67652.2元，有原告提供的医疗费票据予以证实，本院依法予以确认；住院伙食补助费、营养费，基于原告实际住院天数和国家机关一般工作人员出差伙食补助标准，本院依法确认住院伙食补助费为30元/天×85天=2550元、营养费为10元/天×85天=850元；护理费，原告住院85天，原告受伤前一年居民服务、修理和其他服务业为30482元/年，本院依法确认护理费为30482元/年÷365天×85天×1人=7097.5元；残疾赔偿金21706元、精神损害抚慰金5000元，主张合理，本院依法予以确认；鉴定费9030元，有原告提供的鉴定费票据予以证实，本院依法予以确认；原告鉴定时支付的交通费1528元、住宿费259元，有相关票据为证，本院予以确认；关于原告主张治疗时支付的交通费，本院酌情支持4000元；关于原告主张的后续治疗费，尚未实际发生，待实际发生后再另行主张；关于原告主张治疗时的住宿费，法律规定受害人确有必要到外地治疗，因客观原因不能住院，受害人本人及其陪护人员实际发生的住宿费和伙食费，其合理部分应予赔偿。原告未提交相关证据证明因客观原因不能住院而实际发生的住宿费，故本院不予支持。被告保险公司赔偿原告（医疗费67652.2元+住院伙食补助费2550元+营养费850元+护理费7097.5元+残疾赔偿金21706元+交通费5528元+住宿费259元+鉴定费9030元）×45%＝51603元；被告某小学赔偿原告精神损害抚慰金5000元×45%＝2250元。

河南省安阳县人民法院依照《中华人民共和国民法通则》第九十八条、第一百一十九条、第一百三十三条，《中华人民共和国侵权责任法》第十六条、第二十二条、第三十二条、第四十条，《最高人民法院关于审理人身损害赔偿案件适用法律若干问题的解释》第七条、第十七条、第十八条、第十九条、第二十一条、第二十二条、第二十三条、第二十四条、第二十五条，《中华人民共和国保险法》第十四条，《中华人民共和国民事诉讼法》第六十四条、第一百四十二条之规定，判决如下：

一、被告保险公司于本判决生效后十日内在校（园）方责任保险限额范围内赔偿原告郝某医疗费、住院伙食补助费、营养费、护理费、残疾赔偿金、交通费、鉴定费共计人民币51603元；

二、被告某小学于本判决生效后十日内赔偿原告郝某精神损害抚慰金共计人民币2250元；

三、驳回原告郝某的其他诉讼请求。

保险公司以一审法院应当在受害人自身体质原因对损害后果的参与度基础上进行责任的划分为由提起上诉。

河南省安阳市中级人民法院经审理认为：虽然郝某的个人体质对损害结果的产生具有一定影响，但该因素客观存在，郝某对损害结果的发生和扩大没有过错，该因素不属于法律意义上减轻侵权人责任的情形。一审法院根据侵权发生的具体过程和案件情况，确定郝某承担主要责任，判令承保校园责任险的保险公司承担45%的赔偿责任并无不当。住宿费系受伤治疗过程中的必要费用，鉴定费系确定受伤程度所产生的必要费用，一审法院判令保险公司承担上述费用亦无不当。

河南省安阳市中级人民法院依照《中华人民共和国民事诉讼法》第一百七十条第一款第一项之规定，判决如下：

驳回上诉，维持原判。

【法官后语】

一、校园欺凌案件中正当防卫的认定及其特殊性

（一）民法上的正当防卫

民法上的正当防卫，是指当公共利益、他人或本人的人身或其他利益受到不法侵害时，行为人实施的防卫行为。正当防卫是私力救济的一种，是各国民事立法赋予公民个人的一项重要的私力救济的权利，也是各国法律普遍认可为侵权责任的抗辩事由之一，对于保护个人、集体、国家的合法权益有着积极的作用。正当防卫应当符合以下五个条件：（1）必须是针对实际存在的、正在进行的不法侵害。正当防卫所针对的不法侵害必须是客观存在而非主观想象或

推测的，正当防卫所针对的不法侵害必须是正在进行的，也就是说，侵害已经开始，正在进行，但尚未结束。(2) 防卫必须是针对非法的、非进行防卫不能排除的侵害行为实施的，也就是说，防卫必须是不得已的，如果有条件、有能力通过其他合法途径予以制止，则不得实施防卫行为。(3) 必须针对不法侵害者本人实施。正在防卫的目的在于排除和制止不法侵害，故只能针对实施不法侵害行为的行为人即加害人本人实施，而不能针对第三人。(4) 具有保护合法权益的目的性，这是正当防卫的主观要件，也是正当防卫作为侵权责任抗辩事由的根据和正当防卫存在的基础。(5) 不得超过必要的限度。必要限度是为了制止不法侵害所必须具有的、足以有效制止侵权行为的应有强度。

(二) 与刑法上正当防卫的比较

刑法主要注重的是“以暴制暴”来恢复被违法犯罪行为破坏的社会秩序，民法更注重的是通过私法自治为主要价值和手段来调解社会关系、促进人与人之间的和谐相处。民法所调整的是民事法律关系，刑法调整范围则近乎涵盖所有的法律关系，是各法律关系被破坏的最后救济手段。具体到正当防卫的认定，应当从以下四个方面进行比较。

第一，从防卫意图上，刑法与民法并无本质区别，存在的只是认识范围的差异，民法中的不法侵害仍在民事侵权范围，而刑法中的不法侵害已经超越了民事侵权所能包容的限度；第二，从防卫起因上比较，即“侵害紧迫性”上分析，刑法中的正当防卫是国家鼓励公民对违法犯罪做斗争，有着一定的公法色彩，可以认为是国家授权公民在合理范围内对具有紧迫性犯罪行为进行制止的“权力”，故一般暴力性、破坏性的行为即可认定为具有“侵害紧迫性”，民法上的正当防卫属于平等者之间的防卫行为，其紧迫性应当定位为侵害行为较为突然，如不立即采取防卫行为对其进行制止，则公力救济也无法予以有效补救；第三，对于防卫客体及防卫时间上，并无不同，均为国家、公共利益、本人和他人的合法权益，防卫时间也都应为正在进行的不法侵害；第四，民法上正当防卫的限度应当是“有效、安全地制止不法侵害的范围内”，在此范围内防卫行为所产生的损害代价应当由不法侵害人承担。

（三）张某的行为性质的认定

本案事发于学校课间操期间，地点在学校操场，在侵权人郝某踹了张某一脚后，老师并未给予足够的重视和制止。课间操做完后，郝某和另一学生把张某拖倒在地，拉着张某的胳膊在操场上拖行，张某挣脱，之后郝某又将张某摁倒在地，并坐在张某身上。此时对于张某来说，不法侵害是客观存在并正在进行的，周围没有老师，张某无法通过其他方法获得帮助，张某躺在地上来回晃动反抗过程是自然而不得已的，其反抗针对的正是直接侵权人郝某，其行为符合正当防卫的构成。郝某跌倒头部着地，虽然最后导致郝某头部血肿后遗一眼低视力 1 级，构成十级伤残。张某事发时为六年级的学生，对行为后果的认知和预判能力有限，以一个谨慎人的标准要求张某必须尽到合理的注意义务显失公平，张某对该伤害后果的发生没有过错，故不应当承担赔偿责任。该观点与民法典关于正当防卫的民事责任承担的立法精神相契合，根据民法典总则第一百八十一条的规定，因正当防卫造成损害的，不承担民事责任。

二、学校在本案中的责任承担

（一）侵权责任的归责原则

侵权责任的归责原则是侵权法的灵魂，也是侵权法司法实践的关键，是指确定侵权人承担侵权损害赔偿责任的一般准则。过错责任原则是我国侵权法的基本归责原则，是以过错作为价值判断标准，判断行为人对其造成的损害应否承担损害赔偿责任的归责原则。原侵权责任法第三十九条规定，限制民事行为能力人在学校或其他教育机构学习、生活期间受到人身损害，学校或教育机构未尽教育、管理职责的，应当承担责任。从上述立法中可以看出，对于限制行为能力人在学校或其他教育机构学习、生活期间受到人身损害的情形，教育机构承担的是过错责任。

（二）学校是否应当承担相应责任

《学生伤害事故处理办法》中学校及其他教育机构未尽教育、管理等法定情形中的情形有学校教师及其工作人员在负有组织、管理未成年人的职责期间，发现学生的行为具有危险性，但未进行必要的管理、告诫和职责的。本案事发于学校课间操期间，地点在学校操场，在侵权人郝某踹了张某一脚后，老师并未给予足够重视和制止，以致课间操做完后，发生了郝某和另一学生把张某拖倒在地，拉着张某的胳膊在操场上拖行的更为恶劣的校园欺凌行为。而在课间操做完后，操场周围亦没有巡查的老师，足以认定学校在此次侵权时间中未尽到管理职责，而其该行为与被害人受到人身损害之间存在因果关系，故学校应当承担相应的赔偿责任。

三、个人体质差异是否影响学校责任的承担，损伤参与度与“蛋壳脑袋”规则能否并行值得思考

当侵权行为通常不会导致损害或严重损害，但因受害人特殊体质而造成损害或严重损害时，将产生侵权人面临人身损害赔偿责任分担的两难命题。若令侵权人赔偿全部损失似过于严苛，但若仅令

其赔偿部分损失似又对受害人不公。受害人的特殊体质具有什么法律意义，对侵权责任构成会产生什么影响，我国法律并没有明确规定。通过考察判例，有的法院运用原因力理论，将损害后果在侵权人和特殊体质受害人之间进行分摊，鲜有不赔或全赔的情形，处理方式比较中庸。但考察域外的立法及判例，绝大多数国家和地区所持立场为侵权人应当就受害人特殊体质而扩大的损失负责，不能以特殊体质与侵权行为竞合为由而减轻侵权人的赔偿责任，也就是我们所说的“蛋壳脑袋”规则，即当受害人的特殊体质与侵权行为直接结合引发损害，侵权行为将产生更剧烈的异常损害时，“蛋壳脑袋”规则不考虑特殊体质在损害形成中的作用，由侵权人对全部损害承担赔偿责任。

最高人民法院指导案例 24 号①中，被告王某引发交通事故撞伤原告，造成原告九级残疾。经鉴定，交通事故对伤残结果的损伤参与度为 75%，原告骨质疏松体质因素占 25%，一审法院据此判决被告承担 75%的赔偿责任；二审法院改判认为，受害人特殊体质对损害的发生确有影响，但这并非过错，亦非法律上原因，不适用过错相抵规则，侵权人应赔偿全部损失，即此案中受害人的特殊体质不影响责任承担，该判例也适用了“蛋壳脑袋”规则。

本案即参考了最高人民法院法院指导案例 24 号的裁判规则。首先，学校老师在课间操期间发现学生存在校园欺凌行为时，未进行必要的告诫和制止，以致冲突暴力程度升级，最终导致郝某受伤，学校存在疏于管理的过失行为；其次，学校疏于管理的行为与郝某

---

① 《指导案例 24 号：荣某英诉王某、财产保险公司江阴支公司机动车交通事故责任纠纷案》，载最高人民法院网站，https：//www. court. gov. cn/shenpan－xiangqing－13327. html，2023 年 1 月 5 日访问。

的损害结果构成侵权法上的因果关系；最后，原因力理论旨在解决多因一果情形下，对各原因负责的人的法律责任问题，因此原因力中的原因系法律意义的原因，受害人特殊体质属于自然科学上的原因，但其特殊体质并不属于过错，不存在归责性，没有承担责任的基础，故不应当成为法律上的原因，运用该理由减轻学校应当承担的责任不符合法律逻辑。

综上，张某的行为系正当防卫行为，在道德上也无可非难，不应当负侵权责任。郝某在课间休息时间主动向同学挑衅最终导致自己受伤，对此后果其应承担主要责任，但个人体质因素客观存在，郝某对损害结果的发生和扩大没有过错，该因素不属于法律意义上减轻侵权人责任的情形，郝某无须因此而自负责任。某小学存在疏于管理的过错，由于其投保有校园责任险，故判令承保校园责任险的保险公司承担45%的赔偿责任。

郝某虽然在本案中系受害人，但起因却是其无端对张某的欺凌行为，其行为属于典型的校园欺凌，也正是我们现阶段整个社会高度关注且一致竭力禁止的行为，法院没有判令张某承担责任，符合侵权责任法的相关规定，符合民法典关于正当防卫未超过必要限度无须担责的立法理念，彰显了公平正义的价值导向，也是我们现阶段遏制校园欺凌事件中应当大力提倡的，我们就应当通过判决的示范作用引导未成年人通过正确的方法应对校园欺凌。

编写人：河南省安阳市中级人民法院　张歆梅　朱继科

072 教育机构责任的归责原则

——孙文某诉某中学教育机构责任案

【案件基本信息】

1. 裁判书字号

北京市第二中级人民法院（2016）京02民终10114号民事判决书

2. 案由：教育机构责任纠纷

3. 当事人

原告（上诉人）：孙文某

被告（被上诉人）：某中学

【基本案情】

2014年5月12日，孙文某在某中学体育课上，进行双杠运动时跌落致其牙齿受伤。截至2016年3月20日，孙文某支出医疗费共计11851.36元。某中学制订了体育与健康课程教案及高一双杠单元教学计划。

庭审中，某中学的体育老师朱某作为某中学的证人出庭。朱某称，事发当天的体育课系进行双杠运动的考试，之前已上过7次双杠课，每次上课都会讲相关注意事项；其组织学生做完准备运动后，学生即排好顺序依次上杠考试，不需要叫名字也不需要示意，应该是其给上一个同学打完分后下一个同学再上杠；孙文某是第四个或第五个参加考试的，孙文某上杠时，其还在给上一个同学打分，故没有注意到孙文某是如何摔下的；当时，双杠下按要求铺有大垫子，孙文某受伤后亦被及时送到学校医务室后又送到医院。孙文某未对朱某的证言提出异议。

【案件焦点】

本案中，某中学是否应当承担赔偿责任？

【法院裁判要旨】

北京市丰台区人民法院经审理认为：限制民事行为能力人在学校或者其他教育机构学习、生活期间受到人身损害，学校或者其他教育机构未尽到教育、管理职责的，应当承担责任。本案中，孙文某在体育课上进行双杠考试时摔伤，孙文某虽当时系限制民事行为能力人，但其并非首次进行双杠运动，应对自己行为的后果有相应的理解、辨认和控制力，故其应对自身摔伤承担主要责任。另外，某中学的老师在组织学生上杠的问题上，未能尽到足够的管理、注意义务，故某中学应对孙文某的损伤承担相应的赔偿责任。

北京市丰台区人民法院依照《中华人民共和国侵权责任法》第十六条、第三十九条之规定，判决如下：

一、某中学于本判决生效后七日内赔偿孙文某医疗费 2370.27 元；

二、驳回孙文某的其他诉讼请求。

孙文某持原审起诉意见提起上诉。北京市第二中级人民法院经审理认为：原审法院认定事实清楚，适用法律正确。对孙文某的上诉请求，因缺乏充分的事实和法律依据，本院实难支持。

北京市第二中级人民法院依照《中华人民共和国民事诉讼法》第一百七十条第一款第一项之规定，判决如下：

驳回上诉，维持原判。

【法官后语】

1. 教育机构责任的内涵

我国实行的是九年制义务教育，学校和学生的权利、义务均来自法律的规定。目前，教育机构管理责任主要依据民法典第一千一百九十九条、第一千二百条和第一千二百零一条。依上述规定，教育机构的责任是未尽教育、管理、保护义务的侵权责任，属于法律规定的特殊责任。上述规定与未成年人保护法第三十五条规定的精神相一致，该法第三十五条规定："学校、幼儿园应当建立安全管理制度，对未成年人进行安全教育，完善安保设施、配备安保人员，保障未成年人在校、在园期间的人身和财产安全。学校、幼儿园不得在危及未成年人人身安全、身心健康的校舍和其他设施、场所中进行教育教学活动。学校、幼儿园安排未成年人参加文化娱乐、社会实践等集体活动，应当保护未成年人的身心健康，防止发生人身伤害事故。"由此可知，学校和未成年学生之间的关系不是一种监护关系，而是一种法定的教育、管理关系，未成年学生在校期间致人损害或者受到损害，学校承担赔偿责任并不是一种监护人的侵权责任，而是违反法定的教育、管理和保护义务的特殊的侵权责任。其中，"限制民事行为能力人"是指8周岁以上，不满18周岁的未成年人以及不能完全辨认自己行为的成年人。但是，16周岁以上的未成年人，以自己的劳动收入为主要生活来源的，视为完全民事行为能力人，而非限制民事行为能力人。

2. 教育机构责任的归责原则和举证责任

某一教育机构是否能成为教育机构责任的主体，并不是依据学校等级，而是视侵权事件中被侵权人本身是否以未成年人为标准。虽然责任主体特殊，但是其归责原则仍使用过错原则，实践中以教育机构是否履行教育、管理责任作为判断其主观上是否具有过错的标准。民法典第一千一百六十五条规定过错责任原则，因学校、学生或者其他相关当事人的过错造成的学生伤害事故，相关当事人应当根据其行为过错程度的比例及其与损害后果之间的因果关系承担相应的责任。当事人的行为是损害后果发生的主要原因，应当承担主要责任；当事人的行为是损害后果发生的非主要原因，承担相应的责任。在判断教育机构对被侵权让人遭受的损失主观上是否具有过错时，一般以教育机构表现过错标准的客观化，为判断过错存在与否提供可识别的行为模式。[①]

（1）限制行为能力人遭受损害的归责原则

限制民事行为能力人在学校或者其他教育机构学习、生活期间受到人身损害，学校或者其他教育机构未尽到教育、管理职责的，应当承担责任。对于限制行为能力人在校受到伤害，适用一般过错责任，在举证责任方面，应当遵循“谁主张，谁举证”的原则。原告要求教育机构承担责任时，应当对教育机构没有尽到教育、管理职责进行举证。如果原告没有证据证明或者证据不能够充分证明教育机构存在过错时，则有可能承担举证不力的后果。

（2）无行为能力人遭受损害的归责原则

民法典第一千二百零一条规定：“无民事行为能力人或者限制民事行为能力人在幼儿园、学校或者其他教育机构学习、生活期间，受到幼儿园、学校或者其他教育机构以外的第三人人身损害的，由第三人承担侵权责任；幼儿园、学校或者其他教育机构未尽到管理职责的，承担相应的补充责任。幼儿园、学校或者其他教育机构承担补充责任后，可以向第三人追偿。”因为儿童因其年幼单纯，对事物的判断能力和自我保护能力较差。无行为能力人

---

① 江必新、何东宁等：《最高人民法院指导性案例裁判规则的理解与适用》，中国法制出版社2014年版，第235页。

在校期间遭受损害的，本质上适用过错推定的归责原则。过错推定，是指行为人因过错侵害他人民事权益，依据法律的规定，推定行为人具有过错，如行为人不能证明自己没有过错的，应当承担侵权责任。① 因此在教育机构是否存在过错的认定上需要承担更大的举证责任。在判断教育机构的行为与被侵权人遭受的损害之间是否具有因果关系时，并不要求教育机构的失职行为是学生伤害的唯一原因，只要教育机构没有履行好教育、管理职责，为学生遭受损害结果提供了条件，就可以认定因果关系存在。对于教育机构的过错，即便原告不能证明教育机构没有尽到教育、管理职责，也不一定会承担举证不力的风险。但是对于教育机构而言，其必须要对其"没有过错"进行反证，即教育机构必须举证证明自己尽到教育、管理职责。

3. 教育机构侵权责任的免责事由

教育机构侵权责任的免责事由有以下几种情形：(1) 地震、雷击、台风、洪水等不可抗的自然因素造成的。(2) 来自学校外部的突发性、偶发性侵害造成的。(3) 学生有特异体质、特定疾病或者异常心理状态，学校不知道或者难以知道的。(4) 学生自杀、自伤的。(5) 在对抗性或者具有风险性的体育竞赛活动中发生意外伤害的。(6) 其他意外因素造成的。对此，可以参照《学生伤害事故处理办法》第十三条、第十四条规定，不属于教育机构承担责任的情形：(1) 在学生自行上学、放学、返校、离校途中发生的。(2) 在学生自行外出或者擅自离校期间发生的。(3) 在放学后、节假日或者假期等学校工作时间以外，学生自行滞留学校或者自行到校发生的。

① 王利明：《侵权责任法研究》(上)，中国人民大学出版社 2011 年版，第 211 页。

(4) 其他在学校管理职责范围外发生的。(5) 因学校教师或者其他工作人员与其职务无关的个人行为，或者因学生、教师及其他个人故意实施的违法犯罪行为，造成学生人身损害的。这五种情形按照相关法律规定处理，教育机构对此不承担责任。本案中，不存在免责情形。

编写人：北京市丰台区人民法院　郭婧芳

073　未成年学生在学校受到意外伤害的赔偿责任主体

——李枳某诉尉士某等生命权、健康权、身体权案

【案件基本信息】

1. 裁判书字号

山东省东营市中级人民法院（2016）鲁 05 民终 1061 号民事判决书

2. 案由：生命权、健康权、身体权纠纷

3. 当事人

原告（被上诉人）：李枳某

被告（上诉人）：某中学

被告（被上诉人）：尉士某、尉某伟、韩某霞、仲光某、仲某学、林某梅

【基本案情】

李枳某与尉士某、仲光某均系某中学学生。2014 年 3 月 18 日下午放学排队时，尉士某、仲光某追逐打闹，尉士某撞到仲光某，仲光某撞倒在其前方的李枳某，致李枳某牙齿受伤。事发时班主任不在场，亦没有安排其他老师代为管理。事件发生后，某中学

教师询问李枳某伤情，将李枳某送出校门并告知其父亲。2014 年 3 月 29 日、5 月 8 日，李枳某分别到东营市口腔医院、山东省口腔医院进行治疗，均诊断为牙隐裂、牙髓充血。后李枳某又多次到医院进行治疗。其间，李枳某支付医疗费 140 元。经鉴定，李枳某后续治疗费为每次 800 元人民币，每 4 年更换一次。

【案件焦点】

某中学是否尽到了教育管理责任。

【法院裁判要旨】

山东省东营市东营区人民法院经审理认为：事件发生在放学后排队期间，某中学提供的现有证据并不能证明学校完全尽到了管理与教育职责，亦应承担相应责任。综合本案发生原因及经过，酌情确定某中学承担 30%的责任，尉士某、仲光某均承担 35%的责任。因尉士某、仲光某均系未成年人，无独立的经济来源，故其应予承担的赔偿责任均应由其监护人即本案尉某伟、韩某霞、仲某学、林某梅分别承担。

山东省东营市东营区人民法院依照《中华人民共和国侵权责任法》第十六条、第三十九条，《最高人民法院关于审理人身损害赔偿案件适用法律若干问题的解释》第十七条、第十九条、第二十二条，《中华人民共和国民事诉讼法》第六十四条、第一百四十四条之规定，作出如下判决：

一、李枳某医疗费 140 元、后续治疗费 12000 元、交通费 200 元、鉴定费 600 元，共计 12940 元。某中学按 30%的责任赔偿 3882 元；尉士某按 35%的责任赔偿 4529 元，由其监护人即尉某伟、韩某霞负责赔偿；仲光某按35%的责任赔偿4529元，由其监护人即仲某学、林某梅负责赔偿；

二、驳回李枳某的其他诉讼请求。案件受理费498元，由李枳某负担374元，某中学负担37元，尉士某、尉某伟、韩某霞负担43.5元，仲光某、仲某学、林某梅负担43.5元。

某中学以其尽到了对学生的教育、管理义务为由提起上诉。山东省东营市中级人民法院经审理认为：学生在校学习期间应遵守学校纪律，嬉戏、玩耍应注意分寸，确保自身及他人安全。学校应加强对在校学生的教育、管理。尉士某、仲光某因嬉戏撞倒李枳某致其受伤，尉士某、仲光某对李枳某遭受的经济损失应承担赔偿责任。事件发生在放学后校内排队期间，没有老师在场负责管理，某中学没有尽到管理职责，亦应承担相应责任。一审法院据此认定上诉人承担30%的赔偿责任并无不当。上诉人某中学的相关上诉意见，不能成立，不予采纳。

山东省东营市中级人民法院依照《中华人民共和国民事诉讼法》第一百四十四条、第一百七十条第一款第一项、第一百七十五条之规定，作出如下判决：

驳回上诉，维持原判。

【法官后语】

民法典第一千一百九十九条规定，无民事行为能力人在幼儿园、学校或者其他教育机构学习、生活期间受到人身损害的，幼儿园、学校或者其他教育机构应当承担侵权责任；但是，能够证明尽到教育、管理职责的，不承担侵权责任。第一千二百条规定，限制民事行为能力人在学校或者其他教育机构学习、生活期间受到人身损害，学校或者其他教育机构未尽到教育、管理职责的，应当承担侵权责任。该法对未成年人在幼儿园、学校或者其他教育机构学习、生活期间受到人身损害的情形区分无民行为能力人和限制民事行为能力人，作出了不同的规定，前者适用过错推定原则，规定教育机构负有举证责任，完全符合不满八周岁儿童无民事行为能力、举证困难的客观情况，从而将维护儿童合法权益提到了新的高度。后者适用过错责任。

教育、管理职责是教育机构的法定义务，包括作为和不作为两个方面。有关法律规定的“学校保护”义务属于“教育、管理职责”的范围。

所谓“教育职责”的一部分内容应包括进行保护儿童人身安全教育的义务。教育机构通过履行教育职责，使儿童掌握应有的防范人身伤害危险的知识，增强自我保护意识，当遇到危险或者可能发生危险时，能够正确运用避险或者减少危险后果的方法。一是进行应对自然灾害的教育。教育未成年人学会在遇到地震、洪水、海啸等自然灾害时选择正确方法逃生和施救。二是对未成年人进行在特殊场所和地段的安全教育。教育他们不要独自去不安全的地方（如沟渠、水库、大海、江河、湖泊、悬崖峭壁），不要进入施工工地等危险场地，识别和注意带有安全警示标志的地方和低洼不平路段，不要在楼梯口扎堆嬉戏，外出时要有老师或家长带领，集会上不要拥挤，避免建筑物垮塌和踩伤事件。三是进行未成年人饮食卫生安全教育。四是开展安全用电、防火、防交通事故教育。五是教育未成年人安全使用手工用具、玩具，减少意外人身伤害事故。六是开展防止他人伤害自己人身的教育。使未成年人在遇到他人危害自己人身安全时能够正确应对，积极避险、求助和逃生，等等。

所谓“管理职责”的一部分内容应包括为保护未成年人人身安全应尽的安全保障和保护义务。鉴于未成年人是特殊主体，他们缺乏自我保护意识，生活自理能力差，需要特殊保护，所以对教育机构的管理要求十分严格。一是要提供符合规定标准的教学场所及设施、设备等，使未成年人能够安全地学习和生活。二是要及时消除不安全隐患，如校舍年久失修，或者因为灾害成为危房，必须及时维修、加固或者重建，使其达到安全使用标准。在遭受自然灾害（如地震、洪水）后，应当及时请政府有关部门对校舍进行安全检测，检测合格后方可使用。三是要建立健全各项安保制度；要加强对未成年人人身安全方面的日常管理，建立防止未成年人伤害事故责任制，加强门卫值班制度，使无关人员不能进入幼儿园、学校。四是要制订防止未成年人伤害突发事件的预案。五是要妥善处置未成年人伤害事故。一旦这类事故发生，要全力组织自救和求救，最大限度减少伤亡事故发生。

本案中的伤害事故发生在放学后学生在校内整路队期间，当时班主任不在场亦没有安排其他老师代为管理，按照学校的规定应有班主任负责管理并将学生安全送出校外，学校没有尽到管理责任，应承担相应的民事赔偿责任。因此，一审判决认定事实清楚，适用法律正确，程序合法，二审予以维持。

编写人：山东省东营市中级人民法院　张世柱

074 无民事行为能力人受到人身损害的适用过错推定原则

——金果某诉某学校、保险公司教育机构责任案

【案件基本信息】

1. 裁判书字号

内蒙古自治区通辽市中级人民法院（2016）内05民终1876号民事判决书

2. 案由：教育机构责任纠纷

3. 当事人

原告（上诉人）：金果某

被告（被上诉人）：某学校、保险公司

【基本案情】

原告金果某于2007年12月2日出生，系某学校一年级住校学生。原告所住宿舍共有8名学生，四年级学生住上铺，一年级学生住下铺，原告住在下铺。2014年9月10日下午4时多，原告在宿舍内到上铺床上玩耍时不慎摔落到地下，致右尺骨鹰嘴、桡骨颈骨折。被告某学校教师巡视时发现原告受伤后及时通知了家长，原告先后到扎旗、通辽、长春市等地医院就诊，后经被告某学校的领导联系，被送往某医院治疗8天，北京市朝阳区急诊抢救中心住院治疗2天。被告某学校在被告保险公司处投保了校方责任保险，保险限额为30万元，事故发生于保险期限内。经被告保险公司委托某大学司法鉴定中心鉴定，原告伤残等级为八级，被告保险公司在校方责任保险限额内赔偿了原告医疗费3950.2元，伤残赔偿金30000元。原告主

张的门诊医疗费170元未予赔偿，原告因此次事故产生的其他损失为：住院伙食补助费1000元（100元×10天）、营养费1000元（100元×10天）、护理费6837.36元（110.28元×62天）、伤残赔偿金59856元（9976元×20年×30%）、交通费4399.5元、住宿费370元、鉴定费800元，以上合计74432.86元。

另查明，被告某学校各项规章制度健全，宿舍内都贴了各项制度，每天都进行安全教育，生活教师不断巡视检查。每名生活教师分管8个宿舍，原告摔伤时，分管原告的生活教师正在巡视其他宿舍。

【案件焦点】

无民事行为能力人在学校受到人身损害时适用何种原则追究学校责任。

【法院裁判要旨】

内蒙古自治区扎鲁特旗人民法院经审理认为：无民事行为能力人在学校学习、生活期间受到人身损害的，学校应当承担与其过错相应的赔偿责任，但能够证明其尽到教育、管理职责的，不承担责任。在本案中，被告某学校每天都在讲授安全教育课，并在宿舍内张贴安全提示，配专职生活教师不断巡视检查，生活教师在巡视过程中发现原告受伤后及时通知家长进行治疗，其在教育职责方面不存在过错；本起事故发生的主要原因系被告某学校对无民事行为能力人的认知能力认识不足，该校未能举出提供给学生的上下床铺、高低年级学生混住，是否符合国家规定的与其年龄段相适合的安全标准证据，虽然原告住下铺，且一名生活教师只管理一间宿舍也不符合客观实际，故此，被告某学校提供给原告的床铺存在明显不安全因素，安全管理方面存在漏洞，具有过错，应承担主要责任；发生本起事故次要原因系原告金果某本人没有遵照教师的安全叮嘱，擅自到上铺玩耍，自身负担次要责任，根据本案实际情况，在此次纠纷责任比例划分上，酌定被告某学校承担70%，原告金果某承担30%为宜。本起事故中原告所造成的损失，由被告某学校承担的赔偿责任，依保险合同的约定除精神抚慰金外的其他损失均由被告保险公司承担，据此，对原告金果某诉请的合理合法部分，予以支持。原告金果某主张的精神抚慰金9000元过高，根据原告伤残程度及双方的过错程度酌定6000元为宜。原告金果某主张护理费天数不合理，根据原告的年龄、受伤部位、健康状况、最后一次住院及出院诊断证明等综合考虑，酌定62天为宜。

内蒙古自治区扎鲁特旗人民法院依照《中华人民共和国侵权责任法》第二条、第六条第一款、第十六条、第二十二条、第二十六条、第三十八条，《中华人民共和国合同法》第六十条，《中华人民共和国保险法》第六十五条，《最高人民法院关于审理人身损害赔偿案件适用法律若干问题的解释》第七条、第十九条、第二十一条、第二十二条、第二十三条、第二十四条、第二十五条、第三十五条，《最高人民法院关于确定民事侵权精神损害赔偿责任若干问题的解释》第八条、第十条及《中华人民共和国民事诉讼法》第六十四条第一款之规定，判决如下：

一、由被告某学校赔偿原告金果某精神抚慰金6000元；

二、由被告保险公司在校方责任保险限额内赔偿原告金果某医疗费、住院伙食补助费、营养费、护理费、伤残赔偿金、交通费、住宿费、鉴定费52103元（74432.86元×70%），扣除已赔付的30000元，还应赔偿22103元；

三、驳回原告金果某的其他诉讼请求。

一审判决后，原告金果某不服，提出上诉理由如下：一审法院认定上诉人承担损失的30%，属于适用法律错误。被上诉人某学校应承担100%的责任，并由保险公司给付。根据《中华人民共和国侵权责任法》第三十八条的规定，某学校在安全管理方面存在漏洞，具有过错，即应当承担上诉人的全部经济损失。一审法院判决某学校承担部分责任属于适用法律有误。综上，请求二审法院改判被上诉人某学校承担全部赔偿责任。

内蒙古自治区通辽市中级人民法院经审理认为：二审审理查明的事实及采信的证据与一审一致，本院予以确认。被上诉人某学校二审出示《江西省学校学生人身伤害事故预防与处理条例》，证明学生在校受到伤害，学生本人有过错应承担相应责任，学校设施如不符合安全要求学校承担相应责任，没有规定学校应承担全部责任；该条例与《中华人民共和国侵权责任法》第三十八条不相冲突，与《最高人民法院关于审理人身损害赔偿案件适用法律若干问题的解释》的第七条也没有冲突。上诉人质证认为该证据属于江西省地方性法规，只适用于江西省内，该条例没有区分限制民事行为能力人和无民事行为能力人受伤害的赔偿情形，明显与侵权责任法相冲突，不应适用本案。被上诉人保险公司没有异议。对于被上诉人某学校出示的该条例的真实性予以确认，但该条例为地方性条例，仅供参考，对本案不具有指导意义，故对其证明力不予确认。

法院认为，无民事行为能力人在幼儿园、学校或者其他教育机构学习、生活期间受到人身损害的，幼儿园、学校或者其他教育机构应当承担责任，但能够证明尽到教育、管理职责的，不承担责任。被上诉人某学校未能举证证明自己尽到教育、管理职责，对上诉人的损失应承担赔偿责任。但本案中上诉人本身也存在过错，依据侵权责任法的规定，被侵权人对损害的发生也有过错的，可以减轻侵权人的责任。精神抚慰金依据上诉人的伤残程度及双方过错划分并无不当。一审判决认定事实清楚，适用法律正确。上诉人的上诉理由不能成立。依照《中华人民共和国民事诉讼法》第一百七十条第一款第一项之规定，判决如下：

驳回上诉，维持原判。

【法官后语】

该教育机构责任纠纷虽发生于民法典编撰之前，但侵权责任法与民法典在无民事行为能力人人身保护方面均采取适用过错推定原则，贯彻优先保护未成年人权益的精神理念。教育机构侵权责任根据受害人在教育机构学习、生活期间所遭受人身损害的致害源的不同，可分为学校设施侵权致害、教职工职务侵权致害、学校未尽职责致害等几种类型，本案属于学校未尽职责致害类型，属于教育机构直接侵权的情形，所谓未尽职责即未尽到教育、管理等法定义务。

过错推定实行举证责任倒置原则。举证责任倒置是指基于法律的规定，通常情形本应由原告方负有的举证责任，而由被告提出举证责任，如被告不能就此举证证明，则推定原告的事实主张成立的举证责任分配制度。根据我国教育体制由原来分散教学到集中办学的特点，教育机构民事损害赔偿案件有增无减。原侵权责任法第三十八条及民法典第一千一百九十九条之规定，主要考虑无民事行为能力人心智不成熟、对事物的认知和判断能力不足，不能充分理解自己的行为所造成的后果，在离开法定监护人进入校园后，除节假日外，整个教育活动及生活基本都在学校掌控下进行，无民事行为能力是一个弱势群体，针对其主体的特殊性，为了更好的保护他们的合法权益，侵权责任法第三十八条及民法典第一千一百九十九条作了这样的规定，加重教育机构更多注意义务，对教育机构实行过错推定责任，虽然本条规定要比民法典第一千二百条更为严格，但二者并不冲突，只是根据无民事行为能力人和限制民事行为能力人心智发育程度而导致的举证责任分配不同，更符合未成年人各阶段的身心发展特征。就本案而言，被告某学校通过举证能够证明尽到了教育职责，但不能证明提供给学生的上下床铺、高低年级学生混住，是否符合国家规定的与其年龄段相适合的安全标准证据，存在明显不安全因素，故而推定被告某学校有过错，应承担相应责任。原告金果某本人也有一定过错，依据原侵权责任法第二十六条及民法典第一千一百七十三条的规定："被侵权人对同一损害的发生扩大有过错的，可以减轻侵权人的责任。"故被告学校应当承担与其过错相应的赔偿责任。

如何确定教育机构与无民事行为能力人承担相应责任是本案的难点。第一，严格界定责任分配标准。推定教育机构存在过错，不能一概而论由被告教育机构承担全部民事赔偿责任。本案中，被告某学校存在过错，是承担全部责任，还是承担与其过错相应的赔偿责任要具体情况具体分析。依据应坚持儿童最大利益原则，最大限度保护儿童合法权益，如推定了教育机构存在过错，首先就应查明教育机构存在教育秩序管理混乱，教职员工责任心不强、应付了事、违反教学规律等情形，该教育机构就应承担大部分或全部责任；反之，根据具体案件的实际情况，如果有减轻教育机构责任情形则教育机构可减轻责任。本案中，被告某学校每天都在讲授安全教育课，并在宿舍内张贴安全提示，配专职生活教师不断巡视检查，生活教师在巡视过程中发现原告受伤后及时通知家长进行治疗，其在教育职责方面不存在过错。况且被告某学校提供给学生的上下床铺，系地区普遍现象，据笔者了解，整个通辽地区均存在上述情况。原告金果某本人没有遵照教师的安全叮嘱，擅自到上铺玩耍，原告受到伤害的后果，自身存在过错，应当减轻被告某学校的民事赔偿责任，这与民法典第一千一百九十九条规定相符。综上，本案中，教育机构虽能够证明已尽到了相当的注意义务并实施了合理行为，但仍存在管理的漏洞和不足，法院酌定被告某学校负主要赔偿责任，原告自身负次要责任，最大限度地保护了原告的合法权益。第二，准确划分责任，适度维护教育机构权益，强化社会、家庭教育责任，有利于儿童德、智、体、美、劳全面健康成长。众所周知，人的一生离不开家庭、社会、学校教育，如儿童在教育机构发生事故，儿童自身存在明显过错，而把责任全部让教育机构承担，会产生相应的不利后果。其一，会使教育机构产生抵触情绪，儿童本应参加法律允许的活动，教育机构为了降低风险，很可能不组织儿童参加或禁止参加。其二，会弱化家庭对儿童的教育，如果对于教育机构责任纠纷片面加重其责任，会导致部分家长放松对于孩子的安全管理教育。其三，校园事故虽是个别案件，如不分青红皂白，教育机构概括承受，必定打击教育机构对学生教育、管理的积极性，不利于教育行业的长远发展。

本案校方投保了校方责任保险，依保险合同约定由校方承担的赔偿责任转化为由保险公司承担，从而保障了受害学生的合法权益。投保校方责任保险这一做法应大力提倡，使之作为一项学校管理的措施或导向予以支持。

编写人：内蒙古自治区通辽市扎鲁特旗人民法院　佟雷　刘同泉

075 公平责任在校园体育伤害案件中的运用

——李某诉某中学教育机构责任案

【案件基本信息】

1. 裁判书字号

北京市第二中级人民法院（2015）二中少民终字第00400号民事判决书

2. 案由：教育机构责任纠纷

3. 当事人

原告（被上诉人）：李某

被告（上诉人）：某中学

【基本案情】

李某系某中学的学生。2013年10月23日（事发时李某13周岁），李某在学校上体育课进行“跳箱”运动时不慎摔倒受伤，受伤后因左膝部剧痛不适，不能站立行走，后在积水潭医院检查，因无床位转到右安门医院。入院诊断：左胫骨髁间棘骨折。10月24日行左胫骨髁间棘骨折切开复位内固定及石膏固定术。10月29日出院。出院医嘱：全休四周，支具固定。李某住院以及复查支付的医疗费为22359.36元。李某出示购买下肢外固定支具发票一张，金额为2000元。李某出示的交通费发票金额为330元。2014年1月9日，某餐厅出具证明，内容为：“我单位职工李某某（李某之父）同志，因孩子上体育课时腿部摔成骨折，无法正常生活，向我单位提出三个月的假期（时间为2013年10月23日至2014年1月23日），单位领导决定同意休假，李某某正常上班工资为

3500 元，休假期间无工资。”李某另外出示某教育咨询公司开具的培训费发票，金额为 10710 元，票据开具时间为 2014 年 4 月 1 日，李某称系休假期间补课支付的费用。

对于李某摔伤一节，李某称在跳箱时，老师并不在体育器械旁，没有尽到保护义务。某中学称李某未得到老师发出的助跑示意前就助跑起跳，导致摔倒，教师在其受伤后进行了保护救助的义务。对此，李某申请证人余某甲（同班同学）到庭作证。余某甲称当时体育课是进行“跳箱”的项目，李某在此之前曾经跳过鞍马。鞍马器具的踏板和垫子都放置好，李某在老师给了提示后，才助跑起跳。余某甲认为是李某手臂支撑不足、动作不熟练才导致摔伤。事发时，老师站在鞍马的侧面，对学生有保护的准备。李某受伤后，由其他同学搀扶离开。某中学申请证人余某乙（体育教师）到庭作证。余某乙称，在“跳箱”前，我要对学生示意后才开始让学生做动作。在李某之前的同学做完动作后，我回身时发现李某未经我示意，已经跑到鞍马前起跳了，我赶紧保护李某，但李某因为腾空高度不够，分腿宽度不够，左膝磕碰到器械上导致受伤。“跳箱”的练习是根据北京市教委的规定设置的运动项目。

诉讼中，李某申请对伤残等级进行评定，某中学申请对李某在本次受伤前是否存在既往病情进行参与度鉴定。法院委托某司法鉴定中心进行鉴定，2014 年 6 月 12 日，该鉴定单位作出鉴定意见，被鉴定人李某伤残等级为十级，左膝部损伤未见既往陈旧损伤的征象。李某支付鉴定费（含检查费）4492.87 元。

【案件焦点】

在校园体育伤害案件中，经查证双方均无过错，可否适用公平责任判决校方适当补偿。

【法院裁判要旨】

北京市西城区人民法院经审理认为：本案双方均申请证人出庭作证，体育教师余某乙属于事件的参与者，具有相应的利害关系，其陈述的内容与李某的同班同学有较大出入，故该证人证言法院不予采纳。证人余某甲系李某同班同学，能够客观陈述李某受伤的过程，故其证言法院予以采纳。法律规定，限制民事行为能力人在学校或者其他教育机构学习、生活期间受到人身损害，学校或者其他教育机构未尽到教育、管理职责的，应当承担责任。合议庭认为，某中学对于李某受伤并不存在“未尽到教育职责”的行为，无须承担赔偿责任，但根据公平原则，应给予适当补偿。理由如下：（1）根据北京市教育委员会下发的《北京市初中毕业升学体育考试过程性考核体育课学业水平考核内容标准及实施办法》的相关标准中，分腿腾越（横箱）属于大纲规定的体育课程内容，校方在体育课进行“跳箱”运动，符合教学常规；（2）根据证人陈述，体育教师余某乙在学生跳箱时，站在跳箱一侧，观察做运动的学生助跑、起跳、腾空。李某陈述在跳箱时，老师并未在器械旁保护，与证人证言不符；（3）李某本次摔倒前，曾正常完成跳跃，并非第一次跳箱，本次跳跃过程中突然摔倒，并非器械故障等硬件原因所致。综上，合议庭认为某中学对于李某受伤的损害后果并无过错，李某在体育课上受伤，属于偶发的意外伤害事件。某中学依法不承担赔偿责任。但李某在受伤后，其监护人支付不菲的治疗费，李某因此导致伤残后果，因监护人未投保意外伤害险，故未能获得保险赔偿。考虑到本次伤害对李某的活动功能会造成长久性损伤，基于公平原则，某中学可给予适当补偿，具体金额由法院酌定。

北京市西城区人民法院依据《中华人民共和国侵权责任法》第三十九条、第二十四条之规定，判决如下：

一、判决生效后十五日内，某中学补偿原告李某 70000 元；

二、驳回李某的其他诉讼请求。

如果某中学未按本判决指定的期间履行给付金钱义务，应当依照《中华人民共和国民事诉讼法》第二百五十三条之规定，加倍支付迟延履行期间的债务利息。

一审判决后，某中学不服，上诉至北京市第二中级人民法院称：某中学尽到了教育职责，对李某体育课上摔伤没有任何过错，不应承担任何赔偿责任。由于李某是我校学生，可以适当补偿，但应考虑我校的意见，原判在确定某中学不应承担责任的前提下，判决酌定的补偿数额畸高，违反了公平原则，请求二审法院撤销原判决第一项，改判驳回李某的全部诉讼请求。李某及其法定代理人同意原判。

北京市第二中级人民法院经审理认为：公民、法人合法的民事权益受法律保护。本案中，李某在上体育课时受伤。原审法院根据本案双方当事人举证、质证的情况，综合认定某中学在对李某体育课上受伤一事，不存在“未尽到教育职责”的行为，并无过错，李某体育课上受伤属意外事故，某中学不应承担赔偿责任是正确的。鉴于李某受伤且构成十级伤残，原审法院基于公平原则判令某中学给予李某适当补偿并无不当。原审法院根据李某及其法定代理人的诉讼请求及本案的实际情况，酌定的补偿数额亦属适当。某中学上诉坚持认为原审法院依据公平原则补偿数额畸高，请求依法改判的上诉请求，因法律依据不足，法院不予支持。

北京市第二中级人民法院依照《中华人民共和国民事诉讼法》第一百七十条第一款第一项之规定，判决如下：

驳回上诉，维持原判。

【法官后语】

本案是公平责任在校园体育伤害案件中运用的典型案例。本案在学生和校方均无过错的情况下，适用公平责任妥善解决校园体育伤害赔偿问题，体现了对未成年人的特殊优先保护。

需要说明的是，本案是民法典实施前，人民法院适用侵权责任法规定的公平原则判决的案件。

校园体育伤害是校园伤害案件的重要类型，主要是指在校园内发生的因为体育活动导致损害的案件。体育教学是学校教学活动的重要组成部分，也是锻炼在校学生身体素质和意志品质的重要手段，然而由于体育运动本身所固有的危险性和其他外界偶然性因素的影响，体育教学过程中不可避免地会发生一些人体损伤。人民法院在审理涉及学校的体育伤害案件时既要依法保护涉案学生的合法权益，又要兼顾判决的社会效果，避免对校方确定过于严苛的责任，进而影响学校及教师开展体育教学及体育活动的积极性。因此笔者认为，人民法院在审理此类案件时，要尽量做到“三个分清”。

一是要分清身体对抗性项目还是非身体对抗性运动项目。身体对抗性项目在强调技战术的运用外，还突出身体力量的抗衡，如足球、篮球等。在这些运动项目中，身体损伤既可能来自自身动作不规范还可能来自与对方的身体接触。由于允许运动中的合理碰撞，因此这类运动具有更高的危险性，发生损害的概率自然更高。只要是致害人的动作符合技术规范，其行为就不具有违法性和可追责性。从这个角度讲，在身体对抗性项目中因为合理身体接触发生的损害，无论受伤一方还是致伤一方，主观上难说谁存在过错，因此我们认为适用公平责任相对合理。

而对于非身体对抗性项目而言，由于基本排除了身体接触，因此伤害往往来源于参与者自身技术动作不规范或者场地不符合安全要求。因此在确定此类伤害赔偿责任时，要重点关注学校相关运动设施是否符合相应安全标准、教师讲解技术动作及课堂管理是否到位。也就是说，只有证明校方存在运动设施不符合安全要求、教师教学管理不到位等过错时，方能确定校方承担相应责任。

二要分清证明责任的承担及转移。民法典规定，无民事行为能力人在幼儿园、学校或者其他教育机构学习、生活期间受到人身损害的，幼儿园、学校或者其他教育机构应当承担责任，但能够证明尽到教育、管理职责的，不承担责任。限制民事行为能力人在学校或者其他教育机构学习、生活期间受到人身损害，学校或者其他教育机构未尽到教育、管理职责的，应当承担责任。

如果受伤学生系无民事行为能力人的，其只要参加校内体育活动发生伤害，除非学校证明自己已经尽到教育、管理职责，否则学校应当承担责任，因此证明责任应当由学校一方承担，学校无法证明其已尽到上述义务，或者案件事实无法查清时，应当承担相应证明不能的责任。如果受伤学生系限制民事行为能力人的，学生只有在证明学校未尽到教育管理职责的前提下，校方才承担相应责任，故证明责任在受伤索赔一方。当然，在此种情况下，还要注意证明责任的转移，如果学校提出自己已尽到相应职责的抗辩，其必须就此主张提供相应证据予以佐证，否则仍应承担不利后果。

校方已经尽到教育管理职责的证明标准至少应当包括以下几个方面：教学设施和器具符合安全要求，及时发现并排除了各种安全隐患（如对操场进行了平整等），制定了相应的安全管理及教育规章制度，对学生进行了必要和有效的安全教育，教师教学活动符合大纲要求、技术规范讲解示范到位、对于危险系数较高的项目提前采取了相应安全保护措施，在事发后及时采取了有效的应急救护措施。

三要分清体育伤害发生的时间段。部分校园体育伤害案件系学生在课余自行参加运动过程中发生的，并非在学校体育教学过程中。在这种情况下，除非有证据证明校园内的体育设施存在安全隐患，否则不宜确定学校承担责任。对于发生在体育教学过程中的运动伤害，则应按照上述归责原则及证明责任要求，重点审查学校是否已经尽到教育管理职责。当然，实践中还有一些体育伤害是发生在学校组织的非教学性体育活动中（如参加团体表演、运动会、课外拓展训练等）。在这种情况下，虽然事发时间并非在课堂，但是由于这些活动是学校统一组织安排的，因此并不能免除校方相应的管理责任，学校仍应当对相关活动进行合理安排和管理，尽最大注意义务避免损害事故的发生。

从某种意义上来讲，校园体育伤害具有偶发性和难以预防的特征，因体育伤害引发的诉讼和纠纷，触动的不仅仅是学生的安全利益，也触动着学校安全管理的敏感神经。因此在审理此类案件时，既要依法特殊、优先保护未成年人权益，还要充分考虑个案的特殊情况，将校方责任控制在合理限度之内，实现对学生及学校的双重保障。同时，学校也应当强化安全管理，为学生营造健康、安全、快乐的学习环境，强化对学生的安全知识教育，提高学生自我保护和伤害防范的意识及能力，要针对校园教学活动内容和特点，制定完善的安全教育、管理、检查、事故处理等制度，定期排查和解决安全隐患，要提高教师教学组织、管理和引导的能力，在关注教学质量的同时也关注教学安全。基于这种衡平考虑，在一些特殊案件中，学生、校方均无过错，如果简单运用过错责任原则，很可能导致学生损失无处弥补，容易激化矛盾，也不利于体现对未成年人的特殊、优先保护。笔者认为，在校园体育伤害案件中，如果经查证双方均无过错，而由受害学生自担损失又显失公平的情况下，可以参照依据上述两个条文规定，引入公平原则，由校方适当分担，对学生的损失予以适当补偿。

特别需要指出的是，随着民法典的颁布实施，原侵权责任法规定的公平分担原则，已经发生了较大变化，人民法院适用公平原则判令当事人分担损失的依据也发生了变化。具体体现在，民法典第一千一百八十六条规定："受害人和行为人对损害的发生都没有过错的，依照法律的规定由双方分担损失。"旧法与新法最主要的区别在于确定双方分担损失的依据不同，侵权责任法规定"根据实际情况"分担，而民法典规定"依照法律的规定"分担。本案判决时，人民法院即根据损害发生的实际情况，确定由李某和某中学分担损失。但民法典实行后，在没有法律规定由当事人分担损失的情况下，人民法院即不能再依据实际情况判令双方分担损失。

编写人：北京市第二中级人民法院　施忆

076 幼儿园如何对存在特异体质的无民事行为能力人承担教育机构责任

——徐某某诉某幼儿园教育机构责任案

【案件基本信息】

1. 裁判书字号

北京市第二中级人民法院（2015）二中少民终字第 10022 号民事判决书

2. 案由：教育机构责任纠纷

3. 当事人

原告（被上诉人）：徐某某

被告（上诉人）：某幼儿园

【基本案情】

徐某某自 2011 年起就读于某幼儿园。入园前，幼儿园委托北京市丰台区妇幼保健院对徐某某进行常规健康检查（内容包含体重、身高、视力、听力、龋齿、肝功、血红蛋白等，不包含骨骼方面的检查），医生意见为合格。此后，幼儿园每年度均对徐某某进行了常规身体检查（内容包含身高、体重、营养状况、听力、视力、沙眼、血红蛋白、龋齿等，不包含骨骼方面的检查），每次结论均为正常。

2014 年 6 月 17 日下午，幼儿园教师何某某、谢某某组织徐某某等 20 余名学生在学校操场上分组进行跳绳、走轮胎游戏、走高跷等户外活动。其中，徐某某与部分学生被安排在幼儿园前院东侧的塑胶地面上走轮胎以锻炼平衡能力。游戏中，徐某某不慎倒地摔伤。此后，幼儿园及时通知徐某某父母，并叫救护车将徐某某送往积水潭医院救治。经该院诊断，徐某某为股骨粗隆下骨折（右，病理性），动脉瘤样骨囊肿，成骨不全（骨脆症）不除外。截至2014年7月3日，徐某某在积水潭医院住院手术治疗16天。出院医嘱为：全休1月，患肢注意保护，术后六周复查。此后，徐某某又多次到积水潭医院门诊复查。该院分别于2014年9月22日、10月13日出具诊断证明，证明徐某某因股骨粗隆下骨折（右，病理性），于2014年7月3日至2014年10月3日生活不能自理3个月，于2014年10月4日至2015年1月4日生活不能部分自理3个月。

截至2015年3月9日，徐某某支出医疗费88511.49元、辅助器具费2800元及部分交通费、营养费。其中，幼儿园已为其垫付医疗费1240.10元。徐某某之母在其伤后曾进行陪护。

在法院审理过程中，徐某某父母称此次事故前徐某某体质并无异常，家长先前对徐某某本次骨折存在病理性原因并不知情。经查，积水潭医院住院记录记载患者当日自述：活动后右髋部疼痛不适10天，摔倒致右大腿疼痛、肿胀、活动受限5小时；现病史载明：患者约于10天前活动后感右髋部疼痛不适，家长未予足够重视；既往史载明：患者2岁左右行走时步态异常，家长带患儿到北京儿童医院摄片，未示明显异常。后跛行步态逐渐改善，行走正常。应徐某某申请，法院先后委托北京市高级人民法院摇号确定法大法庭科学技术鉴定研究所（以下简称法大鉴定所）对徐某某股骨粗隆下骨折（右，病理性）与本次摔伤是否具有因果关系及责任程度进行司法鉴定，确定北京华夏物证鉴定中心（以下简称华夏鉴定中心）对徐某某伤残等级及赔偿指数进行司法鉴定。经法大鉴定所鉴定：徐某某患粗隆下骨折（右，病理性）的主要原因为自身疾病基础；“摔伤”在骨折中起次要作用，与骨折后果之间存在间接因果关系（诱因形式）；经华夏鉴定中心鉴定：徐某某右股骨粗隆下骨折内固定术后构成十级伤残，赔偿指数为10%。徐某某在上述两次司法鉴定中共支出鉴定费6000元。

在法院庭审过程中，幼儿园申请证人何某某出庭作证，用以证明当时教师组织学生活动的经过以及徐某某受伤系在走轮胎过程中被另一名同学将其推倒所致。徐某某表示因案发时没有家长在场，对于事情发生经过不清楚，且证人系幼儿园教师，其所述事实无从考证。

【案件焦点】

1. 某幼儿园在组织徐某某进行活动时是否存在过错；2. 徐某某自身的体质情况与损害后果之间的因果关系对某幼儿园承担责任的程度有何影响。

【法院裁判要旨】

北京市丰台区人民法院经审理认为：无民事行为能力人在幼儿园学习、生活期间受到人身损害的，幼儿园应当承担责任，但能够证明尽到教育、管理职责的，不承担责任。被侵权人对损害的发生也有过错的，可以减轻侵权人的责任。本案争议的焦点在于某幼儿园对徐某某受伤的后果是否存在过错及其责任程度。综合在案证据分析可见，案发当日，某幼儿园的2名教师组织20余名学生同时进行三组户外分散活动，其应当预见使用轮胎对年仅6周岁的幼儿进行平衡训练具有较大的危险性，但在此过程中，某幼儿园的教师并未在近旁辅助保护，亦未设置相应安全保护设施，且经鉴定，本次摔伤与骨折后果之间存在一定的因果关系，故法院认定某幼儿园在造成徐某某摔伤的起因上存在过错，其应当对徐某某骨折的后果承担相应的民事赔偿责任。虽然徐某某在入园前后业经某幼儿园多次体检属于正常，且家长对于徐某某患肢先天存在自身疾病基础的情况并不知情，但鉴于徐某某个人体质存在疾病基础状况对损害后果的发生具有一定客观影响，且徐某某在案发 10 天前活动时已出现髋部疼痛不适状况，但家长未予足够重视，故法院认定其本人对本次受伤亦存在一定的过错，应适当减轻某幼儿园的赔偿责任。关于某幼儿园申请到庭作证证人何某某当庭所述徐某某系被他人推倒致伤的事实，因其未提交相关证据予以证实，且徐某某未予认可，故法院不予采信。关于徐某某各项损失范围及金额，法院根据相关证据进行了确定，即医疗费 88511.49 元、住院伙食补助费 800 元、护理费 18000 元、交通费 350 元、营养费 5000 元、残疾辅助器具费 2800 元、残疾赔偿金 87820 元、精神损害抚慰金 5000 元。上述金额，按照 80%的责任比例确定幼儿园应当赔偿的数额，其中，其已先行支付的 1240.10 元应从其赔偿总额中予以扣除。

北京市丰台区人民法院依照《中华人民共和国侵权责任法》第十六条、第二十二条、第二十六条、第三十八条之规定，作出如下判决：

一、被告某幼儿园于本判决生效之日起十日内赔偿原告徐某某医疗费、护理费、住院伙食补助费、交通费、营养费、残疾辅助器具费、残疾赔偿金、精神损害抚慰金共计 165337.09 元；

二、驳回原告徐某某的其他诉讼请求。

某幼儿园持原审答辩意见提起上诉。北京市第二中级人民法院经审理认定的事实、证据和裁判理由与原审一致。

北京市第二中级人民法院依照《中华人民共和国民事诉讼法》第一百七十条第一款第一项之规定，作出如下判决：

驳回上诉，维持原判。

【法官后语】

本案中双方争议的焦点是如何判断幼儿园在组织无民事行为能力的学生进行活动时是否存在过错，如果学生在此过程中受伤，而其自身体质因素对损害后果亦有所影响，应该如何认定双方的责任。

对于幼儿园的过错应如何认定，主要是考虑幼儿园对学生应负何种教育、管理责任，如果学校实际违反了该义务，就应该承担相应过错责任。2021 年修订的《北京市中小学生人身伤害事故预防与处理条例》明确规定，学校举办者为学校配备的教育教学和生活设施应当符合安全标准；学校应当建立健全事故预防制度，落实事故预防措施，做好日常安全管理工作，消除安全隐患；学校应当按照国家课程标准和本市教学要求开展体育、实验和其他教育教学活动等。该条例虽主要针对中小学生，但也规定了学前教育机构中的学龄前儿童适用该条例。具体来说可以从以下几个方面判断幼儿园的过错责任：教育设施是否符合安全要求；是否有合理明确的规章制度，是否对学生进行了安全教育；学校为了避免侵权行为的发生，是否采取了必要的防范措施；学生伤亡事故发生后，学校是否及时采取措施进行救护等。同时，由于不同年龄段的学生在认知能力和辨别能力上存在差异，所以幼儿园还应该根据学生的特点来进行差别化管理，对于年龄越小、自身能力越低的学生，学校应该尽到更高的注意义务。如果学生本身体质存在问题，应该分情况处理：如果学生的身体状况不宜参加学校的活动，学校知道或应当知道，但未予必要的注重，或者学生在学校组织活动期间突发疾病，学校发现，但未根据实际情况及时采取相应措施，导致不良后果的，学校均应当承担相应的责任；而如果学生及监护人知道学生有特异体质，或者患有某种疾病，但未告知学校，学校对此不知道或难以知道的，如果由于学生自身的健康造成其在参加学校组织的活动中受伤的，学生和监护人一般应承担相应的责任。但是，此种情况的前提是学校在组织活动中尽到了一般的注意义务，即活动设计得符合教育规范、活动使用的设施合乎要求、进行了必要的注意事项的告知、采取了必要的安全保护措施等，如果对一般的学生而言，学校在组织活动中都存在过错，那么即使本身存在特殊情况的学生受伤，也不能完全免除学校的责任，只是如果学生或者监护人对学生的身体状况未予注意，即明知患有疾病而不告知学校或者出现了不适症状，但是未予重视，那么学生或监护人对于由此产生的后果也存在一定的过错。此种情况下，学校和学生、监护人是存在混合过错的。当然，学生或家长明知学生患有疾病而不告知学校和学生或家长也不知道或者难以知道学生患有疾病，只是在案发前可能存在不适，但未给予足够重视，这两种情况的过错程度是有一定差别的。就如本案中的徐某某，法院综合考虑到幼儿园在组织活动中的不适行为，以及徐某某自身及监护人对其身体状况的疏忽，由此确认双方按照各自的过错承担了相应的责任。另外需要说明的是，本案当时援引侵权责任法作出判决，相关条文现已废止。根据本案情况，符合《中华人民共和国民法典》第一千一百七十九条、第一千一百八十三条、第一千一百九十九条规定的法律适用情形。

编写人：北京市丰台区人民法院　李倩　赵昭

077 教育机构责任是否可以进一步细分

——田某某诉某幼儿园教育机构责任案

【案件基本信息】

1. 裁判书字号

云南省昆明市中级人民法院（2014）昆少民终字第64号民事判决书

2. 案由：教育机构责任纠纷

3. 当事人

原告（反诉被告、被上诉人）：田某某

被告（反诉原告、上诉人）：某幼儿园

【基本案情】

田某某系某幼儿园的学生。2014年5月14日下午田某某几次攀爬幼儿园护栏均被老师及时制止教育。17点20分左右，田某某在老师准备安排学生排队如厕时再次攀爬幼儿园护栏并从护栏上摔下，造成右尺桡骨骨折。事发后，田某某到云南昆钢医院进行门诊治疗，某幼儿园垫付了医疗费556.79元。田某某所受的伤经云南鼎丰司法鉴定中心鉴定为十级伤残，某幼儿园垫付了鉴定费用500元。某幼儿园在教学活动中安排了安全教育内容，对家长和孩子进行了相应的安全教育。

【案件焦点】

田某某在校期间受到的身体伤害，某幼儿园是否尽了教育管理责任及是否可以免责。

【法院裁判要旨】

云南安宁市人民法院经审理认为：幼儿园、学校或者其他教育机构，未尽到教育、管理职责，致使在其中学习、生活的无民事行为能力人在学习、生活期间受到人身损害的，幼儿园应当承担侵权责任。原告作为在被告处就读的学生，被告承担着对原告在校期间教育和管理的双重义务。被告在原告入学时进行了安全规定的告知，教学中安排了安全教育内容，在原告攀爬幼儿园护栏时及时制止、教育，尽到了对原告的安全教育职责。原告是无民事行为能力人，对幼儿园安全教育的理解和自身行为后果的认知极为有限，被告在发现其有攀爬护栏等危险行为时，应当及时制止并采取有效措施，确保无民事行为能力人在校期间不受人身损害。被告在安排学生排队如厕时，疏于对原告的照料，没有尽到管理职责，致使原告攀爬护栏并从护栏上摔下，依法应当承担侵权责任。幼儿园等教育机构履行教育、管理职责的目的是保护在其中学习、生活的无民事行为能力人或者限制民事行为能力人的人身安全。教育是基础，管理是措施，针对无民事行为能力人来说，管理措施在确保其人身安全方面具有决定性作用。被告未尽到管理职责应当承担赔偿责任，已经尽到教育职责则可以适当免责，法院认为，由被告承担原告各项损失的90%侵权责任较为合适。被告要求原告返还医疗费和鉴定费的反诉请求，一审法院也予以支持，具体的数额也应按照上述比例予以确定。云南安宁市人民法院依照《中华人民共和国侵权责任法》第十五条、第十六条、第三十八条之规定，判决如下：

原告（反诉被告）田某某的各项损失共计人民币60010.79元，由被告（反诉原告）某幼儿园赔偿90%，共计人民币54009.71元，扣除被告（反诉原告）某幼儿园已垫付医疗费、鉴定费用合计人民币 1056.79 元，由被告（反诉原告）某幼儿园赔偿原告（反诉被告）田某某人民币 52952.92 元。

某幼儿园以幼儿园已经多次阻止了田某某攀爬栏杆的行为，平时也对田某某及家长进行了安全教育，尽到了管理义务，不应当承担任何赔偿责任为由向云南省昆明市中级人民法院提起上诉。

云南省昆明市中级人民法院经审理认为：某幼儿园对田某某负有教育和管理的职责。虽然某幼儿园对田某某及其家长尽了安全教育职责，但是在管理上的疏忽导致田某某从栏杆上摔下受伤，应当承担相应的赔偿责任。一审综合本案案情确定由某幼儿园承担 90% 赔偿责任恰当，二审予以维持。一审综合诊断证明及田某某年龄、受伤情况确定护理期符合本案案情和法律规定，二审予以维持。昆明市中级人民法院依照《中华人民共和国民事诉讼法》第一百七十条、第一百一十八条之规定，判决如下：

驳回上诉，维持原判。

【法官后语】

教育机构责任是原侵权责任法第三十八条、第三十九条规定的无民事行为能力人或者限制民事行为能力人在幼儿园、学校或者其他教育机构学习、生活期间受到人身损害时，幼儿园、学校或者其他教育机构应当承担的侵权责任。《中华人民共和国民法典》第一千一百九十九条、第一千二百条沿用了侵权责任法的规定。上述法律规定了教育机构承担责任的前提是未尽到对无民事行为能力人或者限制民事行为能力人的教育、管理职责。但是，教育机构责任作为一个整体，是否可以进一步细分，怎么细分，侵权责任法、民法典及相关司法解释均没有详细规定。这就导致了当教育机构以自己部分尽到教育管理职责为由主张就尽到职责部分免责时，法院将面临无法可依的困境。本案一审法院从教育机构责任可以细分的角度出发，对教育机构在教学活动中的教育和管理职责进行了划分，为该类案件提供了裁判范本。

教育机构责任可以细分为教育责任和管理责任。教育机构责任来源于法律规定，即教育机构承担的是一种法定职责。教育机构承担的职责分为教育和管理两种。相应地，教育机构责任也可以细分为因未尽到教育职责而承担的责任和因未尽到管理职责而应承担的责任。教育职责和管理职责在教育机构责任中相辅相成、各有侧重。教育机构安全保护是一种家庭之外的社会保护，不同于监护人所负担的私法领域内完全的监督、保护职责，它只在教育机构未履行职责范围义务而导致无民事行为能力人或者限制民事行为能力人伤害事故发生时，才需承担与其过错相适应的法律责任。教育机构履行教育、管理职责的目的是保护在其中学习、生活的无民事行为能力人或者限制民事行为能力人的人身安全。教育是基础，管理是措施。教育侧重于通过教育教学活动，引起无民事行为能力人或者限制民事行为能力人对安全的足够重视，增强自我保护意识和能力。管理则注重通过外部控制，及时消除安全隐患，防止无民事行为能力人或者限制民事行为能力人受到伤害事故的发生。教育职责和管理职责的不同决定了在整个教育机构责任中，它们所占的比例并不是一成不变的。由于无民事行为能力人对安全教育的理解和自身行为后果的认知极为有限，教育机构在安全保障中要重在管理。随着民事行为能力的增加，限制民事行为能力人的知识水平和对自己的行为及后果之间的因果关系认知均逐渐增强，教育机构发挥教育职责即可促进未成年人通过约束自己的行为达到安全保障的目的，教育职责在教育机构责任中的比重逐渐增大，管理职责的比重则相应减小。具体到个案，法官应该据案情进行裁量。

编写人：云南省安宁市人民法院　范玉

078　校园意外伤害案件中学校责任之界定
——徐某某诉戴某某等教育机构责任案

【案件基本信息】

1. 裁判书字号

上海市第一中级人民法院（2014）沪一中少民终字第 26 号民事裁定书

2. 案由：教育机构责任纠纷

3. 当事人

原告（被上诉人）：徐某某

被告（上诉人）：戴某某、戴某宝、袁某花

被告：某学校

【基本案情】

原告徐某某系被告某学校二年级学生，被告戴某某系被告某学校五年级学生。被告戴某宝、袁某花系被告戴某某父母。2013 年 5 月 22 日下午第三节课，根据各自班级的教学安排，原告及其同学在学校操场上踢足球，被告戴某某在操场周围绿化带处进行树叶探究，因足球被踢至戴某某身后，而原告前去捡球，在此过程中，戴某某不慎跌倒压至原告手掌，致原告受伤。原告伤后由其家长陪同急诊于复旦大学附属儿科医院，并于 2013 年 5 月 23 日至2013年5月27日住院治疗，出院诊断为掌骨骨折（右侧，第四掌骨）。之后，原告多次至上述医院门诊治疗。其间，原告共支出医疗费4728.50元（已经扣除统筹支付、学保支付、基金支付）。

2013年10月21日，某司法鉴定中心对原告伤势的鉴定意见如下：被鉴定人徐某某因外力作用致右手第四掌骨骨折，现右手关节活动可，酌情给予伤后营养2个月，陪护3个月（含内固定拔除）。原告为此支出鉴定费1000元。

徐某某方认为，其受伤发生于某学校上课期间，而戴某某则是直接致其受伤者，故双方均应对其损伤承担赔偿责任。

戴某某方认为，原告与戴某某都是学校怠于履行教学活动过程中教育、管理职责的受害者，导致戴某某摔倒的原因是其他学生将足球踢到戴某某脚边，戴某某对于自身摔倒并无过错，对其摔倒造成的原告受伤亦无过错，故不应对原告的损失承担赔偿责任。

校方认为，本案事发之时校方系进行正常教学活动，体锻课前进行了安全教育以及热身活动，上课场地亦无任何安全隐患，且任课教师始终在场，故校方已尽教育、管理职责，原告的受伤系意外事件，应由直接侵权人承担主要赔偿责任，校方承担过错责任下的补充赔偿责任。

【案件焦点】

徐某某受伤事件中校方是否承担责任，若承担，应如何界定。

【法院裁判要旨】

上海市闵行区人民法院经审理认为：根据《中华人民共和国侵权责任法》第三十八条的规定："无民事行为能力人在幼儿园、学校或者其他教育机构学习、生活期间受到人身损害的，幼儿园、学校或者其他教育机构应当承担责任，但能够证明尽到教育、管理职责的，不承担责任。”被告某学校作为教育机构，对其学生组织、安排教学活动应当强化安全教育，并进行适当的管理和保护，以保证教学活动的顺利进行。本案中，某学校组织原告等学生在操场上踢足球的同时，组织戴某某等学生在操场周围绿化带处探究树叶，上述安排存在一定的不安全因素，增加了意外伤害发生的概率，现原告亦因离开操场进入绿化带捡球而与他人发生碰撞致伤，故某学校在组织、安排教学活动时，未尽管理、保护职责，应对原告受伤的后果承担主要责任。

此外，原告手掌所受损伤，系由被告戴某某的不慎摔倒直接导致，被告戴某某在事发之时为年满 11 周岁的限制民事行为能力人，对于室外教学活动中的安全常识应当具备一定的认知，亦应具有一定的风险防范意识，但其在此过程中未尽安全注意义务，从而发生倾轧原告手掌事件，致其受伤，故被告戴某某在本起损害事件中亦存在一定过错，对原告的损害后果应承担次要责任。

综上，对原告的损害后果，根据当事人各自的过错程度、行为与损害后果的联系程度，酌定由被告某学校负担 80% 的民事赔偿责任，被告戴某某负担 20% 的民事赔偿责任。因被告戴某某系限制民事行为能力人，故应由戴某某以其个人财产承担相应民事赔偿责任，不足部分则由其监护人戴某宝、袁某花赔偿。

据此，上海市闵行区人民法院依照《中华人民共和国侵权责任法》第十六条、第二十二条、第三十二条、第三十八条，《最高人民法院关于确定民事侵权精神损害赔偿责任若干问题的解释》第十条之规定，判决如下：

一、被告上海市某学校于本判决生效之日起十日内赔偿原告徐某某10787.20元；

二、被告戴某某于本判决生效之日起十日内以其个人财产赔偿原告徐某某2696.80元，不足部分，由被告戴某宝、袁某花赔偿。

判决后，戴某某、戴某宝、袁某花向上海市第一中级人民法院提起上诉，又于诉讼中申请撤回上诉，二审法院裁定准许其撤诉。

【法官后语】

学校与学生之间的关系，不同于监护关系，而是教育与被教育、管理与被管理、保护与被保护的关系。首先，在教学活动中，学校与学生之间的主体地位不同，权利义务关系也不同，学校作为教育机构，应履行向学生传授知识、培养学生良好品德的职责；其次，学校对学生的管理是开展教育活动的重要方式，也是达到教学目的的措施和手段；最后，学校在教育活动中不仅负有教书育人的职责，同时也应保护学生的身心健康不受侵害。① 故而，对学校而言，教育、管理、保护学生均为其法定义务，违反上述法定义务，学校就要承担相应的民事责任。民法典第一千一百九十九条、第一千二百条区分未成年学生的不同民事行为能力采取了不同的过错责任形式，而过错的认定则应以考量学校是否尽到了谨慎的注意义务为核心要件。

注意要求的标准和范围因环境及对象的不同而有所不同，危险性越高，发生侵害的可能性越大，其注意义务就相对提高。结合本案案情，可以从以下四个方面来考量：

1. 学校的教学设施及教学场地是否排除危险性

教学设施及教学场地的安全性是学校首先应考虑的问题，在排

---

① 王利明等主编：《侵权责任法新制度理解与适用》，人民法院出版社2010年版，第203页。

除所有安全隐患的情况下，学校方可施以教学。学校对学生的注意义务因教学设施的差异和教学场地环境改变而有所区别，如安排在操场上活动，老师对学生的注意义务也应较之教室中略高。

本案中，虽然徐某某班级和戴某某班级均系从事正常的教学活动，徐某某班级在操场进行踢足球活动，戴某某班级在操场周围从事探究树叶活动，表面看两者的教学场地并不重合，然而操场是一个开放空间，与外围并没有墙面或围栏阻隔，足球可能会被踢至操场周围致正在探究树叶的学生被砸伤，也可能如本案所发生的一样，捡球的学生被因探究树叶未注意安全防范的其他学生所伤。学校应当对该场地的危险具有一定的认知，将两项活动进行合理的物理隔离或者不安排两项活动同时进行，排除安全隐患。

2. 学校的教学活动安排是否具有合理性

学校对自身教学活动中的教育和管理措施的适当性应有审慎的注意义务。学校在组织学生参加教学活动或校外活动，未对学生进行相应的安全教育，未在可预见的范围内采取必要的安全措施，而造成学生伤害事故的，学校应当承担相应的责任。①

具体到本案中，校方庭审中提及踢足球活动由一名体育老师组织安排，探究树叶活动则由另一名老师带领，学校在较小的范围内安排两个班级的学生进行不同的活动，存在一定的安全隐患；另外，足球运动是一项风险性极高的体育运动，不仅对于运动参与者有危险，而且对球场周边的人同样具有相当的危险性（故进行足球赛事时会在球场周边设置铁丝网围栏）。两名老师应对各自班级进行相应

---

① 劳凯声：《〈侵权责任法〉与学校对未成年学生的保护职责》，载《教育研究》2010年第9期。

的安全教育，也应在可预见的范围内及时采取措施，管理、告诫和制止伤害发生，如看到足球滚来应及时提醒周围的学生避让。

3. 学校的应急措施是否健全

校园伤害事故发生后，学校应启动校园伤害应急预案，是否及时采取了必要的救治措施也是衡量学校是否尽到了谨慎注意义务的要素之一，这些救治措施包括是否送医或拨打110、120，是否尽快通知了学生家长，此外是否存在延误治疗的情形等也是需要考虑的要素。

4. 综合考量学生的年龄、认知能力和社会经验

学校对学生的注意义务因学生年龄、认知能力的不同而有所差别，无民事行为能力人的认知能力、防范风险的能力较低，发生人身伤害的概率也就较限制民事行为能力人较高。

就本案而言，徐某某作为不足10周岁的无民事行为能力人，其对自己跑出操场捡球行为的危险性缺乏认知，学校应承担较重的注意义务，应尽一个善良管理人的全部义务，体育老师应当及时提醒徐某某观察四周，注意安全；而戴某某作为11周岁的限制民事行为能力人，对于室外教学活动中的安全常识应当具备一定的认知，亦应具有一定的风险防范意识，学校对戴某某的注意义务略低于徐某某。

综合上述四个方面，校方在组织、安排教学活动时中并未尽到谨慎的安全注意义务，对本次事故的发生存在过错，故应对徐某某的受伤后果承担主要责任；戴某某作为限制民事行为能力人，应当对风险有一定的防范，对徐某某受伤亦有一定的过错，故承担次要责任。

校园伤害案件原因复杂多变，对于学校和学生家长而言都是难言之痛，如何既能让学生在学校健康成长，又能让学校在进行教学活动时不因噎废食、畏首畏尾地规避一切教学风险，是值得讨论和研究的问题。从学校角度来讲，强化校园安全重在培养防患于未然

的意识，学校应当切实做好教学活动中的安全工作，有严格的保护措施、明确的责任分工、合格的教学设施、有效的学生安全教育、及时告诫，将安全隐患扼杀在萌芽状态，从而达到将校园伤害后果降到最低的状态。从社会角度而言，建立风险分担机制，特别是普及校园意外伤害校方责任险，解放学校的能动性，以促进教学活动的有序开展。

编写人：上海市闵行区人民法院　归鸿　王苑

079 体育课老师脱岗时学生受伤，学校应承担全部责任

——彭某某诉某中学教育机构责任案

【案件基本信息】

1. 裁判书字号

四川省广安市中级人民法院（2014）广安民终字第387号民事判决书

2. 案由：教育机构责任纠纷

3. 当事人

原告（上诉人）：彭某某

被告（被上诉人）：某中学

【基本案情】

彭某与武某之子彭某某年龄7周岁，就读于某中学小学一年级。2012年12月3日下午，某中学上体育课时，共有8个班在操场上课，操场因场地小、学生多而混乱。给彭某某班级上体育课的范老师，先是给学生讲解了安全注意事项，并训练了学生20分

钟向左转、向右转，告知学生在本班活动区域内不准乱跑，然后便离开该班级到操场上转悠。彭某某在自由活动时去看四年级同学短跑训练，后被短跑同学不慎撞倒在地受伤，范老师发现后将彭某某扶起，询问其身体有无异常，因当时未发现外伤和明显异常，而后体育老师组织学生集合下课。第二天，彭某某伤情外露，被父母送往某医院住院治疗，诊断为：（1）左侧颞顶部急性硬膜外血肿；（2）左侧颞顶骨骨折；（3）头皮血肿。经该院当日行颅内血肿清除术。2013 年 7 月 24 日，其父彭某委托司法鉴定所对彭某某进行伤残等级鉴定，彭某某头部损伤的伤残等级评定为 10 级。

【案件焦点】

在体育老师擅自离开，彭某某独自走动致伤的事实前提下，该如何认定与划分彭某某与校方之间的责任。

【法院裁判要旨】

四川省华蓥市人民法院经审理认为：某中学系从事教育教学工作的专业机构，应当知道对教育教学工作作出合理安排，但事实上在场地本就狭小的操场上安排不同年级的 8 个班同时上体育课，留下安全隐患致使彭某某被他人撞倒受伤。事后老师仅是作出了简单询问与观察，并未尽到教育、管理职责，具有明显过错，对彭某某所受损害应当承担赔偿责任。同时，彭某某受伤时虽系无民事行为能力人，但对事物也具有一定的认知判断能力，在体育老师已经明确划定了各班体育活动范围、讲明安全注意事项的情况下，彭某某仍然不听从安排，擅自离开自己所在班级的活动区域，进入其他班级的活动区域内，与其他同学发生碰撞后摔倒受伤，其本人对自身受伤也存在一定过错。根据双方的过错程度，酌定由某中学承担彭某某所受损失 80%的赔偿责任，彭某某自行承担 20%的责任，据此，依照《最高人民法院关于适用〈中华人民共和国民法典〉时间效力的若干规定》第一条第二款，《中华人民共和国侵权责任法》第三十八条、第十六条、第二十二条、第二十六条，《中华人民共和国民事诉讼法》第六十四条第一款，《最高人民法院关于民事诉讼证据的若干规定》第二条之规定，遂判决如下：

一、华蓥市庆华初级中学在本判决生效后三十日内赔偿彭某某 32236.99 元；

二、驳回彭某某的其他诉讼请求。

宣判后，彭某与武某不服一审判决，以彭某某作为无民事行为能力人，某中学未尽到管理、保护职责致使儿子受伤，某中学应承担全部责任为由提起上诉。四川省广安市中级人民法院经审理认为：彭某某系某中学学生，其在校学习期间，某中学依法对其负有教育、管理的职责，但事实上某中学并未尽到安全管理职责，也未及时将彭某某送往医疗机构体检。某中学在教育、管理职责上具有明显疏忽过错。此外，彭某某系无民事行为能力人，对事物的认知判断能力和自我保护能力较差，无老师管理的情况下出于好奇去看其他班同学短跑时受伤，主观上并无过错，故一审认定彭某某有过错不当，某中学应对彭某某损失承担全部赔偿责任。综上，依照《中华人民共和国侵权责任法》第三十八条，《最高人民法院关于适用〈中华人民共和国民法典〉时间效力的若干规定》第一条第二款，《中华人民共和国民事诉讼法》第一百七十条第一款第一项、第二项之规定，判决如下：

一、维持华蓥市人民法院（2014）华蓥民初字第 1007 号民事判决第二项即驳回彭某某的其他诉讼请求；

二、撤销华蓥市人民法院（2014）华蓥民初字第 1007 号民事判决第一项即某中学在本判决生效后三十日内赔偿彭某某 32236.99 元；

三、某中学赔偿彭某某 63423.77 元，抵扣彭某某父母在某中学及老师处的借款 10000 元后，某中学赔偿彭某某 53423.77 元。

【法官后语】

本案处理的重点在于对教育机构的监管责任的理解。一审与二审法院判决的分歧在于对原告的过错理解上。一审法院认为，原告不听老师的安排擅自离开自己所在班级的活动区域，致使自己意外被撞伤，存在一定过错。

值得注意的是，作为本案被害人彭某某在事故发生时就读于小学一年级，其年龄不满 8 周岁，依据《中华人民共和国民法典》第二十条之规定，作为不满 8 周岁的未成年人系无民事行为能力人。无民事行为能力人在校期间受伤，现实中可参照的法律依据是原侵权责任法第三十八条“无民事行为能力人在幼儿园、学校或者其他教育机构学习、生活期间受到人身损害的，幼儿园、学校或者其他教育机构应当承担责任，但能够证明尽到教育、管理职责的，不承担责任”的规定，以及《中华人民共和国民法典》第一千一百九十九条“无民事行为能力人在幼儿园、学校或者其他教育机构学习、生活期间受到人身损害的，幼儿园、学校或者其他教育机构应当承担侵权责任；但是，能够证明尽到教育、管理职责的，不承担侵权责任”之规定，学校对无民事行为能力人在学校期间遭受人身损害的，在举证责任分配上，采取的是倒置原则，即由学校举证证明在教育、管理学生方面，已经尽到教育、管理职责时才不承担民事责任；反之，学校若不能证明已经尽到教育、管理职责时，学校应当承担全部责任。结合本案分析，原告的监护人将原告送至教育机构之后，在上课期间则完全依赖于教育机构的监护管理。本案侵害事故中，正由于系体育老师在上课期间擅离职守、置学生安全于不顾，属于教育失职行为，该失职行为与学生受伤之间具有因果关系，学校对此也有监管不力的过错。依据先行民法典的规定，学校应当对被害人受伤负全部的民事赔偿责任。

同时情理上，原告作为一个不满8周岁的无民事行为能力人，正处在成长的关键阶段。好奇是这个年龄段儿童的自然天性，且对于自己的行为没有足够好的自制力，属自然规律，因此不能将脱离班级的行为归责于其本身。反之，作为被害人的法定监护人将学生置于学校的行为，本质上属于将监护职责临时委托给校方，作为教育者的体育老师与教育机构应当明知并注意防范。因学校在教育管理过程中疏于监管而造成原告受伤，一审法院判决原告承担20%的责任，是对无民事行为能力人的苛责，故二审法院改判学校承担全部责任，以保护受害人的合法权益。

编写人：四川省广安市中级人民法院　朱军　戴建军

080　擅自改变校车行车路线致学生发生交通事故，学校是否应承担赔偿责任

——徐某某诉某小学教育机构责任案

【案件基本信息】

1. 裁判书字号

江苏省宿迁市中级人民法院（2014）宿中民终字第1105号民事判决书

2. 案由：教育机构责任纠纷

3. 当事人

原告（上诉人）：徐某某

被告（上诉人）：某小学

【基本案情】

2013年3月25日，徐某某放学后乘坐某小学的校车至某处，下车由其奶奶李某玲接回，从校车后面横过道路时，被马某如驾驶的重型半挂牵引车、挂重型普通半挂车撞倒碾压致伤。经公安交警部门认定，马某如、徐某某负事故同等责任。2013年8月25日，就徐某某与马某如机动车交通事故责任纠纷一案，江苏省宿迁市沭阳县人民法院作出（2013）沭开民初字第0700号民事判决书，判决：徐某某医疗费44926.55元、护理费73212元、伤残赔偿金219636元、住院伙食补助费648元、精神损害抚慰金20000元、营养费900元、残疾器具费508000元、残疾器具维修费162560元、残疾器具装配锻炼费49980元，合计1079862.55元，由保险公司在交强险限额内赔偿240000元，超过交强险责任限额的损失为839862.55元，由马某如赔偿60%即503917.53元。

另查明：徐某某日常上下学均由其奶奶李某玲负责接送。事故校车标牌载明的行车路线为：某小学—厂东大沟—司庄大沟—厂西大沟—丁庄大沟—大成双语，事故当天，某小学校车擅自改变校车标牌载明的行车路线，且未在指定的校车停靠站点停靠。

【案件焦点】

1. 某小学对徐某某在本案中的损伤应否承担责任；2. 如应承担，应当如何承担责任。

【法院裁判要旨】

江苏省宿迁市沭阳县人民法院经审理认为：公民的生命健康权受法律保护，受到侵害有权获得赔偿。根据《校车安全管理条例》的相关规定，校车运载学生，应当按照经审核确定的路线行驶；校车上下学生，应当在校车停靠站点停靠，未设校车停靠站点的路段可以在公共交通站台停靠；学生上下车，随车照管人员应当在车下引导、指挥，维护上下车秩序。本案中，按照被告校车标牌审核的路线行驶，原告下车回家本无须横穿道路，但由于被告校车在事发当天擅自更改行驶路线，使原告下车回家不得不横穿道路，增加了原告下车后发生交通事故的危险性。被告校车既未在校车停靠站点停靠也未在公共交通站台停靠，同时学生上下车时，随车照管人员未在车下引导、指挥，维护上下车秩序，违反《校车安全管理条例》的相关规定。虽然原告损伤系案外人马某如驾驶机动车将横穿道路的原告撞倒碾压所致，但被告的违法行为与原告的受伤后果存在间接因果关系，应承担相应的赔偿责任。证人杨恒华的证人证言证实原告系绕过被告校车后面后横穿道路时被肇事车辆撞倒碾压受伤，事故发生时，被告校车并未驶远事故现场，对被告辩称事故发生时其校车已远离现场的辩解，本院不予采信。原告系未成年人，自身安全注意意识较弱，作为原告的监护人应当积极履行监护职责，保护被监护人的人身权益。本案中，原告奶奶接到原告后，未认真履行监护职责，致原告横穿道路被机动车撞倒碾压致伤，对原告的损害应负相应的责任。根据（2013）沭开民初字第0700号民事判决书，原告超出交强险责任限额的损失确定为839862.55元。

江苏省宿迁市沭阳县人民法院依照《中华人民共和国侵权责任法》第三条、第六条、第十六条、第二十六条、第三十八条，《校车安全管理条例》第一条，《中华人民共和国民事诉讼法》第一百四十二条之规定，作出如下判决：

一、原告徐某某超过交强险责任限额的损失 839862.55 元，由被告某小学赔偿 15%即 125979.38 元；

二、驳回原告的其他诉讼请求。

徐某某、某小学均提起上诉。江苏省宿迁市中级人民法院经审理认为：《校车安全管理条例》第十四条至第十七条规定，取得校车使用许可证应当符合下列条件：（1）车辆符合校车安全国家标准，取得机动车检验合格证明，并已经在公安机关交通管理部门办理注册登记；（2）有取得校车驾驶资格的驾驶人；（3）有包括行驶线路、开行时间和停靠站点的合理可行的校车运行方案；（4）有健全的安全管理制度；（5）已经投保机动车承运人责任险。学校或者校车服务提供者申请取得校车使用许可，应当向县级或者设区的市级人民政府教育行政部门提交书面申请和证明其符合本条例规定条件的材料。本级人民政府决定批准的，由公安机关交通管理部门发给校车标牌。校车标牌应当记载本车的号牌号码、机动车所有人、驾驶人、行驶路线、开行时间、停靠站点以及校车标牌发牌单位、有效期限等事项。取得校车标牌的车辆应当配备统一的校车标志灯和停车指示标志。公安部《机动车登记规定》第三十九条规定，校车行驶路线、开行时间、停靠站点或者车辆、所有人、驾驶人发生变化的，经县级或者设区的市级人民政府批准后，应当按照本规定重新领取校车标牌。本案中，政府有关部门已经向某小学制发校车标牌，应当认定涉案校车已经取得了政府部门的许可。某小学提交的校车标牌显示，涉案校车的行驶路线为：某小学—厂东大沟—司庄大沟—厂西大沟—丁庄大沟—大成双语。根据上述规定，某小学的校车应当按照校车标牌上载明的行车路线行驶，行驶路线变更，应经有关部门批准。而事实上，事故发生当天，某小学的校车并未按照校车标牌载明的行驶路线行驶。某小学主张校车标牌载明的地名仅是对几个停车点的描述，而非对行车线路的描述，该辩解与有关部门对校车标牌的相关规定不符，本院不予采信。某小学既未举证证明其更改行车线路经过有关部门批准，亦未举证证明徐某某亲属申请校车改变行车路线。同时，某小学未能举证证明涉案车辆已按规定配备统一的校车标志灯和停车指示标志，且事发时徐某某下车地点无校车停靠点指示牌。上述事实均给校车内学生的交通安全带来隐患，故某小学对徐某某在本案中受到的交通事故损害应承担相应的赔偿责任。

关于某小学应承担的责任份额问题。本院认为：鉴于徐某某发生交通事故时，其奶奶已经接到徐某某，徐某某已经处于其奶奶的监护管理之下。徐某某在横穿马路时未能注意观察，其奶奶未能及时教育制止，故徐某某的监护人未能尽到监护职责在本案事故单方责任中占主要因素。学校校车的不按规定行驶、装备，对于徐某某交通事故的发生亦具有一定的原因力，应承担次要责任，故一审法院判令某小学对徐某某的损害承担15%的赔偿责任并无不当。

对于交通事故双方而言，交警部门认定马某如和徐某某双方承担同等责任并无不当。但对于徐某某交通事故单方责任中，某小学校车的违规行驶等情况对事故发生具有一定的原因力，故一审法院判令某小学在徐某某交通事故单方责任比例中承担部分责任与交警部门的事故责任认定并不矛盾。本案中，生效判决已判令马某如对超出交强险部分承担60%的赔偿责任，徐某某要求某小学就剩余的40%责任中承担90%的赔偿责任，也即要求某小学对徐某某的交通事故损害总额承担36%的赔偿责任。一审法院判令某小学对徐某某所受的损害总额承担15%的赔偿责任并未超出徐某某的诉讼请求。综上，一审判决认定事实清楚，实体处理并无不当，应予以维持。

江苏省宿迁市中级人民法院依照《中华人民共和国民事诉讼法》第一百七十条第一款第一项之规定，作出如下判决：

驳回上诉，维持原判。

【法官后语】

1. 关于校车行车路线，根据《校车安全管理条例》的相关规定，校车运载学生，应当按照经审核确定的路线行驶，行驶路线变更的，应重新经过批准，领取校车标牌。校车上下学生，应当在校车停靠站点停靠，未设校车停靠站点的路段可以在公共交通站台停靠；学生上下车，随车照管人员应当在车下引导、指挥，维护上下车秩序。本案某小学校车擅自更改路线，违反了《校车安全管理条例》的相关规定，存在过错，使徐某某下车回家不得不横穿道路，增加了其发生交通事故的危险性。

2. 关于随车人员的护送义务。幼儿园或者学校提供的校车应当认定是校园的自然延伸，作为幼儿园或者学校开展的服务项目，应当由其承担对孩子的人身安全的照管义务，这种义务是一种法定义务。某小学作为配备校车的学校、校车服务提供者，校车配备驾驶人员、随车老师应当尽到护送义务，在其向家长交接学生之前，应确保学生的安全。而本案某小学的校车司机以及随车人员未能完全尽到该义务，应当承担法律责任。

3. 关于学校的上述过错与徐某某的损害后果之间是否存在因果

关系。在具体的司法审判实践中，对是否承担人身损害赔偿责任的因果关系的判断，一是确定行为人是否在事实上属于造成损害发生的原因；二是确定已构成事实上的原因的行为是否在法律上成为应对该损害负责任的原因。在损害发生的数个条件中，如果某个条件有效增加了损害的客观可能性，可视为损害的充分原因；在判断因果关系时，应当根据相当性概念来加以判断，以确定行为与结果之间是否具有因果关系。

4. 关于教育机构责任的新旧法衔接。本案发生在民法典实施之前，依法适用原侵权责任法第三十九条的相关规定，认定学校因未尽到管理职责承担相应的赔偿责任。民法典在立法模式上，继续沿用原侵权责任法相关规定，第一千一百九十九条、第一千二百条、第一千二百零一条分别规定无民事行为能力人、限制民事行为能力人在教育机构学习、生活期间受到损害和第三人侵权三种情形下的教育机构责任，构成了完整的规范体系。民法典就无民事行为能力人的损害赔偿，针对教育机构仍适用过错推定责任原则，其立法考虑主要是无民事行为能力人在幼儿园、学校或者其他教育机构学习、生活期间，超越了监护人的管理范围，而他们自身认知能力欠缺，此时要让无民事行为能力人或者其监护人来证明学校的过错，对受害一方过于苛责。采用过错推定原则，学校通过举证证明已经尽到了相当的注意并且实施了合理的行为就可以免责，符合公平原则。

编写人：江苏省宿迁市沭阳县人民法院　于在会

六、产品责任纠纷

081 产品缺陷的一般认定标准

——苗某、张甲诉家具厂、气弹簧公司产品责任案

【案件基本信息】

1. 裁判书字号

北京市第三中级人民法院（2020）京 03 民终 6603 号民事判决书

2. 案由：产品责任纠纷

3. 当事人

原告（上诉人）：苗某、张甲

被告（被上诉人）：家具厂、气弹簧公司

【基本案情】

2010 年 9 月 19 日，张乙（买方）与家具厂（卖方）签订《北京市家具买卖合同》购买高箱床（含床垫）2 个及床头柜 3 个，以上共计 6400 元。质保 3 年，终身维修。后张乙一家一直在使用上述物品，并未出现质量问题。2017 年 4 月 14 日，张乙因窒息死于家中型号为 1.8 米×2 米高箱床处，死亡时该人脖子被夹于床垫与床屉夹角处。经公安机关调查排除刑事案件嫌疑。

诉讼中，苗某、张甲申请法院委托具有合法资质的鉴定机构，对涉案产品（含支架）是否存在质量缺陷进行鉴定。后鉴定机构向法院出具退函，认为鉴定标的物不具备鉴定条件无法进行鉴定。

气弹簧公司否认涉案床安装的气弹簧是其公司生产的，称其公司同家具厂并未有买卖合同关系。

【案件焦点】

在鉴定机构因涉案产品缺乏国家标准或行业标准无法得出鉴定意见的情况下，法院应如何对产品的合理期待判断对产品是否存在缺陷进行认定。

【法院裁判要旨】

北京市通州区人民法院经审理认为：涉案产品从购买到事故发生在长达近 7 年的时间中并未出现质量问题，根据现有证据本院亦无法确认存在不合理的危险或不符合相应标准。对于产品存在缺陷的举证责任在苗某、张甲一方，本院本着保护消费者权益的原则，对于苗某、张甲的举证证明力予以酌情衡量，即便如此，按照民事证明标准中的高度盖然性标准进行考量，苗某、张甲提供的现有证据亦无法就此认定涉案产品必定存在缺陷。综上所述，苗某、张甲要求家具厂、气弹簧公司承担侵权责任并赔偿其相关损失的诉讼请求，证据不足，本院不予支持。

北京市通州区人民法院依据《中华人民共和国侵权责任法》第四十一条、第四十三条第一款，《中华人民共和国产品质量法》第四十六条，《最高人民法院关于适用〈中华人民共和国民事诉讼法〉的解释》第九十条之规定，判决如下：

驳回苗某、张甲的全部诉讼请求。

苗某、张甲不服一审判决，提起上诉。北京市第三中级人民法院经审理认为：本案的争议焦点有二，一是在现有鉴定条件下是否能够认定涉案高箱床存在产品缺陷；二是家具厂、气弹簧公司是否应承担赔偿责任。关于争议焦点一，鉴定机构写明不能鉴定的原因是涉案高箱床三角区域的设计并无国家标准，该标准应认定为衡量产品缺陷的法定标准，即国家和行业对某些产品制定的保障标准。但是判断某一产品是否存在缺陷所依据的不应仅仅是法定标准，更重要的标准是判断产品是否存在危及人身、他人财产安全的不合理的危险。高箱床储物功能的正常使用的前提是床板不会出现意外坠落，对于一般消费者或使用者而言，其在正常使用高箱床的储物功能时可以期待高箱床的此类设计是安全的，生产者已经尽到了谨慎设计的义务。如果床板发生坠落且无第三人看护的情况下则可能发生使用人被砸伤乃至致死的严重后果。对于上述危险，家具厂并未在高箱床的任何位置进行警示，且其作为家具的生产、销售厂家，对于其生产的涉案高箱床在设计和制造过程中符合国家标准或不存在不合理危险均未提供证据予以证明，对于高箱床的储物功能在使用过程中所存在的潜在风险也没有向使用者进行必要的提示。家具厂称其承诺的质保年限已经超过了国家规定的期限，法院认为厂家承诺的质保年限与产品是否存在缺陷并不存在必然联系。故法院认定涉案高箱床存在产品缺陷。关于争议焦点二，苗某及其家人正常使用高箱床已有 7 年，可以推定其对于如何使用床箱是知晓的，一般人出于对自身安全的考虑应对如何更安全地使用产品有一定的认知，且苗某、张甲在一审法院审理期间亦认可张乙本身确实存在一定过失。综上所述，法院酌情认定家具厂对苗某、张甲因张乙死亡承担 50%的赔偿责任。苗某、张甲上诉要求气弹簧公司承担侵权责任，但根据现有证据无法认定涉案高箱床使用的气弹簧确为气弹簧公司生产，故对其该项诉讼请求本院不予支持。

北京市第三中级人民法院依照《中华人民共和国侵权责任法》第四十一条,《中华人民共和国产品质量法》第四十六条,《最高人民法院关于审理人身损害赔偿案件适用法律若干问题的解释》第十八条、第二十七条、第二十八条、第二十九条,《中华人民共和国民事诉讼法》第一百七十条第一款第二项之规定，判决如下：

一、撤销北京市通州区人民法院民事判决；

二、家具厂于本判决生效之日起十日内赔偿苗某、张甲丧葬费、死亡赔偿金、被扶养人生活费、精神损害赔偿金共计841153元；

三、驳回苗某、张甲的其他诉讼请求。

【法官后语】

因产品存在缺陷造成他人损害的，生产者应当承担侵权责任。通常而言，产品责任的构成必须具备以下三个条件：(1) 产品具有缺陷；(2) 缺陷产品造成了受害人的损害；(3) 缺陷产品与造成损害事实之间具有因果关系。在上述三个构成要件中，产品缺陷是认定产品侵权责任的最关键要素，也是消费者或用户向生产者主张权利的基础。在司法鉴定不能的情况下，如何认定产品缺陷既关系着裁判尺度是否统一的问题，更关系着消费者的合法权益能否得到有效保护的问题，值得探讨和研究。

一、司法实践中存在不同观点

《中华人民共和国产品质量法》第四十六条规定："本法所称缺陷，是指产品存在危及人身、他人财产安全的不合理的危险；产品有保障人体健康和人身、财产安全的国家标准、行业标准的，是指不符合该标准。"虽然法律中对于产品缺陷已有明确定义，但是司法实践中对于如何适用却有不同观点：一种观点认为，产品责任案件应当并且只能通过司法鉴定程序来甄别涉案产品是否存在产品缺陷，在无法进行司法鉴定时只能推定认为原告方（主张产品存在缺陷一方）未尽举证责任，承担举证不能的不利后果；另一种观点认为，涉案产品是否存在产品缺陷不应仅仅依靠鉴定意见进行认定，如果根据查明的事实能够认定产品存在危及人身、他人财产安全的不合理的危险，在缺乏鉴定意见的情况下同样可以认定产品存在缺陷。以上两种不同对待鉴定意见的态度，从本质上看是对产品缺陷认定标准的不同理解的具体体现，笔者同意第二种意见，这种意见无论是就还原产品缺陷认定的本意而言还是就有效保护消费者的合法权益而言都更具合理性，如果只机械性地依靠鉴定意见来认定产品是否存在缺陷，在难以得出鉴定意见或是鉴定意见与法官依据其他证据进行综合判断后得出的结论不一致的情况下，不利于对产品缺陷的准确认定。

二、鉴定意见不能替代法官对于产品缺陷进行的司法认定

司法鉴定是指在诉讼活动中鉴定人运用科学技术或者专门知识对诉讼涉及的专门性问题进行鉴别和判断并提供鉴定意见的活动。在绝大多数产品责任案件中，法官都希望通过鉴定机构的结论来判断涉案产品是否存在缺陷，原因就在于司法鉴定意见为法官在面对五花八门产品时提供了更专业的判断，尤其涉及汽车、高科技产品等超出日常认知的专业领域，司法鉴定意见更是被普遍认为是审判中的重要裁判依据。但应指出的是，司法鉴定意见不能也不应当替代法官对于产品缺陷进行的司法认定，在没有鉴定意见的情况下不能直接认定产品生产者或销售者不存在侵权责任。理由如下：

第一，从鉴定意见的性质上看。法院对鉴定意见的认定应遵循对证据审核认定的一般原则，即对在案的全部证据从各证据与案件

事实的关联程度、各证据之间的联系等方面进行综合审查判断。鉴定意见虽具有较强的专业性但仍属于证据的一种，不能当然得出鉴定意见的证明效力一定高于其他证据的结论，在这一前提下单纯依靠鉴定意见对产品缺陷进行判断显然是缺乏法律依据的。

第二，从启动鉴定的司法实践角度上看。在产品责任案件中启动司法鉴定存在一定的局限性：首先，可供选择的鉴定机构有限。其次，鉴定标准缺失以至于无法得出鉴定意见的情况较为普遍，如本案中鉴定机构出具的退函中写明："根据床的有关标准，没有对床的三角区域相关尺寸做出规定……鉴定标的物不具备鉴定条件无法进行鉴定。"日常生活中的产品五花八门，国家不可能就所有产品制定国家或行业标准，这既不现实也不经济，一旦这些产品发生了侵害事实而又必须依靠鉴定才能确认产品是否存在缺陷时就可能面临无标准可依的情况，十分不便。

第三，从判断产品缺陷的法定要件上看。判断某一产品是否存在缺陷所依据的不应仅仅是法定标准，更重要的标准是判断产品是否存在危及人身、他人财产安全的不合理的危险。通常而言，鉴定机构所依据的标准是法定标准，即国家和行业对某些产品制定的保障人体健康、人身和财产安全的专门标准。当存在法定标准时，可以适用法定标准进行认定，如果没有法定标准的就应该适用一般标准，[①] 即人们对产品有权期待的安全性。更进一步而言，即使产品符合相应的"国家标准、行业标准"，如果可以通过证明该标准不能保

① 杨立新：《侵权责任法原理与案例教程》，中国人民大学出版社2008年版，第209页。

证产品不存在缺陷，则仍要承担产品责任。[①] 也就是说，鉴定机构所依据的法定标准仅仅应作为法官在认定产品缺陷时的一个标准，当没有法定标准或经审查产品符合法定标准却不符合一般标准时，法官仍然可以认定产品存在缺陷。

三、产品缺陷的认定要素

《中华人民共和国民法典》对于产品缺陷的认定沿用了《中华人民共和国产品质量法》中"不合理危险"的一般标准及"国家、行业标准"的法定标准，同时将消费者的合理期待标准也作为认定标准之一。[②] 除"国家、行业标准"较为明确外，"不合理危险"标准和消费者合理期待标准都过于抽象，司法实践中法官一般会借助下列认定要素对产品是否存在缺陷进行判断，包括：（1）产品的一般用途；（2）产品的正常使用方式；（3）产品的结构、原材料等内在特征；（4）产品的标示；（5）产品的使用消费时间。针对不同的产品，以上要素在对于判断产品是否存在缺陷的问题上所起到的作用不一致，但是都应遵循以下原则：

第一，消费者主张产品缺陷对其造成损害必须是按照产品一般用途或正常使用方式使用或消费产品，超出产品的一般用途或以非正常方式使用产品的，即使造成消费者的人身或财产损害也无法认定产品存在缺陷。以本案为例，床的一般用途是供人睡觉使用，但涉案的产品是高箱床，在设计之初除通用的睡眠功能外，床的箱体

---

① 杨立新主编：《中华人民共和国侵权责任法草案建议稿及说明》，法律出版社2007年版，第226页。

② 最高人民法院民法典贯彻实施领导小组主编：《中华人民共和国民法典侵权责任编理解与适用》，人民法院出版社2020年版，第316页。所谓消费者合理期待标准指的是以一个正常的理性消费者的合理期待作为判断产品是否存在的依据，只要不符合消费者的合理期待，该产品存在缺陷，产品的制造商就要承担责任。

部分还可以作为储物空间使用，消费者使用高箱床的储物功能时必须将床板抬起，在这一过程中高箱床的床板坠落致使正在取放物品的消费者被压，应认定为消费者系按照正常方式使用产品，不存在超过产品的一般功能或正常使用方式的情形。

第二，在能够确定消费者系按照正常方式使用产品的前提下，产品的结构设计、原材料等内在特征是认定产品是否存在缺陷的关键因素，造成损害后果的原因既可能是设计缺陷也可能是制造缺陷，或者是两者共同作用的结果。以涉案的高箱床为例，床板抬起时采用的是整体床板抬起的模式，床板长宽约 1.8×2 米且为实木材质，质量较重，消费者取放物品时站立于床边侧或床后侧。造成床板坠落的原因有多种可能，包括：床板与床箱之间的夹角角度过小、气弹簧的安装角度不当、气弹簧的支撑性不稳定等。从举证责任的分配角度看，对于消费者而言，其在使用高箱床的储物功能时有理由相信生产者已经对可能产生的危险尽到了谨慎的注意义务，可以期待高箱床的储物功能设计是安全的，故消费者无须举证证明造成床板坠落的具体原因，因为其在正常使用产品的过程中床板坠落的事实本身已经起到了“自证事实”的效果；即使消费者提供的证据不足以认定涉案产品存在缺陷，但是在产品责任纠纷中通常应由生产者、销售者承担更重的举证责任，① 家具厂作为家具的生产、销售厂家，应对其生产的高箱床在设计和制造过程中尽到审慎义务，即对已经充分考虑到床板坠落且无第三人看护的情况下会对使用人造成伤害采取了必要的预防措施承担举证责任。但是本案中家

① 最高人民法院民法典贯彻实施工作领导小组编：《中华人民共和国民法典侵权责任编理解与适用》，人民法院出版社 2020 年版，第 316 页。

具厂不能说明该种床型设计的合理性，也无法证明消费者存在超出一般使用功能非正常使用产品的行为，应由其自身承担举证不能的后果。

第三，产品标识是产品生产者就消费者如何正确使用产品做出的必要说明，同时也是对产品危险性做出的警示。本案中家具厂对于高箱床床板抬起时可能发生坠落的风险，并未在高箱床的任何位置进行警示，同时也未以其他形式对消费者进行告知或提示，其虽辩称已在说明书中对人不能进入三角区域进行了警示，但却并不能提供消费者收到过说明书的证据，应认定高箱床缺乏必要的产品标识。

第四，将产品的消费使用时间作为认定产品缺陷的考量因素并不意味着超出产品质保期限后产品生产者不承担责任，具体还应考虑到产品的用途、性质。本案中，家具厂认为根据国家规定木质家具的质保期仅为一年，而家具厂承诺的质保期限是三年已经远远超过了国家规定的期限，故认定即使产品存在缺陷，产品生产者也不应因此承担责任。但对于普通的消费者而言，床的使用寿命绝不应是短短的三年，产品生产者所述的质保期限与法院认定产品缺陷不产生必然联系。不过本案的特殊之处就在于，消费者正常使用高箱床已有7年，一般人出于对自身安全的考虑应对如何更安全地使用产品有一定的认知，且原告方在庭审中自认死者自身存在一定过失，法院最终认定消费者自身也应对损害后果承担部分责任。

编写人：北京金融法院　周易

082 产品责任的性质及产品缺陷认定标准

——田某华诉段某娥等产品责任案

【案件基本信息】

1. 裁判书字号

陕西省商洛市中级人民法院（2020）陕10民终660号民事判决书

2. 案由：产品责任纠纷

3. 当事人

原告（被上诉人）：田某华

被告（上诉人）：财产保险公司

被告（被上诉人）：段某娥、甲花炮公司、乙花炮公司

【基本案情】

2019年1月，田某华从段某娥处购买了一箱烟花和若干鞭炮，付给段某娥货款200元左右。2019年2月19日，田某华上坟燃放烟花时发生熄火，第二次点燃烟花，在田某华离开10米左右时烟花发生斜射爆炸，将其左眼炸伤，当天被送往医院救治，经诊断为：眼球挫伤；角膜烧伤、眼睑挫伤。田某华先后在两家医院住院治疗及门诊治疗，其中，住院治疗93天，花去医疗费61842.1元。田某华受伤当天就与销售商段某娥联系，段某娥当场查看了烟花燃放现场并提取了烟花外包装残片及破损烟花管子，段某娥又联系供货商甲花炮公司的史某娟，史某娟联系烟花生产商乙花炮公司的渊某峰，渊某峰承认涉案烟花系其公司生产，且已经在

财产保险公司投保了产品责任险。史某娟、渊某峰向段某娥转款10000元，段某娥在医院看望田某华时将此10000元及自己的500元交给田某华，后田某华用电话向财产保险公司报案。现已查明田某华所燃放的48发烟花产品，系乙花炮公司生产，甲花炮公司史某娟从乙花炮公司购买该烟花后连同自己生产的鞭炮一起卖给段某娥，段某娥将烟花及鞭炮又出售给田某华。2018年12月5日，烟花及民爆产品质量监督检验站对乙花炮公司生产的“锦绣前程”烟花进行监督抽查，检验报告认为产品实物质量合格，包装标志合格，判定该批次产品合格，该检验报告有效期至2020年11月12日。2018年12月3日，乙花炮公司将其生产的烟花产品向财产保险公司投保了产品责任险（1995版），保险单记载每次人身伤亡赔偿限额为60万元，财产损失赔偿限额4万元，免赔额为1000元，产品责任保险风险问询表及投保单记载每次事故赔偿限额为60万元，累计赔偿限额为200万元，其中每次人身伤亡赔偿限额56万元，每次财产损失赔偿限额4万元，特别约定伤残赔偿限额8万元，医疗费用限额8万元，保险期间自2018年12月4日0时起至2019年12月3日24时止。田某华在燃放烟花时发生事故致伤其左眼，经本院委托的司法鉴定所出具司法鉴定意见书认为，田某华左眼眼球爆炸伤致左眼盲目4级为8级伤残，误工期为180日。田某华出院后，寻找乙花炮公司及财产保险公司要求赔偿，因各方对事故责任争议较大，协商未果。

另查明，田某华母亲曾某梅，生于1947年10月2日，现年73岁，共有3个子女。

【案件焦点】

1. 产品责任的性质及产品缺陷认定标准如何界定；2. 产品责任的构成要件及责任主体如何界定；3. 涉案烟花产品是否存在缺陷以及各方当事人责任如何划分确定；4. 产品责任保险如何适用。

【法院裁判要旨】

陕西省丹凤县人民法院经审理认为：各方当事人对于田某华因涉案烟花燃放时炸伤其左眼的损害事实没有异议，当事人争议焦点问题为：第一，涉案烟花是否存在产品质量问题；第二，各方当事人之间赔偿责任如何确定；第三，田某华各项赔偿请求是否合理合法。现分析如下：第一，关于涉案烟花产品质量问题。根据《中华人民共和国产品质量法》第十三条和第四十六条规定，产品缺陷是指产品存在不合理危险，一般可以分为制造缺陷、设计缺陷、警示说明缺陷等，国家标准 GB10631—2013《烟花爆竹安全与质量》第 5.7.8 条明确规定产品燃放时不应出现倒筒、烧筒、散筒、低炸现象，且燃放后筒体不应继续燃烧超过 30 秒等。本案涉案烟花存在斜射、低空爆炸及烧筒现象，在燃放过程中发生爆炸炸伤田某华眼睛，足以说明涉案烟花存在危及人身安全的不合理危险，可以认定其属于缺陷产品。田某华左眼受伤与涉案烟花低空爆炸、烧筒等产品质量缺陷之间存在因果关系，其向产品生产者及销售者主张损害赔偿，符合法律规定，依法应予支持。第二，各方当事人之间赔偿责任如何确定划分的问题。涉案烟花产品的外包装箱上明确印有燃放说明和警示语："远离人群，离建筑物 25 米以上，燃放过程中如发生间隔时间超长、断火、熄引，严禁再次点燃，15 分钟后灌水处理。"原告在燃放烟花过程中出现断火后又再次点燃且未撤离到安全距离等违规操作行为，对损害发生具有一定过错，应承担相应过错责任。乙花炮公司虽然具有安全生产许可证，能够C级制造、销售烟花类产品，并且经质监部门进行抽检产品质量合格，但是该涉案48发烟花仍然发生低炸、烧筒等质量缺陷问题，说明该涉案烟花属于缺陷产品，田某华所遭受的损害是由于烟花产品质量缺陷导致的，二者之间存在法律上的因果关系，故乙花炮公司应承担侵权赔偿责任。段某娥无烟花爆竹经营许可证，甲花炮公司只能生产、销售爆竹类产品不能生产、销售烟花产品，但二被告却违法销售烟花产品，违犯了国家有关行政管理法规的规定，应由有关行政部门予以处理，但是二被告的违规销售经营活动不可能使涉案烟花存在质量缺陷，根据《中华人民共和国产品质量法》第四十一条、第四十二条之规定，涉案烟花产品存在烧筒、低炸等质量缺陷是由生产者乙花炮公司在生产中形成的，并不是被告段某娥及甲花炮公司在销售环节形成的，应该由缺陷产品的生产者承担损害赔偿责任，因此被告段某娥与甲花炮公司不承担因产品质量引起的侵权赔偿责任。由于乙花炮公司生产的烟花产品在财产保险公司投保有产品责任险，烟花爆炸伤人事故发生在保险期间内，故应由财产保险公司在保险限额内替代乙花炮公司承担赔偿责任。被告段某娥、乙花炮公司认为原告田某华有用纸点燃烟花、点燃烟花连线及探头观看等过错情形，但未提供证据予以证实，原告作为一个具有正常思维和自我避险本能的完全民事行为能力人，以常理推断，不可能有上述行为，二被告的辩述既无证据证实，亦不符合情理，本院不予采信。第三，田某华各项赔偿请求是否合理合法的问题。田某华未提供充分证据证明其经常居住地和主要收入来源地均为城镇，因此其残疾赔偿金和被抚养人生活费应按农村居民标准计算。司法鉴定意见书是本院委托专门机构做出，鉴定程序合法，鉴定机构及其工作人员均具有相应资质，鉴定意见客观公正，依法予以认定。田某华左眼受伤致残，既影响其面容美观又影响其生产生活，也使其心理产生压抑悲伤情绪，应判决支持赔偿其精神损害抚慰金，给予其一定精神慰藉。对于原告主张的营养费、误工费、精神损害抚慰金等过高部分予以调整，复印费、打印费不属于原告治疗中必需支出的费用，故不予认定。

陕西省丹凤县人民法院依照《中华人民共和国产品质量法》第十三条、第二十六条、第二十七条、第二十八条、第四十一条、第四十二条、第四十三条、第四十四条、第四十六条，《中华人民共和国侵权责任法》第二条、第三条、第六条、第十六条、第二十二条、第二十六条、第四十一条、第四十三条，《中华人民共和国保险法》第二条、第六十五条、第六十六条，《最高人民法院关于审理人身损害赔偿案件适用法律若干问题的解释》第二条、第十七条、第十八条、第十九条、第二十条、第二十一条、第二十二条、第二十三条、第二十四条、第二十五条、第二十八条，《最高人民法院关于确定民事侵权精神损害赔偿责任若干问题的解释》第一条、第八条、第十条、第十一条的规定，判决如下：

一、限被告财产保险公司在判决生效后 30 日内赔偿原告田某华医疗费、误工费、营养费、护理费、住院伙食补助费、残疾赔偿金、被抚养人生活费、精神损害抚慰金、交通费、住宿费等经济损失 196935.43 元的 80%即 157548.34 元，扣除免赔额 1000 元后，实际赔偿 156548.34 元；

二、限被告乙花炮公司在判决生效后 10 日内赔偿原告田某华经济损失 1000 元（保险公司免赔款）；

三、原告田某华在获得上述赔偿款后返还被告乙花炮公司垫付的医疗费 10000 元；

四、驳回原告田某华对被告段某娥、甲花炮公司的诉讼请求及其他诉讼请求。

财产保险公司不服一审判决，提起上诉。陕西省商洛市中级人民法院经审理认为，本案二审的争议焦点是：第一，一审判决的责任划分是否正确；第二，案涉烟花产品是否属于财产保险公司的承保范围，以及一审判决结果是否超出财产保险公司的保险限额。对以上焦点问题，评析如下：第一，关于本案的责任划分问题。一审法院依据国家标准 GB10631—2013《烟花爆竹安全与质量》认定涉案烟花产品存在质量缺陷并据此判决乙花炮公司承担 80%的责任是正确的，上诉人认为本案保险事故的发生完全是由田某华违规使用而引起的上诉理由不能成立。第二，关于涉案烟花产品是否属于财产保险公司的承保范围，以及一审判决结果是否超出财产保险公司的保险限额的问题。本案中，乙花炮公司的《保险单》的保险产品名称及规格型号栏中明确记载为“烟花”，保险限额和免赔额栏中记载为“每次事故赔偿限额 60 万元，财产损失赔偿限额 4 万元，每次事故免赔额为 1000 元，累计赔偿限额 200 万元”。《产品责任保险风险问询表及投保单》中记载的投保产品名称无涉案烟花产品，保险金额和免赔率项下记载为“每次事故赔偿限额为 60 万元，累计赔偿限额为 200 万元，其中每次人身伤亡赔偿限额 56 万元，每次财产损失赔偿限额 4 万元，特别约定伤残赔偿限额 8 万元，医疗费用限额 8 万元”，以上费用全部为手写体。本院认为，《保险单》是保险公司交付投保人用于证明投保业务内容的正式凭证，是保险合同的组成部分，而《产品责任保险风险问询表及投保单》是保险公司在办理保险业务过程中形成的内部文件，而非交付投保人的正式文件，且该文件中关于保险限额和免赔额的记载均为手写体，该手写体内容是由投保人书写还是保险人单方事后添加并不明确，故本案保险合同的内容应当以《保险单》的记载为准，《产品责任保险风险问询表及投保单》不能作为认定保险限额和免赔额的依据。本案中，涉案产品系投保人乙花炮公司生产的产品，属于《保险单》约定的投保产品范围，一审判决结果亦符合《保险单》中关于保险限额和免赔额的约定，故上诉人认为本案侵权产品不在其承保范围且一审法院判决结果超出该公司保险限额的上诉理由亦不能成立。综上所述，财产保险公司的上诉请求不能成立，应予驳回。一审判决认定事实清楚，适用法律正确，应予维持。

陕西省商洛市中级人民法院依照《中华人民共和国民事诉讼法》第一百七十条第一款第一项规定，判决如下：

驳回上诉，维持原判。

【法官后语】

一、产品责任的性质及产品缺陷认定标准

产品责任是指产品的生产者、销售者因其生产、销售的产品造成他人人身及该产品以外的其他财产权益损害而依法应承担的赔偿责任，包括合同责任和侵权责任。产品责任是一种特殊的侵权责任，即产品的生产者、销售者因产品缺陷导致人身损害或缺陷产品以外的其他财产损害而承担的法律责任。

产品缺陷是产品责任成立的重要前提，产品缺陷的认定对审理产品责任纠纷案件至关重要。产品缺陷是指产品按照正确操作流程使用或者能够预见产品被误用而存在对使用者人身、财产权益带有潜在的危险。《中华人民共和国产品质量法》第四十六条规定："本法所称缺陷，是指产品存在危及人身、他人财产安全的不合理的危险；产品有保障人体健康和人身、财产安全的国家标准、行业标准的，是指不符合该标准。"在审判实践中，对产品质量是否存在缺陷的界定，应把握双重判断标准，一是产品存在不合理危险，二是适用国家强制性标准。产品不合理危险，是指产品没有符合人们对于安全的合理期待或产品具有危险等，强制性标准是指产品应符合保障人体健康、人身、财产安全的国家标准、行业标准。不符合该标准的产品则认定为该产品存在缺陷。在依据行业标准、国家标准无法进行判断，对于产品是否为缺陷产品发生较大分歧时，应发挥司法鉴定机构在案件审理中具有的专业知识的作用，对于产品是否为缺陷产品应通过司法鉴定予以认定。

二、产品责任的构成要件及责任主体

我国产品责任的构成要件一般包括产品存在缺陷、损害结果的发生、产品缺陷与损害结果之间存在因果关系。其中，产品存在缺陷及损害结果的发生是产品责任成立的前提和必要条件，受害者所遭受的损害是由于产品缺陷导致的，产品缺陷与损害结果之间存在一定的因果关系，是产品责任成立的关键。如果受害者的损害与产品缺陷之间没有因果关系，则产品责任就不能成立。在司法实践中，法官应努力寻找缺陷产品与损害结果之间的因果关系及结合点，寻找出真正损害消费者权益的原因和承担责任的责任主体，切实保护消费者的合法权益，体现法律的公平公正。

根据《中华人民共和国民法典》第一千二百零二条、第一千二百零三条，《中华人民共和国保险法》第六十五条的规定，产品的生产者、销售者及保险公司均可成为产品责任的主体。生产者是产品的制造者、原材料的生产者或者部件的制造者，并将自己的姓名、商标或者识别性标记标注于产品上的人，生产者是产品责任的首要责任主体，一般意义上也是缺陷产品的最终生产商。销售者是连接生产者和消费者之间的媒介，销售者因其过错使产品存在缺陷，造成他人损害的，销售者应承担侵权责任。在消费者不能确定自己所遭受的损害是因为生产者还是销售者导致时，可以同时起诉生产者和销售者，在确定责任主体后，由赔偿者对责任主体进行追偿，极大地减轻了受害者的举证责任，也是对生产者和销售者权益的维护。当保险事故发生后，受害人有权向被保险人索赔，被保险人有权向保险人（保险公司）索赔，也可以基于被保险人请求，由保险人直接向受害人赔偿，被保险人怠于请求保险人赔偿的，受害人有权直接向保险人请求赔偿，因此保险公司也可以成为产品责任纠纷案件的主体。

三、涉案烟花产品是否存在缺陷以及各方当事人责任如何划分确定

本案涉案烟花系乙花炮公司所生产，甲花炮公司与段某娥将烟花出售转卖给田某华，因此乙花炮公司为产品生产者，甲花炮公司与段某娥为产品销售者，田某华为消费者。虽然乙花炮公司具有安全生产许可证，能够C级制造、销售烟花类产品，并且经质监部门进行抽检产品质量合格，但是该涉案48发烟花仍然发生低炸、烧筒等质量缺陷问题，国家标准GB10631—2013《烟花爆竹安全与质量》规定，组合类烟花产品燃放时不应出现倒筒、烧筒、散筒、低炸现象，并且燃放后筒体不应继续燃烧超过30秒等。本案涉案烟花存在斜射、低空爆炸及烧筒现象，在燃放过程中发生爆炸炸伤原告眼睛，足以说明涉案烟花存在危及人身安全的不合理危险，可以认定涉案

烟花属于缺陷产品。原告所遭受的损害是由烟花产品质量缺陷导致的，二者之间存在法律上的因果关系，故被告乙花炮公司应承担侵权赔偿责任。段某娥无烟花爆竹经营许可证，甲花炮公司只能生产、销售爆竹类产品，但二被告却违法销售烟花产品，违犯了国家有关行政管理法规的规定，应由有关行政部门予以处理。因为二被告的违规销售经营活动不可能使涉案烟花产生质量缺陷，涉案烟花产品的缺陷是在生产过程中形成并非在销售过程中形成，因此段某娥与甲花炮公司不承担因产品质量引起的侵权赔偿责任。田某华在燃放烟花过程中出现断火后又再次点燃且未撤离到安全距离等违规操作行为，对损害结果的发生具有一定过错，应承担一定责任。综合分析该起事故原因、结果及各方当事人的过错程度，按照田某华应承担20%的责任，乙花炮公司应承担80%的责任来确定本案民事赔偿责任比较公正合理，段某娥及甲花炮公司不承担赔偿责任，乙花炮公司的侵权赔偿责任由财产保险公司在产品责任保险限额内替代赔偿。

四、产品责任保险如何适用

根据《中华人民共和国保险法》第六十五条的规定："保险人对责任保险的被保险人给第三者造成的损害，可以依照法律的规定或者合同的约定，直接向该第三者赔偿保险金。责任保险的被保险人给第三者造成损害，被保险人对第三者应负的赔偿责任确定的，根据被保险人的请求，保险人应当直接向该第三者赔偿保险金。被保险人怠于请求的，第三者有权就其应获赔偿部分直接向保险人请求赔偿保险金。责任保险的被保险人给第三者造成损害，被保险人未向该第三者赔偿的，保险人不得向被保险人赔偿保险金。责任保险是指以被保险人对第三者依法应负的赔偿责任为保险标的的保险。”责任保险是以被保险人依法或依约定应对第三者承担的经济赔偿责任为保险标的的一种保险。责任保险的对象是被保险人，并非受害人，是对被保险人应当承担的民事赔偿责任的替代责任，替代被保险人向受害者承担赔偿责任。在责任保险中，由于被保险人的赔偿责任通过保险关系的建立转移到了保险人身上，因此在司法实践中可以将保险公司列为共同被告。本案中，由于乙花炮公司生产的烟花产品在财产保险公司投保有产品责任险，烟花爆炸伤人事故发生在保险期间内，故应由财产保险公司在保险限额内替代被告乙花炮公司承担赔偿责任。依据乙花炮公司与财产保险公司的保险合同约定，法院判决财产保险公司替代乙花炮公司赔偿田某华各种经济损失157548.34元，乙花炮公司在保险合同约定免赔范围内承担1000元赔偿责任，这样处理能够最大限度地保护受害人的权益，以实现良好的法律效果和社会效果。

由于《中华人民共和国民法典》已于2021年1月1日起施行，《中华人民共和国侵权责任法》同时废止，原判决依据的《中华人民共和国侵权责任法》的有关法律条文已在《中华人民共和国民法典》中体现，具体衔接情况为：《中华人民共和国侵权责任法》第六条（《中华人民共和国民法典》第一千一百六十五条)、《中华人民共和国侵权责任法》第十六条（《中华人民共和国民法典》第一千一百七十九条)、《中华人民共和国侵权责任法》第二十二条(《中华人民共和国民法典》第一千一百八十三条)、《中华人民共和国侵权责任法》第二十六条（《中华人民共和国民法典》第一千一百七十三条)、《中华人民共和国侵权责任法》第四十一条（《中华人民共和国民法典》第一千二百零二条)、第四十三条（《中华人民共和国民法典》第一千二百零三条)。

《最高人民法院关于审理人身损害赔偿案件适用法律若干问题的解释》已于2022年2月15日最高人民法院审判委员会第1864次会议决定修改，自2022年5月1日起施行，原判决依据的《最高人民法院关于审理人身损害赔偿案件适用法律若干问题的解释》的有关条款已体现在新修改的《最高人民法院关于审理人身损害赔偿案件适用法律若干问题的解释》之中，具体衔接情况为：《最高人民法院关于审理人身损害赔偿案件适用法律若干问题的解释》原第十九条现为第六条、原第二十条现为第七条、原第二十一条现为第八条、原第二十二条现为第九条、原第二十三条现为第十条、原第二十四条现为第十一条、原第二十五条现为第十二条、原第二十八条现为第十七条。

编写人：陕西省丹凤县人民法院　冯瑞民

083　产品存在警示缺陷，生产者应当承担责任

——曹某诉销售公司、汽车公司产品责任案

【案件基本信息】

1. 裁判书字号

江苏省连云港市中级人民法院（2019）苏07民终2071号民事判决书

2. 案由：产品责任纠纷

3. 当事人

原告（被上诉人）：曹某

被告（被上诉人）：销售公司

被告（上诉人）：汽车公司

【基本案情】

2017年10月6日，曹某在销售公司购买了一辆蓄电池观光车，该车由汽车公司生产。该车辆附有合格证，发证日期为2017年9月18日，车辆名称为低速电动汽车，载明“本产品经过检验，准予出厂，特此证明”。2017年10月18日，案涉车辆在保险公司投保了非机动车第三者责任保险，保险期限为2017年10月18日至2018年10月17日。每次事故责任限额为12.2万元，其中：(1) 死亡责任限额为11万元；(2) 人伤责任限额为1万元，其中包括医疗费、伙食补助费、营养费、误工费、护理费、伤残赔偿金、交通费；(3) 财产损失责任限额为2000元。

2017年12月27日，曹某驾驶案涉车辆发生交通事故，交警部门出具事故认定书，其主要内容为：(1) 2017年12月27日7时41分，在连云港市海州区解放东路龙河路口，曹某无机动车驾驶证，驾驶未经公安机关登记的微型客车，沿龙河路由北向东左转行驶至事故地点，遇行人正在通过人行横道时未停车让行。该车撞到由北向南步行的张某，造成张某受伤。曹某负事故全部责任，张某无责任。(2) 2017年12月27日8时3分，在连云港市海州区解放东路龙河路口，曹某驾驶微型客车与行人张某发生交通事故后，曹某未按照操作规范驻车，滞留在车中的乘车人袁某(2011年4月8日出生) 误操作致微型客车再次前行，碾轧张某身体，造成张某受伤。曹某负事故全部责任，张某无责任。事故发生后，曹某赔偿张某111360元。曹某认为，汽车公司隐瞒涉案车辆的机动车属性，以非机动车生产销售，该类车辆属于非标车、拼装车，性能不合格，故向法院提起诉讼，要求汽车公司承担赔偿责任。

【案件焦点】

1. 生产者生产的产品有合格证，是否可以排除生产者的产品存在缺陷，继而阻断侵权责任法中生产者承担的缺陷产品的无过错责任；2. 如果生产者需要承担缺陷产品的无过错责任，具体赔偿数额应如何进行考量。

【法院裁判要旨】

江苏省连云港市海州区人民法院经审理认为：《中华人民共和国侵权责任法》第四十一条规定，因产品存在缺陷造成他人损害的，生产者应当承担侵权责任；第四十二条第一款规定，因销售者的过错使产品存在缺陷，造成他人损害的，销售者应当承担侵权责任。缺陷是指产品存在危及人身、他人财产安全的不合理的危险。

交警部门对案涉车辆的认定结论为微型客车，属于机动车范畴。这足以证明案涉车辆本应属于机动车，但汽车公司却将此类车作为非机动车生产并对外销售，让消费者误以为其不需要具备机动车驾驶证即可以驾驶该车。汽车公司作为生产者，在产品警示说明方面存在缺陷，误导了作为消费者的曹某。曹某驾驶该车上路后，会对公共安全造成隐患，可以认定该车是有缺陷的产品。这种缺陷与本案事故之间具有一定的因果关系，汽车公司应承担相应赔偿责任。

汽车公司作为生产者，承担的是无过错责任。如何认定其赔偿数额是本案争议的焦点，应从以下四个方面进行考量：第一，曹某向受害人张某的赔偿数额；第二，案涉车辆投保的非机动车第三者责任保险的理赔数额；第三，曹某在行驶过程中未尽到审慎注意义务，对前方道路及行人情况注意不足，“遇行人正在通过人行横道时，未停车让行”，故对事故发生，其自身过错是主要原因；第四，案涉车辆产品缺陷与本案事故之间具有一定的因果关系。综上，酌定汽车公司赔偿曹某损失的 20%，计 22272 元（111360 元×20%）。

江苏省连云港市海州区人民法院依照《中华人民共和国侵权责任法》第七条、第二十六条、第四十一条、第四十二条、第四十三条的规定，判决如下：

一、汽车公司于本判决生效后十日内赔偿曹某 22272 元；

二、驳回曹某的其他诉讼请求。

二审法院同意一审法院裁判意见。

【法官后语】

在大生产、大消费的现代社会，产品质量、产品安全与每个人的利益息息相关。产品责任是指缺陷产品造成他人损害时，该缺陷产品的生产者、销售者应当承担的侵权责任。产品责任不以侵权人与被侵权人之间是否存在合同关系为前提。作为合同责任的瑕疵担保责任，是指因产品的质量不符合合同的约定或法律的规定时，产品的销售者应承担的违反合同的民事责任。

通过对本案的事实认定和抽象，是侵权责任还是合同责任，存在请求权竞合。在当事人选择侵权责任后，如何认定侵权责任构成要件成为本案的焦点。生产方生产的车辆，有相应的合格证，符合相应的国家标准等，该车辆是否存在缺陷？笔者认为：

1. 肇事电动车存在设计缺陷

汽车公司生产的产品已经和机动车相差无几，这无疑是置电动车的使用者和行人于危险境地。因为整车质量、额定输出功率、最高车速变大后，电动车的危险性就会随之变大：按照物理学原理，质量越大、额定输出功率越高、车速越快，则车辆的惯性就越大、制动就越难。危险越大，对驾驶人的要求就越高。无驾驶证的人员在驾驶超标电动车时必然会出现大大小小的操作问题，影响行车安全。生产者在设计产品时理应考虑到其产品的使用者大部分为无驾驶证人员的情况，从而尽量将电动车的各项性能控制在国家标准范围内，以免给使用人和行人造成不必要的危险，但其设计出来的产品所具备的性能却已经达到机动车的程度，所以可以认定生产者在设计中存在缺陷。

2. 肇事电动车存在警示缺陷

不管超标电动车是否属于机动车，其实际性能与机动车接近都是不争的事实。生产者明知其生产的电动车性能超标，无驾驶证的人员驾驶时可能存在危险，就应当采取醒目的方式提醒驾驶者注意。但本案中，汽车公司没有做到这一点。

综上所述，汽车公司的产品存在缺陷在一定程度上与事故的发生存在因果关系，故其理应承担相应的责任。考虑到产品超标属于事故发生的间接原因，故法院酌情确定其承担20%的赔偿责任。

《中华人民共和国民法典》自2021年1月1日开始实施，在体系安排上，产品责任被规定在第七编（侵权责任）第四章中，民法典第一千二百零二条的内容，与侵权责任法第四十一条相同，这说明在立法层面，民法典还是秉持产品责任的无过错责任原则，延续了之前的立法精神，也维护了人民法院司法的稳定性。

编写人：江苏省连云港市海州区人民法院　张海

084 产品销售者责任取决于销售者过错程度、购买者的性质

——食品公司诉水产公司产品销售者责任案

【案件基本信息】

1. 裁判书字号

北京市第二中级人民法院（2019）京02民终7855号民事判决书

2. 案由：产品销售者责任纠纷

3. 当事人

原告（被上诉人）：食品公司

被告（上诉人）：水产公司

【基本案情】

食品公司于2018年2月3日至2月6日从水产公司处购买江团鱼。水产公司盖章确认的签收单显示2月6日水产公司向食品公司销售江团鱼316斤。

2018年4月23日，北京市丰台区食品药品监督管理局对某烤鱼店作出《行政处罚决定书》，确定违法事实为：2018年2月6日，北京市丰台区食品药品监督管理局委托测试公司对你单位销售的江团鱼（购进日期：2018年2月6日）进行了抽样检验；2018年3月2日，测试公司出具了检验报告。经抽样检验，你单位销售的江团鱼所检项目中孔雀石绿项目不符合标准要求，检验结论为不合格。经查，2018年2月6日，你单位从食品公司以16.5元/斤的价格购进11斤江团鱼，总购进价格为181.5元。截至

2018年3月21日，该批次江团鱼全部销售完毕，其中6斤以16.5元/斤的价格销售给了检测机构。剩余5斤以68元/斤的价格销售给了顾客。销售总价格为439元。你单位经营上述食品货值金额181.5元，获违法所得439元。对你单位给予以下行政处罚：（1）警告；（2）没收违法所得439元；（3）罚款30000元。某烤鱼店缴纳了上述罚没款。2018年5月18日，北京市丰台区食品药品监督管理局对食品公司作出（京丰）食药监食罚（2018）070248号《行政处罚决定书》，确定违法事实为：2018年3月13日，我局接到测试公司出具的检验报告，当事人销售的江团鱼孔雀石绿项目不符合标准要求，检验结论为不合格。2018年2月6日，食品公司以16元/斤的价格从水产公司采购了316斤江团鱼并以18元/斤的价格对外销售。2018年3月13日，执法人员现场对当事人经营场所进行检查，抽检批次江团鱼全部销售（其中11斤销售给某烤鱼店，剩余全部销售给个人）完毕，当事人经营的货值金额共计5688元，获违法所得5688元，无违法经营的专用工具及设备。该局最终给予食品公司以下行政处罚：（1）警告；（2）没收违法所得5688元；（3）罚款100000元。食品公司缴纳了上述罚没款。

庭审中，食品公司为证明其损失，向法庭提交了律师费发票、江团鱼召回公告，其被某烤鱼店扣除了货款15000元的调解纠纷协议、收据等。水产公司对上述证据均不认可。水产公司主张其提供给食品公司的江团鱼均是合格产品，对此其提交了询问笔录、检测报告。

【案件焦点】

1. 水产公司是否应对食品公司承担产品销售者责任；2. 水产公司的责任程度。

【法院裁判要旨】

北京市丰台区人民法院经审理认为：销售者应当销售质量安全合格的产品。销售者既不能指明缺陷产品的生产者也不能指明缺陷产品的供货者的，销售者应当承担赔偿责任。因产品存在缺陷造成人身、他人财产损害的，受害人可以向产品的生产者要求赔偿，也可以向产品的销售者要求赔偿。根据本案查清的事实以及（京丰）食药监食罚（2018）070248 号《行政处罚决定书》所确定的事实，食品公司于 2 月 6 日从水产公司购入江团鱼，食品公司又向案外人某烤鱼店出售了该江团鱼，后被抽样检验为不合格。食品公司从水产公司购入的江团鱼被北京市丰台区食品药品监督管理局检出孔雀石绿项目不符合相关要求，导致没收违法所得及罚款合计 105688 元，故食品公司有权向销售者即水产公司主张相应的侵权责任。但食品公司在进货时没有尽到谨慎审查义务，亦应对损害后果承担一定责任。水产公司虽提交了检测报告和询问笔录，但检测报告系其单方委托所作，而询问笔录是其单方面陈述，无法形成证据链推翻行政处罚决定书调查所确定的事实。故水产公司关于涉案江团鱼是从其他处购买的辩解，于法无据，法院不予采信。关于赔偿的数额，食品公司缴纳的罚没款项 105688 元以及其向案外人某烤鱼店承担的 15000 元属于食品公司的合理损失范围，水产公司应当赔偿，具体的赔偿数额由法院根据双方过错程度予以确定。食品公司要求的律师费和其他经济损失，没有依据，法院对其该部分诉讼请求不予支持。

北京市丰台区人民法院依照《中华人民共和国侵权责任法》第四十二条、第四十三条之规定，判决如下：

一、水产公司于本判决生效之日起七日内赔偿食品公司经济损失 60344 元；

二、驳回食品公司其他诉讼请求。

水产公司不服一审判决，提起上诉。北京市第二中级人民法院经审理认为：本案一审、二审过程中水产公司均未提供证据证明案涉江团鱼为检测合格产品，水产公司作为案涉质检不合格江团鱼的供货者应对食品公司的损失承担赔偿责任，一审法院结合食品公司缴纳的罚没款项及向案外人承担的赔偿责任确定水产公司承担的赔偿金额并无不当，予以维持。

北京市第二中级人民法院依照《中华人民共和国民事诉讼法》第一百七十条第一款第一项规定，判决如下：

驳回上诉，维持原判。

【法官后语】

民以食为天，食以安为先。食品安全关系国计民生。因产品存在缺陷造成他人损害的，生产者应当承担侵权责任。销售者既不能指明缺陷产品的生产者也不能指明缺陷产品的供货者的，销售者应当承担侵权责任。

关于产品责任的主体。从《中华人民共和国产品质量法》《中华人民共和国民法典》可以看出，我国立法对生产者和销售者作为责任主体的规制是一致的，二者在产品赔偿责任中承担的是不真正连带责任。

关于产品责任的归责原则。因产品缺陷危及他人人身、财产安全的，被侵权人有权请求生产者、销售者承担排除妨碍、消除危险等侵权责任。销售者与生产者对消费者承担的是无过错责任，即消费者在因产品缺陷危及其人身或财产安全时，既可以请求生产者承担侵权责任也可以请求消费者承担侵权责任，无须证明二者存在过错。但销售者与生产者之间的内部归责原则不同，销售者承担的是过错责任，生产者承担的是无过错责任。

考虑产品销售者责任时，应当着重审查销售者的过错程度、购买者的性质。

其一，销售者的过错程度。如是否因销售者的过错使产品存在缺陷，食品销售者是否尽到严格审查义务。本案中，被告水产公司系销售者，应当销售安全合格的产品。根据《中华人民共和国产品质量法》第十二条规定，产品质量应当检验合格，不得以不合格产品冒充合格产品。《中华人民共和国食品安全法》第五十三条第一款规定，食品经营者采购食品，应当查验供货者的许可证和食品出厂检验合格证或者其他合格证明。水产公司称其出售给食品公司的江团鱼质量均合格，但其未通过相关质检部门对案涉江团鱼进行的检测，产品售出时亦未向食品公司提供相关质量检测报告，水产公司作为案涉质检不合格江团鱼的供货者应对食品公司的损失承担赔偿责任。

其二，购买者的性质。法院在审查时，应当考虑，购买者系普通消费者，还是食品销售企业。本案中，水产公司并非把产品直接销售给消费者，而是批发销售给了食品经营企业。食品公司系法人企业，经营范围包含销售食品，那么其作为食品经营者，采购食品，应当查验供货者的许可证和食品出厂检验合格证或者其他合格证明。食品公司并未履行相应义务查验食品检验合格证，应当承担部分过错。本案双方作为食品经营销售者，均未尽到严格审慎义务，故应当各自承担50%的责任。

编写人：北京市丰台区人民法院　刘畅

085 汽车销售领域消费欺诈及其赔偿金额的司法认定
——罗某诉汽车公司产品责任案

【案件基本信息】

1. 裁判书字号

湖北省武汉市中级人民法院（2019）鄂01民终5919号民事判决书

2. 案由：产品责任纠纷

3. 当事人

原告（上诉人）：罗某

被告（被上诉人）：汽车公司

【基本案情】

2017年7月18日，罗某与汽车公司签订新车销售合同一份，约定罗某以23.39万元的价格从汽车公司处购买一辆小汽车，赠送项目包括原厂行车记录仪等。罗某于当日向汽车公司缴纳了订金1万元。罗某在购车咨询时，汽车公司销售人员方某向其介绍该车带防爆轮胎和云功能。2017年9月14日，罗某向汽车公司支付了尾款22.39万元，汽车公司向罗某交付了小汽车一辆。该车的技术参数表载明：轮胎规格为245/45R20，云功能为选装项目。后罗某在汽车公司处安装赠送的原厂行车记录仪时，汽车公司安装人员告知该车无法安装该行车记录仪。因罗某对所购车辆质量不满，于2018年8月3日、4日多次致电汽车公司销售人员方某，并进行了电话录音。方某在电话中表示，赠送的原厂行车记录仪与罗某所购车辆并不匹配，无法安装；向罗某销售车辆时，并不知道该车配备的不是防爆轮胎；其他车型带有云功能。

另查明，诉争车辆交付使用时配备的是马牌轮胎，该品牌无245/45R20规格的防爆轮胎。汽车公司称，普利司通品牌该规格防爆轮胎产品的市场价格为每条2000元左右；罗某认可汽车公司所述普利司通品牌防爆轮胎的市场价格，但认为，汽车公司销售人员当时向其承诺的是马牌防爆轮胎，但马牌根本没有这一规格的防爆轮胎，说明汽车公司构成欺诈，不同意按照轮胎价格计算欺诈赔偿款。

因与汽车公司协商以所购车辆更换第二代车型未果，罗某遂诉至法院，请求判令：（1）撤销双方车辆买卖合同；（2）判令汽车公司退还购车款23.39万元；（3）判令汽车公司赔偿三倍的购车款70.17万元；（4）判令汽车公司赔偿车辆电尾门费用2500元；（5）判令汽车公司负担本案诉讼费用。

【案件焦点】

1. 汽车公司的行为是否构成欺诈；2. 三倍赔偿请求是否能得到支持。

【法院裁判要旨】

湖北省武汉市洪山区人民法院经审理认为：关于行车记录仪，销售合同载明原厂行车记录仪属赠品，罗某应明知该行车记录仪非原车自带设备。该赠品与涉案车辆不配套而无法安装，存在瑕疵，但该赠品非附义务的赠与，故汽车公司无须为此承担责任。关于云功能，该车的技术参数表载明云功能为选装项目，而选装项目需要另外支付相应费用才能开通，但罗某购车时并未支付相应对价，故汽车公司对此并无过错。关于防爆轮胎，汽车公司在未确认涉案车辆是否具备该配置的情况下，对罗某进行该项宣传，其宣传行为存在瑕疵，侵犯了罗某的知情权，但并不存在故意告知罗某虚假情况及隐瞒事实的情形，故不构成欺诈。

湖北省武汉市洪山区人民法院依照《中华人民共和国合同法》第五十四条第二款，《中华人民共和国消费者权益保护法》第二条、第二十条、第四十条第一款、第五十五条第一款之规定，作出如下判决：

一、汽车公司于判决生效之日起三日内赔偿罗某 2000 元；

二、驳回罗某的其他诉讼请求。

罗某不服一审判决，提起上诉。湖北省武汉市中级人民法院经审理认为：就轮胎而言，防爆轮胎与非防爆轮胎最大的区别在于前者的胎壁非常有韧性和支撑性，可以在爆胎或突然泄气时保证轮胎与轮毂的结合并给予车辆一定的支撑，从而保证车辆的安全。也正是防爆轮胎胎壁的加强设计，使得这种轮胎更重、更硬、价格更高，且难以拆卸和修补，被扎之后往往都是直接更换，而轮胎漏气并不是大概率事件，爆胎或突然泄气的情况更少，一般轮胎足以满足大众的安全需求。因此，基于舒适性、方便性、经济性等考虑，普通消费者使用防爆轮胎的并不多见，其使用者更多是出于特殊原因或特殊用途才作此选择。罗某腿脚不方便，不利于亲自动手更换轮胎，其对轮胎的防爆功能确实具有一定需求。罗某提交的录音证据，足以证明汽车公司销售人员当时向罗某声称诉争车辆使用的是防爆轮胎，而汽车公司实际交付车辆使用的是一般轮胎，因此汽车公司就车辆使用轮胎方面构成欺诈。同时，因汽车轮胎具有可替代性，对诉争车辆及时更换防爆轮胎后即可完全达到罗某购车的意图，基于此，对罗某要求撤销与汽车公司购买合同的请求不予支持，但可根据《中华人民共和国消费者权益保护法》第五十五条第一款规定，按照轮胎价值来确定汽车公司在汽车销售中因欺诈所应承担的法律责任。诉争车辆使用马牌轮胎，但该品牌没有相应规格防爆轮胎产品，法院参照与马牌相当的普利司通品牌的防爆轮胎价格计算。对于行车记录仪和云功能，二审法院同意一审法院的认定。

湖北省武汉市中级人民法院依照《中华人民共和国民事诉讼法》第一百七十条第一款第二项之规定，作出如下判决：

一、撤销湖北省武汉市洪山区人民法院（2018）鄂0111民初9048号民事判决；

二、汽车公司于本判决生效之日起十日内向罗某返还轮胎款8000元；

三、汽车公司于本判决生效之日起十日内向罗某支付赔偿款24000元；

四、驳回罗某的其他诉讼请求。

【法官后语】

近年来，消费欺诈案件在汽车销售领域较为多发，汽车销售领域的消费维权行动备受社会关注，其主要原因有两方面：一是涉及金额较大。在汽车消费方面，车价少则一二十万元，多则百万元，如认定构成消费欺诈而适用三倍赔偿规则，赔偿金动辄五六十万元，有的甚至高达几百万元。二是发生概率较高。随着社会的发展，人们对于汽车的功能要求越来越多，不再局限于代步工具的功能，还包括提高生活品质，因此汽车所附带的功能持续更新，科技含量不断增加，让消费者应接不暇，诱发消费欺诈的可能性也大大增加。正是基于上述特殊背景，汽车销售领域的消费欺诈问题备受社会关注，也成为司法实务中的审理难点。

要解决汽车消费领域欺诈的司法认定问题，首先要明确欺诈的构成要件。一方当事人故意告知对方虚假情况，或者故意隐瞒真实情况，诱使对方当事人作出错误意思表示的，可以认定为欺诈行为。质言之，构成欺诈行为应具备四个要件：欺诈人有欺诈的故意；欺诈人实施了告知对方虚假情况或者故意隐瞒真实情况等欺诈行为；被欺诈人因欺诈而陷入错误；被欺诈人因错误而为意思表示。本案中，销售人员明知案涉出售车辆没有防爆轮胎的特性，但仍然向消费者作虚假宣传，而原告对该项功能又有一定需求，其虚假宣传行为让原告陷入错误认识，从而对原告决定是否购买案涉车辆构成重大影响，因此二审法院认为被告销售人员就轮胎的虚假陈述，构成《中华人民共和国消费者权益保护法》第五十五条规定的“欺诈行为”，因此应该承担赔偿相应损失的法律责任。

就原告诉请撤销案涉汽车买卖合同的问题。根据《中华人民共和国民法典》第一百四十八条“一方以欺诈手段，使对方在违背真实意思的情况下实施的民事法律行为，受欺诈方有权请求人民法院或者仲裁机构予以撤销”的规定，本案中虽然被告存在欺诈行为，但该欺诈行为所产生的后果完全可以通过后续更换防爆轮胎的方式进行补救，且通过该方式进行补救可以让原告受损权益得到完全弥补，故原告要求撤销案涉汽车买卖合同的诉讼请求不予支持。也就是说，在认定是否应该基于欺诈行为而撤销合同的问题上，不应机械解释可撤销民事法律行为的规定①，而应根据合同的性质进行个案

① 《中华人民共和国民法典》实施前，《中华人民共和国合同法》第五十四条规定了可撤销合同的情形。《中华人民共和国民法典》在总则编的第一百四十七条至第一百五十一条中，具体规定了五种可撤销合同的情形。

判断。就本案涉及的汽车买卖合同而言，基于汽车的物理特性，部分配件如轮胎、行车记录仪、导航仪等附属设备具有一定的物理独立性和功能可替代性，对涉及上述部分的欺诈行为，其可撤销的法律效力也应只及于上述独立部分。

最后，处理汽车销售领域的欺诈问题，除上述对欺诈行为的司法定性和汽车买卖合同是否应撤销的问题外，尤其值得我们注意的问题是如何认定赔偿金额。本案二审就欺诈行为的赔偿金额作出的裁判规则值得推广和借鉴。从法律适用层面分析，根据《中华人民共和国消费者权益保护法》第五十五条的规定，经营者提供商品或者服务有欺诈行为的，应当按照消费者的要求增加赔偿其受到的损失，增加赔偿的金额为消费者购买商品的价款或者接受服务的费用的三倍。正如上文在判断是否应该撤销案涉汽车买卖合同时所指出的那样，就汽车的物理特性而言，部分配件如轮胎、行车记录仪、导航仪等附属设备具有一定的物理独立性和功能可替代性，因此对涉及这些具有高度替代性的附属设备的欺诈行为，其适用三倍赔偿范围也应该限定在该部分涉及的金额，这符合对上述条文的文义解释和立法精神。从社会功能层面分析，本案采取的三倍赔偿金额计算规则，既能对经营者起到应有的警示作用，也可以合理保护消费者的正当权益，同时还可以有效避免“恶意维权”现象的发生，维护汽车消费领域正常交易秩序，优化市场营商环境。

编写人：湖北省武汉市洪山区人民法院　冉超

086 涉医疗康复类辅助器具产品责任的司法认定

——王某诉医疗器械公司侵权责任案

【案件基本信息】

1. 裁判书字号

北京市第二中级人民法院（2019）京02民终8493号民事判决书

2. 案由：侵权责任纠纷

3. 当事人

原告（被上诉人）：王某

被告（上诉人）：医疗器械公司

【基本案情】

2015年，原告王某因发生交通事故导致左小腿清创截肢。2016年4月25日，其与医疗器械公司签署《产品配置单》，约定由王某向医疗器械公司购买碳纤海燕储能脚小腿（带锁硅胶套）假肢，价格26000元。因王某的残肢上留有钢钉，故医疗器械公司先为王某制作临时假肢。根据《产品配置单》约定，安装期间医疗器械公司提供专业且免费的训练安装调整服务，并根据王某个人适应性修正装配方案，对产品实行终生免费调整、保养、维修等专业技术服务。当日，王某装配了临时假肢，并向医疗器械公司支付了8000元。2017年4月18日，王某因“左下肢截肢术后1年半，残端溃烂10个月”进入某医院住院，手术治理后于2017年6月12日出院，花去医疗费52725.42元。后原告王某认为被告医疗器械公司提供的假肢及安装与自己截肢创面感染存在因果关系，起诉要求判令被告赔偿原告购买假肢费用 8000 元、医疗费 52725.42 元、住院伙食补助费 5500 元、营养费 11500 元、护理费 17400 元、交通费 2000 元。审理中，王某提起鉴定申请，要求对医疗器械公司为其安装假肢行为是否存在过错，过错与损害后果之间的因果关系、参与度，以及其伤残等级、赔偿系数、护理期、营养期进行鉴定。法院委托北京华夏物证鉴定中心对上述内容进行鉴定，该中心以“委托事项涉及假肢产品责任问题，不属于法医临床鉴定，超出我中心业务范围”为由未受理鉴定。后经王某再次申请，法院委托北京盛唐司法鉴定所对王某申请事项进行鉴定，该所亦未受理鉴定。

【案件焦点】

在鉴定机构无法提供鉴定意见的前提下，如何依法认定原告创面感染与装配被告提供假肢之间的因果关系，进而认定侵权责任。

【法院裁判要旨】

北京市丰台区人民法院经审理认为：经营者提供商品或者服务，造成消费者或者其他受害人人身伤害的，应当赔偿医疗费、护理费、交通费等为治疗和康复支出的合理费用，以及因误工减少的收入。本案中，王某截肢后购买了医疗器械公司经营的碳纤海燕储能脚小腿（带锁硅胶套）假肢。双方约定由医疗器械公司为王某提供假肢产品，并根据王某的个人适应性提供修正装配方案，以及提供终生免费调整、保养、维修等专业技术服务，以保证王某正常使用假肢并在生活工作中达到最佳效果。而王某在使用临时假肢后发生残端溃疡、溃烂和感染，并就医进行手术治疗，双方因此产生争议。本案的争议焦点是医疗器械公司提供的产品或服务是否造成王某人身损害。第一，假肢作为专业医疗辅助器具，其能否安全使用与患者的身体健康紧密相关。根据医疗器械公司的《产品配置单》，医疗器械公司作为假肢装配经营者不仅要为客户提供假肢产品，还要为客户提供假肢装配、调整、训练等一系列服务，这就要求医疗器械公司对客户进行使用指导和跟踪查访。医疗器械公司为王某提供了一个临时假肢，但其后数月内医疗器械公司未对王某的佩戴情况进行跟踪了解，亦未按约定随王某的个人情况变化而提供调整方案，应认定医疗器械公司提供的服务存在缺失。第二，王某主张其在佩戴假肢数日后便向医疗器械公司的业务员反映了发生溃疡的情况，该业务员建议其继续磨合。医疗器械公司虽主张其未接到该业务员的相关反馈，但其本应对客户使用情况进行追踪，其应承担尽到查访义务的举证责任，而医疗器械公司未提供证据证明其对王某在佩戴临时假肢期间的身体情况进行过查访记录，医疗器械公司应当承担举证不能的不利后果。第三，医疗器械公司提交的产品检验报告和质量管理体系认证证书均为2017年下发，而未提交王某装配临时假肢之前的相关检验报告，未能充分证明涉案产品是否检验合格。第四，医疗器械公司主张王某出现溃疡情况是其病情发展的结果，但未就此进行举证。综合上述情况，足以认定医疗器械公司未向王某提供足够的假肢佩戴指导和跟踪服务，导致王某在使用假肢中出现残端。

北京市丰台区人民法院依照《中华人民共和国消费者权益保护法》第四十八条、第五十二条，《中华人民共和国侵权责任法》第六条第一款、第十六条的规定，判决如下。

一、医疗器械公司于本判决生效之日起七日内退还王某假肢款8000元，王某在收到退款的同时向医疗器械公司退还临时假肢产品；

二、医疗器械公司于本判决生效之日起七日内赔偿王某医疗费52725.42元、住院伙食补助费5500元、护理费11500元、营养费5750元、交通费500元；

三、驳回王某的其他诉讼请求。

二审法院同意一审法院裁判意见。

【法官后语】

本案为涉医疗康复类辅助器具的侵权案件，其审理难点在于在司法鉴定机构无法提供鉴定意见的前提下，如何依法认定原告创面感染与被告装配假肢间的因果关系，进而认定侵权责任。结合本案审理思路分析如下：

医疗康复类辅助器具的质量是否合格以及能否安全有效地使用，与消费者的身体健康和人身、财产权益密切相关。本案所涉医疗康复类辅助器具为假肢，在医疗康复领域使用频率较高。通常，假肢可通过医院装配，亦可通过假肢经营者装配。若医院为患者装配假肢是疾病治疗的延续，一般可认定为医疗行为，而通过假肢经营者装配假肢一般不认定为法律意义上的医疗行为，而是出售商品和服务的民事法律行为，故本案审理采用了产品责任纠纷的审判思路。因医疗康复类辅助器具既具有普通商品属性，又与医疗康复或矫正治疗行为紧密相连，此类产品责任纠纷往往存在如下特点：一是多重法律关系竞合，同时涉及消费者权益保护法律关系、医疗损害责任法律关系和产品责任法律关系；二是证据来源专业且多样，包括病历、合同、使用说明、产品质检文件、鉴定报告、医疗规范、专家证人等；三是产品质量缺陷与产品服务缺陷的审查并存，医疗康复类辅助器具产品除具有物的属性外，还包含服务属性，任何一项属性存在缺陷都有可能对使用者造成损害。

结合本案来说，针对司法鉴定不能和双方当事人提供证据有限的不利局面，认定被告产品责任需重点解决以下三个难点：

一是如何分配产品缺陷的举证责任。在产品责任纠纷中，一般应由消费者举证证明产品存在缺陷以及产品缺陷与其损害之间存在因果关系，而产品经营者应就法律规定的免责事由承担举证责任。但因产品的经营资质和质检文件一般由产品经营者持有，故产品经营者应当首先提交其营业执照、生产或经营许可证、产品质检报告等材料，证明其合法经营及产品合格。若产品经营者未能提供证据证明其产品为经检验合格的产品，则可初步推定其产品存在缺陷，将证明产品合格的举证责任转移至产品经营者。本案中，被告虽提交了产品质检报告和质量认证证书，但上述文件的签发时间均为原告装配假肢之后，无法证明其为原告装配的假肢的质检情况，而被告亦未申请产品质量鉴定或提交其他证据证明其产品质量合格，故应认定被告未完成其举证责任，应承担举证不能的不利后果。

二是如何认定被告提供的服务是否存在缺陷。一般来说，医疗康复类辅助器具配有购买合同、使用说明书、产品配置单等记载产品属性和使用方法的文件，可依据此类文件及产品的属性确定经营者应提供的服务。本案中，被告向原告出具了《产品配置单》，其中约定被告不仅要提供假肢产品，还要提供假肢装配、调整、训练等一系列服务，其中训练分为初级、中级和高级，每项训练均详细说明了训练内容，并列明了对客户进行告知和制订训练计划，这就要求被告对原告进行使用指导和跟踪查访，并按约定为原告制订训练计划、确定假肢调整方案。而被告在为原告提供了一个临时假肢后，在其后数月内未对原告的佩戴情况进行跟踪了解，亦未按约定随原告康复情况变化制订训练计划和提供调整方案，应认定被告提供的服务存在缺失。

三是如何认定因果关系和责任程度。原告在截肢术后使用被告装配的假肢，佩戴数月后其残肢出现溃疡创面，假肢是与其残肢接触的唯一器具，在被告提供的产品和服务存在缺陷的情况下，应认定被告的产品缺陷与原告残肢出现溃疡的损害后果之间存在因果关系。被告认为原告的损害后果是其截肢后病情发展的结果，但未进行举证，不应采信。现有证据仅能证明原告的损害后果与被告的产品相关，无其他介入因素，故被告应承担全部责任。

需要特别指出的是，因本案涉及的部分医疗康复专业问题无法通过鉴定作出专业意见，故法院在组成合议庭时从医疗专业陪审员库中选取了陪审员。在合议中，两名陪审员从康复器具的使用方法、康复器具配型不当可能导致的损害、原告病情的发展进程等方面进行综合分析，对本案涉及的医疗康复专业问题发表了意见，在夯实案件基本定性方面发挥了积极作用。另外，《中华人民共和国民法典》第一千一百六十五条第一款、第一千一百七十九条沿用了原《中华人民共和国侵权责任法》第六条第一款、第十六条的规定。同时《中华人民共和国民法典》第一百二十八条规定："法律对未成年人、老年人、残疾人、妇女、消费者等的民事权利保护有特别规定的，依照其规定。"进一步强调了对消费者民事权利的特别保护，为法院审理涉消费者权益保护案件提供了明确的法律依据和价值导向。

编写人：北京市丰台区人民法院　杨薇　毕凯丽

087 优势证据规则在认定缺陷产品生产者时的运用
——杨某诉电动车公司产品责任案

【案件基本信息】

1. 裁判书字号

北京市第一中级人民法院（2019）京01民终7462号民事判决书

2. 案由：产品责任纠纷

3. 当事人

原告（被上诉人）：杨某

被告（上诉人）：电动车公司

【基本案情】

北京市海淀区消防支队出具事故认定书，内容为：2017年10月5日，位于北京市某村的原告家中发生火灾，火灾造成屋内物品不同程度烧损和烟熏，无人员伤亡。经查，起火部位位于南屋内最东侧停放的电动车处，起火原因系电动车电瓶电气故障。就上述火灾中被烧毁的电动车，杨某提交拍摄有车架号码内容和着火后剩余部件的照片，提交事发后其与电动车公司工作人员及经销商商谈赔偿事宜的谈话录音、微信沟通记录等证据，主张涉案车辆由其于2014年10月前后购买，发票在火灾事故中一并被烧毁，购买之后未进行过维修和保养；灭火后联系电动车公司客服，技术人员至其家中进行调查，认可车辆、电池是其公司生产，认可起火原因在其公司，同意赔偿；就双方商谈赔偿情况，杨某提交未签字的协议书及撤稿声明，主张双方当时对赔偿款数额达成了一致意见，后因其对赔偿条款有不同意见，故未签字。电动车公司不认可杨某火灾事故中被烧毁的车辆由其公司生产，车辆所用电池不是其公司生产；事故后经查询无杨某相关销售及维修记录，其车辆的电池早已过质保期；另根据国家相关文件规定，电动车应当停放在室外，不应停放在室内。就杨某主张的协商赔偿事宜，认可杨某提交证据中出现的工作人员系其单位工作人员，但当时的调查仅为初步调查，出于人道主义同意给予杨某援助。庭审中杨某申请了××电动车经销商作为证人出庭作证，证人称火灾后被告工作人员及调查人员至原告家中进行了调查，双方协商了赔偿事宜。就杨某受损及要求赔偿项目，房屋重建支出135250元，提交了火灾后房屋照片、重建后房屋照片、施工人员出庭作证；就其物品被毁，提交损失清单一张；另主张火灾将其院落原有安装的煤改电设备烧毁，重新更换安装需要支出60931元。电动车公司对上述损失均不予认可。

【案件焦点】

1. 案涉缺陷产品生产者的认定；2. 原告是否有怠于维修的责任和不当使用的情形；3. 原告因火灾事故所受损失的确定问题。

【法院裁判要旨】

北京市海淀区人民法院经审理认为：因产品存在缺陷造成人身、缺陷产品以外的其他财产损害的，生产者应当承担赔偿责任。在生产者可证明免责事由的情况下可不担责。双方当事人对同一事实分别举出相反的证据，但都没有足够的依据否定对方证据的，人民法院应当结合案件情况，判断一方提供证据的证明力是否明显大于另一方提供证据的证明力，并对证明力较大的证据予以确认。就涉案车辆是否系电动车公司生产，杨某提交了标有车辆车架码的照片及证人经销商的证人证言，证人陈述显示车辆数据的照片系电动车公司在火灾发生后由客服提供，而该照片与杨某提供的烧毁车辆车架号码的照片中数字高度相似，就电池标号证人陈述电池标号显示系电动车公司；电动车公司就车架号码信息的陈述前后矛盾，不能自圆其说，就其反驳主张亦无提供其他有效证据予以证明。就双方争议的事实而言，杨某所提交的证据材料较为完整，能够形成证据链，电动车公司未提供有效证据，双方证据相比较，杨某的证据存在证据优势，故认定涉案车辆系电动车公司生产。本案火灾的原因为电动车公司生产的车辆存在缺陷。涉案电动车引发了涉案的火灾事故，故电动车公司应对由此给杨某造成的损失承担赔偿责任。就杨某损失的确定及赔偿一节，一为车辆本身的损失，二为被火灾烧毁的房屋损失、屋内物品损失、煤改电设备等，结合农村建房及一般市场建房的成本情况，从一般生活常识出发，确认杨某的损失为 226681 元。另杨某将涉案车辆放置于用作储物间的房内进行充电，扩大了火灾造成损失的范围，本人亦存在一定的过错。就双方承担责任的比例，酌定电动车公司承担 80%的赔偿责任，杨某自担 20%的赔偿责任。

北京市海淀区人民法院依照《中华人民共和国侵权责任法》第十九条、第二十六条、第四十一条之规定，判决如下：

一、电动车公司于本判决生效后七日内赔偿杨某财产损失共计 181344.8 元；

二、驳回杨某其他诉讼请求。

二审法院同意一审法院裁判意见。

【法官后语】

产品责任纠纷规定在《中华人民共和国民法典》第七编第四章，第一千二百零二条规定：因产品存在缺陷造成他人损害的，生产者应当承担侵权责任。该案纠纷的焦点问题一般包括：一是缺陷产品生产者、经营者的认定；二是缺陷产品质量问题的成因；三是生产者免责事由的认定。上述问题均为规范事实的认定，与当事人的举证责任分配及法院对证据的审核认定相关。案涉车辆起火系因车辆本身质量问题导致；就免责事由，生产者未举证证明；就生产者的认定，双方存在争议并各自举证和陈述，系案件审理焦点。

一般而言，就缺陷产品生产者的认定，需由原告承担举证责任，即原告需就产品自被告处购买承担初步举证责任，提交诸如购买发票、产品说明等。但在现实生活中，因购买时间较长等原因，原告多无法提交；且火灾事故后，车辆被损严重，标识等无法辨识。此时，原告提交直接证明案涉车辆生产者的证据较为困难，需在穷尽所有举证程序的情况下，对双方的证据予以比较，运用优势证据规则作出判断。

本案原告就生产者提交的证据包括标有车辆车架码的照片、证人经销商的证人证言；而被告就车架号号码信息的陈述前后矛盾，就其反驳主张亦未提供其他有效证据予以证明。综合以上，原告已穷尽了举证程序，而被告作为生产者，对含生产车辆车架码等信息掌握最为全面，但并未提交直接有力的反驳证据。

在原、被告双方各自举证和陈述之后，需运用证据审核认定规则予以判断。2001 年《最高人民法院关于民事诉讼证据的若干规定》第七十三条第一款规定，双方当事人对同一事实分别举出相反的证据，但都没有足够的依据否定对方证据的，人民法院应当结合案件情况，判断一方提供证据的证明力是否明显大于另一方提供证据的证明力，并对证明力较大的证据予以确认。该条规定明确确立了优势证据规则。而2019年新修订的《最高人民法院关于民事诉讼证据的若干规定》第八十五条规定，人民法院应当以证据能够证明的案件事实为根据依法作出裁判。审判人员应当依照法定程序，全面、客观地审核证据，依据法律的规定，遵循法官职业道德，运用逻辑推理和日常生活经验，对证据有无证明力和证明力大小独立进行判断，并公开判断的理由和结果。该条系证据审核的总体规定。第八十八条规定，审判人员对案件的全部证据，应当从各证据与案件事实的关联程度、各证据之间的联系等方面进行综合审查判断。该条系从证据关联性角度考虑。第九十六条规定，人民法院认定证人证言，可以通过对证人的智力状况、品德、知识、经验、法律意识和专业技能等的综合分析作出判断。该条对证人证言的审核予以规定。对比新旧证据规定，新规定对法院审核认定证据的要求更加全面详细，更具有实践操作性。

结合本案，法院应对原告、被告提交的证据有无证明力进行判断，在原告并未提交直接证据证明缺陷产品生产者的情况下，考虑交易习惯和日常经验法则，根据案件情况和当事人诉讼能力合理分配证明责任，对原告、被告的举证的证明力大小进行判断和比较，最终运用优势证据规则予以判断。

编写人：北京市海淀区人民法院　胡喜辉

088 产品责任与产品质量瑕疵担保责任的辨析

——易某某、高某某诉重机公司产品责任案

【案件基本信息】

1. 裁判书字号

北京市第一中级人民法院（2019）京01民终6261号民事判决书

2. 案由：产品责任纠纷

3. 当事人

原告（上诉人）：易某某、高某某

被告（被上诉人）：重机公司

【基本案情】

2012年8月8日，重机公司（出卖人）与高某某（买受人）签订《产品买卖合同》，约定高某某从重机公司购买旋挖钻机一台，金额为400万元。合同还约定了其他条款。当日，重机公司将旋挖钻机交付给易某某。2013年8月，高某某、易某某与重机公司因该《产品买卖合同》发生纠纷，诉至法院，在审理过程中，检验认证公司于2014年对涉案的旋挖钻机进行鉴定，并出具《鉴定意见书》载明鉴定意见：（1）鉴定标的物目前属于旧设备；（2）鉴定标的物的使用时间为3926小时；（3）依据《产品买卖合同》及《挖掘机产品出厂编号编写规则》，推断标的物的出厂时间为2010年。法院作出（2013）昌民初字第10439号判决，确认：（1）解除原告高某某与被告重机公司于2012年8月8日签订的《产品买卖合同》；（2）被告重机公司返还原告高某某、易某某购机款1016200

元，原告高某某、易某某返还被告重机公司交付的旋挖钻机一台；(3) 被告重机公司支付原告高某某、易某某各项损失合计150000元。判决生效后，原、被告均不服并上诉至北京市第一中级人民法院。2016年4月18日，北京市第一中级人民法院作出（2016）京01民终1199号判决，判决驳回上诉，维持原判。2016年9月，易某某将涉案旋挖钻机退还给重机公司。在本案庭审中，高某某、易某某主张退还旋挖钻机给重机公司时产生的运输费用，重机公司认可会产生运费，但对于金额不能确定，易某某主张机器运输费用为4000元，并提交了银行账户明细用于该费用的发生，易某某主张钻杆运输费用3800元，但未提交证据证明。在本案审理中，高某某、易某某申请对购买的旋挖钻机在2012年8月至2016年9月的租金进行评估。2018年4月10日，北京市国宏信价格评估有限公司出具《价格评估报告书》，价格评估标的为：购买的旋挖钻机在2012年8月至2016年9月的租金；价格评估结论为：价格评估标的在价格评估基准日的价格为4887000元。另查，自2015年8月27日至2016年9月涉案的旋挖钻机一直在高某某、易某某处保管，2015年8月27日至2016年9月一年的保管费共计9600元。

【案件焦点】

1. 合同效力的认定；2. 重机公司销售的涉案设备是否属于不合格产品。

【法院裁判要旨】

北京市昌平区人民法院经审理认为：依据检验认证公司出具的《鉴定意见书》能够确认旋挖钻机目前属于旧设备。原告未提交证据证明设备交付时的状态，没有充分的证据证明该旋挖钻机属于不合格产品，因此对于原告请求确认被告提供的旋挖钻机为不合格产品、处理品，法院不予支持。

已经生效的（2013）昌民初字第10439号判决中已经确定了《产品买卖合同》的效力，认定该《产品买卖合同》系当事人真实意思表示，未违反法律法规的强制性规定，应予认定合法有效。且原告在（2013）昌民初字第10439号案件的审理过程中要求解除该《产品买卖合同》，被告亦同意解除该合同。现依据已经生效的（2013）昌民初字第10439号判决，原、被告之间的《产品买卖合同》已经解除。因此，对于原告请求认定该份合同无效的诉讼请求，法院不予支持。

经法庭调查，在（2013）昌民初字第10439号案件审理中，原告主张的保管费系自2013年至2015年的费用。涉案旋挖钻机自2015年8月27日至2016年9月仍在原告处保管，2016年9月运输至被告处。对于原告请求的2015年8月27日至2016年9月一年的保管费、运输费，法院予以支持。对于原告主张的劳务费损失144000元及可得利益损失488.7万元的诉讼请求，因原告在2013年就因涉案设备提起诉讼，并提出解除《产品买卖合同》，由此原告就应明知涉案设备的租金损失，且（2013）昌民初字第10439号判决及（2016）京01民终1199号判决中均已确认被告赔偿原告损失15万元，故对原告的该项诉讼请求，法院不予支持。

北京市昌平区人民法院依据《中华人民共和国合同法》第六十条、第九十七条之规定，判决如下：

一、被告重机公司于本判决生效后十日内支付原告高某某、易某某运输费4000元、保管费9600元；

二、驳回原告高某某、易某某其他诉讼请求。

易某某、高某某不服，提起上诉。北京市第一中级人民法院经审理认为：关于本案合同效力的问题，已有生效判决对合同效力进行了确认，且已判令合同解除，一审法院对高某某、易某某要求确认合同无效的请求不予支持并无不当。高某某、易某某以涉案合同为格式合同以及存在欺诈为由主张合同无效。格式条款是当事人为了重复使用而预先拟定，并在订立合同时未与对方协商的条款。而本案中双方所签合同并不属于法律规定的重复使用情形，合同内容是双方协商而成，高某某、易某某系在对合同内容充分知晓的前提下签订合同，故其关于格式合同的上诉主张缺乏法律依据，高某某、易某某亦未提供充分证据证明本案存在法律规定的合同无效的情形，一审法院对合同效力的认定正确，予以维持。关于高某某、易某某要求确认重机公司提供的旋挖钻机为不合格产品、处理品的要求，对于产品是否为不合格产品应由相关技术监督部门或专业机构进行认定，而本案中的鉴定意见仅能确认旋挖钻机目前属于旧设备，因鉴定时间为设备交付后 1 年多，且旧设备与不合格产品并非同一概念，故仅凭本案现有证据材料无法确认涉案机器为不合格产品。关于高某某、易某某要求赔偿劳务费、交通费、住宿费及租金损失的问题，高某某、易某某主张劳务费系其因本案诉讼导致预期收入的损失，该损失与本案纠纷并不存在法律上的因果关系；交通费和住宿费与本案纠纷亦不存在法律上的因果关系；对于租金损失，高某某、易某某对租金发生的客观必然性未提供充分证据证明，且另案生效判决已确认其因涉案机器问题所造成的损失为 15 万元并判令重机公司予以赔偿，故一审法院对高某某、易某某上述诉讼请求未予支持并无不当，予以维持。

北京市第一中级人民法院依据《中华人民共和国民事诉讼法》第一百七十条第一款第一项之规定，判决如下：

驳回上诉，维持原判。

【法官后语】

我国消费市场正在以前所未有的速度不断扩大，产品质量和安全与每个人的人身、财产安全息息相关。为了维护市场安全及消费者的合法利益，产品责任及惩罚性赔偿责任的规定成为重要手段。但需要注意的是，在一般市场交易过程中，并非所有不符合合同约定或法律规定的产品均构成产品责任，对于产品质量瑕疵担保责任和产品责任的正确区分，有助于在打击不良生产销售商的同时，保护市场的正常交易行为，保障市场的良性发展。

产品责任是指因产品存在缺陷并造成他人损失的，缺陷产品的生产者和销售者应承担侵权责任。而产品质量瑕疵担保责任则是指产品的质量不符合合同的约定或法律规定，产品的销售者应承担违约的民事责任，依据产品质量法等相关规定，二者主要存在以下差异：

1. 责任性质不同

产品责任系基于侵权行为导致的责任，它是一种特殊的民事侵权责任。产品质量瑕疵担保责任则是违约责任。二者责任性质的不同导致权利主体也有所区别，产品责任不以侵权人与被侵权人之间存在合同关系为前提，只要是因产品缺陷而造成损害的人均有权要求侵权人承担产品责任，产品的生产商和销售商均可成为责任主体；而产品质量瑕疵担保责任则以双方存在合同关系为前提，受合同相对性原则的限制，只有合同一方当事人有权要求对方承担瑕疵担保责任。《中华人民共和国产品质量法》第四十条第一款的规定就明确了瑕疵担保责任的主体限于购买商品的消费者与销售者。

2. 瑕疵与缺陷的认定标准不同

关于“产品瑕疵”,《中华人民共和国产品质量法》第四十条第一款规定,售出的产品有下列情形之一的,销售者应当负责修理、更换、退货;给购买产品的消费者造成损失的,销售者应当赔偿损失:(1)不具备产品应当具备的使用性能而事先未作说明的;(2)不符合在产品或者其包装上注明采用的产品标准的;(3)不符合以产品说明、实物样品等方式表明的质量状况的。《中华人民共和国消费者权益保护法》第二十三条规定,经营者应当保证在正常使用商品或者接受服务的情况下其提供的商品或者服务应当具有的质量、性能、用途和有效期限;但消费者在购买该商品或者接受该服务前已经知道其存在瑕疵,且存在该瑕疵不违反法律强制性规定的除外。经营者以广告、产品说明、实物样品或者其他方式表明商品或者服务的质量状况的,应当保证其提供的商品或者服务的实际质量与表明的质量状况相符。经营者提供的机动车、计算机、电视机、电冰箱、空调器、洗衣机等耐用商品或者装饰装修等服务,消费者自接受商品或者服务之日起六个月内发现瑕疵,发生争议的,由经营者承担有关瑕疵的举证责任。从上述法律规定可以看出,所谓产品瑕疵强调的是产品本身存在不符合物品通常应有的价值、效用或不符合合同约定的质量标准,其更注重产品的适用性。

根据《中华人民共和国产品质量法》第四十六条的规定,本法所称缺陷,是指产品存在危及人身、他人财产安全的不合理的危险;产品有保障人体健康和人身、财产安全的国家标准、行业标准的,是指不符合该标准。依据上述法律规定,可以明确所谓产品缺陷更注重产品的安全性，“缺陷”必须是存在不合理的危险且危及人身和他人财产安全。而在对缺陷进行判断时，有一般标准和法定标准：一般标准是人们有权期待的安全性，即一个善良人在正常情况下对一件产品所具备的安全性的期望；法定标准是国家和行业对某些产品制定的保障人体健康、人身和财产安全的专门标准。有法定标准的适用法定标准，没有法定标准的适用一般标准。① 但需要注意的问题是，在产品符合国家、行业标准的情况下依然造成人身财产损害的，是否适用产品责任？笔者认为，即使在该种情况下，也只能初步表明该产品没有缺陷，但并不等于该产品是无缺陷产品，如果受害人能够证明其存在危及人身、财产安全的不合理危险，仍然应认定其存在缺陷。② 如此考虑是因为在有关产品国家行业标准制定时，生产者相对消费者而言拥有很大发言权，且标准的制定和修改相对科技水平进步是滞后的，且产品标准一般是对产品较低的要求，如果以国家、行业标准作为判断产品有无缺陷的唯一标准，不利于消费者合法权益的保护。

3. 责任承担的方式不同

依据《中华人民共和国产品质量法》第四十条第一款规定，产品质量瑕疵担保责任对应违约责任的承担方式主要有：修理、更换、退货及赔偿损失。而产品责任则对应的是侵权赔偿责任，依据《中华人民共和国产品质量法》第四十四条规定，对受害人因产品缺陷导致的人身伤害及财产损失承担赔偿责任。如果缺陷产品尚未造成损害的，被侵权人有权请求生产者、销售者承担排除妨碍、消除危

---

① 杨立新：《侵权责任法原理与案例教程》，中国人民大学出版社 2008 年版，第 209 页。

② 程啸：《侵权责任法》，法律出版社 2015 年版，第 493 页。

险等侵权责任。此外，产品责任中，在法定情形下还存在惩罚性赔偿的规定。例如，《中华人民共和国消费者权益保护法》第五十五条、《中华人民共和国食品安全法》第一百四十八条第二款、《中华人民共和国民法典》第一千二百零七条。

具体到本案中，上诉人与被上诉人签订合同约定上诉人从被上诉人处购买旋挖钻机一台并对机器的价格、标准等进行了约定，但被上诉人交付机器经鉴定属于旧设备且不符合合同约定的质量标准，故本案应当适用的是产品质量瑕疵担保责任，是违约责任，上诉人主张被上诉人交付的产品不合格，其应当承担举证责任，但并无证据证明涉案的机器存在不合理的危险并危及人身财产安全或者不符合国家、行业标准，故本案不属于产品责任范畴。

编写人：北京市第一中级人民法院　张永钢　何悦

089　产品销售者“欺诈”含义的再解析

——王某、罗某诉橱柜公司产品销售者责任案

【案件基本信息】

1. 裁判书字号

辽宁省沈阳市中级人民法院（2018）辽01民终4330号民事判决书

2. 案由：产品销售者责任纠纷

3. 当事人

原告（被上诉人）：王某、罗某

被告（上诉人）：橱柜公司

【基本案情】

王某与罗某系夫妻关系。2016年7月10日，二人在橱柜公司处定制家具一组（橱柜1套，榻榻米1套，书柜4个，电脑桌1套，五斗柜1套，飘窗柜1套，电视背景墙柜1套，鱼缸柜1套，大衣柜门1套，浴室柜1套），用于其所居住房屋的布置。王某、罗某共给付家具款30000元，橱柜公司亦向该二人交付全部家具。家具投入使用后，王某、罗某发现家具味道很大，且入住后孩子出现呕吐情况。王某、罗某遂提出鉴定申请，经沈阳产品质量司法鉴定中心依法抽样鉴定，鉴定意见为：按《室内装饰装修材料木家具中有害物质限量》标准检验，电视组合柜、鱼缸柜、橱柜、冰箱上柜、主卧阳台柜、榻榻米的甲醛释放量不符合标准；按GB/T 15102—2006《浸渍胶膜纸饰面人造板》标准检验，电视组合柜、鱼缸柜、冰箱上柜、主卧阳台柜的吸水厚度膨胀率不符合标准。为此，王某、罗某支付鉴定费10000元。

另查明，涉案家具所用板材系橱柜公司从其他厂家进的货，后将板材发送给不同的加工厂进行切割、封边、烤漆，再由橱柜公司送至王某、罗某家中进行拼装。庭审中橱柜公司提供的检验合格报告系针对原始板材，与其销售至王某家中的板材并非同一批次。

【案件焦点】

橱柜公司在产品销售中是否具有欺诈行为。

【法院裁判要旨】

辽宁省沈阳市沈河区人民法院经审理认为：橱柜公司向王某、罗某出售的家具甲醛释放量不符合国家标准，系质量有问题产品，应当按照消费者的要求增加赔偿其受到的损失，增加赔偿的金额为消费者购买商品的价款或者接受服务费用的三倍。

辽宁省沈阳市沈河区人民法院依照《中华人民共和国合同法》第六十二条、第一百三十条，《中华人民共和国消费者权益保护法》第五十五条之规定，作出如下判决：

一、橱柜公司赔偿王某、罗某 90000 元及鉴定费 10000 元；

二、橱柜公司负责将案涉未达标家具拆除。

橱柜公司认为其销售的家具板材有质检合格报告，并未构成欺诈，因此提起上诉。辽宁省沈阳市中级人民法院经审理认为：消费欺诈是指欺诈一方明知自己告知对方的情况是虚假的且会使对方陷入错误认识，而希望或者放任这种结果的发生。涉案家具的原材料（柜门、柜体所需板材）系上诉人从厂商进货，并由上诉人委托其他厂家进行下一步加工（切割、剪裁、封边、烤漆等），之后由橱柜公司安排人员上门拼装。一审中橱柜公司提供了两份检验合格报告，均是针对柜门及柜体的原材料，与案涉家具所用板材并非同一批次，且上述板材经上诉人委托其他厂家加工后甲醛释放量是否依然达标，上诉人并未提供证据证明。双方之间签订的是家具定制合同，橱柜公司应保证其向被上诉人出售的家具甲醛释放量符合国家标准。橱柜公司虽提供两份检验合格报告欲证明涉案家具的柜门及柜体的原材料合格，但该检验报告针对的板材与本案涉案家具所用板材并非为同一批次，并不能直接证明所用板材达标，且即使与本案涉案家具所用板材为同一批次，因橱柜公司存在对购进的原材料板材委托其他厂家进一步加工的事实行为，故橱柜公司仍对其进一步加工后的成品负有保证该成品甲醛释放量依然达标的义务。橱柜公司并未能提供证据证明其在原材料板材进一步加工过程中对甲醛释放量是否达标进行了相应的监控，更未提供证据证明其出售的成品的甲醛释放量达标。现案涉成品经依法鉴定甲醛释放量未达标，上诉人对其疏于履行监控义务及查验义务的行为应为明知，在不能确保成品合格的情况下仍向消费者作出环保许诺，即构成消费欺诈。故一审法院认定上诉人存在欺诈行为，并认定橱柜公司按照购买价款三倍予以赔偿，并无不当。

辽宁省沈阳市中级人民法院依照《中华人民共和国民事诉讼法》第一百七十条第一款第一项规定，作出如下判决：

驳回上诉，维持原判。

【法官后语】

产品的销售者对产品质量负有建立并认真执行进货检查验收制度，采取措施保证产品的质量，不得伪造，不得掺杂、掺假，不得以不合格产品冒充合格产品等义务。根据我国产品质量法和民法典侵权责任编的规定，产品责任属于特殊的侵权责任。对于产品生产者和销售者而言，对外都应承担严格责任，在二者与消费者之间，产品的销售者作为商业机构比消费者更有能力针对此类损害采取保险措施。在大多数情况下，销售者能够将产品责任的所有损失及产品派售链的源头——制造商。故消费者在购买到缺陷产品造成损害的，无须证明生产者、销售者主观上存在过错，只需要证明产品存在缺陷，就可以向销售者请求赔偿。具体到本案，可以主张退货返款。

那么，对于本案是否适用惩罚性赔偿的问题，即要审查销售者橱柜公司是否存在欺诈行为。其作为销售者，虽提供了两份关于所进板材的检验合格报告，但并非与涉案家具所用板材为同批次产品，不能完全证明涉案原始板材甲醛含量符合国家标准。更为重要的是，本案销售者在进得相应原始板材后，委托其他厂商对该板材进行加工。具体流程为：橱柜公司将所进原始板材分包给不同的加工厂进行切割、封边、烤漆，再送至被上诉人家中进行拼装，此进一步加工行为，属于其销售环节中的流程，其作为销售者应全程对涉案产品进行监督、管控，加工过程中的烤漆、封边，会使用涂料及胶，有可能产生甲醛，故保证加工后的板材甲醛含量依旧达标，属于橱柜公司的进货查验义务范围。橱柜公司并未对后续的委托加工行为进行监督、管控，没有履行相应的查验义务，在其明知无法保证涉案家具甲醛含量符合国家标准的情况下，向消费者作出虚假许诺，使消费者陷入错误认识，致使消费者在购买橱柜后无法使用，无法入住房屋，遭受经济损失，其主观上存在过错，且构成欺诈，应承担侵权赔偿责任。根据《中华人民共和国消费者权益保护法》第五十五条规定，除退货返款外，还应当按照消费者的要求增加赔偿其受到的损失，增加赔偿金额为消费者购买商品的价款的三倍。

本案进一步厘清了销售者“欺诈”的含义：欺诈是指欺诈一方明知自己告知对方的情况是虚假的且会使对方陷入错误认识，而希望或者放任这种结果的发生。即该行为不仅包括销售明知为不合格或有缺陷的产品，还应包括隐瞒事实真相、向消费者作出虚假许诺、误导消费者的情形。特别是在家装经营活动中，家具质量是否达标与百姓身体健康紧密相连，销售者更应对所销售产品质量予以严格把关，即严格履行进货查验、监督管控义务。消费者权益保护法中已有关于欺诈的惩罚性赔偿规定，怠于履行上述义务的销售者应视其为警钟，其他销售者也应引以为戒。

编写人：辽宁省沈阳市中级人民法院　刘小丹　任玲

090 驾驶人驾驶超标电动车发生交通事故的责任承担

——张甲、张乙诉电动车公司等产品责任案

【案件基本信息】

1. 裁判书字号

浙江省嵊州市人民法院（2018）浙 0683 民初 1315 号民事判决书

2. 案由：产品责任纠纷

3. 当事人

原告：张甲、张乙

被告：于某、电动车公司、车业公司、摩托车修理部

【基本案情】

2015 年 2 月 1 日，张某在摩托车修理部购买涉案电动车一辆，该电动车的生产企业为车业公司。随车携带的使用维护说明书关于“警告”部分标注：电动车属非机动车辆；整车主要技术参数中注明：整车质量（不含电池）≤55 千克。

2017 年 5 月 1 日 6 时 9 分，张某驾驶该电动车与于某驾驶的小型轿车在交叉路口相撞，造成车辆损坏和张某受伤的交通事故，后张某经医院抢救无效死亡。嵊州市公安局交通警察大队出具的道路交通事故认定书认定，于某驾驶小型轿车，在道路上超速行驶，负事故同等责任；张某未取得机动车驾驶证，驾驶电动两轮轻便摩托车，通过设有“停”车让行交通标志控制的交叉路口时，未停车让行，负事故同等责任。此外，事故认定书关于道路交通事故形成原因分析第 2 点载明：张某在事故中有未取得机动车驾驶

证驾驶电动两轮轻便摩托车上道路行驶的交通违法行为，与事故发生有因果关系。

事故发生后，经机动车检测技术公司对涉案的某牌两轮电动车的车辆属性和质量状况进行鉴定，涉案电动车不属于电动自行车，而属于电动两轮轻便摩托车的范畴，在道路上行驶，归机动车类。

车业公司于2014年11月15日开始，在其企业内部实施两轮电动车的企业标准，该标准中第4.1.2整车质量（重量）规定，电动车的质量（重量）应不大于80kg。

原告张甲系死者张某之女，张乙系死者张某之子。2017年7月24日，原告张甲、张乙向浙江省嵊州市人民法院依法起诉，要求于某、电动车公司、车业公司、摩托车修理部、财产保险公司绍兴中心支公司赔偿各项损失1002596.17元，浙江省嵊州市人民法院依法作出（2017）浙0683民初6061号民事判决，确定原告张甲、张乙可获得赔偿的损失为944502.67元，现该判决已发生法律效力。

【案件焦点】

1. 涉案的电动车的产品质量是否存在缺陷。如有缺陷，缺陷的存在与张某的死亡结果之间是否有因果关系；2. 如涉案电动车存在产品缺陷，各被告对原告方因本次交通事故的损失是否应承担责任，责任比例应如何确定。

【法院裁判要旨】

浙江省嵊州市人民法院经审理认为：

1. 关于涉案的电动车是否存在产品缺陷的问题。涉案电动车整车质量为85kg，远超电动自行车应不大于40kg的标准，应属于电动两轮轻便摩托车范畴。但车业公司在产品的质量合格证中明确该产品为电动车，在产品使用维护说明书中亦明确为非机动车，其整车质量≤55kg，这与实际涉案电动车的重量严重不符。因此，车业公司在产品的警示和使用说明上有缺陷，由此加大了消费者使用车辆的危险性，足以构成产品缺陷。张某在不知该车辆为机动车的情况下，无证上路行驶，发生交通事故导致其死亡。根据事故认定书，张某在事故中有未取得机动车驾驶证驾驶电动两轮轻便摩托车上道路行驶的交通违法行为，与事故发生有因果关系。因此，可以认为涉案电动车存在的产品缺陷与张某发生的交通事故死亡的结果之间存在一定因果关系。

2. 各被告对原告方因本次交通事故的损失是否应承担责任。张某虽不知晓其所驾驶的事实上为两轮轻便摩托车，但其驾驶涉案电动车已两年多，应已对涉案电动车的重量、性能和速度有较为全面的认知，其违反交通规则行驶，在通过设有“停”车让行交通标志控制的交叉路口时，未停车让行，与本次事故有因果关系。本案的产品缺陷在车业公司时即已产生，摩托车修理部根据生产商的告知将车辆销售为电动车，其销售行为本身在本案中并无过错，故被告摩托车修理部对原告方的损失不承担赔偿责任。

浙江省嵊州市人民法院依照《中华人民共和国侵权责任法》第十六条、第四十一条、第四十三条，《最高人民法院关于适用〈中华人民共和国民事诉讼法〉的解释》第九十条之规定，作出如下判决：

一、车业公司赔偿张甲、张乙因张某死亡造成的医疗费、误工费、护理费、交通费、营养费、住院伙食补助费、死亡赔偿金等各项损失合计944502.67元的5%即47225.13元，款限本判决发生法律效力后十日内付清；

二、驳回张甲、张乙的其余诉讼请求。

判决后，双方当事人均未上诉，本判决现已生效。

【法官后语】

对于本案被告是否需要赔偿原告方损失，笔者认为，可以从三个方面来考虑：第一，涉案车辆是否存在产品缺陷；第二，涉案车辆对张某驾驶该车辆发生本次交通事故是否存在因果关系；第三，本案原告是否可以向涉案车辆生产者要求赔偿。

针对第一个方面，产品缺陷是指产品中存在不合理的危险，且这种危险危及人身和他人财产的安全。根据《机动车运行安全技术条件》《摩托车和轻便摩托车术语第 1 部分：车辆类型》关于轻便摩托车和电动两轮轻便摩托车的定义，涉案车辆亦属于电动两轮轻便摩托车范畴，在道路上行驶，应归机动车类。这无疑是置车辆使用者和他人于危险境地。因为整车质量、最高车速等变大后，电动车的危险性就会随之变大，对驾驶人的要求就越高，因而会危及人身和他人财产的安全。显然，本案涉案车辆在制造上就已存在产品缺陷。同时，被告车业公司自行制定的企业标准中即有关于整车质量不大于 80kg 的标准。其明知其生产出来的车辆性能超标，普通无驾驶证的人员驾驶时可能存在危险，本应当采用合理方式对产品在使用过程中存在的危险进行提示。但被告车业公司不仅没有做到这一点，反而在产品的质量防伪合格证中明确产品为电动车，在产品使用维护说明书中明确为非机动车，其整车质量≤55kg，而这与实际涉案车辆的重量严重不符，误导了消费者，使得涉案车辆具有了不合理的危险。因此，被告车业公司生产的涉案车辆足以构成产品缺陷。

针对第二个方面，由于被告将其产品标为电动车，不知情的人员绝无可能联想到该车属于机动车，只会认为该车属于轻量级的电动车。张某作为车辆的购买者，并不具有这方面的专业知识，当然也会将该车理解成非机动车，误以为无须取得驾驶证就可以直接上路行驶。如果车业公司进行了足够的警示，本案的损害后果就不一定会发生。因此，可以认为车业公司生产的涉案车辆构成与本案事故之间具有一定的因果关系。

针对第三个方面，原《中华人民共和国侵权责任法》第四十一条规定："因产品存在缺陷造成他人损害的，生产者应当承担侵权责任。"这里的他人是指生产者以外的人。按照该条的规定，只要是生产者以外的人因为产品缺陷受到了损害，生产者就应当承担侵权责任。嵊州市公安局交通警察大队出具的道路交通事故认定书认定，张某未取得机动车驾驶证驾驶电动两轮轻便摩托车上道路行驶的交通违法行为，与事故发生有因果关系，在事故中起作用。因此，张某在事故中有未取得机动车驾驶证驾驶电动两轮轻便摩托车上道路行驶的交通违法行为，作为张某在事故发生的过错情况，致使本案原告在机动车交通事故责任纠纷一案赔偿部分被相应酌减。当然，张某的死亡结果也对原告造成了无法挽回的伤痛，显然给原告造成了损害。所以，原告的产品责任诉讼完全可以成立。

近年来，电动自行车以其经济、便捷的特点成为群众出行的重要交通工具。生产企业为了利益一味迎合消费者的需求，追求功率大、速度快、车身重，不按规定生产，这类车辆各项技术指标不符合国家强制性标准，安全性能差，上路行驶极易发生道路交通事故，严重侵害了群众利益。本案于2018年作出判决，而电动自行车新强制性国家标准GB17761—2018《电动自行车安全技术规范》也已于2019年4月15日起实施，"新国标"限定电动自行车最高车速为25

千米/小时，含电池在内的整车质量为55千克以内，电机功率为400瓦以内，兼顾了电动自行车的出行效率、出行安全和道路的通行秩序。任何单位、个人无证生产、不按“新国标”生产，由市场监管部门依法作出处理。“新国标”的出台实施，也意味着对于电动自行车的规范越来越严格。本案判决时适用当时的《中华人民共和国侵权责任法》第四十一条和第四十三条，关于生产者的产品责任以及被侵权人的请求权和生产者与销售者之间的追偿权的规定，民法典施行后，在第七编侵权责任第四章第一千二百零二条和第一千二百零三条有相应规定，条文内容并无变更。笔者认为，法院在审理涉及超标电动车交通事故的民事诉讼中，依法判决车辆生产企业承担相应赔偿责任，在一定程度上可以遏制违规生产销售电动车的行为。

编写人：浙江省嵊州市人民法院　杜杭莉　全周爽

091　二手车车主的权利认定及二手车质量问题的责任承担

——渠某诉汽车制造厂、贸易公司产品责任案

【案件基本信息】

1. 裁判书字号

内蒙古自治区包头市中级人民法院（2018）内02民终2924号民事判决书

2. 案由：产品责任纠纷

3. 当事人

原告（被上诉人）：渠某

被告（上诉人）：贸易公司、汽车制造厂

【基本案情】

2017年3月14日，案外人胡某从汽车销售公司购买本案涉案车辆，并开具机动车销售统一发票，本案被告汽车制造厂系该车辆的生产制造商。后该车由胡某通过二手车交易公司出卖给本案原告渠某，并于2017年10月18日开具二手车销售统一发票。该车的保修手册中质量保修注意事项中写明，您的车辆出现故障时，请及时与我公司特约维修服务站联系。在后附的汽车服务站中，内蒙古自治区包头地区的服务站名称为包头市仁武汽修有限责任公司及本案被告贸易公司。在车辆使用过程中，原告发现该车的分动箱有开裂的情况，故向该车指定的特约维修服务站即本案的被告贸易公司联系要求质保，但遭到拒绝。后原告通过包头市交通广播电视台进行维权，北汽全国客服以二手车手续不全（无保养手册）无法质保为由拒绝质保，同时表示二手车该手册不予补办，被告贸易公司则表示不能给原告补办保养手册及提供质保，同时，北京经销商也表示无法为原告补办保养手册。原告维权无果，遂诉至法院，要求二被告免费为其更换故障零部件并赔偿损失。被告汽车制造厂提出管辖异议，法院裁定驳回了其管辖异议的申请，被告汽车制造厂不服裁定，上诉至包头中院，包头中院裁定驳回上诉，维持原裁定。在案件的管辖异议上诉期间，为了避免损失的进一步扩大，原告对该车进行了修理，并由包头市方正公证处对该车辆分动箱的拆卸过程进行了公证，公证书中载明分动箱上面带有裂痕，并有红色液体渗出，该分动箱被拆卸后，由该公证处进行封箱保管。包头市方正公证处据此出具了（2018）包方正内民字第6414号公证书及（2018）包方正内民字第6415保管证书。原告共花费公证费1400元。一审法院开庭前，原告将诉讼请求进行了变更，被告汽车制造厂在接到原告的变更诉讼请求的申请书后，再次提出管辖异议的申请，一审法院未对其第二次提出的申请予以处理。该车辆的行驶里程为19632.4千米。

【案件焦点】

1. 本案中原告作为二手车车主是否有权享受三包服务；2. 本案被告贸易公司是否是本案的适格主体、是否应当承担责任。

【法院裁判要旨】

内蒙古自治区包头市九原区人民法院经审理认为：对于原告渠某购买的诉争车辆在使用过程中出现分动箱开裂的情况，有原告提供的公证书在案佐证，且二被告未提出相应的证据证明该产品无质量瑕疵，故对于该事实足以认定。虽然该车所有权发生过变更，但根据车辆的购买年限和行驶里程，诉争车辆在三包规定的范围内，可以享受保修服务。对于原告的三包凭证丢失的问题，原告提供的录音材料证实，原告积极希望进行补办，但遭到了北汽全国客服、被告贸易公司和汽车销售商的拒绝，无法进行补办，故被告辩称的原告无法提供三包凭证的辩解理由法院不予采信。对于责任的承担，被告汽车制造厂作为产品的生产者，应当对产品质量的瑕疵承担责任，被告贸易公司作为被指定的汽车服务站，即修理者，应当承担修理责任。对于承担的具体数额，原告在遭到修理者拒绝保修的情况下，自己进行了维修，并公证记录了拆卸故障零部件的过程，同时有包头市麻池镇宏腾专业机修钣金喷漆美容装饰店开具的4900元的发票在案佐证，法院对该笔费用予以认定。对于原告主张的公证费，是本案证据保全的必要费用，被告应当予以承担。原告主张的律师费6000元，不是本案必须发生的费用，法院不予支持。

内蒙古自治区包头市九原区人民法院依照《中华人民共和国产品质量法》第二十六条，《家用汽车产品修理、更换、退货责任规定》第十八条、第二十七条，《中华人民共和国民事诉讼法》第一百四十四条规定，判决如下：

一、被告贸易公司、汽车制造厂给付原告渠某汽车修理费4900元；

二、被告贸易公司、汽车制造厂给付原告渠某汽车公证费1400元；

三、驳回原告渠某的其他诉讼请求。

二审法院同意一审法院裁判意见。

【法官后语】

近年来，汽车的更新换代越来越快，二手车交易市场规模逐年扩大，很多开了没多久的汽车都出现在了市场上，有些还是未过保修期的汽车。随着《中华人民共和国民法典》的出台，原《中华人民共和国产品质量法》的相关法律条文，已纳入《中华人民共和国民法典》第七编侵权责任中第四章的产品责任中的相应法律条文，但二手车车主享有哪些权利、二手车出现质量问题责任由谁承担等问题在实践中颇有争议。本案例对相关问题进行了探讨，以期对相关案件的裁判有所启发。

1. 二手车车主的权利认定

本案中的汽车系原车主胡某出卖给本案原告渠某，并于2017年10月18日开具二手车销售统一发票。本案汽车的销售地为正规的二手车交易市场，买卖行为合法有效，且手续完备，符合二手车交易的相关法律规定。故一审、二审法院均确认了二手车车主即原告享有车辆转移后作为车辆所有权人应当享有的合法权利。

根据《家用汽车产品修理、更换、退货责任规定》第十八条规定，家用汽车产品保修期限不低于3年或者行驶里程60000公里，以先到者为准；家用汽车产品三包有效期限不低于2年或者行驶里程50000公里，以先到者为准。家用汽车产品保修期和三包有效期自销售者开具购车发票之日起计算。因此，只要在此规定内，即便是转手的二手车也享有三包权利。本案车辆的购买年限和行驶里程均在三包期内，原告渠某已取得车辆所有权，其有权享受三包服务。

2. 二手车质量问题的责任承担

原《中华人民共和国产品质量法》第四十一条、第四十二条、第四十三条、第四十五条的规定，现为《中华人民共和国民法典》第一千二百零二条、第一千二百零三条、第一千二百零五条之规定。同时汽车三包也明确了车辆产品责任问题所划归的责任，对于制造误差、运输损坏、展示损坏、维修不当等问题引起的汽车质量问题划归到汽车制造商、经销商、汽车维修厂等。

产品责任诉讼的当事人包括赔偿权利人和赔偿义务人。赔偿权利人即原告，是指因产品质量不合格而遭受人身、财产损害的受害人，包括自然人和法人。赔偿义务人即被告，主要指缺陷产品的生产者或销售者。本案中，被告汽车制造厂作为产品的生产者，应当对产品质量的瑕疵承担责任。

在家用汽车产品保修期内，家用汽车产品出现产品质量问题，消费者凭三包凭证由修理者免费修理。本案中车辆的保修手册中内蒙古自治区包头地区的服务站为本案被告贸易公司，即修理者，应当承担修理责任。

随着汽车保有量不断增加，二手车市场也越来越具有吸引力，这既需要一个公平、公正、开放、有序的市场环境，也需要完善二手车流通法律保障，更加需要明确各方的相应责任，从而维护二手车交易各方的合法权益，推动二手车流通市场的繁荣发展。

编写人：内蒙古自治区包头市九原区人民法院　乌仁斯琴

092　消费者维权案件证明标准、产品缺陷认定及利益衡平

——王某诉家居公司产品责任案

【案件基本信息】

1. 裁判书字号

北京市第二中级人民法院（2018）京 02 民终 8253 号民事判决书

2. 案由：产品责任纠纷

3. 当事人

原告（上诉人）：王某

被告（上诉人）：家居公司

【基本案情】

王某作为消费者于 2016 年先后从家居公司购买透明玻璃杯 6 只。2017 年 5 月 20 日凌晨，王某在使用玻璃杯喝水时，玻璃杯发生爆裂，致其下唇裂伤、门牙断裂。王某以家居公司所售玻璃杯存在质量缺陷、家居公司存在消费欺诈为由，诉至法院要求双倍赔偿各项损失 100 余万元。

【案件焦点】

1. 家居公司应否承担赔偿责任；2. 王某所提要求家居公司双倍赔偿的请求是否成立；3. 一审判决确定的赔偿金额是否适当。

【法院裁判要旨】

北京市大兴区人民法院经审理认为：根据王某在庭审中提供的证据，法院对于王某主张家居公司承担赔偿义务的诉讼请求不持异议，但从双方提交的证据来看，无充分证据显示家居公司存在明知商品存在缺陷，仍向消费者提供的情形，王某要求家居公司双倍赔偿其损失的主张，无事实依据，法院不予支持。对于王某的经济损失，其合理部分法院予以确认。

依照《中华人民共和国侵权责任法》第四十三条，《最高人民法院关于审理人身损害赔偿案件适用法律若干问题的解释》第十七条、第十八条、第十九条、第二十条、第二十一条、第二十二条、第二十四条，《最高人民法院关于确定民事侵权精神损害赔偿责任若干问题的解释》第十条的规定，判决如下：

一、被告家居公司于本判决生效后十日内给付原告王某玻璃杯购物款 3.9 元、医疗费 7115.16 元、营养费 1000 元、护理费 1200 元、误工费 20000 元、交通费 1000 元、精神损害抚慰金 10000 元，以上共计 40319.06 元；

二、驳回原告王某的其他诉讼请求。

一审判决后，双方均不服，提起上诉。北京市第二中级人民法院经审理认为：第一，王某在使用玻璃杯过程中发生杯体爆裂引致本案损害，因此涉案玻璃杯在使用过程中存在不合理危险，王某主张家居公司承担赔偿责任依据充分。第二，关于王某上诉所提要求家居公司双倍赔偿一节，综合现有在案证据，尚无充分证据证明家居公司在销售本案所涉玻璃杯时具有明知、欺诈或者恶意的主观状态，故王某上诉要求家居公司双倍赔偿的请求，法院难以支持。第三，关于赔偿项目金额一节，一审法院依据相关医疗费票据核算医疗费金额，并结合本案情况酌予确定的营养费、护理费、误工费、交通费、精神损害抚慰金数额并无明显不当。

综上所述，王某、家居公司的上诉请求均不能成立，均应予以驳回；一审判决认定事实清楚，适用法律正确，应予维持。北京市第二中级人民法院依照《中华人民共和国民事诉讼法》第一百七十条第一款第一项之规定，判决如下：

驳回上诉，维持原判。

【法官后语】

因消费者无法提供直接证据证明爆裂玻璃杯系自家居公司购买，故社会公众对此案形成两种完全不同的印象：部分人认为钢化玻璃杯不可能造成如此严重的伤害，消费者属于“碰瓷”；部分人认为钢化玻璃杯爆裂并非个案，商家应当双倍赔偿。在本案二审中，合议庭主动邀请媒体旁听，在查明案件事实的基础上，在终审判决中主动回应社会关注。该案裁判既强调突出保护消费者权益，又对企业合理注意义务予以科学界定，很好地平衡了消费者与商家权利保护需求。

第一，在消费者维权案件中引入“高度盖然性”证明标准，在证明标准上向消费者适当倾斜。在消费者维权案件中，商家多以致害商品并非购自己方为由进行抗辩，由于产品损害属于偶发事件，消费者无法第一时间固定直接证据，往往造成举证上的被动局面。本案二审判决综合了消费者事前、事中和事后所形成的证据，认为消费者主张损害系因家居公司销售玻璃杯爆裂造成具有高度盖然性，据此认定消费者要求赔偿的诉讼主张。这在回应案件争议焦点的同时，也回应了社会中有关消费者“碰瓷”的舆论。

第二，产品缺陷的认定标准是指确认缺陷是否存在的依据，是认定工作的关键。通说认为，我国产品质量法的上述规定在产品缺陷认定标准上采用了折中标准，即结合采用了技术标准和不合理危险标准。根据上述法律规定，产品在耐用期限内正常合理的使用过程中，如果存在危及人身及财产安全的不合理危险，也可视为存在缺陷，本案裁判即采用了不合理风险认定标准。消费者在使用合格食饮用玻璃器具时，对其安全性能一般有合理期待，即在使用该器具时，器具本身不会发生突然爆裂、伤人的情况，本案中，王某在使用涉案玻璃杯饮水时，玻璃杯发生爆裂导致面部、牙齿等多处受伤，此种情况的出现，明显与消费者对于使用玻璃器具安全期待不符，涉案玻璃杯突然爆裂本身对于消费者而言即可认定为潜在的不合理危险，基于此，合议庭认为涉案玻璃杯在使用过程中存在不合理危险，根据前述法律规定，应当认定存在产品缺陷，现消费者主张商家予以赔偿具有法律依据。

第三，消费维权案件往往涉及消费者与商家利益衡平，两者均不可偏废。作为司法机关，既要依法保护消费者合法权益，也要避免对商家课以不合理的注意义务，因为如果对商家课以不合理注意义务，会给企业带来不合理的经营风险负担，影响企业生存和发展，也可能导致社会交易成本不合理提高，出现最终由全体消费者“买单”的情况。本案中，消费者王某主张家居公司明知商品存在缺陷仍然向消费者提供并做不实宣传，要求家居公司双倍赔偿各项损失。对此合议庭认为，惩罚性赔偿的适用，应当满足三个条件：一是明知产品存在缺陷，二是仍然生产或者销售，三是造成他人生命健康损害。明知产品存在缺陷，是指生产者或者销售者已经确定地知道生产的或者销售的产品存在缺陷，具有损害他人生命或者健康的危险。在本案审理过程中，王某主张家居公司明知玻璃杯存在缺陷仍然向消费者提供、未尽相应警示提示义务，故要求双倍赔偿。但家居公司提供了涉案产品的合格证书以及事后自行委托相关机构鉴定的意见，且玻璃制品客观上存在一定自爆的概率，故综合现有在案证据，消费者主张商家明知玻璃杯存在缺陷仍然向消费者提供不能成立，故驳回其要求商家双倍赔偿的请求。

编写人：北京市第二中级人民法院　施忆

093 消费者未保留消费凭证的情况下，如何认定产品销售者责任

——田某诉石化公司产品销售者责任案

【案件基本信息】

1. 裁判书字号

云南省昆明市中级人民法院（2018）云01民终第4890号民事判决书

2. 案由：产品销售者责任纠纷

3. 当事人

原告（上诉人）：田某

被告（被上诉人）：石化公司

【基本案情】

2017年11月3日，原告驾驶车牌照为云A×××××的奥迪轿车至被告经营的云南中发石化加油站加了95号汽油。原告于2017年11月22日将该车辆送至云南联迪汽车服务有限公司检测，该公司出具《诊断分析》，载明“根据电脑检测结果，查看三元催化器、氧传感器、火花塞表面有不明白色物质。据此判断白色物质与发动机工作时的燃烧相关，建议用户更换三元催化器、火花塞、氧传感器、喷油嘴和清洗油箱后试车正常”。原告因此支付车辆维修费28743元。2017年11月23日原告向消费者协会投诉被告。昆明市五华区市场监督管理局于2017年12月1日到被告处提取2桶（2L/桶）95号车用汽油样品送至云南省产品质量监督检验研究院进行检验。2017年12月7日，云南省产品质量监督检验研究院出具《检验报告》，认定所检样品不合格。2017年11月27日，被告的法定代表人在《消费者协会受理投诉登记表》签署意见称：“待检验结果出来后，会给几位客户满意答复。”昆明市五华区市场监督管理局在该表的处理结果一栏写明：“经现场调解，双方同意协商解决。”2017年12月4日，被告的法定代表人在《消费者协会受理投诉登记表》上签字确认“待加油站正常经营后，属我站油质问题，我站负责油路修理赔偿”。2017年12月7日，原告为调取其于2017年11月3日到被告经营的加油站加油的监控录像而与被告发生争议，后其报警。在《接处警登记表》中，处警情况一栏载明：“民警告知报警人，调看录像一事到质监局反映。报警人表示同意。”后原告向法院提起诉讼，要求被告赔偿原告42773元（汽油费430元+车辆维修费28743元+车辆维修期间承租替代车辆支出的租金13600元）。

【案件焦点】

1. 原告主张其于2017年11月3日驾驶云A×××××奥迪轿车至被告经营的云南中发石化加油站加油的事实是否成立；2. 原告的车辆受损与被告向其出售的汽油油品之间是否有因果关系；3. 被告应否返还原告加油费430元，并赔偿车辆维修费28743元；4. 被告应否向原告赔偿租车费13600元。

【法院裁判要旨】

云南省昆明市五华区人民法院经审理认为：本案系买卖合同引起的诉讼纠纷。原告主张其与被告存在95号汽油的买卖合同关系，其应对产生该法律关系的基本事实承担举证证明责任。原告未举证证明该基本事实，其应承担举证不能的不利后果。故一审法院依照《中华人民共和国合同法》第一百三十条及《中华人民共和国民事诉讼法》第六十四条、第一百一十八条规定，判决如下：

驳回原告田某的诉讼请求。

田某不服一审判决，提起上诉。云南省昆明市中级人民法院经审理认为：首先，上诉人田某虽未能提供加油凭证，但根据其提交的《消费者协会受理投诉登记表》，可以证实在同一时段有多名消费者（含上诉人）针对油品问题投诉被上诉人，被上诉人在消费者协会与上诉人协商处理时亦未对上诉人的消费者身份提出异议。被上诉人明确其经营的加油站的监控录像有效保存期限是90天，但在上诉人于2017年12月7日主张调取监控录像后仍未及时保存并提供相关的监控录像，视为被上诉人持有该证据无正当理由拒不提供，故推定上诉人主张的其于2017年11月3日到被上诉人经营的云南中发石化加油站加油的事实成立。其次，根据上诉人提交的车辆维修《诊断分析》，可以确认上诉人车辆受损部位与汽油的质量高度关联。另云南省产品质量监督检验研究院出具的《检验报告》可证实：昆明市五华区市场监督管理局从被上诉人处提取并送检的95号汽油样品经检验不合格，结合同一时段有多名消费者（含上诉人）针对油品问题投诉被上诉人，依据民事诉讼高度盖然性的证明标准，认定上诉人车辆受损与被上诉人向其出售的不合格油品之间存在因果关系。再次，根据庭审查明的事实，上诉人因车辆受损支出维修费28743元；关于加油费，虽然上诉人未能提供加油凭证，但结合上诉人的车辆型号，可认定被上诉人应向上诉人返还加油费430元，并赔偿车辆维修费28743元。最后，上诉人主张的租车费13600元，并非因车辆受损必然造成的损失，故对其主张的该笔费用不予支持。

综上，二审法院依照《中华人民共和国侵权责任法》第四十三条，《中华人民共和国产品质量法》第四十三条、第四十四条，《中华人民共和国民事诉讼法》第一百七十条第一款第二项，《最高人民法院关于民事诉讼证据的若干规定》第七十五条规定，判决如下：

一、撤销昆明市五华区人民法院（2018）云0102民初1777号民事判决；

二、由石化公司自本判决生效之日起五日内返还田某加油费430元，并赔偿田某车辆修理费28743元；

三、驳回田某的其他诉讼请求。

【法官后语】

实践中，因产品存在缺陷造成他人人身、财产损害，经常会发生违约责任与侵权责任的竞合。原《中华人民共和国合同法》第一百二十二条规定：“因当事人一方的违约行为，侵害对方人身、财产权益的，受损害方有权选择依照本法要求其承担违约责任或者依照其他法律要求其承担侵权责任。”《中华人民共和国民法典》第一百八十六条规定：“因当事人一方的违约行为，损害对方人身权益、财产权益的，受损害方有权选择请求其承担违约责任或者侵权责任。”原《中华人民共和国合同法》与《中华人民共和国民法典》均对责任竞合作出明确规定，赋予受损害方选择请求对方承担违约责任或者侵权责任的权利。由此，产品的第一买受人有权选择请求销售者承担违约责任或侵权责任。本案系一起较为典型的产品销售者责任纠纷，本案中产品第一买受人即以产品销售者责任纠纷对销售者提起侵权之诉。审理的难点在于：原告（消费者）未保留加油凭证的情况下，如何认定被告（销售者）出售了汽油油品给原告；原告的车辆受损与被告出售的汽油油品之间是否存在因果关系。

（1）关于被告是否出售汽油油品给原告。本案中，原告虽未能提供加油凭证，但根据其提交的《消费者协会受理投诉登记表》2份，可以证实在同一时段有多名消费者（含原告）针对油品问题投诉被告，被告在消费者协会与原告协商处理时亦未对原告的消费者身份提出异议。《最高人民法院关于民事诉讼证据的若干规定》第七十五条规定，有证据证明一方当事人持有证据无正当理由拒不提供，如果对方当事人主张该证据的内容不利于证据持有人，可以推定该主张成立。在原告于2017年12月7日因调取其到被告经营的加油站加油的监控录像未果而报警后，被告仍未及时保存并提供相关的监控录像，视为被告持有该证据无正当理由拒不提供，依据民事诉讼高度盖然性的证明标准，推定原告主张的其于2017年11月3日到被告经营的云南中发石化加油站加油的事实成立。

（2）关于产品责任的因果关系，学界多采用“两分法”：一是事实上的原因，最有影响的是必然因果关系说；二是法律上的原因，即法律所认可的用以追究责任的原因，最有说服力的是相当因果关系说。

必然因果关系说认为，只有当侵权行为与损害后果之间有内在的、本质的、必然的联系时，才具有法律上的因果关系。如果侵权行为与损害结果之间是外在的、偶然的联系，则不能认为二者有因果关系。对于受害方来说，在产品责任诉讼中，必须同时充分证明产品存在缺陷，损害事实已经发生，且产品缺陷与损害事实之间存在内在的、本质的、必然的联系，才能获得赔偿。实践中，由于造成损害的因素往往具有多样性，消费者处于相对弱势地位，一味地要求消费者证明损害事实和产品缺陷之间存在必然因果关系是非常困难的。

相当因果关系说认为，如果某项事实仅于现实情形发生该结果，还不足以判断因果关系，必须在通常情形，依社会一般见解亦认为有发生该结果之可能性，始得认为有因果关系。相当因果关系说不要求行为与结果之间具有内在的、本质的、必然的联系，只要求判明原因事实与损害结果之间在通常情形下存在可能性，即要求法官依社会一般见解，按照当时社会所达到的知识和经验，只要一般人认为在同样情形下有发生同样结果的可能性即可。

本案即采用了相当因果关系说，认定原告的车辆受损与被告出售的汽油油品之间具有因果关系。依据社会一般见解，因被告出售的汽油有缺陷造成原告车辆受损是存在很大可能性的，由此二审法院最终确认原告的车辆受损与被告出售的汽油油品之间具有因果关系，充分考虑到了处于相对弱势地位的消费者举证能力的局限性，依法维护了消费者的合法权益。

编写人：云南省高级人民法院　吴洁
云南省昆明市中级人民法院　侯佳

094 纯粹经济损失不属于侵权责任法的救济范畴

——黄金冶炼公司诉链条厂产品责任案

【案件基本信息】

1. 裁判书字号

浙江省绍兴市中级人民法院（2018）浙06民终240号民事判决书

2. 案由：产品责任纠纷

3. 当事人

原告（上诉人）：黄金冶炼公司

被告（被上诉人）：链条厂

【基本案情】

2013年4月11日，原告黄金冶炼公司因投资建设复杂金精矿冶炼工程项目需要，与被告链条厂签订《埋管式铜水套制作安装合同》《侧吹炉水套技术协议》《补充协议》。上述合同约定被告链条厂应根据约定要求制作铜水套、风眼水套产品，并根据复杂金精矿冶炼工程项目进度要求，在2013年11月15日前在原告住所地交付产品。但经原告催要，被告仍逾期交货，严重影响了原告工程进度。后被告向原告承诺供货铜水套、风眼水套产品质量合格后，原告即组织安装调试验收。2014年4月8日，原告组织第一次开炉调试验收，发现被告供货的铜水套、风眼水套散热性差、循环水温不高但水套本体温度过高、表面灼红，如继续生产，会引发熔体穿透的重大安全事故，故此原告不得不停产，进行为期一个多月的检测、更换工作。后经检测，被告提供的铜水套、风眼水套未按照技术要求制作，预埋铜管与本体结合率、导电率均不符合技术协议要求，产品本体铜含量也不达标，产品不符合合同约定的要求，存在缺陷。因被告生产销售的铜水套、风眼水套产品缺陷，给原告造成了巨大经济损失，原告要求被告到场处理，但被告一直拖延。原告为避免损失进一步扩大，不得不从其他厂商采购一层34块铜水套进行更换。原告诉至法院，要求被告承担产品侵权导致的经济损失共计17142514.09元。

审理中，被告链条厂答辩认为，原告黄金冶炼公司以产品责任纠纷为案由起诉不成立。

【案件焦点】

黄金冶炼公司起诉主张的损失范围是否属于侵权责任法的救济范畴。

【法院裁判要旨】

浙江省诸暨市人民法院经审理认为：原告黄金冶炼公司基于双方签订的《埋管式铜水套制作安装合同》，以买卖标的物即涉案铜水套质量不符合约定、存在缺陷为由，明确选择按照侵权责任法及产品质量法为法律依据的产品侵权责任为请求权基础。对此，法院认为，第一，《中华人民共和国侵权责任法》第四十一条规定，因产品存在缺陷造成他人损害的，生产者应当承担侵权责任。《中华人民共和国产品质量法》第四十一条规定，因产品存在缺陷造成人身、缺陷产品以外的其他财产（以下简称他人财产）损害的，生产者应当承担赔偿责任。产品侵权责任需具备以下要件：（1）须产品存在缺陷；（2）须有损害事故发生，即有人身、财产的损害事实；（3）须有因果关系，即损害事实的发生与产品的缺陷存在因果关系。综合本案，从原告的诉讼请求内容分析（根据原告提供的损失清单），其诉请赔偿 17142514.09 元的组成为产品拆除成本费、重新安装费、产品质量纠纷准备诉讼过程中发生的费用（主要指公证费、检测费）、诉讼费、更换产品造成的各类费用。但该部分损失实际是原告购买的工业产品本身不符合合同约定的要求，不能产生相关收益与产品自身价值的损害及因此带来的间接损失，并不是因其所购买的铜水套产品存在缺陷而造成他人的人身、财产损害，故不属于产品侵权责任构成要件中人身、财产损害的赔偿范围。第二，从原告提交的证据及法院查明的事实看，原告之诉请应基于涉案铜水套产品不符合合同约定的事实，但即使涉案产品存在缺陷，也并没有发生涉案铜水套产品侵权事故而造成他人财产损害的事实。本案并不存在因产品缺陷而发生的侵权事实，故原告要求被告承担赔偿责任，缺乏事实基础。综上，原告起诉属于产品本身不符合约定而引起的直接损失及相关的间接损失，并不属于侵权责任法或者产品质量法规定的因产品存在缺陷引起的侵权行为所造成的他人人身伤害或财产损失，故对原告之诉请不予支持。

依照《中华人民共和国合同法》第六十条、第一百一十一条、第一百二十二条、第一百五十五条，《中华人民共和国侵权责任法》第四十一条，《中华人民共和国产品质量法》第四十一条，《中华人民共和国民事诉讼法》第五十一条之规定，判决如下：

驳回原告黄金冶炼公司的诉讼请求。

原告黄金冶炼公司不服一审判决，提起上诉。浙江省绍兴市中级人民法院经审理认为：根据《中华人民共和国产品质量法》第四十一条的规定，构成产品责任，必须有人身或缺陷产品以外的其他财产损害的事实。但本案中涉及的损失实际上是“缺陷产品”自身损失及衍生损失，该损失属于合同法上瑕疵担保责任范围，不属于侵权责任法所保护的受害人固有利益的范畴。且本案上诉人坚持选择侵权之诉要求被上诉人承担侵权责任，法院予以遵循。原审判决认定事实清楚，适用法律正确，判决如下：

驳回上诉，维持原判。

【法官后语】

本案处理的重点在于产品责任中的纯粹经济损失是否属于受害人可获得侵权法上救济的民事权益范畴，是否是产品责任上的“财产损害”。案件裁判当时有效的《中华人民共和国侵权责任法》第四十一条规定，“因产品存在缺陷造成他人损害的，生产者应当承担侵权责任”。本案审判过程中主要探讨的问题有两个：第一，何为纯粹经济损失以及“缺陷产品”自身的损害是否属于纯粹经济损失？第二，纯粹经济损失是否包含在《中华人民共和国侵权责任法》第四十一条所称的“损害”之中？

1. 关于纯粹经济损失的概念一直未有明确的定论，笔者认为，纯粹经济损失应是指不依赖于人身权和物权受侵害而发生的经济损失。在产品责任中主要包含以下三个方面：一是缺陷产品本身的损失和可预见的利润损失；二是缺陷产品引起的经营性损失；三是产品缺陷造成受害人额外支付的各种费用。“缺陷产品”自身损害不属于对人身的侵害，又因为“缺陷产品”的“缺陷”是在产品流通中就存在的，买受人购买该“缺陷产品”时，该产品就已经具有了“缺陷”，所以买受人从开始就获得了一个“有缺陷”的产品，谈不上侵犯财产。因此，笔者认为“缺陷产品”自身损害属于纯粹经济损失的范畴。

具体到本案中，原告黄金冶炼公司所提出的诉讼请求中的赔偿金额主要包含：（1）铜水管套的拆除成本、铜水管套的重新安装费用；（2）诉讼准备过程中产生的费用、诉讼费；（3）铜水管套更换期间承担的固定费用损失。结合对纯粹经济损失及“缺陷产品”自身损害概念的理解，原告起诉要求被告承担的该部分损失应被认定为“缺陷产品”自身损害所引起的纯粹经济损失。

2. 关于纯粹经济损失是否应包含在《中华人民共和国侵权责任法》第四十一条所称的“损害”之中的问题，笔者认为：第一，从法条本身的理解来看，该法第四十一条的使用应结合《中华人民共和国产品质量法》而从宏观上把控，即该法条应被理解为保护消费者的权益，而非商业主体，故笔者认为，该法条应仅适用于消费者购买产品的情形。本案原告作为商业主体，具有一定的专业性，与被告处于平等的可协商的地位，双方的交易是建立在平等协商基础之上的，最后形成的合同条款也是双方磋商的产物。故就本案而言，双方的争议应当纳入合同管辖的范畴。第二，《中华人民共和国产品质量法》第四十一条第一款规定：“因产品存在缺陷造成人身、缺陷产品以外的其他财产（以下简称他人财产）损害的，生产者应当承担赔偿责任。”这和侵权责任法规定的“他人损害”并不完全一致，但笔者认为，法条的适用应更多地考虑其背后的社会客观目的，故应对该法条进行目的性限缩，在解释上使其与《中华人民共和国产品质量法》第四十一条的规定相一致，即对产品自身损害（纯粹经济损失）不予以在侵权法上的救济。第三，从合同的角度来看，“缺陷产品”自身损害更应该作为履行利益放在违约责任中进行救济，如果允许“缺陷产品”自身损害的侵权救济，将会掏空物的瑕疵担保规定，使契约法湮没于侵权行为法的汪洋大海。我国对合同与侵权做了体系上的划分，分别体现在合同法和侵权责任法之中。两类法律对违约责任和侵权责任的损害赔偿规定有相当大的差异，主要表现为整体构成要件差异、损害赔偿范围差异、归责原则差异、责任分配及限制差异。单从损害范围来看，合同法主要规范合同当事人之间的履行利益和信赖利益，关注点在于交易标的物本身价值利益上。侵权法则主要规范非合同当事人间的权利义务，着眼于保护个人的人身和财产权利，即固有利益。按照此区分，产品作为合同的标的物，缺陷产品自身损害当属于合同的履行利益损害，应当纳入合同法的调整范畴。

3. 本案虽裁判于《中华人民共和国民法典》编纂之前，但《中华人民共和国侵权责任法》《中华人民共和国合同法》经过“大修小改”纳入《中华人民共和国民法典》侵权责任编、合同编后，还是保持了相关法条的稳定性与延续性，本案例所涉及的《中华人民共和国侵权责任法》第四十一条转化为《中华人民共和国民法典》第一千二百零二条；《中华人民共和国合同法》第六十条、第一百一十一条、第一百二十二条、第一百五十五条分别转化为《中华人民共和国民法典》第五百零九条、第五百八十二条、第一百八十六条、第六百一十七条，具体内容进行了进一步的补充、细化、完善，基本无变化。

编写人：浙江省诸暨市人民法院　李冠军　宋倩宇

095 职业索赔人主张十倍价款索赔依法不应予以支持

——傅某诉商贸公司产品责任案

【案件基本信息】

1. 裁判书字号

浙江省温州市中级人民法院（2018）浙03民终723号民事判决书

2. 案由：产品责任纠纷

3. 当事人

原告（上诉人）：傅某

被告（被上诉人）：商贸公司

【基本案情】

傅某于2017年4月22日通过网购平台向商贸公司购买了45包鳄鱼肉干，共计3060元。傅某支付了货款，商贸公司通过邮寄交付了货物。该商品在网购平台的名称为“泰国代购鳄鱼肉100克，即食”，价格68元/包。商品外包装中文标注：“1. 鳄鱼肉的营养价值：补气养颜、补肾固精，壮筋骨、驱湿邪，可用于煲汤，对哮喘、咳嗽、风湿、糖尿病、贫血有很好的辅助效果。鳄鱼肉含丰富的胶原蛋白，属低脂肪、低胆固醇的肉类。2. 鳄鱼骨的营养价值：鳄鱼骨中含有大量的活性钙和磷等人体需要的矿物质，有改善风湿骨痛、强筋健骨、填精益髓、补钙、预防骨质疏松等功效。”

傅某认为涉案鳄鱼肉产品为预包装食品，外包装有不明外国文字和中文，违反预包装食品标签通则，商贸公司不能提供相关的进口食品文件，且上述外包装中文描述对消费者存在严重误导和欺骗，存在食品安全隐患，属于有重大缺陷的产品，不能够保证食品安全性，侵害原告的合法权益，故诉至法院要求商贸公司退货退款3060元并十倍赔偿30600元。

另查明，傅某于2017年5月先后就15起网购食品纠纷向法院提起诉讼，请求均为退货退款并十倍赔偿。

【案件焦点】

1. 职业索赔人是否为消费者而受《中华人民共和国消费者权益保护法》《中华人民共和国食品安全法》保护；2. 如何适用《最高人民法院关于审理食品药品纠纷案件适用法律若干问题的规定》第三条规定。

【法院裁判要旨】

浙江省瑞安市人民法院经审理认为：傅某通过网络交易平台向商贸公司购买鳄鱼肉干，双方支付货款并交付货物，形成买卖合同关系。《中华人民共和国食品安全法》第一百四十八条第二款规定的请求十倍赔偿主体为消费者，《中华人民共和国消费者权益保护法》第二条将消费者的范围界定为生活消费需要购买、使用商品或者接受服务者。傅某一次性大量购买鳄鱼肉，明显超出正常生活消费需要，结合其在短期内又大量网购其他外包装存在瑕疵食品然后提起索赔诉讼的事实，法院认定傅某购买涉案商品并非出于生活消费需要，不属于《中华人民共和国食品安全法》第一百四十八条所指消费者，因此，原告请求十倍赔偿，不符合法律规定，不予支持。关于退款退货的问题，食品进口的审批属于行政管理范畴，商贸公司不提供进口文件，不影响双方买卖合同的效力。涉案商品外包装上描述鳄鱼肉对哮喘、咳嗽、风湿、糖尿病、贫血具有很好的辅助功效，确实不符合《中华人民共和国食品安全法》第七十三条规定，但是该描述不构成欺骗，也不足以对本案原告产生误导，更不会如原告所诉因此导致食品安全问题。因此，原告请求退款退货并十倍赔偿，无法律依据，法院不予支持。

浙江省瑞安市人民法院依照《中华人民共和国食品安全法》第一百四十八条，《中华人民共和国消费者权益保护法》第二条，《中华人民共和国民事诉讼法》第一百四十四条之规定，作出如下判决：

驳回原告傅某的诉讼请求。

傅某不服一审判决，提起上诉。浙江省温州市中级人民法院经审理认为：《中华人民共和国食品安全法》第一百四十八条规定，消费者因不符合食品安全标准的食品受到损害的，可以向经营者要求赔偿损失，也可以向生产者要求赔偿损失。接到消费者赔偿要求的生产经营者，应当实行首负责任制，先行赔付，不得推诿；属于生产者责任的，经营者赔偿后有权向生产者追偿；属于经营者责任的，生产者赔偿后有权向经营者追偿。生产不符合食品安全标准的食品或者经营明知是不符合食品安全标准的食品，消费者除要求赔偿损失外，还可以向生产者或者经营者要求支付价款十倍或者损失三倍的赔偿金；增加赔偿的金额不足一千元的，为一千元。但是，食品的标签、说明书存在不影响食品安全且不会对消费者造成误导的瑕疵的除外。本案中，傅某的丈夫吴某承认其系职业索赔人且其之前从事的是销售野生动物及其制品的工作，故涉案商品外包装上关于鳄鱼肉对哮喘、咳嗽、风湿、糖尿病、贫血具有很好的辅助功效的描述并不会诱使其陷入错误的认识，且傅某大量购买涉案鳄鱼肉的行为是希望通过诉讼获得惩罚性赔偿，并非消费者为生活消费需要而购买涉案商品。另根据法律规定，消费者因不符合食品安全标准的食品受到损害，是要求赔偿的前提。本案中，傅某没有提供证据证明自己因涉案食品受到损害，故不符合《中华人民共和国食品安全法》第一百四十八条规定的赔偿条件。一审判决驳回傅某要求退款退货的诉讼请求并无不当，法院予以维持。傅某的上诉请求没有事实和法律依据，法院不予支持。

浙江省温州市中级人民法院依照《中华人民共和国民事诉讼法》第一百七十条第一款第一项规定，作出如下判决：

驳回上诉，维持原判。

【法官后语】

本起纠纷案件的原告具有明确的职业索赔人身份特征，其所提起的诉讼系典型的职业索赔案件，是其在全国法院系列索赔诉讼案件的其中之一。傅某及其丈夫吴某作为专业从事销售野生动物及其制品工作的人员，对于案涉商品的辨别具有丰富的知识及经验储备，而正是因为他们具备这样的认知条件，才选择这些商品作为职业索赔的目标物。

傅某在网络交易平台上分批向不同商家大量购买相似类型商品，签收之后随即起诉至各地法院以商品不符合食品安全标准为由主张十倍赔偿，傅某的一系列行为足以证明其系职业索赔人，并希望借助诉讼的渠道获得利益。

信息化时代，互联网高速发展，依托网络购物的便利性以及网络商家应诉不便、应诉成本高昂等特点，职业索赔人从传统的实体店“转战”到线上交易平台，其中在线购物平台上的商家都是他们的潜在目标对象，而这些平台则成为他们的“掘金”宝藏地。

职业索赔人打着“稳赚不赔”、低成本高收益的心思以惩罚性赔偿为由迫使商家主动赔偿进行和解，对于不愿和解的商家则采取诉讼的途径，通过司法程序给商家施压从而获得利益。

笔者认为，职业索赔人依据消费者权益保护法、食品安全法主张惩罚性赔偿，没有法律依据，不应予以支持。

一、职业索赔行为是否具有公共价值

职业索赔的社会认同之争，关键在于支持者认为职业索赔起到了净化市场秩序的效果，职业索赔人在不违反法律禁止性规定的前提下积极行动而获得的“打假”收益系“假冒伪劣”经营者所应该承担的代价，不管其主观为何，但客观上打击了经营者，这是在政府对违法生产经营者打击力度不足下的有力补充。

然而，企图依靠职业索赔人净化市场秩序是一种以恶制恶、饮鸩止渴的行为，不论其是否有起到警示经营者的实际效果，从长远看不仅未起到净化市场秩序的作用，反而适得其反，更会引发其他社会问题。

1. 职业索赔人以营利为目的知假买假，违背了法律的诚信原则。法律若助长不诚信行为，则是违反了诚信这一普适性伦理规范，也有悖于公序良俗。以恶制恶，未能促使后者转恶为善，反而产生新的社会不公之感。

2. 职业索赔人作为“生意人”，在谋利心理驱动下，为实现利益最大化，选择低成本高收益途径。例如，为了降低打假成本，他们往往选择成本较小、取证相对容易的焦点，主要集中在产品标识、说明等方面，对于那些真正对市场危害较大的假冒伪劣产品的打击效果并不明显。又如，职业索赔人在经营者作出让步给予一定赔偿数额后，就会选择撤诉，对经营者是否继续销售该产品没有任何约束力或是影响，使得净化市场目的无法达成。

3. 职业索赔人利用公共资源获取自身利益，挤占司法资源，损害司法权威。在网络购物日益便捷以及实施立案登记制的背景下，大量职业索赔案件涌入全国各地法院。职业索赔人以营利为目的向各地法院递交批案起诉材料，通过法院正常诉讼程序向经营者施压，利用经营者异地应诉不便、应诉成本高等特点裹挟经营者“花钱买平安”，不仅挤占有限的司法资源，更损害司法权威。

二、对职业索赔不予支持，符合法律规定

1. 职业索赔者不应认定为“消费者”

支持职业索赔方认为，职业索赔人应属于消费者的范畴。其主要观点在于，“消费者”是一个相对概念，其对应的概念为“经营者”，消费者购买或者接受某种商品或者服务时，只要不是以营利为目的用于交易，都应被看作一种消费。而职业索赔人的购买行为并非为了将商品用于销售或者再次投入市场进行交易活动，即非“经营者”，故应认定职业索赔人亦是“消费者”。

对于该观点，笔者不予认同。理由有二：第一，消费者权益保护法已明确“消费者”购买商品的主观意图为“为生活消费需要”，而职业索赔者购买商品显然并非为生活消费需要，该观点实为对“消费者”的含义进行扩大解释，违背了消费者权益保护法保护交易弱者方的立法初衷。将经营者和消费者的概念进行排他性的对立解构，没有法律依据，更易陷入“非黑即白”的逻辑陷阱。在现实生活中，除消费者和经营者外，确实存在因其他主观意图而购买商品的主体，如职业索赔人。第二，该观点违背了

"谁主张谁举证"的民事诉讼规则。假若认定购买、使用商品或者接受服务的一方非经营者，在此观点基础上，该主体则可直接被推定为消费者，那么在诉讼程序中，购买者无须证明自己是消费者，而对于商家来说，其则需要举证证明购买者购买商品系用于经营才能据此进行有效抗辩，显然这样的举证责任分配会陷入难以举证的困境，亦不符合民事诉讼法以及民诉法司法解释对于举证责任的相关规定。

2. 应区分知假买假者与职业索赔者

知假买假者与职业索赔者在主观和客观上存在一定的竞合，但两者在法律适用和行为性质上是存在区别的。

知假买假，是指对明知是有质量问题的商品仍然进行购买的行为，不涉及主观动机的判断。职业索赔是以获得惩罚性赔偿或者其他营利结果为目的而知假买假的行为。也就是说，知假买假者不必然是职业索赔者，也有可能是基于各种原因譬如侥幸、贪小便宜心理，明知商品可能存在质量问题而出于生活消费需要仍予以购买的消费者。对于知假买假，《最高人民法院关于审理食品药品纠纷案件适用法律若干问题的规定》第三条规定，因食品、药品质量问题发生纠纷，购买者向生产者、销售者主张权利，生产者、销售者以购买者明知食品、药品存在质量问题而仍然购买为由进行抗辩的，人民法院不予支持。即对直接关系人体健康的食品药品领域，加重对生产经营者的产品责任的追究。但职业索赔者据此主张其获得惩罚性赔偿的适格条件，在法律上不能成立。尽管职业索赔者因其具有知假买假行为看似可以适用该条司法解释，但首先因其非消费者身份问题而排除在消费者权益保护法保护范围之外，因此不具有主张消费者权益保护法及食品安全法规定的惩罚性赔偿的合法主体资格。

就支持者关心的打击违法经营维持市场秩序问题来说，应溯本正源，不应寄托于做法不符合法律规定且风险重重的职业索赔者，而应依靠国家法律完善、制度建设，依靠强有力的国家公权力对不法经营者进行实质性的打击。

编写人：浙江省瑞安市人民法院　曾怀莘　陈丽霞

096 销售不符合预包装食品标签规则的食品是否适用“十倍赔偿”

——王某明诉酒业公司、贸易公司网络购物合同案

【案件基本信息】

1. 裁判书字号

河南省平顶山市湛河区人民法院（2018）豫0411民初3324号民事判决书

2. 案由：网络购物合同纠纷

3. 当事人

原告：王某明

被告：酒业公司、贸易公司

【基本案情】

2018年4月25日，王某明在某网店花费1194元购买6瓶帝菲堡750mL干红葡萄酒，在网络商城某酒类专营店花费1467元购买3瓶帝菲堡750mL干红葡萄酒。2018年5月3日，王某明又在网络商城某酒类专营店花费2934元购买6瓶750mL干红葡萄酒。

某网店的经营者为酒业公司，某酒类专营店的经营者为贸易公司。上述葡萄酒瓶身贴有中文标签，标注了原产国、原料及辅料、生产日期、生产厂商及总经销商等内容，其中生产厂商显示为“Les Vignerons de la Méditerranée SAS”，总经销商为贸易公司。

王某明认为，经营者在进口产品包装上必须加贴中文标签，但案涉葡萄酒瓶身加贴的中文标签上，标注的生产厂商的名称是法文，且翻译成中文为“葡萄种植者地中海SAS”，而地中海处于欧亚非大陆之间，是世界上最大的陆间海，不是法国酒业生产公司，故酒业公司、贸易公司销售的案涉葡萄酒系假冒产品，虚构法国生产欺骗消费者，要求依法判令酒业公司、贸易公司返还购物款5595元，并给付十倍赔偿55950元。

【案件焦点】

酒业公司、贸易公司是否应向王某明支付十倍赔偿。

【法院裁判要旨】

河南省平顶山市湛河区人民法院经审理认为：本案系网络购物合同纠纷。王某明分别在酒业公司、贸易公司经营的网店购买了涉诉商品，双方之间形成了合法有效的网络购物合同关系，双方应依法履行合同义务。《中华人民共和国食品安全法》第四条规定，食品生产经营者对其生产经营食品的安全负责，应当依照法律、法规和食品安全标准从事生产经营活动，保证食品安全。《中华人民共和国食品安全法》第九十七条规定，进口的预包装食品、食品添加剂应当有中文标签；依法应当有说明书的，还应当有中文说明书。标签、说明书应当符合本法以及我国其他有关法律、行政法规的规定和食品安全国家标准的要求，并载明食品的原产地以及境内代理商的名称、地址、联系方式。预包装食品没有中文标签、中文说明书或者标签、说明书不符合本条规定的，不得进口。根据《食品安全国家标准预包装食品标签通则》（GB 7718—2011）“3 基本要求”中“3.8”规定，预包装食品标签应使用规范的汉字（商标除外）。本案涉诉商品瓶身虽有中文标签，但是标签上标注的生产厂商为法文“Les Vignerons de la Méditerranée SAS”，包装存在瑕疵，属于不符合我国预包装食品标签规则的食品。王某明要求酒业公司、贸易公司承担退还货款的诉讼请求，本院予以支持。依照公平原则，王某明在收到上述货款时应将涉诉商品如数退还酒业公司、贸易公司，如不能退还相应物品应折价赔偿相应的价款。

《中华人民共和国食品安全法》第一百四十八条第一款规定，消费者因不符合食品安全标准的食品受到损害的，可以向经营者要求赔偿损失，也可以向生产者要求赔偿损失。接到消费者赔偿要求的生产经营者，应当实行首负责任制，先行赔付，不得推诿；属于生产者责任的，经营者赔偿后有权向生产者追偿；属于经营者责任的，生产者赔偿后有权向经营者追偿。第一百四十八条第二款规定，生产不符合食品安全标准的食品或者经营明知是不符合食品安全标准的食品，消费者除要求赔偿损失外，还可以向生产者或者经营者要求支付价款十倍或者损失三倍的赔偿金；增加赔偿的金额不足一千元的，为一千元。但是，食品的标签、说明书存在不影响食品安全且不会对消费者造成误导的瑕疵的除外。本案涉诉商品标签存在瑕疵，系不影响食品安全且不会对消费者造成误导的瑕疵。故王某明要求酒业公司、贸易公司支付十倍赔偿 55950 元的诉讼请求，于法无据，本院不予支持。

河南省平顶山市湛河区人民法院依照《中华人民共和国食品安全法》第四条、第九十七条、第一百四十八条，《中华人民共和国民事诉讼法》第六十四条第一款、第一百四十四条之规定，判决如下：

一、酒业公司于本判决生效之日起三日内退还王某明货款1194元，王某明于本判决生效之日起三日内返还酒业公司6瓶帝菲堡750mL干红葡萄酒；

二、贸易公司于本判决生效之日起三日内退还王某明货款4401元，王某明于本判决生效之日起三日内返还贸易公司9瓶帝菲堡750mL干红葡萄酒；

三、驳回王某明的其他诉讼请求。

判决后，双方当事人均未上诉，本判决现已生效。

【法官后语】

本案涉及网络购物和“十倍赔偿”，争议的焦点是预包装食品标签瑕疵时经营者是否应支付十倍赔偿金的问题。

1. 网络购物合同纠纷的管辖

根据2022年1月1日起施行的《中华人民共和国民事诉讼法》第二十四条规定，“因合同纠纷提起的诉讼，由被告住所地或者合同履行地人民法院管辖”。根据2022年4月10日起施行的《最高人民法院关于适用〈中华人民共和国民事诉讼法〉的解释》（以下简称《民诉法解释》）第二十条规定，以信息网络方式订立的买卖合同，通过信息网络交付标的的，以买受人住所地为合同履行地；通过其他方式交付标的的，收货地为合同履行地。合同对履行地有约定的，从其约定。

在网络购物合同履行中，有的经营者采取类似格式条款的形式，在网页上进行技术性设置，将纠纷的管辖法院单方设定为其所在地法院，消费者在购物时只能勾选同意。对此，审判实践中存在两种意见：一种意见认为，基于消费习惯，许多消费者在网上购物时，更关注商品本身，往往不会审慎阅读经营者的相关选项设置，经营者也未尽到重点提示义务，故以上管辖权约定属于格式合同不发生效力；另一种意见认为，经营者关于管辖权的设置，需经消费者勾选同意，否则无法完成商品购买，消费者一旦勾选同意双方即形成合意，经营者尽到了重点提示义务，故对双方均有约束力。

笔者认为，民事诉讼法和《民诉法解释》虽分别规定了合同纠纷可由被告住所地法院管辖，以信息网络方式订立的买卖合同双方对合同履行地有约定的从其约定，但出于网络购物消费者人数众多、地域分布范围广、与经营者一般处于不同地区等区别于线下购物的特点考虑，经营者应避免将纠纷单方设定由其所在地法院管辖，有利于维护消费者合法权益。消费者在购买过程中要认真阅读网页选项和卖家提示，注意辨别和保存证据，以确保发生纠纷时能够有效维权。

2. “十倍赔偿”与损害后果

2009年6月1日起施行的《中华人民共和国食品安全法》明确了“十倍赔偿”。其第九十六条第一款规定，“违反本法规定，造成人身、财产或者其他损害的，依法承担赔偿责任”。第二款规定，“生产不符合食品安全标准的食品或者销售明知是不符合食品安全标准的食品，消费者除要求赔偿损失外，还可以向生产者或者销售者要求支付价款十倍的赔偿金”。2015年4月24日《中华人民共和国食品安全法》修订，对“十倍赔偿”的规定进行了相应修改。其第一百四十八条第一款规定，“消费者因不符合食品安全标准的食品受到损害的，可以向经营者要求赔偿损失，也可以向生产者要求赔偿损失”。第二款规定，“生产不符合食品安全标准的食品或者经营明知是不符合食品安全标准的食品，消费者除要求赔偿损失外，还可以向生产者或者经营者要求支付价款十倍或者损失三倍的赔偿金；增加赔偿的金额不足一千元的，为一千元。但是，食品的标签、说明书存在不影响食品安全且不会对消费者造成误导的瑕疵的除外”。2018 年 12 月 29 日、2021 年 4 月 29 日《中华人民共和国食品安全法》经历两次修正，但均保留了第一百四十八条的规定。

由于2009 年《中华人民共和国食品安全法》第九十六条和2015 年 、2018 年、2021 年《中华人民共和国食品安全法》第一百四十八条均分为两款，因此围绕“十倍赔偿”是否以损害后果为前提，理论和实践中均存在不同意见。认为不应以损害后果为前提的观点可归纳为以下方面：“十倍赔偿”具有惩罚性质，第一款和第二款的规定应理解为并列关系，法律未对消费者遭受何种损害作出限制性规定，《最高人民法院关于审理食品药品纠纷案件适用法律若干问题的规定》也明确了“十倍赔偿”不以消费者人身遭受损害为前提，同时根据《中华人民共和国食品安全法》原第九十六条以及现行第一百四十八条的内容都不必然得出“十倍赔偿”以消费者人身权益遭受损害为前提，苛求以损害后果为前提不利于维护消费者合法权益。认为应以损害后果为前提的观点可归纳为以下方面：“十倍赔偿”具有救济性质，第一款和第二款的规定应理解为递进关系，“十倍赔偿”惩罚力度大适用也应更为严格，应将消费者人身权益遭受损害作为“十倍赔偿”的前提条件，同时还可以防止知假买假者恶意滥用司法资源、扰乱市场经营秩序。

笔者认为，“十倍赔偿”同时具有惩罚性质和救济性质，2009年《中华人民共和国食品安全法》第九十六条第一款将“造成损害”作为生产者或经营者承担赔偿责任的前提要件，2015年、2018年、2021年《中华人民共和国食品安全法》第一百四十八条第一款将“受到损害”作为消费者可以要求赔偿的前提要件，而“十倍赔偿”作为惩罚力度、救济力度更大的规则设置，也应严格以消费者人身权益损害为适用前提。但审判实践中“十倍赔偿”是否以损害后果为前提要件，有待进一步明确。

3. “十倍赔偿”与食品标签瑕疵

目前，预包装食品标签不规范问题已逐步取代食品质量不合格问题，成为引发涉食品买卖合同纠纷的主要问题，引发较多纠纷。现行《中华人民共和国食品安全法》第一百四十八条第二款规定，“生产不符合食品安全标准的食品或者经营明知是不符合食品安全标准的食品，消费者除要求赔偿损失外，还可以向生产者或者经营者要求支付价款十倍或者损失三倍的赔偿金；增加赔偿的金额不足一千元的，为一千元。但是，食品的标签、说明书存在不影响食品安全且不会对消费者造成误导的瑕疵的除外”。根据以上规定，食品标签有瑕疵，不必然导致“十倍赔偿”问题。

根据《中华人民共和国食品安全法》的规定，不符合食品安全标准的食品主要指以下两类：一是属于《中华人民共和国食品安全法》规定的禁止生产的食品；二是存在有毒有害成分，不符合应当有的营养要求，对人体健康会造成任何急性、亚急性或者慢性危害的食品。因此，食品标签上的瑕疵，若不导致该食品产生以上影响人身安全的问题，且不足以引导消费者对该食品的品质、功效等产生特别期待性判断的，消费者便不能主张“十倍赔偿”。

4. 网络购物合同纠纷中知假买假诉求的处理

实践中，伴随网络购物成为一种普遍的购物方式，职业打假也逐步由线下转移到线上，针对电商平台和网店出售的食品、药品的食品标签、产品标识、说明书瑕疵等问题主张“十倍赔偿”的职业打假情况和案件时有出现。本案中，王某明分三次购买了15瓶案涉葡萄酒，以其包装标签上标明的生产厂商名称瑕疵为由提起“十倍赔偿”，便显现出较为明显的职业打假倾向。

笔者认为，职业打假人知假买假、牟利性打假，其行为区别于一般意义上的打假，其身份不同于普遍意义上的消费者，其购买目的也与日常消费者购买商品用于自身食用或使用的目的截然相反。基于“十倍赔偿”的惩罚性质和救济性质，职业打假人以牟利为目的的购买不应适用“十倍赔偿”的惩罚性赔偿规则，否则将导致惩罚性赔偿适用范围扩大，与立法目的不符，与公序良俗相悖，可能导致打假乱象和道德风险。实践中，要根据个案情况、关联案件情况等因素综合认定职业打假人的目的，通过裁判结果的引导，遏制职业打假乱象。同时，相关部门要强化职能作用，加大监管力度，从源头上遏制不符合安全标准的食品和假冒伪劣商品产生。

编写人：河南省平顶山市湛河区人民法院　王伴伴　马锐红

097 经营者提供“三无产品”为消费者进行美容服务应退还服务价款并按服务金额的三倍支付赔偿金

——陈某冰诉某某公司产品责任案

【案件基本信息】

1. 裁判书字号

福建省厦门市中级人民法院（2017）闽02民终254号民事判决书

2. 案由：产品责任纠纷

3. 当事人

原告（被上诉人）：陈某冰

被告（上诉人）：某某公司

【基本案情】

陈某冰于2015年至2016年在厦门某某公司消费，接受暖宫、淋巴、减肥项目的服务，共向某某公司支付款项21331.1元。2016年4月22日，陈某冰在某某公司接受服务时遭到烫伤，后其向有关部门投诉。2016年7月29日，厦门市思明区市场监督管理局向陈某冰出具《投诉（举报）处理告知书》，载明某某公司在美容服务中使用没有标明生产厂厂名、厂址和产品质量检验合格证明的瑶族药浴和强效燃脂产品，其行为违反了《厦门经济特区产品质量监督管理条例》第九条第一款第一项与第二项之规定，已构成违法行为，本局决定予以行政处罚。陈某冰遂诉至法院，要求判令：（1）某某公司立即退还陈某冰接受服务支付金额总计21331.1元；（2）某某公司立即向陈某冰赔偿三倍款金额为63993.3元；（3）某某公司立即向陈某冰赔偿精神损失费10000元。

【案件焦点】

1. 某某公司是否应退还陈某冰接受服务费用 21331. 1 元；2. 某某公司是否应赔偿陈某冰三倍价款金额 63993. 3 元；3. 某某公司是否应赔偿陈某冰精神损失费 10000 元。

【法院裁判要旨】

福建省厦门市思明区人民法院经审理认为：

1. 关于陈某冰接受服务支付金额是否应退还的问题。根据《中华人民共和国消费者权益保护法》第二十四条第一款规定："经营者提供的商品或者服务不符合质量要求的，消费者可以依照国家规定、当事人约定退货，或者要求经营者履行更换、修理等义务。没有国家规定和当事人约定的，消费者可以自收到商品之日起七日内退货；七日后符合法定解除合同条件的，消费者可以及时退货，不符合法定解除合同条件的，可以要求经营者履行更换、修理等义务。"根据前述认定，某某公司在提供减肥服务中使用的产品没有标注生产厂厂名、厂址和产品质量检验合格证明，无法保障陈某冰的人身安全，且在实际使用过程中致陈某冰遭受人身损害，应认定为其服务不符合质量要求。陈某冰要求退还接受服务金额 21331. 1 元可予准许。

2. 关于三倍赔偿的问题。某某公司在为陈某冰提供服务的过程中，使用了没有标注生产厂厂名、厂址和产品质量检验合格证明的产品。依照《最高人民法院关于贯彻执行〈中华人民共和国民法通则〉若干问题的意见（试行）》第六十八条之规定："一方当事人故意告知对方虚假情况，或者故意隐瞒真实情况，诱使对方当事人作出错误意思表示的，可以认定为欺诈行为。"故陈某冰要求某某公司按接受服务的三倍价款 63993. 3 元进行赔偿，予以支持。

3. 关于精神损失费的问题。根据《最高人民法院关于确定民事侵权精神损害赔偿责任若干问题的解释》第八条第一款规定，因侵权致人精神损害，但未造成严重后果，受害人请求赔偿精神损害的，一般不予支持。虽然陈某冰在接受某某公司服务的过程中遭到人身损害，但并未造成严重后果，且亦不属于《中华人民共和国消费者权益保护法》第五十一条规定的可要求精神损害赔偿的情形。故陈某冰要求某某公司支付精神损失费的诉讼请求，没有法律依据，不予支持。

福建省厦门市思明区人民法院依照《中华人民共和国消费者权益保护法》第四条、第五条第一款、第七条、第二十四条、第五十一条、第五十五条第一款，《中华人民共和国产品质量法》第二十七条，《最高人民法院关于贯彻执行〈中华人民共和国民法通则〉若干问题的意见（试行）》第六十八条，《最高人民法院关于确定民事侵权精神损害赔偿责任若干问题的解释》第八条第一款，《中华人民共和国民事诉讼法》第六十四条第一款，《最高人民法院关于民事诉讼证据的若干规定》第二条规定，作出如下判决：

一、某某公司应于判决生效之日起十日内退还陈某冰价款21331.1元；

二、某某公司应于判决生效之日起十日内支付陈某冰赔偿金63993.3元；

三、驳回陈某冰的其他诉讼请求。

某某公司不服一审判决，提出上诉。福建省厦门市中级人民法院经审理认为：

1. 关于某某公司为陈某冰提供的美容服务是否符合质量要求。本案的争议缘于2016年4月22日陈某冰在某某公司接受服务时遭到烫伤。之后，厦门市思明区市场监督管理局的工作人员在某某公司的经营场所检查时发现“三无产品”。某某公司主张被查处的该产品与使用于为陈某冰提供减肥服务的产品并非同一产品或者同一批次的产品，某某公司应当为此主张承担举证责任。某某公司虽提交“检验报告”，只能证明送检产品质量符合相应的国家标准，但不能证明送检产品与使用于为陈某冰提供减肥服务的产品非同一产品或者同一批次的产品。一审法院为此认定某某公司为陈某冰提供的美容服务不符合质量要求，并无不当。某某公司上诉主张陈某冰手臂的伤情属于机械性烫伤，与其所使用的强效燃脂膏之间不具有任何关联性，亦没有提交相关证据证明，不予采纳。

2. 关于双方争议的“欺诈”问题。本案中，双方建立的是美容服务合同关系，某某公司作为专业从事女性减肥的美容机构，应当诚信经营，其对工作人员在向消费者提供减肥服务过程中使用的“三无产品”，应当是明知的。且在陈某冰接受服务长达半年的时间内，某某公司一直采取隐瞒欺骗的方式诱导陈某冰，致使陈某冰相信其接受的产品和服务符合标准。《中华人民共和国消费者权益保护法》第五十五条规定，“经营者提供商品或者服务有欺诈行为的，应当按照消费者的要求增加赔偿其受到的损失，增加赔偿的金额为消费者购买商品的价款或者接受服务的费用的三倍”。一审法院依据上述规定认定某某公司构成欺诈，并判决支持陈某冰的赔偿请求，并无不当。

3. 关于某某公司是否退还全部价款问题。某某公司作为专业减肥机构，其服务意见自然会使陈某冰产生信赖，某某公司将“淋巴、暖宫”等采取捆绑销售的方式向陈某冰推销减肥服务，致使陈某冰进行消费。陈某冰要求全额退还价款，一审法院依法予以支持，亦无不当。

福建省厦门市中级人民法院依照《中华人民共和国民事诉讼法》第六十四条第一款、第一百七十条第一款第一项之规定，作出如下判决：

驳回上诉，维持原判。

【法官后语】

一、经营者是否应退还服务价款的问题

《中华人民共和国消费者权益保护法》第二十四条第一款规定："经营者提供的商品或者服务不符合质量要求的，消费者可以依照国家规定、当事人约定退货，或者要求经营者履行更换、修理等义务。没有国家规定和当事人约定的，消费者可以自收到商品之日起七日内退货；七日后符合法定解除合同条件的，消费者可以及时退货，不符合法定解除合同条件的，可以要求经营者履行更换、修理等义务。"该条是关于经营者承担退货、更换、修理等"三包"义务的规定，在本案的具体法律适用中有以下问题值得探讨：

1. 如何认定"不符合质量要求"

我国涉及产品责任的立法众多，除《中华人民共和国消费者权益保护法》外还有《中华人民共和国产品质量法》以及《中华人民共和国民法典》合同编、侵权责任编等，但上述立法关于产品质量问题的表述并不统一。《中华人民共和国产品质量法》使用"质量不合格""产品瑕疵""产品缺陷"，《中华人民共和国民法典》合同编中经常使用的是"不符合质量要求"，《中华人民共和国民法典》侵权责任编使用的是"产品缺陷"，上述法律概念的内涵和外延不尽相同。那么《中华人民共和国消费者权益保护法》第二十四条所规定“不符合质量要求”又应如何理解？结合该条上下文，笔者认为至少包含两层含义：首先，“不符合质量要求”是指经营者所提供的商品或服务不符合法律法规规定的强制标准。为此，可参考《中华人民共和国产品质量法》第二十六条第二款规定，该条立法明确产品质量应当符合下列要求：(1) 不存在危及人身、财产安全的不合理的危险，有保障人体健康和人身、财产安全的国家标准、行业标准的，应当符合该标准；(2) 具备产品应当具备的使用性能，但是，对产品存在使用性能的瑕疵作出说明的除外；(3) 符合在产品或者其包装上注明采用的产品标准，符合以产品说明、实物样品等方式表明的质量状况。如果有违反《中华人民共和国产品质量法》该条规定的，应认定为“不符合质量要求”。其次，结合该条所提到的消费者可按当事人的约定进行退换货，因此，“不符合质量要求”的含义还应包含不符合当事人合同所约定的要求，即合同所明确约定的质量标准及经营者的服务承诺。本案中，某某公司使用“三无产品”为消费者进行美容减肥，可以说既违反了法律的强制性规定，也违反了自己的服务承诺。

2. “不符合质量要求”举证责任应由经营者还是消费者承担

根据上述法律规定，退货或退还服务价款的前提是经营者提供的商品或者服务不符合质量要求，在司法实践中所必然面临的问题是不符合质量要求的举证责任应如何分配。《最高人民法院关于审理食品药品纠纷案件适用法律若干问题的规定》第六条规定，食品的生产者与销售者应当对于食品符合质量标准承担举证责任。第十七条第一款规定：“消费者与化妆品、保健品等产品的生产者、销售者、广告经营者、广告发布者、推荐者、检验机构等主体之间的纠纷，参照适用本规定。”本案的美容减肥产品应与化妆品类似，故根据上述司法解释，某某公司作为产品销售者与服务经营者应就自己提供的美容产品符合质量标准承担举证责任。而本案由于消费者的举报，行政机关在查处过程中已将经营者所使用的美容减肥产品认定为无生产厂名、厂址和产品质量检验合格证明的“三无产品”，并对经营者进行了相应的行政处罚。某某公司虽提交“检验报告”，只能证明送检产品质量符合相应的国家标准，但不能证明送检产品与使用于为陈某冰提供减肥服务的产品并非同一产品或者同一批次的产品，故应承担不利的后果。

3. 在无法退还相应服务或商品的情况下，消费者是否有权利要求经营者退还全部服务价款

根据上述法律规定，如果经营者销售不符合质量标准的产品，消费者可要求经营者退还价款，同时其应返还相应产品。而本案与一般产品责任案件不同，消费者以预付款的方式接受美容院减肥美容等一系列服务，由于服务过程中经营者使用了“三无产品”，消费者要求经营者退还其已支付的服务价款，但其支付的价款大部分已被消费使用，即经营者已经提供了服务价款所对应的服务，并且其所提供的产品也已被消耗使用，在消费者已无法“退货”的情况下，是否能主张全部服务价款的返还?

在许多服务行业领域，经营者往往通过预收一定款项而为消费者提供持续性、阶段性的服务，双方在缔约之初就应该就经营者提供的商品或者服务的数量和质量、价款或者费用、履行期限和方式、安全注意事项和风险警示、售后服务等内容进行充分磋商，经营者在履约过程中更应保证其所提供的商品或服务符合法律规定的质量标准以及双方的事先约定。本案中，经营者在为消费者提供减肥美容服务的过程中，使用了无生产厂名、厂址和产品质量检验合格证明的产品，并且给消费者造成了烫伤的人身损害，这显然违反了法

律的强制性规定及其服务承诺，如果因为消费者已经使用了相关服务或产品而不允许其退还支出的全部服务价款，将显失公平，也不利于服务行业消费者利益的维护。故本案一审与二审法院均认为，无论消费者是否消费相关服务或商品，其预充值的全部服务价款经营者都应予以退还。

二、经营者是否应赔偿三倍服务价款的问题

1. 如何认定经营者的欺诈

《中华人民共和国消费者权益保护法》第五十五条第一款规定："经营者提供商品或者服务有欺诈行为的，应当按照消费者的要求增加赔偿其受到的损失，增加赔偿的金额为消费者购买商品的价款或者接受服务的费用的三倍；增加赔偿的金额不足五百元的，为五百元。法律另有规定的，依照其规定。"

司法实践中应如何认定经营者的欺诈？《中华人民共和国民法典》第一百四十八条对于"欺诈"的定义，"欺诈"的构成要件包括：(1) 欺骗者基于欺诈的故意对相对人故意告知虚假事实或者在有说明、告知义务时故意隐瞒真实事实；(2) 相对人因该欺骗陷入、维持或者加深错误认识；(3) 相对人因该错误认识为意思表示；(4) 欺骗者的欺骗行为具有不正当性。因此，在消费侵权诉讼领域，应当重点审查经营者在提供商品或者服务中，是否采取虚假或者其他不正当手段欺骗、误导消费者，如故意进行虚假宣传或者在有告知义务时故意隐瞒重要事实，致使消费者在违背真实意思的情况下作出购买选择，令消费者的合法权益遭受损害。此外，原国家工商行政管理总局1996年为配套消费者权益保护法颁布的《欺诈消费者行为处罚办法》虽已失效，但该办法第三条对认定欺诈行为有较为详细的规定，有较好的参考价值。该条规定："经营者在向消费者提供商品中，有下列情形之一的，属于欺诈消费者行为：（一）销售掺杂、掺假，以假充真，以次充好的商品的；（二）采取虚假或者其他不正当手段使销售的商品分量不足的；（三）销售‘处理品’、‘残次品’、‘等外品’等商品而谎称是正品的；（四）以虚假的‘清仓价’、‘甩卖价’、‘最低价’、‘优惠价’或者其他欺骗性价格表示销售商品的；（五）以虚假的商品说明、商品标准、实物样品等方式销售商品的；（六）不以自己的真实名称和标记销售商品的；（七）采取雇佣他人等方式进行欺骗性的销售诱导的；（八）作虚假的现场演示和说明的；（九）利用广播、电视、电影、报刊等大众传播媒介对商品作虚假宣传的；（十）骗取消费者预付款的；（十一）利用邮购销售骗取价款而不提供或者不按照约定条件提供商品的；（十二）以虚假‘有奖销售’、‘还本销售’等方式销售商品的；（十三）以其他虚假或者不正当手段欺诈消费者的行为。”

本案中，某某公司明知其为消费者提供的美容减肥产品为“三无产品”，但在陈某冰接受服务长达半年的时间内，某某公司一直采取隐瞒欺骗的方式诱导陈某冰，致使陈某冰相信其接受的产品和服务符合标准，足以认定欺诈，故一审、二审法院均认为应适用三倍价款的惩罚性赔偿。

2. 惩罚性赔偿是否以人身伤害为前提

原《中华人民共和国侵权责任法》第四十七条规定：“明知产品存在缺陷仍然生产、销售，造成他人死亡或者健康严重损害的，被侵权人有权请求相应的惩罚性赔偿。”由此可知，当时适用惩罚性赔偿的需要有两个前提：一是生产者、销售者明知产品存在缺陷仍然生产、销售；二是被侵权人因此受到严重的人身损害。司法实践中，经营者常以该法条抗辩认为惩罚性赔偿必须以造成人身损害为前提。然而，《中华人民共和国消费者权益保护法》第五十五条所规定的三倍价款的惩罚性赔偿前提仅是经营者具有欺诈行为，并不要求消费者因此受到人身伤害。笔者认为，在两者冲突的情况下，应选择适用于2013年修订的后法，即《中华人民共和国消费者权益保护法》，只要经营者提供商品或者服务有欺诈行为的，消费者就有权主张三倍价款的惩罚性赔偿。此外，于2015年修订的《中华人民共和国食品安全法》第一百四十八条第二款关于十倍价款的惩罚性赔偿规定中也并未以造成人身等损害为前提。《中华人民共和国民法典》第一千二百零七条也对原《中华人民共和国侵权责任法》第四十七条规定作出了修订，除“明知产品存在缺陷仍然生产、销售”外还增加了“没有采取有效补救措施制止缺陷产品流通”的惩罚性赔偿规定。从上述立法修订的过程中，亦可体现国家对消费者权益保护力度的日益增强。

编写人：福建省厦门市中级人民法院　纪赐进　李仁莹

098 生产、销售不符合食品安全的产品应承担“十倍赔偿责任”

——高某诉百货公司等产品责任案

【案件基本信息】

1. 裁判书字号

云南省昆明市中级人民法院（2017）云01民终4574号民事判决书

2. 案由：产品责任纠纷

3. 当事人

原告（被上诉人）：高某

被告（上诉人）：超市公司、科技公司

被告：百货公司

【基本案情】

高某分别于2015年12月12日、2015年12月13日和2015年12月14日在百货公司处购买了单价为198元玛咖酒164瓶，货款总计32472元，该产品外包装标识的QS编号为53001501××××。经查，科技公司为上述石运来玛咖酒的经销商。2016年4月1日高某以百货公司销售的上述产品未取得食品生产许可证为由诉至法院要求被告退还货款并支付货款十倍的赔偿金。另查明，百货公司系有限责任公司分公司，没有独立法人资格，隶属于超市公司。涉案石运来玛咖酒出品为科技公司，生产者为某青稞窖酒厂，生产许可证QS53001501××××，该生产许可证产品名称为白酒，企业名称为某青稞窖酒厂，有效期至2015年1月19日。

【案件焦点】

1. 高某所购涉案164瓶石运来玛咖酒是否符合食品安全标准；2. 高某主张的价款10倍赔偿是否有法律依据；3. 超市公司、百货公司、科技公司是否应对高某承担退还货款及赔偿10倍货款赔偿金的民事责任。

【法院裁判要旨】

云南省昆明市五华区人民院经审理认为：针对争议焦点一。根据《中华人民共和国食品安全法》第三十五条第一款之规定：“国家对食品生产经营实行许可制度。从事食品生产、食品销售、餐饮服务，应当依法取得许可。但是，销售食用农产品和仅销售包装食品的，不需要取得许可……”本案中，涉案164瓶石运来玛咖酒外包装标识生产许可证QS530015015596的许可范围并未包括玛咖酒，因此，涉案产品未取得食品生产许可证。并且本案涉案的玛咖酒属于直接提供给消费者的预包装食品，根据《食品安全国家标准预包装食品标签通则》（GB7718—2011）第4.1.9之规定：“预包装食品标签应标示食品生产许可证编号的，标示形式按照相关规定执行。”根据《中华人民共和国食品安全法》第六十七条规定，食品安全标准应当包括对与食品安全、营养有关的标签、标示、说明书的要求，本条规定：“预包装食品的包装上应当有标签。标签应当标明下列事项……（八）生产许可证编号……”本案中，被告销售的玛咖酒食品标签上含有虚假内容，不符合预包装食品关于包装标签的强制性规定，即不符合食品安全国家的标准。针对争议焦点二。根据《中华人民共和国食品安全法》第一百四十八条第一款，“消费者因不符合食品安全标准的食品受到损害的，可以向经营者要求赔偿损失，也可以向生产者要求赔偿损失”。《最高人民法院关于审理食品药品纠纷案件适用法律若干问题的规定》第十五条规定：“生产不符合安全标准的食品或者销售明知是不符合安全标准的食品，消费者除要求赔偿损失外，向生产者、销售者主张支付价款十倍赔偿金或者依照法律规定的其他赔偿标准要求赔偿的，人民法院应予支持。”本案中，百货公司、科技公司作为涉案164瓶石运来玛咖酒的销售者，应当建立并严格执行进货检查验收制度，严格审查其所销售的食品是否符合与食品安全、营养有关的标签、标识、说明书的要求，依照法律、法规和食品安全标准从事经营活动，但其在涉案164瓶石运来玛咖酒外包装上标识的生产许可证存在虚假内容，在已明显不符合食品安全标准的情况下仍继续销售该食品，应当认定百货公司和科技公司的销售行为系明知，依法亦应承担赔偿责任。一审查明百货公司系有限责任公司分公司，没有独立法人资格，隶属于超市公司。故百货公司的民事责任依法应由超市公司承担。综上，高某要求退还货款并支付货款十倍的赔偿金的诉请于法有据，应予以支持。

云南省昆明市五华区人民院依照《中华人民共和国食品安全法》第三条、第十九条、第二十条、第四十二条、第九十六条第二款，《最高人民法院关于审理食品药品纠纷案件适用法律若干问题的规定》（2013 年版）第十五条和《中华人民共和国民事诉讼法》第六十四条、第一百一十八条之规定，判决如下：

一、超市公司、科技公司于本判决生效之日起十日内退还原告高某货款人民币 32472 元；

二、超市公司、科技公司于本判决生效之日起十日内支付原告高某价款十倍赔偿金人民币 324720 元；

三、驳回高某的其他诉讼请求。

超市公司、科技公司不服一审判决，上诉至云南省昆明市中级人民法院。云南省昆明市中级人民法院经审理认为：《中华人民共和国食品安全法》第二十六条规定："食品安全标准应当包括下列内容：（一）食品、食品添加剂、食品相关产品中的致病性微生物，农药残留、兽药残留、生物毒素、重金属等污染物质以及其他危害人体健康物质的限量规定；（二）食品添加剂的品种、使用范围、用量；（三）专供婴幼儿和其他特定人群的主辅食品的营养成分要求；（四）对与卫生、营养等食品安全要求有关的标签、标志、说明书的要求；（五）食品生产经营过程的卫生要求；（六）与食品安全有关的质量要求；（七）与食品安全有关的食品检验方法与规程；（八）其他需要制定为食品安全标准的内容。”第三十五条规定：“国家对食品生产经营实行许可制度。从事食品生产、食品销售、餐饮服务，应当依法取得许可……”第六十七条规定：“预包装食品的包装上应当有标签。标签应当标明下列事项：（一）名称、规格、净含量、生产日期；（二）成分或者配料表；（三）生产者的名称、地址、联系方式；（四）保质期；（五）产品标准代号；（六）贮存条件；（七）所使用的食品添加剂在国家标准中的通用名称；（八）生产许可证编号；（九）法律、法规或者食品安全标准规定应当标明的其他事项。专供婴幼儿和其他特定人群的主辅食品，其标签还应当标明主要营养成分及其含量。食品安全国家标准对标签标注事项另有规定的，从其规定。”本案中，涉案产品所标注的生产许可证产品名称仅为“白酒”，并未包含涉案产品在内，故涉案产品并未取得生产许可，已违反了《中华人民共和国食品安全法》关于食品生产应当获得生产许可证、食品应当标注生产许可证编号的规定。生产许可证是食品生产和流通的前提，是食品符合食品安全标准的一项重要表征，即使涉案产品为合格产品，未对消费者造成损害，但在预包装食品标签上未标注生产许可的行为可能会对消费者造成误导进而影响消费者对食品安全的判断，因此生产者生产、经营者销售未取得生产许可的食品应认定为销售明知是不符合食品安全标准的行为。《最高人民法院关于审理食品药品纠纷案件适用法律若干问题的规定》第十五条规定：“生产不符合安全标准的食品或者销售明知是不符合安全标准的食品，消费者除要求赔偿损失外，向生产者、销售者主张支付价款十倍赔偿金或者依照法律规定的其他赔偿标准要求赔偿的，人民法院应予支持。”科技公司作为生产者，超市公司作为销售者，在明知涉案产品未取得生产许可的情形下仍生产、销售涉案产品，且相关行政部门对涉案产品未取得生产许可对生产者、销售者进行了行政处罚，亦能够确认涉案产品不符合食品安全标准。故高某作为消费者有权依据上述法律规定向科技公司、超市公司主张涉案产品价款的十倍赔偿，故本院对科技公司所提事实补充不予确认，对科技公司、超市公司所提上诉请求不予支持。关于科技公司、超市公司所提高某并非消费者的上诉主张，根据《最高人民法院审理食品药品纠纷案件适用法律若干问题的规定》第三条规定："因食品、药品质量问题发生纠纷，购买者向生产者、销售者主张权利，生产者、销售者以购买者明知食品、药品存在质量问题而仍然购买为由进行抗辩的，人民法院不予支持。”高某购买了涉案产品，其作为消费者有权提起本案诉讼，故本院对科技公司、超市公司的该项上诉主张不予采信。依照《中华人民共和国民事诉讼法》第一百七十条第一款第一项之规定，判决如下：

驳回上诉，维持原判。

【法官后语】

一、生产、销售不具备生产许可证的食品是否应承担赔偿责任

通过检索裁判文书网食品纠纷案件的数据分析，食品纠纷案件中消费者以标签标识不符合法律规定为由提起诉讼占了绝大多数。这部分案件可以分为两类：标识缺陷和标识瑕疵。标识缺陷，指食品的标签标识违反食品安全国家标准的情形，如食品无生产许可证、未取得特定的质量标准、标注的食品添加剂不符合规定等，这类案件的特点都在于对于食品的标签标识与食品本身质量

是否相符；标识瑕疵，指食品的标签标识的构成要素不规范或不完整，但食品质量本身与标识的外观要素相吻合，如未标注生产者联系方式、字体大小写不符合标准规定、进口产品未标注中文标识等。

本案属于生产者在预包装中标注的生产许可证与食品种类不一致，且标识的生产许可证已过期的情形，应认定为标识缺陷。在实践中会存在生产者生产的食品未取得生产许可，但食品符合质量要求，消费者食用后也未产生损害后果的情形，对此种情况生产者是否应承担责任。有部分观点认为，食品生产许可与食品安全标准属不同范畴，食品生产者是否取得食品生产许可与其生产的食品是否符合食品安全标准不具有必然联系，标签标识即使存在缺陷、瑕疵，但未对使用人产生损害后果的，生产者不承担赔偿责任。笔者认为，《中华人民共和国食品安全法》第二十六条采取概括加列举的方式规定了食品安全标准包括的内容，第三十五条规定了国家对食品生产经营实行生产许可制度，从事食品生产、销售、应依法取得许可，第六十七条列举了预包装食品应标注的事项。由此可见，食品生产的标示内容与食品安全具有密切关联，法律之所以将这些内容作为必须标明的事项，旨在确保生产者具备生产符合食品安全标准食品的条件，提高生产者的准入制度，避免不具备生产条件、技术不过关的生产商制造不符合标准的食品，同时也使消费者对食用的食品有清楚的认识。因此，食品生产许可是生产食品的基本要求，即使生产的食品符合质量要求，未对消费者造成损害后果，但生产者明知食品未取得生产许可仍予销售且使用过期的生产许可证编号，容易对消费者造成误导，损害消费者的潜在利益，生产者应承担赔偿责任。本案中，食品监管部门对涉案食品进行了依法查处，对生产者、销售者均作出了行政处罚，可认定为生产者生产的食品不具备安全标准。生产者、销售者明知案涉酒类未取得生产许可仍对外生产、销售，应向消费者承担赔偿责任。

二、对于赔偿责任应如何认定

经统计，食品纠纷案件的裁判结果有以下三种：第一，仅支持退货，不支持十倍赔偿；第二，支持退货，并支持十倍惩罚；第三，支持退货，酌定进行赔偿。关于食品安全的赔偿标准，《中华人民共和国食品安全法》第一百四十八条规定，生产不符合食品安全标准的食品或经营者明知是不符合食品安全标准的食品，消费者除要求赔偿损失外，还可以向生产者或者经营者要求支付价款十倍或者损失三倍的赔偿金；增加赔偿的金额不足一千元的，为一千元。但是，食品的标签、说明书存在不影响食品安全且不会对消费者造成误导的瑕疵的除外。该条规定中并未明确必须对消费者造成损失才可主张十倍赔偿，只需生产者、经营者销售明知不符合食品标准的食品即可，这与《中华人民共和国消费者权益保护法》第五十五条造成损失的惩罚性赔偿有区别。国家食品药品监管总局等部门组织编写的食品安全法释义中，对惩罚性赔偿制度的适用作出了如下解释：该款规定的惩罚性赔偿，不一定在消费者有实际损害的情况下才可以主张，即使消费者购买后尚未食用的，也可以主张要求支付价款十倍的赔偿金。立法者的本意应在于食品使用的广泛性、重复性及高危性，对生产者规定了较重的法律责任。本案虽未对消费者产生损害后果，但其仍有权以生产者未履行告知义务主张十倍的惩罚性赔偿。当然，从裁判者的角度，考虑到食品安全问题的专业性，如何判断食品标签标识缺陷、标识瑕疵与食品安全标准之间的关系，在认知上存在较大差异。笔者希望《中华人民共和国食品安全法》对于仅有标签瑕疵但不影响食品安全的类别进行详细界定，使裁判者对食品安全认定作出清晰判断，有利于案件的裁判统一。

编写人：云南省昆明市中级人民法院　邓林春

099 产品责任纠纷中惩罚性赔偿的适用

——金某军诉生活用品公司、花炮公司产品责任案

【案件基本信息】

1. 裁判书字号

江苏省淮安市中级人民法院（2017）苏08民终1134号民事判决书

2. 案由：产品责任纠纷

3. 当事人

原告（被上诉人）：金某军

被告（上诉人）：生活用品公司

被告：花炮公司

【基本案情】

2016年3月19日晚，金某军到亲戚家为亲戚祝寿，帮助亲戚燃放烟火。在燃放标注“福、禄、寿、囍、财”中“囍”字烟花爆竹时突然该烟花爆炸，使其并有异物打在其左眼上，眼睛当场出血，随即被送往某医院并转院至眼科医院住院治疗，左眼球被摘除，花去医疗费数万元。现金某军为维护自己的合法权益，诉至法院。

被告生活用品公司辩称：我公司从未与花炮公司发生过买卖关系，致金某军眼睛受伤的产品并非其经销商品，其损害后果与其无关，不同意承担赔偿责任。

被告花炮公司辩称：我公司从未生产过该型号的烟花爆竹，也未与生活用品公司发生过供销关系。我公司从未在淮安市行政区域范围内发生过销售行为，金某军不可能从生活用品公司处购买到花炮公司生产的产品，故不同意承担赔偿责任。且金某军作为理性的成年人，其应尽到注意自身安全的义务。

法院经审理查明：金某军出生于1989年9月20日，在南京恒翔保温材料制造有限公司上班。2016年3月19日晚上6时许，金某军在亲戚王某刚家祝寿燃放烟花时，外包装标注为“囍”字的烟花在点燃后爆炸，致其眼睛受伤。金某军受伤后被送往金湖县某医院门诊检查，在南京医科大学眼科医院住院治疗11天，金某军因治疗花去医疗费18351.87元，其中，生活用品公司垫付10000元。

2016年8月2日，司法鉴定所作出鉴定意见书，鉴定意见为：(1) 被鉴定人金某军鞭炮炸伤致使左眼球破裂伤、行眼球摘除术，该损伤构成七级残疾。(2) 误工期限120日，护理期限70日、营养期限70日。义眼后续费用建议以实际发生计算。为此，金某军花费鉴定费2354.40元。涉案“福、禄、寿、囍、财”系列组合烟花残骸经国家烟花爆竹产品质量监督检验中心鉴定，该检验中心于2016年12月16日作出质量分析报告，综合结论为：“福、禄、寿、财”烟花残骸，经检验：标志、筒体、内径、壁厚、结构与材质项目不符合GB10631—2013《烟花爆竹安全与质量》、GB19593—2004

《烟花爆竹组合烟花》和 GB24426—2009《烟花爆竹标志》标准要求。"囍"烟花残骸，经检验，其燃放性能（烧筒）、筒体内径、壁厚、结构与材质项目不符合 GB10631—2013《烟花爆竹安全与质量》、GB19593—2004《烟花爆竹组合烟花》标准要求。为此，金某军花费鉴定费 10000 元。

另查明：涉案烟花由郭某玉从生活用品公司购买，并从该公司位于金湖县淮胜的烟花爆竹仓库中取出。

【案件焦点】

1. 两被告是否应承担赔偿责任；2. 原告主张的二倍惩罚性赔偿是否有依据；3. 原告主张的各项损失是否合理。

【法院裁判要旨】

江苏省金湖县人民法院经审理认为：关于本案的赔偿主体及责任认定问题。根据《中华人民共和国侵权责任法》的相关规定，因产品存在缺陷造成损害的，被侵权人可以向产品的生产者请求赔偿，也可以向产品的销售者请求赔偿，销售者不能指明缺陷产品的生产者，也不能指明缺陷产品的供货者的，销售者应当承担侵权责任。金某军因质量不合格的烟花爆炸致眼睛受伤，其有权获得赔偿。因涉案烟花来源于生活用品公司的仓库，且经检测，燃放性能、筒体内径、壁厚、结构、材质等均不符合相应质量标准的要求，生活用品公司作为销售商，不能指明该产品的来源，其应对金某军的损失承担赔偿责任。故对金某军要求生活用品公司承担赔偿责任的诉讼请求予以支持。关于金某军要求花炮公司承担赔偿责任的诉讼请求，因涉案烟花来源于生活用品公司，且生活用品公司否认与花炮公司之间存在买卖关系，根据现有证据，金某军要求花炮公司承担赔偿责任依据不足，故对金某军要求花炮公司承担赔偿责任的诉讼请求不予支持。

关于金某军主张的二倍惩罚性赔偿问题。根据消费者权益保护法的相关规定，经营者明知商品存在缺陷，仍然向消费者提供，造成消费者或者其他受害人严重健康损害的，受害人有权要求经营者依照法律规定赔偿损失，并有权要求所受损失二倍以下的惩罚性赔偿。同时，《中华人民共和国侵权责任法》第四十七条规定，明知产品存在缺陷仍然生产、销售，造成他人死亡或者健康严重损害的，被侵权人有权请求相应的惩罚性赔偿。经营者在明知商品存在缺陷仍然向消费者提供时，需承担受害人所受损失二倍以下的惩罚性赔偿。涉案烟花爆竹属于特殊商品，其生产和经营均有严格的规定，生活用品公司未尽到严格的进货审查义务，未验明产品合格证明和其他标识，导致其销售的问题商品严重影响他人健康，其存在一定过错，结合生活用品公司的过错程度及金某军的受损害程度综合考虑，本院酌定生活用品公司对金某军的损失承担 0.85 倍的惩罚性赔偿为宜。

关于金某军因烟花爆炸造成的损失。关于医疗费，经对医疗费发票核算，应为 18351.87 元。金某军主张的误工费 12221 元、护理费 7000 元、住院伙食补助费 330 元、残疾赔偿金 297384 元、精神损害抚慰金 20000 元，符合法律规定，予以认定。关于营养费，金某军主张 50 元/天标准过高，应按 30 元/天计算为宜，故认定营养费为 2100 元（30 元/天×70 天）。关于交通费，金某军未提供证据，酌定为 2000 元。关于住宿费，因金某军未提供正式发票，不予认定。

综上，法院认定金某军的损失合计 359386.87 元，该损失由生活用品公司予以赔偿。此外，生活用品公司还需向金某军支付 0.85

倍惩罚性赔偿 305478.84 元（359386.87 元×0.85），以上合计664865.71 元，扣除金湖县生活用品公司已给付的 10000 元，尚需赔偿金某军 654865.71 元。

江苏省金湖县人民法院依照《中华人民共和国侵权责任法》第二十六条、第四十二条、第四十七条，《中华人民共和国产品质量法》第三十三条、第四十二条第二款、第四十四条、第四十六条，《中华人民共和国消费者权益保护法》第二条、第四十条、第五十五条第二款，《中华人民共和国民事诉讼法》第六十四条的规定，作出如下判决：

一、被告生活用品公司于本判决生效后二十日内赔偿原告金某军医疗费等各项损失 359386.87 元及惩罚性赔偿 305478.84 元，合计664865.71 元，扣除被告生活用品公司已给付的 10000 元，被告生活用品公司尚需赔偿 654865.71 元；

二、驳回原告金某军的其他诉讼请求。

生活用品公司不服原判，提起上诉。

江苏省淮安市中级人民法院经审理认为：涉案烟花体积庞大，金某军作为完全民事行为能力人，应当预见到燃放烟花潜在的危险和后果，燃放前应当谨慎、仔细阅读烟花的燃放说明和警示语。其没有按燃放说明中的要求在坚实、平整的地面燃放，而在正处于生长期的麦田内燃放烟花，没有尽到普通人的正常注意义务，对其损害后果负有一定过错。二审中，金某军自愿承担部分责任，本院酌定其承担 15%的责任。金某军因此事故造成的损失共计 359386.87 元，上诉人生活用品公司应赔偿 305478.84 元（359386.87 元×85%），其余损失由金某军自行承担。

虽然涉案产品标注生产厂家为花炮公司，但生活用品公司否认与该公司间存在买卖关系，生活用品公司也没有证据证明涉案产品确系花炮公司生产，故生活用品公司要求花炮公司承担赔偿责任的上诉请求，在本案中不予支持。

关于本案应否适用惩罚性赔偿的问题。上诉人认为根据《中华人民共和国侵权责任法》第四十七条的规定，销售者必须明知产品存在缺陷仍然销售才能适用惩罚性条款，而上诉人并不明知涉案产品不合格也不存在销售行为，一审法院适用惩罚性赔偿条款没有依据。本院认为，如前所述，涉案产品系上诉人生活用品公司提供，其作为专门销售烟花爆竹的企业，未尽到严格的进货审查义务，验明产品合格证明，且经检测，涉案产品燃放性能、筒体内径、壁厚、结构、材质等均不符合相应质量标准的要求，其应当明知涉案产品有缺陷。一审法院适用消费者权益保护法的相关规定，结合生活用品公司的过错程度及金某军的受损害程度，酌定生活用品公司对金某军的损失承担0.85倍的惩罚性赔偿并无不当。生活用品公司应当承担的惩罚性赔偿金为259657.01元（305478.84元×0.85）。生活用品公司共应赔偿金某军565135.85元（305478.84元+259657.01元），扣除生活用品公司已经给付的10000元，仍需赔偿金某军555135.85元。

综上，依照《中华人民共和国侵权责任法》第二十六条，《中华人民共和国民事诉讼法》第一百七十条第一款第二项之规定，判决如下：

一、维持江苏省金湖县人民法院（2016）苏0831民初1413号民事判决第二项和案件受理费、鉴定费的处理决定；

二、撤销江苏省金湖县人民法院（2016）苏0831民初1413号民事判决第一项；

三、上诉人生活用品公司于本判决生效后二十日内赔偿被上诉人金某军555135.85元。

【法官后语】

本案系一起因产品存在缺陷造成人身损害引发的赔偿纠纷。因产品存在商品缺陷造成人身、财产损害的，可以向销售者要求赔偿，也可以向生产者要求赔偿。对此，法律已有明确的规定，被告生活用品公司销售的烟花不符合国家《烟花爆竹安全与质量》标准要求，存在缺陷，对原告金某军造成人身损害，应当根据其过错承担相应的民事赔偿责任是显而易见的。而被告生活用品公司是否应当承担惩罚性赔偿金，存在着较大争议，而解决这一争议的关键在于正确理解适用惩罚性赔偿的条件。

惩罚性赔偿，是指行为人恶意实施某种行为，或者对该行为有重大过失时，以对行为人实施惩罚和追求一般抑制效果为目的，法院在判令行为人支付通常赔偿金的同时，还可以判令行为人支付受害人高于实际损失的赔偿金。惩罚性赔偿不仅宣示了对被告行为的否定，而且意在制止行为人重犯这种行为，并且有可能进一步制止其他人效法这种行为。因此，惩罚性赔偿的正确适用，必将有助于整个社会的和谐稳定，对于引导社会主义核心价值观的建立有着十分积极的意义。在审判实践中，如何正确适用惩罚性赔偿？民法典第一千二百零七条规定，明知产品存在缺陷仍然生产、销售，或者没有依据前条规定采取有效补救措施，造成他人死亡或者健康严重损害的，被侵权人有权请求相应的惩罚性赔偿。《中华人民共和国消费者权益保护法》第五十五条第二款规定："经营者明知商品或者服务存在缺陷，仍然向消费者提供，造成消费者或者其他受害人死亡或者健康严重损害的，受害人有权要求经营者依照本法第四十九条、第五十一条等法律规定赔偿损失，并有权要求所受损失二倍以下的惩罚性赔偿。”据此，适用惩罚性赔偿的法定要件为：（1）惩罚性赔偿仅适用于产品责任纠纷案件，不得适用到其他侵权类案件。（2）惩罚性赔偿以造成消费者或者其他受害人死亡、健康严重损害为前提。不适用财产损害，即使对于人身损害，惩罚性赔偿也非全部适用，而仅用于受害人生命、健康受损的情形。一般损害后果无权要求惩罚性赔偿。（3）存在生产、销售缺陷产品的事实。缺陷，是指产品存在危及人身、他人财产安全的不合理的危险；产品有保障人体健康和人身、财产安全的国家标准、行业标准的，是指不符合该标准。（4）明知产品存在缺陷。被告生活用品公司认为，涉案产品经鉴定才确定为不合格产品，被告生活用品公司对涉案的烟花存在缺陷不是明知的，故不应当承担惩罚性赔偿责任。对此，应当客观去解释“明知”含义，而不能仅从字面上去理解。这里的“明知”不应当仅仅从经营者主观心态去简单考量，而应当结合经营者是否尽到进货查验义务、侵权人的过错是否达到足够严重程度等进行综合认定是否应当明知产品有缺陷。（5）惩罚性赔偿的数额是受害人所遭受损失的二倍以下。应当根据受害人遭受损害的程度、当事人的过错等，合理确定惩罚性赔偿的数额，不应一律适用二倍赔偿。

本案中，涉案烟花系生活用品公司提供，其作为专门销售烟花爆竹的企业，未尽到严格的进货审查义务以验明产品合格证明，不能提供进货渠道，且经检测，涉案产品燃放性能、筒体内径、壁厚、结构、材质等均不符合相应质量标准的要求，其应当明知涉案产品有缺陷。由于被告生活用品公司出售的缺陷烟花，造成了原告金某军左眼球破裂，被摘除，该损伤构成七级残疾，对原告金某军的健康损害是严重的。综上，原告金某军主张的惩罚性赔偿，符合法律规定的惩罚性赔偿条件，法院根据相关的法律规定，结合当事人的过错程度及金某军受损害程度，酌定被告生活用品公司对原告金某军的损失承担0.85倍的惩罚性赔偿是合情合理合法的。

编写人：江苏省金湖县人民法院　陈德良

100 食品标签、说明书存在瑕疵是否适用惩罚性赔偿责任

——张某明诉百货公司产品责任案

【案件基本信息】

1. 裁判书字号

河南省洛阳市中级人民法院（2017）豫03民终6659号民事判决书

2. 案由：产品责任纠纷

3. 当事人

原告（上诉人）：张某明

被告（被上诉人）：百货公司

【基本案情】

2017年4月7日，张某明在百货公司负一楼超市购买净含量为5L的芥花籽橄榄油食用调和油143桶（单价115元/桶）及净含量为4L的芥花籽橄榄油食用调和油177桶（单价65元/桶），价款共计27950元，其中净含量为5L的芥花籽橄榄油食用调和油为组合商品，每桶油送一袋大米。上述两种商品外包装标有“芥花

籽橄榄油　食用调和油”字样，并标注了营养成分表、生产商、食品名称、产品标准号、配料、生产日期、保质期、贮存条件等内容，其中食品名称处注明“芥花籽橄榄油（食用调和油）”，配料处注明“一级芥花籽油　特级初榨橄榄油”，但未注明橄榄油含量，生产商为食品公司。后张某明以百货公司销售的芥花籽橄榄油食用调和油未标注橄榄油含量违反食品安全法为由诉至法院，请求法院判决百货公司立即退还张某明购物款27950元，并承担10倍赔偿款279500元。

另查明，(1)《食品安全国家标准预包装食品标签通则》(GB 7718—2011) 第4.1.4.1规定：“如果在食品标签或食品说明书上特别强调添加了或含有一种或多种有价值、有特性的配料或成分，应标示所强调配料或成分的添加量或在成品中的含量。”第4.1.4.3规定：“食品名称中提及的某种配料或成分而未在标签上特别强调，不需要标示该种配料或成分的添加量或在成品中的含量。”(2) 诉讼过程中，百货公司提交了标准技术服务公司青岛分公司出具的标签审核报告两份（复印件），显示该公司于2016年5月10日至5月12日对食品公司生产的芥花籽橄榄油（净含量为4L及5L）预包装食品标签进行审核，审核结论为标签符合《食品安全国家标准预包装食品标签通则》(GB 7718—2011) 及《食品安全国家标准预包装食品营养标签通则》(GB 28050—2011) 的要求。(3) 庭审中，百货公司出示了全国粮油标准化技术委员会油料及油脂分技术委员会于2016年9月25日作出的《关于“食用植物调和油标签标示问题咨询函”的回复》（打印件），该回复指出：(1) 由于目前技术水平限制，无法准确检测食用植物调和油中各原料油的含量，因此目前行业的相关标准并不强制要求标示食用植物调和油中原料油的含量。（2）《食品安全国家标准预包装食品标签通则》（GB 7718—2011）和《食品安全国家标准预包装食品营养标签通则》（GB 28050—2011）中规定了“特别强调添加了有价值、有特性的配料或成分应标示其添加量或在成品中的含量”，在这个产品中，双低菜籽油（函中所提芥花籽油）、橄榄油作为普通的食用植物油，都不属于GB 7718所述的“有价值、有特性”的配料，因此不标识菜籽油或橄榄油在产品中的含量及成分是符合行业实际情况的……（4）诉讼过程中，百货公司出示了谷物及制品质量监督检验测试中心对食品公司送检的5L芥花籽橄榄油食用调和油进行检验后出具的检验报告，检验结论为样品按Q/HDLY046—2015、GB 7718—2011标准检验，所检项目合格。

【案件焦点】

涉案商品外包装标示的内容是否违反了食品安全国家标准。

【法院裁判要旨】

河南省洛阳市西工区人民法院经审理认为：《中华人民共和国食品安全法》第一百四十八条第二款规定：“生产不符合食品安全标准的食品或者经营明知是不符合食品安全标准的食品，消费者除要求赔偿损失外，还可以向生产者或者经营者要求支付价款十倍或者损失三倍的赔偿金；增加赔偿的金额不足一千元的，为一千元。但是，食品的标签、说明书存在不影响食品安全且不会对消费者造成误导的瑕疵的除外。”本案中，张某明诉称百货公司销售的芥花籽橄榄油食用调和油没有标注橄榄油的含量，属于不符合食品安全标准的食品，百货公司应当承担退还货款和十倍赔偿的责任，但相关检测结果显示，芥花籽橄榄油食用调和油各项指标均符合国家食用油标准，属于合格油品，标签亦符合相关要求；全国粮油标准化技术委员会油料及油脂分技术委员会在《关于“食用植物调和油标签标示问题咨询函”的回复》中也明确指出芥花籽油、橄榄油不属于“有价值、有特性”的配料，可不标识其含量及成分，故本案涉案商品符合食品安全要求，虽然在标签中没有标明橄榄油的添加量，但不足以影响消费者在购买时作出判断，因此张某明要求百货公司退还货款并十倍赔偿的主张依据不足，不予支持。关于张某明要求百货公司承担交通费的主张，因未能举证证明该项损失，且于法无据，不予支持。关于百货公司的辩解意见，合理部分，予以采纳。

河南省洛阳市西工区人民法院依照《中华人民共和国食品安全法》第一百四十八条，《中华人民共和国民事诉讼法》第六十四条第一款，《最高人民法院关于适用〈中华人民共和国民事诉讼法〉的解释》第九十条之规定，经本院审判委员会讨论决定，作出如下判决：

驳回张某明的诉讼请求。

张某明持原审起诉意见提起上诉。洛阳市中级人民法院经审理认为：《中华人民共和国食品安全法》第一百四十八条第二款规定，生产不符合食品安全标准的食品或者经营明知是不符合食品安全标准的食品，消费者除要求赔偿损失外，还可以向生产者或者经营者要求支付价款十倍或者损失三倍的赔偿金。在该条的规定中，要求经营者明知食品违反食品安全标准而进行销售的，方承担十倍惩罚性赔偿责任。《中华人民共和国食品安全法》第二十六条第四项中规定了食品安全标准应当包括下列内容，“对与卫生、营养等食品安全要求有关的标签、标志、说明书的要求。”上述规定针对的是食品安全标准的制定内容，目前，我国并没有制定统一的食用调和油国家标准。在食用调和油行业标准（SB/T10292—1998）中，并未涉及具体的油料配合比例和营养标识的问题。中华人民共和国卫生部2011年4月20日实施的《食品安全国家标准预包装食品标签通则》（GB 7718—2011）第4.1.4.1规定：“如果在食品标签或食品说明书上特别强调添加了或含有一种或多种有价值、有特性的配料或成分，应标示所强调配料或成分的添加量或在成品中的含量。”本案中，涉案的未标注含量的橄榄油是否属于特别强调的有价值、有特性的成分，是否应当标注含量，没有明确规定。在此情况下，要求销售者判断涉案的橄榄油是否属于特别强调的有价值、有特性的成分，是否应当标注含量，对于销售者过于严苛。此外，食品的标签本身不是食品，也不会直接改变食品本身的质量和营养成分，虽然涉案的调和油未标注橄榄油的含量，但标签的标注并不涉及调和油本身的安全问题，也不会对上诉人造成食用安全方面的误导。因此，本案中无法认定被上诉人明知涉案商品是不符合食品安全的食品而进行销售。综上，涉案的食用调和油未标注橄榄油的含量不影响食品安全且未对消费者产生误导，上诉人作为购买者要求十倍惩罚性赔偿及退还货款的理由不能成立。对其上诉请求，本院依法予以驳回。一审判决认定事实清楚，适用法律正确，应予维持。

河南省洛阳市中级人民法院依照《中华人民共和国民事诉讼法》第一百七十条第一款第一项规定，作出如下判决：

驳回上诉，维持原判。

【法官后语】

随着社会经济的发展，人们对美好生活的要求逐步提高，消费者对于涉及食品安全问题的维权意识也在不断提升，对食品安全提出了更高的要求。近年来，食品安全领域中的维权案件成为增长迅速的新型案件，具有专业性强、因果关系与证据认定困难以及新《中华人民共和国食品安全法》对惩罚性赔偿条款的修改带来的变化等特点，导致法院在审理过程中面临诸多难点。

惩罚性赔偿，指在赔偿受害人的实际损失之外额外增加的赔偿，带有惩罚的性质。实施惩罚性赔偿，是为了惩罚和阻止一些特定的行为，特别是故意的行为。从法律产生过程看，我国1993年《中华人民共和国消费者权益保护法》首次引入惩罚性赔偿，此后，2009年《中华人民共和国食品安全法》第六十九条，2009年《中华人民共和国侵权责任法》第四十七条，2013年修正的《中华人民共和国消费者权益保护法》第五十五条，直到2018年修正的《中华人民共和国食品安全法》第一百四十八条，惩罚性赔偿制度经历了从无到有的过程。随着《中华人民共和国最高人民法院关于审理食品药品纠纷案件适用法律若干问题的规定》的发布以及指导案例的公布，惩罚性赔偿责任制度得以逐步完善。2020年《中华人民共和国民法典》颁布，在侵权责任编中确立并进一步扩大和完善了惩罚性赔偿制度，充分体现了我国社会发展阶段民事主体的利益需求，顺应了理性化的公众民意，是立法中的一大进步。

从审判实践来看，食品安全领域中的惩罚赔偿责任制度已运用多年，积累了较多的司法指导意见和审判经验。惩罚性赔偿金的判赔前提在于食品不符合食品安全标准。如何判定食品是否影响食品安全，不仅仅是看食品引起的损害结果，更多的是参考各类食品安全标准来判断。《中华人民共和国食品安全法》第二十六条规定："食品安全标准应当包括下列内容：(一) 食品、食品添加剂、食品相关产品中的致病性微生物，农药残留、兽药残留、生物毒素、重金属等污染物质以及其他危害人体健康物质的限量规定；(二) 食品添加剂的品种、使用范围、用量；(三) 专供婴幼儿和其他特定人群的主辅食品的营养成分要求；(四) 对与卫生、营养等食品安全要求有关的标签、标志、说明书的要求；(五) 食品生产经营过程的卫生要求；(六) 与食品安全有关的质量要求；(七) 与食品安全有关的食品检验方法与规程；(八) 其他需要制定为食品安全标准的内容。"而"对与卫生、营养等食品安全要求有关的标签、标志、说明书的要求"是许多职业打假人索赔时最经常使用的标准依据。判断食用油的标签是否符合《中华人民共和国食品安全法》第二十六条第四项规定，需要通过对标识方面的标准进行衡量，如《食品安全国家标准预包装食品标签通则》(GB 7718—2011) 等。

一般情况下，此类案件原告起诉所依据是食品的标签、标志、说明书不符合食品安全标准，向生产者或销售者索赔惩罚性赔偿金，而对于食品本身的质量并不持异议，故在审判实践中会产生不同的裁判观点。具体到本案，原、被告双方争议焦点为涉案商品外包装标示的内容是否违反了食品安全国家标准，而关于本案的处理意见，曾形成三种不同意见：

第一种意见认为，张某明在百货公司购买芥花籽橄榄油食用调和油并支付货款，百货公司向张某明交付商品，双方之间形成买卖合同关系。关于张某明购买商品的外包装标示内容是否违反了食品安全国家标准的问题，从涉案芥花籽橄榄油食用调和油的标签上所标示的产品名称为"芥花籽橄榄油"、外包装图案设计有橄榄果、配料标注为“一级芥花籽油特级初榨橄榄油”的配料标注、图形及文字来看，“橄榄”与“芥花籽”系并列关系，应认定张某明所购商品的标签对“芥花籽橄榄油”产品中含有橄榄油进行了特别强调，且橄榄油的市场价格和营养价值均高于芥花籽油，可认定其为涉案商品中有价值、有特性的配料。因此，涉案商品的标签应当对橄榄油的添加量进行标示，其未作标示违反了《食品安全国家标准预包装食品标签通则》（GB 7718—2011）第4.1.4.1规定，致使消费者对该商品中橄榄油的含量多少、是否适合个体长期食用以及购买该商品的性价比等难以作出理性判断，故张某明要求退还货款并十倍赔偿的诉讼请求于法有据。

第二种意见认为，张某明诉称百货公司销售的芥花籽橄榄油食用调和油没有标注橄榄油的含量，属于不符合食品安全标准的食品，百货公司应当承担退还货款和十倍赔偿的责任，但相关检测结果显示，芥花籽橄榄油食用调和油各项指标均符合国家食用油标准，属于合格油品，标签亦符合相关要求；故本案涉案商品符合食品安全要求，虽然在标签中没有标明橄榄油的添加量，但不足以影响消费者在购买时作出判断，因此张某明要求百货公司退还货款并十倍赔偿的主张依据不足，不应支持。

第三种意见认为，张某明诉称百货公司销售的芥花籽橄榄油食用调和油没有标注橄榄油的含量，属于不符合食品安全标准的食品，百货公司应当承担退还货款和十倍赔偿的责任，但张某明于2017年4月4日、4月6日、4月7日在多地多家商业公司购买同种商品，且以相同事由诉至法院要求退款并索赔，从张某明要求索赔的多个案件可以反映，张某明在短期内多次在不同地区不同商业公司购买同种类商品，继而以产品不符合食品安全标准为由起诉要求价款十倍的赔偿，可见张某明的购买行为显然并非为生活消费所需，而是出于“买假索赔”的营利目的，因此，综合本案查明的事实，可认定张某明系以营利为目的购买涉案商品。以营利为目的专门购买商品继而索赔的行为与食品安全法的法律价值和立法精神不符，且张某明所举证据不足以证明涉案商品存在质量问题，故张某明要求退还货款及承担惩罚性赔偿的诉讼请求不应得到支持。

笔者同意上述第二种意见，理由如下：涉案的未标注含量的橄榄油是否属于特别强调的“有价值、有特性”的成分，是否应当标注含量，没有明确规定。而根据相关检测结果显示，芥花籽橄榄油食用调和油各项指标均符合国家食用油标准，属于合格油品，标签亦符合相关要求。在此情况下，若要求销售者判断涉案的橄榄油是否属于特别强调的“有价值、有特性”的成分，并标注含量，对于销售者而言过于严苛。此外，食品的标签是否标注含量不会直接改变食品本身的质量和营养成分，虽然张某明购买的调和油未标注橄榄油的含量，但标签的标注并不涉及调和油本身的安全问题，也不会对张某明造成食用安全方面的误导。因此，涉案油品虽然在标签中没有标明橄榄油的添加量，但不足以影响消费者在购买时作出判断，因此张某明要求百货公司退还货款并十倍赔偿的主张依据不足，不予支持。

编写人：河南省洛阳市西工区人民法院　殷春昱　吴可征

101 鉴定意见不明时的产品缺陷举证责任承担及其限度

——洪某钦诉汽车公司产品责任案

【案件基本信息】

1. 裁判书字号

福建省厦门市中级人民法院（2018）闽02民终1139号民事裁定书

2. 案由：产品责任纠纷

3. 当事人

原告（上诉人）：洪某钦

被告（被上诉人）：汽车公司

【基本案情】

2015年12月10日，原告洪某钦与被告汽车公司签订《购车合同》一份，由原告向被告购买奥迪Q7越野车一辆，购车款为829500元。洪某钦购车后缴纳了车辆购置税70897.44元、上牌服务费及工本费2000元、车辆保险费26277.77元。2016年1月25日，洪某钦与汽车公司销售职员进行交车检查并在《商品车交车检查确认单》《车辆信息确认单》上签字确认。该车于2016年6月22日2时许停放在永安市泰园小区并于当日5时10分许发生火灾，整车烧损严重。2016年8月21日，永安市公安消防大队出具《火灾事故认定书》一份，载明：经调查，对起火原因认定如下：起火时间为2016年6月22日5时10分许；起火部位为奥迪Q7车身右侧，中央扶手靠右、副驾驶座往后、右后座往前区域；起火原因可以排除雷击、放火引发火灾的可能，不排除草木灰烘烤以及该部位电气故障引起火灾的可能。福建中联司法鉴定所经永安市公安消防大队委托，对闽 DK××××号小型轿车的火灾事故与车辆技术状况之间是否存在因果关系进行鉴定，该所于 2016 年 8 月 19 日出具《司法鉴定意见书》，鉴定意见为：无法确定闽 DK××××号小型轿车是否存在电气线路短路、过载故障及是否为电气线路短路故障导致本次火灾事故。福建省永安市气象局于 2016 年 8 月 1 日出具《气象证明》，载明：6 月 22 日 2 时至 6 时永安城区天气为多云，无雷电，平均气温 25.4℃。

另查明，2016 年 6 月 21 日事故发生前日傍晚 7 时许，有人在该车停放处焚烧堆高将近一米的树枝树叶。

还查明，讼争车辆于 2015 年 10 月 15 日经广州出入境检验检疫局检验，其《进口机动车辆随车检验单》上载明的检验情况中，一般项目检验为合格，安全性能检验为合格；于 2015 年 11 月 19 日经黄埔海关办结进口手续获得《货物进口证明书》入境。

【案件焦点】

1. 被告主体是否适格；2. 被告是否应当承担赔偿责任；3. 汽车所有人或使用人的安全注意义务。

【法院裁判要旨】

福建省厦门市同安区人民法院经审理认为：（1）被告主体是否适格的问题。《中华人民共和国侵权责任法》《中华人民共和国产品质量法》规定了产品存在缺陷造成损害的赔偿责任，生产者、销售者均负有向受害人承担赔偿责任的义务，而受害人有权选择向生产者或销售者要求赔偿，其选择的任何一个主体均应承担全部责任，但在承担责任后可向终局责任人进行追偿。现原告选择向销售者主张赔偿责任并无不当，本案将销售者列为被告符合法律规定，被告提出的其主体不适格的抗辩意见缺乏充分依据，本院不予采纳。(2) 被告是否应当承担赔偿责任的问题。产品生产者、销售者承担赔偿责任的前提是产品存在缺陷、损害系产品缺陷导致、生产者及销售者不存在免责事由。本案被告作为汽车销售者是否应当承担赔偿责任的关键在于其所售汽车是否存在质量问题，火灾是否因汽车质量问题导致。根据《中华人民共和国产品质量法》《中华人民共和国民事诉讼法》的相关规定，产品责任纠纷不适用举证责任倒置，原告有义务举证证明被告销售的产品存在质量缺陷、损失确已发生、损失与产品缺陷之间存在因果关系，被告就法定的免责事由承担举证责任，但前提是原告已证明汽车存在质量问题并导致损失发生。本案中，对于汽车燃烧的原因没有明确结论，根据永安市公安消防大队出具的《火灾事故认定书》和司法鉴定所出具的《司法鉴定意见书》，发生火灾的原因既可能是汽车电气故障引发的自燃，也可能是草木灰烘烤所致。也就是说，现有证据不能直接证明汽车存在质量问题，更不能证明汽车燃烧是因为汽车产品缺陷所引发。纵观本案诸多因素，本院认为，外因引发汽车燃烧的可能性更大，理由如下：(1) 汽车停放至汽车开始燃烧时隔三小时左右，汽车在熄火状态下，即便存在电气故障，起火燃烧的可能性也很小；(2) 起火部位为中央扶手靠右、副驾驶座位后、右后座往前区域，而该区域并不像车身前部区域那样电气线路复杂，产生故障并引发起火的概率很小；(3) 事故车辆为德国原装进口汽车，相关质量检验合格，火灾发生前没有电气线路故障的迹象和记录；(4) 事故车辆停放的位置正在草木灰烬之上，而草木灰烬系事故发生前十小时左右开始焚烧，被焚烧的树枝树叶堆高近一米，数量较大且燃烧过后在气温较高的情况下灰烬热量保存时间较长，灰烬持续烘烤足以引发汽车燃点较低的物件起火。因此，本院认为，汽车起火原因系自身质量问题的可能性较小，因草木灰烬烘烤的可能性更大。在没有充分证据证明汽车燃烧原因的情况下，根据盖然性占优势的证明标准，应当认定可能性更高的事实而不能认定可能性更小的事实，故不宜认定汽车燃烧是可能性更小的原因即汽车电气线路故障。

综上，本院认为，原告不能证明汽车存在质量缺陷，更不能证明汽车燃烧是因为汽车质量缺陷所引发，其请求被告作为销售者承担产品缺陷的损害赔偿责任没有事实及法律依据，本院不予支持。根据《中华人民共和国民事诉讼法》第六十四条第一款之规定，判决如下：

驳回原告洪某钦的全部诉讼请求。

宣判后，原告洪某钦提出上诉，厦门市中级人民法院作出民事裁定书，裁定如下：

准许洪某钦撤回上诉。一审判决自本裁定书送达之日起发生法律效力。

【法官后语】

随着我国汽车保有量持续快速增长，因汽车产品质量引发的法律纠纷也不断攀升。法院在审理此类纠纷时应顺应当事人诉求，将其以产品侵权责任纠纷处理，合理分配举证责任，以社会价值综合考量证据的高度盖然性，在加重生产者、销售者举证义务的同时也不能忽视车辆所有人或使用人的安全注意义务，以维护社会经济秩序健康发展。

一、汽车自燃案件是否应以产品侵权责任纠纷处理

产品缺陷损害，是指有瑕疵的产品在交付或移转所有权之后，潜伏于产品的瑕疵不幸实现，导致产品不堪使用、毁损或灭失的情形。产品缺陷导致的民事责任有违约责任和侵权责任两种，由受害人（所有人）自行选择。但无论从诉讼程序上还是从实体上，以侵权责任纠纷处理都更有利于维护受害人的权益。《中华人民共和国产品质量法》第四十一条规定，因产品存在缺陷造成人身、缺陷产品以外的其他财产损害的，生产者应当承担赔偿责任。文义上理解，似乎产品侵权责任的损害范围仅为人身损害、他人财产损害，不包括产品自身。而汽车自燃案件中，汽车为受害人所主张的缺陷产品，在没有汽车以外的其他财产或人身遭受损害的情况下，如认为不产生侵权责任而只存在违约责任，则受害人本身的权利将受到限制。本案认为，生产者、销售者对缺陷产品自身损害承担侵权责任应为立法本意。首先，民法理论中侵权行为所侵害的客体为人身权和财产权的权利本身，而非权利所指向的对象如汽车，如对财产权所指向的具体财产加以区分限制则削弱权利的完整性。其次，参照第一千二百零三条规定，因产品存在缺陷造成他人损害的，被侵权人可以向产品的生产者请求赔偿，也可以向产品的销售者请求赔偿。这里的“他人”系指产品制造者、销售者以外的公民、法人或其他组织；“他人财产”系指所有因产品质量不合格而遭受损害的财产，包括产品本身。产品所有人对自身财产损害可直接参照前述规定主张权利。最后，在受害人自有的缺陷产品及其他财产同时遭受损害时，如受害人只能就其他财产损害主张侵权责任，而对缺陷产品本身的财产损害向销售者主张合同责任，则加重了当事人的诉讼成本，有违诉讼经济原则。

二、汽车自燃案件中的举证责任分配及其限度

《中华人民共和国产品质量法》规定，产品侵权责任采用的是过错责任与无过错责任同时存在的二元归责原则。产品生产者、销售者承担赔偿责任的前提是产品存在缺陷、损害系产品缺陷导致、生产者及销售者不存在免责事由。汽车销售者是否应当承担赔偿责任的关键在于其所售汽车是否存在质量问题，火灾是否因汽车质量问题导致。根据《中华人民共和国产品质量法》《中华人民共和国民事诉讼法》的相关规定，产品责任纠纷不适用举证责任倒置，受害人有义务举证证明被告销售的产品存在质量缺陷，损失确已发生、损失与产品缺陷之间存在因果关系，销售者就法定的免责事由承担举证责任，但前提是受害人已证明汽车存在质量问题并导致了损失发生。虽然在汽车自燃案件中，受害人对于汽车这种生产工艺复杂、技术含量很高的产品缺乏专业知识，几乎不可能举证证明产品缺陷，但其可以借助鉴定机构出具的鉴定意见证实自己的主张。本案中，消防大队作为事故处理部门在委托了专业机构就轿车的火灾事故与车辆技术状况之间是否存在因果关系进行鉴定的基础上出具的《火灾事故认定书》载明：起火原因不排除草木灰烘烤以及该部位电气故障引起火灾的可能。在这种情况下，法院依法要求鉴定人员出庭接受质询，在仍然无法查清原因且车辆现状无法再次鉴定的情况下，采用间接反证等灵活的证明方法，根据案件的具体情况作出事实推定，从而减轻受害人的举证负担。

三、高度盖然性证据规则在汽车自燃案件中的适用

实践中，汽车燃烧原因没有明确结论较为常见。如本案中，发生火灾的原因既可能是汽车电气故障引发的自燃，也可能是草木灰烘烤所致。即证据不能直接证明汽车存在质量问题，更不能证明汽车燃烧是因为汽车产品缺陷所引发。综观本案诸多因素，应认定为

外因引发汽车燃烧的可能性更大，理由如下：(1) 汽车停放至汽车开始燃烧时隔三小时左右，汽车在熄火状态下，即便存在电气故障，起火燃烧的可能性也很小；(2) 起火部位为中央扶手靠右、副驾驶座位后、右后座往前区域，而该区域并不像车身前部区域那样电气线路复杂，产生故障并引发起火的概率很小；(3) 事故车辆为德国原装进口汽车，相关质量检验合格，火灾发生前没有电气线路故障的迹象和记录；(4) 事故车辆停放的位置正在草木灰烬之上，而草木灰烬系事故发生前十小时左右开始焚烧，被焚烧的树枝树叶堆高近一米，数量较大且燃烧过后在气温较高的情况下灰烬热量保存时间较长，灰烬持续烘烤足以引发汽车燃点较低的物件起火。综上，汽车起火原因系自身质量问题的可能性较小，因草木灰烬烘烤的可能性更大。在没有充分证据证明汽车燃烧原因的情况下，根据盖然性占优的证明标准，应当认定可能性更高的事实而不能认定可能性更小的事实，故不宜认定汽车燃烧是可能性更小的原因即汽车电气线路故障，从而避免无限度加重销售者的举证义务。

四、车辆所有人或使用人的安全注意义务

汽车自燃案件在加重生产者和销售中举证责任的同时不能忽视了车辆所有人或使用人的安全注意义务。据专家分析，导致汽车自燃的原因除设备故障、电气线路短路、机械摩擦起火等，也不排除使用维护不当、违章操作等人为方面的原因。社会常识告诉我们，汽车着火起码要有以下两个条件：一是易燃品；二是火源。这就要求汽车所有人和使用人必须对车辆尽到一般的安全注意义务，如定期进行车辆检测、发现漏油等故障，及时到正规修理厂检测、保养；不随意改装车辆、改变车辆电器线路；不将车辆在高温下暴晒；不将车辆停放于火源或者易燃物附近。如车辆无质量问题而车主存在前述行为即可推定车主对产品损害存在过错。本案中，车底有草木灰烬等温度较高的物质，车主停放时未尽到一般的安全注意义务，草木灰烘烤车底导致车辆自燃，存在过错，应承担相应的责任。本案判决驳回其诉讼请求也对广大的车辆所有人或使用人起到警示作用。

编写人：福建省厦门市同安区人民法院　徐丽碧

102　产品生产者责任案举证责任分配和专家意见的采纳

——郭某甲、刘某英诉车业公司等产品生产者责任案

【案件基本信息】

1. 裁判书字号

北京市第三中级人民法院（2017）京 03 民终 11836 号民事判决书

2. 案由：产品生产者责任纠纷

3. 当事人

原告（被上诉人）：郭某甲、刘某英

被告（上诉人）：车业公司

被告：电源公司、商贸中心

【基本案情】

郭某甲、刘某英系夫妻关系，郭某娟系郭某甲、刘某英之女。2015 年 10 月 16 日凌晨，因电动车电池被放置屋内充电，他们居住的房屋发生火灾，郭某娟在火灾中死亡。北京市朝阳区公安消防支队出具的《火灾事故认定书》认定充电电瓶电器故障导致火灾。充电电瓶为小鸟牌电动车电瓶，电瓶外壳有小鸟商标，电瓶

内部由4块铅酸蓄电池连接组成，其中2块电池外皮部分烧毁，另外2块电池上发现“超威”标志。北京市朝阳区公安消防支队对上述充电电瓶内部电线进行技术鉴定后称上述充电电瓶内部电线有一次短路熔痕。电动车是郭某甲夫妇在商贸中心购买，该电动车和配套充电器系车业公司生产，配套电池为电源公司生产。

事故发生后，郭某甲、刘某英认为车业公司和电源公司作为产品生产者应承担责任，故诉至法院要求两公司连带赔偿152.7万元。车业公司辩称其不生产电池，是电池质量问题引起火灾，其不应承担责任。电源公司辩称消防部门认定事故原因为充电电池电气故障，但由于充电电池的构成部分较多，具体哪个部分造成火灾无法从认定书中找到结论，电源公司仅是裸电池的生产者，不生产和销售其他部件。除涉案电池外壳外，电池为不可燃物，而电池外壳的燃点在400度以上，因此电池不是火灾发生的原因。消防部门作出的现场勘验笔录中发现涉案充电电瓶内部电线发生一次短路熔痕，正是由于此次短路，给涉案火灾提供了火源。

电源公司申请专家马某龙教授出庭发表专门意见：因为充电器不能及时调整充电电压，不具备基本的定时断电功能，导致每年5月至10月经常发生人员伤亡的火灾事故。火灾发生原因基本都是因为热失控，电池发热，导致软化进而导致短路引起着火。如果不存在热失控，凌晨发生火灾的可能性很小。防止热失控的最简单办法是定时断电。基本上所有充电器生产厂家都有能力生产具备定时断电功能的充电器，只是成本要比不具备该功能的充电器高几元钱。因此，本案最大的可能性是充电器输出电压高出电池所能承受的电压而产生热失控导致火灾。

【案件焦点】

涉案电动车充电电瓶是否存在产品缺陷。

【法院裁判要旨】

北京市朝阳区人民法院经审理认为：本案中，要查明本案涉案产品是否存在缺陷，需要查明涉案火灾的发生原因。根据消防部门出具的火灾事故认定书和相关的技术鉴定报告可知系由于电动车充电电瓶电气故障引起了火灾。结合马某龙教授的专业意见以及电源公司提交的资料，本院对于电源公司主张涉案火灾系因“热失控”现象所引起的意见予以采纳。根据马某龙教授的意见，避免热失控的最简单、有效的手段就是使用具有调节充电电压功能或者定时断电功能的充电器，但本案发生火灾的充电器并不具备此种功能。由于这一功能的缺失，导致本案火灾的发生。车业公司作为充电器的生产者应当对二原告的各项损失承担赔偿责任。电池生产者电源公司和代理商商贸中心均不应承担赔偿责任。综上，依照《中华人民共和国侵权责任法》第十六条、第四十三条，《最高人民法院关于确定民事侵权精神损害赔偿责任若干问题的解释》第八条第二款之规定，判决如下：

一、车业公司于本判决生效之日起七日内赔偿刘某英、郭某甲死亡赔偿金 1057180 元、丧葬费 38058 元、精神损害抚慰金 80000 元、直接财产损失 60000 元；

二、驳回刘某英、郭某甲的其他诉讼请求。

车业公司不服，持辩称意见上诉。北京市第三中级人民法院经审理认为：《中华人民共和国产品质量法》第四十一条规定：“因产品存在缺陷造成人身、缺陷产品以外的其他财产（以下简称他人财产）损害的，生产者应当承担赔偿责任。生产者能够证明有下列情形之一的，不承担赔偿责任：（一）未将产品投入流通的；（二）产品投入流通时，引起损害的缺陷尚不存在的；（三）将产品投入流通时的科学技术水平尚不能发现缺陷的存在的。”本案中，车业公司和电源公司均未能对涉案产品就法律规定的免责事由提交证据。北京市朝阳区公安消防支队出具的《火灾事故认定书》认定“火灾原因为充电电瓶电气故障所致”，不能排除电源公司生产的产品存在缺陷的可能性，一审法院仅凭马某龙的专家意见及电源公司提交资料，在没有直接证据可以证明电源公司的产品不存在缺陷的情况下，就排除了电源公司的责任，缺乏事实依据。因车业公司和电源公司均未能证明其产品不存在缺陷，故郭某甲、刘某英的损失应该由车业公司和电源公司共同承担连带赔偿责任。一审法院仅判决车业公司承担赔偿责任，缺乏事实及法律依据，故依照《中华人民共和国民事诉讼法》第一百七十条第一款第二项之规定，判决如下：

一、撤销北京市朝阳区人民法院（2016）京 0105 民初 3405 号民事判决；

二、车业公司、电源公司于本判决生效后七日内对郭某甲、刘某英的各项损失（死亡赔偿金 1057180 元、丧葬费 38058 元、精神损害抚慰金 80000 元、直接财产损失 60000 元），共计 1235238 元承担连带赔偿责任；

三、驳回郭某甲、刘某英的其他诉讼请求；

四、驳回车业公司的其他上诉请求。

【法官后语】

该案例涉及产品责任的举证责任分配和专家意见的采纳问题。

产品责任，是指因产品缺陷造成他人的财产或人身损害，产品的生产者和销售者对受害人承担的严格责任。我国法律对产品责任确立严格责任的归责原则，即产品生产者承担产品责任不以其主观过错为前提，只要产品存在缺陷造成他人损害，除非存在法定免责事由，生产者均应承担侵权责任。因本案属于产品责任，根据严格责任的归责原则，原告郭某甲和刘某英无须证明产品生产者车业公司和电源公司存在过错。

一、产品责任举证责任分配

产品责任作为严格责任，一般要求三个构成要件：产品缺陷、损害法益、因果关系。产品责任在性质上是侵权责任的一种，根据《中华人民共和国民法典》的规定及举证责任分配原理，应由原告负有证明案件要件事实的举证责任，即原告应向法庭初步证明产品存在缺陷、该缺陷损害了法益以及产品缺陷和损害法益之间存在因果关系。在原告提供初步证据证明案件的要件事实后，生产者要免责，须就《中华人民共和国产品质量法》规定的免责事由承担举证责任。本案中，涉案产品是否为缺陷产品的举证责任仍应由郭某甲、刘某英承担。二人提交的北京市朝阳区公安消防支队出具的《火灾事故认定书》认定“火灾原因为充电电瓶电气故障所致”，已初步证明涉案产品存在缺陷，按照法律规定，应由产品的生产者车业公司、电源公司对涉案产品就法律规定的免责事由承担举证责任。因车业公司和电源公司不能举证证明免责事由的存在，故车业公司和电源公司应承担举证不能的法律后果。

二、专家意见的采纳

与专家意见的相关法律规定主要就专家出庭发表意见的程序作出相应说明，而对民事诉讼领域专家意见的采纳问题目前无论在立法上还是理论层面上都没有统一界定。在采纳专家意见之前，还要考虑两个问题：第一，在没有拥有专家的辅助情况下，意见的主题能否可由缺乏相关领域知识或经验的人自行形成正确的判断。如果没有专家的辅助，法官能够根据现有证据形成相应的判断，那么专家意见并非必须采纳。第二，专家意见是否对法庭具有真正的帮助。如果答案是否定的，专家意见也并非采纳。

具体到本案中，电源公司申请马某龙作为具有专门知识的人出庭发表意见，证明本案发生火灾最大可能是充电器缺陷导致火灾。专家证人马某龙的专家身份和发表的意见内容已经满足了相关性、有用性和可靠性的要求，但马某龙发表的专家意见对本案并不能起决定性作用，因为本案北京市朝阳区公安消防支队出具的《火灾事故认定书》认定“火灾原因为充电电瓶电气故障所致”，不能排除电源公司生产的电池存在缺陷的可能性，而电源公司又未能就法定免责事由提出相应证据，故马某龙的专家意见不能被采纳。

产品责任实行严格责任，即不论生产者、销售者是否有过错，只要符合产品责任的构成要件，其就应该向受害者承担侵权责任。在产品责任中，通常采用举证责任倒置的方法。由生产者、销售者证明产品没有缺陷，否则就要承担相应的责任。

编写人：北京市第三中级人民法院　蒋巍　吴可加

103 食品标签瑕疵是否属于不符合食品安全标准

——邱某诉乳品公司产品责任案

【案件基本信息】

1. 裁判书字号

北京市第三中级人民法院（2016）京03民终7348号民事判决书

2. 案由：产品责任纠纷

3. 当事人

原告（上诉人）：邱某

被告（被上诉人）：乳品公司

【基本案情】

2015年5月20日，邱某在某购物广场购买了乳品公司生产的和润日式酸奶大瓶20瓶、小瓶20瓶，共花费760元。该产品外包装上记载：产品类型风味酸乳，配料包括鲜牛奶≥85%、果葡糖浆、白砂糖、食品添加剂（果胶）、嗜热链球菌（Strepococcus Thermophilus）、干酪乳杆菌（L. paracasei）、保加利亚乳杆菌（Lactobacillus Bulgaricus），且该外包装上标明："特别提醒的是此款酸奶富含益生菌"。

一审中，邱某提交笔译证书、卫生部印发的通知等，拟证明日式酸奶上印发的干酪乳杆菌中英文名称不对应，对邱某造成了误导；提交《预包装食品标签通则》《预包装食品营养标签通则》，拟证明乳品公司未按照国家标准的要求，在配料表中标示配料的名称及含量。乳品公司则提交《北京市食品药品监督管理局关于全面贯彻实施〈中华人民共和国食品安全法〉有关事项的通知》及检验报告、卫生证书、质量分析报告、检测鉴定报告等，拟证明乳酸菌种的名称是动态变化的过程，乳品公司生产的酸奶标签经检测合格，并不存在误导消费者的行为；并提交起诉书、传票、收条及撤诉函等，拟证明邱某曾因同样产品多次起诉乳品公司，故邱某并非真正的消费者。经询，邱某认可因同类产品起诉乳品公司的事实。关于邱某食用涉案酸奶后腹泻还继续购买的原因，邱某表示之后购买系为了送人。

二审中，邱某提交了一份食品药品监督管理局于2016年1月18日作出的〔2015〕201458号《行政处罚决定书》，认定某购物广场销售的乳品公司生产的两个规格的和润牌日式酸奶的食品标签配料中，均标示有"干酪乳杆菌"内容，但实际该产品添加的配料为副干酪乳杆菌，标签中配料标示内容不真实，并且标签上标示有"特别提醒的是此款酸奶富含益生菌，如果每天喝两杯，会有不同的感觉"的内容，但在标签中未标注益生菌的含量或者添加量，不符合《食品安全国家标准 预包装食品标签通则》（GB 7718—2011）第3.4条和第4.1.4.1条的标准要求。故对某购物广场作出没收违法所得5877.32元、罚款166209.6元的行政处罚。乳品公司对上述处罚事实予以认可，并称已经按照处罚决定缴纳了罚款。

二审认定的其他事实和证据与一审认定的一致。

【案件焦点】

存在标签标示瑕疵的酸奶是否属于不符合食品安全标准的食品。

【法院裁判要旨】

北京市朝阳区人民法院经审理认为：食品生产经营应当符合食品安全标准，预包装食品的包装上应当有标签，标签应当标明名称、规格、净含量、生产日期，成分或者配料表，生产者的名称、地址、联系方式，保质期，产品标准代号，贮存条件，所使用的食品添加剂在国家标准中的通用名称，生产许可证编号及法律、法规或者食品安全标准规定应当标明的其他事项。如果在食品标签或食品说明书上特别强调添加了或含有一种或多种有价值、有特性的配料或成分，应标示所强调配料或成分的添加量或在成品中的含量。本案中，邱某购买了乳品公司生产的酸奶，该酸奶外包装上强调富含益生菌，但其并未标示益生菌的具体含量，乳品公司以我国未出台对酸奶中益生菌数量检测的标准和方法作为抗辩理由，证据不足，法院不予采信。此外，根据邱某的证据，乳品公司生产的酸奶外包装上中文“干酪乳杆菌”与外文“L. paracasei”确实不一致，该外文对应的中文名称应为副干酪乳杆菌，故乳品公司产品标签确实存在瑕疵。对产品标签上的瑕疵，乳品公司应予改正。

北京市朝阳区人民法院依照《中华人民共和国食品安全法》（2015 年版）第六十七条、第一百四十六条之规定，判决如下：

一、乳品公司于判决生效后七日内退还邱某货款七百六十元；

二、驳回邱某的其他诉讼请求。

邱某不服北京市朝阳区人民法院判决提出上诉。

北京市第三中级人民法院经审理认为：首先，乳品公司生产的酸奶标签配料中文标示为“干酪乳杆菌”内容，但实际该产品添加的配料为“副干酪乳杆菌”，而上述两种菌实际上属于不同的食用菌，标签中配料标示的内容属于不真实，并且标签上标示有“特别提醒的是此款酸奶富含益生菌，如果每天喝两杯，会有不同的感觉”的内容，但在标签中未标注益生菌的含量或者添加量。虽乳品公司辩称因益生菌是一个逐渐繁殖的过程，目前国内无法检测益生菌的具体含量，其未标注含量没有过错，但其亦应当按照《食品安全国家标准 预包装食品标签通则》（GB 7718—2011）第4.1.4.1条的规定标注添加量。其次，消费者是相对于生产经营者即生产者和销售者的概念，只要在市场交易中购买、使用商品是为了个人、家庭生活需要，而不是为了生产经营需要的，就应当认定为消费者，法律并没有对消费者的主观购买动机作出限制性规定，其合法权益就应当受消费者权益保护法、食品安全法的保护。虽然邱某在2015年5月之后陆续在不同超市购买了乳品公司生产的涉诉酸奶，即使邱某在购买之前已经知道涉诉酸奶不符合食品安全标准，也不能据此否定邱某的消费者身份，其合法权益应依法予以保护。再次，邱某的购买消费行为发生在2015年5月，系在《中华人民共和国食品安全法》（2015年修订）施行之前，故仍应当适用2009年6月1日起施行的《中华人民共和国食品安全法》。乳品公司辩称应当适用《中华人民共和国食品安全法》（2015年修订），没有法律依据，本院不予采纳。原审法院依照《中华人民共和国食品安全法》（2015年修订）第一百四十六条作出判决，属适用法律明显错误。最后，《中华人民共和国食品安全法》（2009年版）第九十六条第二款规定：“生产不符合食品安全标准的食品或者销售明知是不符合食品安全标准的食品，消费者除要求赔偿损失外，还可以向生产者或者销售者要求支付价款十倍的赔偿金。”同样《最高人民法院关于审理食品药品纠纷案件适用法律若干问题的规定》（2013年版）第十五条也规定：“生产不符合安全标准的食品或者销售明知是不符合安全标准的食品，消费者除要求赔偿损失外，向生产者、销售者主张支付价款十倍赔偿金或者依照法律规定的其他赔偿标准要求赔偿的，人民法院应予支持。”故邱某作为消费者起诉生产者要求赔偿十倍价款的诉讼请求，具有事实和法律依据，应当予以支持。

北京市第三中级人民法院依照《中华人民共和国消费者权益保护法》第二条，《中华人民共和国食品安全法》（2009 年版）第二十条和第九十六条第二款，《最高人民法院关于审理食品药品纠纷案件适用法律若干问题的规定》第三条和第十五条以及《中华人民共和国民事诉讼法》第一百七十条第一款第二项之规定，判决如下：

一、撤销北京市朝阳区人民法院（2015）朝民初字第 53439 号民事判决；

二、乳品公司于本判决生效之日起七日内赔偿邱某七千六百元；

三、驳回邱某的其他诉讼请求。

【法官后语】

随着《中华人民共和国食品安全法》（2009 年）的实施，最初表现的“生产有毒有害食品”“销售过期食品”“销售三无食品”等案件逐渐减少，而本案例涉及的标签瑕疵是目前食品安全类案件中最主要的案件类型，在审判实践中的认定标准不一，争议也比较大。本案中最具争议性的问题是：存在标签标示瑕疵的酸奶是否属于不符合食品安全标准的食品。

食品安全标准是强制执行的标准。其中，《食品安全国家标准预包装食品标签通则》系食品安全国家标准中的强制性标准之一，食品的生产者和销售者均应当严格遵照执行。依据食品安全国家标准《预包装食品标签通则》（GB 7718—2011）第 3.4 条的规定：

“应真实、准确，不得以虚假、夸大、使消费者误解或欺骗性的文字、图形等方式介绍食品，也不得利用字号大小或色差误导消费者。”以及第4.1.4.1条的规定：“如果在食品标签或食品说明书上特别强调添加了或含有一种或多种有价值、有特性的配料或成分，应标示所强调配料或成分的添加量或在成品中的含量。”本案中，乳品公司生产的酸奶标签配料中文标示为“干酪乳杆菌”的内容，但实际该产品添加的配料为“副干酪乳杆菌”，而上述两种菌实际上属于不同的食用菌，标签中配料标示的内容属于不真实，并且标签上标示有“特别提醒的是此款酸奶富含益生菌，如果每天喝两杯，会有不同的感觉”的内容，但在标签中未标注益生菌的含量或者添加量。虽乳品公司辩称因益生菌是一个逐渐繁殖的过程，目前国内无法检测益生菌的具体含量，其未标注含量没有过错，但其亦应当按照食品安全国家标准《预包装食品标签通则》（GB 7718—2011）第4.1.4.1条的规定标注添加量。故乳品公司生产的涉案酸奶不符合食品安全国家标准《预包装食品标签通则》（GB 7718—2011）第3.4条和第4.1.4.1条的标准要求，不属于符合国家食品安全标准的食品。随着《中华人民共和国民法典》的发布实施，《最高人民法院关于审理食品药品纠纷案件适用法律若干问题的规定》也进行了相应条款的修正。虽第十五条的内容调整为“生产不符合安全标准的食品或者销售明知是不符合安全标准的食品，消费者除要求赔偿损失外，依据食品安全法等法律规定向生产者、销售者主张赔偿金的，人民法院应予支持”。但其审理思路还是一致的，消费者认可据此向生产者、销售者主张赔偿金。

编写人：北京市第三中级人民法院　张清波

104 餐饮服务提供者能否以一般商品销售者看待，对其提供的食品能否适用同样的标准

——韩某英诉饮食公司产品责任案

【案件基本信息】

1. 裁判书字号

广东省广州市中级人民法院（2016）粤 01 民终 15226 号民事判决书

2. 案由：产品责任纠纷

3. 当事人

原告（被上诉人）：韩某英

被告（上诉人）：饮食公司

【基本案情】

韩某英诉称：2016 年 2 月 11 日，韩某英在饮食公司处用餐，共付餐费 277 元。其中普洱茶四包，单价 8 元，共计 35.2 元。四包普洱茶外包装标识“普洱茶文化传承，健康品茗”，未标明生产者、生产日期、保质期、储存条件及生产许可证编号。韩某英认为涉案产品不符合食品安全标准应予赔偿，请求法院依法判令：（1）饮食公司退还韩某英购物款 35.2 元；（2）饮食公司赔偿韩某英 1000 元；（3）诉讼费用由饮食公司承担。

饮食公司辩称：（1）答辩人茶楼的茶叶是大包装进货，为散装食品，不适用预包装食品的相关规定。且供应的茶叶具备相应的检验合格报告，符合产品安全标准。为了让消费者饮用方便及卫生才在经营场所内现场进行包装，从不单独对外销售。（2）答

辩人提供的茶叶韩某英饮用后没有产生任何不适，更没有给韩某英造成任何损害损失。(3) 答辩人作为广州知名的餐饮连锁企业，经营过程严格恪守诚信经营的原则，自身对产品有比较高的要求，未经过严格检验的食材一律不采用，从根源上保证食客的人身安全。答辩人自开业以来也未发生任何产品质量问题，在食品卫生上是得到消费者认可的。(4) 根据《中华人民共和国食品安全法》第一百四十八条规定，生产不符合食品安全标准的食品或者经营明知是不符合食品安全标准的食品，消费者除要求赔偿损失外，还可以向生产者或者经营者要求支付价款十倍或者损失三倍的赔偿金；增加赔偿的金额不足1000元的，为1000元。但是，食品的标签、说明书存在不影响食品安全且不会对消费者造成误导的瑕疵的除外。因答辩人没有销售不符合食品安全标准的食品，亦未造成消费者的损失，茶叶的标签存在瑕疵更不会对消费者造成误导，故不应承担赔偿责任。

法院经审理查明：2016年2月11日，韩某英在饮食公司处用餐，共付餐费277元。其中普洱茶四包，单价8元，共计35.2元。四包普洱茶外包装标识“普洱茶文化传承，健康品茗”，未标明生产者、生产日期、保质期、储存条件及生产许可证编号。对上述事实，由韩某英提供的产品实物、用餐清单、发票予以证实，双方均无异议。韩某英在庭审中认可就餐时使用了茶叶一包，并将剩余茶叶带回。

韩某英主张依据《中华人民共和国食品安全法》第二条、第六十七条及第六十八条之规定，涉案产品作为散装食品也应在其外包装上标明食品的名称、生产日期或生产批号及保质期等内容。

饮食公司就此提供了供应商合作协议书、南海日圣茶行营业执照、检测报告、永德县世达茶叶公司的营业执照、生产许可证等证据来证明销售产品的进货来源等。并提供了茶叶包装照片两张。韩某英认为上述证据不能证明涉案产品符合食品安全标准，而且南海日圣茶行营业执照的营业范围是预包装食品并非散装食品。

【案件焦点】

本案涉案的产品是否符合食品安全标准。

【法院裁判要旨】

广东省广州市越秀区人民法院经审理认为：本案争议焦点为涉案产品是否符合食品安全标准。饮食公司作为餐饮经营者所销售的产品也应适用《中华人民共和国食品安全法》的规定。饮食公司主张涉案产品是散装食品，但散装食品依据《中华人民共和国食品安全法》第六十八条的规定也应标明食品的名称、生产日期或生产批号及保质期等内容，而涉案产品未标识上述内容。饮食公司应对该食品符合食品安全标准负举证责任。但饮食公司提供的南海日圣茶行营业执照规定其经营范围为预包装食品，因此饮食公司称其所购产品是散装食品，明显不一致。饮食公司也无其他证据予以证明涉案产品符合食品安全标准。依据《中华人民共和国食品安全法》第一百四十八条第二款规定："生产不符合食品安全标准的食品或者经营明知是不符合食品安全标准的食品，消费者除要求赔偿损失外，还可以向生产者或者经营者要求支付价款十倍或者损失三倍的赔偿金；增加赔偿的金额不足一千元的，为一千元。但是，食品的标签、说明书存在不影响食品安全且不会对消费者造成误导的瑕疵的除外。"可以认定涉案产品不符合食品安全标准。因韩某英已食用一包茶叶价值 8 元，故饮食公司需要退回三包茶叶的价款 24 元，韩某英要求饮食公司赔偿 1000 元，于法有据，本院予以支持。依照公平原则，韩某英在收到上述赔款时应一并将案涉产品即三包茶叶如数退还饮食公司，如不能退还相应物品应折价赔偿相应的价款。

综上，依照《中华人民共和国食品安全法》第一百四十八条第二款之规定，判决如下：

一、饮食公司在本判决生效之日起五日内退还韩某英 24 元；韩某英在收到上述货款后退还在饮食公司处所购买的“普洱茶”3 包；

二、饮食公司在本判决生效之日起五日内赔偿韩某英 1000 元；

三、驳回韩某英的其他诉讼请求。

如果未按本判决指定的期间履行给付金钱义务，应当依照《中华人民共和国民事诉讼法》第二百五十三条之规定，加倍支付迟延履行期间的债务利息。

一审判决后，饮食公司不服该判决，向广州市中级人民法院提出上诉。

广东省广州市中级人民法院经审理认为：韩某英到饮食公司用餐，饮食公司提供餐饮，韩某英支付餐费，双方形成餐饮服务合同关系。

韩某英主张饮食公司提供的普洱茶外包装未标注相关内容，不符合食品安全标准。本院认为，就涉案普洱茶包而言，饮食公司并非向韩某英销售该茶叶，韩某英也无将其购买回去用于生活的意思，饮食公司只是以向消费者提供茶水或白开水的形式按人数收取一定的费用，该费用应视为服务费的性质。根据广州地区甚至广东省部分地区餐饮业的商业习惯，都对就餐人员按人数收取一定的茶位费，该费用定价的高低虽也与茶叶的价格有一定的关系，但更多的是根据酒楼或饭店自身的就餐环境、服务水平等的确定。《中华人民共和国合同法》（1999 年版）第六十一条规定：“合同生效后，当事人就质量、价款或者报酬、履行地点等内容没有约定或者约定不明确的，可以协议补充；不能达成补充协议的，按照合同有关条款或者交易习惯确定。”通常来说，交易习惯均与特定地域的民俗习惯密不可分，因为这些民俗习惯对于均在该地域生活的双方当事人而言，构成了交易时的重要的基础事实。基于此，涉案普洱茶包并非用于销售的标的物，韩某英在用餐时饮用普洱茶水，其所支付的费用并非普洱茶的对价，而是餐饮服务的对价。韩某英主张饮食公司提供的普洱茶包装不符合食品安全标准，没有法律依据，本院不予支持。

根据《中华人民共和国食品安全法》第五十五条的规定：“餐饮服务提供者应当制定并实施原料控制要求，不得采购不符合食品安全标准的食品原料……餐饮服务提供者在加工过程中应当检查待加工的食品及原料，发现有本法第三十四条第六项规定情形的，不得加工或者使用。”该法第三十四条规定：“禁止生产经营下列食品、食品添加剂、食品相关产品……（六）腐败变质、油脂酸败、霉变生虫、污秽不洁、混有异物、掺假掺杂或者感官性状异常的食品、食品添加剂……”饮食公司已提交供应商合作协议书、茶行营业执照、检测报告、茶叶公司的营业执照、生产许可证等证明其采购的食品原料符合食品安全标准，已经完成举证义务。因此，韩某英主张饮食公司应承担退一赔十的法律责任，依据不足，本院不予采信。原审法院认定事实和适用法律错误，本院予以纠正。

综上所述，依照《中华人民共和国合同法》第六十一条，《中华人民共和国食品安全法》第三十四条第六项、第五十五条，《中华人民共和国民事诉讼法》第一百七十条第一款第（二）项的规定，判决如下：

一、撤销广东省广州市越秀区人民法院（2016）粤 0104 民初 2812 号民事判决；

二、驳回韩某英的诉讼请求。

【法官后语】

《中华人民共和国食品安全法》把餐饮服务和食品流通合称商品经营，并在全文统一对商品经营行为进行了详尽的规范，即无论餐饮服务提供者还是食品流通销售者均应适用该法对食品经营行为进行规范，只有部分规定专门对餐饮服务进行规范，但是毕竟二者从提供的食品性质、消费者和经营者形成的法律关系以及二者的经营方式和主体性质上都有明显的差别，因此对餐饮服务提供者和食品流通销售者的要求不能一概而论，以下从三个方面分析原因。

1. 二者提供的食品性质不同

食品流通销售者提供的食品一般带有预包装，外包装上显示相应的保质期、贮藏条件等，适用预包装产品的国家标准、地方标准或者企业标准等相关规定，而餐饮服务提供者提供的食品是经过加工、烹调等工序形成的短时间内食用的食品，是对原材料包括农产品、预包装食品等加工而成的食品，餐饮食品因其多样性而无法一一为其规定相应的食品标准，只能对餐饮服务提供者在使用食品原料以及制作过程加以规范，而不能如流通商品一般将其分为确定的类型，如冷冻食品、奶制品、糖果、饼干类食品等不同种类，再对不同类型的食品进行定性、制定食品标准。曾经有一个案例，一位消费者前往一家酒楼消费，点了一个“灵芝猪肉碎蛋炒饭”，消费后起诉该酒楼，认为该食品添加了“灵芝”，由于灵芝被国家药典列入中药的范围，中药只能适用于药类或保健类产品，因此该酒楼销售上述食品的行为属于在普通食品中添加药品，违反了食品安全法。但是笔者认为，餐饮服务提供者提供的食品不能适用流通商品的标准，我国早有“药食同源”的传统，尤其在广东地区，在汤、菜中加入中药材已经成为饮食习惯，餐饮提供的食品和市场流通的商品从根本上有质的区别，因此不能适用同样的标准。

2. 二者与消费者形成的法律关系不同

食品流通销售者与消费者形成买卖合同关系。该关系的标的物无疑只有产品，双方对产品的价格达成合意，消费者的购买行为则视为合同成立的要件，但销售者还应承担保证商品符合相关产品质量规定的义务，如果该商品是食品，则应符合食品安全的相关标准。

餐饮服务提供者与消费者形成的是餐饮服务合同关系。该关系的标的物除了包括餐饮食品，还包括服务行为，因此在判断餐饮服务提供的食品是否符合食品安全规定时，不应以流通商品的标准判断该食品，而应把该食品置于餐饮服务的环境中对其进行衡量，判别其是否符合食品安全规定。

于本案例中，虽然涉案产品茶叶同样是有预包装的茶叶，但是放在商品流通环境下，该茶叶应该在包装、产品信息上符合相关食品安全规定，但放在餐饮服务环境下，该茶叶已经包含服务的性质，茶位费的价格不仅仅是茶叶的对价，还包含服务费在内，这与传统交易习惯密不可分。

3. 二者的经营方式不同

商品流通销售者在经营过程中直接从生产者处进货，然后把商品直接置于市场上流通，其对销售的产品质量应负严格的审查义务，当产品出现质量问题时，其和生产者承担连带清偿责任，相关规定在《中华人民共和国食品安全法》中均有明确规定。而餐饮服务提供者的经营方式是从市场上的销售者处购买原材料，进而加工成具有自身特色的菜肴等食品。实际上，其在采购环节上也是一名普通消费者，也只能如普通消费者一般选取需要的食品，而不能和生产者直接接触沟通，因此不应承担和商品销售者同等的审查义务。这在《中华人民共和国食品安全法》的规定中就有体现，即该法第三十四条第六项规定餐饮服务提供者不得加工或者使用存在下列情况的食品：腐败变质、油脂酸败、霉变生虫、污秽不洁、混有异物、掺假掺杂或者感官性状异常的食品、食品添加剂。从上述规定可知，法律对餐饮服务提供者的审查义务只是限定于从外观上、主体感官上判断食材是否可用于使用加工，而非一般商品销售者应负有的审查商品外包装、生产信息、原料配置等各方面内容的责任。

本案例中，饮食公司已提交供应商合作协议书、茶行营业执照、检测报告、茶叶公司营业执照、生产许可证等证明其采购的食品原料符合食品安全标准，已经尽到餐饮服务提供者应尽的义务，就没有必要苛求它审查每一包茶叶的预包装是否符合相关的要求。

综上，笔者认为，既然《中华人民共和国食品安全法》对商品经营行为区分为餐饮服务和商品流通，则应对二者提供的食品在适用标准上有所区分，不应僵化地适用同样的标准，应结合食品的性质、合同形成的环境、合同交易习惯等综合审查餐饮服务提供者的食品审查义务。

编写人：广东省广州市越秀区人民法院　曾志清　邹海媚

105 因使用经营者销售的农药产品导致产量减少的责任承担

——王某全诉刘某元产品销售者责任案

【案件基本信息】

1. 裁判书字号

江苏省盐城市中级人民法院（2016）苏09民终4474号民事判决书

2. 案由：产品销售者责任纠纷

3. 当事人

原告（被上诉人）：王某全

被告（上诉人）：刘某元

【基本案情】

2015年4月4日，桂某祥（甲方）作为种子公司的生产商与刘某龙、原告等（乙方）签订《杂交水稻种子订购合同》，载明由刘某龙、原告等三人在盐都区境内种植杂交水稻制种，亲本种子由甲方提供，乙方按约定品种和面积组织生产；乙方所生产的种子达不到合同中所制定的质量标准甲方不予收购，责任由乙方自负；合同签订后，原告在其承包田中种植上述合同中的“天两优616”种子。关于种植“天两优616”的田面积，盐都区大纵湖镇于任村民委员会作出证明，证实原告在其村承包土地333亩；原告在庭审中表示其种植“天两优616”种子以及使用被告销售的农药土地面积合计380亩；被告在庭审中认可原告种植“天两优616”种子田的面积为360亩，其中310亩使用了被告提供的农药。经审查：原告种植“天两优616”种子的土地面积合计为360亩，使用被告销售的农药土地面积为330亩。

原告在庭审中表示，被告向其宣称该农药是正规厂家生产。故自2015年7月7日起，被告陆续向原告推销氰氟草酯等农药，被告在庭审中陈述其知道制种稻与普通水稻的区别，也到原告的田里看，知道原告种植的是制种稻。原告在其种植的330亩田里使用了被告推销的农药，其中20亩并非“天两优616”品种。2015年7月14日，原告在使用被告提供的农药后，出现叶片大面积枯黄现象，原告拍摄了照片并与被告协商处理，被告于2015年7月14日向原告作出《保证书》一份，载明：关于2015年7月7日、7月8日刘某元向大纵湖镇于任村王某全销售的农药，经试用后水稻出现叶片大面积枯黄，我现向王某全保证，如出现产量大于10%的减产（同比），由我负责赔偿。2015年9月10日，桂某祥对原告种植的水稻种子进行田间检验，结果为：主茎种、大分茎种无黄花药，部分小分茎有黄花药。其间被告赠送相关药品进行补救。

2015年12月1日，种子公司对原告的种子进行分子纯度鉴定，鉴定的结果是分子纯度未达到约定指标。2016年4月11日，种子公司将原告的种子送海南鉴定，鉴定的结果仍不达标，但对部分接近指标的视为合格种子（26800斤）收购。

原告收割后，将所有的水稻种子分为三部分处理：（1）送到种子公司的种子合计109010斤，该部分种子中有26800斤为合格种子；（2）送达种子公司的剩余82210斤为不合格种子，经与原告协商，不合格种子转为商品粮，合计102762.50元，原告已经领取该款。(3) 原告对未送去种子公司的不合格种子，自行转为普通商品粮处理，在收购人朱长其的笔记本上记载王某全公稻（质量不好的稻子）合计 12450 斤，每斤按 0.93 元处理，合计售得 23157 元。

【案件焦点】

原告的损失后果与被告销售的农药之间有无因果关系、被告是否应承担责任。

【法院裁判要旨】

江苏省盐城市盐都区人民法院经审理认为：因产品存在缺陷造成人身、缺陷产品以外的其他财产损害的，生产者应当承担赔偿责任。因产品存在缺陷造成人身、他人财产损害的，受害人可以向产品的生产者要求赔偿，也可以向产品的销售者要求赔偿，属于产品生产者的责任，产品的销售者赔偿的，产品的销售者有权向产品的生产者追偿。属于产品的销售者的责任，产品的生产者赔偿的，产品的生产者有权向产品的销售者追偿。

一、原告的损失后果与被告销售的农药之间有无因果关系

被告认为原告的损失系原告施农药方法不当以及后期管理等原因所致，其农药为合格产品，故与其无关。对此，因涉案水稻种子种植于 2015 年，原物生长环境等均已灭失，已经无法移送鉴定。但被告于 2015 年 7 月 14 日书写的保证书载明其向原告销售农药，经试用后水稻出现叶片大面积枯黄，并设定了赔偿的唯一条件，即产量大于 10%的减产即应赔偿。另外，结合原告提供的现场照片以及水稻种子经相关检验不合格的事实，本院对被告关于两者之间无因果关系的辩解不予采信，并据此视为被告以保证书的形式认可原告

的损失与被告销售的农药之间存在因果关系。

二、被告应承担的责任问题

首先，被告在保证书上设定了承担责任的条件：产量大于10%的减产（同比）。对于同比，原告认为应与同年其他种植户即刘某龙的种子产量相比；被告认为应与上一年度水稻的产量相比。对此，本院认为，被告在庭审中陈述其知道制种稻与普通水稻的区别，也到原告的田里看，知道原告种植的是制种稻。故该同比应以种子产量作为比较，对被告辩称的与水稻产量比较的主张不予采信。对比较的年份，双方未能达成一致意见，亦未在保证书上注明，但原告收获的合格种子仅26800斤，计算产量远低于“天两优616”的平均亩产300~400斤。故本院认为被告设定的条件成立，被告对原告的损失应予赔偿。

其次，原告作为从事多年种植水稻种子的农户，其对涉案种子的种植、管理已经具备一定的知识和经验，因此对种子的田间管理及使用的农药应审慎选择，而不是草率轻信盲从，其并没有对初次使用被告销售的农药征求种子公司或桂某祥的意见，亦未进一步咨询及了解。另外，种子的减产还与土地的肥力、水利条件的便利、气候的适宜、田间的管理等多种因素相关。故本院结合上述原因并根据被告作出的保证，认定原告在本案中应承担一定的责任，对责任比例，本院认定为原告承担40%，被告承担60%。

江苏省盐城市盐都区人民法院依照《中华人民共和国侵权责任法》第四十二条、第四十三条、第四十五条，《中华人民共和国民事诉讼法》第六十四条、第一百四十二条及相关法律、法规之规定，作出如下判决：

一、被告刘某元自本判决发生法律效力之日起十日内偿付原告王某全531552.30元；

二、驳回原告王某全的其他诉讼请求。

被告不服一审判决，提起上诉。江苏省盐城市中级人民法院经审理认为：一审判决认定事实清楚，适用法律正确，应予维持。依照《中华人民共和国民事诉讼法》第一百七十条第一款第一项之规定，判决如下：

驳回上诉，维持原判。

【法官后语】

本案一审、二审法院坚持以查明案件事实为目的，以全面调查的方法，以形成证据锁链为依据，贯彻公开原则，以公开保公信，通过明辨是非、还原事实真相，迅速化解舆论危机，做到真相明、是非清、舆论平，取得了良好的法律效果和社会效果。

1. 综合审查判断证据，依法查明案件事实。本案涉及的水稻于2015年已经全部收割并分不同方式处理完毕，原物已经不存在，无法通过司法鉴定得到较为科学的证据。双方对涉案种植种子的土地面积、平均亩产、种子单价、种子及种子转为普通水稻的数量、价格等均存在争议，案件事实认定具有疑难性。一审法院在审理过程中，锁定案件争议焦点，对培育种子的公司、收购水稻的商户、相关鉴定部门等多方走访，逐项查证。在双方确认无法通过司法鉴定程序确定相关事实时，主动与相关鉴定部门联系，确认原物灭失无法鉴定，遂通过向当地种子管理站进行咨询，要求出具专业的咨询意见，得出该类种子的平均亩产；根据收购水稻的商户提供的原始记录簿，确定原告自行处理的水稻数量及销售总价，得出该部分价格；根据培育种子的公司出具的相关原始材料，得出送往该公司的种子、种子转为普通水稻的数量及价格；根据被告自行向原告出具的承诺书认定原告种子减产与被告提供的农药之间存在因果关系，最终判定被告赔偿原告相关损失。判决后，当地农业种植户均表示判决公正、及时，社会效果良好。

2. 严格执行程序法，保障双方诉讼权利。把握重点环节，确保立案、排期、送达、庭审、调查取证、宣判送达等重点环节程序规范严谨。注重办案细节，对原告实际种植种子的土地面积经过多次调查，对无法鉴定的结果在庭审中交由双方确认，据此使以咨询意见定案成为合法有据、方法唯一。严把庭审和文书质量，本案先后经过三次庭审，并依照当事人的申请进行了调查，对全部证据进行了质证，确保全部庭审活动高质高效，经受住当事人及代理人以及社会公众的审视。裁判文书针对当事人争议焦点，充分表述当事人的诉辩意见、证据的采信理由、事实的认定、适用法律的推理与解释过程，做到心证公开与裁判理由公开，增强了法院裁判的正当性和可接受性。

3. 裁判方法具有新颖性，彰显了人民法院的民事裁判思维方法和依证据认定事实的司法能力的提高。首先对被告提供的农药与原告农作物损坏之间的因果关系未按一般案件的证据分析、事实推理等方法，而是直接根据被告书写的承诺中的表述直接认定。其次对案件的相关事实及判决结果的确定，尽量排除盖然性程度不高的“日常生活经验”和“社会情理”分析，而是运用客观的实物证据、权威的证明材料等，合理地推出事实认定的结论。

《中华人民共和国民法典》第一千二百零三条对产品责任的相关规定基本承袭了《中华人民共和国侵权责任法》第四十二条、第四十三条的规定，除了将因产品存在缺陷“造成损害”具体到“造成他人损害”，还将原来两条中的三款合并为一条中的两款，由第二款统一规定追偿权问题。《中华人民共和国民法典》第一千零二百零五条对产品责任中民事责任方式的相关规定沿用了《中华人民共和国侵权责任法》第四十五条的规定，只是在具体责任承担方式上增加了“停止侵害”这一类型。

编写人：江苏省盐城市盐都区人民法院　朱文峰

106　产品包装标示义务与产品质量的关系

——薛某华诉葡萄酿酒公司等产品责任案

【案件基本信息】

1. 裁判书字号

新疆维吾尔自治区博尔塔拉蒙古自治州中级人民法院（2016）新27民终109号民事裁定书

2. 案由：产品责任纠纷

3. 当事人

原告（上诉人）：薛某华

被告（被上诉人）：葡萄酿酒公司、商贸公司、百货公司

【基本案情】

2015年6月22日原告薛某华在被告百货公司购买由被告葡萄酿酒公司生产的并由被告商贸公司经销的“干红葡萄酒”一箱24瓶，每瓶售价168元，总价款为4032元，原告通过银行转账支付酒款。该酒在产品外包装标签中标示原料为“葡萄、食品添加剂

(微量二氧化硫),产品类型为干型,原汁含量100%葡萄汁……”该酒生产日期为2013年8月28日,未标注“过量饮酒有害健康”。2013年8月28日生产的“干红葡萄酒”在国家农副产品质量监督检验中心及产品质量监督检验院经过检测,检验结论为样品。经检验,所检项目符合GB 15037—2006葡萄酒标准规定的红葡萄酒、平静葡萄酒、干葡萄酒的要求。被告百货公司销售该酒时,有酒类流通随附单、商标注册证等相关手续。

【案件焦点】

1. 生产者及经营者在生产销售食品时的外包装标注义务;2. 是否为认定产品质量的唯一标准。

【法院裁判要旨】

新疆维吾尔自治区博乐市人民法院经审理认为:食品安全是指食品无毒、无害,符合应当有的营养要求,对人体健康不造成任何急性、亚急性或者慢性危害。生产不符合食品安全标准的食品或者销售明知是不符合食品安全标准的食品,消费者除要求赔偿损失外,还可以向生产者或者销售者要求支付价款十倍的赔偿金。被告葡萄酿酒公司生产的并由被告商贸公司总经销,原告薛某华从被告百货公司购买的“拉菲庄园圣堡干红葡萄酒”经检验符合标准,仅在标签上未标注二氧化硫含量,并不涉及食品本身的安全问题,仅能说明涉案食品的预包装标签存在不规范情形,应由相关监管部门依据职权进行处理。原告薛某华未能提供证据证实购买的“拉菲庄园圣堡干红葡萄酒”是违反食品安全法的不安全食品,也未提供证据证实该酒对其健康造成不良影响,仅以其标识未注明二氧化硫含量为由要求退还货款及十倍赔偿,无事实及法律依据,法院不予支持。

博乐市人民法院依照《最高人民法院关于民事诉讼证据的若干规定》第二条，《中华人民共和国民事诉讼法》第一百四十四条之规定，判决如下：

驳回原告薛某华的诉讼请求。

宣判后，原告提起上诉，后申请撤回上诉。

【法官后语】

产品责任是因指产品有缺陷，造成了产品的消费者、使用者或者其他第三者的人身伤害或财产损失，依法应由生产者或销售者分别或共同负责赔偿的一种法律责任。

本案的争议焦点是产品外包装瑕疵能否认定为产品质量责任。笔者认为，认定产品质量责任应当从产品缺陷、损害事实、因果关系三方面进行认定，即是否存在产品缺陷、是否存在损害事实、损害事实是否因产品缺陷所致。

在审理产品责任纠纷案件中，首先，应审查是否存在产品缺陷。对于“产品存在缺陷”这个构成要件，《中华人民共和国民法典》第一千二百零二条既与《中华人民共和国侵权责任法》第四十一条规定完全一致，也与《中华人民共和国产品质量法》第四十一条有关规定一致。《中华人民共和国消费者权益保护法》没有明确专门规定产品责任的构成，而是引用他法和自法设定，通过该法第四十八条以及与之相关的第四十九条、第五十二条等条款，规定“商品或服务存在缺陷”的，依照该法和其他有关法律法规承担民事责任。民法通则相关规定与上述法律不尽一致，该法第一百二十二条规定“因产品质量不合格”造成他人财产、人身损害的，产品制造者、销售者应当依法承担民事责任。对于缺陷，《中华人民共和国民法典》

与《中华人民共和国侵权责任法》等有关法律均未明确规定。《中华人民共和国产品质量法》第四十六条明确规定："本法所称缺陷，是指产品存在危及人身、他人财产安全的不合理的危险；产品有保障人体健康和人身、财产安全的国家标准、行业标准的，是指不符合该标准。"该规定表明，(一) 所谓的产品缺陷是指一种不合理的危险；(二) 这种危险危及人身、财产安全；(三) 判断这种危险的标准是：在国家和行业对产品有安全性标准的情况下，依法定标准，产品无国家、行业标准的则应保证人们有权期待的安全性。本案中，涉案产品经过相关部门检验，证实产品符合食品安全标准，涉案葡萄酒不存在产品缺陷，其外包装瑕疵（未注明二氧化硫含量）不存在具有危及人身、他人财产的不合理的危险，并不必然影响产品质量。

其次，应审查是否存在损害事实。产品责任中的损害事实包括人身损害、财产损害和精神损害。其中财产损害并不是指缺陷产品本身的损失，即购买该产品所付价金的损失或产品卖不出去的经济损失，而是指该缺陷产品危害了该产品以外的财产安全。本案中，原告薛某华购买涉案葡萄酒后未拆封饮用，未对其人身和财产造成任何损失，不存在损害事实。

再次，应审查是否存在因果关系。产品责任系特殊侵权，侵权责任中，侵权行为与危害后果发生有直接关系的，就可以认定存在侵权行为存在因果关系。本案中，案涉产品既无产品缺陷，原告亦未举证证明人身损害、财产损害事实发生，没有损害事实发生当然不存在因果关系。

综上，本案中，案涉产品葡萄酒经检测部门检测符合食品安全标准，原告亦无证据证明造成实际损害事实，不构成产品责任（产品缺陷、损害事实、因果关系）三要件，外包装瑕疵并不必然影响产品质量，不能认定为产品责任。

最后，笔者认为，在审理产品责任纠纷案件中，还应正确区分产品质量纠纷与产品责任纠纷。产品质量纠纷是合同纠纷，产品责任纠纷则是因侵权行为引发的纠纷，二者有着质的不同。表现在：一是产品质量纠纷是因产品不符合标准而引发的纠纷，产品责任纠纷是因产品存在缺陷致人身、财产受损而引发的纠纷，简单地讲，有缺陷的产品肯定质量不合格，但产品质量不合格并不等于产品存在缺陷；二是产品质量纠纷的损害事实是产品自身的价值损失以及所引起的其他间接损失，而产品责任的损害事实是人身伤害或产品以外的其他财产的损害；三是产品责任的致害原因是物件而不是行为，是产品本身存在安全方面的缺陷而致害人身或财产，而产品质量纠纷致害的原因是行为，即产品质量不合格的行为致另一方受损。

编写人：新疆维吾尔自治区博乐市人民法院　孟明

107　产品缺陷造成他人损害的责任承担

——肖某龙、肖某鑫诉烟花公司、爆竹销售公司产品责任案

【案件基本信息】

1. 裁判书字号

湖南省邵阳市中级人民法院（2015）邵中少民终字第 20 号民事判决书

2. 案由：产品责任纠纷

3. 当事人

原告（被上诉人）：肖某龙、肖某鑫

被告（上诉人）：烟花公司

被告：爆竹销售公司

【基本案情】

2014年春节的前一天，原告肖某龙与朱某龙、林某军等人在被告爆竹销售公司购买了近6000元的烟花，并将所购烟花进行平分。烟花购买时，外包装完好。原告肖某龙分到了包括“世纪之光”品种在内的1000元烟花。2014年1月31日0点10分左右，原告肖某龙在马路上准备燃放烟花，因未携带打火机，便让原告肖某鑫去拿打火机。打火机拿来后肖某鑫便在肖某龙旁边观看。肖某龙用打火机点燃引线燃放“世纪之光”烟花时，未来得及退让走开，烟花就将肖某龙和肖某鑫炸伤。二人受伤后被紧急送往医院住院治疗。在这一过程中，原告肖某龙之妻杨某艳打电话告知其亲戚将涉案烟花收好，并详细告知了涉案烟花的外形、燃放地点等相关信息。之后，两原告先后在邵阳市中心医院、湘雅二医院等医院住院治疗，肖某龙住院加门诊共计54天，花费医疗费共计44352.42元。肖某鑫住院加门诊共计32天，花费医疗费共计19060.84元。肖某龙、肖某鑫到广州、长沙治疗花费交通费、住宿费等共计11760.3元。肖某鑫因治疗延误学业，花费补习课5600元。2014年11月3日，邵阳市雪峰司法鉴定所对肖某龙、肖某鑫进行伤残鉴定。对肖某龙的鉴定意见为：（1）被鉴定人肖某龙损伤程度构成七级残疾；（2）自损伤之日起需伤休180天。对肖某鑫的鉴定意见为：(1) 被鉴定人肖某鑫损伤程度构成十级伤残；(2) 右上脸皮肤瘢痕修复费近2000元。另查明，涉案烟花上标注的生产商为被告烟花公司。2014年5月、6月，二原告将涉案烟花移交给被告爆竹销售公司保管。2015年5月，被告烟花公司申请对涉案烟花进行鉴定，原告确认致伤二原告的就是被告烟花公司生产的“世纪之光”烟花，但认为涉案烟花在被告爆竹销售公司已保存数月，在此期间被告爆竹销售公司是否有过调换不能确定。因此，人民法院司法技术室认为对外委托缺乏鉴定的必要材料，不予对外委托鉴定。原告受伤后，被告爆竹销售公司向原告支付了90000元，被告爆竹销售公司称该笔款项为被告烟花公司放在销售公司处的安全保证金。原告肖某龙、肖某鑫为城镇居民，肖某龙有兄弟姐妹4人，肖某龙母亲唐某菊出生于1928年2月12日。

【案件焦点】

1. 致伤二原告的烟花是否由被告烟花公司生产制造及烟花是否存在产品缺陷；2. 原告方自身是否存在过错；3. 原告损失的承担者及承担比例。

【法院裁判要旨】

湖南省洞口县人民法院经审理认为：本案系产品责任纠纷。产品责任纠纷适用无过错责任原则，根据《最高人民法院关于民事诉讼证据的若干规定》第四条第一款第六项的规定，因缺陷产品致人损害的侵权诉讼，由产品的生产者就法律规定的免责事由承担举证责任。故本案原告只需对涉案烟花系被告烟花公司生产及涉案烟花造成原告损害等基本事实承担举证责任，被告烟花公司应就法律规定的免责情形承担举证责任。结合本案实际情况，原告的当庭陈述及提交的证人证言等证据表明，致伤二原告的烟花“世纪之光”系被告烟花公司生产制造，在被告爆竹销售公司购买。根据《中华人民共和国产品质量法》第四十六条的规定，本法所称缺陷，是指产品存在危及人身、他人财产安全的不合理的危险；产品有保障人体健康和人身、财产安全的国家标准、行业标准的，是指不符合该标准。被告烟花公司出具相应检验报告以证明自己生产的烟花系合格产品，但该检验报告系抽样检验，并不能证明其所生产的每一个烟花产品符合相关质量标准。该涉案烟花致伤了原告，说明该烟花不符合相关质量标准，因此该涉案烟花是缺陷产品。根据《中华人民共和国侵权责任法》第四十一条之规定，因产品存在缺陷造成他人损害的，生产者应当承担侵权责任。本案被告烟花公司未能就法定的免责事由举证，其应承担举证不能的法律后果，故其应当对生产的缺陷产品承担赔偿责任。原告表示在购买烟花时产品的外包装完好无损，本案中也无证据证明被告爆竹销售公司对产品的缺陷存在过错，故被告爆竹销售公司不承担赔偿责任。原告肖某龙在被告爆竹销售公司购买烟花，该烟花来源合法，且原告肖某龙在燃放过程中并无过错，故不应承担责任。原告肖某鑫在观看烟花燃放时，其应在安全距离外观看，但其没有与烟花保持安全距离而遭受损害，其自身应承担一定的责任，人民法院酌情认定原告肖某鑫自负10%的责任。

湖南省洞口县人民法院依照《中华人民共和国侵权责任法》第十六条、第二十六条、第四十一条，《最高人民法院关于审理人身损害赔偿案件适用法律若干问题的解释》第十八条、第十九条、第二十条、第二十一条、第二十二条、第二十三条、第二十四条、第二十五条、第二十八条的规定，作出如下判决：

一、由被告烟花公司赔偿原告肖某龙因烟花致伤的各项损失304804.7元，赔偿原告肖某鑫各项损失77563.76元，合计382368.46元，扣减已支付的90000元，被告烟花公司还需赔偿二原告292368.46元。

上述金钱给付义务限于本判决生效后十日内付清；

二、驳回原告肖某龙、肖某鑫的其他诉讼请求。

烟花公司不服一审判决，提起上诉。湖南省邵阳市中级人民法院经审理认为：被上诉人提供的共同购买人的证言和烟花燃放在场人的证言、肖某龙的当庭陈述与肖某龙在案发后将其保存的涉案烟花转交原审被告爆竹销售公司保存的情况，相互印证，证明肖某龙、肖某鑫之伤系烟花公司生产的“世纪之光”产品所造成。烟花公司作为生产者，应就法律规定的免责事由承担举证责任。涉案烟花存在产品缺陷，烟花公司提供的证据不能证明自己生产的炸伤肖某龙、肖某鑫的“世纪之光”系无产品缺陷的合格产品。肖某龙作为完全民事行为能力人在室外空旷地方用打火机燃放烟花，方法并无不当，烟花公司未提交证据证明肖某龙燃放烟花存在过错，肖某鑫观看烟花存在过错的事实已予以认定。一审对肖某龙、肖某鑫损失的计算及责任承担比例的划分符合法律规定。综上，原判认定事实清楚，适用法律正确，实体处理恰当，审判程序合法，应予维持。

湖南省邵阳市中级人民法院依照《中华人民共和国民事诉讼法》第一百七十条第一款第一项的规定，作出如下判决：

驳回上诉，维持原判。

【法官后语】

本案系产品责任纠纷。在办理该类案件中，正确确定举证责任是关键所在，对案件办理具有重要的意义。

对产品责任的举证责任主要有两种意见：第一种意见认为，应当采用举证责任倒置规则，由生产者、销售者证明其产品不存在缺陷，如果其不能证明，则推定产品存在缺陷；第二种意见认为，应当先由原告对产品责任的构成要件进行举证，在原告完成举证的前提下，由被告就其法定的减免事由进行举证。我国民法典实施之前的侵权责任法及民法典中关于产品责任的规定均是“产品存在缺陷造成他人损害”，由此可见，产品存在缺陷是产品责任的前提，产品责任适用的是无过错责任，因此产品责任的构成要件分为三个方面，分别是产品存在缺陷、有缺陷的产品造成受害人损害的事实以及缺陷产品与损害事实之间存在因果关系。按照《最高人民法院关于适用〈中华人民共和国民事诉讼法〉的解释》第九十一条“主张法律关系存在的当事人，应当对产生该法律关系的基本事实承担举证证明责任”的规定，原告应当对产品责任的上述三项构成要件承担举证责任。在司法实践和理论研究中，对损害事实以及因果关系的举证责任由原告承担并无争议，对产品存在缺陷应当由谁承担证明责任则存在前述两种意见。笔者认为，前述第一种意见实质滥用了举证责任倒置理论，证明责任的分配依托于法律的直接规定，而非人为分配。在侵权责任中，其构成要件一般包括侵权行为、损害后果、因果关系和过错，举证责任倒置实质是通过法律的规定，将本应当由受害人承担举证责任的构成要件分配给行为人承担。例如，在环境污染和生态破坏责任中，其明文规定行为人应当就其行为与损害之间不存在因果关系承担举证责任，该规定就是受害人只要证明行为人有侵权行为及存在受损害的事实，就推定行为与事实之间存在因果关系，无须受害人举证证明，将该因果关系倒置至行为人，要求其举证证明不存在因果关系。在产品责任中，修改之前的《最高人民法院关于民事诉讼证据的若干规定》第四条第一款第六项规定："因缺陷产品致人损害的侵权诉讼，由产品的生产者就法律规定的免责事由承担举证责任"，虽然该条在2020年5月1日起施行的《最高人民法院关于民事诉讼证据的若干规定》中予以删除，但其规定的只是生产者对免责事由承担举证责任，并不是就产品侵权符合某项构成要件承担举证责任，故在法无明文规定的前提下不应当适用举证责任倒置的规则，在产品责任中就产品存在缺陷这一构成要件，仍由受害人承担举证责任。在司法实践中，行为人往往会提供证据证明其生产、销售的产品不存在缺陷，这一行为实质是侵权人举证证明产品责任构成要件缺失，从而达到产品责任不成立的目的，而非举证责任的倒置。

在产品责任中，受害人举证证明产品存在缺陷最为关键。民法典中并没有对产品缺陷进行规定，因此依旧适用《中华人民共和国产品质量法》第四十六条中对产品缺陷的界定："本法所称缺陷，是指产品存在危及人身、他人财产安全的不合理的危险；产品有保障人体健康和人身、财产安全的国家标准、行业标准的，是指不符合该标准"。关于该条的理解，通说认为，应当将不合理的危险和不符合国家标准、行业标准这两类缺陷认定为主辅关系，即对于那些不符合国家标准、行业标准的产品可以直接认定为存在产品缺陷，而对于那些符合国家标准、行业标准的产品，如果其存在不合理的危险，仍然认定为缺陷产品。合理的危险应当是理性的，一般人在日常生活中基于日常生活经验可以或者应当容许的危险，否则就是不合理的危险。比如，本案所涉及的烟花爆竹，一般而言，烟花爆竹会设计合理的引线长度和燃放速度，以确保燃放者有充足的时间退让到安全距离以外，其正常燃放时具有一定的杀伤力，这是一种能够容许的合理危险，但根据本案查明的事实，原告在燃放案涉“世纪之光”烟花时，未来得及退让走开，烟花就已经爆炸，这则是一种不合理的危险。在司法实践中，产品是否存在缺陷需要裁判者在个案中进行判断，由于涉及专门知识，可以依托鉴定机构出具的鉴定意见，但也不能将鉴定意见作为唯一的判断依据，在没有鉴定或者鉴定意见不明确的情形下，就需要法官依据法律规定，通过对证据、事实的认定，按照内心确信原则作出最终的断定。当双方提交的证据使产品是否存在缺陷这一事实真伪不明，法官也不能形成心证的情况下，就可以采用结果意义上的证明责任理论，由举证责任方即受害方承担不利的法律后果。

具体到本案中，本案是在民法典实施前审理并判决的，适用当时的法律规定。其在“本院认为”中引用的2001年版《最高人民法院关于民事诉讼证据的若干规定》第四条，因其规定的举证责任规则可以通过适用《最高人民法院关于适用〈中华人民共和国民事诉讼法〉的解释》第九十一条即“（一）主张法律关系存在的当事人，应当对产生该法律关系的基本事实承担举证证明责任；（二）主张法律关系变更、消灭或者权利受到妨害的当事人，应当对法律关系变更、消灭或权利受到妨害的基本事实承担举证证明责任”中关于举证责任分配规则的规定解决，故在2020年5月1日起施行的新民事诉讼证据若干规定中予以删除。本案所适用的《中华人民共和国侵权责任法》第四十一条规定：“因产品存在缺陷造成他人损害的，生产者应当承担侵权责任。”民法典对该条基本上予以沿用，但考虑到产品责任除要求赔偿损失外，还可以请求生产者承担停止侵害、排除妨害、消除危险等责任，故在民法典中将该条中的“承担赔偿责任”修改为“承担侵权责任”。关于本案被告爆竹销售公司，在本案中认为并没有证据证明其对于缺陷产品存在过错，故在该案中，没有判决要求被告爆竹销售公司承担责任，该判决所依据的是《中华人民共和国侵权责任法》第四十二条的规定："因销售者的过错使产品存在缺陷，造成他人损害的，销售者应当承担侵权责任"。有一些观点认为，根据该条规定，在产品责任中，销售者承担的是过错归责原则，本案对于被告爆竹销售公司的处理采用的就是该观点。但侵权责任法第四十二条实际意义是解决销售者与生产者内部最终责任承担问题，而不是确定销售者的过错责任，为避免产生错误认识，在民法典中将该条删除，使表述更加清晰简洁，上下文逻辑更加通顺。民法典实施后，产品责任中的生产者和销售者均适用无过错原则。按照民法典中关于产品责任的规定，生产者与销售者承担的是不真正连带责任。对于受害人外部而言，因产品存在缺陷造成他人损害的，被侵权人既可以向产品的生产者请求赔偿，也可以向产品的销售者请求赔偿。受害人只要证明构成产品责任，就可以选择向生产者或销售者同时或者择一主张权利，生产者或销售者各负全部赔偿之责任。对于生产者、销售者内部而言，产品缺陷由生产者造成的，销售者赔偿后，有权向生产者追偿。因销售者的过错使产品存在缺陷的，生产者赔偿后，有权向销售者追偿。在司法实践中，受害人往往会同时起诉生产者和销售者。在这种情形下，法院可以在查明产品缺陷究竟是由谁造成的情况下，确定终局的责任主体。故民法典实施后，对于上述案件，在查明被告爆竹销售公司对缺陷产品无过错的情形下，应当判决由被告烟花公司和爆竹销售公司共同对受害方的损失承担赔偿责任，但被告爆竹销售公司在对外承担责任后，有权向被告烟花公司追偿。

编写人：湖南省邵阳市洞口县人民法院　曾毅　罗靖　肖玲

108 缺陷产品使用人与受损第三方能否协商确定赔偿金额并向销售者追偿

——钟某生诉孙某英产品责任案

【案件基本信息】

1. 裁判书字号

北京市第三中级人民法院（2014）三中民终字第14876号民事判决书

2. 案由：产品责任纠纷

3. 当事人

原告（被上诉人）：钟某生

被告（上诉人）：孙某英

【基本案情】

2014年4月5日，钟某生从孙某英处购买了一套1.2米加高酒红色水族箱，并由孙某英负责安装。2014年4月7日，孙某英派工作人员为钟某生进行安装，钟某生向水族箱内注入约18.9升的水。次日，钟某生发现水族箱漏水，漏出的水通过楼板渗到楼下，导致浪潮公司存放的货物（主要为衣物辅料）受损。漏水事情发生后，孙某英派其工作人员王克斌到现场进行勘验，勘验后，王克斌向钟某生出具《证明材料》（在该材料上王克斌签名为王斌），确认了钟某生从孙某英购买水族箱的事实、水族箱漏水导致楼下货物受损的事实以及受损货物的价值47291.6元。2014年5月7日，经市场管理部调解，钟某生与浪潮公司就货物损失赔偿事宜签署《调解协议书》，确定因漏水对浪潮公司造成货物损失的费用为47291.6元，钟某生一次性向浪潮公司赔偿15000元。钟某生向浪潮公司支付了15000元赔偿款。后钟某生提起了诉讼，在一审中曾将水族箱生产厂家水族公司作为共同被告，后于开庭之前撤回了对水族公司的起诉。

【案件焦点】

1. 钟某生能否仅起诉孙某英而不起诉生产厂家；2. 15000元经济损失的认定。

【法院裁判要旨】

北京市朝阳区人民法院经审理认为：因产品存在缺陷造成损害的，被侵权人可以向产品的生产者请求赔偿，也可以向产品的销售者请求赔偿。原告从被告处购买的水族箱发生漏水，经被告方确认，水族箱漏水是因水族箱存在质量问题所致，被告作为水族箱的销售商，原告有权要求被告赔偿相应的损失。现有证据足以证明因水族箱漏水而造成浪潮公司的货物受损，原告也对浪潮公司进行了相应的赔偿，故对原告主张的15000万元经济损失，应予支持。综上，依照《中华人民共和国侵权责任法》第四十三条之规定，判决如下：

被告孙某英于本判决生效之日起七日内给付原告经济损失15000万元。

孙某英不服一审判决，提起上诉。北京市第三中级人民法院经审理认为：因产品存在缺陷造成损害的，被侵权人既可以向产品的生产者请求赔偿，也可以向产品的销售者请求赔偿。本案中，水族箱系从孙某英处购买，孙某英的工作人员亦确认漏水原因系水族箱存在质量问题，孙某英作为销售商应赔偿因之引起的钟某生的合理损失。因水族箱质量问题致第三人受损后，基于诚实信用原则，作为消费者的钟某生及作为销售方的孙某英均应采取积极态度，尽快解决受损方的损失赔偿事宜。本案中，在销售方、厂家均未积极采取后续行动的情况下，作为消费者的钟某生通过第三方的介入，及时与受损方协商确定损失数额并进行了赔偿。尽管该数额系经协商确定，未经鉴定评估，但双方以报损价 47291.6 元为基础，以 15000 元达成赔偿协议，而销售方无证据证明消费者与受损方的协议存在恶意串通或就损失数额的确定具有明显的不合理性，故该 15000 元应作为钟某生的合理损失，由孙某英予以赔偿。钟某生在原审中撤回对生产厂家水族公司的起诉，属于其依法自行处分权利，并未侵犯孙某英的权利。

北京市第三中级人民法院依照《中华人民共和国民事诉讼法》第一百七十条第一款第一项之规定，作出如下判决：

驳回上诉，维持原判。

【法官后语】

本案处理的重点主要在于当事人求偿权的主张对象和经协商赔偿经济损失后的追偿问题。

原《中华人民共和国侵权责任法》第四十三条规定，产品缺陷造成损害的，被侵权人既可以向生产者请求赔偿，也可以向销售者请求赔偿。《中华人民共和国民法典》侵权责任编继续保留了这一规定。法律赋予了被侵权人选择性请求权，被侵权人向生产者、销售者一方或双方主张权利是其自由；而现实中产品的生产地和销售地经常不在同一区域，要求被侵权人必须起诉两方不符合诉讼经济原则。实践中，虽有为查清案件事实而追加生产者的情况，但不能因此要求被侵权人必须将生产者和销售者一并起诉。因此，本案中钟某生有权就损害单独起诉销售商孙某英。

关于经济损失数额的确定和追偿问题，事故发生后，产品使用人、销售方等均应根据诚信原则积极解决受损方的损失赔偿事宜。本案中，产品使用人进行了及时通知，并在销售方和生产方迟迟未作答复的情况下，通过第三方的介入及时与受损方协商，虽未经过评估，但最终确定的金额显示钟某生已同受损方进行了积极的磋商，且销售方无证据证明消费者与受损方的协议存在恶意串通或损失数额的确定具有明显的不合理性，故该15000元应作为钟某生的合理损失应由孙某英予以赔偿。

编写人：北京市第三中级人民法院　陈茜

109　行政调查报告应当认定为民事诉讼中的公文书证

——农资公司诉种业公司产品质量责任案

【案件基本信息】

1. 裁判书字号

河南省三门峡市中级人民法院（2014）三民终字第651号民事裁定书

2. 案由：产品质量责任纠纷

3. 当事人

原告（被上诉人）：农资公司

被告（上诉人）：种业公司

【基本案情】

2010年8月10日，农资公司与种业公司签订协议书，约定种业公司为农资公司提供红皮圆葱。2010年8月10日、13日农资公司分别从种业公司处以360元/公斤的价格购买种业公司生产的“红冠”牌圆葱种子50公斤和20公斤，共付价款25200元。后农资公司将这些种子全部销售给马谢村种子经销户秦小黑，秦小黑将该批种子销售给当地种植户进行种植。2011年5月至6月收获时，所种植的红皮圆葱出现严重减产。种植户向当地相关部门进行反映。2011年6月27日，三门峡市种子管理站针对农户反映购买种植伪劣洋葱种子一事进行调查，2011年7月该站出具《关于红冠圆葱品种种植情况的调查报告》（以下简称《调查报告》），该《调查报告》载明：“……通过分析，我们认为原因主要有：一是气候……二是种杂。纯正红冠圆葱品种为高圆形、紫红色，因此畸形果、杂色果都是失去原有品种的表现，其主要原因应是品种混杂所致。三、初步结论：综上所述，九位农户购买的陕西种业公司有限公司的红冠圆葱品种，确实存在部分伪劣假种子的情况，结合气候影响因素，我们认为伪劣假种子造成减产的比重应在30%左右，即亩减产4500斤，损失900元。”因该事件给种植户造成的损失，经过种子管理站多次协商，于2011年6月29日、2012年9月20日农资公司分两次通过秦小黑给付种植户补偿款15000元和38000元，共计53000元。2012年12月25日农资公司就种子质量问题种业公司未予赔偿一事，向西安市种子管理站进行投诉。后农资公司以多次与种业公司协商赔偿事宜未果为由，诉至法院，请求依法处理。

【案件焦点】

对涉案红皮圆葱种子的质量的认定，主要涉及对三门峡种子管理站出具的《调查报告》等公文书证的证据力审查。

【法院裁判要旨】

河南省三门峡市陕县人民法院经审理认为：因产品质量不合格而造成他人财产损害的，产品制造者、销售者应当依法承担民事赔偿责任。原告作为被告生产经销种子的销售者，因种子质量问题种植后给种植户造成了损失，原告为此向种植户赔偿53000元，该事实有相关证据予以佐证，应予认定。原告在承担赔偿责任后依法有权向产品的生产者即被告追偿。因涉案种子140斤全部销售于种植户进行种植，结合三门峡市种子管理站《调查报告》的结论及证人证言，对于原告要求被告支付其损失53000元的请求，依法予以支持。关于原告诉请的购种款25200元，因原告购买涉案种子后予以销售，获得了收益，并未造成其损失，故对原告的该项请求，依法不予支持。关于被告辩称原告在收货后未在十五日提出质量异议，故种子不存在质量问题，陕县人民法院认为，根据三门峡种子管理站出具的《调查报告》和种子需实际种植后才会显示出是否存在质量问题的特性，被告的该意见不符合客观实际，故本院不予采纳。综上，陕县人民法院依照《中华人民共和国民法通则》第一百二十二条，《中华人民共和国产品质量法》第四十三条的规定，判决如下：

一、被告种业公司自本判决生效后十日内一次性赔偿原告农资公司经济损失53000元；

二、驳回原告三门峡市农资公司有限责任公司的其他诉讼请求。

宣判后，种业公司不服，提起上诉。河南省三门峡市中级人民法院经审理认为：该案农资公司购买了种业公司生产的红皮圆葱种子，并将该批种子经种子经销户秦小黑销售给当地农户进行种植，在次年收获季节红皮圆葱发生严重减产时，种业公司并没有积极处理，双方也没有委托相关鉴定机构对种子质量进行鉴定，由于农民投诉至三门峡市种子管理站，三门峡市种子管理站对红皮圆葱的减产情况进行了现场查看、田间取样并与农户座谈，后出具了《调查报告》，对红皮圆葱的减产情况、症状及原因进行了分析，该《调查报告》能够证明圆葱减产的情况，可以作为证据使用，能够作为认定事实的依据。由于本案的特殊性，现在已不具备鉴定的对象和条件，故无法对红皮圆葱种子的质量问题进行鉴定。种业公司关于调查报告不能作为证据和认定事实的依据的上诉理由不能成立，本院不予支持。据此，三门峡市中级人民法院判决如下：

驳回上诉，维持原判。

【法官后语】

审判实务中，调查报告作为一种少见的证据形式，人民法院应当按照法定程序，全面地、客观地审查核实该证据，并依据《中华人民共和国民事诉讼法》的规定进行准确定位并确立基本的法律适用规则。

首先，调查报告所述内容与案件待证事实之间具有密切的关联性。所谓证据的关联性，是指作为证据内容的事实与案件事实之间存在某种联系，其具体审查方法主要是考察当事人提出该证据的证明目的，考察该证明目的是否有助于证明本案中的争议事实。如果特定证据的证明目的并非指向本案的待证事实，则该证据不具有实质性，也就没有关联性。具体到本案中，农资公司提交的三门峡种子管理站作出的《调查报告》，旨在证明种业公司生产的红冠圆葱品种本身具有质量缺陷，并造成了种植户53000元的经济损失，自己作为销售者并无过错。而从《调查报告》的内容看，其不仅详细描述了种业公司生产的红冠圆葱品种种植一年后的生长特征，而且还以“初步结论”的形式明确指出了“九位农户购买的种业公司的红冠圆葱品种，确实存在部分伪劣假种子的情况”。故可认定该《调查报告》所述的内容与本案待证事实之间具有密切的关联性。

其次，调查报告可以作为销售者向生产者行使追偿权的依据。

从责任认定角度看，本案的特殊性在于该诉讼并不是由作为最终消费者的农户向生产者和销售者因产品质量纠纷而提起的赔偿之诉，而是由销售者在向种植户履行了赔偿义务后，向生产者提起的追偿之诉。根据我国现行法律的相关规定，生产者和销售者之间的追偿权之诉，销售者承担赔偿责任应以过错为前提。生产者则以无过错为原则。生产者只能以证明存在法定免责事由来进行无责抗辩，或以证明销售者存在过错，进而主张减少被追偿的比例和具体追偿数额。调查报告作为一份客观存在的公文书证，其所能证明的对象亦具有多样性，它既可以作为最终消费者的农户向生产者和销售者提起产品质量责任纠纷之诉的证据，也可以作为销售者向生产者行使追偿权的依据。

具体到本案中，种业公司在一审、二审期间针对《调查报告》所提出的反驳意见，主要是将《调查报告》定性为鉴定意见，从调查报告出具的主体资格、委托程序等角度展开，其内容既不能证明销售者存在过错，亦不能证明存在《中华人民共和国产品质量法》

第四十一条规定的免责事由。相反，对于销售者是否存在过错，《调查报告》所载的初步结论是“九位农户购买的种业公司的红冠圆葱品种，确实存在部分伪劣假种子的情况”，这一方面，既可证明种业公司向农资公司提供的红皮圆葱种子存在缺陷，是造成农户损失的原因，另一方面，结合该批种子的销售情况等相关证据，亦可佐证农资公司并无过错。故从《调查报告》的生成过程和所表达的内容看，特别是在“当地农户进行种植，在次年收获季节红皮圆葱发生严重减产时，种业公司并没有积极处理，双方也没有委托相关鉴定机构对种子质量进行鉴定”，最终导致“不具备鉴定的对象和条件，故无法对红皮圆葱种子的质量问题进行鉴定”时，法院将《调查报告》作为认定农资公司向种业公司追偿的证据并无不当。

而且，本案中，生效裁判文书对于《调查报告》的采信与适用符合《最高人民法院关于适用〈中华人民共和国民事诉讼法〉的解释》的立法精神。生效裁判文书关于《调查报告》的论理部分的表述为：“三门峡市种子管理站对红皮圆葱的减产情况进行了现场查看、田间取样并与农户座谈，后出具了调查报告，对红皮圆葱的减产情况、症状及原因进行了分析，该调查报告能够证明圆葱减产的情况，可以作为证据使用，能够作为认定事实的依据”，其所体现的裁判思路和论理方法与该解释第一百零八条第一款所规定“对负有举证证明责任的当事人提供的证据，人民法院经审查并结合相关事实，确信待证事实的存在具有高度可能性的，应当认定该事实存在”的要求高度契合。

编写人：河南省三门峡市中级人民法院　贾建兵　王建锋

110 准共同侵权危险行为人范围的划定及举证责任的分配

——肖某诉曾某明等产品责任案

【案件基本信息】

1. 裁判书字号

河南省信阳市中级人民法院（2013）信中法民终字第1489号民事判决书

2. 案由：产品责任纠纷

3. 当事人

原告（上诉人）：肖某

被告（上诉人）：曾某明、肖某、肖某意、张某、陈某锋、花炮公司、烟花公司

【基本案情】

2011年12月中旬，与原告同住一个村民组的肖从利（原告叔爷）逝世，肖从利家人分别从在南王岗街道经商的曾某明、肖某、肖某意门店购买花炮，肖从利长子肖本文的岳父张明科从净居寺管理区杨帆街道陈某锋门店购买1000元的花炮，并由陈某锋送至某村某村民组。2011年12月19日肖从利出殡，沿王畈村民组西南方向，经河坝，过小河、菜园，到村民组西南坟山下葬，沿途燃放了大量的烟花爆竹，有部分烟花爆竹未响或被炸散筒，散落在河坝四周及河边、菜园、田沟等沿途经过的地方。2011年12月24日（星期六）下午，原告肖某在王畈村民组村头河坝玩耍，发现散落在地的连在一起的炮筒，肖某先剥开花炮筒子，把筒子上面空着的部分掰断，用火机点燃引线，炮筒当即爆炸，肖某右手

大拇指、食指、中指被炸飞，无名指、小拇指连着血肉、碎骨、白筋掉在腕下。肖某当即被送往某医院诊治，经紧急处理后于当日转入中西医某医院住院治疗，2012 年 2 月 18 日出院，住院时间为 56 天，花费医疗费 43434.9 元。2012 年 4 月 16 日再次进入武汉市瑞祥中西医某医院作第二次手术，2012 年 4 月 20 日出院，住院时间为 4 天，花费医疗费 3025.4 元。2012 年 8 月 1 日经司法鉴定所鉴定肖某的伤残等级为六级。

事发后，工商局接到投诉，于 2011 年 12 月 29 日至 12 月 30 日分别到曾某明、肖某意、肖某、陈某锋门店进行检查，先后询问了曾某明、肖某、陈某锋以及肖某意的外甥甘春波，查证了相关事实。被告曾某明、肖某意、肖某分别从张某处进购花炮，张某从花炮公司等处进购花炮。被告陈某锋从烟花公司进购花炮。另查明，肖从利出殡前后到原告被炸伤之日止，除肖从利逝世后燃放过烟花爆竹外，原告所在村民组没有操办过红白喜事，没有燃放过烟花爆竹。

【案件焦点】

准共同侵权危险行为人范围的划定、举证责任如何分配以及被告的免责事由。

【法院裁判要旨】

河南省信阳市光山县人民法院经审理认为：造成原告肖某受伤的花炮在先前燃放过程中未响或被炸散筒，产品存在严重缺陷，存在安全隐患，花炮的生产、销售者应对由此造成的损害承担产品责任；造成事故的花炮虽不能确定具体的生产者或销售者，但引发事故的花炮是肖从利逝世后燃放的，从被告曾某明、肖某、肖某意、陈某锋门店购进，这个范围则是明确的。曾某明、肖某、肖某意从张某处进购花炮，张某从花炮公司进购花炮，陈某锋从烟花公司进购花炮，已经查证属实，《中华人民共和国侵权责任法》第十条规定“二人以上实施危及他人人身、财产安全的行为，其中一人或者数人的行为造成他人损害，能够确定具体侵权人的，由侵权人承担责任；不能确定具体侵权人的，行为人承担连带责任”，故此，以上七被告应对原告肖某承担连带赔偿责任；至于以上各被告各自经营的产品是否存在缺陷，是否有其他进货渠道以及炸伤原告的花炮具体由谁经销等，原告对此不负有举证责任，也不影响以上七被告对原告承担连带责任；未燃放的花炮有警示说明，在花炮经燃放被炸散落后已不存在，被告以此要求免除责任的理由不能成立；原告肖某的监护人未尽安全教育义务，肖某作为未成年人玩耍散落的花炮，直接导致存在缺陷的花炮爆炸，对此事故的发生有明显的过错，应适当减轻被告的责任，结合本案案情，酌定减轻被告30%的责任；被告经营的产品存在产品缺陷，还应对原告承担惩罚性赔偿责任。原告各项损失依法核定为：（1）医疗费46630.30元；（2）住院伙食补助费60天×50元=3000元；（3）营养费60天×20元=1200元；（4）护理费25379÷365×60天×2=8344元；（5）交通费3705元；（6）残疾赔偿金7524.94×20年×50%=75249.4元；（7）鉴定费820元；（8）住院租躺椅及复印费230元，合计139178.7元，以上七被告连带承担70%，即139183.7×70%=97425.09元；基于原告的伤残程度，被告还应当向原告赔付精神抚慰金25000元；被告经营的产品存在缺陷导致原告受伤致残，被告还应当向原告承担惩罚性赔偿金30000元。

河南省信阳市光山县人民法院作出（2012）光民初字第717号民事判决书，判决如下：

一、被告曾某明、肖某、肖某意、陈某锋、张某、花炮公司、烟花公司连带赔偿原告肖某各项损失152425.09元；

二、驳回原告过高的诉讼请求。

宣判后，原、被告均表示不服一审判决，提起上诉，河南省信阳市中级人民法院作出（2013）信中法民终字第1489号民事判决书，判决如下：

驳回上诉，维持原判。

【法官后语】

“准共同侵权”行为又称“共同危险行为”，是指二人及二人以上共同实施的侵害他人权利的危险行为。随着社会的发展，社会生活日益复杂化，民事活动日益频繁，对公民的人身及财产安全产生的不可预测的危险性也逐渐增加，特别是多个民事主体在共同实施危险行为时，由于这种危险行为在可能导致损害发生上具有相同的危险性，受害人难以找到真正的加害人。

1. 共同危险行为人的范围的划定

原《中华人民共和国侵权责任法》第十条规定，二人以上实施危及他人人身、财产安全的行为，其中一人或者数人的行为造成他人损害，能够确定具体侵权人的，由侵权人承担责任；不能确定具体侵权人的，行为人承担连带责任。《中华人民共和国民法典》第一千一百七十条对上述规定予以了延续。构成共同危险行为应具备以下要件：（1）行为主体为数人，且数人之间并无共同意思联络；（2）数人共同实施危险行为，数个行为人的行为必须是在同一时间、同一场所的行为。即“时空上的共同性”；（3）实际侵害行为人不明；（4）整个共同危险行为与损害结果之间具有关联性。本案中，造成事故的花炮虽不能确定具体的生产者或销售者，但引发事故的花炮是肖从利逝世后燃放的，从被告曾某明、肖某、肖某意、陈某锋门店购进，这个范围是明确的，曾某明、肖某、肖某意从张某处进购花炮，张某从花炮公司进购花炮，陈某锋从烟花公司进购花炮，确定了行为主体为七被告，即花炮的销售者，销售者之间并未就侵权行为作出意思联络，满足第一个构成要件。如若有共同的意思联络，则构成共同侵权而非共同危险行为（“准共同侵权”）。肖从利出殡前后到原告被炸伤之日止，除肖从利去世后燃放过烟花爆竹外，原告所在村民组没有操办过红白喜事，没有燃放过烟花爆竹；被告方销售的花炮具有严重的质量安全隐患，七被告销售存在安全隐患的花炮，共同实施相同的危险行为，时间明确为肖从利出殡前后到原告被炸伤之日止，空间为原告所在村民组，具有时空的一致性，满足第二个构成要件。七被告销售存在安全隐患的花炮与原告受伤存在因果联系且无法确定实际侵害行为人，满足第三、第四构成要件，据此确定了被告主体即共同危险行为人的范围为七被告。

2. 举证责任的分配

《最高人民法院关于民事诉讼证据的若干规定》第四条第一款第七项规定，因共同危险行为致人损害的侵权诉讼，由实施危险行为的人就其行为与损害结果之间不存在因果关系承担举证责任，我们采取了举证责任倒置的原则。2001 年，最高人民法院在《最高人民法院关于民事诉讼证据的若干规定》第四条明确规定了举证责任倒置的八种情形。但该司法解释随着新的《最高人民法院关于民事诉讼证据的若干规定》（2019 年修订）的出台，已经全文失效。同时，我国《中华人民共和国民事诉讼法》及其解释均未明确规定举证责任倒置的情形，但《中华人民共和国民法典》第一千一百七十条的规定，二人以上实施危及他人人身、财产安全的行为，其中一人或者数人的行为造成他人损害，能够确定具体侵权人的，由侵权人承担责任；不能确定具体侵权人的，行为人承担连带责任。本条规定加强对受害人保护的初衷以及公平原则的考虑，“确定具体侵权人”的举证责任不能分配给受害人一方，而只能分配给主张自己免责的实施危险行为的人，因为在这种侵权诉讼中，实际侵害受害人权利的只是行为人之一或部分，但受一定的时空制约和人的认识能力的局限，我们又无法确认确切的加害人。为了保护受害人的合法权利，考虑到共同危险人的共同过失，法律上将全部共同危险人的行为看作一个整体，不要求受害人对谁是真正的加害人予以证明，法院也不依职权确认谁是确切的加害人，而判决所有的共同危险人对损害后果承担连带责任。受害人只需举证证实谁为实施共同危险的人以及自己因共同危险行为所受到的损失。共同危险行为人的举证责任，应当就其行为与损害结果之间不存在因果关系承担举证责任。本案中，各被告各自经营的产品是否存在缺陷、是否有其他进货渠道以及炸伤原告的花炮具体由谁经销等，原告对此不负有举证责任，被告方所举证据均不能证明与原告损害的发生无因果关系。

3. 被告的免责事由

被告方如果认为自己不应当承担责任，可就以下几个方面提供证据：(1) 需指明谁是实际致害者，即便数人中的某人能够证明自己没有侵权行为，也不能当然地令其他人负赔偿责任；(2) 证明原告的损害完全是由其自身责任造成的或者是由共同危险行为以外的行为造成的，即由第三方造成的；(3) 证明其具有法定的免责条件(如不可抗力、正当防卫、紧急避险等)。本案中，被告方以未燃放的花炮有警示说明为由要求免责，但该说明在花炮经燃放被炸散落后已不存在，故要求免除责任的理由不能成立。

编写人：河南省信阳市光山县人民法院　陈远兵

111　食品安全中“十倍赔偿”的认定

——刘某诉信息公司产品销售者责任案

【案件基本信息】

1. 裁判书字号

北京市第一中级人民法院（2013）一中民终字第1167号民事判决书

2. 案由：产品销售者责任纠纷

3. 当事人

原告（被上诉人）：刘某

被告（上诉人）：信息公司

【基本案情】

2011年12月3日，刘某在信息公司购买了40盒名为“银杏软胶囊”的食品、20盒名为“人参皂苷粉”的食品及20盒名为“花粉软胶囊”的食品，总价为4000元。

2012年7月6日，国家食品药品监督管理局向刘某出函，载明人参主要含人参皂苷类化合物。同日，卫生部向刘某出具政府信息依申请公开告知书，载明人参叶、人参果、西洋参、银杏叶、蜂胶不得作为普通食品原料使用。2012年7月13日，原国家质量监督检验检疫总局向刘某出具政府信息公开答复书，载明：深圳出入境检验检疫局未签发过编号47060010707××××的进口食品卫生证书。2012年7月25日，原国家质量监督检验检疫总局向刘某出具政府信息公开答复书，载明：质检机构未签发过编号J4401042××××的进口食品标签审核证书。

庭审中，刘某提交体检报告，证明其因高血脂，出于生活消费需要购买信息公司销售的声称能降血脂、提高免疫力的三种普通食品；提交病历手册，证明其食用信息公司销售的假冒食品、法定禁止生产经营的食品致使其人身健康损害和财产损害。信息公司提交“银杏软胶囊”送货单、发票、金三宝公司卫生许可证，证明其“银杏软胶囊”进货渠道；提交“人参皂苷粉”在淘宝购买时的网页打印件，证明其进货渠道；提交“花粉软胶囊”送货单，证明其进货渠道。

【案件焦点】

1.《中华人民共和国食品安全法》（以下简称《食品安全法》）第九十六条第二款中的十倍赔偿是否以发生人身、财产等损害为前提条件；2. 对于第九十六条第二款规定的“销售明知是不符合食品安全标准的食品”中的“明知”如何理解；3. 消费者为证明食品不合格而花去的费用，由谁来承担。

【法院裁判要旨】

北京市海淀区人民法院经审理认为：依法经有关行政部门认定为不合格的商品，消费者要求退货的，经营者应当负责退货。本案中，刘某在信息公司处购买的“银杏软胶囊”“花粉软胶囊”经有关行政机关认定为假冒食品，“银杏软胶囊”“人参皂苷粉”违反法定的食品安全标准，属于法定禁止生产经营的食品，因此信息公司向刘某销售的“银杏软胶囊”“人参皂苷粉”及“花粉软胶囊”均不符合食品安全标准，对于刘某要求退货并退还食品价款4000元的诉讼请求，法院予以支持。刘某称其因食用上述保健食品导致患病，但其提交的证据不足以证明该主张，故对其医药费的索赔请求法院不予支持。信息公司提交的证据不足以证明其进货渠道正规及对供货单位资质进行了必要的审查，故应给予刘某十倍价款的赔偿金。刘某主张误工费590.7元，但其并未提交相应证据予以证明，考虑到其确为解决纠纷耽误了时间，法院对该部分费用酌情判定。

北京市海淀区人民法院依据《中华人民共和国食品安全法》第九十六条第二款，《中华人民共和国消费者权益保护法》第四十八条，《中华人民共和国产品质量法》第四十四条第一款、《最高人民法院关于民事诉讼证据的若干规定》第二条之规定，判决如下：

一、信息公司于本判决生效后七日内返还刘某货款四千元，刘某于本判决生效后七日内将剩余货物退还给信息公司；

二、信息公司于本判决生效后七日内向刘某支付赔偿金四万元；

三、信息公司于本判决生效后七日内补偿刘某误工费三百元；

四、驳回刘某的其他诉讼请求。

如果未按本判决指定的期间履行给付金钱义务，应当依照《中华人民共和国民事诉讼法》第二百二十九条之规定，加倍支付迟延履行期间的债务利息。

信息公司持原审抗辩意见提起上诉。北京市第一中级人民法院经审理认为：本案中，刘某在信息公司处购买的“银杏软胶囊”“花粉软胶囊”经有关行政机关认定为假冒食品，“人参皂苷粉”并无保健食品批准文号，属于违反法定的食品安全标准的食品。依法经有关行政部门认定为不合格的商品，消费者要求退货的，经营者应当负责退货。因此对于刘某要求退货并退还食品价款4000元的诉讼请求，原审法院予以支持并无不当。关于十倍价款的赔偿金，根据《中华人民共和国食品安全法》第九十六条第二款规定，信息公司销售的“银杏软胶囊”“花粉软胶囊”“人参皂苷粉”属于违反法定的食品安全标准的食品，这本身就是一种损害，“十倍赔偿”不以发生食品以外的人身、财产等损害为前提条件。而且在本案中根据信息公司提交的证据不足以证明其进货渠道正规及对供货单位资质进行审查的情况。因此信息公司应给予刘某十倍价款的赔偿金。关于误工费，考虑到刘某确为解决纠纷耗费了时间，原审法院对该部分费用酌情判定并无不当。综上，信息公司的上诉请求，理由不足，法院不予支持。

北京市第一中级人民法院依照《中华人民共和国民事诉讼法》第一百七十条第一款第一项之规定，判决如下：

驳回上诉，维持原判。

【法官后语】

本案焦点主要集中在三个方面：

1.《中华人民共和国食品安全法》第一百四十八条第二款中的十倍赔偿是否以发生人身、财产等损害为前提条件

本案中，刘某并未提交充分证据证明其因食用“银杏软胶囊”“花粉软胶囊”“人参皂苷粉”造成了人身、财产损害，那么《中华人民共和国食品安全法》第一百四十八条第二款中的十倍赔偿是否以发生人身、财产等损害为前提条件成了本案的关键。

笔者认为，不应以产生人身、财产损害作为十倍赔偿的构成要件，主要理由如下：首先，我国的食品安全形势严峻。民以食为天，

食品安全形势不容乐观。食品是涉及人民生命健康安全的特殊产品，对其质量要求应当更加严苛，不能等同于一般商品。其次，"十倍赔偿"源于英美法系的惩罚性赔偿制度，其设立的目的在于补偿受害者，打击侵权人，同时通过高额的赔偿额引起社会的警醒，达到社会教育的目的。《中华人民共和国食品安全法》中的"十倍赔偿"制度，无疑是打击有毒有害食品的一项重要举措。只有从严掌握，才能有效利用"十倍赔偿"的制度惩治不法商贩，警示社会。再次，食用不符合食品安全标准的食品产生损害后果往往不是一朝一夕的事，需要几年甚至是几十年后，危害结果才会逐步显现。不符合食品安全标准的食品对人民群众健康的危害具有广泛性、隐蔽性、不可恢复性等特征。最后，即使产生了损害后果，其与所食用不符合安全标准的食品之间的因果关系也很难证明。从这一角度讲，涉及食品的惩罚性赔偿不应当以损害后果的发生为前提。

从一般法和特殊法的关系来看，虽然根据《中华人民共和国民法典》中侵权责任的基本原理，无损害便无赔偿，但是，《中华人民共和国食品安全法》是特别法，消费者在无损害后果的情况下，依据《中华人民共和国食品安全法》第一百四十八条第二款进行索赔，从法理上也可以讲通。

2. 对于第一百四十八条第二款"销售明知是不符合食品安全标准的食品"中的"明知"如何理解

"知道"或者"不知道"属于主观心理状态的范畴，消费者进行证明存在一定的难度。首先，对于明知应当做广义的理解，即"知道或者应当知道"。其次，在证明标准方面，不应当过于严苛，应由法官结合生活经验从宽进行把握。本案中，信息公司提供了与"银杏软胶囊""人参皂苷粉""花粉软胶囊"相关的送货单、发票、卫生证书等材料，但这些证据并不足以证明其对所销售的产品质量进行了必要的审查。刘某通过和厂家进行联系、到工商等部门进行查询的方法，简便快捷地证明了“银杏软胶囊”“人参皂苷粉”“花粉软胶囊”属于不符合食品安全标准的食品，而信息公司作为商品的销售企业对产品质量存在的问题竟然浑然不知，应当推定为其行为属于“销售明知是不符合食品安全标准的食品”的行为。

3. 消费者为证明食品不合格而花去的费用，由谁来承担

首先，证明所购食品不符合食品安全标准，对于一名不具备专业知识的普通消费者而言，本身就不是一项简单的工作，其需要耗费一定的时间和财力，而这种时间和金钱的损耗是由于生产者的过错产生的，应当由生产者来负担。其次，在我国，食品的价格往往并不高昂，很多情况下，即使是“十倍赔偿”，往往也不会给生产和销售企业带来多大的冲击和警醒，让其负担消费者在诉讼中产生的必要费用，亦有利于对生产者进行惩戒及对社会大众进行教育。

编写人：北京市第一中级人民法院　赵小军

112 实际损害是否为食品安全中“十倍赔偿”的必要前提

——刘某诉某经贸公司、某批发配送中心产品销售者责任案

【案件基本信息】

1. 裁判书字号

北京市第一中级人民法院（2013）一中民终字第12355号民事判决书

2. 案由：产品销售者责任纠纷

3. 当事人

原告（上诉人）：刘某

被告（被上诉人）：某经贸公司、某批发配送中心

【基本案情】

某批发配送中心开办了一家茶城市场，某经贸公司在该市场经营销售茶叶、预包装食品及茶具的业务。

2013年1月16日、21日，刘某分两次在某经贸公司购买了14盒“茶乡村”牌铁观音礼盒茶，并支付货款9000元，某批发配送中心为刘某开具了价值9000元的发票。上述茶叶的小包装袋上标示的内容包括“某经贸公司”的名称，品名为：茶乡村铁观音，原料：安溪铁观音，质量等级：特级，保质期：18个月，卫生许可证号为：安卫食字（2006）第CY83号，生产许可证号为：QS350514010149，贮藏方法：冷藏、防潮、防异味、避光直射，公司地址为：北京市西城区*茶城二楼*组*号。

庭审中，刘某主张其在饮用了四小盒茶叶后出现肠胃反应，于2013年2月5日到医院就诊，被诊断为：急性胃炎、胃肠功能紊乱。后经就诊医师提醒，其检查了购买的茶叶后发现该茶叶包装上没有生产日期，其与经贸公司沟通无果后，向相关部门寻求解决途径，在得到相关部门的回函后，其确认某经贸公司冒用他人生产许可证号和卫生证号，销售假冒食品，且其销售的产品包装无生产日期、净含量及产品标准代号，不符合国家食品安全标准，属于法定禁止食品标识的行为。同时，某经贸公司没有产品检验合格报告及食品流通许可证，侵犯了其合法权益，某批发配送中心对产品检验合格报告和食品流通许可证未尽到审查义务。

某经贸公司主张，其虽然在茶城内的二层＊组＊号登记注册并经营，但该公司法人赖某同时在该地址另登记注册了个体工商户营业执照（字号为北京某茶叶销售中心），向刘某出售茶叶的是北京某茶叶销售中心，因为北京某茶叶销售中心不能开具发票，所以刘某购买茶叶后由市场开办方某批发配送中心为其出具了发票，而某经贸公司作为公司法人，具备自行开具发票的能力，同时，赖某领取的个体工商户营业执照办理的食品流通许可证在有效期内。某经贸公司主张刘某提交的证据不足以证明其提交法庭的茶叶样品就是其出售给刘某的茶叶，营业执照中的经营范围虽包括预包装食品，但实际只经营散装茶叶的批发销售业务，其是向刘某出售散装茶叶后按照刘某的要求进行的分装，从未使用过刘某提交的样品包装。

某批发配送中心主张其作为市场开办方及管理者，已经尽到了相应的管理和监督义务，对刘某主张的损失不同意承担责任。

【案件焦点】

1. 刘某的“实际损害”如何认定；2. 刘某是否需要证明茶叶不符合食品安全标准。

【法院裁判要旨】

北京市西城区人民法院经审理认为：《中华人民共和国食品安全法》第四十二条对食品的预包装有明确规定，根据现有证据，某经贸公司向刘某出售的茶叶标签上没有生产日期、净含量、产品标准代号，且其使用的卫生证号、生产许可证号均是冒用其他企业的，故某经贸公司向刘某出售的茶叶标签违反我国食品安全法对预包装食品标签的规定，现刘某要求某经贸公司退还货款的请求正当，法院予以支持。

关于刘某要求某经贸公司支付十倍赔偿的请求，本案中刘某称其因食用涉案茶叶导致患病，但其提交的证据不足以证明该主张，根据现有证据亦不能证明涉案茶叶为质量不符合食品安全标准的食品。刘某因产品标识违反法律规定、某经贸公司的食品流通许可证过期等理由要求对方承担支付价款十倍的赔偿金的诉讼请求，依据不足，法院不予支持。

关于某批发配送中心是否应当承担连带责任的问题，某批发配送中心作为涉案茶叶市场的开办者，应当对入场经营者的经营行为进行监督、管理，但由于刘某提交的证据不能证明其身体受到伤害与饮用涉案茶叶之间具有因果关系，故法院不能据此认定该市场发生食品安全事故，刘某要求某批发配送中心承担连带责任的请求不能成立，法院不予支持。

北京市西城区人民法院依照《中华人民共和国食品安全法》（2009 年 6 月 1 日实施）第二十八条、第四十二条、第五十二条、第八十六条、第九十条、第九十六条之规定，判决如下：

一、自本判决生效之日起七日内，经贸公司退还刘某货款九千元，刘某同时将剩余茶叶退还经贸公司；

二、自本判决生效之日起七日内，经贸公司赔偿刘某误工费二百四十元；

三、驳回刘某其他诉讼请求。

刘某持原审起诉意见提起上诉。北京市第一中级人民法院经审理认为：根据刘某向相关部门的查询结果并结合本案事实可知，某经贸公司所售的涉案茶叶标签上没有生产日期、净含量、产品标准代号，而卫生证号和生产许可证号均是冒用其他企业，故该产品不符合食品安全标准。

生产不符合食品安全标准的食品或者销售明知是不符合食品安全标准的食品，消费者除要求赔偿损失外，还可以向生产者或者销售者要求支付价款十倍的赔偿金。因刘某购买了违反安全标准的食品本身就是一种损害，“十倍赔偿”不以发生食品以外的人身、财产等损害为前提条件，故刘某的主张符合法律规定，原审法院适用法律存在错误。根据上述规定，刘某要求经贸公司赔偿 90000 元的诉讼请求，应予以支持。

集中交易市场的开办者未履行《中华人民共和国食品安全法》第五十二条规定的义务，本市场发生食品安全事故的，应当承担连带责任。本案中，刘某认为其饮用茶叶后导致疾病发生，对此证据不足，因果关系无法确立。因此，不能认定市场发生食品安全事故，故其要求某批发配送中心承担连带责任的诉讼请求，法院不予支持。

某经贸公司和某批发配送中心在本案中认为刘某不具有消费者身份且存在恶意，在本案中证据不充分。

北京市第一中级人民法院依据《中华人民共和国食品安全法（2009 年 6 月 1 日实施）》第十九条、第二十条、第二十八条、第四十二条、第五十二条、第九十六条，《中华人民共和国民事诉讼法》第一百七十条第一款第二项之规定，判决如下：

一、维持北京市西城区人民法院（2013）西民初字第 13558 号民事判决第一、二项；

二、撤销北京市西城区人民法院（2013）西民初字第 13558 号民事判决第三项；

三、本判决生效后七日内，经贸公司向刘某支付九万元赔偿金；

四、驳回刘某的其他诉讼请求。

【法官后语】

民以食为天，食以安为先。为了从制度上解决现实生活中存在的食品安全问题，切实保障人民群众“舌尖上的安全”，我国制定了《中华人民共和国食品安全法》，并于2009年6月1日开始施行，其中第九十六条第二款“生产不符合食品安全标准的食品或者销售明知是不符合食品安全标准的食品，消费者除要求赔偿损失外，还可以向生产者或者销售者要求支付价款十倍的赔偿金”的规定确立了违反食品安全的十倍赔偿制度。那么“不符合食品安全标准”应该如何界定？主张“十倍赔偿”是否必须“证明损失”？

本案二审生效判决认为，某经贸公司所售的涉案茶叶标签上没有生产日期、净含量、产品标准代号，而卫生证号和生产许可证号均是冒用其他企业，故该产品不符合食品安全标准。生产不符合食品安全标准的食品或者销售明知是不符合食品安全标准的食品，消费者除要求赔偿损失外，还可以向生产者或者销售者要求支付价款十倍的赔偿金。因刘某购买了违反安全标准的食品本身就是一种损害，“十倍赔偿”不以发生食品以外的人身、财产等损害为前提条件，故刘某的主张符合法律规定。也就是说，即使损害没有发生，消费者也可主张十倍赔偿，造成实质损害并非主张十倍赔偿的前提条件。

需要指出的一点是，上述生效判决中确定的审判思路在新法修正时被明确确认下来，2015年4月，《中华人民共和国食品安全法》进行了修正，新法第一百四十八条第二款明确规定，生产不符合食品安全标准的食品或者经营明知是不符合食品安全标准的食品，消费者除要求赔偿损失外，还可以向生产者或者经营者要求支付价款十倍或者损失三倍的赔偿金；增加赔偿的金额不足一千元的，为一千元。但是，食品的标签、说明书存在不影响食品安全且不会对消费者造成误导的瑕疵的除外。也就是说，一般情况下，只要消费者证明食品存在违反《中华人民共和国食品安全法》规定的情形，即可主张十倍赔偿，除非生产者或者经营者举证证明食品的标签仅存在不影响食品安全且不会对消费者造成误导的瑕疵。同时，2021 年 1 月 1 日起施行的《最高人民法院关于审理食品安全民事纠纷案件适用法律若干问题的解释（一）》第六条明确规定，食品经营者具有下列情形之一，消费者主张构成食品安全法第一百四十八条规定的“明知”的，人民法院应予支持：（1）已过食品标明的保质期但仍然销售的；（2）未能提供所售食品的合法进货来源的；（3）以明显不合理的低价进货且无合理原因的；（4）未依法履行进货查验义务的；（5）虚假标注、更改食品生产日期、批号的；（6）转移、隐匿、非法销毁食品进销货记录或者故意提供虚假信息的；（7）其他能够认定为明知的情形。该条对适用消费者可以主张十倍赔偿的其他情形进行了进一步的明确，方便消费者权利行使。该解释第十条规定：“食品不符合食品安全标准，消费者主张生产者或者经营者依据食品安全法第一百四十八条第二款规定承担惩罚性赔偿责任，生产者或者经营者以未造成消费者人身损害为由抗辩的，人民法院不予支持。”该条明确规定了人身损害并非食品安全中十倍赔偿的必要前提。

关于集中交易市场的开办者责任问题，《中华人民共和国食品安全法》第六十一条规定，集中交易市场的开办者、柜台出租者和展销会举办者，应当审查入场食品经营者的许可证，明确入场食品经营者的食品安全管理责任，定期对入场食品经营者的经营环境和条件进行检查，发现食品经营者有违反本法规定的行为的，应当及时制止并立即报告所在地县级工商行政管理部门或者食品药品监督管理部门。集中交易市场的开办者、柜台出租者和展销会举办者未履行前款规定义务，本市场发生食品安全事故的，应当承担连带责任。本案中，刘某认为其饮用茶叶后导致疾病发生，对此证据不足，因果关系无法确立。因此，不能认定市场发生食品安全事故，故其要求某批发配送中心承担连带责任的诉讼请求，法院不予支持。《最高人民法院关于审理食品药品纠纷案件适用法律若干问题的规定》第八条规定，集中交易市场的开办者、柜台出租者、展销会举办者未履行食品安全法规定的审查、检查、报告等义务，使消费者的合法权益受到损害的，消费者请求集中交易市场的开办者、柜台出租者、展销会举办者承担连带责任的，人民法院应予支持。该条将旧法中相关主体承担连带责任的条件由“本市场发生食品安全事故的”变更为“使消费者的合法权益受到损害的”，进一步强化了集中交易市场的开办者、柜台出租者、展销会举办者的食品安全管理责任。所以在新法实施后，对某批发配送中心的责任认定又会是不一样的结果。

编写人：北京市西城区人民法院　韩进红　李蕾

113　销售者的食品安全审查义务

——冯某诉药业公司产品销售者责任案

【案件基本信息】

1. 裁判书字号

福建省厦门市中级人民法院（2012）厦民终字第 1929 号民事判决书

2. 案由：产品销售者责任纠纷

3. 当事人

原告（上诉人）：冯某

被告（被上诉人）：药业公司

【基本案情】

2011 年 10 月 16 日，原告冯某在被告药业公司购买了灵芝孢子粉软胶囊两瓶和羊胎素软胶囊两瓶，共花费 712 元。上述两种产品均为普通食品，卫生许可证号均为（2008）第 370783-021××××号。上述两种产品由工贸公司委托保健品公司生产，委托期限自 2009 年 11 月 1 日至 2011 年 10 月 31 日。保健品公司的经营范围包括生产经营普通食品：羊胎素、灵芝孢子粉等（食品卫生许可证有效期至 2011 年 4 月 12 日）。2010 年 11 月，被告从物流公司购进上述两种产品。物流公司的经营范围包括批发保健食品、预包装食品，并取得了相应的保健食品经营企业卫生条件审核证明和食品流通许可证。原告认为，被告销售明知是不符合食品安全标准的食品，违反了《中华人民共和国食品安全法》的相关规定，对原告构成欺诈并侵犯了原告的健康权、财产权，被告应退还货款并支付给原告价款十倍的赔偿金，请求判令：被告退还货款 712 元，十倍赔偿 7120 元，并支付原告用于起诉的查档费 50 元，合计 7882 元。被告认为，其严格依照国家管理规定对购进产品进行索证索票，并未对原告实施欺诈行为，更未侵犯原告的健康权、财产权，请求驳回原告的全部诉讼请求。

【案件焦点】

判断销售者是否尽到了食品安全审查义务，在于销售者在销售食品前对食品安全在生产、供货等环节是否尽到了必要的注意义务。

【法院裁判要旨】

福建省厦门市思明区人民法院经审理认为：原告冯某向被告药业公司购买灵芝孢子粉软胶囊和羊胎素软胶囊，被告作为销售者应当保障上述两种产品的安全，而被告在销售上述两种产品之前，对产品的生产者、供货商均进行了必要的审查，即生产者保健品公司的营业执照显示其经营范围包括生产羊胎素、灵芝孢子粉这两种普通食品，并取得了相应的食品卫生许可证，供货商物流公司各项证照齐全，具有经营销售上述两种产品的资格。由此可见，保健品公司生产上述两种产品获得了相应的行政许可，物流公司经营销售上述两种产品亦获得了相应的行政许可，被告作为销售者在销售上述两种产品前对产品安全已尽到了必要的注意义务。原告认为上述两种产品不安全，被告销售明知是不符合食品安全标准的食品，构成欺诈并侵犯了原告的健康权、财产权，证据不足，法院不予支持。

福建省厦门市思明区人民法院依照《中华人民共和国民事诉讼法》第六十四条第一款之规定，作出如下判决：

驳回原告冯某的诉讼请求。

冯某持原审起诉意见提起上诉。福建省厦门市中级人民法院依照《中华人民共和国民事诉讼法》第一百七十条第一款第一项之规定，判决如下：

驳回上诉，维持原判。

【法官后语】

食品安全越来越成为社会大众高度关注的民生问题，但对于普通消费者来说，准确甄别出日常生活中的所有安全或者不安全的食品却是很困难的。判断某一种食品是否安全，往往需要进行科学的实验和专业的鉴定，那么消费者在碰到食品安全问题时，应当怎样维权呢？人民法院在审理该类案件时，又应当如何认定呢？

本案中，原告冯某在被告药业公司购买了灵芝孢子粉软胶囊和羊胎素软胶囊，该两种产品的性质，从卫生许可证号来看，均为普通食品。从生产环节来看，该两种食品均由工贸公司委托保健品公司生产，而保健品公司的经营范围包括生产经营普通食品：羊胎素、灵芝孢子粉等，其食品卫生许可证标明了有效期。从供货环节来看，被告从物流公司购进上述两种食品，而物流公司的经营范围包括批发保健食品、预包装食品，并取得了相应的保健食品经营企业卫生条件审核证明和食品流通许可证。从生产环节到流通环节，销售者在销售食品之前，应尽可能地对食品的生产者、供货商进行必要的审查，确信其具有生产、销售食品的相应资格，对食品安全尽到必要的注意义务。本案原告认为被告销售的食品不符合安全标准，侵犯了其健康权、财产权，但未提交任何证据证明其损害的实际发生，而本案被告在销售涉案的两种食品前对生产者、供货商进行了必要的审查，对食品安全尽到了必要的注意义务，在此情况下，法院驳回了原告的诉讼请求。

本案发生于2011年，依照《中华人民共和国侵权责任法》第四十二条的规定，因销售者的过错使产品存在缺陷，造成他人损害的，销售者应当承担侵权责任；销售者不能指明缺陷产品的生产者也不能指明缺陷产品的供货者的，销售者应当承担侵权责任。本案的裁判思路亦遵照这一法律规定。虽然《中华人民共和国民法典》“产品责任”一章没有与前述条款对应的规定，但并不意味着免除了销售者对生产者、供货者的资格审查义务，本案的审理对于人民法院审理类似案件仍具有参考意义。

食品安全是关系国计民生的大事，一旦涉及诉讼，往往是大案、要案，人民法院在处理该类案件时，务必慎之又慎，切实维护人民的合法权益和社会的和谐稳定。

编写人：福建省厦门市思明区人民法院　朱晨

七、机动车交通事故责任纠纷

114 将车辆有偿出借给他人使用是否属于营业性使用

——史某洲诉任某等机动车交通事故责任案

【案件基本信息】

1. 裁判书字号

江苏省宿迁市中级人民法院（2015）宿中民终字第02027号民事判决书

2. 案由：机动车交通事故责任纠纷

3. 当事人

原告（被上诉人）：史某洲

被告（上诉人）：某保险公司江苏分公司

被告（被上诉人）任某、华某扬

【基本案情】

2012年9月8日16时左右，被告任某驾驶从被告华某扬处借用的小型普通客车，与原告史某洲驾驶的电动自行车相撞，致原告受伤。因无法确认事故发生原因，公安交警部门未作出责任认定。原告受伤后即至沭阳县中医院进行治疗，产生医疗费用24417.88元及拖停车费等费用。事故发生后，被告任某向原告付款6000元。2012年10月16日，原告向江苏省沭阳县人民法院提起诉讼，要求被告任某、华某扬，被告某保险公司江苏分公司赔偿事故造成的损失。2012年11月13日，沭阳县人民法院依法作出（2012）沭民初字第3511号民事判决书，判决被告某保险公司江苏分公司在交强险责任限额内赔偿原告医疗费10000元、误工费7865.44元、护理费6396元、交通费190元。

2014年12月1日，原告再次入沭阳县中医院住院治疗，行左侧胫骨骨折术后取内固定手术，2014年12月10日出院，共住院9天，支出医疗费4707.36元。出院医嘱：建议休息二个月等。

被告华某扬为该小型普通客车以家庭自用车辆在被告某保险公司江苏分公司投保了机动车交强险及商业三者险，商业三者险限额为5万元，无不计免赔。本次事故发生在保险期间。其中，商业第三者险《保险合同》第十八条约定：在保险期间内，被保险机动车改装、加装或被保险家庭自用汽车、非营业用汽车从事营业运输等，导致被保险机动车危险程度显著增加的，应当及时书面通知保险人。否则，因被保险机动车危险程度显著增加而发生的保险事故，保险人不承担赔偿责任。

【案件焦点】

1. 投保人华某扬将其以家庭自用性质投保的车辆有偿借给任某所在单位使用是否属于从事营业运输；2. 保险人在商业三者险责任范围内是否应当赔偿。

【法院裁判要旨】

江苏省沭阳县人民法院经审理认为：因本起事故原因无法查清，按照原告和被告任某均负本起事故的同等责任进行处理，确定原告史某洲、被告任某分别承担该事故40%、60%的责任。被告华某扬将该车借给被告任某单位用于在其工地业务，但并非用于通过该机动车从事旅客运输、货物运输谋利，不属于营业运输，也并未导致被保险机动车危险程度显著增加，故对被告某保险公司江苏分公司提出的抗辩理由不予采信。原告损失中超过交强险责任限额的部分，应当由被告某保险公司江苏分公司在商业第三者责任险限额内赔偿相应份额。江苏省沭阳县人民法院依照《中华人民共和国道路交通安全法》第七十六条，《中华人民共和国侵权责任法》第十六条、第四十八条，《中华人民共和国民事诉讼法》第一百四十二条之规定，判决如下：

原告史某洲因本次事故损失医疗费、误工费、护理费等各项费用合计 15306. 26 元，由被告保险公司江苏分公司在交强险责任限额内赔偿 10346. 9 元，在商业三者险限额内赔偿 2678 元，由被告任某赔偿 297. 6 元。

某保险公司江苏分公司不服沭阳县人民法院的判决提起上诉。江苏省宿迁市中级人民法院经审理认为：本案投保人将被保险车辆固定出借给他人使用，不能认定为危险程度显著增加；依《公路运输管理暂行条例》及保险合同附则规定，营业运输指被保险人或其允许的驾驶人利用被保险机动车从事旅客运输、货物运输的行为。本案中，华某扬虽然将涉案车辆借给任某用于其工地业务并收取一定费用，但并非通过该机动车从事旅客运输或货物运输获利，因此不属于营业运输，保险人不能以《保险合同》第十八条的约定免除其赔偿责任，上诉人上诉理由不能成立。江苏省宿迁市中级人民法院依照《中华人民共和国民事诉讼法》第一百七十条第一款第一项的规定，判决如下：

驳回上诉，维持原判。

【法官后语】

机动车商业三者险保险合同一般都会规定在保险期间内，投保人将被保险家庭自用汽车、非营业用汽车从事营业运输等，导致被保险机动车危险程度显著增加的，应当及时书面通知保险人。否则，因被保险机动车危险程度显著增加而发生的保险事故，保险人不承担赔偿责任。如何理解和适用该条规，实践中经常发生争议。

《中华人民共和国保险法》第五十二条规定，在合同有效期内，保险标的危险程度显著增加的，被保险人应当按合同约定及时通知保险人，保险人可以按照合同约定增加保险费或解除合同；被保险人未履行通知义务的，因保险标的危险程度增加而发生的保险事故，保险人不承担赔偿保险金的责任。本条立法本意在于防止被保险人因改变投保车辆使用性质而显著增加投保车辆的事故风险，依据该条规定，保险标的危险程度显著增加而被保险人没有通知保险人，由此而导致保险事故发生的，保险人可以不承担赔偿责任。因此，保险人是否承担保险责任，取决于保险标的危险程度是否显著增加，而改变投保车辆使用性质并不等于保险标的危险程度显著增加，故并非只要投保车辆使用性质发生变化，保险人就都可以不承担保险赔偿责任。

关于家庭自用汽车出借他人使用发生保险事故保险人是否承担赔偿责任的问题，应当根据被保险机动车危险程度是否显著增加、是否属从事营业运输而认定。如果将家庭自用车辆出借给不特定的主体使用并收取费用，此种情形实质上相当于将该车用于出租经营，由于不特定的主体驾驶技能、安全防范意识会有所差异，此种情况下发生事故的风险可以认定比家庭自用显著增加，而将家庭用车固定借给他人或偶尔借给他人使用，属一般车辆借用行为，不宜认定发生事故的风险显著增加。

一般而言，将被保险家庭自用汽车、非营业用汽车从事营业运输，由于车辆使用频率、驾驶人的驾驶技能和安全意识等因素的差异，可以认定车辆发生事故的风险显著增加。何为营业运输，是实践中争议较大的问题。笔者认为，营业运输指经由交通运输管理部门核发营运证书，被保险人或其允许的驾驶人利用被保险机动车从事旅客运输、货物运输的行为。未经交通运输管理部门核发营运证书，被保险人或其允许的驾驶人以牟利为目的，利用被保险机动车从事旅客运输、货物运输的，视为营业运输。即营业运输的本质是指利用保险车辆从事旅客运输或货物运输收取运费的行为，旅客和货物均是指不特定的，非从事旅客运输或货物运输，不能认定为营业运输。本案中，被上诉人华某扬虽然将涉案车辆借给被上诉人任某用于其工地业务并收取一定费用，但并非通过该机动车从事旅客运输或货物运输获利，因此不属于营业运输，保险人不能以《保险合同》第十八条的约定免除其赔偿责任。

编写人：江苏省宿迁市中级人民法院　程黎明

115 车辆修复费用高于车辆市值时侵权责任承担方式的选择

——林某晔诉运输公司、保险公司北京分公司机动车交通事故责任案

【案件基本信息】

1. 裁判书字号

北京市第一中级人民法院（2015）一中民终字第01320号民事判决书

2. 案由：机动车交通事故责任纠纷

3. 当事人

原告（上诉人）：林某晔

被告（被上诉人）：运输公司、保险公司北京分公司

【基本案情】

2014年5月13日17时40分，代某军驾驶的车辆与林某玉驾驶的小客车发生交通事故，造成两车受损。该事故经交管部门认定，代某军承担事故全部责任。林某玉所驾驶车辆系林某晔所有。林某晔修理车辆共花费修理费36000元，并花费拖车费500元，支出交通费22元。经保险公司北京分公司（以下简称保险公司）申请，法院委托评估，在评估基准日2014年5月12日，林某晔的小轿车评估价值为人民币20000元整。

运输公司认可代某军发生事故时系履行职务行为，其驾驶的车辆在保险公司投保机动车交通事故责任强制险及商业第三者责任保险（不计免赔），保险金额为500000元，事故发生在保险期限内。

林某晔起诉要求判令运输公司及保险公司执行《交通事故认定书》，赔偿林某晔小客车修理费36000元，拖车费500元，出租车费22元及资料复印费40元，诉讼费由运输公司及保险公司负担。

【案件焦点】

保险公司是否应当赔偿林某晔36000元的修车费用。

【法院裁判要旨】

北京市昌平区人民法院经审理认为：本次交通事故，代某军负

事故全部责任，其驾驶的机动车在保险公司处投保交强险，故应由保险公司在交强险责任范围内承担赔偿责任。因代某军驾驶的车辆投保了商业第三者责任险（不计免赔），保险公司为该车辆承保，故对于林某晔的合理损失超出交强险的部分，应由保险公司在商业第三者责任险赔偿限额内承担，商业第三者责任险不足的部分，由运输公司承担。林某晔主张车辆修理费用为36000元，保险公司对上述维修费提出质疑，经司法鉴定，该车辆评估价值为人民币20000元。原告修车费用明显超过该车辆在评估基准日的评估价值，因财产损害赔偿以填平损失为原则，故法院依据评估结论确认林某晔所有的车辆因本次交通事故造成的损失数额为20000元。对于林某晔要求赔偿车辆修理费，法院不予支持。原告主张的拖车费、交通费，理由正当合理，法院予以支持。原告主张的复印费，缺乏依据，不予支持。

北京市昌平区人民法院依照《中华人民共和国侵权责任法》第十九条、第四十八条，《中华人民共和国道路交通安全法》第七十六条之规定，判决如下：

保险公司北京分公司在交强险限额内给付林某晔财产损失类赔偿金2000元，在商业三者险限额内赔偿林某晔财产损失18000元、拖车费500元、交通费22元，共计18522元。驳回原告林某晔的其他诉讼请求。

林某晔不服提出上诉认为保险公司在原审法院中并未对修理费用提出质疑和申请评估。原审法院适用法律错误，该车辆并未灭失或无法修复，可以根据法律规定要求恢复原状，故请求二审法院依法改判或者发回重审。

北京市第一中级人民法院经审理认为：重置费用和修理费用是

针对车辆损害的不同情况所设。物的损害，分毁灭和毁损两种，相对应的，作为侵权责任承担方式之一的“恢复原状”，在实现方式上也有所不同：在物被毁损的情形下，由于被损毁的物尚能修复，故恢复原状所产生的是修理费用；在物被毁灭的情形下，恢复原状产生的是重置费用。本案中，林某晔的车辆并未毁灭，可经修复使用，且修复使用在经济上对林某晔更具合理性，出于对交通事故中无责任方当事人选择权的尊重以及更准确适用法律的目的出发，法院对林某晔的诉讼请求，予以支持。

林某晔维修车辆所支出的费用中包含零件费以及人工费，金额虽然高于车辆在评估基准日的评估价值但尚在合理范围内，不属于畸高，系维修车辆恢复正常驾驶状态所需的必要费用，故保险公司应当全额赔偿。

综上所述，林某晔为维修车辆所花费的36000元修理费是其因本次交通事故遭受的实际财产损失，其要求保险公司予以赔偿，于法有据，法院予以支持。原审法院将受损车辆在评估基准日的评估价值20000元认定为林某晔的损失数额并判决保险公司赔偿不妥，法院对此予以纠正。原审法院对林某晔主张的其他费用的处理并无不当，法院予以维持。

北京市第一中级人民法院依照《中华人民共和国民法通则》第一百一十七条，《中华人民共和国侵权责任法》第四十八条，《中华人民共和国道路交通安全法》第七十六条，《最高人民法院关于审理道路交通事故损害赔偿案件适用法律若干问题的解释》第十五条、第十六条，《中华人民共和国民事诉讼法》第一百七十条第一款第二项之规定，判决如下：

一、撤销原审判决；

二、保险公司北京分公司在交强险限额内给付林某晔车辆修理费2000元，在商业三者险限额内给付林某晔车辆修理费34000元、拖车费500元、交通费22元，以上共计34522元；

三、驳回林某晔的其他诉讼请求。

【法官后语】

本案是恢复原状与损害赔偿（金钱赔偿）两种侵权责任承担方式适用的典型案例，涉及了对两种责任形式适用条件和尺度的辨析，以及对法律原则和价值取向的考量，体现了审判人员对民法理论的深刻把握和对公平公正法律精神的崇尚。

本案涉及的核心问题在于，在受损物件修复费用高于其金钱价值时，侵权人以何种形式承担损害赔偿责任。二审法院作出的改判结果，实际上是对侵权责任承担方式的变更，即对恢复原状这一责任形式的适用，也是对“损害填平原则”作出了不同于一审法院的理解。

1. 对“全面赔偿原则”的理解。“全面赔偿原则”也称为“损害填平原则”，是指对致害人的侵权行为，无论行为人主观上是出于故意还是过失、也无论行为人是否受到刑事或行政制裁，均应根据造成损害的大小确定民事赔偿的范围，使受害人恢复到受侵害之前的权利保有或法益享有的状态。

一审法院认为被告需要填平的损失为车辆在事发前一日的实际价值2万元。但二审法院认为，对于本案原告来说，受损的机动车系比亚迪品牌的经济型家用小轿车，其更重要的作用在于作为代步工具的使用功能，所以本案被告承担的责任应以恢复受损物件的使用价值为先，而不仅仅局限于填平其金钱意义上的价值。且本案的受损车辆尚可修复，故二审法院改判重在恢复原告对受损车辆的使用权益。

2. 对责任形式适用条件和尺度的把握。重置费用和修理费用是针对车辆损害的不同情况所设。在物被毁损的情形下，由于被损毁的物尚能修复，故恢复原状所产生的是修理费用；在物被毁灭的情形下，恢复原状产生的是重置费用。在当事人对损害赔偿方法的选择出现障碍，即不能恢复原状或恢复原状显有重大困难时，被害人才只能选择金钱赔偿。

当然，还应考虑恢复原状所需费用是否远超过其价值利益，即所谓的恢复原状是否“显失比例”。本案的二审承办法官亦在这一方面进行了充分考量。本案中的原告车辆并未毁灭，经过被告认可，系可经修复使用，且修复使用在经济上对原告更具合理性。因为原告如仅获得2万元金钱赔偿，很可能无法购得跟受损车辆事发前状况相同的车辆，如需重置符合先前状况的车辆可能需要额外支出部分金钱，且经过更为复杂烦琐的交易过程，还可能再产生其他方面的支出。原告修复车辆所支出的费用并不属于畸高，系维修车辆恢复正常驾驶状态所需的必要费用。故对受害方来说，对其自由选择恢复原状的责任方式应予以尊重和保护。

本案诉争侵权行为发生于民法典施行前的2014年，二审法院对于恢复原状这一责任形式的适用，符合原《中华人民共和国物权法》第三十六条关于修理、重作、更换或者恢复原状请求权的规定，即“造成不动产或者动产毁损的，权利人可以请求修理、重作、更换或者恢复原状”。亦符合原《中华人民共和国物权法》第三十七条关于损害赔偿和其他民事责任请求权的规定，即“侵害物权，造成权利人损害的，权利人可以请求损害赔偿，也可以请求承担其他民事责任”。虽然本案二审在法律适用中未直接援引物权法的上述规定，但始终遵循了物权法关于受害一方对于物权保护责任形式选择自主的原则。

《中华人民共和国民法典》第二百三十七条原文吸收了物权法第三十六条关于物权复原请求权的规定；第二百三十八条亦原文吸收了物权法第三十七条关于物权损害赔偿请求权的规定。民法典侵权责任编的第一章一般规定以及第五章机动车交通事故责任部分对上述争议问题均无相反或者特殊规范。因此，在民法典施行后发生的纠纷亦可参照本案的裁判思路和规则审理。

编写人：北京市第一中级人民法院　丁少芃

116 车辆未转移所有权，销售商与驾驶人是否承担共同侵权的连带责任

——温某勇诉李某、汽车修理公司机动车交通事故责任案

【案件基本信息】

1. 裁判书字号

北京市第二中级人民法院（2014）二中民终字第06301号民事判决书

2. 案由：机动车交通事故责任纠纷

3. 当事人

原告（被上诉人）：温某勇

被告（上诉人）：汽车修理公司

被告（被上诉人）：李某

【基本案情】

2012年9月18日15时许，李某至汽车修理公司购买小型轿车，其在交款时尚欠部分款项。16时许，由汽车修理公司工作人员与李某同行取款，李某驾驶其购买的无号牌一汽大众牌小型轿车在汽车修理公司4S店院内由北向西行驶时，适有朱某先驾驶无号牌电动自行车后乘温某勇由东向西行驶，小型轿车右前部与电动自行车尾部接触，造成温某勇、朱某先受伤、两车损坏。北京市公安局公安交通管理局丰台交通支队卢沟桥大队认定：李某负事故全部责任，温某勇、朱某先无责任。2012年9月18日至2013年1月30日，温某勇在武警北京市总队第三医院住院治疗，入院诊断为：骨盆骨折；出院诊断：骨盆骨折、骶骨骨折、耻骨骨折、锁骨骨折、双肺挫伤、血气胸、皮肤挫伤、小腿开放性外伤。2013年5月23日，温某勇经北京通达首诚司法鉴定所鉴定：(1)被鉴定人温某勇综合伤残赔偿指数为20%。(2)建议被鉴定人温某勇营养期为90~120日，护理期为60~90日，误工期至伤残评定前一日。在此次交通事故中，温某勇支付医疗费101711.74元、住院伙食补助费6700元、交通费907元、鉴定费3100元。温某勇左下肢深胫脉血栓形成，其购抗血栓压力带2双，支付费用660元。温某勇另造成部分营养费、误工费及护理误工费损失。温某勇今后需二次手术，其费用尚未确定。温某勇受伤前在京务工，其女温某甲、温某乙尚未成年。李某为温某勇支付医疗费135304.43元。汽车修理公司在事故发生后为李某开具了购车发票。

【案件焦点】

1. 事发时肇事车辆是否已经完成所有权的转移；2. 驾驶人李某与汽车修理公司是否构成共同侵权，汽车修理公司是否应当对温某勇的损害承担赔偿责任。

【法院裁判要旨】

北京市丰台区人民法院经审理认为：李某驾驶无号牌、未投保强制保险的机动车，未保障安全发生交通事故，违反了《中华人民共和国道路交通安全法》第八条、第十七条、第二十二条第一款之规定，是发生交通事故的主要原因，应负事故的主要责任；温某勇乘坐朱某先驾驶的无号牌电动自行车上路行驶，违反了《中华人民共和国道路交通安全法》第十八条及《北京市实施〈中华人民共和国道路交通安全法〉办法》第五十七条第一款第十一项之规定，其自身亦存在一定过错，应负事故的次要责任。本次交通事故因温某勇受伤，给其造成经济损失。李某应在强制险的医疗费 1 万元及死亡伤残 11 万元范围内先行承担赔偿责任，超过部分按 70%的比例进行赔偿；汽车修理公司在明知车辆未取得临时牌照、未投保车辆强制保险及车辆所有权尚未转移的前提下，未尽到管理义务，由本公司人员陪同李某驾车取款时发生交通事故，汽车修理公司已构成共同侵权，应承担连带赔偿责任。温某勇受伤前在京务工，对其残疾赔偿金应按北京市城镇居民标准确定为 145876 元；对其女温某甲、温某乙的被抚养人生活费亦分别确定为 21641 元；对温某勇的营养费，法院酌情确定为 4500 元；对温某勇的护理误工费损失，法院酌情确定为 4800 元；对温某勇的误工费，法院酌情确定为 28000 元；对温某勇的精神损害抚慰金，法院酌情确定为 8000 元；

温某勇的二次手术费用及今后购买抗血栓压力带的费用，可待发生后另行解决；根据《最高人民法院关于适用〈中华人民共和国侵权责任法〉若干问题的通知》，应将被抚养人生活费计入残疾赔偿金或死亡赔偿金。

北京市丰台区人民法院依照《中华人民共和国侵权责任法》第八条、第十六条、第二十二条、第二十六条，《中华人民共和国道路交通安全法》第八条、第十七条、第十八条、第二十二条第一款之规定，作出如下判决：

一、被告李某于本判决生效后七日内赔偿原告温某勇医疗费 1 万元、精神损害抚慰金 8000 元，伤残赔偿金 102000 元；

二、被告李某于本判决生效后七日内赔偿原告温某勇医疗费 64198. 21 元、营养费 3150 元、护理误工费 3360 元、误工费 19600 元、住院伙食补助费 4690 元、交通费 635 元、弹力袜费用 462 元、鉴定费 2170 元、残疾赔偿金 61010. 6 元；

三、被告汽车修理公司对上述李某的赔偿款项承担连带赔偿责任；

四、驳回原告温某勇其他诉讼请求。

汽车修理公司持原审起诉意见提起上诉。北京市第二中级人民法院经审理认为：本案在二审期间争议的焦点为汽车修理公司是否应当对温某勇的损害承担赔偿责任的问题。

本案中，根据汽车修理公司与李某的陈述，事发前李某所购买车辆仍有部分款项未付，事故发生的起因亦为汽车修理公司工作人员陪同李某前往取所欠部分款项，而且根据汽车修理公司的陈述，该车购车发票亦未交给李某。故此，本院认定事故发生时李某所购买车辆的所有权仍未转移。

《最高人民法院关于审理道路交通事故损害赔偿案件适用法律若干问题的解释》第十六条规定："未依法投保交强险的机动车发生交通事故造成损害，当事人请求投保义务人在交强险责任限额范围内予以赔偿的，人民法院应予支持。投保义务人和侵权人不是同一人，当事人请求投保义务人和侵权人在交强险责任限额范围内承担相应责任的，人民法院应予支持。"事故发生时，该车辆未投保交强险即上路，在车辆所有权未转移的情况下，汽车修理公司作为车辆所有权人及该车辆交强险的投保义务人，李某作为侵权人，二者应当在交强险限额范围内对温某勇的损害承担连带赔偿责任。

对于温某勇发生的损失数额超过交强险限额的部分，温某勇乘坐朱某先驾驶的无号牌电动自行车上路行驶，自身存在一定过错，原审法院确定温某勇承担事故30%的责任。对于李某与汽车修理公司之间的责任划分问题，李某驾驶未取得临时牌照、未投保交强险的车辆，未安全驾驶，造成温某勇受伤，是事故发生的直接原因。汽车修理公司作为车辆的所有权人将该车辆交由李某驾驶，是事故发生的条件，汽车修理公司未尽到管理义务，亦具有过错。本次交通事故中，李某作为具有驾驶资格的完全民事行为能力人，其驾驶行为与汽车修理公司未尽到管理义务的行为之间并不符合法律上对于共同侵权的构成要件，汽车修理公司作为所有人与李某作为使用人应当根据前述法律的规定各自承担相应的赔偿责任。对于李某与汽车修理公司之间的责任划分，根据双方的过错程度，本院确定李某作为车辆的驾驶人即事故发生的侵权人承担60%的责任，汽车修理公司在未尽到管理责任的情况下承担40%的责任。原审法院在确定李某与汽车修理公司之间的责任时存在不当之处，本院对此予以改判。

北京市第二中级人民法院依照《中华人民共和国侵权责任法》第四十九条，《中华人民共和国民事诉讼法》第一百七十条第一款第二项，《最高人民法院关于审理道路交通事故损害赔偿案件适用法律若干问题的解释》第十九条之规定，判决如下：

一、撤销北京市丰台区人民法院（2013）丰民初字第06865号民事判决第三项、第四项。

二、变更北京市丰台区人民法院（2013）丰民初字第06865号民事判决第一项为李某、汽车修理公司于本判决生效后七日内连带赔偿温某勇医疗费1万元，精神损害抚慰金8000元，残疾赔偿金102000元。

三、变更北京市丰台区人民法院（2013）丰民初字第06865号民事判决第二项为李某于本判决生效后七日内赔偿温某勇医疗费、营养费、护理费、误工费、住院伙食补助费、交通费、弹力袜费用、鉴定费、残疾赔偿金共计95565.49元。

四、汽车修理公司于本判决生效后七日内赔偿温某勇医疗费、营养费、护理费、误工费、住院伙食补助费、交通费、弹力袜费用、鉴定费、残疾赔偿金共计63710.32元。

五、驳回温某勇的其他诉讼请求。

【法官后语】

本案处理重点主要在于对机动车所有权转移的理解、对共同侵权行为的认定及责任划分的掌握。《中华人民共和国民法典》第二百二十五条规定："船舶、航空器和机动车等的物权的设立、变更、转让和消灭，未经登记，不得对抗善意第三人。"《中华人民共和国民法典》第一千一百七十二条规定："二人以上分别实施侵权行为造成同一损害，能够确定责任大小的，各自承担相应的责任；难以确定责任大小的，平均承担责任。”

具体到本案中，一审、二审法院审理思路出现分歧，其主要原因即在于对上述规定的不同理解。一审法院认为事发时李某实际已经占有驾驶肇事车辆，故已经取得车辆的所有权。而汽车修理公司在明知车辆未取得临时牌照、未投保车辆强制保险及车辆所有权尚未转移的前提下，未尽到管理义务，由本公司人员陪同李某驾车取款时发生交通事故，汽车修理公司已构成共同侵权，应承担连带赔偿责任。但二审法院认为事发后汽车修理公司才向李某开具了购车发票，且事发时汽车修理公司的职员也在车上，足以证明事发时车辆仍在汽车修理公司的实际掌控之中，李某尚未实际占有车辆，故车辆所有权人仍是汽车修理公司。汽车修理公司作为车辆的所有权人将该车辆交由李某驾驶，是事故发生的条件，汽车修理公司未尽到管理义务，亦具有过错。本次交通事故中，李某作为具有驾驶资格的完全民事行为能力人，其驾驶行为与汽车修理公司未尽到管理义务的行为之间并不符合法律上对于共同侵权的构成要件，汽车修理公司作为所有人与李某作为使用人应当根据前述法律的规定各自承担相应的赔偿责任。

编写人：北京市丰台区人民法院　尚全跃

八、医疗损害责任纠纷

117 患者死因存在争议，医院未行尸检的应承担一定责任

——林某珊、林某璇诉某医院医疗损害责任案

【案件基本信息】

1. 裁判书字号

福建省泉州市中级人民法院（2020）闽05民终2927号民事判决书

2. 案由：医疗损害责任纠纷

3. 当事人

原告（上诉人）：林某珊、林某璇

被告（上诉人）：某医院

【基本案情】

林某珊、林某璇系高某红之女。2019年5月16日，高某红因反复头晕、黑便等症状入住某医院治疗，诊断为上消化道出血原因待查、重度贫血等。2019年5月22日，高某红身体状况好转，某医院便对其实施静脉注射白蛋白。2019年5月24日，高某红病情恶化，经抢救无效死亡，某医院诊断为猝死。当日，高某红家属与某医院对给予高某红补充白蛋白的合理性发生争执。同日，高某红尸体被运回家中。2019年5月29日，家属将高某红安葬。2019年7月1日，林某珊、林某璇向法院提起诉讼，主张某医院不顾高某红身体不适用人血白蛋白的实际情况，对高某红使用禁忌

药物致其不治身亡，系严重过错行为，要求判决某医院赔偿林某珊、林某璇各项损失223137.84元。诉讼过程中，林某珊、林某璇就高某红的死因提出司法鉴定申请，法院依法委托证据鉴定中心对某医院的医疗行为是否存在过错以及对死亡结果的原因力大小进行司法鉴定。2019年8月2日，证据鉴定中心回函：经初步审查送检材料，本案患者死亡后未行尸检明确死因，无法评价医院诊疗行为与患者死亡结果之间的关联性，依据《司法鉴定程序通则》之相关规定，不予受理。

【案件焦点】

某医院是否需要对高某红的死亡承担赔偿责任。

【法院裁判要旨】

福建省南安市人民法院经审理认为：民事诉讼中，当事人对自己提出的诉讼请求所依据的事实有责任提供证据加以证明。本案系医疗损害责任纠纷，原告方认为医疗机构存在医疗过错以及医疗行为与损害结果之间存在因果关系，应当承担相应的举证责任。林某珊、林某璇所提供的证据无法证明某医院的诊疗行为存在过错，也无法证明诊疗行为与损害后果之间存在因果关系，应承担举证不能的不利后果。某医院作为具有专业知识的医疗机构，在患者就医死亡后医患双方对死因有异议的情况下有义务向亲属告知尸检事项及风险，但某医院却未告知，导致高某红未行尸检而无法明确死因，进而无法认定高某红死亡与某医院诊疗行为是否存在因果关联。对此，某医院应承担一定的责任。高某红死亡后，林某珊、林某璇未尽合理注意义务，没有查阅相关规定直接将尸体火化，对高某红死亡原因无法查明的问题亦应承担一定的责任。综合考虑高某红年事已高，以及自身基础疾病多，医疗水平的局限性等实际情况，南安法院酌情确定由某医院承担高某红死亡造成的221912.4元经济损失中的20%。

福建省南安市人民法院依照《中华人民共和国侵权责任法》第二十六条、第五十八条，《最高人民法院关于审理人身损害赔偿案件适用法律若干问题的解释》第十七条、第十八条、第十九条、第二十条、第二十一条、第二十二条、第二十三条、第二十七条、第二十九条，《最高人民法院关于审理医疗损害责任纠纷案件适用法律若干问题的解释》第四条、第十六条，《医疗事故处理条例》第十八条第一款，《中华人民共和国民事诉讼法》第六十四条第一款及《最高人民法院关于适用〈中华人民共和国民事诉讼法〉的解释》第九十条之规定，作出如下判决：

一、某医院应在本判决生效之日起十日内赔偿林某珊、林某璇因高某红死亡产生的费用66573.72元；

二、驳回林某珊、林某璇的其他诉讼请求。

林某珊、林某璇、某医院不服一审宣判，均提起上诉。福建省泉州市中级人民法院经审理认为：根据《中华人民共和国侵权责任法》第五十四条“患者在诊疗活动中受到损害，医疗机构及其医务人员有过错的，由医疗机构承担赔偿责任”及《最高人民法院关于审理医疗损害责任纠纷案件适用法律若干问题的解释》第四条前两款“患者依据侵权责任法第五十四条规定主张医疗机构承担赔偿责任的，应当提交到该医疗机构就诊、受到损害的证据。患者无法提交医疗机构及其医务人员有过错、诊疗行为与损害之间具有因果关系的证据，依法提出医疗损害鉴定申请的，人民法院应予准许”的规定，林某珊、林某璇主张某医院存在医疗过错，应承担赔偿责任，应当提交高某红到某医院就诊、受到损害的证据，以及该诊疗行为与损害后果有因果关系的证据。本案审理中，林某珊、林某璇虽然提供了《人血白蛋白说明书》予以证明，但说明书作为一般性的资料，不能完全匹配医疗实践活动的复杂性，尚不足以证明某医院的医疗行为存在过错。根据一审法院委托的证据鉴定中心作出的《不予受理说明函》可以看出，高某红死亡后未进行尸检是本案医疗损害责任鉴定无法进行的原因。《医疗纠纷预防和处理条例》第二十三条规定："发生医疗纠纷，医疗机构应当告知患者或者其近亲属下列事项：（一）解决医疗纠纷的合法途径；（二）有关病历资料、现场实物封存和启封的规定；（三）有关病历资料查阅、复制的规定。患者死亡的，还应当告知其近亲属有关尸检的规定。"《医疗事故处理条例》第十八条第一款规定："患者死亡，医患双方当事人不能确定死因或者对死因有异议的，应当在患者死亡后 48 小时内进行尸检；具备尸体冻存条件的，可以延长至 7 日。尸检应当经死者近亲属同意并签字。"据此可知，医院作为专业机构有义务提示患方有关尸检的规定。本案高某红在某医院死亡，某医院作为专业医疗机构，在医疗纠纷发生后应预料到如不通过相关鉴定或尸体解剖等技术手段，将导致无法查清死者高某红死因的后果，且其未按照《医疗纠纷预防和处理条例》第二十三条规定告知林某珊、林某璇有关尸检的规定，存在过错。林某珊、林某璇作为死者家属，在不认可死亡原因的情况下没有及时主动申请尸检，亦存在过错。尽管双方对于未做尸检存在过错，但是高某红自身患有较重疾病，而且现有证据无法证实某医院的医疗行为存在明显过错。因此，一审综合双方的过错情况，以及高某红自身基础疾病的因素，酌情确定某医院在本案中承担 20%的赔偿责任并无不当。

林某珊、林某璇上诉请求按城镇标准计算死亡赔偿金，但其在一审的诉讼请求为按2018年农村居民人均可支配收入标准（17821元/年）计算死亡赔偿金，其该上诉请求超出其一审的诉讼主张，本院不予采纳。一审审理中，林某珊、林某璇未提供证据证明护理人员的收入情况或者雇用护工的工资，且高某红为农村户口，一审参照2018年度福建省农、林、牧、渔业职工工资标准计算护理费并无不当。

综上，某医院与林某珊、林某璇的行为共同导致了本案无法进行医疗损害责任鉴定的后果，综合双方的过错情况，以及高某红自身基础疾病的因素，一审酌情确定某医院在本案中承担20%的赔偿责任并无不当。林某珊、林某璇的上诉请求，某医院的上诉请求均不能成立，本院均不予采纳。

福建省泉州市中级人民法院根据《中华人民共和国民事诉讼法》第一百七十条第一款第一项规定，判决如下：

驳回上诉，维持原判。

【法官后语】

本案是因患者在就诊过程中死亡引发的纠纷。患者死亡后，家属与医院就诊疗方案是否合理产生争议，在此情况下医院没有进行尸检，家属也没有提出尸检而直接将尸体火化，导致在后续的诉讼过程中死因无法查明。对此，医院是否应当承担损害赔偿责任？

一、适用《中华人民共和国民法典》时医疗过错的认定

《中华人民共和国民法典》实行以过错责任为主的归责原则。一般情况下，被侵权人需要举证证明行为人主观上存在过错，有加害行为，产生损害后果，侵权行为与损害后果之间存在因果关系四个

要件。《中华人民共和国民法典》第一千二百一十八条规定："患者在诊疗活动中受到损害，医疗机构或者其医务人员有过错的，由医疗机构承担赔偿责任。"《最高人民法院关于审理医疗损害责任纠纷案件适用法律若干问题的解释》（2020年修正）第四条规定："患者依据民法典第一千二百一十八条规定主张医疗机构承担赔偿责任的，应当提交到该医疗机构就诊、受到损害的证据。患者无法提交医疗机构或者其医务人员有过错、诊疗行为与损害之间具有因果关系的证据，依法提出医疗损害鉴定申请的，人民法院应予准许。医疗机构主张不承担责任的，应当就民法典第一千二百二十四条第一款规定情形等抗辩事由承担举证证明责任。"可见，医疗损害责任纠纷案件原则上也是由患者承担举证责任，但医疗机构可提出免责抗辩，并就免责事由进行举证。

本案患者在就诊过程中死亡，要确定医院承担侵权责任，需要对诊疗行为存在过错、诊疗行为与损害结果之间具有因果关系进行举证，但当事人明显不具备这样的举证能力，毕竟要证明医疗行为存在过错需要极高的专业能力。正因如此，当事人申请对医疗行为是否存在过错以及对死亡结果的原因力大小进行司法鉴定。然而，问题在于，本案患者死亡之后就直接火化，已经丧失进行尸检的时机和可能性，无法得知患者的准确致死因素并验证临床诊疗行为的科学性，使得司法鉴定机构无法通过尸检情况判断死亡结果与医疗行为的相关性。在此背景下，死者家属在举证方面处于不利的诉讼地位，法律上无法认定医院的诊疗行为存在过错。

对于医院的责任，按照《中华人民共和国民法典》第一千一百二十八条采取过错责任，按照《中华人民共和国民法典》第一千二百二十二条采取过错推定，本案中，按照《医疗纠纷预防和处理条例》第二十三条的规定，医院负有告知义务，但是没有告知，按照《中华人民共和国民法典》第一千二百二十二条第一款推定其有过错。

二、未行尸检的责任

虽然法律上无法确定医院的诊疗行为存在过错，以及诊疗行为与患者死亡后果存在因果关系，但并不等于医院在本案中不需要承担任何责任。诊疗行为是否合理，是否合乎当时的诊疗水平，需要对患者的死因进行确定，要查明死因就需要进行尸检。因此，在患者死亡引起的医疗损害责任纠纷案件中，尸检是确定医患双方责任的关键环节。

《医疗事故处理条例》第十八条第一款规定："患者死亡，医患双方当事人不能确定死因或者对死因有异议的，应当在患者死亡后48小时内进行尸检；具备尸体冻存条件的，可以延长至7日。尸检应当经死者近亲属同意并签字。"《医疗纠纷预防和处理条例》第二十三条规定："发生医疗纠纷，医疗机构应当告知患者或者其近亲属下列事项：（一）解决医疗纠纷的合法途径；（二）有关病历资料、现场实物封存和启封的规定；（三）有关病历资料查阅、复制的规定。患者死亡的，还应当告知其近亲属有关尸检的规定。"据此可知，患者死亡，医患双方当事人不能确定死因或者对死因有异议的，医院应当告知家属有关尸检的规定，并且在48小时之内进行尸检，这是医院的法定义务。但是，尸检需要征得死者家属的同意，家属也有权提出进行尸检，当然也有权拒绝进行尸检。能否顺利进行尸检有赖于医院依法履行法定职责，也需要死者家属配合，这两方面缺一不可。

本案中，患者死亡后，家属已经对医院的诊疗行为提出异议，实际上也是对患者死亡原因存在质疑，但是医院并没有尸检，也没有告知家属有关尸检的规定，而家属也没有提出尸检要求就将尸体火化，导致本案的关键证据灭失，后续要进行尸检客观上已经不能。因此，对于未行尸检导致死因不明的问题上，医院与死者家属均存在过错，是医院与家属双方面的行为共同导致患者的死因无法查明，进而诊疗行为是否存在过错这一要件也无法确定。当然，医院作为专业的医疗服务机构，有更丰富的医学实践经验和医疗法律知识，在医疗纠纷发生后应该履行更多的法律义务，对于医疗纠纷的处理进程应该起引导作用，对于未行尸检致死因不明也应该承担主要责任，不能苛求家属具备与医院同等的专业素养，但家属的过错行为可适当减轻医院的民事责任，这也是本案的裁判要旨之所在。

当然，本案中法院酌情确定医院承担20%的赔偿责任并非对其医疗行为存在过错的确认和惩罚，而是对纠纷发生后其没有履行法定告知义务以及进行尸检确定的不利后果，在这点上应该予以明确。这种责任更似法官基于案件的实际情况（包括患者年龄、患病情况、双方过错程度等）和公平正义原则综合考量作自由裁量的结果。

编写人：福建省南安市人民法院　苏文彬　王碧莲

118　医疗损害慎用过错推定规则

——张某诉某医院、财产保险公司医疗损害责任案

【案件基本信息】

1. 裁判书字号

山东省济南市中级人民法院（2020）鲁01民终9413号民事判决书

2. 案由：医疗损害责任纠纷

3. 当事人

原告（被上诉人）：张某

被告（上诉人）：某医院、财产保险公司

【基本案情】

案外人高某美（系原告张某之母）于2019年8月3日，因自诉“左侧肢体活动不灵、恶心1小时”到某医院就诊并住院治疗。入院记录中记载左上肢肌力Ⅰ级，左下肢肌力Ⅱ级。初步诊断为“脑膜瘤、腔隙性脑梗、高血压病、短暂性脑缺血发作”。病程记录中记载2019年8月3日“入院后3小时左侧肢体肌力恢复，精神好转”。2019年8月4日转出记录记载“左上肢肌力Ⅳ级，左下肢肌力Ⅲ级”。2019年8月4日转入记录记载“左上肢肌力Ⅰ级，左下肢肌力Ⅱ级，右侧肢体肌力正常，肌张力正常”。在某医院长期医嘱单中记载2019年8月3日11：22分“#矛头蝮蛇血凝酶1单位静脉注射bid”。

高某美于2019年8月19日出院，出院诊断为脑梗死、高血压病3级（极高危）、脑膜瘤。出院记录记载“左上下肢近端Ⅳ级，远端肌力Ⅲ级，右侧肢体肌力正常，肌张力正常”。2019年8月19日某医院日常生活能力（ADL）量表（Barthel指数）检查中第7项平地行走和第8项上下楼梯得分均为0。

2020年1月15日，高某美向本院提起医疗损害责任纠纷诉讼［案号：（2020）鲁0126民初304号）］，要求某医院赔偿高某美医疗费及医疗损害的各项损失，并申请对某医院的医疗行为与高某美的损害后果之间是否存在因果关系以及原因力大小、高某美的伤残等级、误工期限、院内外护理期限及护理人数、营养期限进行鉴定。某司法鉴定中心接受本院委托后，向本院出具不予受理鉴定通知书，因该中心在案件审理过程中发现该鉴定涉及《司法鉴定程序通则》中第十五条第二项、第五项之规定，故该中心决定不予受理，并退还相关鉴定材料。2020 年 3 月 16 日，因高某美未到庭参加诉讼，本院裁定该案按高某美撤诉处理。

2020 年 2 月 28 日，高某美因农药中毒（自服）死亡。

在本案审理过程中，本院依法向张某释明应由其对医疗机构是否存在过错申请鉴定，张某明确表示不申请鉴定。

【案件焦点】

在当事人应对医疗机构是否存在过错申请鉴定但不申请，仅提供证人证言予以证明的情况下，举证责任如何分配。

【法院裁判要旨】

山东省商河县人民法院经审理认为：《中华人民共和国侵权责任法》第五十四条规定，患者在诊疗活动中受到损害，医疗机构及其医务人员有过错的，由医疗机构承担赔偿责任。因此，医疗损害责任的归责原则是过错责任原则，亦即应由患者证明医疗机构在诊疗过程中存在过错，以及医疗机构的过错行为与损害结果之间存在因果关系。在本案审理过程中，本院依法向张某释明应由其对医疗机构是否存在过错申请鉴定，张某明确表示不申请鉴定。因此，本案中某医院的诊疗行为是否存在过错以及过错行为与损害结果的因果关系在本案中无法认定。

原告张某称在高某美起诉某医院医疗损害责任纠纷案件中，某司法鉴定中心以《司法鉴定程序通则》中第十五条第二项、第五项之规定，决定不予受理，某医院存在篡改病历的情况，故应推定某医院有过错。本院认为，《司法鉴定程序通则》第十五条规定，具有下列情形之一的鉴定委托，司法鉴定机构不得受理……（2）发现鉴定材料不真实、不完整、不充分或者取得方式不合法的……（5）鉴定要求超出本机构技术条件或者鉴定能力的……《中华人民共和国侵权责任法》第五十八条规定，患者有损害，因下列情形之一的，推定医疗机构有过错：（1）违反法律、行政法规、规章以及其他有关诊疗规范的规定；（2）隐匿或者拒绝提供与纠纷有关的病历资料；（3）伪造、篡改或者销毁病历资料。本案中，原告并未提供证据证明某医院存在篡改病历的情况，本案也不符合推定医疗机构有过错的三种情形，故对于原告的主张本院不予采纳。

山东省商河县人民法院依照《中华人民共和国侵权责任法》第五十四条、第五十八条之规定，判决如下：

驳回原告张某的诉讼请求。

张某不服一审判决，提出上诉。山东省济南市中级人民法院经审理认为：《最高人民法院关于适用〈中华人民共和国民事诉讼法〉的解释》第九十条规定，当事人对自己提出的诉讼请求所依据的事实或者反驳对方诉讼请求所依据的事实，应当提供证据加以证明，但法律另有规定的除外。在作出判决前，当事人未能提供证据或者证据不足以证明其事实主张的，由负有举证证明责任的当事人承担不利的后果。本案系医疗责任纠纷，张某主张某医院承担赔偿责任，应首先举证证明某医院在给高某美的诊疗过程中存在过错或有《中华人民共和国侵权责任法》第五十八条规定的推定过错情形。本案中，张某依据司法鉴定中心不予受理鉴定的理由，主张某医院病历记录不真实，应推定某医院存在过错。经查，某司法鉴定中心出具不予受理鉴定通知书的原因，系因该中心在案件审理过程中发现该鉴定涉及《司法鉴定程序通则》中第十五条第二项、第五项之规定情形，该规定第十五条第二项、第五项内容为：发现鉴定材料不真实、不完整、不充分或者取得方式不合法；鉴定要求超出本机构技术条件或者鉴定能力。经一审法院与鉴定机构联系确定，退鉴原因系材料不充分，故张某的该主张不能成立。对于张某主张的病历记录矛盾、医院最初诊断与病历记录不同、病历记录与证人证言矛盾、院方违反药品使用规范，本院认为，病历是对病人病情和治疗过程的客观记录，证人非专业人员，亦未对病人病情充分了解，故不能依证人证言陈述即认定医院病历记录不真实。某医院是否存在张某上述所主张的其他行为，涉及医疗专业知识，该主张是否属实，需参考司法鉴定意见认定。而一审法院向张某释明应由其对某医院的诊疗行为是否存在过错申请鉴定，张某表示不申请鉴定。现因未能进行鉴定，致某医院的诊疗行为是否存在过错及其诊疗行为与损害后果的因果关系无法认定，依据前述法律规定，张某作为负有举证责任的一方，应承担举证不利的法律后果。综上，一审判决并无不当，本院予以维持。

山东省济南市中级人民法院依照《中华人民共和国民事诉讼法》第一百七十条第一款第一项规定，判决如下：

驳回上诉，维持原判。

【法官后语】

本案系医疗责任纠纷，原《中华人民共和国侵权责任法》第五十四条规定："患者在诊疗活动中受到损害，医疗机构及其医护人员有过错的，由医疗机构承担赔偿责任。"（《中华人民共和国民法典》第一千二百一十八条除将"医疗机构及其医务人员"修改为"医疗机构或者其医务人员”外，保留了这一规定的内容。）第五十八条规定：“患者有损害，因下列情形之一的，推定医疗机构有过错：（一）违反法律、行政法规、规章以及其他有关诊疗规范的规定；（二）隐匿或者拒绝提供与纠纷有关的病历资料；（三）伪造、篡改或者销毁病历资料。”（《中华人民共和国民法典》第一千二百二十二条基本保留了这一规定，但作了三处修改，一是将“患者有损害”修改为“患者在接受诊疗活动中受到损害”，明确了患者必须实在诊疗活动中受到损害，表述更加严谨；二是将“销毁”修改为“违法销毁”；三是新增“遗失”病历资料作为推定医疗机构过错的情形。）因此，张某主张某医院承担赔偿责任，应首先举证证明某医院在诊疗过程中存在过错或有推定过错的三种情形。反之，如果张某无法证明存在推定过错的三种情形，则必须证明医院存在过错。

在本案审理过程中，张某主张医院存在篡改病历的以下情形：

1. 关联案件中司法鉴定中心出具不予受理鉴定通知书的原因，系因该中心在案件审理过程中发现该鉴定涉及《司法鉴定程序通则》中第十五条第二项、第五项之规定情形。张某据此主张某医院病历记录不真实。经一审法院与鉴定机构联系确定，退鉴原因系材料不充分，故张某的该项主张未得到支持。

2. 病历记录矛盾、医院最初诊断与病历记录不同、病历记录与证人证言矛盾、院方违反药品使用规范。病历是对病人病情和治疗过程的客观记录，证人非专业人员，亦未对病人病情充分了解，故不能依证人证言陈述即认定医院病历记录不真实。某医院是否存在张某所主张的“病历记录不真实”，涉及医疗专业知识，该主张是否属实，需参考司法鉴定意见认定。而一审法院依法向张某释明应由其申请鉴定，张某明确表示不申请鉴定。故张某的该项主张亦未得到支持。

《最高人民法院关于适用〈中华人民共和国民事诉讼法〉的解释》第九十条规定："当事人对自己提出的诉讼请求所依据的事实或者反驳对方诉讼请求所依据的事实，应当提供证据加以证明……当事人未能提供证据或者证据不足以证明其事实主张的，由负有举证证明责任的当事人承担不利的后果。"一审法院认为医院不存在推定过错的三种情形，不能适用过错推定，故法院适用过错规则。即由张某承担证明某医院的诊疗行为是否存在过错的责任。

本案看似简单，但是聚焦民事案件审理过程中的"过错推定"这一规则，具有很强的典型意义。在侵权责任案件审理中，过错推定作为特殊的举证责任分担形式，只能在法律予以明确规定时适用。法律之所以在医疗责任纠纷中设立过错推定规则，其目的在于保证司法公正，防止居于优势地位的医疗机构滥用过错规则，从而使病人面临因病历造假等导致的举证难的不利后果。该规则要求法官在案件审理过程中综合判断，在出现过错推定情形时方可适用过错推定规则，从而保证程序正义，并兼顾实体正义。更重要的是，过错推定规则对当事人在民事诉讼中如何举证起到了引导和指示作用。作为当事人，必须按照法律的要求提供证据。如果在诉讼中称出现过错推定的情形，其仍要向法院提交有效证据予以证明，才能使法院采纳适用过错推定规则，否则将要承担不利后果——也就是上述第九十条的规定："当事人对自己提出的诉讼请求所依据的事实或者反驳对方诉讼请求所依据的事实，应当提供证据加以证明……当事人未能提供证据或者证据不足以证明其事实主张的，由负有举证证明责任的当事人承担不利的后果。"本案中，一审法院依法向张某释明应由其对医疗机构是否存在过错申请鉴定，张某明确表示不申请鉴定。因此，本案中某医院的诊疗行为是否存在过错以及过错行为与损害结果的因果关系在本案中无法认定，故张某的诉讼请求没有得到支持。

《中华人民共和国民法典》第一千二百一十八条、第一千二百二十二条只是在文字表述上对侵权责任法第五十四条、第五十八条进行了修改，在核心内容上对医疗损害纠纷中过错责任的一般原则、过错推定的例外原则仍然予以坚持，这样的规定在缓和了患者一方举证责任的同时，有效的平衡了受害患者、医疗机构之间利益关系，是理论与实践再一次融合的结果。

编写人：山东省商河县人民法院　张雯

119　医疗机构过错推定原则下原因力规则的适用

——刘某英、周某诉某医院医疗损害责任案

【案件基本信息】

1. 裁判书字号

安徽省淮北市中级人民法院（2020）皖06民终1092号民事判决书

2. 案由：医疗损害责任纠纷

3. 当事人

原告（被上诉人）：刘某英、周某

被告（上诉人）：某医院

【基本案情】

2018年5月12日，周某法因右侧腰腹痛、腹泻伴恶心、呕吐于1天前到某医院就诊，经诊断：右肾绞痛、右输尿管结石伴右肾盂积水、右肾结石、急性胃肠炎、高血压、肝囊肿，并于当日入住该院泌尿外科。后于次日转普外肝胆外科继续治疗，之后于2018年5月18日凌晨突发心跳、呼吸骤停，经抢救无效后宣布临床死亡。某医院将死亡原因考虑为心源性猝死，向周某法亲属解释病情后，患者亲属拒绝行尸体解剖，后周某法亲属表示院方要对其死亡一事给予说法便同意尸体解剖。周某法住院医疗费共计6613.45元，其中医保统筹支付4493.25元，自费支付1970.20元。

诉讼中，刘某英、周某向本院申请某医院对周某法的诊疗行为是否存在过错，以及过错行为在周某法死亡后果的参与度进行司法鉴定，本院依法委托某司法鉴定所进行鉴定，该所以患方对院方后期打印病程记录不认可为由，于2019年1月15日将案件退回。后本院先后委托其余两家鉴定中心进行鉴定，上述两家鉴定机构均决定不予受理。2018年5月8日，某医院针对纸质病历中缺少的2018年5月13日至5月18日的病程记录，提供电子病历并申请对该电子病历的真实性申请鉴定，本院依法委托司法鉴定所鉴定，后某医院撤回申请。

另查，刘某英、周某分别系周某法的妻子、儿子。周某法的父亲、母亲先后于1978年、1990年去世。

【案件焦点】

周某法死亡的损害后果在相关鉴定不能的情况下，法律责任应如何承担。

【法院裁判要旨】

安徽省淮北市相山区人民法院经审理认为：根据双方当事人诉辩意见，本案的主要争议焦点为周某法死亡的损害后果因相关鉴定不能的法律责任如何承担的问题。

就案涉诊疗行为是否存在过错及过错行为对周某法损害后果的参与度鉴定事项，本院先后委托三次司法鉴定，某司法鉴定所以院方后期打印的病程记录患方不认可为由，无法做出明确鉴定意见而作退案处理。至于后期打印的三页病程记录（自 2018 年 5 月 13 日至 2018 年 5 月 18 日），某医院辩解系电子病历形式制作，因周某法死亡后其家属要求立即封存病历而未及时打印。根据《电子病历基本规范（试行）》第三十二条之规定，发生医疗事故争议时，应当在医患双方在场的情况下锁定电子病历并制作完全相同的纸质版本供封存，封存的纸质病历资料由医疗机构保管。鉴于 2018 年 5 月 17 日 CT[①] 诊断报告单，以及 2018 年 5 月 18 日周某法死亡后医患沟通谈话记录及采书写的会诊单已经封存入病历的情形，某医院对于录入完毕的电子病历完全可在双方封存纸质病历的同时锁定并打印继而封存，故对提交鉴定机构病历材料的缺失责任在于某医院。之后经本院准许对申请电子病历的真实性进行司法鉴定后某医院又撤回该申请，其行为性质应认定为拒绝提供上述病历资料作为鉴定依据，根据《中华人民共和国侵权责任法》第五十八条之规定，因医疗机构不能提供病历的原因导致医疗过错无法经鉴定程序确认的，应直接推定医院机构负有过错。

其余两家司法鉴定中心的退案理由为未行尸检无法明确死亡原因，导致无法通过司法鉴定确认诊疗行为是否存在过错及其过错参与度，进而无法判断各方的责任承担问题。关于尸检问题，首先要明确医方和患方应各自承担的责任范围。《医疗事故处理条例》第十八条第一款规定，患者死亡，医患双方当事人不能确定死因或者对死因有异议

---

① CT（Computed Tomography），即电子计算机断层扫描，可用于多种疾病的检查，下文对此不再提示。

的，应当在患者死亡后48小时内进行尸检；具备尸体冻存条件的，可以延长至7日。尸检应当经死者近亲属同意并签字。第三款规定，医疗事故争议双方当事人可以请法医病理学人员参加尸检，也可以委派代表观察尸检过程。拒绝或者拖延尸检，超过规定时间，影响对死因判定的，由拒绝或者拖延的一方承担责任。由此可知，进行尸检以及拒绝或者拖延尸检的责任主体不限于患者近亲属，还包括医疗机构。本院认为，在医方和患者近亲属对死因有异议的情况下，医方作为专业医疗机构，具备专业知识、专门人才及处理类似事件的丰富经验，而患方系遭受不幸事件的亲属，大多都是首次经历，作为院方于情于理都应该积极主动书面告知尸检事项，并作出相应的解释、说明。在患者同意尸检的情况下，更应积极主动地协助患者近亲属选择尸检机构、联系尸检事宜，推动尸检程序的进行。在本案中，患者近亲属根据医方先前告知尸检必要性和时效性后，为查清患者死亡原因而明确表示同意尸检后，院方并未履行书面告知义务及跟进尸检相关事宜，对本案未行尸检致鉴定不能的法律后果负有过错。

综上所述，根据《中华人民共和国侵权责任法》及《最高人民法院关于审理医疗损害责任纠纷案件适用法律若干问题的解释》的相关规定，医疗机构及时书写妥善保管病历资料是医疗机构的基本义务，其在掌握证据资料的能力方面明显强于患者，因其拒绝提供病历的行为性质较为严重、恶劣，为平衡医患双方之间的利益，法律作出直接推定负有过错的规定。关于尸检必要性问题，以某司法鉴定所退案理由分析，不排除具备客观全面的病案资料前提下，即便未行尸检就必然会影响医疗过错及因果关系的认定。退一步说，即使本案拒绝或拖延尸检的责任在于患方，也不能以此为由当然地作出患方负有过错的评判。结合以上分析，对于本案相关鉴定不能的责任在于某医院，故其理应对刘某英、周某诉请损失的合理部分予以全部赔偿。

刘某英、周某在本案中的损失为：（1）死亡赔偿金75.08万元（37540元×20年）；（2）丧葬费，刘某英、周某主张37189元，符合法律规定，本院予以支持；（3）精神损害抚慰金，本院酌情考虑5万元；（4）医疗费，扣除医保支付部分4493.25元，自费支付1970.20元，以上损失合计839959.20元。对刘某英、周某诉请超出的部分，本院不予支持。

安徽省淮北市相山区人民法院根据《中华人民共和国侵权责任法》第五十八条的规定，判决如下：

一、某医院于判决生效之日起十日内一次性分别赔偿刘某英、周某死亡赔偿金、丧葬费、精神损害抚慰金、医疗费损失共计839959.20元；

二、驳回刘某英、周某的其他诉讼请求。

某医院不服一审判决，提出上诉。安徽省淮北市中级人民法院经审理认为：本案争议焦点为某医院应否赔偿刘某英、周某因周某法死亡造成的各项损失，如应赔偿，数额如何确定。《中华人民共和国侵权责任法》第五十四条规定，患者在诊疗活动中受到损害，医疗机构及其医务人员有过错的，由医疗机构承担赔偿责任。第五十八条规定，患者有损害，因下列情形之一的，推定医疗机构有过错：（1）违反法律、行政法规、规章以及其他有关诊疗规范的规定；（2）隐匿或者拒绝提供与纠纷有关的病历资料；（3）伪造、篡改或者销毁病历资料。本案中，周某法因患病到某医院就诊治疗，与某医院形成医患关系。周某法住院治疗5日后死亡，在医方和患者近亲属对死因有异议的情况下，应当及时封存病历及病程记录，交由第三方专业机构进行鉴定，作出医方对患者诊疗行为是否规范的评判，或者进行尸检查明死因。本案由于封存的纸质病历中的病程记录不完整，院方后期打印的电子病历形成的病程记录患方不认可，导致鉴定机构无法作出鉴定意见。根据《电子病历基本规范（试行）》第三十二条的规定，发生医疗事故争议时，应当在医患双方在场的情况下锁定电子病历并制作相同的纸质版本供封存，封存的纸质病历资料由医疗机构保管。据此，某医院对于电子病历应当在双方封存纸质病历的同时予以锁定并打印封存，而某医院未予同时锁定并打印封存，一审认定提交鉴定机构的病历材料的缺失责任在于某医院并无不当。及时书写客观真实的病程记录是医务人员的基本义务，妥善保管真实完整的病历资料是医疗机构的法定职责，医疗机构在掌握证据资料的能力方面明显优于患者，一审将该举证责任分配给医疗机构并无不当，某医院关于提交病历资料真实性的责任分配给某医院不符合法定程序的上诉理由不能成立。《医疗事故处理条例》第十八条第一款规定，患者死亡，医患双方当事人不能确定死因或者对死因有异议的，应当在患者死亡后 48 小时内进行尸检；具备尸体冻存条件的，可以延长至 7 日。尸检应当经死者近亲属同意并签字。据此，医患纠纷发生后，医方作为专业医疗机构，为查明患者死因，在建议患者近亲属进行尸检的同时，应当依法完善患者近亲属签字同意尸检的相关工作。本案患者近亲属由开始的不接受尸检到后来同意尸检的转变过程中，某医院未依法取得患者近亲属书面同意尸检的签字并及时跟进尸检相关事宜，推动尸检程序的进行。一审认定某医院对本案未行尸检导致鉴定不能的法律后果存在过错并无不当。本案因病历系后期打印导致相关鉴定不能及时进行尸检的责任在于某医院，一审认定某医院应承担刘某英、周某因患者周某法死亡造成的各项损失的全部赔偿责任并无不当，本院予以维持。某医院关于认定某医院承担全部责任不具有公平合理性的上诉理由不能成立。综上所述，某医院的上诉请求不能成立，应予驳回；一审判决认定事实清楚，适用法律正确，应予维持。

安徽省淮北市中级人民法院依照《中华人民共和国民事诉讼法》第一百七十条第一款第一项之规定，判决如下：

驳回上诉，维持原判。

【法官后语】

原《中华人民共和国侵权责任法》第五十八条规定三种情形下推定医疗机构存在过错，该规定基本被《中华人民共和国民法典》第一千二百二十二条承继。此种情形下推定医疗机构存在过错是不可推翻的过错推定，在此确定损害赔偿责任时是否需根据医疗机构过错的手段、方式、后果等综合因素及适用原因力规则确定赔偿责任比例？损害赔偿份额的确定主要考虑过错及原因力大小两个因素，在医疗机构存在隐匿或拒绝提供病历资料及遗失、伪造、篡改、违法销毁病历资料的情形下，因医疗机构过错致使专业的医疗损害鉴定不能，而医疗损害中的原因力大小往往无法通过普通的生活经验知识或逻辑推理去判断，在此情形下，如患者一方并没有过错而不能适用过失相抵规则的情况下，应不再考虑原因力规则，直接判断医疗机构对患者损失承担全部赔偿责任。

本案主要探讨《中华人民共和国民法典》第一千二百二十二条第二项、第三项，法院在司法实践中如何适用原因力规则对侵权赔偿责任份额进行划分。

（1）隐匿或者拒绝提供与纠纷有关的病历资料。即在诉讼中，医方手中持有与纠纷有关的重要病历资料，却故意将其隐藏起来，患方和法院都难以发现，或医方直接将与纠纷有关的病历资料握在手中，却明示不提交法庭。《医疗事故处理条例》中明确医疗机构具有保管病历资料的义务，按照谁持有谁提供的原则，如妨碍举证，则应该承担举证不能的责任。该规定旨在督促医疗机构加强对病历资料的管理和保管工作，充分重视病历资料对病人日后治病中的重要性。加强对医疗机构及其医务人员关于病例资料重要性的宣传，增强其认真保管病历资料的意识。这样，不仅对患者日后继续治疗有所帮助，也对日后发生的纠纷中更好地维护医方利益有所裨益。

(2) 伪造、篡改或者销毁病历资料。“伪造”，是指“假造”，如医方并没有做此项检查，而病历资料中却出现了患者关于此项检查的结果和影像资料；“篡改”即对病历资料中的内容进行改动，使其与真实情况不符；“销毁”即破坏病历资料。

在医疗纠纷中，病历资料对于案件事实的查明至关重要，尤其是事关鉴定之时，医疗机构的上述行为往往致使鉴定不能，而医疗损害责任纠纷中，因果关系等侵权构成要件大多无法通过日常生活法则及逻辑推理进行判断，在鉴定不能的情况下，应由导致该后果的一方承担责任。考虑到医疗机构存在违法行为及过错，患者存在损害事实，而两者之间的因果关系、原因力大小因医疗机构的原因无法判断，则医疗机构应承担全部赔偿责任，在此应适用“全有或全无”原则，不再考虑原因力大小进行比例分配，事实上如法官在鉴定机构都无法对原因力进行专业判断的情况下径行分析原因力有违公平原则亦难以说服患方。

医学是一种不断探索的科学和实践，医学科学的高难度和人类身体构造的复杂性决定了医疗行业的不易和艰辛。如何在医疗纠纷审判中即保护患者合法权益又有效推进医学事业的进步和发展一直在考验着法律人的智慧。正确适用《中华人民共和国民法典》第一千二百二十二条看似加重医疗机构的责任，但从长远来看有利于推动医疗机构规范管理病案材料，既是对患方的负责亦是医疗机构在出现医疗纠纷时保护自身合法权益的有力证据，更对推动医疗保健水平、教学科研水平的进步产生重要影响。

编写人：安徽省淮北市相山区人民法院　张婉璐

120　鉴定机构无法作出鉴定意见时，法院如何综合认定医疗美容机构责任

——张某诉某医院医疗损害责任案

【案件基本信息】

1. 裁判书字号

河北省沧州市中级人民法院（2019）冀09民终2147号民事判决书

2. 案由：医疗损害责任纠纷

3. 当事人

原告（上诉人）：张某

被告（被上诉人）：某医院

【基本案情】

2014年2月11日，原告张某在被告处进行了切开重睑+眼袋祛除手术，并支付手术费7084.1元。同时又于2015年在被告处为矫正下眼睑外翻做了提升手术，原告支付手术费20828.96元。后原告感觉眼部不适，多次到北京、天津、西安等地的医院进行

治疗，支付交通费、食宿费、诊疗费等共计 7592.82 元。双方就赔偿问题未达成一致，原告将被告诉至法院。经法院委托，北京法源司法科学证据鉴定中心出具（京）法源司鉴［2016］医鉴字第 727 号司法鉴定意见书，鉴定意见为：（1）某医院对被鉴定人张某的诊疗行为存在过错；（2）虽然某医院的诊疗行为存在过错，但是被鉴定人自身也存在不规范的复诊行为，本次鉴定对医院诊疗的过错行为与被鉴定人现有病情之间的因果关系不能评价。原告支付鉴定费 13950 元。

另查明，鉴定人出庭接受询问的意见为：正常人泪膜破裂时间在 10 秒以上，泪膜破裂时间少于 10 秒则容易干眼，患者确实存在泪膜破裂时间缩减情况。睑板腺会分泌眼泪，构成了眼泪的成分和量。如果手术过程中误将睑板腺切断，眼泪量会明显减少。2016 年原告在西安做荧光检测，显示神经末梢的数量减少及原告的眼泪量未减少，但原因不清楚。根据临床细胞分析，患者的眼部炎症及病情均有减轻，但是眼泪膜破裂时间没有恢复。被告支付鉴定人出庭费用 3000 元。

【案件焦点】

鉴定机构无法对诊疗过错与损害事实之间存在因果关系作出判断时，法院如何结合综合资料认定医疗美容机构的责任。

【法院裁判要旨】

河北省沧州市运河区人民法院经审理认为：被告某医院对原告张某进行双眼重睑成形、眼袋切除手术等诊疗行为对于原告出现干眼症等症状是否存在因果关系的问题，根据司法鉴定意见，被告在未使用原告本人就诊卡诊疗、病历书写、术前准备方面存在过错，对本次鉴定客观全面评价医院诊疗行为造成不利影响。另外，原告所患干眼症和睑板功能紊乱本身病因复杂，而且睑板功能紊乱受多种因素影响或存在多种致病危险因素，原告不规范的复诊行为，使本次鉴定无依据对此阶段的诊疗行为进行评价，亦存在一定过错。本次鉴定对医院诊疗的过错行为与被鉴定人现有病情之间的因果关系不能评价。因原告、被告对无法鉴定被告诊疗行为是否存在过错均存在不利影响，故酌情认定原、被告各承担原告损失的50%。被告应赔偿原告的数额为26227.94元［（手术费27913.06元+鉴定费13950元+鉴定人出庭费用3000元+交通费、食宿费、诊疗费等费用7592.82元）×50%］。原告主张被告继续为其治疗或者到有能力治疗的医疗机构为原告诊治眼部疾病直至康复的诉讼请求依据不足，不予支持。

河北省沧州市运河区人民法院依据《中华人民共和国民法总则》第一百七十六条、第一百七十九条，《中华人民共和国侵权责任法》第五十四条、第五十五条，《最高人民法院关于审理人身损害赔偿案件适用法律若干问题的解释》第十七条之规定，判决如下：

一、被告某医院赔偿原告张某各项损失共计26227.94元；

二、驳回原告张某的其他诉讼请求。

张某不服，提起上诉。河北省沧州市中级人民法院经审理认为：《最高人民法院关于适用〈中华人民共和国民事诉讼法〉的解释》第一百零五条规定，人民法院应当按照法定程序，全面、客观地审核证据，依照法律规定，运用逻辑推理和日常生活经验法则，对证据有无证明力和证明力大小进行判断，并公开判断的理由和结果。本案原审判决认定的上诉人张某因就医和与被上诉人发生纠纷后产生的经济损失（手术费27913.06元+鉴定费13950元+鉴定人出庭费用 3000 元+交通费、食宿费、诊疗费等费用 7592.82 元）共计 52455.88 元，因双方在二审期间未提出异议，二审法院依法予以认定。根据鉴定意见，被上诉人某医院在对上诉人张某的诊疗过程中存在过错，但无法认定其过错行为与上诉人张某病情之间存在因果关系。本案上诉人张某到被上诉人处做医疗美容手术后受到损害是基本事实，根据鉴定意见，被上诉人对上诉人张某的诊疗过程存在过错也是基本事实。

《中华人民共和国侵权责任法》第六条第一款规定："行为人因过错侵害他人民事权益，应当承担侵权责任。"第五十四条规定："患者在诊疗活动中受到损害，医疗机构及其医务人员有过错的，由医疗机构承担赔偿责任。"第二十六条规定："被侵权人对损害的发生也有过错的，可以减轻侵权人的责任。"依照上述法律规定，被上诉人某医院应当对上诉人张某承担过错赔偿责任。本案鉴定机构作出的鉴定意见中并没有认定上诉人张某对损害的发生存在过错，原审判决双方各承担上诉人损失的 50% 事实和理由不够充分，不予支持。

河北省沧州市中级人民法院依照《中华人民共和国民事诉讼法》第一百七十条第一款第二项的规定，判决如下：

一、撤销河北省沧州市运河区人民法院（2016）冀 0903 民初 2608 号民事判决；

二、被上诉人某医院赔偿上诉人张某各项经济损失 52455.88 元；

三、驳回上诉人张某的其他诉讼请求。

【法官后语】

在医疗美容纠纷案件中构成侵权需要满足三个要件：损害事实、存在过错与因果关系。本案中，张某在某医院进行双眼重睑成形、眼袋切除手术后出现了干眼症等症状。根据鉴定意见，某医院在医疗美容诊疗过程中存在病历书写、术前准备方面不规范等过错。但鉴定机构未能作出二者之间存在因果关系的鉴定意见。

司法实践中，医疗美容纠纷普遍适用过错归责原则。根据法律原则，本案适用《中华人民共和国侵权责任法》第五十四条："患者在诊疗活动中受到损害，医疗机构及其医务人员有过错的，由医疗机构承担赔偿责任。"2021年1月1日起施行的《中华人民共和国民法典》第一千二百一十八条延续了此条规定，并将"及其"修改为"或者"，严谨了医疗损害的归责原则。在本案出具的鉴定意见中，明确了某医院对被鉴定人张某的诊疗过程中存在过错。

除此之外，根据原《中华人民共和国侵权责任法》第五十八条关于"推定医疗机构过错"的规定，在三种情形下可推定医疗机构有过错：(1) 违反法律、行政法规、规章以及其他有关诊疗规范的规定；(2) 隐匿或者拒绝提供与纠纷有关的病历资料；(3) 伪造、篡改或者销毁病历资料。《中华人民共和国民法典》第一千二百二十二条延续了以上三种情形，并增加了医疗机构"遗失病历资料"的过错推定行为。本案中，由于某医院提供的病历资料中缺乏门诊就诊病历、相应检查报告单、术前准备内容及复诊记录等医学记录材料，一方面不符合相关诊疗规范的规定，另一方面也影响了鉴定机构对医院诊疗行为的客观判断，导致本案鉴定机构无法评价医院诊疗行为存在的过错与上诉人现有病情是否存在因果关系。因此，根据医疗损害责任的归责原则，不利后果应由某医院承担，即承担上诉人张某因就医和与被上诉人发生纠纷后产生的全部经济损失52455.88元。

相较于普通医疗行为，医疗美容高于一般的生活需求。对医疗美容机构施加更严格的归责原则，并非为抑制医疗美容行业的发展，而是希望通过对医疗美容行业进行规制和约束，提高医疗美容机构对自身管理约束的重视，以便为患者提供更好的医疗美容服务、更加符合法律规定的卫生条件。

编写人：河北省沧州市中级人民法院　毛颖　郭景岭

121　自身疾病的不良转归导致患者死亡，医疗机构不承担责任

——张甲等诉某医院医疗损害责任案

【案件基本信息】

1. 裁判书字号

江苏省宿迁市中级人民法院（2019）苏13民终3309号民事判决书

2. 案由：医疗损害责任纠纷

3. 当事人

原告（上诉人）：张甲、胡甲、王乙、王丙

被告（被上诉人）：某医院

【基本案情】

张乙系张甲与胡甲之女、王乙之妻、王丙之母，于2017年11月24日18时35分因上腹部疼痛不适在某医院普外科住院治疗，住院时已经出现肝指标下降、肝衰竭等情况。2017年11月25日早上转入血液科后，该院对张乙使用亚砷酸（俗名砒霜）治疗。

2017 年 11 月 28 日 9 时 17 分，张乙被确认为“急性白血病”死亡。2018 年 2 月 9 日，经徐州医学院司法鉴定所出具司法鉴定意见认为：被鉴定人张乙符合急性早幼粒细胞白血病治疗过程中凝血功能异常、多器官功能衰竭死亡。张甲等提起本案诉讼后，江苏省宿迁市宿城区人民法院依法委托南京医科大学司法鉴定所对某医院的诊疗活动是否存在过错及过错程度进行鉴定。南京医科大学司法鉴定所经鉴定认为，某医院对张乙的诊疗行为不存在过错，治疗方案及用药情况符合常规，张乙的死亡系其自身疾病的不良归转。四原告对南京医科大学司法鉴定所出具的鉴定意见不予认可，申请重新鉴定。四原告认为，张乙于 2017 年 5 月在宿迁市妇产医院住院进行生育检查时并未发现任何白血病症状，2017 年 11 月 7 日在某医院口腔科做拔牙手术时，医院未对张乙进行常规的血液和血凝五项检查，存在漏诊。在张乙入院后，某医院使用亚砷酸对张乙进行治疗，加速了张乙的死亡。某医院在对张乙的诊疗过程中存在过错，故要求某医院向张甲、胡甲、王乙、王丙赔偿医疗费 54959.8 元、死亡原因司法鉴定费 10000 元、交通费 3000 元、丧葬费 30720 元、死亡赔偿金 872440 元、被抚养人生活费 249534 元、精神损害抚慰金 50000 元，合计 1270653.8 元。某医院则认为对张乙的诊疗行为符合诊疗规范，院方不存在过错，故不同意赔偿。

【案件焦点】

张乙的死亡与某医院的诊疗行为是否存在因果关系。

【法院裁判要旨】

江苏省宿迁市宿城区人民法院经审理认为：《最高人民法院关于审理医疗损害责任纠纷案件适用法律若干问题的解释》第十五条第

二款规定，当事人共同委托鉴定人作出的医疗损害鉴定意见，一方当事人不认可的，应当提出明确的异议内容和理由。经审查，有证据足以证明异议成立的，对鉴定意见不予采信；异议不成立的，应予采信。本案中，四原告虽对司法鉴定所就本案出具的鉴定意见持有异议，但并未提出确实充分的证据或法律依据证明其异议事实与理由存在。故对于上述《司法鉴定意见书》予以采信，并对四原告重新鉴定的申请不予准许。

患者在诊疗活动中受到损害，医疗机构及其医务人员有过错的，由医疗机构承担赔偿责任。反之，医疗机构及其医务人员不存在过错的，医疗机构不承担赔偿责任。根据南京医科大学司法鉴定所出具的《司法鉴定意见书》，某医院对张乙的诊疗行为不存在过错，治疗方案及用药情况符合常规，张乙的死亡系其自身疾病的不良归转。四原告并无证据推翻该《司法鉴定意见书》，亦无证据证明张乙的死亡系因某医院诊疗不当所致，应承担举证不能的法律后果。关于四原告主张张乙在此前的拔牙过程中，某医院未对张乙进行血常规检查，贻误病情以及在后期住院过程中医院使用亚砷酸加速病人死亡等意见，南京医科大学司法鉴定所出具的《司法鉴定意见书》均已明确说明，院方不存在过错。故对张甲、胡甲、王乙、王丙的诉讼请求不予支持。

江苏省宿迁市宿城区人民法院依照《最高人民法院关于审理医疗损害责任纠纷案件适用法律若干问题的解释》第四条、第十一条、第十五条，《中华人民共和国民事诉讼法》第一百四十二条及《最高人民法院关于适用〈中华人民共和国民事诉讼法〉的解释》第九十条之规定，判决如下：

驳回张甲、胡甲、王乙、王丙的诉讼请求。

二审法院同意一审法院裁判意见。

【法官后语】

对患者的检查、用药等诊疗行为，需经过医疗机构及医务人员作出专业的判断，而非不具备医学常识的当事人自行揣测。如果患者在诊疗活动中受到损害，医疗机构及其医务人员确有过错的，应向患者承担赔偿责任。反之，不承担赔偿责任。医疗机构及其医务人员是否存在过错应由专业的鉴定机构进行鉴定，如无法定重新鉴定的情形，应对鉴定意见予以采信。

首先，血常规检查并非拔牙的必要前置检查程序。本案死者张乙在住院前20天，曾在某医院做拔牙手术。四原告认为，如某医院在此前对张乙进行血常规检查，就可以尽早发现病情，及时治疗，不至于贻误治疗最终导致死亡。对此，司法鉴定所出具的《司法鉴定意见书》已明确说明，血常规检查并非拔牙手术的必要检查，当事人不能苛责医疗机构对患者采取并非诊疗活动必要的检查。

其次，医疗机构用药是否合理不能根据当事人的认知进行判断。四原告主张某医院在诊疗过程中适用亚砷酸（俗名砒霜）对张乙进行治疗，会加速患者的死亡。在民间的认知中，砒霜为剧毒性药物，服用砒霜可以迅速致人死亡。但是对于张乙所患的急性早幼粒细胞白血病而言，亚砷酸的确可以起到治疗的效果。南京医科大学司法鉴定所出具的《司法鉴定意见书》也认为某医院对张乙的诊疗行为不存在过错，治疗方案及用药情况符合常规。死者家属不能依据自己的认知推断专业的诊疗行为是否存在过错。

最后，当事人对人民法院委托的鉴定部门作出的鉴定意见有异议申请重新鉴定的，应当提出证据证明存在下列情形之一：(1) 鉴定机构或者鉴定人员不具备相关的鉴定资格的；(2) 鉴定程序严重违法的；(3) 鉴定意见明显依据不足的；(4) 经过质证认定不能作为证据使用的其他情形。否则，不应重新启动鉴定程序，并采信鉴定机构出具的鉴定意见。本案中，四原告申请重新鉴定，但并未举证证明南京医科大学司法鉴定所存在应当重新鉴定的法定情形，故对其申请不予准许。

编写人：江苏省宿迁市宿城区人民法院　曹尧瑶

122　鉴定机构未作出鉴定意见，法院可以结合病历资料等综合认定医疗机构的责任

——李某等诉某医院医疗损害责任案

【案件基本信息】

1. 裁判书字号

四川省广安市中级人民法院（2019）川16民终3376号民事判决书

2. 案由：医疗损害责任纠纷

3. 当事人

原告（被上诉人）：李某、方甲、方乙

被告（上诉人）：某医院

【基本案情】

李某系死者方某之妻，方甲、方乙系死者方某之子。

2016年8月12日，方某因患风湿、痛风、右小腿皮肤溃疡等病症到某医院就诊，入院诊断为右小腿皮肤破溃伴感染、痛风、痛风性关节炎等症状，收治于普内科住院治疗，病情稳定后于2016年8月22日转入烧伤整形二组继续住院治疗。8月26日，某医院对方某实施了右小腿溃疡清创术、臀部痛风石部分取出切除术，

术后恢复创面良好。8 月 31 日清晨，方某死亡。方某死后，广安区卫生和计划生育局委托了西南政法大学司法鉴定中心对方某实施尸检，鉴定意见为“死者方某符合肺动脉栓塞致急性呼吸、循环衰竭死亡，其他病症与其死亡后果无关”。李某、方甲、方乙认为，某医院的诊治存在重大过错，导致了方某死亡的结果。其过错包括但不限于对患者的血栓病情出现漏诊、误诊、手术后也未告知患者或家属应注意的事项、某医院在患者住院护理期间不尽责而丧失抢救机会、其住院病历不能客观反映其诊疗过程等，医方应当承担全部责任。李某、方甲、方乙为维护其合法权益，依法提起诉讼。

【案件焦点】

在鉴定机构未作出鉴定意见的情况下，医方如何承担责任。

【法院裁判要旨】

四川省广安市广安区人民法院经审理认为：患者方某在被告某医院住院治疗的过程中死亡，由于医疗行为具有较强的专业性，对被告某医院的诊疗行为是否适当，除依照一般常理及当事人提供的证据材料外，还需由相关部门作出专业鉴定后方可判断。经原告申请，法院先后依法委托了司法鉴定所、四川求实司法鉴定所就医方的诊疗行为是否存在过错、与本次事故是否具有因果关系及参与度进行鉴定，但该两次鉴定均未得出鉴定意见，后三原告提出不再进行鉴定，至此，医方的诊疗行为是否具有过错、方某的死亡与医方的诊疗行为是否具有因果关系没有有效的鉴定意见予以证实，故三原告对此应承担举证不能的不利后果。但以人的生命健康为服务对象的医疗机构在从事诊疗活动中应严格遵守医疗法律法规和具体的诊疗护理规范、诊疗常规以及诊疗的基本原则，应尽高度谨慎的注意义务。本案病历资料中的医患沟通记录单、病危病重通知书、医患双方不收和不送红包协议书、住院病人离院责任书、患方住院授权委托书兼承诺书上的“方某”均不是本案死者方某本人所签，且医方无其他证据证实其已对患方就上述内容行告知义务。未行告知义务虽与方某的死亡结果无因果关系，但法院认为医方的诊疗行为存在告知缺陷。从病例来看，医护人员对方某自诉“关节疼痛有所加重”未引起足够重视，也未作鉴别诊断，违反了医护人员应尽到的必要注意义务；且医护人员未按二级护理的要求，每 2 小时巡视一次方某并观察病情变化，违反了卫生部《综合医院分级护理指导原则（试行）》的规定。且医方的护理记录与监控事实相矛盾，故认定医方存在编造部分护理记录的情况。综上，结合本案实际情况，法院确定由被告某医院承担 20%的赔偿责任。

四川省广安市广安区人民法院依照《中华人民共和国侵权责任法》第十五条第一款第六项、第十六条、第五十五条、第五十八条第三项及《中华人民共和国民事诉讼法》第六十四条规定，作出如下判决：

一、被告某医院赔偿原告李某、方甲、方乙因方某死亡的损失 148902 元，扣除被告某医院垫付的鉴定费及殡仪馆服务费等共计 16781 元后，由被告某医院向原告李某、方甲、方乙支付 132121 元；

二、驳回原告李某、方甲、方乙的其他诉讼请求。

某医院不服一审判决，提起上诉。四川省广安市中级人民法院经审理认为：关于某医院对方某的诊疗行为是否符合规范，是否具有诊疗过错，是否应承担民事责任的问题。方某因“1. 右小腿皮肤破溃伴感染；2. 痛风、痛风性关节炎、痛风石；3. 高血压病；4. 高脂血症；5. 脂肪肝；6. 双肾结石”于2016年8月12日到某医院住院治疗。2016年8月26日，某医院对方某行右小腿溃疡清创术+臀部痛风石部分取出切除术后，方某因肺动脉栓塞致急性呼吸、循环衰竭死亡。对于方某的死亡后果，相关的鉴定机构对某医院诊疗行为是否存在过错、与本次事故是否具有因果关系及参与度等事项，不能作出专业、科学的鉴定意见，故无法推断某医院是否存在诊疗过错的行为。但因某医院系专业的医疗机构，一审法院考虑其在医患沟通过程中对保障患者的知情权方面存在告知缺陷、医护人员在方某术后疼痛加重及死亡前举止异常等情形下未做到高度重视及审慎的注意义务、医护人员未按《综合医院分级护理指导原则（试行）》规定的二级护理的要求履行相应的护理职责、存在部分护理记录与客观实际情况不符等因素，确定由某医院承担20%的赔偿责任，并无不当。综上所述，某医院的上诉请求不能成立，应予驳回；一审判决认定事实清楚，适用法律正确，法院予以维持。

四川省广安市中级人民法院依照《中华人民共和国民事诉讼法》第一百七十条第一款第一项之规定，作出如下判决：

驳回上诉，维持原判。

【法官后语】

本案中，应患方当事人申请，先后两次委托相关司法鉴定机构对医疗机构在对患者实施的诊疗活动中是否存在过错，如存在过错，该过错与损害后果是否具有因果关系及参与度等事项进行鉴定，但均被退回，造成本案鉴定不能。法官不具备医学方面的相关专业知识，无法确定医疗机构在诊疗活动中是否存在过错。根据《中华人民共和国民事诉讼法》的规定，因患方当事人未举证证明医疗机构在诊疗行为中存在过错，应由患方当事人承担举证不能的法律后果。

在双方封存的病历材料及双方在庭审中的陈述可知：（1）部分告知书不是死者本人所签，且医方无其他证据证实其已对患方就上述内容行告知义务，未行告知义务虽与患者死亡结果无因果关系，但医方的诊疗行为存在告知缺陷。（2）患者死亡前一天早上医生查房时，患者自述“关节疼痛有所加重”，医方却未引起足够重视，未作鉴别诊断，违反了医护人员应尽到的必要注意义务。（3）医护人员未按二级护理的要求，对患者每2小时巡视一次并观察病情变化，违反了《综合医院分级护理指导原则（试行）》的规定。（4）医方无医护人员对患者进行查看，却在护理记录中记载患者相关情况，医方存在编造部分护理记录的情况。虽本案无法确定医疗机构在诊疗活动中存在过错及与患者死亡存在因果关系，但以人的生命健康为服务对象的医疗机构在从事诊疗活动中应严格遵守医疗法律法规和具体的诊疗护理规范、诊疗常规以及诊疗的基本原则，应尽高度谨慎的注意义务。综上，法院结合案件实际情况，确定由某医院承担20%的赔偿责任。

编写人：四川省广安市广安区人民法院　杨珊

123　未做尸检导致鉴定意见无法确认因果关系的司法认定

——周乙等诉宜兴市某医院、江苏省某医院医疗损害责任案

【案件基本信息】

1. 裁判书字号

江苏省无锡市中级人民法院（2018）苏02民终101号民事判决书

2. 案由：医疗损害责任纠纷

3. 当事人

原告（被上诉人）：周乙、周一、周二、周三、周四

被告（上诉人）：江苏省某医院

被告：宜兴市某医院

【基本案情】

周甲与周乙系夫妻关系，二人共生育四名女儿，分别为周一、周二、周三、周四。2014年8月9日，周甲因“黏液血便一周”至宜兴市某医院住院治疗，入院诊断为直肠癌，于8月12日行腹腔镜下直肠癌根治术。周甲术后出现高热，诊断为切口感染、肠瘘，宜兴市某医院予抗感染、引流等治疗。治疗效果不明显，周甲于8月24日转院至江苏省某医院继续治疗。江苏省某医院对其进行禁食，抗感染、营养支持，调整腹腔引流管等综合性治疗。后周甲体温、血常规恢复正常，可正常进食半流食，能自主下床活动。9月16日18时30分，周甲发生急性腹痛，血常规、血肌酐升高，江苏省某医院予以对症治疗后腹痛仍未缓解。9月17日凌晨，周甲家属呼之不应，周甲已无意识，瞳孔散大固定，心跳、呼吸停止，血压为零，四肢发冷，心电图呈直线，宣布临床死亡。

审理中，法院委托医学会对医院在治疗过程中的医疗行为是否存在过错、医疗过错行为与损害后果有无因果关系及原因力大小进行鉴定。医学会出具医疗损害鉴定书分析如下：宜兴市某医院在诊疗过程中存在以下医疗过错：（1）术前检查不全面、不充分（如心电图、凝血七项检查未做）；（2）术后发生肠瘘治疗不

积极（未及时更换引流管、改善冲洗引流）。江苏省某医院在诊疗过程中存在以下医疗过错：（1）患者入院时未做心电图检查，违反诊疗常规；（2）患者系老年、高龄、肿瘤患者，且术后卧床，为血栓形成的高风险患者，医方未做凝血七项检查；（3）9月16日18时30分，患者发生急性腹痛，血常规、血肌酐升高，未做进一步检查及未请上级医师会诊。在急性腹痛原因未明确诊断的情况下，仅予以镇痛解痉治疗，违反了诊疗规范。专家意见：医方的医疗行为存在医疗过错，因未做尸体病理解剖，根据现有资料，不能明确患者死亡原因，故无法确定医方的医疗过错行为与患者死亡之间的因果关系。另查明，因家属无法承受将周甲的尸体从头到脚剖开，且时间较长，故未同意进行尸检。

【案件焦点】

在鉴定意见无法确认因果关系时，宜兴市某医院、江苏省某医院是否需对周甲的死亡后果承担赔偿责任。

【法院裁判要旨】

江苏省宜兴市人民法院经审理认为：患者在诊疗活动中受到损害，医疗机构及其医务人员有过错的，由医疗机构承担赔偿责任。本案中，医疗损害鉴定书已明确两家医院在诊疗过程中均存在过错，但因未做尸体病理解剖，因此无法明确周甲的死亡原因，对医疗过错行为与患者死亡之间的因果关系无法确定。综合本案的具体情况，法院对各方的责任承担认定如下：（1）未做尸检的原因在于周乙等人，导致医疗过错行为与患者死亡原因之间的因果关系无法确认，由此产生的不利法律后果应由周乙等人自行承担。（2）宜兴市某医院对周甲在肠癌根治术后出现的肠瘘治疗不积极，应对周甲在江苏省某医院治疗期间产生的损失承担次要责任。(3) 周甲因肠瘘转院至江苏省某医院，经过治疗有所好转，后周甲的病情突然急转直下，次日凌晨即被宣布临床死亡。根据无锡市医学会的分析，江苏省某医院在患者入院时未做心电图、凝血七项检查，在抢救过程中也未做进一步检查，在急性腹痛原因未明确诊断的情况下，仅予以镇痛解痉治疗，应对周甲的死亡后果承担次要责任。故周甲在江苏省某医院治疗期间产生的损失共计24317.27元，由宜兴市某医院承担30%的赔偿责任，即7295.18元；周甲因死亡产生的损失共计411740元，由江苏省某医院承担30%的赔偿责任，即123522元。

江苏省宜兴市人民法院依照《中华人民共和国侵权责任法》第十六条、第十八条、第五十四条之规定，作出如下判决：

一、江苏省某医院于本判决发生法律效力之日起十日内赔偿周乙等人123522元；

二、宜兴市某医院于本判决发生法律效力之日起十日内赔偿周乙等人7295.18元；

三、驳回周乙等人的其他诉讼请求。

江苏省某医院不服一审判决，提起上诉。江苏省无锡市中级人民法院经审理认为：江苏省某医院在诊疗过程中的医疗行为确实存在医疗过错，且未举证证明其存在符合侵权责任法第六十条第一款规定的免责情形。

江苏省无锡市中级人民法院依照《中华人民共和国民事诉讼法》第一百七十条第一款第一项之规定，作出如下判决：

驳回上诉，维持原判。

【法官后语】

本案是一起典型的医疗损害责任纠纷。近年来，医疗纠纷案件数量不断增长，审理难度也不断加大，法院在判决时合理分配举证责任，科学认定各方责任比例，对于理顺医患关系、化解医患矛盾显得尤为重要。

1. 关于医疗损害因果关系的认定

根据原《中华人民共和国侵权责任法》第五十四条的规定，医疗纠纷案件适用过错归责原则。《中华人民共和国民法典》第一千二百一十八条沿用了这一规定："患者在诊疗活动中受到损害，医疗机构或者其医务人员有过错的，由医疗机构承担赔偿责任。"医疗损害责任的构成要件包括：(1) 医疗机构和医务人员的诊疗行为；(2) 患者的损害后果；(3) 诊疗行为与损害后果之间存在因果关系；(4) 医务人员的过错。实践中，前两个要件较容易确定，难点在后两个要件。对于医疗损害过错及因果关系的举证，本质上是一个专业判断问题，《最高人民法院关于审理医疗损害责任纠纷案件适用法律若干问题的解释》第四条明确了对于患者无法提供证据证明医疗一方有过错和因果关系的，可以通过申请鉴定的方式予以证明。

医疗领域是专业性非常高的一个领域，大多数未经医疗专业知识学习的法官难以从证据材料直接判断医院的诊疗行为与患者的损害后果之间是否存在因果关系，必须参考专业鉴定。也正是由于这一原因，部分法官过于依赖鉴定意见，鉴定机构的鉴定工作甚至取代了法院对案件事实的认定及法律的适用，严重侵害了司法判断。《最高人民法院关于审理医疗损害责任纠纷案件适用法律若干问题的解释》第十三条也明确了，鉴定意见应当经当事人质证。由此看出，鉴定只是审判过程中的一个辅助手段，司法鉴定意见书的实质是诉讼证据的一种，辅助法官进行事实认定，作为法官需要从整体上对全案证据进行审查、判断，进而认定案件事实。

医疗鉴定是医学专家基于已知的医疗知识作出的一个科学判断，必须达到确实充分、可反复证明的程度。而法院判决是司法裁判者基于现有法律作出的一个社会评价，仅仅因为医疗鉴定无法确认因果关系，就认为原告的举证责任没有到位，判决原告败诉是不妥的。医疗领域的因果关系不同于法律领域的因果关系。法律上因果关系的成立采取的通说是“相当因果关系说”，有此行为，虽不必然产生此种损害，但通常足以产生此种损害，即有因果关系；无此行为，必不产生此种损害，或者有此行为，通常也不产生此种损害，即无因果关系。在具体个案中，按照社会上普通人的判断，只要存在因果关系的可能性达到证据的盖然性优势程度，就应当认定存在因果关系。

2. 关于医疗损害责任比例的确定

对于医院承担赔偿责任的具体比例，需要根据医院的过错程度及在损害后果发生中的原因力大小等其他因素综合分析。医疗损害后果的发生往往与患者自身有直接或间接的关系，患者因为自身疾病前往医院治疗，如果只要确认诊疗行为存在过错，所有损害后果都由医疗机构承担，显然是不合理的。前述案例中，周甲家属拒绝尸检，导致医疗过错行为与患者死亡原因之间的因果关系无法确认，由此产生的不利法律后果应由原告自行承担。这一认定符合民事诉讼中举证责任分配的基本原则。尸检是查明死亡原因的一个重要方法，而尸检一般必须经死者近亲属签字同意，死者近亲属作为证据的持有方，应当积极配合。法院如此认定具有引导当事人积极举证的导向作用。再结合两家医院各自的过错，法院对责任比例进行了科学划分。本案涉及两个医疗机构的诊疗行为造成患者损害，应根据共同侵权的理论对二者的责任范围予以区分。宜兴市某医院对周甲在肠癌根治术后出现的肠瘘治疗不积极，导致周甲转院治疗，故宜兴市某医院需对周甲在江苏省某医院治疗期间产生的损失承担次要责任。周甲转院至江苏省某医院经过治疗有所好转，后病情突然急转直下，但江苏省某医院未对周甲做进一步检查明确诊断急性腹痛原因，仅予以镇痛解痉治疗，应对周甲死亡产生的损失承担次要责任。

编写人：江苏省宜兴市人民法院　庄妍

124　医疗损害鉴定意见的审查核实与运用

——郎某1诉某医院、某总医院医疗损害责任案

【案件基本信息】

1. 裁判书字号

北京市第二中级人民法院（2018）京02民终8928号民事判决书

2. 案由：医疗损害责任纠纷

3. 当事人

原告（上诉人）：郎某1

被告（上诉人）：某医院

被告（被上诉人）：某总医院

【基本案情】

2014年7月16日，郎某1之母常某因先兆性流产入住某医院，次日4时40分，在胎窘侧切+胎吸下助娩一男性活婴（郎某1）。郎某1出生后重度窒息，某医院立即采取清理呼吸道等措施。

同日郎某1被转入某总医院进行治疗，同年8月15日出院，出院诊断为：新生儿窒息（重度），胎粪吸入综合征，新生儿缺氧缺血性脑病等。此后，其又在某总医院两次住院治疗。

郎某1及其法定代理人认为两家医院的医疗过错对郎某1的生长发育造成了严重损害，请求两家医院赔偿郎某1医疗费、护理费等各项损失共计75.9万余元。某医院辩称其诊疗行为符合诊疗常规，不存在任何过错。某总医院辩称其诊疗行为符合诊疗规范，充分履行了告知义务和注意义务，不认可其诊疗行为导致郎某1出生后的病情加重。

庭审中，郎某1及其法定代理人提出医疗损害鉴定申请。经法院摇号确定由北京市红十字会急诊抢救中心司法鉴定中心（以下简称红十字会鉴定中心）进行鉴定。该机构作出鉴定意见，结论为：（1）某医院、某总医院对郎某1的诊疗行为中存在医疗过失；（2）某医院的过失与郎某1的损害后果之间存在一定程度的因果关系，建议为同等因素到主要因素；某总医院的过失与郎某1的损害后果之间存在一定程度的因果关系，建议为轻微因素。郎某1及其法定代理人、某医院、某总医院对鉴定意见均不予认可，并申请鉴定人出庭质询。后经法院通知，鉴定人出庭接受了质询。

【案件焦点】

法院是否只能依据鉴定意见认定某医院和某总医院均对郎某1的损害后果承担相应的赔偿责任。

【法院裁判要旨】

北京市东城区人民法院经审理认为：某医院存在产程拖延及观

察不当的过失，鉴定意见推定某总医院的诊疗行为存在过失，对此不予认定。结合鉴定意见、补充说明、鉴定人出庭回答及专家论证情况，依法确定某医院的过错比例为70%。关于医疗费，依法确定医疗费为395697.6元。关于交通费，依法酌定为6000元。

北京市东城区人民法院依照《中华人民共和国侵权责任法》第五十四条之规定，作出如下判决：

一、某医院于本判决生效后十五日内赔偿郎某1医疗费276988.32元、交通费4200元；

二、驳回郎某1的其他诉讼请求。

郎某1及其法定代理人、某医院均不服一审判决，提起上诉。北京市第二中级人民法院经审理认为：专家论证意见并非司法鉴定意见，不属于法定证据，一审法院未组织双方当事人对专家论证意见进行质证并无不妥。

根据病历材料记载内容，红十字会鉴定中心认为某医院对胎心监护可疑晚期减速等判断欠准确，人工破膜手术指征不充分及某医院对患儿的呼吸道清理不彻底，缺乏充分依据。某医院未采取更积极有效的助产方式，在更短的时间内让胎儿娩出，对胎儿宫内窘迫的处置存在过失，这是导致新生儿窒息的重要原因，与郎某1的损害后果存在直接因果关系。红十字会鉴定中心认为某医院在第二产程的诊疗行为存在过失的鉴定意见，法院予以采纳。综合考虑胎儿在分娩过程中的自身情况及某医院在诊疗过程中的过错，一审法院判令某医院承担70%的赔偿责任并无不当。

根据病历材料显示，患儿在转院前后的经皮血氧饱和度、心率均无异常，转运中无有关病情变化和相应处理措施的记载，在案亦无证据证明患儿在转运中病情发生变化，医方对患儿采取了相应的处理措施，且患儿转运前后呼吸次数无明显差异，红十字会鉴定中心认定某总医院的诊疗行为存在过失依据不足。

关于具体损失项目，一审法院确定的医疗费损失总额有误，依法重新认定为427767.45元。一审法院酌定6000元交通费数额过低，依法酌情确定为25000元。郎某1及其法定代理人主张住院伙食补助费于法有据，依法确定为6000元。

北京市第二中级人民法院依照《中华人民共和国侵权责任法》第五十四条、第十六条，《中华人民共和国民事诉讼法》第一百七十条第一款第二项之规定，作出如下判决：

一、撤销北京市东城区人民法院（2015）东民初字第18493号民事判决第二项；

二、变更北京市东城区人民法院（2015）东民初字第18493号民事判决第一项为：某医院于本判决生效后十五日内赔偿郎某1医疗费299437.22元、交通费17500元、住院伙食补助费4200元；

三、驳回郎某1的其他诉讼请求。

【法官后语】

本案判决于《中华人民共和国民法典》颁布之前，原《中华人民共和国侵权责任法》第五十四条明确规定了医疗损害责任适用过错责任的一般规则，即患者在诊疗活动中受到损害，医疗机构及其医务人员有过错的，由医疗机构承担赔偿责任。《中华人民共和国民法典》自2021年1月1日起施行，原《中华人民共和国侵权责任法》同时废止。但关于医疗损害责任适用过错责任的一般规则，《中华人民共和国民法典》第一千二百一十八条除将“医疗机构及其医务人员”修改为“医疗机构或者其医务人员”外，基本保留了原

《中华人民共和国侵权责任法》第五十四条规定的内容，对诊疗过错责任的归责原则、构成要件作了规定。

医院的诊疗行为有无过错，诊疗行为与损害后果之间是否存在因果关系以及原因力大小、患者损伤残疾程度、患者的护理期、休息期、营养期等问题均属于医疗损害责任纠纷中的专门性问题。虽然鉴定机构针对专门性问题作出的相关鉴定意见对人民法院查清该类案件事实、确定赔偿责任主体及赔偿责任比例有着举足轻重的作用，但绝非“唯鉴定意见至上”，人民法院对鉴定意见必须按照法定程序，全面地、客观地审查核实，谨慎运用。本案是对鉴定意见中的部分结论予以采信，并认定相应赔偿责任的典型案例。

一、鉴定意见及专家论证（咨询）意见的属性

鉴定意见是具有相应资质的鉴定人运用专门的知识和技能，以必要的技术手段，针对案件中发生争议的专门性问题进行检测、分析、鉴别等出具的专门性意见，属于民事诉讼中的法定证据种类之一，必须查证属实，才能作为认定事实的根据。专家论证（咨询）意见系审判实践中，人民法院就专门性问题咨询具有专门知识的人，由具有专门知识的人作出的分析、判断意见，该意见既不是专家证人证言，也不是专家辅助人陈述，不属于法定证据种类，仅是合议庭在审查涉案证据、认定案件事实过程中的一种辅助性参考。本案中，一审法院在裁判理由部分直接将专家论证意见作为确定某医院过错比例的依据不妥。

二、对鉴定意见客观、全面审查

人民法院对鉴定意见的审查核实应当客观、全面，审查方式也应是多样的。首先，鉴定意见应当在法庭上出示，并由当事人互相质证。当事人对鉴定意见有异议，申请鉴定人出庭或者人民法院认

为鉴定人有必要出庭的，鉴定人应当出庭作证。经人民法院通知，鉴定人拒不出庭作证的，鉴定意见不得作为认定事实的根据。鉴定人出庭作证时，除当事人可以询问鉴定人外，合议庭同样也可以询问鉴定人。针对询问的问题，鉴定人可以当庭回答，也可以在庭后出具书面意见。其次，当事人本人由于专业知识的局限，往往难以对鉴定意见全面、充分发表质证意见，为进一步保障当事人对鉴定意见的质证权利，根据《最高人民法院关于适用〈中华人民共和国民事诉讼法〉的解释》第一百二十二条的规定，当事人可以在举证期限届满前申请一至二名具有专门知识的人出庭，代表当事人对鉴定意见进行质证，或者对案件事实所涉及的专业问题提出意见，该意见视为当事人的陈述。上述鉴定人针对当事人和合议庭的询问发表的意见、当事人的质证意见以及专家辅助人的意见等均是人民法院审查核实鉴定意见的重要依据。最后，人民法院审查核实鉴定意见，应当重点审查结论的分析、推理逻辑和依据，如果仅有结论性意见，事实依据不足或逻辑不清，当事人提出异议，鉴定人又不能作出合理解释的，人民法院可以通过召开专家论证会的方式或专家咨询等方式，就相关专门性问题进行深入咨询、研讨，为合议庭审查核实鉴定意见，并最终决定是否采纳鉴定意见的结论提供参考。当然，专家论证（咨询）意见不能直接作为定案根据，还应当根据在案病历、当事人陈述等证据对鉴定意见中存在争议的分析、结论进行实质性判断。

本案中，法院应当事人申请通知鉴定人出庭作证，鉴定人除当庭发表意见外，庭后还出具了书面补充意见，但鉴定意见中的部分分析、结论，如“某医院对胎心监护可疑晚期减速等判断欠准确，人工破膜手术指征不充分，对患儿的呼吸道清理不彻底；某总医院转运前、转运中未充分评估新生儿情况，未充分观察病情、清理并保持呼吸道的通畅，是导致新生儿病情加重的因素之一”，或未能提供充分判断依据，或与病历记载内容矛盾。法院通过召开专家论证会、咨询专家等方式就争议性结论深入分析、研究。鉴于鉴定意见中认定某医院承担主要责任的分析、结论正确，其他部分结论依据明显不足，各方当事人均不申请重新鉴定，法院依职权启动重新鉴定亦存在程序障碍，一审、二审法院穷尽方式对鉴定意见进行审查核实，坚持证据裁判原则，对于鉴定意见中部分结论明显依据不足的，不予采信，对部分专门性问题并未完全依赖鉴定意见，从重新鉴定的旋涡中跳出，果断下判，减少了各方当事人诉累。

编写人：北京市第二中级人民法院　陈光旭

125　医院四维彩超未检查出胎儿心脏畸形是否对胎儿及胎儿父母构成侵权

——余某、祖某诉某医院医疗损害责任案

【案件基本信息】

1. 裁判书字号

安徽省安庆市岳西县人民法院（2018）皖0828民初692号民事判决书

2. 案由：医疗损害责任纠纷

3. 当事人

原告：余某、祖某

被告：某医院

【基本案情】

祖某怀孕后于2016年12月21日在某医院进行四维彩超及胎儿的各项检查，某医院于当日向祖某出具由检查医师签名的报告单，报告单胎儿超声结构描述“胎儿心脏大致结构为：四腔心切面可显示……”2017年4月24日，祖某顺娩一男婴（余某某），余某某出生后经医院确诊为单心室、共同心房、肺动脉狭窄、右位心。余某、祖某认为某医院四维彩超诊断失误，造成畸形儿的出生，对余某、祖某以后的婚姻及生活会带来很大的影响，故起诉至法院，请求判令某医院赔偿医疗费等各项损失合计285386.86元。

【案件焦点】

1. 某医院产前检查行为是否存在过错；2. 医院过错与损害结果之间是否存在因果关系及如何承担责任。

【法院裁判要旨】

安徽省安庆市岳西县人民法院经审理认为：祖某到某医院进行四维彩色超声检查，某医院收取相关费用并进行检查，双方形成医疗服务合同法律关系。因胎儿出生缺陷，余某、祖某为治疗余某某心脏畸形，花费医疗费及相关费用。现二人提起侵权诉讼，余某、祖某与某医院之间存在合同法律关系与侵权法律关系的竞合，现余某、祖某选择以侵权法律关系提起诉讼，符合法律规定。

祖某到某医院进行产前四维彩色超声检查是为了优生优育，避免胎儿畸形。某医院明确检查结论为“胎儿四腔心切面可显示”。报告虽提示复查，但在检查结论正常情况下，患者通常无须再到医院进行复查，甚至认为无须进行其他相关检查。且某医院任用不具备相应资质的医师进行检查，在胎儿心脏存在严重畸形的情况下，仍然作出心脏结构正常的错误诊断，故某医院的诊断行为明显存在重大过错。鉴定机构的鉴定意见亦认为某医院在检查过程中未能履行高度注意义务（告知义务和规范检查义务），使患儿父母丧失了优生优育（引产）的选择权（决策权），存在明显过错，系畸形患儿出生的主要原因。畸形儿余某某出生后，余某、祖某为抚养畸形儿必然要付出更多的精力、花费更多的医疗费用，该结果与某医院的错误诊断亦具有因果关系。

综上，安徽省安庆市岳西县人民法院判决如下：

一、某医院在本判决生效后十日内赔偿余某、祖某各项损失177406.98元的70%即124185元；

二、某医院在本判决生效后十日内赔偿余某、祖某精神抚慰金20000元；

三、驳回余某、祖某其他诉讼请求。

判决后，双方当事人均未上诉，本判决现已生效。

【法官后语】

该案例当时适用原《中华人民共和国侵权责任法》，侵权责任法虽然未将生育知情权、生育选择权被纳入第二条第二款规定中，但依据该法立法理由，之所以作此规定，是考虑到民事权益多种多样，立法中难以穷尽，而且随着社会、经济的发展，还会有新的民事权益纳入保护范围，因此立法作了不完全列举。《中华人民共和国民法典》对民事权益仅仅是做了概括性叙述，未进行详细列举，其中“其他合法权益”亦囊括了所有的合法权益，包括本文中的生育知情权、生育选择权。综合《中华人民共和国母婴保健法》及国务院

《母婴保健实施办法》的立法宗旨及相关法条规定，经产前检查发现胎儿患有严重遗传性疾病或者具有严重缺陷的情形，医院负有告知其父母的义务，父母享有对这一情形的知情权，从而决定是否终止妊娠，即生育选择权。该项权利所涉及的不仅是妇女身体完整性的保护，更是一种生育自主决定权。不管是已经废止的《中华人民共和国侵权责任法》，还是现施行的《中华人民共和国民法典》，该项民事权益均应受到保护。

确定该权益受到损害的主体，是解决民事权益争端的前提。实务中，一般存在三种情况：一是将缺陷婴儿作为诉讼主体；二是将缺陷婴儿的父母作为诉讼主体；三是将缺陷婴儿和缺陷婴儿的父母作为诉讼主体。因胎儿在母体中的畸形是客观存在的，与医院的诊疗行为不存在任何关联性，且在医院的诊疗过程中胎儿不具有民事权利能力，其出生后作为诉讼主体无事实上和法律上的依据，故不管是以侵权为由提起诉讼还是以医疗服务合同提起诉讼，缺陷婴儿均不能作为诉讼主体。医院未正确履行告知等合同义务，使孕期夫妻丧失了选择终止妊娠的权利，侵害的是其父母的生育知情权和生育选择权。如以侵权为由提起诉讼，父母可以作为诉讼主体；如以医疗服务合同纠纷提起诉讼，依据合同相对性原则，只有接受医疗服务的孕妇可以作为诉讼主体。但另有观点认为生育权益是父母双方共同享有的，由于生理限制，接受产检的只能是孕妇，父亲属于间接接受服务对象，可以以夫妻双方名义作为诉讼主体，但本文作者不认同此观点。

赔偿损失的界定，是实务中难以把握的一个难题。缺陷儿的出生，医疗机构有责任的，确实应对额外增加的抚育、治疗、护理费等财产上的损失承担赔偿责任，但具体承担责任的范围在实务中却有不同的观点：有观点认为医疗机构应对额外增加的费用承担全部赔偿责任；另有观点认为医疗机构对其财产上的损失应依据其确定性、合理性及过错程度确定赔偿责任，因为缺陷儿的出生是综合各方面因素决定的，医疗机构作出的诊断只是对其父母的一种参考，对其出生后额外增加的费用全部由医疗机构来买单将不符合公平原则，亦不利于今后医患关系的和谐发展，笔者亦赞同此观点。对于精神损害赔偿，缺陷儿的出生使得父母对生育一个健康胎儿的期望落空，后期父母需长期面对胎儿畸形的事实，内心需承受各种压力，如以侵权为由提起诉讼，医疗机构应当赔偿一定的精神损害抚慰金。

编写人：安徽省安庆市岳西县人民法院　刘东升　柳文静

126　多份鉴定意见并存时，医疗损害责任的判断与处理

——林某宝等诉某医院医疗损害责任案

【案件基本信息】

1. 裁判书字号

福建省厦门市中级人民法院（2017）闽 02 民终 2675 号民事判决书

2. 案由：医疗损害责任纠纷

3. 当事人

原告（被上诉人）：林某宝、吴某敏、吴某华

被告（上诉人）：某医院

【基本案情】

患者林某双出生于1969年1月，林某宝、吴某敏、吴某华分别系林某双的母亲、配偶、儿子。

2015年1月，林某双以“活动后心悸、气促2月余”为主诉入住某医院心外科，某医院为其实施“二尖瓣机械瓣膜置换术+主动脉—冠状动脉搭桥术”，手术后林某双始终未清醒，于五日后去世。

2015年2月，吴某敏与某医院签订了一份《协议书》，约定将该医疗纠纷提交甲司法鉴定中心鉴定。该鉴定中心认为林某双无明确冠心病高危因素，无心肌缺血的相关临床表现及心电图异常表现，二尖瓣置换术前不进行冠状动脉造影检查，符合医疗诊疗规范、常规，其鉴定意见为：某医院对林某双的诊疗活动不存在过错。

2015年8月，吴某敏与某医院签订一份《吴某敏与某医院医疗争议案》，约定双方共同委托乙司法鉴定中心就诊疗活动是否存在过错等事项进行鉴定。该《司法鉴定意见书》认为林某双无明显冠心病高危因素，无心肌缺血的相关临床表现，术前心电图正常，二尖瓣置换术前不进行冠状动脉造影检查，并不违反诊疗规范、常规；但某医院在诊疗过程中存在一定过错，虽然根据检查结果，并非一定需要术前冠脉造影，但某医院未考虑林某双有高血压病史，如行冠脉造影有帮助，造成冠心病漏诊，由于未考虑林某双存在“冠心病”，术中心肌保护不如意，复苏困难，虽积极行搭桥手术，却未能达到预期手术治疗效果。最终鉴定意见为：某医院对林某双的诊疗活动存在一定过错，其诊疗活动（过错）与林某双死亡之间存在一定因果关系，建议过错参与度为20%左右。

之后，林某宝、吴某敏、吴某华与某医院沟通赔偿事宜未果，遂诉至法院，请求法院判令某医院赔偿林某宝、吴某敏、吴某华各项损失共计648141.9元。某医院认为根据甲司法鉴定中心的鉴定意见，其不存在医疗过错，且两份鉴定意见均肯定其未违反诊疗规范，故其无须承担赔偿责任。

【案件焦点】

1. 本案成讼前，双方当事人协商一致，先后委托两家鉴定机构对医疗过错与因果关系进行鉴定，甲司法鉴定中心与乙司法鉴定中心对是否存在医疗过错给出了不同的鉴定意见，应以哪份鉴定意见作为裁判依据；2. 诊疗行为符合诊疗、护理常规，是否意味着诊疗行为没有过错。

【法院裁判要旨】

福建省厦门市思明区人民法院经审理认为：鉴于两次医疗损害鉴定均系双方当事人共同委托进行的鉴定，存在先后顺序，故在双方当事人存在争议的情况下，应以第二次医疗损害鉴定的结论作为本案审理的依据。因第二份司法鉴定意见书认为某医院对林某双的诊疗活动存在一定过错，过错参与度为20%左右，林某宝、吴某敏、吴某华要求某医院承担医疗过错损害赔偿责任，有事实和法律依据。综合本案讼争病例情况，酌定某医院应对林某双死亡的损害后果承担25%的赔偿责任，据此判决如下：

一、某医院于判决生效之日起十日内赔偿林某宝、吴某敏、吴某华272827.29元；

二、驳回林某宝、吴某敏、吴某华的其他诉讼请求。

二审法院经审理后认为，本案存在两份鉴定意见，但不能简单地按照先后顺序来判断采纳哪份鉴定意见，一审裁判理由欠妥。

在本案医疗纠纷发生后，吴某敏和某医院先后共同委托甲司法鉴定中心、乙司法鉴定中心就本案的医疗过错问题进行鉴定，该两个鉴定机构均具有相应的鉴定资质，所作鉴定意见可以作为本案的证据。两份鉴定意见均肯定某医院在行二尖瓣置换术前未进行冠状动脉造影检查不违反诊疗常规，对此予以确认。

乙司法鉴定中心进一步认为，某医院未考虑患者有高血压病史，如行冠状动脉造影有利于探查冠心病等其他病症，某医院未考虑患者患有冠心病，术中心肌保护不如意，术中发现冠心病，虽积极行搭桥手术但未能达到预期手术效果，因此具有一定过错。对以上分析认定，鉴定人周某琴、吴某华出庭进行了详细的解释。

根据《中华人民共和国侵权责任法》第五十七条的规定，医务人员在诊疗活动中是否尽到与当时的医疗水平相应的诊疗义务是判断、衡量医务人员是否应承担责任的因素。诊疗规范是医疗机构、医务人员从事医疗行为的基本准则和要求，但并非认定医疗机构、医务人员是否具有医疗过错的直接和全部依据。乙司法鉴定中心鉴定认为，某医院没有全面考虑林某双的年龄和患有高血压的实际情况，未作进一步检查造成林某双冠心病漏诊，存在轻微过错，与林某双的病例情况相符，且相关分析、论证具有相当的说服力，可予以采纳。一审法院根据乙司法鉴定中心的鉴定意见，综合判定某医院对本案医疗损害承担25%的赔偿责任并支付30000元精神损害抚慰金，属合理裁判，应予维持，遂判决如下：

驳回上诉，维持原判。

【法官后语】

本案二审虽然维持原判，但一审、二审的裁判思路不尽相同。本案的典型意义在于存在两份不同的鉴定意见，均系当事人协商一致所委托，且均形成于诉前，而诉讼中当事人各执一词，分别支持有利于自己的鉴定意见，并拒绝在诉讼中进行司法鉴定。在这种情况下，如何甄别和采信既有的鉴定意见，就成为本案需要考虑的首要问题。

一审法院认为两次鉴定存在先后顺序，故在双方当事人存在争议的情况下，应以第二次医疗损害鉴定的结论作为本案审理的依据。这种思路是值得商榷的。如果认为法院应当采纳后一份鉴定意见作为裁判依据，就意味着在是否存在医疗过错及因果关系这些客观问题上，裁判依据却可能因委托鉴定的先后顺序而发生变化，这种思路不仅缺乏法律依据，而且游离于客观事实，显然不妥。

事实上，在不同的鉴定意见中，存在与客观事实相符的正确的鉴定意见，法院要做的工作就是运用法律思维分析和甄别这些意见，将可以适用的那份鉴定意见准确筛选出来，这个判断显然不是按照时间先后顺序来定这么简单。

具体到本案中，甄别的关键在于不违反诊疗规范是否意味着没有医疗过错。某医院在上诉中反复提到乙司法鉴定中心的鉴定意见一方面确认其诊疗过程符合诊疗规范，另一方面又认为其存在过错，逻辑前后矛盾，不应采纳。

笔者认为，诊疗规范是医疗机构、医务人员从事医疗行为的基本准则和要求，但并非认定医疗机构、医务人员是否具有医疗过错的直接和全部依据。对比《中华人民共和国侵权责任法》第五十七条的规定与《医疗事故处理条例》第二条的规定可知，原《中华人民共和国侵权责任法》已经改变了狭义诊疗过错的立场，医务人员在诊疗活动中是否尽到与当时的医疗水平相应的诊疗义务成为判断、衡量医务人员是否承担责任的标准。现行的《中华人民共和国民法典》延续了《中华人民共和国侵权责任法》的上述规定，其第一千二百二十一条规定："医务人员在诊疗活动中未尽到与当时的医疗水平相应的诊疗义务，造成患者损害的，医疗机构应当承担赔偿责任。"事实上，诊疗规范主要是解决常规问题，医疗活动面对病症和患者个体，极其复杂，成型的诊疗规范不能囊括现实中所发生的所有情况，仅以成型的诊疗规范来确定医务人员的注意义务是不够的。原《中华人民共和国侵权责任法》第五十七条表明，医疗注意义务已经从卫生管理法律法规、诊疗护理规范和医疗机构自己制定的诊疗规章制度扩展到更抽象的与进步中的医疗水平相适应的医疗技术、伦理及组织性注意义务。在个案中，应当考量医务人员在进行诊疗活动时，其技术、知识、注意程度和态度是否符合同一时期医务人员在同一情况下所应遵循的标准，并且，基于医疗是"健康所系、性命相托"，医务人员所应掌握的知识和技术应当是与时俱进的，并应当向发达地区的医疗实践看齐。

结合本案分析，冠心病的诊断以冠状动脉造影为金标准，某医院在手术前未对患者行冠状动脉造影，出现了冠心病漏诊直至手术中才发现的情况，最终导致患者不治死亡。考虑到患者年龄为46岁，没有冠心病高危因素，没有心肌缺血的冠心病临床表现，且术前心电图正常，故术前未行冠状动脉造影符合诊疗规范。甲司法鉴定中心也主要是基于以上判断认为医院不存在过错。然而，乙司法鉴定中心在承认其符合诊疗规范的基础上更进一步，认为虽然根据检查结果，并非一定需要术前冠脉造影，但某医院未全面考虑林某双的年龄和患有高血压的实际情况，如行冠状动脉造影有利于探查冠心病等其他病症，未作进一步检查造成冠心病漏诊，术中发现冠心病，虽积极行搭桥手术但未能达到预期手术效果，因此具有轻微过错。乙司法鉴定中心的鉴定人员在出庭接受质询时介绍称，在上海的三甲医院，在同等情况下对患者进行冠状动脉造影已经是惯例。可见，该鉴定意见的结论主要是基于医院临床处置经验不足而得出，与医院符合诊疗常规并不矛盾。该意见分析充分，且与林某双的病例情况相符，亦符合发达地区的医疗实践水平，最终被二审法院所采纳。

编写人：福建省厦门市中级人民法院　张艳　张南日

127　鉴定意见未明确过错，人民法院可结合案情直接确定医疗机构的赔偿责任

——王某丽诉某医院医疗损害责任案

【案件基本信息】

1. 裁判书字号

福建省厦门市中级人民法院（2017）闽 02 民终 3270 号民事判决书

2. 案由：医疗损害责任纠纷

3. 当事人

原告（上诉人）：王某丽

被告（被上诉人）：某医院

【基本案情】

2015 年 3 月 24 日，王某丽以左上前牙咬物不适就诊于某医院。经检查，+3 腭侧近中有原充填物，充填物边缘有一低密影线，近髓，诊断为+3 慢性牙髓炎。建议+3 行根管治疗术（RCT）后桩帽全冠修复。在进行根管治疗过程中，根管挫折断针约 1mm

于王某丽牙床髓腔内。当日，王某丽预交医疗费 90 元，治疗结束后未进行结算，某医院出具的预交金凭据提示“医保患者务必当天结算打印发票，否则按自费处理”。2015 年 4 月 3 日，王某丽至某医院要求取出左上前牙断针，但未能取出。2015 年 4 月 17 日，王某丽以要求做假牙为主诉就诊于厦门市口腔医院，厦门市口腔医院诊断为+23 牙体缺损，+2 慢性根尖周炎，建议拔除+2 修复体后评估是否可保留，牙体会诊+3 是否可治疗后保留。当日，王某丽支出医疗费 29.54 元。2015 年 5 月 20 日，王某丽因根管断针（器械分离）继续至厦门市口腔医院接受治疗，支出医疗费 512.89 元（484.89 元+28 元）。至今，根管断针仍留存于王某丽+3 牙根部。

本案在审理过程中，经某医院申请，本院委托福建正泰司法鉴定中心就某医院对王某丽的诊疗行为是否存在过错，如存在过错，该过错与王某丽损害后果之间是否存在因果关系及参与度进行鉴定。司法鉴定中心出具法医临床司法鉴定意见书，分析认为：器械分离是根管治疗中可能出现的一个并发症，在临床上的发生率为 10%以下。根管预备发生器械分离的原因：（1）根管解剖的复杂性，如弯曲、细小、钙化的根管，尤其是根尖部；（2）现有器械设计上的局限性；（3）不当的操作技术。因此，在进行根管预备操作时应该仔细、谨慎以预防器械分离的发生。王某丽 2015 年 3 月 24 日以“左上前牙咬物不适 4 天”为主诉就诊于某医院门诊部牙科，经检查后，诊断为+3 慢性牙髓炎，建议行根管治疗术（RCT）后桩帽全冠修复，上述医疗行为符合诊疗规范。王某丽在进行+3 根管预备时发生器械分离，如查证王某丽所陈述的诊治医生在进行根管预备时存在一边操作一边与旁边人聊天，则认为某医院对王某丽的诊疗行为存在医疗过错；该医疗过错与王某丽的钢针折断并留置根管内的损害后果之间存在因果关系，为主要因素，参与度拟为60%～80%。如果查证没有王某丽所陈述的诊治医生在进行根管预备时存在一边操作一边与旁边人聊天的情形，则认为某医院对王某丽的诊疗行为不存在医疗过错。某医院为此向福建正泰司法鉴定中心缴纳鉴定费9300元。

王某丽2014年12月至2015年2月每月收入为3580元。

【案件焦点】

案涉医疗机构某医院在本案诊疗过程中是否存在过错以及是否应承担损害赔偿责任。

【法院裁判要旨】

福建省厦门市思明区人民法院经审理认为：根据鉴定意见书的分析，某医院对王某丽的诊断以及所采取的诊疗措施符合诊疗规范，在进行根管治疗术的过程中导致断针留存于王某丽牙床中不排除系因医生在治疗过程中与他人聊天导致的操作不当造成的。本案双方当事人均无法就王某丽就诊当天是否存在医生与他人聊天的情形提供证据或反驳证据。因王某丽系在某医院接受治疗，所处场所并非其所能控制，且要求其在接受治疗中仍注意证据留存明显超出对一般人的合理要求。鉴于王某丽在接受治疗的过程中出现了发生概率低于10%的器械针头留存于根管的后果，某医院未能提供证据证明该后果系由于王某丽根管本身的复杂性或者器械自身设计的局限性造成的，亦无法提供王某丽就诊当天治疗情况的其他证据，根据公平原则和诚实信用原则，综合考虑当事人的举证能力，认定某医院应对器械针头掉落在王某丽牙床的后果承担50%的责任。王某丽的损失为：医疗费632.43元、误工费7160元、交通费500元，共计8292.43元。某医院应承担50%的赔偿责任即4146.22元，还应承担精神损害抚慰金2000元。

福建省厦门市思明区人民法院依照《中华人民共和国民法通则》第一百一十九条，《中华人民共和国侵权责任法》第十六条、第五十四条，《最高人民法院关于审理人身损害赔偿案件适用法律若干问题的解释》第十七条、第十八条、第十九条、第二十条，《最高人民法院关于确定民事侵权精神损害赔偿责任若干问题的解释》第十条，《最高人民法院关于民事诉讼证据的若干规定》第七条，《中华人民共和国民事诉讼法》第六十四条第一款之规定，作出如下判决：

一、某医院于本判决生效之日起十日内赔偿王某丽医疗费、误工费、交通费、精神损害抚慰金共计6146.22元；

二、驳回王某丽的其他诉讼请求。

王某丽不服一审判决，提出上诉。福建省厦门市中级人民法院经审理认为：鉴定意见并未明确王某丽在某医院诊疗期间发生器械分离的具体原因，依据该鉴定意见可认定本案器械分离的原因可能为根管解剖的复杂性、现有器械设计上的局限性、不当的操作技术及主治医生存在与他人聊天的情形。根据鉴定意见书中载明的王某丽病史，某医院在王某丽就诊时系通过检查及X-ray检查结果，诊断其为+3慢性牙髓炎并行根管治疗手术。王某丽作为患者在某医院接受治疗，某医院作为医疗机构对患者是否存在复杂性症状、器械设计上的局限性应具有相应的注意义务。某医院没有提供充分证据证明主治医生在行根管治疗手术前，依据王某丽的相关检查结论，对可能存在的复杂情形及器械局限性进行风险评估，且就相关风险向王某丽告知。结合鉴定意见无法排除某医院诊治医生在对王某丽进行根管预备时是否存在一边操作一边与他人聊天的情形，及王某丽系在某医院接受根管治疗时发生器械分离致使针头掉落在牙床中的事实，本院认定某医院在对王某丽行根管治疗时没有尽到充分的注意义务，因其临床治疗行为导致针头掉落在王某丽牙床中，涉案诊疗行为存在过错，且该过错与王某丽的损害后果存在因果关系。某医院应就其医疗行为所导致的后果承担赔偿责任。王某丽因讼争事故造成的经济损失为 8292. 43 元，某医院应赔偿王某丽经济损失 8292. 43 元及精神损害抚慰金 2000 元。

福建省厦门市中级人民法院依照《中华人民共和国侵权责任法》第五十四条，《中华人民共和国民事诉讼法》第六十四条第一款、第一百七十条第一款第一项、第二项之规定，作出如下判决：

一、撤销厦门市思明区人民法院（2015）思民初字第 13675 号民事判决第二项；

二、变更厦门市思明区人民法院（2015）思民初字第 13675 号民事判决第一项为：某医院于本判决生效之日起十日内赔偿王某丽医疗费、误工费、交通费、精神损害抚慰金共计 10292. 43 元；

三、驳回王某丽的其他上诉请求及其一审的其他诉讼请求。

【法官后语】

医疗侵权责任是以过错责任原则为主要归责原则。《中华人民共和国民法典》第一千二百一十八条规定，患者在诊疗活动中受到损害，医疗机构或者其医务人员有过错的，由医疗机构承担赔偿责任。如果达到了应当达到的注意程度就没有过错，反之则有过错。应当达到的注意程度，或者是法律、操作规程等所明确要求的，或者是作为一个诚信善意之人的行为所要求的。医务人员在从事诊疗活动时，应该给予高度的谨慎和注意义务，以避免给他人造成不应有的危险或损害的责任。医疗活动注意义务包括一般注意义务和特殊注意义务。一般注意义务，是指医务人员在医疗服务过程中对患者的生命与健康利益的高度责任心，对患者人格尊重，对医疗服务工作的敬业、忠诚和技能追求上的精益求精。特殊注意义务，是指在具体医疗服务过程中，医务人员对每一环节的医疗行为所具有的危险性加以注意的具体要求。

由于医疗纠纷案件具有高度的专业性，关于医疗机构是否存在过错，在目前关于医疗损害赔偿案件的审判实践中，往往通过医疗鉴定来判决医疗行为是否存在过错。因此，在很大程度上，鉴定意见决定了案件的结果。本案中，患者在医疗机构就诊时，造成针头掉落在牙床中的事实。其损害后果是客观存在的。根据福建正泰司法鉴定中心出具的法医临床司法鉴定意见书，器械分离是根管治疗中可能出现的一个并发症，在临床上的发生率为10%以下。根管预备发生器械分离的原因：（1）根管解剖的复杂性，如弯曲、细小、钙化的根管，尤其是根尖部；（2）现有器械设计上的局限性；（3）不当的操作技术。因此，在进行根管预备操作时应该仔细、谨慎以预防器械分离的发生。王某丽在2015年3月24日以“左上前牙咬物不适4天”为主诉就诊于某医院门诊部牙科，经检查后，诊断为+3慢性牙髓炎，建议行根管治疗术（RCT）后桩帽全冠修复，上述医疗行为符合诊疗规范。王某丽在进行+3根管预备时发生器械分离，如查证王某丽所陈述的诊治医生在进行根管预备时存在一边操作一边与旁边人聊天，则认为某医院对王某丽的诊疗行为存在医疗过错；该医疗过错与王某丽的钢针折断并留置根管内的损害后果之间存在因果关系，为主要因素，参与度拟为60%~80%。如果查证没有王某丽所陈述的诊治医生在进行根管预备时存在一边操作一边与旁边人聊天，则认为某医院对王某丽的诊疗行为不存在医疗过错。该鉴定意见是以假设的情形陈述各种可能，实际并未明确医疗机构存在何种的过错。

在鉴定机构未明确医疗机构的具体过错情形下，人民法院在审判中可结合具体的诊疗行为及患者所受的损害来判断医疗机构存在的过错。本案患者因行根管治疗术（RCT），在进行+3根管预备时发生器械分离，致使针头留存在患者牙床中。鉴定意见已明确器械分离是根管治疗中可能出现的一个并发症，在临床上的发生率为10%以下，故医疗机构在行根管治疗时应给予高度的谨慎和注意义务，以避免该并发症的发生。患者行根管治疗手术前，已对患者进行了相关检查，医疗机构在进行治疗前，应依据检查结论对患者可能存在的复杂情形进行风险评估，且就相关风险向患者告知。本案中医疗机构均没有提交上述情形的证据。鉴于患者在医疗机构就诊时处于相对弱势的地位，不可能对整个就诊过程进行录音录像。本案中诊治医生是否存在一边操作一边聊天的情形，不宜由患者来承担举证责任。因此，结合针头因断裂留存在患者牙床中的事实，可推定医疗机构存在过错，应对患者所遭受的损害承担赔偿责任。

编写人：福建省厦门市中级人民法院　袁爱芬

128 后续治疗费的赔偿应以合理为限度

——薛某某诉某医院医疗损害责任案

【案件基本信息】

1. 裁判书字号

北京市第二中级人民法院（2016）京02民终870号民事判决书

2. 案由：医疗损害责任纠纷

3. 当事人

原告（被上诉人）：薛某某

被告（上诉人）：某医院

【基本案情】

2011年9月18日，薛某某以医疗损害责任纠纷将某医院诉至北京市西城区人民法院。该院于2013年12月18日作出生效判决，依法认定某医院对薛某某的损害后果承担完全的侵权责任，并对因此造成的各项合理损失进行全额赔偿。同时认定，关于薛某某的后续检查费，可待该项损失实际发生后另行起诉。后薛某某继续就医治疗。现薛某某起诉要求某医院赔偿后续治疗产生的各项费用，包括医疗费、食宿费、交通费、误工费等。某医院同意支付后续治疗费，但认为对薛某某要求的食宿费、交通费过高部分不应赔偿，薛某某主张的误工费没有依据，不应支持。

【案件焦点】

如何界定薛某某后续治疗费的赔偿标准。

【法院裁判要旨】

北京市西城区人民法院经审理认为：已经发生法律效力的人民法院民事判决书认定，某医院应当对薛某某的损害后果承担完全的侵权责任。薛某某主张赔偿检查治疗费，有相关证据佐证，且与医疗损害有关，法院予以认定。根据现阶段薛某某的病情及治疗需要，其选择外地医疗机构进行检查治疗有其合理性和必要性。异地检查治疗期间，为便利就医及安全考虑，由其父母陪同并无不当，据此而发生的食宿费、交通费及其父薛甲在陪护期间的误工费亦应由某医院赔偿。关于交通费，薛某某提供的票据中存在出租车发票连号及票据模糊不清的情况，法院应依法予以核定。

北京市西城区人民法院依据《中华人民共和国侵权责任法》第六条、《最高人民法院关于审理人身损害赔偿案件适用法律若干问题的解释》第十七条之规定，作出如下判决：

一、本判决生效之日起十日内，被告中国医学科学院北京某医院赔偿原告薛某某检查医疗费 6456.08 元、交通费 47598 元、食宿费 12743.9 元、陪护人员误工费 13934.73 元，以上共计 80732.71 元；

二、驳回原告薛某某其他诉讼请求。

某医院不服一审判决提起上诉。北京市第二中级人民法院经审理认为：关于检查治疗费，薛某某提供了相应的证据，本院对一审确认的 6456.08 元予以确认。

关于薛某某父亲薛甲的误工费。护理人员原则上应为 1 人，需多人护理的应当有医疗机构或者鉴定机构的明确意见。即使薛某某列举了父母共同陪护的种种理由，但是在无医疗机构或者鉴定机构的明确意见的情况下，本院只能参照法律有关护理费的相关规定，只支持薛某某父母中的 1 人因陪护而产生的误工费。因薛某某在此次诉讼中并未主张其母曲某的误工费，而薛某某主张的其父薛甲的误工费均发生在其赴外地检查治疗期间，且在合理范围之内，故本院对其该项主张予以支持。

关于交通费。某医院应全额赔偿的仅是薛某某检查治疗中所产生的合理损失，具体到交通方式，则应该明确为相对经济合理的选择。本院以经济合理为原则，酌情确定某医院应该赔偿薛某某的交通费为 20000 元。原审判决对该项费用计算有误，本院予以更正。

关于食宿费。虽然薛某某此次主张的食宿费为薛某某及其父母 3 人的食宿费，但是根据中央和国家机关一般工作人员差旅住宿费标准及伙食补助费标准，即使以 2 人为基数进行计算，薛某某的该项主张亦在合理范围之内，故本院对薛某某关于食宿费的主张予以支持。

北京市第二中级区人民法院依照《中华人民共和国民事诉讼法》第一百七十条第一款第二项之规定，作出如下判决：

一、撤销（2015）西民初字第 34400 号民事判决第二项；

二、变更（2015）西民初字第 34400 号民事判决第一项为：本判决生效之日起十日内，中国医学科学院北京某医院赔偿薛某某检查医疗费 6456. 08 元、交通费 20000 元、食宿费 12743. 9 元、陪护人员误工费 13934. 73 元，以上共计 53134. 71 元；

三、驳回薛某某其他诉讼请求。

【法官后语】

后续治疗费指患方为治疗因医方过错医疗行为导致的损害后果而产生的相关费用。实践中，对于后续治疗费的再诉可能性争议较小，但是，对于后续治疗费是否赔偿以及赔偿标准争议较大。本案即是一起因后续治疗费的赔偿标准产生争议的案例。

1. 请求后续治疗费的构成要件

确认后续治疗费的赔偿及赔偿标准，首先需要明确后续治疗费的构成要件。一般认为，患方请求医方赔偿后续治疗费，应当符合如下两个要件。

(1) 后续治疗确有必要

患方在一审法庭辩论终结后是否有后续治疗的必要，应从后续治疗的必要性和合理性进行综合分析。如果经过治疗，患方的损害后果有所减轻，不至于导致患方病情加重，则此种后续治疗就是必要的；如果经过后续治疗患方的损害后果没有减轻甚至扩大，那么这种后续治疗就是不必要的，应该停止后续治疗，由此产生的费用也不应由医方承担。

(2) 后续治疗应由医方过错医疗行为导致的损害结果而引发

只有医方过错医疗行为与患方损害后果之间具有因果关系导致的后续治疗产生的费用，医方才应承担赔偿责任。如果因患方或第三人原因导致损害结果加重，对加重部分产生的后续治疗费，医方不应承担赔偿责任。只有既保护患方的合法权益，又防止将一些不合理的费用转嫁给医方，方能体现法律的公平。

2. 后续治疗费的赔偿项目和原则

(1) 后续治疗费的赔偿项目

根据民法典第一千一百七十九条的规定，侵害他人造成人身损害的，应当赔偿医疗费、护理费、交通费、营养费、住院伙食补助费等为治疗和康复支出的合理费用，以及因误工减少的收入。造成残疾的，还应当赔偿辅助器具费和残疾赔偿金；造成死亡的，还应当赔偿丧葬费和死亡赔偿金。由此可见，只要患方的后续治疗与医方的侵权行为存在因果关系，且存在后续治疗必要，满足请求后续治疗费构成要件的，均可通过再诉的方式要求后续治疗费，不限于残疾的情况。后续治疗费包含因后续治疗确需的医疗费以及所产生的必需的护理费、误工费、交通费和住宿费等费用。实践中，可能产生后续治疗费的情形主要有四种情况：前一次一审诉讼法庭辩论终结时治疗未终结、潜伏损害症状、症状加重、症状复发。

（2）后续治疗费以合理必要为原则

患方主张的各项具体后续治疗费，现行法律有规定的应当严格按照规定予以认定。没有规定的，应当以合理、必要为原则，并非因治疗产生的所有费用均由医方负担，否则将过分加重医方负担，导致双方利益的失衡。具体到本案中，薛某某的后续治疗均系某医院过错医疗行为引起，其请求后续治疗费符合构成要件，应当予以支持。但是关于后续治疗费的赔偿标准，则应当以合理和必要为限，如在护理人员的选择上，如果没有明确的医嘱或者鉴定机构的证明，应以一个人护理为限，对于多出的护理费，不应得到支持；在交通工具的选择上，亦应以经济合理为必要。

编写人：北京市第二中级人民法院　王磊

129　病历真伪的认定以及伪造、篡改病历的后果

——周某某诉某医院医疗损害责任案

【案件基本信息】

1. 裁判书字号

北京市第二中级人民法院（2016）京 02 民终 4461 号民事判决书

2. 案由：医疗损害责任纠纷

3. 当事人

原告（上诉人）：周某某

被告（被上诉人）：某医院

【基本案情】

周某某称其因髋臼边缘增生、骨关节炎于2012年11月入住某医院，医院按照撞击症为其进行手术。术前医院仅给其做胸透和心电图检查，并未与其进行谈话，也未告知手术风险。术后至今，周某某的病情不但没有好转，反而更加严重。周某某认为医院在为其治疗时应尽到高度谨慎注意的义务，如实告知病情、手术方案、手术风险。但某医院违背了上述义务，造成其终身残疾，故起诉要求某医院赔偿医疗费42350元、误工费12000元及诉讼费。某医院认为该院针对周某某的诊断明确，手术操作符合诊疗常规，周某某术后恢复良好，整个诊疗过程该院无过错，周某某所述其损害后果与该院诊疗行为无关，故该院不同意周某某的诉讼请求。后周某某申请进行医疗过错及伤残司法鉴定，但是周某某又表示因本案病历造假，进行鉴定对其不公平，故本案鉴定未能进行。

【案件焦点】

周某某主张病历伪造导致鉴定不能的责任应由谁承担。

【法院裁判要旨】

北京市西城区人民法院经审理认为：本案中周某某所述医疗机构之行为是否存在过错，是否与周某某损害后果存在因果关系，应由周某某举证证明。周某某对病历真实性提出异议，但未提供充分证据予以证实。因此，在现有证据无法证明医疗机构之行为存在过错的情况下，周某某可申请由专门的鉴定机构进行司法鉴定确定。本案虽委托鉴定机构进行上述鉴定，但最终以周某某拒绝交费导致鉴定机构予以退案，本案鉴定无法进行。虽经法院释明风险，但周某某仍以病历造假为由，拒绝进行司法鉴定，故由此应由周某某承担举证不能的法律后果。

北京市西城区人民法院依照《中华人民共和国侵权责任法》第五十四条，《最高人民法院关于民事诉讼证据的若干规定》第二条、第二十五条第二款之规定，作出如下判决：驳回周某某的诉讼请求。

周某某持原审意见提起上诉。北京市第二中级人民法院经审理认为：周某某起诉要求某医院承担医疗损害赔偿责任，其应当就某医院在诊疗过程中存在过错以及该过错行为与其损害后果之间存在因果关系承担举证责任。周某某虽然主张病历造假，但未提供证据证明，本院对其上述主张不予支持。周某某以病历造假为由拒绝缴纳鉴定费而导致鉴定机构无法进行鉴定，周某某应当对此承担举证不能的法律后果。

北京市第二中级人民法院依据《中华人民共和国民事诉讼法》第一百七十条第一款第一项之规定，作出如下判决：

驳回上诉，维持原判。

【法官后语】

医疗损害责任纠纷案件中，经常出现患者对医疗机构提供的病历资料不予认可，认为医疗机构涂改、篡改病历资料，甚至认为全部病历资料均属医疗机构伪造，据此要求推定医疗机构存在过错并判决医疗机构承担责任。实践中，对于病历资料的真伪如何认定，以及伪造篡改病历资料的法律后果，均存在较大争议。

1. 病历资料真伪的认定

当医患双方对病历真伪存在争议时，实践中有两种不同的做法：一种做法是对争议的病历资料先行质证，如质证后无法认定真伪，则委托鉴定机构予以认定，即使当事人对病历资料全部不予认可亦是如此；另一种做法亦是先质证或委托鉴定，但如果当事人对病历资料均不予认可，则不进行鉴定，直接判决驳回患者的诉讼请求。

笔者认为，病历资料本质上属于证据，应当按照证据规则予以处理。如果患方主张病历涉嫌伪造、篡改，首先应当由患者对其该项主张承担举证责任，其次由医方对患方的质疑作出合理的解释。法院应当根据医患双方的举证质证情况对病历的真伪予以认定。如果通过质证仍无法认定病历资料的真伪，则应通过司法鉴定予以解决。需要注意的是，认定证据系法院的职权，不以当事人认可为前提，即使一方当事人对病历资料的真实性全部不予认可，如果其没有正当理由，另一方当事人又申请鉴定，法院也应当认定病历资料的真实性，并以此作为鉴定资料委托鉴定。

2. 医疗机构伪造、篡改病历资料的法律后果

经过医患双方举证质证或者经过司法鉴定，能够确定病历存在伪造、篡改情况下，应该如何认定责任？观点一认为，根据《中华人民共和国民法典》第一千二百二十二条的规定，伪造、篡改病历的，推定医疗机构有过错，因此如果能够认定病历资料确实存在伪造、篡改的情况，则可以直接判决医方承担责任。观点二认为，医疗机构伪造、篡改病历的，仅是推定医方存在过错，至于其是否承担赔偿责任，尚需考虑是否满足侵权责任其他构成要件。

笔者认为，首先，医疗机构存在伪造、篡改病历行为的，应推定其存在过错。其次，过错仅是侵权责任构成要件之一，医疗机构是否承担赔偿责任还需考虑其过错与患者损害之间是否存在因果关系。医疗机构伪造、篡改病历资料的直接后果是该病历资料不能作为鉴定资料，其最终后果就取决于该部分病历资料对于司法鉴定的影响：如果有实质性影响，造成鉴定客观无法进行的，医疗机构要承担鉴定不能的后果，承担相应的赔偿责任；如果没有实质性影响，则仍可继续进行鉴定，医疗机构承担的后果及责任根据伪造、篡改资料的行为以及其他过错医疗行为与损害后果之间是否存在因果关系予以确定。

3. 本案判决理由

本案中，周某某主张病历存在伪造，首先应当由其对医方的伪造行为承担举证责任，医方则应针对周某某的质疑作出合理解释。法院会根据医患双方的举证质证情况对病历的真实性作出认证。如果周某某仅是怀疑病历涉嫌伪造，但又无正当理由，对于周某某伪造病历的主张应不予确认。另即使周某某主张的事实存在，根据侵权责任法的规定，亦仅是推定医方存在过错，而非推定医方存在责任，周某某仍应当就医方的过错行为与其损害后果之间是否存在因果关系承担举证责任。具体到医疗损害责任纠纷案件中，因涉及医学专业知识，周某某仍应当通过申请鉴定的方式完成其举证责任。本案中，周某某拒绝申请鉴定，导致其无法证明医方侵权事实成立，其诉讼请求不能成立，应当判决驳回。

编写人：北京市第二中级人民法院　王磊

130 对病历、尸检报告及医疗过错鉴定三种不同类别的证据分析

——胥某维、张某春诉某医院医疗损害责任案

【案件基本信息】

1. 裁判书字号

云南省昆明市中级人民法院（2016）云01民终2677号民事判决书

2. 案由：医疗损害责任纠纷

3. 当事人

原告（上诉人）：胥某维、张某春

被告（被上诉人）：某医院

【基本案情】

原告之子胥某翔因“皮肤黄染6天”于2015年3月19日入住被告新生儿科住院治疗，入院诊断为：（1）新生儿黄疸查因；（2）新生儿脐炎。拟诊考虑为新生儿感染性黄疸、败血症。入院后告知家长病情及治疗方案，完善相关检查，给予脐部护理，光疗、药物及抗感染、对症治疗，由被告对其进行全日医疗护理，2015年3月22日确诊患者患新生儿败血症。2015年3月23日凌晨05：10左右，院方医务人员打电话给原告，告知患儿病情垂危，原告即刻赶至医院，后经抢救无效，患儿于2015年3月23日9时许死亡。原告委托昆明法医院司法鉴定中心对胥某翔的死亡原因进行司法鉴定，结论为：“死者胥某翔符合支气管内异物阻塞，窒息，

急性呼吸功能衰竭死亡。”在诉讼过程中，依法委托云南鼎丰司法鉴定中心对某医院为患者提供的诊疗行为是否存在诊疗过错及诊疗与损害结果是否有因果关系进行司法鉴定，司法鉴定中心出具《法医学鉴定意见书》，该鉴定意见认为，某医院为患者提供的诊疗行为存在一定过错，过错为：（1）胥某翔入院后初步诊断为：“新生儿黄疸查因；新生儿脐炎”，未行脐部分泌物培养+药敏检查，以明确诊断，指导临床治疗。（2）行抗感染治疗后，未行相关辅助检查评价疗效。（3）2015 年 3 月 22 日 13：00 检验科细菌室电话危急值报告血培养示 G+菌后，未积极与患儿家长沟通病情。（4）在胥某翔发生病情突变时对病情情况预计不足，观察和记录不够全面、仔细。该鉴定中心结合胥某翔病历，分析认为：医方存在的过错 4 与胥某翔异物吸入未得到及时有效的诊治存在一定因果关系，与其死亡亦存在一定因果关系，另胥某翔自身患有新生儿败血症，该症的临床表现可能会掩盖异物吸入的病情，造成症状不典型，给诊治带来困难。鉴定意见为：某医院为胥某翔提供医疗服务过程中存在过错，过错与胥某翔死亡后果存在一定因果关系。

【案件焦点】

某医院为胥某翔提供的诊疗行为是否存在过错，如存在过错，其过错与患者死亡后果之间是否存在因果关系，具体赔偿金额的合理性、合法性问题。

【法院裁判要旨】

云南省昆明市五华区人民法院经审理认为：关于某医院是否应当承担赔偿责任的问题。司法鉴定中心出具《法医临床鉴定意见书》

载明，某医院存在以下过错：（1）胥某翔入院后初步诊断为：“新生儿黄疸查因；新生儿脐炎”，未行脐部分泌物培养+药敏检查，以明确诊断，指导临床治疗。（2）行抗感染治疗后，未行相关辅助检查评价疗效。（3）2015 年 3 月 22 日 13：00 检验科细菌室电话危急值报告血培养示 G+菌后，未积极与患儿家长沟通病情。（4）在胥某翔发生病情突变时对病情情况预计不足，观察和记录不够全面、仔细。上述存在的过错与胥某翔死亡后果存在一定因果关系。一审法院认为，被告在新生儿入院初步诊断为新生儿脐炎，拟诊考虑为新生儿败血症的情况下，并未行脐部分泌物培养+药敏检查，以明确诊断，指导临床治疗。在 2015 年 3 月 22 日确诊患者患新生儿败血症后，未及时告知家长患儿病情。被告作为一家三级甲等医院，并没有尽到谨慎注意义务，未尽到与其医疗技术水平相当的诊疗义务，存在医疗过失，上述医方存在的过失与患者死亡后果存在因果关系。一审法院综合考虑院方过错、患者胥某翔自身病情及全案案情，确定被告的赔偿比例为合法费用的 70%。又因被告对原告的诉讼主体资格无异议，一审法院确定原告为本案赔偿权利人。一审法院对具体赔偿费用认定如下：死亡赔偿金 485980 元、丧葬费 27184 元、医疗费 5000 元、住院伙食补助费 400 元、护理费 400 元、误工费 400 元、交通费 100 元，共计 519464 元。按照上述责任认定，由被告对该 519464 元中的 70%即 363625 元承担赔偿责任。关于精神抚慰金，一审法院酌情支持 10000 元。

云南省昆明市五华区人民法院依照《中华人民共和国侵权责任法》第五十四条，《最高人民法院关于审理人身损害赔偿案件适用法律若干问题的解释》第十七条、第十八条、第十九条、第二十一条、第二十二条、第二十三条、第二十四条及《中华人民共和国民事诉讼法》第一百一十八条之规定，判决如下：

一、由被告某医院于本判决生效之日起十五日内赔偿原告胥某维、张某春各项经济损失共计人民币363625元；

二、由被告某医院于本判决生效之日起十五日内支付原告胥某维、张某春精神抚慰金10000元；

三、驳回原告的其他诉讼请求。

胥某维、张某春不服提出上诉。云南省昆明市中级人民法院经审理认为：一审判决认定事实清楚，适用法律正确，应予维持。

云南省昆明市中级人民法院依照《中华人民共和国民事诉讼法》第一百七十条第一款第一项及第一百一十八条之规定，判决如下：

驳回上诉，维持原判。

【法官后语】

从原侵权责任法的规定看，医疗机构承担的是以损害赔偿为主要方式的侵权责任，其构成要件有：医疗机构和医务人员的诊疗行为、患者的损害、诊疗行为与损害后果之间存在因果关系、医务人员的过错。

《中华人民共和国民法典》第一千二百一十八条规定，患者在诊疗活动中受到损害，医疗机构或者其医务人员有过错的，由医疗机构承担赔偿责任。”该条文与《中华人民共和国侵权责任法》第五十四条均是关于诊疗过错责任的规定，明确了医疗损害责任的归责原则是过错原则。新旧条文相比较，《中华人民共和国民法典》第一千二百一十八条文义上更加精确，将“医疗机构及其医务人员有过错”修改为“医疗机构或者其医务人员有过错”。医务人员在诊疗过程中的过错属于职务行为，应当由其所服务的医疗机构承担赔偿责任。

本案例存在医疗机构医务人员的诊断、尸检报告以及医疗过错鉴定三个方面证据均为有效的情况下，对医疗机构是否存在过错，在审理过程中存在以下难点问题：一是如何判断医疗机构及其工作人员作出“新生儿败血症”的诊断是否符合医疗规范；二是尸检报告认定死者系支气管内异物堵塞、窒息、急性呼吸功能衰竭死亡，能否以尸检报告中的认定推断出医疗机构及其工作人员作出“新生儿败血症”的诊断失误的结论；三是医疗过错鉴定意见中有无代替医生作出“新生儿败血症”的权限，以及该鉴定意见能否采信。

关于第一个难点问题。根据《中华人民共和国医师法》第二十二条的规定，医师在执业活动中享有下列权利：（1）在注册的执业范围内，进行医学诊查、疾病调查、医学处置、出具相应的医学证明文件，选择合理的医疗、预防、保健方案；（2）按照国务院卫生行政部门规定的标准，获得与本人执业活动相当的医疗设备基本条件；（3）从事医学研究、学术交流，参加专业学术团体；（4）参加专业培训，接受继续医学教育；（5）在执业活动中，人格尊严、人身安全不受侵犯；（6）获取工资报酬和津贴，享受国家规定的福利待遇；（7）对所在机构的医疗、预防、保健工作和卫生行政部门的工作提出意见和建议，依法参与所在机构的民主管理。因此，医生在执业过程中，对疾病的调查、处置等系其法定权利。医生对患者作出“新生儿败血症”的诊断，在相关病历中已经明确记载，当事人双方对病历的真实性均未提出异议，故病历可以作为本案证据采用。

关于第二个难点问题。在本案例中，经死者的父母申请，相关机构作出尸检报告。所谓尸检是指对已经死亡的机体进行剖验以查明死亡原因的一种医学手段。尸检对于解决死因不明或对死因有异议而发生的医疗争议具有独特的无法替代的作用。其作用主要有：(1) 是最客观、迅速的动物疾病诊断方法之一。通过剖验可方便、直接客观地见到脏器的变化；(2) 提高临床诊断和治疗质量；(3) 提供医学科研的素材，促进医学发展；(4) 促进病理教学和学科发展。由此，尸检结果系解决纠纷的重要证据之一。尸检主要是对死亡原因作出认定，并非对死者疾病进行认定，尸检与医生的临床判断分属不同内容的判断标准，故不能以尸检认定的死亡原因否定医生的临床诊断。

关于第三个难点问题。处理医疗纠纷民事案件的关键在于医疗鉴定。根据我国现行法律法规和司法实践，医疗鉴定包括医疗事故技术鉴定和医疗过错司法鉴定。本案胥某维、张某春以其子的死亡是因某医院的医疗行为存在过错为由而提起诉讼，经胥某维、张某春申请，一审法院依法委托云南鼎丰司法鉴定中心对某医院为患者提供的诊疗行为是否存在过错及诊疗行为与损害结果是否有因果关系进行司法鉴定。

医疗过错司法鉴定，通常称为医疗过错鉴定，一般是在诉讼活动中鉴定人运用科学技术或者专门知识对诉讼涉及的专门性问题进行鉴别和判断并提供鉴定意见的活动。这一类鉴定主要是针对医疗行为是否有过错及过错医疗行为与医疗损害之间是否存在因果关系等问题进行的。对于患儿胥某翔是否患有新生儿败血症的问题，属于医学专门问题，应由具有医师资格的医师通过亲自诊查患者后方可对患者所患疾病作出认定。司法鉴定人员不是临床医师，不具有医师的执业资格，其是通过对医疗档案等材料的判断和鉴别对医师在诊疗患者过程中是否有过错及诊疗与损害结果是否有因果关系进行司法鉴定。故患者疾病的认定应以医师的诊断为准。

虽然鉴定意见是医疗纠纷案件审判的重要依据，但其也是民事诉讼证据的一种，是鉴定人运用科学知识进行检验、分析后得出的主观性结论。与其他证据不同的是，它并非对案件事实的客观描述。在案件审理中法官并非单纯的依据鉴定意见就作出认定，对鉴定意见的采信，也要严格适用证据规则，经过庭审质证和实质性的审查、判断，结合在案证据、当事人的陈述、鉴定人员出庭接受当事人质询的意见等综合分析，形成证据锁链，确定案件事实。本案例中的鉴定并未超越鉴定权限，可以作为案件证据采用。

综上分析，医生的诊断证明、司法鉴定意见、尸检意见是属于对不同内容进行的判断，三者的功能不同、证明内容不同。因此，本案的责任认定，需要综合尸检、病历及医疗过错鉴定等分属不同性质的证据，进行综合评判才能作出准确判断。

编写人：云南省昆明市中级人民法院　杨章亮　荆瑛

131　医疗损害鉴定意见无法判定因果关系的，赔偿责任如何确定

——杨某诉某医院医疗损害责任案

【案件基本信息】

1. 裁判书字号

江苏省无锡市中级人民法院（2016）苏02民终2830号民事判决书

2. 案由：医疗损害责任纠纷

3. 当事人

原告（被上诉人）：杨某

被告（上诉人）：某医院

【基本案情】

杨某的母亲胡某琴，于2006年12月4日至某医院住院待产。次日在EP①下分娩一男婴（杨某），Apgar②评分，1分钟6分，5分钟8分，10分钟10分。新生儿出生后给予保暖、吸痰、吸氧、人工呼吸等抢救措施。2006年12月7日，新生儿张口时发现其软腭处似有裂开，建议上级医院进一步排除潜在畸形。母子均于2006年12月7日出院。

2008年11月20日，杨某在苏州九龙医院住院，在全麻下行腭裂整复手术。2013年7月5日，杨某因“发现不能言语4年”至上海南山医院住院。诊断：脑性瘫痪，多指。杨某在该院进行手术治疗。

杨某申请对某医院的诊疗行为是否存在过错及因果关系进行医疗损害鉴定。江苏省医学会的鉴定意见为：医方在诊疗过程中存在过错，因患儿目前无法配合相应检查，根据现有鉴定资料，脑损害的原因尚不能明确，故无法判定医方的过错行为与患儿目前的状况之间是否存在因果关系。某医院的过错为：（1）产妇进

---

① EP，此处指的是癫痫。

② Apgar，即阿氏评分、新生儿评分，Apgar（阿普加）这个名字的英文字母刚好对应检查项目的英文首字母，包括：肌张力（Activity）、脉搏（Pulse）、皱眉动作即对刺激的反应（Grimace）、外貌（肤色）（Appearance）、呼吸（Respiration），是孩子出生后立即检查他身体状况的标准评估方法，下文对此不再提示。

入产程后，特别是第二产程，医方在产时记录中仅有每15分钟的胎心记录，无连续胎心监护的记录；胎心监护仅在产妇入院时进行，产程图从23：00开始，胎心监护在22：00；（2）医方在产室记录单上记录了产妇自然破膜时“羊水清，量500毫升”，未记录分娩时，即新生儿出生时羊水情况，因新生儿是否存在窒息，与羊水性状有重要的相关性；（3）分娩过程对羊水情况未进行记录等。

双方对杨某因脑损害造成的各项损失：医疗费24474.79元、护理费237250元、营养费67760元、残疾赔偿金743460元、精神损害抚慰金50000元、鉴定费9265元达成了一致意见。

杨某认为，其脑损害的现状系出生时窒息、缺氧导致，某医院在胡某琴生产时未能密切注意产妇产程进展并给予积极处理，在其娩出后存在窒息的情况下未能积极进行有效的检查和治疗，贻误了治疗时机，导致其目前的损害后果，某医院应当承担全部侵权责任。

【案件焦点】

某医院的诊疗行为是否存在过错，如存在过错，该过错与杨某的脑损害之间是否存在因果关系。

【法院裁判要旨】

江苏省江阴市人民法院经审理认为：某医院未使用胎心监护仪进行监测，而是每隔15分钟听一次胎心，听胎心的时间间隔过长，超过了每5~10分钟听一次胎心的时间间隔，听胎心不能反映瞬间的变化，且听胎心结果显示正常并不表示在未听胎心的间隔时间段内胎心也是正常的，因此，某医院在产妇第二产程中进行胎心监测时存在一定的不足。分娩时的羊水性状与判断新生儿是否窒息及窒息的程度有着重要关联，对于判断新生儿的预后脑损害也具有重要价值。杨某出生时已经出现轻度窒息，医方理应谨慎全面记录各项数据和指标，包括分娩时的羊水性状和 Apgar 各个项目的评分。由于医方病历记录过于简单，导致无法判断杨某脑损害的确切原因，医方的上述行为存在过错。

医疗机构应当对诊疗的过程进行全面客观的记录，如未对病情进行记录，或病历记录过于简单，对重要情况欠缺描述，导致影响对重要事实的认定，无法判断医疗机构的诊疗行为与患者损害之间的因果关系的，医疗机构应当承担不利的法律后果。本案中，某医院存在产室观察不仔细、病历记录过于简单，特别是对杨某娩出时羊水性状这一重要情况欠缺描述，导致无法判断杨某在宫内是否存在窒息及窒息持续的时间；某医院记录杨某出生时 Apgar 评分 1 分钟 6 分，但未记录具体的扣分项目，导致无法判断杨某出生时窒息所表现的是哪一个系统存在窒息病变，增加了判断杨某出生时窒息程度的难度。上述因素均导致了无法评估某医院对杨某在宫内（包括杨某娩出短暂阶段）状况的判断是否准确，最终造成无法判断因果关系，而胎儿出生时存在窒息也是引起脑性瘫痪的因素之一，因此，某医院应当承担相应的赔偿责任。同时，产生脑损害的原因复杂多样，既与遗传因素及宫内发育异常有关，也可能与出生时医方存在的过错有关，也可能与出生后的日常生活环境及受伤程度有关。结合杨某出生时存在腭裂及多指畸形的情况，杨某的脑损害与遗传因素及宫内发育异常的关系也不能排除。基于杨某出生时 Apgar 评分 5 分钟 8 分，10 分钟 10 分的事实，说明虽然杨某出生时存在窒息，但经过某医院的及时抢救，杨某得到了复苏。当然 Apgar 评分正常并不能完全排除新生儿预后发生脑损害，但毕竟可能性相对较小，故法院酌情确定医方承担 30%的赔偿责任。某医院应当按照 30%的比例赔偿杨某各项损失 338083.43 元。对于因后续治疗和康复而可能发生的其他费用，杨某可在相关费用实际发生后，另行主张。

江苏省江阴市人民法院依照《中华人民共和国侵权责任法》第十六条、第二十二条、第五十四条，《最高人民法院关于审理人身损害赔偿案件适用法律若干问题的解释》第十七条第一款及第二款、第二十二条，《最高人民法院关于民事诉讼证据的若干规定》第二条之规定，作出如下判决：

一、江阴市第四某医院于判决发生法律效力之日起十日内赔偿杨某各项经济损失 338083.43 元；

二、驳回杨某的其他诉讼请求。

某医院持原审意见提出上诉。无锡市中级人民法院经审理认为，一审判决认定事实清楚，适用法律正确，应予维持。

江苏省无锡市中级人民法院依照《中华人民共和国民事诉讼法》第一百七十条第一款第一项的规定，作出如下判决：

驳回上诉，维持原判。

【法官后语】

民法典第一千二百一十八条规定，患者在诊疗活动中受到损害，医疗机构或者其医务人员有过错的，由医疗机构承担赔偿责任。因此，医疗损害侵权责任应当符合以下构成要件：一是医疗机构或者医务人员的诊疗行为；二是患者存在损害；三是诊疗行为与损害后果之间存在因果关系；四是医疗机构或者医务人员存在过错。上述四个构成要件缺一不可，由患者承担举证责任。由于医疗纠纷专业性很强，医疗机构在诊疗过程中是否具有过错及该过错与患者损害后果之间是否有因果关系及原因力大小，患者难以举证，法官也难以进行判断，因此，需要委托专业的医疗损害鉴定机构，如医学会对上述问题进行鉴定。但是由于鉴定资料不齐全、医学认知水平的有限及患者的损害较为特殊等因素，鉴定机构并不能完全做到对医疗过错与损害后果的因果关系进行明确判断，此时，鉴定机构一般会出具“无法判定因果关系”的鉴定意见。由于患者对因果关系负有举证责任，鉴定意见不明确时是否意味着患者举证不能而直接驳回其诉讼请求，答案是否定的。

在鉴定机构无法判定因果关系时，法官需要查清是什么原因导致鉴定机构无法判定因果关系，如果是医疗机构的原因导致，如鉴定材料缺失，记录不完整等原因，导致鉴定机构难以判断，则应当由医疗机构承担相应的赔偿责任。本案就是属于这种情形，某医院在杨某出生时，病历记录过于简单，特别是对杨某娩出时羊水性状这一重要情况欠缺描述，也未记录杨某出生时 Apgar 评分具体的扣分项目，某医院在诊疗过程中具有过错，上述因素均导致了无法评估某医院对杨某在宫内（包括杨某娩出短暂阶段）状况的判断是否准确的后果，最终造成无法判断因果关系，某医院应当承担相应的赔偿责任。同时，法院也考虑到杨某本身的具体情况，因为产生脑损害的原因复杂多样，现有的医学水平也难以对此作出非常准确的判断，杨某的脑损害可能与出生时医方存在的过错有关，也可能与遗传因素或出生后的日常生活环境及受伤程度有关，但是并不能排除医方的诊疗过错与杨某的脑损害之间存在因果关系。法院综合考虑上述因素，最终判定某医院对杨某的损失承担 30% 的赔偿责任。

编写人：江苏省江阴市人民法院　浦峥　廖宏娟

132 对伤残等级的医疗过错参与度的认定比例不得适用于后续治疗费用赔偿责任划分

——荣某华诉某医院医疗损害责任案

【案件基本信息】

1. 裁判书字号

四川省南充市中级人民法院（2017）川13民终992号民事判决书

2. 案由：医疗损害责任纠纷

3. 当事人

原告（上诉人）：荣某华

被告（上诉人）：某医院

【基本案情】

2012年8月13日，原告荣某华在海宁市因不慎摔伤致右手桡骨远端骨折，左手桡骨远端骨折，在海宁市某医院住院治疗3天后回到原某中心卫生院（现已并入某医院）治疗，在治疗期间该院对原告右手分别行切开复位内固定术和内固定术，左手行左桡骨中下段骨折切开复位内固定术。2012年9月10日原告骨折经治疗好转办理出院手续。原告分别于2013年2月18日，在浙江省建德市第三某医院，2013年4月15日，在浙江海宁市某医院做DR片，两医院意见基本一致：左侧桡骨中段骨折内固定术后，内固定及钢丝固定在位，近端螺钉部分滑脱，钢板与骨皮质部分分离，断端部分骨折缺损，钢丝位于骨折断端内，周围见少量骨痂生长，断端未见硬化缘形成；右侧桡骨远端骨折内固定术后，骨折断端对位可，内固定在位，内固定螺钉嵌插入桡腕关节。2015 年 6 月 25 日，经一审法院组织双方到协商的鉴定机构四川西科大司法鉴定中心鉴定，鉴定机构认为被告在对原告的治疗过程中存在左桡骨下段骨折切开复位内固定术中内固定不稳，螺钉部分脱落的医疗过错。该过错是目前左侧桡骨骨不连的直接原因，并加重了原告原发性损伤后遗症。鉴定意见为：（1）荣某华左上肢的伤残等级评定为九级；（2）荣某华右上肢的伤残等级为十级；（3）荣某华后续治疗费以实际发生的费用认定为宜，参考费用为 28000 元至 40000 元；（4）某中心卫生院在对荣某华的治疗过程中存在未尽到完全注意义务的过错，该过错系荣某华左侧桡骨骨不连的直接原因，并与荣某华原发性损失系右腕关节活动障碍的同等原因，对荣某华目前伤残等级的参与度以 50%认定为宜。2015 年 12 月 8 日，一审法院作出（2015）蓬民初字第 793 号民事判决，判决被告赔偿原告上述除后续治疗费外的其他费用共计 95983. 56 元，对后续治疗费认为待实际发生后另行主张。

2016 年原告荣某华再次向一审法院起诉，经一审法院审理认定原告主张的因后续治疗产生的损失，包括医疗费、护理费、交通费、住院期间伙食补助费、营养费、误工费共计 49361. 9 元。

【案件焦点】

被告某医院承担原告因后续治疗产生的费用赔偿责任的比例。

【法院裁判要旨】

四川省蓬安县人民法院经审理认为：（1）原告因原发性疾病到

被告处治疗，因被告的医疗过错导致原告左侧桡骨骨不连，并加重了原告原发性损伤后遗症，并经四川西科大司法鉴定中心鉴定，被告在对荣某华的治疗过程中存在未尽到完全注意义务，该过错系荣某华左侧桡骨骨不连的直接原因，并与荣某华原发性损伤系右腕关节活动障碍的同等原因，对荣某华目前伤残等级的参与度以50%认定为宜。双方当事人对该鉴定意见未提出异议，应当予以采信。（2）被告主张根据（2015）蓬民初字第793号民事判决，其仅应当承担30%的责任，但（2015）蓬民初字第793号民事判决确定的医疗费等损失由被告承担30%的责任系因原告治疗原发性疾病而产生的医疗费等相关损失，原告的原发性疾病因素作用更大，而本次原告起诉的医疗费等相关损失系因被告的同等医疗过错导致原告矫正治疗而产生的相关损失，故对被告主张只承担30%的责任不予支持。

四川省蓬安县人民法院依照《中华人民共和国侵权责任法》第五十四条、《最高人民法院关于审理人身损害赔偿案件适用法律若干问题的解释》第十七条规定，判决被告某医院承担原告因后续治疗产生的费用50%的赔偿责任24681元。

荣某华、某医院均持原审起诉意见提起上诉。南充市中级人民法院经审理认为：某医院应当赔偿荣某华2015年9月28日、2016年10月27日两次住院治疗期间的医疗费及由此产生的护理费、误工费、营养费、交通费。理由：荣某华2015年9月28日和2016年10月27日两次住院治疗的原因系某医院治疗其原发性损伤过程中存在的医疗过错造成，也即如果某医院在医治荣某华原发性损伤过程中不存在医疗过错，那么荣某华是不会于2015年9月28日和2016年10月27日再次进行治疗，故某医院治疗应当根据《中华人民共和国侵权责任法》第五十四条之规定承担赔偿责任。

某医院治疗承担全部赔偿责任。理由：因鉴定报告是认定某医院治疗医疗过错对荣某华伤残等级的参与度为50%，这一认定并不是对荣某华后续治疗参与度50%的认定，故对荣某华后续治疗而产生的医疗费不能以此划分赔偿责任，且一审法院之前作出的（2015）蓬民初字第793号民事判决也未以此划分赔偿责任，而是认定荣某华因某医院医疗过错产生的治疗费仅占荣某华全部医疗费用30%的比例。

四川省南充市中级人民法院作出如下判决：一审判决部分事实认定清楚，适用法律正确，但过错责任划分不当，依法应予改判：

一、撤销蓬安县人民法院（2017）川1323民初56号民事判决；

二、由某医院赔偿荣某华医疗费、护理费、误工费、交通费、营养费49361.9元；

三、驳回荣某华的其他诉讼请求。

【法官后语】

医疗过错参与度是指在受理医疗损害赔偿民事诉讼案件中，依据职权或应医患任何一方当事人的请求，委托具有专门知识的鉴定机构对患者方所诉医疗损害结果与医方过错行为有无因果关系等专门性问题进行分析、评定和判断，从而为诉讼案件的公正裁判提供科学依据而进行的一项科学活动。“参与度”是指被诉对象在诉讼损害结果的介入程度或所起作用的大小。

本案中，某医院在对荣某华的治疗过程中存在未尽到完全注意义务的过错，该过错系荣某华左侧桡骨骨不连的直接原因，并与荣某华原发性损伤系右腕关节活动障碍的同等原因，因此鉴定机构认定对荣某华目前伤残等级的参与度为50%。

需要注意的是，鉴定意见中认定某医院对荣某华目前的伤残等级的参与度为50%，指的是，所诉医疗损害是医疗过错和就诊人自身体质、所患疾病以及其他行为（本案中是指荣某华的原发性损伤）共同作用所致结果，且双方的作用强度难以区分，即出现所谓“原因竞争”，法学上为素因竞和之因果关系。但无论怎样，本案中50%的参与度系数仅能适用与伤残等级相对应的残疾赔偿金的赔偿项目，不能成为划分承担后续治疗费的责任比例。

根据民法典第一千二百一十八条的规定，患者在诊疗活动中受到损害，医疗机构或者其医务人员有过错的，由医疗机构承担赔偿责任。即医疗损害侵权案件中的归责原则是过错原则，医疗机构对患者受到的损害有过错的，应当承担赔偿责任。对于后续治疗费的赔偿责任认定，因为后续治疗费用的产生与医疗机构在诊疗患者过程中的过错参与度无关，只与医疗机构是否存在医疗过错相关，如果能够确定医疗机构在诊疗的过程中存在过错，那么无论是以鉴定机构的评估建议为标准，还是以实际发生的损失多少为标准，医疗机构都应当承担全部的后续治疗费赔偿责任。

编写人：四川省蓬安县人民法院　袁彬

133 外请医师违反外出会诊管理规定应推定邀请会诊的医疗机构存在过错

——胡某东、胡某信诉某医院医疗损害赔偿案

【案件基本信息】

1. 裁判书字号

江苏省无锡市中级人民法院（2016）苏02民终1290号民事判决书

2. 案由：医疗损害赔偿纠纷

3. 当事人

原告（被上诉人）：胡某东、胡某信

被告（上诉人）：某医院

【基本案情】

2015年3月20日，王某华因反复胸闷、胸痛3年，再发加重，至某医院住院治疗，入院诊断为急性心肌梗死、冠心病、心功能Ⅲ级、高血压病3级（极高危组）、乳腺癌术后、高脂血症，遂行冠状动脉造影术、经皮冠状动脉支架术，10日后好转出院，出院时告知患者家属“血管情况很差，随时都有猝死可能，如有不适需及时就诊”。该次住院期间，某医院曾与王某华家属沟通，外请专家进一步治疗，但无病历记录。某医院联系外院专家后，王某华于同年4月8日再次入院。次日，王某华、胡某东（王某华丈夫）签署《心脏接入诊断或治疗同意书》，同意书中载明了行冠状动脉造影术、经皮冠状动脉支架术的治疗方案及风险等。某医院遂对王某华行上述手术，外请医师葛某参与手术，但葛某未在该次手术相关记录（包括手术前小结、手术记录）中签名。手术

中，王某华突发血压下降，心源性休克，经抢救无效死亡。

后胡某东、胡某信（王某华儿子）以某医院在诊疗过程中存在过错，与王某华的死亡有因果关系为由，诉至法院请求判令某医院赔偿死亡赔偿金、丧葬费、精神损害抚慰金合计697220.50元。

诉讼中，经胡某东、胡某信申请，法院委托无锡市医学会对某医院的诊疗行为是否存在过错、诊疗行为与死亡之间是否存在因果关系以及原因力大小进行鉴定。医学会出具医疗损害鉴定书，认为：（1）某医院的医疗行为未违反诊疗规范、常规。（2）某医院外请的专家有相应的手术资质，未见会诊手续，与患者死亡之间无因果关系。（3）第二次手术方式选择行PCI[①]符合诊疗规范。（4）患者第二次手术前签署《心脏介入诊断或治疗同意书》，故某医院已尽知情同意选择义务。（5）患者虽经第一次急诊PCI手术抢救成功，但患者仍有左侧的冠状动脉85%左右狭窄，左回旋支中段分叉病变，狭窄程度在90%左右病变，伴有心功能不全，且基础情况差，死亡率极高。（6）某医院在患者第二次入院后未进行有效的医患沟通；病历书写不规范，存在过错，但与患者死亡之间无因果关系。综上，某医院的医疗行为未违反诊疗规范、常规，不构成医疗损害。

【案件焦点】

医疗机构违反《医师外出会诊管理暂行规定》，能否推定该医疗机构存在过错。

① PCI是指经皮冠状动脉介入术，是采用心导管技术开通狭窄或闭塞的冠状动脉管腔，从而有效改善心肌的血流灌注的一种治疗方法，下文对此不再提示。

【法院裁判要旨】

江苏省无锡市崇安区人民法院经审理认为：王某华死亡的原因为手术过程中突发血压降低、心源性休克，故某医院的诊疗行为与王某华死亡之间存在客观因果关系。在此情况下，某医院是否承担赔偿责任及赔偿范围应以其诊疗行为是否存在过错、该过错行为与损害后果之间的因果关系大小确定。根据鉴定书意见，某医院在诊疗过程中实施的医疗行为未违反诊疗规范、常规，作出的手术方案符合诊疗规范，术前将手术风险充分告知了患者，并取得了患者同意，故在这几个方面均无过错。某医院的过错在于违反了《医师外出会诊管理暂行规定》，上述规章规定的会诊程序及会诊医师在外出诊疗时应履行的义务，有利于降低医疗损害发生的可能性，故某医院违反该规定的过错行为虽非导致王某华死亡的直接原因，但增加了损害发生的可能性，故应当认定与损害后果发生存在法律上的因果关系。综合某医院的过错程度及过错行为与损害发生的关联度，酌定某医院赔偿 50000 元。

江苏省无锡市崇安区人民法院判决：

一、无锡市第二某医院于判决发生法律效力之日起三日内赔偿胡某东、胡某信 50000 元；

二、驳回胡某东、胡某信的其他诉讼请求。

某医院不服原审判决提起上诉。

江苏省无锡市中级人民法院经审理认为：某医院在外请医师会诊方面，就有无严格遵照《医师外出会诊管理暂行规定》履行了外请医师的手续、有无就外请医师的具体情况向患者告知并经其同意、外请医师接受会诊任务后有无详细了解患者的病情并亲自诊查患者等，均未提交证据予以证明，应推定在本起诊疗活动中存有过错。

原审法院认定某医院的诊疗行为与损害后果发生存在或然性的因果关系，并结合患者自身疾病发展程度判令医方承担适当的赔偿责任，并无不当。依照《中华人民共和国民事诉讼法》第一百七十条第一款第一项之规定，判决如下：

驳回上诉，维持原判。

【法官后语】

本案是医疗损害赔偿纠纷案中比较少见的一类情形，案例的价值在于医疗机构通过邀请其他医疗机构的医师对本医疗机构的患者会诊，诊疗过程中引发医疗损害赔偿纠纷，应如何确定医疗机构的过错及相应因果关系。

一、医疗损害责任归责原则的法律规定

原《中华人民共和国侵权责任法》第五十四条和第五十八条规定了医疗损害责任的过错归责原则及特殊情况下的过错推定原则。2021年1月1日施行的《中华人民共和国民法典》（以下简称《民法典》）对医疗损害责任的归责原则并未调整。《民法典》第一千二百一十八条规定，患者在诊疗活动中受到损害，医疗机构或者其医务人员有过错的，由医疗机构承担赔偿责任。《民法典》第一千二百二十二条第一款规定，患者在诊疗活动中受到损害，医疗机构违反法律、行政法规、规章以及其他有关诊疗规范的规定的，推定医疗机构有过错。因此，在推定过错的情形下，如医疗机构认为其没有过错，则其应当对没有过错承担举证责任，举证不能的应承担不利后果。

二、本案医疗机构过错的认定

本案经患者家属申请，法院启动了司法鉴定程序，在医疗损害鉴定书的鉴定意见中，有关于“未见会诊手续”的表述，但鉴定意见书并未给出“未见会诊手续”能否推定医疗机构存在过错，而是给出了“医疗行为未违反诊疗规范、常规，不构成医疗损害”的结论。法院认为，虽根据医疗损害鉴定书的鉴定意见，某医院在诊疗过程中实施的医疗行为、作出的手术方案及术前风险告知等均无过错，但在外请医师会诊方面，就有无严格遵照《医师外出会诊管理暂行规定》履行了外请医师的手续包括将拟会诊患者病历摘要、拟邀请医师或者邀请医师的专业及技术职务任职资格、会诊的目的、理由等函告拟邀请会诊的医疗机构，有无就外请会诊医师的具体情况向患者告知并经患者同意等，某医院均未提交相应证据予以证明，故法院认为该医疗机构在本起诊疗活动中违反了《医师外出会诊管理暂行规定》的规定，应推定该医疗机构存在过错。

根据《医师外出会诊管理暂行规定》，医师接受会诊任务后，应当详细了解患者的病情，并亲自诊查患者，完成相应的会诊工作，并按照规定书写医疗文书。本案中，外请会诊医师未在手术前小结、手术记录或其他材料中反映其会诊过程，也无法证明外请会诊医师在手术前详细了解了患者的病情，外请会诊医师的行为亦违反了上述管理规定。笔者认为，医疗机构邀请其他医疗机构医师协助完成对患者的诊疗行为，该医疗机构与接受邀请的医疗机构医师之间的委托行为系其双方内部关系，不影响该医疗机构与其患者之间的医疗服务合同，对患者而言，外请医师的诊疗行为即为该医疗机构的诊疗行为，故外请医师存在违反法律、行政法规、规章以及其他有关诊疗规范的规定的诊疗行为，应推定该医疗机构存在过错。

三、本案因果关系的认定

在医疗机构存在过错的情况下，不必然引发损害赔偿责任的产生，但本案中，医疗机构及外请会诊医师未按照《医师外出会诊管理暂行规定》履行相应义务，故而无从得知外请会诊医师有无在术前全面客观了解患者病情、评估手术风险以及对可能发生的危险作出预判，医疗机构的过错行为虽非导致患者死亡的直接原因，但增加了损害发生的可能性，故应当认定与损害后果发生存在法律上的因果关系。但是综合考虑患者自身情况、疾病发展程度、医疗机构的过错程度以及过错行为与损害发生的关联度，法院仅酌定医疗机构承担较小比例的赔偿责任。

编写人：江苏省无锡市中级人民法院　王倩

134　医疗机构在诊疗活动中过错的认定

——卢某花、蔡某国诉某医院医疗损害责任案

【案件基本信息】

1. 裁判书字号

云南省曲靖市中级人民法院（2015）曲中法民终字第898号民事判决书

2. 案由：医疗损害责任纠纷

3. 当事人

原告（上诉人）：卢某花

原告：蔡某国

被告（被上诉人）：某医院

【基本案情】

原告卢某花、蔡某国生育双胞胎，取名蔡某强、蔡某富。蔡某强于2010年9月22日在挖机上玩耍时不慎跌下，次日出现呕吐、意识不清的情况，于第三日即9月24日12时许由蔡某强的奶奶将蔡某强送到被告某医院内二科门诊就诊，经查体温38摄氏度、浅昏迷、四肢肌软无力、双上肢阵发性抽搐，因被告某医院当时没有CT设备，医生多次告知患者家属应到有CT设备的陆良县某医院行CT检查，但患者家属未听取建议，仍要求医院为其输液治疗，医院遂开具处方为其输液治疗，处方诊断栏记载“待诊”，输液后仍无好转，在同病房旁观人员的劝说下，患者家属才将患者蔡某强抱离被告处，步行准备到陆良县某医院检查的途中患者蔡某强死亡。2010年9月30日经陆良县公安局对尸体进行检验，开支尸检费2000元，同年10月25日作出检验结论为：“蔡某强系外伤性颅脑损伤死亡。”2011年6月15日经曲靖市医学会对本案例鉴定，结论为：“不属于医疗事故。”2013年9月5日，两原告诉至法院，并向法院申请“对某医院在医疗服务过程中，是否存在过错”进行鉴定，法院在组织原、被告双方选定鉴定机构不能的情况下，于2013年9月24日由法院委托云南鼎丰司法鉴定中心对原告申请鉴定的目的进行鉴定，由原告支付鉴定费4300元，鉴定意见迟迟未作出，两原告以需要补充证据为由撤回起诉。2015年1月30日，司法鉴定中心作出法医学鉴定意见书，经专家分析说明，某医院在为患者蔡某强提供医疗服务过程中存在以下过错：（1）未按门诊就诊规范书写门诊病历，未对蔡某强就诊主诉、病史、既往史等情况进行规范记录，未详细进行体格检查并书面记录；（2）对蔡某强开具输液治疗，诊断为“待诊”，不符合医疗规范；（3）对蔡某强所患疾病的病情与患者家属沟通不够充分，不能及时做CT检查及患儿病情危重未作书面告知并签字；（4）留观期间未及时请外科专科会诊治疗；（5）在蔡某强病情危重时让其家属自行转院，不符合医疗规范。根据存在的过错，最后鉴定意见为：“1. 某医院在为蔡某强提供的医疗服务中存在过错；2. 建议某医院存在的过错在蔡某强的死亡后果中承担次要责任。”两原告于2015年3月20日再次诉至法院，要求判令被告赔偿各项费用199980元，赔偿精神抚慰金50000元，并承担本案诉讼费。

【案件焦点】

某医院在为蔡某强提供医疗服务中是否存在过错及应承担责任的比例。

【法院裁判要旨】

云南省陆良县人民法院经审理认为：根据《中华人民共和国侵权责任法》第五十四条的规定：“患者在诊疗活动中受到损害，医疗机构及其医务人员有过错的，由医疗机构承担赔偿责任。”本案被告某医院在诊疗原告之子蔡某强的过程中，结合云南鼎丰司法鉴定中心的分析意见，存在以下过错：第一，未按门诊就诊规范书写门诊病历，未对蔡某强就诊主诉、病史、既往史等情况进行规范记录，未详细进行体格检查并书面记录；第二，对蔡某强开具输液治疗，诊断为“待诊”，不符合医疗规范；第三，对蔡某强所患疾病的病情与患者家属沟通不够充分，不能及时做CT检查及患儿病情危重未作书面告知并签字；第四，留观期间未及时请外科专科会诊治疗；第五，在蔡某强病情危重时让其家属自行转院，不符合医疗规范。基于前述归责，致使患者蔡某强因得不到及时治疗而死亡，医院存在一定的过错，应由医疗机构被告某医院承担次要民事赔偿责任。根据《中华人民共和国侵权责任法》第二十六条的规定“被侵权人对损害的发生也有过错的，可以减轻侵权人的责任”，《中华人民共和国民法通则》第十八条第三款“监护人不履行监护职责或者侵害被监护人的合法权益的，应当承担责任……”的规定，本案两原告作为患者蔡某强的监护人，在蔡某强跌伤后不积极送医院治疗，而是事隔三日在患者病情危重时方送医院治疗，同时到了医院未听从医嘱，延误了治疗时机致使患者身亡，监护人未尽监护职责，应当承担相应的责任，为此，可以减轻被告某医院的赔偿责任。

根据《中华人民共和国侵权责任法》第十六条的规定“侵害他人造成人身损害的，应当赔偿医疗费、护理费、交通费等为治疗和康复支出的合理费用，以及因误工减少的收入。造成残疾的，还应当赔偿残疾生活辅助具费和残疾赔偿金。造成死亡的，还应当赔偿丧葬费和死亡赔偿金”，第二十二条“侵害他人人身权益，造成他人严重精神损害的，被侵权人可以请求精神损害赔偿”的规定，本案两原告主张医疗费 1000 元、交通费 100 元，没有提交相应的证据加以证实，对此主张不予支持。依照《最高人民法院关于审理人身损害赔偿案件适用法律若干问题的解释》（以下简称《人身损害赔偿解释》）的规定，各项赔偿费用的计算标准适用上一年度的统计数据，《人身损害赔偿解释》第三十五条第二款中“上一年度”，是指一审法庭辩论终结时的上一统计年度。为此，本案赔偿应适用的标准是《2014 年云南省道路交通事故损害赔偿有关费用的计算标准》。

本案死者生前已在城镇就学两年以上，可参照城镇居民的标准计算相关赔偿费用。对两原告主张的误工费 3330 元没有证据加以证实，鉴于患者死亡后为办理丧葬事宜确实存在误工，其误工费酌情按照两人次 3 天计算即 76.35 元/天×3 天×2 人=458.1 元。结合两原告的诉请，现确认本案蔡某强死亡所产生的各项赔偿费用为：尸检费 2000 元、医疗过错鉴定费 4300 元、丧葬费 24498.5 元、死亡赔偿金 23236 元/年×20 年=464720 元、误工费 458.1 元，共计 495576.6 元。根据双方的过错，被告某医院应承担 20%的赔偿责任即 495576.6 元×20%=99115.32 元。因被告某医院的侵权行为，确实导致了原告的精神损害，结合本案案情及双方的过错，精神抚慰金确定为 5000 元。

陆良县人民法院依照《中华人民共和国侵权责任法》第十六条、第二十二条、第二十六条、第五十四条及《中华人民共和国民法通则》第十八条第三款之规定，判决如下：

一、由被告某医院赔偿原告卢某花、蔡某国因其子死亡所产生的丧葬费、死亡赔偿金、尸检费、鉴定费、误工费 495576.6 元的 20%即 99115.32 元；

二、由被告某医院赔偿原告卢某花、蔡某国精神抚慰金 5000 元。

卢某花持原审意见上诉，要求被上诉人按照 40%的比例承担赔偿责任，并请求二审法院支持其 50000 元的精神抚慰金诉求。云南省曲靖市中级人民法院经审理认为：一审根据陆良县公安局尸检结论、曲靖市医学会医疗事故鉴定意见及司法鉴定中心的鉴定意见，确认被上诉人某医院存在一定的过错，由某医院承担 20%的责任及 5000 元的精神抚慰金得当。上诉人的上诉理由不能成立。

云南省曲靖市中级人民法院依照《中华人民共和国民事诉讼法》

第一百七十条第一款第一项之规定，作出如下判决：

驳回上诉，维持原判。

【法官后语】

作为司法审判机关，在面对医患纠纷所产生的诉争时，能否站在客观公正的角度来厘清法律关系，划分责任的承担，有利于化解医患纠纷矛盾、维护社会和谐稳定；有利于增强人民群众的幸福感、安全感；有利于促进医疗机构提高医疗服务水平。

本案中，受害者系因意外伤害事故而入院治疗，医院与患者家属之间就治疗方案的沟通出现问题，患者在家属自行转院过程中死亡。综观整个事故的发生及后果的发生，作为患者监护人的一方有很多监护不当的地方，而作为医疗机构的某医院在治疗的过程中也未严格按照医疗规范进行诊疗，从而造成了严重后果的产生。

诉诸法院后，患者方监护人就患者的死亡与医院的过错存在因果关系进行了举证，其提交了一审法院委托的司法鉴定机构作出的鉴定意见书，证实正是因为医院的不规范诊疗及医患之间缺乏正式书面的沟通从而导致了死亡结果的发生，医疗机构及其医务人员存在过错；而院方为反驳则提交了陆良县公安局公（陆）尸检法医学尸体检验记录及医学会作出的医疗事故鉴定书，欲证实患者的死亡不属于医疗事故。经质证及认证，法院最终作出了要求医疗机构承担次要责任的判决。

首先，要厘清医疗事故与医疗损害两个概念。发生医疗损害并不一定属于医疗事故，但如果发生医疗事故，就一定会有损害的存在。故本案虽经鉴定不属于医疗事故，但不影响医疗损害的认定。

其次，要客观地看待医疗损害鉴定意见。在司法实践中，因医疗损害涉及较为专业的医疗专业知识，裁判者需要借助专业机构的司法鉴定意见来认定案件事实和划分侵权责任，但司法鉴定意见本质上仍然属于证人证言，法院不能将司法鉴定意见作为认定医疗责任的唯一依据，司法鉴定意见亦不能替代法院对过错的认定，不能简单依据鉴定意见来认定医方侵权责任大小，法院应当综合全案证据来进行事实认定和责任划分。本案充分结合司法鉴定意见与案涉患方存在的过错进行责任划分，符合案件实际。

最后，要全面把握医疗损害责任的归责原则。原《中华人民共和国侵权责任法》第五十四条确定了医疗损害责任的归责原则是过错责任原则，后《中华人民共和国民法典》第一千二百一十八条延续了该原则。同时，为平衡医患双方在医疗损害中举证能力的优劣地位，《中华人民共和国民法典》第一千二百二十二条规定了过错推定的情形。医院作为专业的医疗单位，其对于普通患者，双方之间就医学专业知识掌握、医疗后果风险预判等方面存在明显地位不平等，故医疗机构对患者的病情及可能导致的后果应充分地告知患者。

综上，本案中，医疗机构的过错已经被确认，一审及二审时医疗机构也愿意承担责任，至于上诉人的上诉理由，因无有力的事实及法律依据予以支持，因而二审法院并没有采纳而予以维持了。本案的处理综合考虑了各方主体权利的保护与平衡，在积极保障患者生命健康权的同时，促进医方规范医疗行为，让裁判结果有利于医学的进步。

编写人：云南省曲靖市中级人民法院　练梓扬

135 缺陷出生案件中损害赔偿范围的确定
——李某、王某诉某医院医疗损害责任案

【案件基本信息】

1. 裁判书字号

北京市第二中级人民法院（2015）二中民终字第01887号民事判决书

2. 案由：医疗损害责任纠纷

3. 当事人

原告（被上诉人）：李某、王某

被告（上诉人）：某医院

【基本案情】

李某与王某系夫妻关系。2011年6月，李某怀孕，9月8日，李某到某医院进行产前检查，某医院向其发放了孕期产前检查告知单，同日，李某的超声检查报告显示：胎儿NT[①]略厚，建议进一步检查。2012年2月21日及26日，李某超声检查报告均示：羊水量偏少。2012年2月28日，李某入住某医院生一男婴王某某。2013年1月8日，李某带王某某到北京某医院就诊，经诊断王某某系21-三体综合征患儿。原告认为，孕早期雌激素偏低、B超显示NT偏高均是法定进行产前诊断的指标，唐氏筛查为产前诊断中最重要的检查之一，但某医院无视上述指征，未予进行此项筛

① NT是指出现在胎儿颈部的一个透明带，其作用主要是胎儿早期唐氏综合征的风险评估，下文对此不再提示。

查导致李某产下一唐氏综合征患儿，严重侵犯其优生优育权。

被告辩称，诊疗行为符合诊疗常规。某医院不具备进行唐氏综合征筛查的资格，李某应到外院进行唐氏综合征筛查。患儿所患“21-三体综合征”是一种由遗传因素所导致的出生缺陷类疾病，即受父母本身遗传基因的影响，属于目前医学尚无法改变的因素，与我院的诊疗行为没有因果关系。

审理中，李某、王某申请就某医院对李某的产前检查行为是否存在过错，如存在过错，该过错与损害后果之间的因果关系、过错参与度以及对王某某的伤残等级、残疾辅助器具费、营养费、后续治疗费、护理依赖程度、护理人数、护理费用、后续特殊教育费用进行司法鉴定。北京博大司法鉴定所就此出具了司法鉴定意见书，其中分析说明部分载明：某医院粘贴在病历上的产前检单虽有唐氏筛查的内容和时间，但告知方式不够严谨、内容不够具体，应认为医方告知义务不到位，存在一定缺陷；李某2011年9月8日的超声检查报告单已提示“胎儿NT略厚，建议进一步检查”，但某医院未行进一步检查，追踪NT值增厚情况，不排除错过补救时机，不利于21-三体征者的早期检测，应认为医方注意义务不到位，存在不足；在2012年2月21日及26日的超声检查已提示羊水量偏少，在孕妇未进行唐筛和曾有胎儿NT略厚的情况下，医方应对胎儿进一步的产前B超等详细检查/诊断，以明确羊水量偏少的原因及可能出现的不良后果等相关风险，向孕妇及家属充分告知，医方存在不足。鉴定意见为：某医院在对李某的医疗行为中存在医疗过失，其医疗过失与王某某出生的后果之间存在部分因果关系，参与度建议为25%。被鉴定人王某某的伤残等级建议儿童期进行伤残等级及残疾辅助器具费用的评定。被鉴定人王某某的营养期为24个月。被鉴定人王某某的后续治疗费用无法明确给出。被鉴定人王某某的护理依赖程度建议儿童期进行护理依赖的评定。被鉴定人王某某的后续特殊教育费用无法明确给出。

【案件焦点】

本案中如何确定不当出生案件中原告可获得的损害赔偿。

【法院裁判要旨】

北京市丰台区人民法院经审理认为：患者享有医疗知情权和选择权，医疗机构在诊疗活动中应当向患者说明病情和医疗措施等，医疗机构违反告知义务，使患者未能行使选择权，以致造成患者损害后果的，医疗机构应承担相应的损害赔偿责任。李某孕期内在医院进行相应的检查，后生下21-三体综合征患儿王某某。根据北京博大司法鉴定所出具的司法鉴定意见书，某医院在对李某的医疗行为中存在医疗过失，其医疗过失与王某某出生的后果之间存在部分因果关系，参与度建议为25%。可见，某医院在对李某的诊疗行为中存在过错，该过错在一定程度上侵害了李某、王某的知情权、选择权，影响了其妊娠期间是否选择终止妊娠，并最终导致了王某某的畸形出生。王某某的畸形出生，使李某、王某用于孩子抚养的相关费用相较于正常孩子有所增加，而且孩子的畸形出生势必会造成其严重的精神损害，某医院应就其医疗过错行为向李某、王某承担相应的侵权责任。

北京市丰台区人民法院依照《中华人民共和国侵权责任法》第二十条、第二十二条、第五十四条之规定，判决如下：

一、被告某医院于判决生效后十日内赔偿原告李某、王某医疗费 172 元、交通费 400 元、营养费 6000 元、辅助器具费 1267 元、抚养费 120230 元、复印费 13 元、精神损害抚慰金 20000 元；

二、驳回原告李某、王某的其他诉讼请求。

某医院不服一审判决，提起上诉。

北京市第二中级人民法院经审理认为：原审法院判决并无不当，应予维持。

综上，依照《中华人民共和国民事诉讼法》第一百七十条第一款第一项之规定，判决如下：

驳回上诉，维持原判。

【法官后语】

损害作为一种事实状态，是指因一定的行为或事件使某人受侵权法保护的权利和利益遭受某种不利益的影响，该种不利益不论是财产上或人身上，现实的或将来的不利益，只要是确定发生的不利益，均属于损害的范畴。侵权法主张的损失填补原则，是向受害人提供赔偿，使其恢复到如同被告过失行为不曾发生时的状态。那么在错误出生案件中，就要通过损害赔偿的方式，使得父母恢复到如同医生提供了有关基因或遗传的准确建议，或已经诊断并告知了胎儿的异常症状时的状态：即原告作出终止妊娠的决定，胎儿根本不会降临人世。而这个分析也再次说明，原告所遭受的损害是残疾新生儿的“出生”。相应地，可赔偿的损害也就是原告所遭受的与“出生”相关的可被合理预见的损失。

1. 针对母亲的损失

因为原告的怀孕是自愿的，而并非由被告的医疗过失所造成，因此与原告初始怀孕有关的损失，不属于错误出生案件的可赔偿损失。但是原告未能及时终止妊娠，以致最后的分娩是由被告的过失行为所导致，所以那些因未能及时终止妊娠所造成的损失，原告请求赔偿。在我国现行法下，其包括如下项目：(1) 医疗过失之后怀孕阶段和分娩所花费的医疗费用、住院伙食补助费、必要的营养费用；(2) 医疗过失之后怀孕阶段及分娩时就医、休养所产生的误工费；(3) 医疗过失之后怀孕阶段和分娩所支付的护理费；(4) 医疗过失之后怀孕阶段和分娩时就医所花费的交通费和住宿费，包括有必要陪同就医的家属所花费的交通费和住宿费；(5) 医疗过失之后怀孕阶段和分娩时所遭受的痛苦；(6) 因分娩后并发症而引起的损失。

2. 针对新生儿的损失

虽然新生儿的残疾是由遗传或其他先天性因素所造成，但是残疾新生儿的“出生”是被告过失行为产生的后果。从上文对错误怀孕案件损害赔偿问题的讨论可知，多数的法域认为，“一个健康婴儿的出生”不构成对父母的损害，所以，与新生儿相关的经济损失和精神消耗并不具有可赔偿性。然而在错误出生案件中，需要考虑的问题发生了变化：“一个残疾婴儿的出生”是否对父母构成损害。此处，同样可能面临社会道德观念的约束，即任何孩子降临人世，无论其健康或是残疾，都是对父母的恩赐，都应该获得相同的关爱。但是，绝大多数的法域都认同，与一个健康婴儿相比，一个天生残疾的婴儿会带给父母“额外”的负担，包括经济上的和精神上的负担。所以，绝大多数法域都允许父母就“与新生儿的残疾相关”的额外经济损失和精神损害，获得赔偿。具体而言，这包括如下的项目：(1) 因新生儿残疾产生的额外的抚养费、教育费；(2) 为治疗残疾而支付的医疗费用；(3) 新生儿的残疾辅助器具费；(4) 因新生儿残疾产生的护理费；(5) 因新生儿先天性残疾而承受的精神损害。

编写人：北京市丰台区人民法院　郭婧芳

136 患者不同意院方做医疗事故责任鉴定时，鉴定举证责任应该如何分配

——苏某风等诉某医院医疗损害责任案

【案件基本信息】

1. 裁判书字号

福建省厦门市中级人民法院（2014）厦民终字第3185号民事判决书

2. 案由：医疗损害责任纠纷

3. 当事人

原告（上诉人）：苏某风、苏某裕、苏某英

原告：苏某云

被告（被上诉人）：某医院

【基本案情】

死者苏某冷，1926年5月10日出生，住厦门市同安区洪塘镇，苏某冷死亡时近亲属有子女苏某风、苏某裕、苏某英、苏某云，即四名原告。2010年2月28日，苏某冷曾因慢支气管炎并肺部感染、阻塞性肺气肿等进入被告某医院进行治疗，并于2010年3月12日出院，治疗结果为好转。2013年5月1日，苏某冷以反复咳嗽、咳痰、气喘5年，再发2天为主诉再次进入某医院住院治疗。苏某冷的出院记录上记载：苏某冷于2013年5月7日出院，某医院告知苏某冷家属其可能随时死亡，苏某冷家属表示理解，仍要求自动出院，给予办理。而苏某风等认为系某医院不让苏

某冷继续住院治疗，苏某风等要求继续治疗，但是某医院不予准许，并非自动出院。苏某风等主张某医院存在伪造病历资料的事实，如住院病历苏某冷的主诉抄袭2010年苏某冷就医的病历；住院病历第109页、第115页、第116页、第119页存在伪造苏某英等的签名；苏某冷出院系某医院不准许苏某冷继续治疗，并非自动出院。某医院对苏某风主张构成伪造病历的事实说明如下：苏某冷因同样疾病住院治疗，某医院对照其前后出院记录、住院病历，不存在抄袭病历的事实；某医院并不存在伪造苏某英等的签名；某医院告知苏某冷家属其可能随时死亡，苏某冷家属要求自动出院，家属表示理解仍要求自动出院，给予办理。苏某风等主张某医院违反诊疗规范，如在诊疗过程中对多索茶碱甲强龙和利尿治疗用药不当等问题，某医院对此予以否认，并称诊疗活动用药符合常规。审理中，某医院申请法院委托厦门市医学会就某医院的医疗行为是否符合医疗常规、是否存在医疗过失、某医院的医疗行为和患者死亡是否存在因果关系及本案病例是否构成医疗事故进行鉴定。苏某风等不同意某医院提出的对本案病历做医疗事故鉴定，苏某风等认为案涉病历系伪造，不同意就某医院提供的住院病历作为鉴定检材进行鉴定，某医院之后撤回鉴定申请。苏某风等认为病历是伪造的，并申请法院委托鉴定机构对“伪造的病历资料”是否会影响苏某冷的诊疗行为进行医疗过错司法鉴定的鉴定结果。若没有影响则对苏某冷的诊疗行为进行医疗过错鉴定。审理中，苏某风等坚持认为病历资料系伪造的，某医院予以否认，苏某风等认为因病历资料系伪造，故应推定某医院存在过错，并且不同意以某医院提交的病历资料作为检材申请医疗过错鉴定。

【案件焦点】

被告某医院在诊疗过程中是否存在医疗过错。

【法院裁判要旨】

福建省厦门市同安区人民法院经审理认为：本案系医疗损害责任纠纷，依照《中华人民共和国侵权责任法》第五十四条，患者在诊疗活动中受到损害，医疗机构及其医务人员有过错的，由医疗机构承担赔偿责任；因此，医疗损害责任纠纷中医疗机构承担的是过错责任，并由患者就医疗机构在诊疗过程中存在过错承担举证责任。原告苏某风等主张被告某医院存在伪造病历资料、违反诊疗规范的事实，但是从苏某风等的陈述中并不足以证实某医院伪造病历资料、违反诊疗规范，且某医院对苏某风提出的质疑进行解释，本院无法认定某医院伪造病历、违反诊疗规范，苏某风等未能提出鉴定申请等进一步举证证实，故本院对苏某风等的主张不予采信。根据《中华人民共和国侵权责任法》第五十四条和第五十八条的规定，苏某风等应举证证明其主张某医院在诊疗活动中伪造病历、违反诊疗规范，苏某风等未能证实某医院伪造病历、违反诊疗规范，本案不能适用《中华人民共和国侵权责任法》第五十八条的规定推定某医院在诊疗活动中存在过错。据此，因苏某风等未能证明某医院诊疗活动中存在过错，苏某风等诉求某医院承担侵权责任，没有事实依据。福建省厦门市同安区人民法院依照《中华人民共和国侵权责任法》第五十四条、第五十八条，《中华人民共和国民事诉讼法》第六十四条第一款之规定，判决如下：

驳回原告苏某风、苏某裕、苏某英、苏某云的全部诉讼请求。

一审判决后，原告苏某风、苏某裕、苏某英不服一审判决，提出上诉。厦门市中级人民法院经审理认为：对原审查明的事实，除苏某风、苏某裕、苏某英认为其主张伪造病历的情况不完整、应以上诉状所述为准外，各方当事人均对原审法院查明的其他事实没有异议，法院对各方没有异议的事实予以确认。

另查明，苏某风、苏某裕、苏某英在原审中提交的材料病历资料共 88 页，第三医院原审提交的病历资料共 132 页，双方提交的病历有重合，重合部分病历一致。

二审中，法院告知各方当事人对鉴材的质证意见可附随鉴材一并提交鉴定机构，各方当事人均表示知悉，并表示不申请鉴定。

福建省厦门市中级人民法院经审理认为，当事人对自己的主张负有举证责任。苏某风等四人对其近亲属苏某冷在诊疗活动中受到损害及该损害由医疗机构的过错造成负有举证责任。本案中某医院对苏某冷的诊疗是否存在过错、该诊疗行为与患者死亡之间是否存在因果关系，属于医学领域的专业问题，需要鉴定机构对此作出评判，但苏某风等四人不同意某医院的鉴定申请。对苏某风等四人主张某医院存在伪造病历资料的情形，某医院予以否认。病历资料属于医疗领域的专业资料，病历书写的规范也有其相应的专业标准，某医院的病历是否规范、是否存在伪造情况，也应由鉴定机构作出评判，但苏某风等四人不同意某医院提交的病历资料作为鉴材导致鉴定未果，二审中也明确表示不申请鉴定，应承担举证不能的后果。原审认定苏某风等四人未能证实某医院伪造病历资料、违反诊疗常规，举证责任分配正确，适用法律并无不当，并据此驳回苏某风等四人的诉讼请求正确，法院依法予以维持。综上，依照《中华人民共和国民事诉讼法》第六十四条第一款、第一百七十条第一款第一项之规定，判决如下：

驳回上诉，维持原判。

【法官后语】

医疗损害责任纠纷，是指患者一方要求医疗机构、医疗产品生产者或者血液提供机构承担医疗损害责任而引起的民事侵权纠纷。医疗责任纠纷在民事纠纷中也属于极容易存在疑难点的领域，其中难点之一就是举证责任分配问题。所以处理这类案件，首要任务就是对医疗损害责任纠纷方面的举证责任分配的法律规定进行深入了解。

本案中原《中华人民共和国侵权责任法》第五十四条、第五十七条、第五十八条规定的是医疗技术损害责任，其归责原则是过错责任原则，在举证责任分担上，实行“谁主张，谁举证”，即由原告对四个构成要件承担举证责任。但第五十八条是直接推定医疗机构和医务人员有过错，同时，鉴于诊疗活动本身的特殊性及发生医疗损害的情况，不仅患者方面难以举证证明医疗机构和医务人员有过错，而且医疗机构也难以举证证明自己没有过错。因此，不能对举证责任进行一刀切，在原告不能举证证明或者不能充分举证证明医疗机构和医务人员有过错时，就判决原告举证不能而败诉，也不能要求医疗机构承担无过错的举证责任并在其不能证明自己无过错的情况下判决医疗机构承担赔偿责任，而是应该运用举证责任缓冲规则，由原告举证证明医疗机构或者医务人员可能具有过失，然后由医疗机构举证证明自己没有过失。

原《中华人民共和国侵权责任法》第五十五条、第五十六条、第六十二条规定的是医疗伦理损害责任，其归责原则是过错推定原则，在举证责任的承担上，只要原告证明了医疗违法行为、损害事实及因果关系，法官就可以直接推定医疗机构及医务人员有过失，此时就要由医疗机构及医务人员承担举证责任，证明自己没有过失才能免责。

医疗损害责任纠纷案件不可避免要将记载整个医疗过程的病历纳入事实、法律判断中。但病历中的很多专业术语，对于不具有医学专业知识背景的法官来说，很难作出准确定性。对于医疗损害责任的四个构成要件，医疗机构和医务人员的诊疗行为及患者的损害这两个要件不难判断，难的是判断诊疗行为与损害后果之间的因果关系及医务人员的过错。对于后两个要件，一般要根据鉴定意见来予以确认，此时需要医疗机构对诊疗行为与损害结果之间不存在因果关系等主动申请医疗鉴定，以达到证明自身不存在医疗过错的举证预期。但是鉴定就需要将门诊病历、用药清单等作为鉴定检材。然实务中，患者及家属可能对门诊病历、用药清单本身存在异议，就如本案，患者提出门诊病历系院方伪造，所以不同意以此作为检材做医疗事故责任鉴定。于是本案陷入两难：如果不做医疗事故鉴定，就不能证明院方存在医疗过错，但如果不顾患者的反对，直接提交存在异议的检材，即使得出医疗鉴定意见，也不能让患者一方信服。

本案处理方法值得借鉴，根据《最高人民法院关于审理医疗赔偿纠纷案件适用法律若干问题的解释》第十七条的规定，人民法院在委托鉴定前，应当组织双方当事人对提交的病历资料的真实性进行确认。对病历资料的真实性难以判断的，人民法院应当告知当事人申请文证检验。依照此规定，原告一方应该先提出对存有异议的门诊病历真实性申请鉴定，否则将承担不利的法律后果。本案中，法官多次向患者方释明，但患者一方却拒绝对此进行鉴定，并不同意院方申请进行医疗事故鉴定，故应该承担以此带来的不利法律后果。

《中华人民共和国侵权责任法》虽已失效，但原第五十四条、第五十七条、第五十八条在《中华人民共和国民法典》第一千二百一十八条、第一千二百二十条、第一千二百二十二条得以原文继承。因本案当时援引的法条出自《中华人民共和国侵权责任法》，故行文仍以该法的相关法条展开讨论。

编写人：福建省厦门市同安区人民法院　王兴安

137　规范操作 B 超未检查出胎儿生理缺陷的责任承担

——李某丹等诉某医院医疗损害赔偿案

【案件基本信息】

1. 裁判书字号

江苏省连云港市中级人民法院（2013）连少民终字第 0034 号民事判决书

2. 案由：医疗损害赔偿纠纷

3. 当事人

原告（上诉人）：李某丹、陈某步、陈某涵

被告（被上诉人）：某医院

【基本案情】

李某丹与陈某步系夫妻。李某丹怀孕后分别于 2012 年 7 月 25 日、10 月 16 日、12 月 3 日在某医院进行了三次彩色超声检查，某医院出具报告单三次均显示“因体位、月份原因胎儿手、足、颜面部及其他部位显示不清”。2012 年 12 月 13 日，李某丹在东海县某医院产下陈某涵。经检查陈某涵系新生儿左手缺如。

根据《江苏省产前超声检查操作规范（试行）》的规定，某医院作为一级医院，其工作人员郭某玲（执业助理医师）、陈某丽（执业医师）、杨某（执业助理医师）均可以出具超声检查报告。某医院分别于2012年7月25日、10月16日、12月3日对李某丹出具的三次彩色超声检查均有医护人员签字，程序规范。

根据上述操作规范规定，某医院系一般产前超声检查（第一层次）机构，其检查内容包括：(1) 子宫体位置、形态、大小、内膜厚度、子宫肌壁回声、宫腔内有无节育环回声。(2) 子宫腔内有无妊娠囊；妊娠囊数目、大小、形态、位置、囊内有无卵黄囊、卵黄囊大小、胚芽和原始心血管搏动；测量胚胎头臀长度(CRL)，观察有无胎心搏动。(3) 子宫及双侧附件有无异常回声。

【案件焦点】

在B超诊断操作规范的情况下，孕妇产下生理缺陷胎儿，某医院是否应承担相应的法律责任。

【法院裁判要旨】

江苏省东海县人民法院经审理认为：李某丹怀孕时在某医院进行产前超声检查，双方之间形成一种医疗服务关系。李某丹进行三次超声检查，某医院根据操作规范要求检查的内容进行了检查，且均出具了由医疗人员签名的报告单，并在报告单中告知李某丹“因体位、月份原因胎儿手、足、颜面部及其他部位显示不清”。根据本案查明的事实，陈某涵出生时“左手缺如”并非某医院医疗服务行为所致，亦无证据证明某医院在其医疗服务过程中有过错致陈某涵出现“左手缺如”。综上，陈某涵“左手缺如”的残疾与某医院的医疗行为无法律上的因果关系，故李某丹等诉求某医院赔偿其残疾赔偿金、精神抚慰金、护理费无法律依据，依法不予支持。

江苏省东海县人民法院依照《中华人民共和国民事诉讼法》第六十四条之规定，作出如下判决：

驳回李某丹、陈某步、陈某涵的诉讼请求。

李某丹、陈某步、陈某涵持原审起诉意见上诉。江苏省连云港市中级人民法院经审理认为：原审认定事实清楚，适用法律正确，应予维持。遂依照《中华人民共和国民事诉讼法》第一百七十条第一款第一项之规定，作出如下判决：

驳回上诉，维持原判。

【法官后语】

实践中，因B超未检查出胎儿生理缺陷而发生的医疗纠纷不在少数。此时，医院是否应当承担民事责任及其责任大小呢？首先，应判定新生婴儿的生理缺陷本身与医疗服务机构的医疗服务之间是否存在因果关系。其次，应综合考虑未及时发现胎儿生理缺陷的成因，如是否属于检查范围、是否存在漏检、B超操作及报告书写是否规范、B超的技术局限（如仪器分辨率）、B超检查时胎儿活动及其环境（如孕周、胎盘位置、胎儿体位、孕妇体形、羊水等）、是否基于专业医生的职业规范进行了风险研判及风险告知等。最后，由于此类纠纷技术性强，应尊重医学鉴定及医学规范的权威性，平衡好孕妇及其家属的知情权、生育选择权和胎儿生命价值、医学技术发展之间的关系。一般而言，胎儿生理缺陷涉及的检查事项属于检查范围，B超操作及报告书写规范，且未发现胎儿生理缺陷，而医疗服务机构基于专业和经验判断难以合理推断出胎儿存在生理缺陷风险的，该医疗机构无法也无须履行相应的风险告知义务。

目前，我国出生婴儿缺陷发生率较高，常见缺陷数千种。婴儿缺陷不仅影响了儿童的生活质量，也给患儿家庭带来了巨大的痛苦和经济压力，已成为一个重大的公共卫生问题和社会问题。采取孕期筛查和产前诊断是防止婴儿出生缺陷的有效措施。婴儿出生缺陷发生后，婴儿或其父母向医院主张赔偿的法律依据是什么？是合同违约还是医疗损害赔偿侵权。居于不同的请求权基础，其赔偿范围是否相同或相似。首先，可以基于合同违约主张赔偿。孕妇与医疗保健机构之间存在医疗服务合同。医疗保健机构在进行产前医学检查过程中因未尽注意义务导致检查结论失实，使信赖该项检查结果的合同相对人生育缺陷婴儿，额外增加抚育、护理及治疗费用，蒙受纯粹财产上的损失，构成加害给付，医疗保健机构应当根据《中华人民共和国民法典》第五百七十七条之规定承担相应的违约损害赔偿责任。对纯粹财产上的损失应根据其确定性、可预见性和合理性予以限制（《中华人民共和国民法典》第五百八十四条）。完全履行是合同履行的一项重要原则。因缺陷婴儿的出生，对孕妇造成重大的精神痛苦，可依照《中华人民共和国民法典》第九百九十六条规定即“因当事人一方的违约行为，损害对方人格权并造成严重精神损害，受损失方选择请求其承担违约责任的，不影响受损害方请求精神损害赔偿”，给予精神损害赔偿。其次，可依据《中华人民共和国民法典》“医疗损害责任”章节相关规定主张侵权赔偿。如果主张侵权损害赔偿，产妇夫妻和出生缺陷婴儿均可作为共同原告，其赔偿范围与基于合同违约一致。

编写人：江苏省连云港市东海县人民法院　薛子裔　温爱英

九、环境污染责任纷纷

138 环境侵权替代修复费用可以折抵生态功能损失赔偿金

——某市人民检察院第四分院诉朱某良、朱某涛土壤污染责任案

【案件基本信息】

1. 裁判书字号

北京市第四中级人民法院（2020）京04民初277号民事判决书

2. 案由：土壤污染责任纠纷（环境民事公益诉讼）

3. 当事人

公益诉讼起诉人：某市人民检察院第四分院

被告：朱某良、朱某涛

【基本案情】

2015年10~12月，朱某良、朱某涛在朱某良的承包土地内非法开采建筑用砂89370.8立方米，价值人民币4468540元。经鉴定，朱某良二人非法开采的土地覆被类型为果园，地块内原生土壤丧失，原生态系统被完全破坏，生态系统服务能力严重受损，确认存在生态环境损害。受损地块防风固沙功能损失价值合计共78317.54元、土壤养分保持价值为21000元、2015~2019年盗采区损失的水源涵养价值为255469.63元、2016~2022年损失产品生产价值为24.6万元。如2019年未能如期完成恢复工程，则每推迟一年，就增加相应的生态系统服务价值年损失。鉴定机构确定

生态环境损害恢复方案为将损害地块恢复为园林地，恢复其损害前主要提供的产品生产、防风固沙、水源涵养和土壤养分保持功能。将地块内缺失土壤进行客土回填，下层回填普通土，表层覆盖60厘米种植土，使地块重新具备果树种植条件。恢复工程费用评估核算为2254578.58元。某市人民检察院第四分院提起环境民事公益诉讼，请求判令：（1）朱某良、朱某涛对其造成的生态环境损害承担恢复原状的民事责任，或者判令其承担生态环境修复费用2254578.58元；（2）朱某良、朱某涛赔偿生态环境受到损害至恢复原状期间的服务功能损失，2019年12月31日前为600787.17元，如不能按期恢复，则2020~2024年每年依次增加139605.2元、141306.2元、143081.2元、150477元、157872.8元；（3）朱某良、朱某涛在一家全国性媒体上就其破坏生态环境损害社会公共利益的行为公开赔礼道歉；（4）朱某良、朱某涛承担生态环境损害鉴定评估费用115000元。

2020年6月24日，朱某良、朱某涛的代理人朱某栓向某区检察院签署生态环境修复承诺书，承诺按照该承诺书载明的生态环境修复方案开展修复工作。修复工程自2020年6月25日至2020年10月15日完成。2020年10月15日，某区牵头合同5家单位对该修复工程施工过程中各相关单位监督管理情况进行汇总并对施工质量进行现场勘验。5家单位认为修复工程依法合规、施工安全有序开展、施工过程中未出现安全性问题、环境污染问题，施工程序、工程质量均符合修复方案要求。施工过程严格按照生态环境修复方案各项具体要求进行，回填土壤质量符合标准，地块修复平整，表层覆盖超过60厘米的种植土，已重新具备果树种植条件。

朱某栓就上述涉案地块内存在的他人倾倒的21392.1立方米渣土处理支付工程费用754000元。

【案件焦点】

1. 朱某良、朱某涛在诉讼过程中完成的生态环境修复工程是否合格；2. 朱某良、朱某涛处理涉案地块他人倾倒的垃圾所支出的费用能否与服务功能损失赔偿进行折抵。

【法院裁判要旨】

北京市第四中级人民法院经审理认为：朱某良、朱某涛非法开采的行为，造成了生态环境破坏，侵害了不特定多数人的合法权益，损害了社会公共利益，构成了环境民事侵权。朱某良、朱某涛作为非法开采行为的侵权人，违反了保护环境的法定义务，应对造成的生态环境损害承担民事责任。

关于焦点一。朱某良、朱某涛在诉讼过程中主动履行恢复原状的修复义务，并于2020年6月25日至10月15日按照承诺书载明的生态环境修复方案对案涉地块进行了回填修复。且该修复工程经某区检察院等5家单位联合验收合格。从上述单位的法定机构职责来看，其进行过程监督并出具相应的验收结论符合其职责范围，且具备相应的专业判断能力。参照《最高人民法院关于审理生态环境损害赔偿案件的若干规定（试行）》（2020修正）第九条“负有相关环境资源保护监督管理职责的部门或者其委托的机构在行政执法过程中形成的事件调查报告、检验报告、检测报告、评估报告、监测数据等，经当事人质证并符合证据标准的，可以作为认定案件事实的根据”之规定，上述五家行政机关出具的验收合格报告，可以认定被告实施的生态修复工程质量符合标准。故可以认定被告朱某良、朱某涛已经实际履行完毕公益诉讼起诉人提出的承担修复环境责任。

关于焦点二。从环境法的角度而言，生态环境具有供给服务、调节服务、文化服务，以及支持服务等。生态环境受损将导致其向公众或其他生态系统提供上述服务的功能减少或丧失。朱某良、朱某涛在其租赁的林果地上非法开采，造成地块土壤受损，属于破坏生态环境、损害社会公共利益的行为，还应赔偿生态环境受到损害至恢复原状期间的服务功能损失。根据《鉴定报告》对生态服务价值损失的评估意见，确定朱某良、朱某涛应承担的服务功能损失赔偿金额为652896.75元。朱某良、朱某涛对案涉土地进行生态修复时，对他人倾倒渣土处理实际支出的754000元，系用于案涉环境的修复、治理，这与法律、司法解释规定的被告承担生态功能损失赔偿责任的目的和效果是一致的。同时，侵权人在承担修复责任的同时，积极采取措施，对他人破坏环境造成的后果予以修复治理，有益于生态环境保护，在修复效果和综合治理上亦更能体现及时优化生态环境的特点。因此，综合两项费用的功能目的以及赔偿费用专项执行的实际效果考虑，本院认为该费用可以折抵朱某良、朱某涛需要承担的生态功能损失赔偿责任，对超出部分视为二人自行承担环境修复责任。

北京市第四中级人民法院依照《中华人民共和国侵权责任法》第四条、第二十一条、第六十五条，《中华人民共和国环境保护法》第六条、第六十四条，《中华人民共和国民事诉讼法》第五十五条，《最高人民法院关于审理环境民事公益诉讼案件适用法律若干问题的解释》第十八条、第二十条第一款和第二款、第二十一条、第二十二条、第二十四条，《最高人民法院、最高人民检察院关于检察公益诉讼案件适用法律若干问题的解释》第四条、第十三条、第十七条第二款之规定，判决如下：

一、朱某良、朱某涛对其造成的14650.95平方米土地生态环境损害承担恢复原状的民事责任，确认朱某良、朱某涛已将上述受损生态环境修复到损害发生之前的状态和功能（已履行完毕）；

二、朱某良、朱某涛赔偿生态环境受到损害至恢复原状期间的服务功能损失652896.75元；朱某良、朱某涛在履行本判决第一项修复义务时处理涉案地块上建筑垃圾所支付费用754000元折抵其应赔偿的生态环境受到损害至恢复原状期间的服务功能损失652896.75元；

三、朱某良、朱某涛于本判决生效之日起七日内给付某市人民检察院第四分院鉴定费115000元；

四、朱某良、朱某涛在一家全国公开发行的媒体上向社会公开赔礼道歉。

判决后，双方当事人均未上诉，本判决现已生效。

【法官后语】

本案适用的原《中华人民共和国侵权责任法》第六十五条“因污染环境造成损害的，污染者应当承担侵权责任”，在《中华人民共和国民法典》第一千二百二十九条“因污染环境、破坏生态造成他人损害的，侵权人应当承担侵权责任”规定中增加了破坏生态的表述，加大了对生态系统的保护力度。

环境民事公益诉讼的目的在于通过及时改善与修复的方式保护生态环境。本案受理后，合议庭了解到被告有自行修复的意愿，及时对诉讼中被告自行修复的程序进行了论证，劝促被告依照评估鉴定确定的修复方案及时启动土地修复工程。因双方当事人对于被告自行修复的验收标准以及被告代处理其他破坏环境行为支付的费用能否折抵服务功能损失赔偿的问题存在争议，且相关法律、司法解释对此无明确规定。本案着重从生态环境公益诉讼的功能目的，替代修复费用与生态服务功能损失赔偿两项费用的目标、修复效果以及综合治理效益等方面进行论证，对环境损害的替代修复方式予以肯定。

第一，当事人自行进行生态修复的效果评估。生态环境修复责任是造成生态环境损耗的主体主动修复受损生态环境，使之恢复至基线状态的一种法律责任承担方式。在环境侵权案件中，法院通常裁判环境侵权人承担环境修复责任时，同时确定其不履行环境修复义务时所承担的环境修复费用。但司法实践中对于生态环境修复责任的具体执行及效果评估标准缺乏明确的规定。对于当事人在环境民事公益诉讼过程中自行进行生态修复的，从恢复性环境司法理念的角度，应当予以肯定并确定相应的效果评估标准。根据《最高人民法院关于审理生态环境损害赔偿案件的若干规定（试行）》第九条规定，负有相关环境资源保护监督管理职责的部门或者其委托的机构在行政执法过程中形成的事件调查报告、检验报告、检测报告、评估报告、监测数据等，经当事人质证并符合证据标准的，可以作为认定案件事实的根据。本案中相关行政机关积极履行环境监督管理职责，对于被告人的自行生态修复工程进行过程监督并出具相应的验收意见，符合其职责范围，且具备相应的专业判断能力，相关行政机关联合出具的验收意见，可以认定当事人自行实施的生态修复工程质量符合标准的重要依据。同时，评估机构在此基础上，对修复工程进行了效果评估，确认案涉受损地块内土壤已恢复至基线水平，据此可以认定侵权人已经履行了生态环境修复责任。

第二，关于朱某良、朱某涛处理涉案地块他人倾倒的垃圾所支出的费用能否与服务功能损失赔偿进行折抵的问题。环境有价，损害必须赔偿。但生态环境损害肇事者交付的赔偿金应如何管理、如何使用，才能保证被损害的生态环境早日“康复”，一直是实践中的难点问题。被告人承担的生态环境受到损害至恢复原状期间服务功能损失的款项应当专项用于该案环境修复、治理或异地公共生态环境修复、治理。本案案涉土地上还有其他侵权人倾倒的21392.1立方米渣土，朱某良、朱某涛按照整体修复方案要求履行了全部修复义务，其中清理倾倒渣土的费用应由倾倒渣土侵权人承担，朱某良、朱某涛二人所支付的该部分费用是代垃圾侵权人履行的修复义务，系用于案涉环境的修复、治理，这与法律、司法解释规定的被告承担生态功能损失赔偿责任的目的和效果是一致的。同时，侵权人在承担修复责任的同时，还积极采取措施，对他人破坏环境造成的后果予以修复治理，有益于生态环境保护，在修复效果和综合治理上亦更能体现及时优化生态环境的特点。上述行为系本案公益诉讼审理过程中，在检察机关和相关部门的监督下，对生态功能损失赔偿款项进行合理使用和专项执行的有效途径。因此，本院综合两项费用的功能目的以及赔偿费用专项执行的实际效果考虑，认为该费用可以折抵朱某良、朱某涛需要承担的生态功能损失赔偿责任，对超出部分视为二人自行承担环境修复责任。

本案确定的诉讼中修复验收标准以及生态功能损失赔偿的替代方式裁判规则，进一步探索丰富了生态环境公益诉讼中生态修复的执行方式，为解决实践中生态环境修复的及时性以及生态损害赔偿金的使用、管理难题提供了有益尝试。

编写人：北京市第四中级人民法院　梅宇

139 被侵权人基于室内装修主张环境侵权的对基础事实负有举证义务

——钱某诉机场公司环境污染责任案

【案件基本信息】

1. 裁判书字号

江苏省南京市中级人民法院（2019）苏01民终9960号民事判决书

2. 案由：环境污染责任纠纷

3. 当事人

原告（上诉人）：钱某

被告（被上诉人）：机场公司

【基本案情】

钱某系机场公司安检保卫部监护科员工。2017年11月18日23时20分许，一名旅客因行李被他人错拿，情绪激动、态度激烈，钱某与机场其他工作人员在向该旅客解释的过程中，钱某突然倒地、头部撞击地面导致失去意识，后被送至医院抢救并住院治疗，经诊断为阵发性心房颤动、短阵室性心动过速、二度房室传导阻滞。

事故发生后，钱某向江苏省劳动人事争议仲裁委员会申请劳动仲裁，要求机场公司赔偿其因工作环境恶劣，导致其身体受到伤害的赔偿金10000元；补发工资、误餐费；支付住院护理费、伙食费、交通费、医疗费、复查治疗费并承担后续康复的合理支出。经仲裁委主持调解，双方于2018年4月8日达成协议：机场公司一次性支付钱某补助费等费用10000元，“双方再无其他争议”。2018年5月15日，钱某向南京市人力资源和社会保障局申请认定工伤。2018年6月8日，人社局作出不予认定工伤决定书。2018年6月11日，钱某提起诉讼，要求判令机场公司赔偿其经济损失。

钱某认为，事故发生时，机场公司正在进行机场免税店装修改造，现场粉尘、电焊、喷涂漆雾等气味刺鼻、环境恶劣，是造成其受伤的主要原因，要求机场公司承担环境污染侵权责任。机场公司认可其存在施工行为，但主张其是按照正常规定施工，即使产生粉尘及气味也应该是对呼吸道产生影响，而不是对心脏产生影响，认为钱某的受伤与机场免税店装修改造行为没有因果关系，并申请对机场免税店装修改造与钱某的损害之间的因果关系进行鉴定。江苏省环境科学研究院司法鉴定所受托对此进行鉴定，该鉴定单位认为施工现场环境已不存在，没有鉴定比对样本，无法进行鉴定，故不予受理。

【案件焦点】

1. 机场公司免税店装修改造行为是否造成了法律上所称的“环境污染”；2. 机场公司的装修改造行为与钱某所患疾病之间是否存在因果关系。

【法院裁判要旨】

江苏省南京市江宁区人民法院经审理认为：第一，被侵权人根据《中华人民共和国侵权责任法》第六十五条的规定请求赔偿的，应当提供证明以下事实的证据材料：（1）污染者排放了污染物；（2）被侵权人的损害；（3）污染者排放的污染物或者其次生污染物与损害之间具有关联性。本案中，机场公司对机场内免税店进行装修改造，对环境虽有一定影响，但并无证据证明装修改造行为排放了污染物并已造成环境污染。第二，装修行为可能产生粉尘及刺鼻气体，但粉尘通常会引起呼吸道疾病，而刺鼻气体通常会引起血液疾病，而钱某确诊的阵发性心房颤动、短阵室性心动过速、二度房室传导阻滞属于心血管疾病，钱某亦未举证证明其损害与机场公司的装修改造行为存在关联。第三，钱某在晕倒时还存在与情绪激动的旅客交流的情形。综上，既不能认定机场公司的装修改造行为造成了环境污染，也不能认定钱某的疾病与机场公司的装修改造行为具有关联，故对钱某的诉讼请求不予支持。

江苏省南京市江宁区人民法院依照《中华人民共和国侵权责任法》第六十五条、第六十六条之规定，作出如下判决：

驳回钱某的诉讼请求。

钱某不服一审判决，提起上诉。江苏省南京市中级人民法院经审理认为：钱某认为机场公司机场免税店装修改造产生的粉尘及气味是造成其受伤的主要原因，机场公司为证明其装修改造行为与钱某的受伤无因果关系已申请鉴定，但因施工现场不存在已无法鉴定。一审法院在综合钱某晕倒发生背景、粉尘、刺鼻气体与相关疾病之间的关系等客观情况，分析认定机场公司改造免税店行为对环境虽有一定影响，但现有证据尚不足以确定机场公司施工行为造成环境污染，也不足以确定钱某系因施工产生的粉尘、刺鼻气体致其发生心血管疾病的基础上，充分考虑本案诉前双方当事人已经仲裁委员会调解并达成仲裁调解协议、南京市人力资源和社会保障局认为钱某因本次事故受到的伤害不符合认定工伤或者视同工伤情形等事实，对钱某的诉讼请求不予支持并无不当。钱某二审中虽提交一篇学术论文，拟证明空气污染与心血管疾病存在因果关系，但相关学术观点并不能直接证明钱某在本案中的诉讼主张成立，故对其上诉请求难以支持。

江苏省南京市中级人民法院依照《中华人民共和国民事诉讼法》第一百七十条第一款第一项之规定，作出如下判决：

驳回上诉，维持原判。

【法官后语】

通常所称的环境污染，大多是指对公共环境的“公害”性污染，对于装修造成的室内污染，是否能构成法律意义上的“环境污染”，目前的法律法规及司法解释并未予以释明。司法实践中，一般认为装修行为可以适用环境污染侵权的特殊规则。

本案中，环境污染侵权的请求权基础为原《中华人民共和国侵权责任法》第六十五条①，《中华人民共和国民法典》施行后，请求权基础指向《中华人民共和国民法典》第一千二百二十九条②。对于待证事实的举证责任，修正前后的《最高人民法院关于审理环境侵权责任纠纷案件适用法律若干问题的解释》第六条均明确规

① 因污染环境造成损害的，污染者应当承担侵权责任。

② 因污染环境、破坏生态造成他人损害的，侵权人应当承担侵权责任。

定了被侵权人对基础事实即存在污染[①]、存在损害、污染与损害之间存在关联负有举证义务。在被侵权人对上述基础事实完成初步举证后，才推定存在因果关系，进而适用因果关系举证责任倒置规则。

一般而言，被侵权人对于损害结果以及排放了污染物并无举证上的障碍，而对于污染与损害之间是否存在关联，通过经验法则即可判断，被侵权人的举证义务较轻。

但就本案而言，装修行为有别于一般的企业排污行为，其本身可能造成的污染范围、污染程度均较小，部分污染物（如粉尘）存在的持续时间较短、可能造成的损害亦较小，且根据施工内容的不同，装修行为排放的污染物亦不同甚至可能未排放污染物。因此，装修行为并不当然构成环境污染。针对装修等持续时间较短的行为，被侵权人应当及时固定证据，如申请相关部门对有害气体含量进行检测或向法院申请证据保全，以证明装修行为排放了污染物，造成了空气污染。对于装修行为和损害之间的关联性，依据经验法则仅能判断装修产生的空气污染与血液疾病存在关联，而对于本案中钱某所患的心血管疾病，法官无法仅凭经验法就确定该损害结果与装修行为存在关联，则钱某对此应提供证据证明，否则应承担举证不能的法律后果。

编写人：江苏省南京市江宁区人民法院　葛云云

---

① 现行司法解释增加了关于破坏生态的相关内容。

140 当事人诉前单方委托具备环境司法鉴定资质的鉴定机构出具鉴定意见和评估报告的认定

——某生态局诉郑某、李某生态环境损害赔偿案

【案件基本信息】

1. 裁判书字号

天津市高级人民法院（2019）津民终 414 号民事裁定书

2. 案由：生态环境损害赔偿纠纷

3. 当事人

原告（被上诉人）：某生态局

被告（上诉人）：郑某

被告：李某

【基本案情】

2017 年 10 月，李某、郑某在某酒厂内建立炼铅厂，从事拆解废旧电瓶、粉碎废旧电瓶壳、熔炼铅块等非法加工活动，2018 年 6 月被环保部门发现并予以取缔。环保部门依法扣押了李某、郑某从事非法拆解的工具及材料设备，经天津市蓟州区环境保护监测站对粉碎废旧电瓶壳车间、排水沟等 12 处取样监测，结果为含铅、镉最高超过国家污染物排放标准的 125 倍、103 倍。审理过程中，李某、郑某均认可其行为造成了生态环境损害的后果。天津市环境保护技术开发中心接受天津市蓟州区人民政府下辖的京津州河科技产业园管委会委托，于 2019 年 4 月出具《酒精公司院内非法进行电瓶拆解、铅熔炼加工案件生态环境损害鉴定评估报告》

（以下简称《生态环境损害鉴定评估报告》），该报告确定：拆解和废物堆存区受损害土壤为1605立方米；熔炼区受损害土壤为3240立方米；粉碎区和废水排放区受损害土壤为1260立方米；土壤受损害体积共计约6105立方米。拆解和废物堆存区浅层地下水受损害面积约1070平方米；熔炼区浅层地下水受损害面积约1080平方米；粉碎区和废水排放区浅层地下水受损害面积约450平方米。鉴定机构出具意见：污染清除费用及损害恢复费用2298012元，事务性费用265014.5元，共计2563026.5元。

【案件焦点】

1. 李某、郑某是否共同实施了侵害涉案生态环境的行为；2. 某生态局主张李某、郑某连带赔偿污染损害数额的事实依据、法律依据以及计算方式。

【法院裁判要旨】

天津市第一中级人民法院经审理认为：依据公安机关讯问时李某、郑某的供述以及审理过程中的陈述，李某自认实施了损害涉案生态环境的行为，愿意对损害后果进行赔偿；郑某亦自认其参与了损害涉案生态环境的行为，是共同行为造成了涉案生态环境损害的后果，愿意承担赔偿责任。据此，能够认定李某、郑某共同实施了对涉案生态环境的侵害行为。依据《中华人民共和国侵权责任法》等的规定，李某、郑某应就涉案损失承担连带责任。

天津市第一中级人民法院依照《中华人民共和国民法总则》第一百七十八条、第一百七十九条，《中华人民共和国侵权责任法》第六十五条、第六十六条，《最高人民法院关于审理生态环境损害赔偿案件的若干规定（试行）》第十条、第十一条、第十二条、第十四条之规定，判决如下：

一、本判决生效后十五日内，李某、郑某赔偿某生态局污染清除费用及损害恢复费用 2298012 元，事务性费用 265014.5 元，共计 2563026.5 元；

二、李某、郑某就本判决第一项确定的赔偿款承担连带责任。

宣判后，郑某向天津市高级人民法院提起上诉，但因其明确表示不交纳上诉费用，天津市高级人民法院依照《中华人民共和国民事诉讼法》第一百五十四条第一款第十一项、《最高人民法院关于适用〈中华人民共和国民事诉讼法〉的解释》第三百二十条之规定，裁定如下：

本案按郑某自动撤回上诉处理。一审判决自本裁定书送达之日起发生法律效力。

【法官后语】

当事人在诉前单方委托具备环境司法鉴定资质的鉴定机构出具的鉴定意见和评估报告，经过质证并符合证据标准的，可以作为认定案件事实的根据。但鉴于生态环境案件的专业性和特殊性，人民法院更应加强对鉴定人资质、清除污染费用、生态功能性损失等要素的司法审查力度，必要时应传唤鉴定人到庭接受质询，确保鉴定依据的技术规范和标准的有效性，准确查明环境损害事实和修复费用。

一是诉讼前单方委托鉴定机构作出的鉴定报告能否作为认定事实的依据。《最高人民法院关于审理生态环境损害赔偿案件的若干规定（试行）》（本案以下简称《若干规定》）第十条规定，当事人在诉前委托具备环境司法鉴定资质的鉴定机构出具的鉴定意见，以及委托国务院环境资源保护监督管理相关主管部门推荐的机构出具的检验报告、检测报告、评估报告、监测数据等，经当事人质证并符合证据标准的，可以作为认定案件事实的根据。某生态局提交了《生态环境损害鉴定评估报告》，作出该报告的机构系天津市环境保护技术开发中心，该中心是环保部门推荐的评估机构，上述评估报告符合相关规定，故法院对该鉴定评估意见的合法性予以确认。

二是对鉴定报告要依法进行质证。在普通诉讼案件中，为了保证公平公正，均是在诉讼中由双方当事人共同委托和人民法院指定委托进行鉴定活动。曾有观点认为，当事人应当在诉前磋商阶段共同委托鉴定，从而减少诉讼过程中对鉴定意见的争议。但多数观点是生态环境损害赔偿诉讼具有一定的特殊性，如果被告不同意原告在诉前磋商阶段共同委托，就无法达成磋商协议，会阻碍双方当事人尽快达成协议、尽快修复生态环境的根本目的，从而影响磋商效果，而且双方在诉讼阶段仍然可以申请人民法院委托鉴定，不影响双方的权利。因此，《若干规定》未规定诉前当事人必须共同委托鉴定。鉴于环境鉴定报告具有很强的专业性，对于此类诉前单方委托的鉴定报告更是要依法全面进行质证，不仅要关注鉴定人是否有资质、鉴定程序是否合法等基本问题，而且必要时应传唤鉴定人出庭接受询问，保障双方当事人发表意见的权利，在上述证据符合证据资格的前提下，经庭审质证，证据符合真实性、合法性、关联性要求的，人民法院应当认定其具有证明力，才可以作为认定案件事实的根据。

三是对鉴定评估报告中的具体费用进行审查。生态环境损害赔偿诉讼中，最主要的责任承担方式即赔偿损失与恢复原状。在一般民事侵权案件中，赔偿损失与恢复原状责任方式在一般情形下不能并存，但对于生态环境损害诉讼而言，具有一定的特殊性，恢复原状与赔偿损失责任方式是可以并存的。司法实践中，基于环境领域极强的专业技术性，对于损害行为和损害数额的认定及环境修复费用的确定等专门性问题，通常需要从专业技术的角度作出评判，实践中往往依赖于专业鉴定评估机构的鉴定评估。但是，我国环境损害鉴定评估专业体系尚未完全建立，市场化程度不高，鉴定评估机制和程序仍有待明确细化，人民法院应当充分认识鉴定意见只是证据的一种类型，不能完全将司法判断权交给鉴定机构。本案属于诉前鉴定，应对鉴定方法是否科学、鉴定依据的技术规范和标准是否有效依法审查，确保鉴定意见的客观和准确。本案中，涉及的具体项目包括修复方案的确定、土壤的修复费用、地下水的监测费用、评估鉴定费用、修复效果评估费用等，人民法院对此审查后最终准确认定污染范围、损害后果及相应的生态环境修复费用等，并对此类证据审查判断规则进行了积极的探索。

编写人：天津市高级人民法院　左楠　刘波

141　环境民事公益诉讼的责任构成及责任承担

——公益诉讼起诉人诉夏某1等环境污染责任公益诉讼案

【案件基本信息】

1. 裁判书字号

北京市第三中级人民法院（2017）京03民初273号民事判决书

2. 案由：环境污染责任公益诉讼纠纷

3. 当事人

公益诉讼起诉人：北京市人民检察院第三分院

被告：夏某1、夏某2、夏某3、张某1、张某2、张某3、赵某（以下简称七被告）

【基本案情】

2014年4月，夏某1承租王某位于北京市朝阳区的某院落（以下简称涉案院落），后七被告陆续在该处居住，共担房租、共用院落。自2016年七被告从事废机油的收购、销售工作。七被告均无危险废物经营许可证，均将废机油存放在涉案院落内，倾倒过程中会有遗洒。

2017年4月7日，朝阳环保局出具七被告废机油收购情况说明，载明：废机油、废机油桶属于有毒物质。2017年5月，北京市环境保护科学研究院出具《土壤污染调查报告》，显示：TPHs①为本地块土壤中的特征污染物，与"公园与绿地"筛选值相比，最大超标倍数为6.11倍；总计修复土方量估算为600立方米。该研究所属于原环境保护部所列环境损害鉴定评估推荐机构，此次鉴定花费鉴定费用197700元。

涉案院落所在地块现状地类为农村宅基地，土地利用总体规划为林业用地。公益诉讼起诉人称公园与绿地的筛选值是北京市《场地土壤环境风险评价筛选值》中最宽松的筛选值，且与本案涉案院落为林地最接近。

2017年5月25日，红树林公司出具《价格分成明细》，载明：

① TPHs，即总石油碳氢化合物，下文对此不再提示。

需处理废物600立方米合计费用400万元左右。该公司持有《危险废物经营许可证》。

公益诉讼起诉人主张七被告共用涉案院落，未区分使用范围，污染后果不可分割，故应承担连带责任；七被告应委托专业机构修复受污染的土壤，修复须取得相应行政机关或有资质第三方的认可。夏某1称本人不具备修复能力，事发后七被告未进行修复。涉案院落的房屋已拆除，但土地未经专业化修复。

2017年4月7日，张某3被行政拘留十四日。2017年11月15日，七被告被法院认定犯环境污染罪，被判处有期徒刑并处罚金，该判决书已经生效。据当事人陈述，七被告是老乡、亲属关系。

2017年5月19日，公益诉讼起诉人在《检察日报》上对本案的起诉事实进行了公告。公告期届满后，没有符合法律规定条件的机关或有关组织对七被告提起民事公益诉讼。现其请求：（1）七被告共同将北京市朝阳区某院内受污染土壤恢复原状，如不履行恢复义务将共同承担生态环境修复费用400万元；（2）七被告承担鉴定费用197700元。

【案件焦点】

1. 七被告实施的环境污染行为的认定；2. 七被告实施的环境污染行为与损害事实之间是否存在因果关系；3. 修复数额的认定以及七被告的责任承担方式。

【法院裁判要旨】

北京市第三中级人民法院经审理认为：北京市人民检察院第三分院作为公益诉讼起诉人向法院提起环境民事公益诉讼，符合法律规定。

七被告无危险废物经营许可证而收集、储存、销售废机油，并造成遗洒和渗漏。废机油、废机油桶均属于危险废物，涉案院落土壤中的特征污染物为总石油烃（TPHs）且严重超标。结合七被告受到刑事、行政处罚的情况，法院认定七被告实施了环境污染行为。

污染者作为污染源的控制与排放者，适用无过错责任原则，环境污染侵权案件的因果关系实行举证责任倒置。涉案院落土壤中存在污染物，且与七被告在倾倒废机油中废机油溢出的事实有直接的因果关系。现七被告未提供证据反驳上述因果关系，故七被告实施的污染环境行为与涉案院落内土壤的污染损害结果之间具有直接、必然的因果关系。

七被告未对涉案院落内的土壤进行修复，且未能提供足以反驳《土壤污染调查报告》及《价格分成明细》的事实和法律依据，亦未申请鉴定。考虑到修复土壤的专业性、七被告的修复能力等，法院认为直接判决七被告赔偿生态环境修复费用400万元为宜。

七被告均将废机油桶存放于涉案院落，排放的污染物种类相同，污染后果已扩至整个院落，现已无法区分各自污染物排放量，损害结果亦不可分，故应承担环境侵权连带责任。公益诉讼起诉人要求七被告承担鉴定费用，于法有据。

依照《中华人民共和国侵权责任法》第八条、第六十五条、第六十六条，《最高人民法院关于审理环境民事公益诉讼案件适用法律若干问题的解释》第二十条、第二十二条，《最高人民法院、最高人民检察院关于检察公益诉讼案件适用法律若干问题的解释》第十三条等的规定，判决如下：

一、夏某1、夏某2、夏某3、张某1、张某2、张某3、赵某连带赔偿生态环境修复费用400万元（于判决生效之日起十日内支付至法院指定账户）用于本案所涉及的生态环境修复；

二、夏某1、夏某2、夏某3、张某1、张某2、张某3、赵某共同承担鉴定费用197700元，于判决生效之日起十日内向公益诉讼起诉人支付。

【法官后语】

1. 责任的构成要件

根据我国现行法律规定，环境侵权责任适用无过错责任原则，与一般侵权责任不同，其只需具备以下三个构成要件：环境污染行为、环境损害事实、环境污染行为与损害事实之间的因果关系。

首先，环境污染行为系违反国家环境保护、污染防治法律法规的违法行为或该行为虽不违反法律法规，但使他人受法律保护的人身权或财产权受到侵害。因此，排污是否达标不影响污染行为违法性的认定，污染行为本身即包含行为的违法性，或者说，污染造成损害就是违法。

其次，环境污染的损害事实，是污染行为致使国家、集体财产和公民的人身、财产及环境遭受损害的事实。较之一般侵权行为造成的损害事实能够聚焦于具体被侵权人不同，其往往具有发散性和隐蔽性特征，该损害后果不仅涉及单一个体利益，更涉及群体利益、社会公共利益。

最后，环境侵权责任案件往往具有复杂性、技术性特征，且污染者与受害者在能力上存在较大的不平衡，在信息的掌握和控制上亦存在不对称的情况，其适用因果关系推定规则，即由污染者证明不存在因果关系，否则由其承担环境侵权责任。关于因果关系的证明，可以考虑以生态环境主管部门及其他环境监督管理部门的调查处理报告、鉴定机构的鉴定意见、学术论著、专家意见等作为参考依据。

2. 责任主体的认定

实施环境污染行为的主体既可能是单一个体，亦可能为数个主体。数个行为主体实施了协作性的加害行为，行为方式具有统一性，并具有共同性的主观意思，导致具有同一性、不可分的损害结果发生，则成立共同侵权行为，数个行为主体承担连带责任。

3. 责任的承担方式

除一般侵权的责任承担方式外，环境侵权责任的责任承担方式还包括污染者承担环境修复责任、承担环境修复费用等。

环境民事公益诉讼的最终目的在于受损害的环境得到治理与修复，故其核心责任方式应围绕生态环境的修复，亦可多种责任方式并行。环境的治理与修复要求修复者具备较强的专业性、技术性，能否直接判令侵权人承担生态环境修复责任，需要考察个案中侵权人是否具备相应的修复能力与资质。实践中，侵权人直接承担环境修复责任的适用范围较为狭窄，相应地，替代性修复方式产生并得以运用。若侵权人未在法院确定的期限内履行修复义务，法院或有关机关可自行委托第三方专业机构进行修复，相应费用由侵权人承担；若侵权人确实不具备修复能力，则法院亦可直接判决由侵权人承担环境修复费用。

实践中，法院亦可根据原告请求，判令侵权人承担赔偿损失的责任，在环境民事公益诉讼中，侵权人赔偿的损失，系生态环境受到损害至恢复原状期间的服务功能的损失，其包括为消除危险采取合理预防、处置措施而发生的费用。该种责任方式提高了破坏生态环境的违法成本，对于生态环境污染的预防具有较好的教育、指引、示范作用。

《中华人民共和国民法典》在原《中华人民共和国侵权责任法》

及相关司法解释的基础上，增加了针对造成生态环境损害之公共利益的环境侵权责任条款，规定了生态环境损害赔偿请求权、环境公益诉讼侵权责任的特殊要件、明确了生态环境修复责任以及生态环境损害赔偿的范围，为环境民事公益诉讼提供了更加完善的实体法依据。

编写人：北京市第三中级人民法院　巴晶焱　石艳明

142　环境修复责任的司法裁量

——陈某诉何甲、何乙环境侵权责任案

【案件基本信息】

1. 裁判书字号

广东省惠州市中级人民法院（2018）粤 13 民终 4301 号民事判决书

2. 案由：环境侵权责任纠纷

3. 当事人

原告（被上诉人）：陈某

被告（上诉人）：何甲、何乙

【基本案情】

陈某经营的鱼塘位于某村民委员会何老屋村。何甲、何乙开办的养殖场在原告鱼塘的上方。何甲、何乙自认是在 2005 年下半年才开始办养殖场。2010 年 6 月政府禁养后拆除。2012 年下半年，何甲重新购入 20 头小猪进行养殖，2014 年下半年因政府再次清拆停养。陈某从1998年开始在何甲、何乙办养猪场前一直大规模地养猪，并建有猪舍。其猪粪、猪尿和废水均是流入鱼塘。陈某大约在2007年不再养猪后，将猪舍租给他人制造酒，废料全部排入其鱼塘。陈某自认2005年开始发现何甲、何乙养猪场的排污池直接排放到涉案鱼塘，并称其2016年6月29日提起本案诉讼前，长期到司法所、环保所和当地政府投诉反映。但陈某一直没有清理过鱼塘。陈某鱼塘由于遭受污染，自2015年以来再也没有养鱼。因双方当事人发生纠纷，陈某起诉请求法院判令：（1）两被告停止将其养殖场的猪粪、猪尿、废水等排向原告鱼塘的侵权行为；（2）两被告清理鱼塘和恢复原状；（3）两被告支付养鱼损失费120000元；（4）本案的诉讼费由两被告承担。

【案件焦点】

1. 陈某的鱼塘受到污染是否因何甲、何乙养殖排污造成；2. 对于造成涉案损失的发生，陈某自身有无过错；3. 陈某的诉请有无超诉讼时效；4. 一审支持四年的鱼塘收入损失是否合法；5. 环境民事私益诉讼中环境修复责任如何裁判以更好地实现环境修复的效果。

【法院裁判要旨】

广东省惠州市惠阳区人民法院经审理认为：因环境污染引起的损害赔偿诉讼，应适用无过错责任原则，由受害人证明有污染行为和损害的事实，加害人就法律规定的免责事由或者减轻责任的情形以及其行为与损害结果之间不存在因果关系承担举证责任。从地形地貌来看，被告的养殖场位于山坡中段，原告的鱼塘在山坡底，两被告没有否认废水、废渣排放到了原告的鱼塘。被告辩称废水、废渣经沼气池处置后才排放，但没有提供相关证据证明沼气池的存在和正常运转，故不能排除其存在排污行为的事实，且侵权行为一直存在。因此，被告提出的诉讼时效和不存在污染行为，法院不予采纳。从 2005 年至 2009 年，不能排除原告存在污染自己鱼塘的事实。因此，应减轻两被告的损害责任。

广东省惠州市惠阳区人民法院依照《中华人民共和国侵权责任法》第六条第一款、第十五条第一款第一项、第五项、第六项、第十九条、第二十一条、第二十六条、第六十五条、第六十六条、第六十七条,《中华人民共和国民事诉讼法》第六十四条第一款、第一百四十二条、第一百四十四条和《最高人民法院关于适用〈中华人民共和国民事诉讼法〉的解释》第九十九条第二款之规定，判决如下:

一、被告何甲、何乙停止将其养猪场的猪粪、猪尿和废水等废物排入原告陈某的鱼塘;

二、被告何甲、何乙在判决发生法律效力之日起十日内支付测量费与评估费、2005 年至 2008 年鱼塘收入和鱼塘清污费用等共计 67530.06 元给原告陈某。

何甲、何乙不服一审判决，提起上诉。广东省惠州市中级人民法院经审理认为：本案系环境侵权责任纠纷，本案中陈某举证证明在地形位置上，何甲、何乙的养殖场开设在其鱼塘的上方，鱼塘的水受到了污染，且何甲、何乙养殖场的污水下流是造成污染的源头，陈某已完成举证责任。而何甲、何乙虽然主张自己建设了沼气池，但是其养殖场在山坡中段，陈某的鱼塘在山坡底，何甲、何乙的养殖场没有建造排水渠等能将污水全部排往陈某鱼塘以外的地方的装置，即无法证明其养殖行为与污染结果不存在因果关系，何甲、何乙应承担举证不能的不利后果，一审认定陈某的鱼塘水质受到污染与何甲、何乙的养殖行为有因果关系，并无不当，二审予以维持。

关于涉案鱼塘恢复原状的请求应如何支持、实现的问题。环境侵权属于特殊侵权，本案为环境私益诉讼。《最高人民法院关于审理环境侵权责任纠纷案件适用法律若干问题的解释》第十四条规定："被侵权人请求恢复原状的，人民法院可以依法裁判污染者承担环境修复责任，并同时确定被告不履行环境修复义务时应当承担的环境修复费用。污染者在生效裁判确定的期限内未履行环境修复义务的，人民法院可以委托其他人进行环境修复，所需费用由污染者承担。"对于本案修复责任的履行，结合本案具体案情，法院酌情限期 60 天由何甲、何乙先行自行承担鱼塘的清污修复责任，何甲、何乙承担 60%的修复费用，陈某承担 40%的修复费用；何甲、何乙在期限内未自行履行的，何甲、何乙应于上述履行期限届满之日起七日内将修复费用 61955.62 元交至本案执行法院，陈某可申请法院委托第三方进行环境修复，由此产生的费用由何甲、何乙承担 60%（不低于 61955.62 元），陈某自负剩余费用。为督促何甲、何乙及时履行环境修复责任，如果何甲、何乙怠于履行义务，在本判决给予的履行期内未履行环境修复义务，因何甲、何乙逾期未修复而产生新的污染损失的，陈某可以另行依法主张权利。

广东省惠州市中级人民法院依照《中华人民共和国民事诉讼法》第一百七十条第一款第二项之规定，作出如下判决：

一、维持广东省惠州市惠阳区人民法院（2016）粤 1303 民初 1980 号民事判决第一、第四判项及诉讼费负担部分；

二、变更广东省惠州市惠阳区人民法院（2016）粤 1303 民初 1980 号民事判决第二判项为：何甲、何乙应在本判决发生法律效力之日起六十日内将涉案两鱼塘排污清理完毕恢复原状，清理费用由何甲、何乙承担 60%，陈某承担 40%；何甲、何乙逾期未在上述期限内履行环境修复义务的，何甲、何乙应于上述履行期限届满之日起七日内将修复费用61955.62元交至本案执行法院，陈某可申请法院委托第三方进行环境修复，由此产生的费用由何甲、何乙承担60%（不低于61955.62元），陈某自负剩余费用；

三、变更广东省惠州市惠阳区人民法院（2016）粤1303民初1980号民事判决第三判项为：何甲、何乙应在本判决发生法律效力之日起十日内支付起诉前三年的污染期间经济损失共计人民币14535.15元给陈某；

四、驳回陈某的其他诉讼请求。

【法官后语】

环境修复是一个系统工程，具有公益性、技术性、长期性等特点，本案契合了环境保护着力于解决环境私益诉讼中“环境修复难”这一热点，就修复费用的支付对象、方法等细节问题进行反复考量，主张引入公权主体或者第三方，以进一步提高判决的可执行性。基于环境侵权及修复的特殊性，二审下判时综合考虑环境修复的效果如何落到实处，对于同类案件具有一定参考意义。金山银山不如绿水青山，把生态文明建设放在突出地位，进一步厘清环境修复的义务主体、责任方式和责任边界，有利于树立和践行生态环境保护的理念，为建设社会主义生态文明方面提供司法保障。

环境修复是针对环境损害所提供的法律救济，其目的是通过责令污染者采取环境综合整治措施恢复受到损害的环境的功能和价值。环境修复所救济的环境损害属于公共利益，目前的环境修复实践中，以水体、土壤、森林、草原、矿山等自然生态系统修复为主，涉及环境修复的司法案件也主要由水污染、土壤污染、自然资源破坏引起，与目前环境修复的实践大体一致。本案一审判决第二项“被告何甲、何乙在判决发生法律效力之日起十日内支付测量费与评估费、2005年至2008年鱼塘收入和鱼塘清污费用等共计67530.06元给原告陈某”显示，法院一般根据民事责任规则来确定环境修复责任。根据相关法律规定，污染者应当对已造成的权利损害和财产损失给予填补和救济，使其恢复到未损害前的状态，体现了两大特点：补偿性和恢复性。但是，环境权不是传统的民事权利，其具有公共性、共享性、生态性的特点，且其修复方式具有专业技术性。因此，在环境修复的过程中往往需要公权主体、公共机构的介入。本案中，为避免出现受害者没有将赔偿所得款项用于生态环境修复的问题，同时督促污染者及时履行环境修复责任，二审并没有将修复费用直接判给受害者，而是要求污染者先自行修复，若不履行环境修复义务则应当在一定期限内将修复费用交至执行法院，受害者再申请法院委托第三方进行环境修复。

《最高人民法院关于审理环境侵权责任纠纷案件适用法律若干问题的解释》第十四条，对于环境修复的责任承担方式、完成主体、委托承接主体、责任边界等，没有统一的做法和尺度，所以，在环境私益侵权诉讼中作出环境修复判决时要具体考虑环境侵害的特殊性，注意污染环境造成被侵权人损失赔偿责任的承担与环境修复责任承担方式的区别，必要时引入公权力主体或者第三方，以进一步提高判决的可执行性及环境修复效果。

该案生效后施行的《中华人民共和国民法典》新增了生态环境公益侵权责任的基本规则。第一千二百三十四条规定“违反国家规定”造成生态环境损害，生态破坏行为人人应当承担恢复生态的修复责任以及修复责任的承担方式，明确履行修复的可以是污染者，也可以是国家规定的机关或者法律规定的组织，又或是委托第三方。

第一千二百三十五条则规定了“违反国家规定”造成生态环境损害赔偿的具体范围。《生态环境损害赔偿管理规定》对生态环境损害分为可以修复和无法修复两种情形，赔偿义务人如何实施修复、不能修复的全面赔偿、如何启动等作了进一步的规定。两者将修复责任条款在前，体现了修复优先的环境治理理念和注重修复的立法目的，也为环境私益侵权诉讼修复责任裁判提供了参考。

编写人：广东省惠州市中级人民法院　曾莹

143　居民住宅内电梯噪声污染评价标准的认定

——郭某诉地产公司、物业公司噪声污染责任案

【案件基本信息】

1. 裁判书字号

北京市第三中级人民法院（2018）京 03 民终 3781 号民事判决书

2. 案由：噪声污染责任纠纷

3. 当事人

原告（被上诉人）：郭某

被告（上诉人）：地产公司、物业公司

【基本案情】

郭某系北京市朝阳区常营中路×号院×号楼 29 层某室业主，地产公司系小区开发商，物业公司系小区物业服务企业。郭某与地产公司的房屋买卖合同第十五条建筑隔声情况约定：“出卖人承诺该限价商品住房建筑隔声情况符合《民用建筑隔声设计规范》《建

筑外窗空气声隔声性能分级及其检测方法》《隔声门认定技术条件》标准，对该限价商品住房所在地声环境状况的描述真实准确。限价商品住房建筑设计文件所标注的建筑隔声情况和环境影响评价文件所表征的声环境状况见附件八。限价商品住房建筑隔声情况未达到标准的，出卖人应当按照规划设计的要求补做建筑施工隔声措施，并承担全部费用；因此给买受人造成损失的，出卖人应当承担赔偿责任。”附件八未填写相关数据。

【案件焦点】

应采用何种标准认定涉案电梯的噪声是否超标。

【法院裁判要旨】

北京市朝阳区人民法院经审理认为：关于法律适用问题，虽然《工业企业厂界环境噪声排放标准》（GB 12348—2008）不适用于居民楼内为本楼居民日常生活提供服务而设置的电梯设备产生噪声的评价，但相关复函是行政机关从环境噪声污染行政执法角度对国家标准的适用范围进行的限定，并非民事案件确定是否构成噪声污染的限定性依据。本案系民事噪声污染责任纠纷，目前国家没有对居民楼内电梯产生噪声进行评价的明确标准。且无论噪声是来自居民楼内为本楼居民日常生活提供服务而设置的设备还是居民楼外，当噪声达到一定程度时，均会对居民的生活产生一定影响。故当电梯在运行过程中所产生的低频噪声，确实对楼内居民造成影响时，从切实依法保护公民健康权，维护公民合法权益的角度出发，此种情形下可以参照适用《工业企业厂界环境噪声排放标准》（GB 12348—2008）作为检测及评价依据。地产公司提出的主张，依据不足，不予采纳。

依照《中华人民共和国侵权责任法》第六十五条、《最高人民法院关于适用〈中华人民共和国民事诉讼法〉的解释》第九十条之规定，判决如下：

一、地产公司于本判决生效后三十日内对电梯采取隔声降噪措施，使电梯运行产生的噪声在郭某所有的某室房屋内达到《工业企业厂界环境噪声排放标准》（GB 12348—2008）的要求；

二、地产公司于本判决生效后三十日内支付郭某检测费1000元；

三、驳回郭某的其他诉讼请求。

二审法院同意一审法院裁判意见。

【法官后语】

本案事实明确，系居民住宅内电梯噪声侵权案件。从争议焦点看，关键在于如何评价居民住宅内电梯噪声污染，前提则要确认如何适用评价标准。

一审法院认为，本案应适用《工业企业厂界环境噪声排放标准》（GB 12348—2008）。从法律适用上看，本案涉及的居民住宅内电梯噪声并没有直接可以适用的评价标准，法律规范的滞后性使得法官的自由裁量权得以行使。本案中，自由裁量权的合理运用应以价值判断的正确、合理作为依托。

1. 自由裁量权有所依据

法官得以行使自由裁量权，并非恣意扩大法官适用法律的权利，而是在公平、正义、合理之下由法官决定法律的适用。本案中，判断侵权所应适用的标准并非空穴来风，而是有所依据。

首先，从侵权行为来看，依据《工业企业厂界环境噪声排放标准》（GB 12348—2008）所检测的结果确实显示室内噪声在倍频带声压级（dB）63 赫兹、250 赫兹、500 赫兹频率上的数值均超出标准，电梯噪声超标，证明侵权事实确实存在，其噪声达到一定程度时，会对居民生活产生一定影响。

其次，环保部门的相关复函对国家标准的适用范围进行的限定不能构成噪声污染的限定性依据。虽然该检测所依据的标准被环境保护部门规定为不应适用于居民住宅内设备噪声的评价，但是该标准所替代的标准曾经适用于居民住宅内设备噪声的评价，且环保部门没有更新居民住宅内噪声评价应当适用的其他标准。本案中相关复函是行政机关对标准适用范围的限定，且其效力不足以覆盖该国家标准在民事案件中的适用。而侵权法更多考虑的是对当事人生产生活权利的保护，在利益衡量过程中更要注重受害人权益的保护，因此在界定时应将环境噪声超过一般忍受限度，干扰他人正常生活、工作和学习作为考量的重要标准。

从此角度出发，本案适用标准时，未直接按照行政机关复函中对案涉标准不适用于本案的规定进行裁量，而直接适用案涉标准的依据具有十分充分的理由。

2. 价值判断有所取舍

一是《中华人民共和国民法典》出台后强化了对生态环境保护的力度，其后制定噪声污染防治法保护声环境，守护和谐安宁的生活环境。在噪声污染防治法第十六条中，明确了县级以上人民政府市场监督管理等部门对电梯等特种设备使用时发出的噪声进行监督抽测的责任；第六十八条也明确规范专业运营单位应当对已建成使用的居民住宅区电梯等共用设施设备负责维护管理，应符合民用建筑隔声涉及相关标准要求。可见，居民住宅内电梯噪声污染已经成为立法部门的关切，并在具体法律法规中确定法律责任，予以充分保护。

二是居住权是公民的基本权利可负担得起的，公民应有权获得适宜居住的，具有安全、健康、良好的设备和基础服务设施的住房。噪声污染尤其是居民住宅中的噪声污染，其潜伏性及持久性对居民健康的影响巨大。从切实依法保护公民健康权，维护公民合法权益的角度出发，本案参照适用《工业企业厂界环境噪声排放标准》（GB 12348—2008）作为检测及评价依据，并且认定电梯噪声侵权行为成立，是符合价值判断标准的。

编写人：北京市朝阳区人民法院　周欣月

144　生产的农药致农田污染，企业应承担环境污染赔偿责任

——刘某诉生物科技公司、张某环境污染责任案

【案件基本信息】

1. 裁判书字号

江苏省南通市中级人民法院（2018）苏06民终3370号民事判决书

2. 案由：环境污染责任纠纷

3. 当事人

原告（被上诉人）：刘某

被告（上诉人）：生物科技公司

被告（原审被告）：张某

【基本案情】

刘某租赁某农业用地用于种植蔬菜。2015年2月，刘某在张某经营的通州区先锋惠于民种子经营部购买生物科技公司生产的

福田素有机肥，用于对其所种植的蔬菜进行施肥，后发现施用涉诉有机肥的蔬菜出现枯死、生长迟缓等症状，遂向有关部门投诉举报。2015年3月，南通市崇川区农村工作局组织南通市耕地质量保护站、南通市植保植检站等单位对南通市崇川区观音山镇大棚蔬菜出现的生长异常情况进行了田间现场鉴定，鉴定意见为：根据农户施用福田素有机肥后反映的情况和田间作物受害症状，该异常生长现象与使用生物科技公司生产的福田素有机肥有密切关系，该有机肥中可能含有某种对作物生长有害的有毒物质。2015年6月20日，刘某与生物科技公司、张某经通州区人民调解委员会、通州区社会矛盾纠纷调解中心调解达成协议，主要内容为：（1）生物科技公司赔偿刘某损失4000元（受损面积为2亩，按照2000元/亩计算）；（2）生物科技公司负责受损土地的改良，尽快确保刘某土地得以恢复生产；（3）对于损失未赔偿部分，三方应尽量协商解决。2015年10月12日，各方又达成了先行赔付4000元的协议。协议订立后，生物科技公司先后向刘某支付了8000元赔偿款。此后生物科技公司向刘某提供其自行研制的土壤修复剂，但效果不明显，刘某遂提起本案之诉。

诉讼过程中，根据刘某申请，一审法院委托盐城市农业科学院司法鉴定所对刘某大棚塑料纸、大棚钢架、蔬菜损失、土壤改良费进行评估。最终鉴定意见为：（1）刘某种植的涉诉大棚蔬菜2017年经济损失为23787元；（2）涉诉大棚蔬菜中大棚钢构和薄膜年折旧费用为1659元；（3）刘某涉诉大棚建议更换土壤耕种层，更换耕种层后，还需采取增施有机肥、耕翻等措施，每亩新增费用约800元，案涉1.427亩蔬菜大棚要增加土壤改良费用1142元。

【案件焦点】

1. 本案系产品责任纠纷还是环境污染责任纠纷；2. 如何确定原告的损失；3. 如何确定环境污染责任主体。

【法院裁判要旨】

江苏省南通市港闸区人民法院经审理认为：关于争议焦点1，案涉有机肥施用后造成刘某种植的农作物出现枯死、生长迟缓等症状，破坏了土地的自然生产功能，本案应为环境污染责任纠纷。关于争议焦点2，鉴定机构根据大棚蔬菜生长规律、承包区域现场勘验结果及经济损失估算实施规范，采用市场法计算了涉诉大棚蔬菜的经济损失，符合鉴定技术规程要求，因此损失计算标准可参照鉴定意见书所确定的结论。关于争议焦点3，刘某遭受污染损害后一直采取措施向相关部门反映要求解决，其对损害发生并无过错。张某虽系销售者，但无证据证明其存在过错，故不应承担侵权责任。因此，上述损失的赔偿责任主体为生物科技公司。一审法院遂判决如下：

一、生物科技公司于判决生效之日起十日内向刘某支付土地污染损害赔偿款75254.5元（3.5×23787-8000）；

二、生物科技公司于判决生效之日起三十日内采取措施将刘某承租的土地恢复原状，如逾期未采取恢复措施的，则由刘某在上述期限届满之日起三十日内自行修复或委托相关机构进行修复，生物科技公司向刘某支付修复费用1142元。

生物科技公司上诉称：鉴定意见书对蔬菜经济损失额的鉴定和推算远远高于实际损失；案涉土地出现问题后，上诉人生物科技公司积极对土地进行过改良，被上诉人刘某存在着故意扩大损失的行为。刘某辩称，鉴定机构先后多次对案涉地进行现场勘查，召开听证会进行科学的论述认证，上诉人生物科技公司没有证据可以推翻该鉴定意见。上诉人生物科技公司虽然对土壤进行过改良，但未能达到预期效果，被上诉人刘某未故意扩大损失，主观上不存在过错。

江苏省南通市中级人民法院经审理认为：一审法院在各方当事人均同意由法院指定鉴定机构的情况下，确定并委托盐城市农业科学院司法鉴定所进行此次司法鉴定，选定程序并无瑕疵；上诉人生物科技公司亲自陪同参与现场调查勘验，鉴定机构依据国家农业行业标准、江苏省地方标准等进行，符合鉴定技术规程要求。根据鉴定意见书，案涉蔬菜经济损失为23787元/年，一审法院综合考虑侵权行为发生时间、土壤修复合理期限等，确定上诉人生物科技公司赔偿三年半期限的种植损失，同时扣除上诉人生物科技公司已经支付的部分费用，所计算的赔偿数额公平、合理。结合被上诉人刘某与上诉人生物科技公司、原审被告张某达成的协议，上诉人生物科技公司负责受损土地的改良，确保被上诉人刘某的土地尽快得以恢复生产。在此情况下，被上诉人刘某续租是基于一种合理的期许，不应认定其有扩大损失之故意。一审法院认定事实清楚，适用法律正确。二审法院判决如下：

驳回上诉，维持原判。

【法官后语】

对受污染的农田进行治理、修复不仅是民事法律问题，更是民生问题。近年来，化肥农药对农村土地的致害现象时有发生，基本事实为：农民购买的化肥农药致使农作物出现枯死、生长迟缓等非正常症状，并导致土地受到污染。此类案件通常会涉及以下三个方面的问题：一是法律关系如何确定；二是责任主体如何确定；三是赔偿数额如何确定。

关于法律关系如何确定的问题。当不法行为人实施的一个行为在法律上符合数个法律规范构成要件时，受害人会产生多项请求权，当这些请求权相互冲突时，就产生了民事责任的竞合。本案即存在着产品责任与环境污染责任的竞合。所谓产品责任，是指产品的制造者和销售者因制造、销售的产品造成他人人身或财产损害所应承担的民事责任，其所对应的法益为财产权和人身权。所谓环境污染责任，是指污染者因污染环境造成损害所应承担的责任，其所对应的法益不仅包括人身权、财产权，还包括生态环境本体。一审法院结合原告的诉讼请求，基于权益保护的最大化角度，将本案确定为环境污染责任纠纷，在对农户的财产损失进行救济的同时，将受污染的土地一并纳入保护范围。

关于责任主体如何确定的问题。本案涉及的主体有两个：一是农药的生产主体生物科技公司；二是农药的销售主体张某。就本案审理时适用的法律来看，原《中华人民共和国侵权责任法》第六十五条规定，因污染环境造成损害的，污染者应当承担侵权责任。第六十六条规定，因污染环境发生纠纷，污染者应当就法律规定的不承担责任或者减轻责任的情形及其行为与损害之间不存在因果关系承担举证责任。由此可见，环境污染侵权责任实行无过错责任原则，构成要件为环境侵权行为、损害后果以及环境侵权行为与损害后果之间的因果关系，并实行举证责任倒置的证明规则。《中华人民共和国民法典》对原侵权责任法所确立的环境污染归责原则并未作出调整。《中华人民共和国民法典》第一千二百二十九条规定，因污染环境、破坏生态造成他人损害的，侵权人应当承担侵权责任。第一千二百三十条规定，因污染环境、破坏生态发生纠纷，行为人应当就法律规定的不承担责任或者减轻责任的情形及其行为与损害之间不存在因果关系承担举证责任。因此，从受害人角度而言，生产者和销售者在整体上需要对外承担无过错责任。

此外，从生产者与销售者之间的内部关系来看，一审法院基于“深口袋”理论，参照适用原《中华人民共和国侵权责任法》第四十一条、第四十二条第一款的规定，即“因产品存在缺陷造成他人损害的，生产者应当承担侵权责任”“因销售者的过错使产品存在缺陷，造成他人损害的，销售者应当承担侵权责任”，认为现有证据不能证明销售主体张某存在过错，故销售者张某不承担责任。最终，人民法院判决由生产者生物科技公司承担责任。对此，《中华人民共和国民法典》第一千二百零二条、第一千二百零三条也作出了类似规定。

关于赔偿数额如何确定的问题。《最高人民法院关于审理环境侵权责任纠纷案件适用法律若干问题的解释》第十四条规定，被侵权人请求恢复原状的，人民法院可以依法裁判污染者承担环境修复责任，并同时确定被告不履行环境修复义务时应当承担的环境修复费用。《中华人民共和国民法典》对此未作实质性变更。《中华人民共和国民法典》第一千二百三十四条规定，违反国家规定造成生态环境损害，生态环境能够修复的，国家规定的机关或者法律规定的组织有权请求侵权人在合理期限内承担修复责任。侵权人在期限内未修复的，国家规定的机关或者法律规定的组织可以自行或者委托他人进行修复，所需费用由侵权人负担。本案中，一审法院根据原告申请，委托司法鉴定所对刘某的大棚塑料纸、大棚钢架、蔬菜损失、土壤改良费等进行评估，最终得出的司法鉴定意见在程序和实体方面均符合法律规定，可以作为确定赔偿数额的依据。根据鉴定意见，判决生物科技公司一方面承担农户的种植经济损失，另一方面限令其对被污染土壤进行修复，逾期未采取修复措施的，限期由种植农户自行修复或委托相关机构进行修复，并由生物科技公司承担相应的修复费用，确保受损的生态环境得到及时修复，是生态环境损害赔偿案件中恢复性司法理念的具体运用。

编写人：江苏省南通市中级人民法院　张娟娟

145 居民生活噪声污染纠纷的有效处理

——胡某强等诉通信公司等环境污染责任案

【案件基本信息】

1. 裁判书字号

河南省郑州市中级人民法院（2017）豫01民终9874号民事判决书

2. 案由：环境污染责任纠纷

3. 当事人

原告（上诉人）：胡某强、陈某、胡某

被告（被上诉人）：通信公司、电信公司、某邮政管理局、邮政公司、某银行

【基本案情】

2009年7月28日，胡某强、陈某、胡某取得位于郑州市金水区纬五路×号院×号楼×层×号房屋的所有权，并居住于此。居住后发现其房屋的地下一层安装有抽水设备，该设备运行时的振动和噪声影响了原告正常生活。为此其向郑州市环境保护局投诉时，该

单位委托郑州市环境保护监测中心站对此进行检测，噪声监测结果是5号居民客厅昼间值是51.4分贝（A）、夜间值50.9分贝（A）；5号居民北卧室昼间值是44.7分贝（A）、夜间值47.9分贝（A）。胡某强、陈某、胡某认为以上监测数据严重超出了国家正常标准，故诉至法院。该设备的准用证书上显示单位是河南邮电管理局，设备名称是“水池、抽水设备”，发证单位是自来水总公司，发证时间为2000年12月26日。该小区大部分居民系通信公司员工，胡某强、陈某、胡某的水、电、空调费由通信公司收取。胡某强、陈某、胡某于2014年9月1日搬出涉案房屋另行租用房屋使用。在一审法院组织调解过程中，通信公司对涉案水泵房进行整改，并委托检测公司进行检测并出具编号：HNSY/WT2015-245检测报告。胡某强、陈某、胡某对该检测报告不认可，认为依据《社会生活噪声排放标准》（GB 22337—2008）的规定，0类声环境功能区数值认定仍然超标，无须重新鉴定。根据一审查证，《社会生活噪声排放标准》（GB 22337—2008）适用于营业性文化娱乐场所和商业经营活动中使用的设备、设施的管理、评价与控制。本案居民住宅区域，属于1类声环境功能区（居民住宅、医疗卫生、文化教育、科研设计、行政办公为主要功能，需要保持安静的区域），根据《声环境质量标准》（GB 3096—2008）的规定，该检测报告数据均在法定标准以内。胡某强、陈某、胡某请求通信公司、电信公司、某邮政管理局、邮政公司、某银行停止伤害、排除妨碍、消除危险，拆除噪声设备，如无法拆除则更换无害性静音设备；自侵权之日（2009年10月1日）赔偿胡某强、陈某、胡某经济损失费以每天155.58元及精神损失费每人每天155.58元计算至排除之日。通信公司及其他各被告辩称：抽水设备属于该小区全体居民的公共设施，不属于通信公司所有，应当通过物业维修基金进行改造，通信公司不是环境污染的致害人，各被告均不是适格被告。

【案件焦点】

1. 噪声侵权的构成要件及责任承担方式；2. 持续性损害的赔偿方式。

【法院裁判要旨】

河南省郑州市金水区人民法院经审理认为：按照国家标准城市区域环境噪声标准所确定的范围，胡某强、陈某、胡某所在的居住性小区，夜间环境噪声标准值应适用一类标准，即不超过45分贝。根据郑州市环境保护监测中心站的监测结果，其客厅昼间值51.4分贝（A），夜间值50.9分贝（A）；北卧室昼间值44.7分贝（A），夜间值47.9分贝（A）；抽水设备运转噪声高于国家标准。通信公司作为该小区管理人应承担相应的民事责任，其他被告不承担责任。胡某强、陈某、胡某有权依据《中华人民共和国侵权责任法》要求被告停止侵害、排除妨害、消除危险。由于诉讼过程中，通信公司已经对涉案设备进行整改，经检测，整改后符合国家噪声标准。同时，被告停止侵害、排除妨害、消除危险的具体方式法院不予干涉，故胡某强、陈某、胡某要求拆除或更换噪声设备、赔偿整改后的损失，不予支持。由于胡某强、陈某、胡某另行租房，参照相近地段的租金价格支持经济损失50000元。精神损失费于法无据，不予处理。故判决如下：

一、通信公司于本判决生效后十日内赔偿胡某强、陈某、胡某因环境污染致使其租房的经济损失5万元；

二、驳回胡某强、陈某、胡某的其他诉讼请求。

胡某强、陈某、胡某不服，提起上诉。河南省郑州市中级人民法院经审理认为：虽然通信公司对涉案设备进行整改，但根据《声环境质量标准》（GB 3096—2008）附录C中C.2监测要求：“监测点一般设于噪声敏感建筑物户外。不得不在噪声敏感建筑物室内监测时，应在门窗全打开的状况下进行室内噪声测量，并采用较该噪声敏感建筑物所在声环境功能区对应环境噪声限值低10分贝（A）的值作为评价依据。”通信公司整改后鉴定部门仅明确了噪声值，未得出整改后符合声环境噪声标准的结论，不足以认定整改达标。故判决如下：

一、维持原判第一项；

二、撤销原判第二项；

三、通信公司于本判决生效后九十日内完成对本案所涉抽水设备噪声治理，达到《中华人民共和国声环境质量标准》所规定声环境噪声最高限值以下，逾期未达标准，按每日50元对胡某强、陈某、胡某进行补偿；

四、驳回胡某强、陈某、胡某的其他诉讼请求。

【法官后语】

根据《最高人民法院关于适用〈中华人民共和国民法典〉时间效力的若干规定》，民法典施行后的法律事实引起的民事纠纷案件，适用民法典的规定。民法典施行前的法律事实引起的民事纠纷案件，适用当时的法律、司法解释的规定，但是法律、司法解释另有规定的除外。因本案法律事实发生于民法典施行前，故应适用当时的法律、司法解释的规定，即适用原《中华人民共和国侵权责任法》的规定。

根据《环境噪声污染防治法》的规定，社会生活噪声，是指人为活动所产生的除工业噪声、建筑施工噪声和交通运输噪声外的干扰周围生活环境的声音。同时物理学、医学研究表明，声音频率范围在20~200赫兹为低频噪声，低频噪声会对人体健康产生长远的影响，严重影响睡眠质量，导致头晕、头痛、失眠、多梦、记忆力减退等神经衰弱症状及其他身体症状。涉案抽水设备噪声经监测均形成低频噪声。目前居民居住区的噪声主要来源于供电系统、地下车库、电梯设备、供热系统、排水供水系统、空调设备、通风设备等，而其中又以低频噪声居多。由于我国现行的环境噪声标准还没有专门针对低频噪声的标准，因此就应当适用普通排放标准，即国家强制标准《声环境质量标准》（GB 3096—2008）。就本案而言，胡某强、陈某、胡某的住宅适用于《声环境质量标准》（GB 3096—2008）规定的1类地区（以居住、文教机关为主的区域）排放限值，即“昼间55分贝，夜间45分贝”。显然胡某强、陈某、胡某住宅包括客厅、北卧室夜间值（分别为50.9及47.9分贝）均超过上述排放限值。依据《中华人民共和国民法典》的规定，环境污染责任采取无过错归责原则，即环境污染责任因果关系的认定采用举证责任倒置原则，污染者负有举证证明其行为与损害之间不存在因果关系的责任。通信公司虽然对涉案抽水设备进行了整改，但不足以认定整改达标，也即不能推翻噪声污染的损害行为与胡某强、陈某、胡某的损失之间存在因果关系。

由于环境资源案件双方当事人的经济能力、诉讼能力等往往并不对等，如何发挥法院的职能作用，帮助弱势一方实现权益保障，是彻底解决此类纠纷的关键。本案如何有效监督通信公司对抽水设备整改到位，减轻或消除环境噪声的损害，法院对此应充分体现职能作用，因此二审法院增加判决：继续治理，达到《声环境质量标准》（GB 3096—2008），否则按每日50元对胡某强、陈某、胡某予以补偿。由于噪声损害一直持续，一方面需要尽快整改达标；另一方面除对原告既有损失予以赔偿外，对整改达标前的损失应继续予以赔偿，防止因管理人的意愿、责任及能力因素导致噪声污染迟迟不能有效解决。

无论是污染环境还是破坏生态行为，此项判决都体现了环境资源案件的特殊性即恢复性功能。环境资源审判的目标不仅仅是解决当事人之间的民事权益争议，更重要的是恢复环境或生态的状态与功能，后者处于核心地位。环境资源案件要充分体现恢复性司法理念，凡有可能采取措施恢复原状的，要在判令污染者承担赔偿责任的同时，应当责令其通过整改、治理、修复、更换等方式恢复原状。就本案而言，恢复原状就是指噪声控制在规定限值以下。推而广之，从特定范围内的环境利益到社会公众利益再到整个生态环境，我们正在建立恢复环境责任的相关法律规定，如民法典侵权责任编中的环境污染和生态破坏责任规定，因污染环境、破坏生态造成他人损害的，侵权人应当承担侵权责任。违反国家规定造成生态环境损害，生态环境能够修复的，国家规定的机关或者法律规定的组织有权请求侵权人在合理期限内承担修复责任。侵权人在期限内未修复的，国家规定的机关或者法律规定的组织可以自行或者委托他人进行修复，所需费用由侵权人负担。通过相关法律的制定，进一步确定环境修复的权利主体和责任承担主体，使环境修复有法可依，有法必依，从而更好地解决污染环境、破坏生态纠纷，从法治角度更好地保护我们赖以生存和生活的环境。

编写人：河南省郑州市中级人民法院　崔航微

146 关于固定结构传声噪声污染检测标准的选择

——赵某辉诉物业公司等噪声污染案

【案件基本信息】

1. 裁判书字号

北京市第二中级人民法院（2016）京02民终10720号民事判决书

2. 案由：噪声污染纠纷

3. 当事人

原告（上诉人）：赵某辉

被告（被上诉人）：物业公司、房地产公司、热力科技公司

【基本案情】

2011年10月11日，赵某辉购买房地产公司开发的坐落于某小区×号楼×单元×号房屋，包括地上一层和地下一层。物业公司为该小区提供物业管理，小区地下车库中安装多台污水泵和雨水泵。其中污水泵用于清除一层住户的生活用水，雨水泵用于清除地下车库内的雨水。热力科技公司为该小区提供供热采暖，锅炉房也设立在地下一层。赵某辉主张地下车库的水泵经常在夜里启动，供暖期内锅炉一直持续发出噪音令其无法入睡，休息不好。申请法院根据《工业企业厂界环境噪声排放标准》（GB 12348—2008）检测室内噪音是否超标。房地产公司主张小区楼房以及各项设施都经过了竣工验收。赵某辉签订的《商品房买卖合同中》约定的适用标准为《民用建筑隔声设计规范》。热力科技公司主张锅炉是按照规范设计、安装的，从锅炉房传出的声音不属于其控制

范围。热力科技公司与物业公司也均主张涉案噪音的评价标准应依照《民用建筑隔声设计规范》。三被告公司主张不适用《工业企业厂界环境噪声排放标准》。

【案件焦点】

本案中评价锅炉、水泵产生的噪音标准应当参照《民用建筑隔声设计规范》，还是《工业企业厂界环境噪声排放标准》。

【法院裁判要旨】

北京市大兴区人民法院经审理认为：虽然《工业企业厂界环境噪声排放标准》不适用于居民楼内为本楼居民日常生活提供服务而设置的电梯设备产生噪声的评价。但相关复函是行政机关从环境噪声污染行政执法角度对国家标准的适用范围予以的限定，并非民事案件确定是否构成噪声污染的限定性依据。鉴于本案系民事噪声污染责任纠纷，目前国家没有对居民楼内电梯产生噪声进行评价的明确标准。本院认为，既然《工业企业厂界环境噪声排放标准》规定了噪声标准，其所替代的《工业企业厂界噪声标准》（GB12348—90）和《工业企业厂界噪声测量方法》（GB 12349—90）曾适用于评价居民楼内电梯、设备产生的噪声，且无论噪声是来自居民楼内为本楼居民日常生活提供服务而设置的设备还是居民楼以外，当其噪声达到一定程度时，均会对居民的生活产生一定影响，并且，《建筑隔音设计规范》中没有关于固定结构传声污染的相应检测方法和评价限值。故当水泵、锅炉等楼内设备在运行过程中产生的低频噪音，确实对楼内居民造成影响时，从切实依法保护公民健康权，维护公民合法权益的角度出发，本院认为此种情形下可以参照适用《工业企业厂界环境噪声排放标准》作为检测及评价依据。

由于涉案水泵运行中所产生的噪音超出国家标准，对原告赵某辉的日常生活造成了一定程度的影响，现原告赵某辉要求按照（GB 12348—2008）国家标准消除水泵运行的噪音污染，予以支持。对于整改的标准，应根据噪声环境所处功能区的类别来制定。

北京市大兴区人民法院依照《中华人民共和国侵权责任法》第六十五条之规定，作出如下判决：

一、被告房地产公司于本判决生效后三十日内对于某小区×号楼×单元×号房屋自用的污水泵，与该污水泵相邻的小区地下车库中的1号雨水泵和2号雨水泵采取降噪措施，使上述水泵的运行噪声在×号房屋内达到《工业企业厂界环境噪声排放标准》的相关要求；

二、被告房地产公司于本判决生效后十日内给付原告赵某辉噪声检测费六千四百元；

三、驳回原告赵某辉的其他诉讼请求。

一审判决后，赵某辉不服，提起上诉。

北京市第二中级人民法院经审理认为：本案的争议焦点为对锅炉是否应依目前检测结果而采取降噪措施，以及赵某辉主张的精神损失赔偿、在采取降噪措施前按日支付赔偿金的诉讼主张是否应予支持。首先，关于第一个焦点问题，在尚无明确法律、法规规定的情况下，仅依环保部门针对某一问题所作复函不足以鉴别锅炉等类型的供暖设备在运行中的噪声测量和评价标准，原审法院在本案中参照适用《工业企业厂界环境噪声排放标准》符合诉争房屋实际检测客观情况。其次，关于第二个焦点问题，因赵某辉未能提供充分的事实和法律依据证明其存在精神损失，在原审中亦未就此损失的发生申请进行司法鉴定，故本院对其此项上诉主张，难以采纳。关于第三个焦点问题，因其上诉主张按日计算赔偿金缺乏法律依据，且对于相关降噪措施的采取亦涉及具体执行问题，目前尚缺乏统一规范的有效标准，故本院对其上诉请求，难以支持。

综上所述，原审法院认定事实清楚，适用法律正确。北京市第二中级人民法院依照《中华人民共和国民事诉讼法》第一百七十条第一款第一项之规定，判决如下：

驳回上诉，维持原判。

【法官后语】

本案中法官在判断如何选择噪音检测标准时，首要的前提是要区分清楚噪音发生的类型和特点。

噪音中的低频噪音主要由于固定结构传声产生，即噪声源（水泵、锅炉或电梯等设施）和固定结构（墙体、地板、柱子等）相连不能区分，导致建筑室内噪声污染。其评价标准主要采用“等效声级”、倍频带声压级和最大声压级等。在低频噪音发生时，噪音通过结构体等共振传导，通过结构体传播，室内的各角落都可能受到影响。而普通的建筑噪音，是通过空气传播。在通过增设玻璃、结构体厚度、吸音棉等措施后，能够有效减低噪音的传播和污染。由此可见，两种噪音的产生及传播方式完全不同。

本案涉及的锅炉和水泵位于原告住宅附近，各设备通过地板、墙体连接，设备运转时，产生固定结构传声，声音可以直接传播到原告的室内，对原告室内的居住环境和生活造成影响。根据规范，房屋建筑隔音设计主要针对房屋小区所在区域的隔声噪声标准，开发商进行小区建筑隔音设计，避免房屋遭受道路车辆、人流声音等的影响。建筑隔音设计只能阻挡通过空气进行传播的噪音，而固定结构传声的噪声源来自楼内设施运营中发出，噪声源和建筑结构连接在一起，建筑隔音设计对此无法阻止。

《工业企业厂界环境噪声排放标准》对于固体结构传声，规定了详细的检测方法和评价标准。该评价标准符合案涉噪音的发声原理。根据上述分析可知，两类噪音产生和传播的原理不同，对人的影响不同，检测方法不同，不能机械地适用《建筑隔音设计规范》。法官根据实际确定的噪音检测标准是科学、合理的。

编写人：北京市大兴区人民法院　齐伟龙　包李

147 水污染责任纠纷中的举证责任分配

——陈某等诉工贸公司水污染责任案

【案件基本信息】

1. 裁判书字号

福建省厦门市中级人民法院（2015）厦民终字第1127号民事判决书

2. 案由：水污染责任纠纷

3. 当事人

原告（被上诉人）：陈某、王某杨、王某富

被告（上诉人）：工贸公司

【基本案情】

2014年5月6日，陈某等发现鱼塘内有鱼死亡，遂报警。2014年5月8日，翔安区渔政管理站工作人员对工贸公司的经理陈某林进行询问，其在笔录中称“这几天下大雨冲掉北面一角，造成工厂污水从北面排出一些到水渠，总共十几立方米的污水，造成水渠下游鱼塘死鱼”，并表示“工厂有跟渔民协商赔偿，还未达成”。

受中国渔政厦门市支队的委托，厦门市海洋与渔业环境监测站对该起渔业污染事故进行调查鉴定，并于2014年5月16日出具报告，结论为：（1）鱼塘中死鱼的原因主要为养殖水体受到外来高浓度有机污染物的污染；（2）上游废塑料瓶加工厂的废水是主要污染源；（3）大雨是造成工厂废水外溢的客观原因。

另查明，事发后，厦门日报和海西晨报也进行了报道。其中，海西晨报2014年5月9日的报道称“据粗略统计，已经捞上来的鱼市场价值已达三四万元”，5月11日的后续报道中，陈某称“仅5月8日捞出的死鱼就价值4万元”，发现死鱼的第二天捞出的死鱼数量非常多，“按市场价来算，大概有5万元”。厦门日报2014年5月9日的报道中，陈某称初步估计全部损失将近100000元。根据证人王某凉与王某玲的证言，其曾向陈某等买鱼，且鱼卖得价格较高。

【案件焦点】

工贸公司的污染环境行为与鱼死亡的结果之间是否存在因果关系。

【法院裁判要旨】

福建省厦门市翔安区人民法院经审理认为：本案系因污染环境产生的侵权纠纷。环境污染造成损害的，污染者应当承担侵权责任。根据厦门市海洋与渔业环境监测站作出的渔业污染事故鉴定报告，原告陈某、王某杨、王某富鱼塘中鱼死亡的原因主要为养殖水体受到外来高浓度有机污染物的污染，上游废塑料瓶加工厂的废水是主要污染源；同时，被告工贸公司的经理陈某林在接受翔安区渔政管理站的询问时也承认了工厂污水外泄导致下游鱼塘出现鱼死亡的事实。工贸公司虽辩称厦门市海洋与渔业环境监测站作出的渔业污染事故鉴定报告程序不合法，且翔安区渔政管理站所做的询问笔录中部分内容系事后添加，但其未能举证证明，故法院对其辩解意见不予采纳。因此，法院认定工贸公司的污染环境行为与陈某、王某杨、王某富的鱼塘中的鱼死亡的损害结果之间具有因果关系，并对工贸公司的鉴定申请不予准许。至于陈某、王某杨、王某富因鱼死亡造成的损失数额，其主张因工贸公司的污染环境行为造成经济损失339752元，但未提供充分的证据予以证明，故法院对其主张的损失数额不予采纳。根据本案查明的事实，陈某、王某杨、王某富的鱼塘内鱼死亡的事实客观存在，且根据事发后厦门日报和海西晨报的报道，陈某、王某杨、王某富因鱼死亡造成的损失数额将近100000元，该损失数额虽系陈某自行估算，但上述报道均系在事发后一周内，内容较为接近客观事实，具有一定的可信度；同时，证人王某凉与王某玲亦表示陈某、王某杨、王某富的鱼卖得价格较高。因此，综合本案的具体情况，法院将陈某、王某杨、王某富因鱼死亡造成的损失数额酌定为60000元，工贸公司应对此承担赔偿责任。

福建省厦门市翔安区人民法院依照《中华人民共和国侵权责任法》第六十五条、第六十六条，《中华人民共和国民事诉讼法》第六十四条第一款，《最高人民法院关于民事诉讼证据的若干规定》第二条之规定，判决如下：

一、工贸公司应于本判决生效之日起十日内向陈某、王某杨、王某富赔偿经济损失60000元；

二、驳回陈某、王某杨、王某富的其余诉讼请求。

一审宣判后，工贸公司不服，向福建省厦门市中级人民法院提起上诉。

工贸公司上诉请求撤销原审判决，裁定发回重审。理由是：(1) 工贸公司在原审中就本案所涉的专门性问题申请委托司法鉴定，并申请原审法院对现场勘查，但原审法院既未根据申请启动司法鉴定程序，也未到现场进行勘查，且在未告知不同意申请的情况下，仅凭陈某、王某杨、王某富单方的主张作出判决，严重违反程序，不具有公正性。(2) 本案鱼塘中鱼死亡与工贸公司的排污行为不存在任何因果关系，原审法院认定二者之间存在因果关系系认定事实不清，证据不足。①工贸公司提供充分的证据证明其工厂排除的废水经厂内的污水系统处理后排放，不存在任何有害物质，符合标准，不会对其他地方造成损害。工贸公司的污水处理系统经有资质的专业环保机构设计安装，所排放的废水经三级处理循环使用，只有少量经反映池反应达到排放标准后对外排放，其排放的废水内不含任何有害物质，pH 值符合标准，不存在污染问题。②从现场的情况来看，工贸公司工厂与鱼塘位置相距甚远（达 2 公里），且中间有两条高出地面近半米的大马路阻隔，中间还有大片果园、菜地，更重要的是，工贸公司工厂的污水经过规范处理无害后排入与鱼塘方向相反的东边排水沟之中，不可能流到位于西边的鱼塘。③原审法院简单地以陈某、王某杨、王某富单方面委托鉴定的鉴定意见及渔政部门对于不了解情况的人员所作的询问笔录和报纸的报道作为认定事实依据不当。厦门市海洋与渔业环境监测站所作出的鉴定意见系陈某、王某杨、王某富单方面委托，没有在双方监督之下进行取样，该鉴定明显违反程序，其鉴定意见不应作为认定案件事实的证据。关于翔安区渔政管理站对于陈如林所作的笔录，陈如林仅仅是总经理的儿子，根本不了解情况，该份询问笔录系其在陈某、王某杨、王某富制造声势造成误导的情况下所作，存在断章取义的情况，该笔录不能取代专业鉴定机构的结论作为认定事实和证据。此外，报纸的报道亦仅依据陈某、王某杨、王某富的单方面陈述作出。④原审法院没有进行现场勘查，对于鱼塘养殖情况没有理解分析，事实上，鱼塘鱼死亡原因系因养殖不当所致。（3）陈某、王某杨、王某富没有证据证明其实际损失，原审法院依据推测和估算认定经济损失数额错误。根据谁主张谁举证的原则，陈某、王某杨、王某富应当承担举证不能的法律后果，但原审法院仅依据报纸报道中陈某、王某杨、王某富单方面估算的损失，及证人关于鱼的卖价陈述，即对经济损失作出推测和估算的认定，明显证据不足。

被上诉人陈某、王某杨、王某富答辩称，原审法院未违反法定程序，鱼塘死亡与工贸公司的污水污染环境行为具有法律上的因果关系。鱼塘内鱼大量死亡是客观事实，原审法院认定的损失金额6万元尚不能界定陈某、王某杨、王某富由此而造成的全部损失。请求驳回工贸公司的上诉请求，维持原审判决。

经审理查明，对原审法院查明的事实，工贸公司提出如下异议：（1）陈如林不是工贸公司的经理，而是工贸公司法定代表人陈花为的儿子，陈如林在翔安区渔政管理站工作人员所作的询问笔录中的陈述中，文字之间都是句号而非逗号；（2）中国渔政厦门市支队委托厦门市海洋与渔业环境监测站进行调查鉴定是基于陈某、王某杨、王某富单方面的要求进行的，工贸公司没有看到任何委托手续，也没有通知工贸公司对样本进行质证，存在重大遗漏；（3）厦门市海洋与渔业环境监测站出具的鉴定中有一部分是陈某、王某杨、王某富的陈述。除此之外，工贸公司对原审法院查明的其他事实没有异议。陈某、王某杨、王某富对原审法院查明的事实没有异议。法院对双方当事人均无异议的事实予以确认。

另查明，在翔安区渔政管理站对陈如林所作的询问笔录中载明陈如林工作单位系工贸公司，职务系经理，陈如林在该询问笔录中陈述其系公司法定代表人陈花为的儿子，陈如林在该份笔录中签名并捺印。

再查明，厦门市海洋与渔业环境监测站 2014 年 5 月 16 日出具的《厦门市海洋与渔业环境监测站渔业污染事故调查鉴定报告》载明："……二、现场调查情况：受中国渔政厦门市支队的委托，本站渔业污染事故调查人员会同市渔政支队的执法人员，于 5 月 7 日 15 时 40 分赶到事故发生现场展开调查取证工作。据现场勘查，该鱼塘为独立淡水养殖水体，呈不规则的 S 形，面积大约 13 亩，经 GPS 定位：坐标为 N24°40. 9386′，E118°16. 2208′。现场看到：鱼塘的北面为农田，有一条小水道通道鱼塘，南面为一条水沟，为鱼塘的排水道，鱼塘的东面为土路；事故鱼塘的出水口漂浮着十来条死鱼，鱼体重量 2~3 公斤/尾，鱼塘水体比较清澈……"根据翔安渔政的现场询问笔录：5 月 6 日当天下午，当地公安、渔政及环保部门的调查人员已经沿着进水源初步查到污染源头为当地一废塑料瓶加工厂，该工厂也承认因大雨冲塌厂里的废水池，导致十几立方米的污水外溢到水渠里而污染下游的鱼塘。本站调查人员根据现场调查情况，采集了鱼塘进水口和鱼塘内及排水口三处水样，带回实验室进行检测分析。

福建省厦门市中级人民法院经审理认为：陈某、王某杨、王某富主张因工贸公司的废水污染造成其鱼塘内的鱼死亡，工贸公司应当就法律规定的不承担责任或者减轻责任的情形及其行为与损害之间不存在因果关系承担举证责任。翔安区渔政管理站对陈如林所作的询问笔录明确载明陈如林的职务系工贸公司的经理，陈如林在该份笔录中陈述工贸公司污水排到水渠，导致水渠下游鱼塘死鱼的事实，该陈述可与厦门市海洋与渔业环境监测站出具的《厦门市海洋与渔业环境监测站渔业污染事故调查鉴定报告》中载明的现场调查情况及调查鉴定意见相互印证，可证明工贸公司排出的废水系本案鱼塘鱼死亡的主要污染源。工贸公司针对该份询问笔录及《厦门市海洋与渔业环境监测站渔业污染事故调查鉴定报告》未提供充分证据予以反驳，法院对工贸公司关于陈如林不是工贸公司经理及工贸公司的污水不可能流到鱼塘的主张不予采信。诉讼中工贸公司对于其污染环境的行为与鱼塘鱼死亡之间不存在因果关系也未能尽举证责任，原审法院对工贸公司的鉴定申请不予准许，认定工贸公司污染环境的行为与陈某、王某杨、王某富的鱼塘中鱼死亡的损害后果之间具有因果关系并无不当，依法予以确认。陈某、王某杨、王某富对于其所遭受的损失未能尽举证义务，原审法院综合本案证据材料酌定工贸公司赔偿陈某、王某杨、王某富因鱼死亡造成的损失数额为6万元属合理裁量，依法予以维持。综上，工贸公司的上诉请求均不能成立，法院予以驳回；原审判决并无不当，法院予以维持。福建省厦门市中级人民法院依照《中华人民共和国民事诉讼法》第六十四条第一款、第一百七十条第一款第一项之规定，判决如下：

驳回上诉，维持原判。

【法官后语】

本案的争议焦点在于以下两个方面：

1. 原、被告举证责任的分配

在环境污染责任的认定中，由受害人对污染者的行为与其损害之间存在因果关系进行举证非常困难，如果仍然按照民事诉讼中

“谁主张，谁举证”原则，由受害人承担因果关系的举证义务，则受害人很难获得救济，这是由环境污染侵权的特殊性决定的。第一，环境污染损害一般具有长期性、潜伏性、持续性、广泛性的特点，有的环境污染损害地域广泛，污染源与损害结果地距离很远，有的损害结果往往不是即时完成的，而是日积月累慢慢形成的，所以即使产生损害，往往时过境迁，证据灭失，很难判断出损害事实是否由某侵权行为造成，使因果关系的证明非常困难。第二，环境污染造成损害的过程具有复杂性，损害并非总是由污染物直接作用人身和财产造成的，往往是污染物与各环境要素或者其他要素相互之间发生物理、化学、生物的反应，经过迁移、扩散、转化、代谢等一系列中间环节后才起作用。甚至有的时候，污染物本身是不会致害的，但和其他因素一起作用就产生了损害，使因果关系表现得十分隐蔽和不紧密，认定十分困难。第三，有的环境污染侵权涉及一系列的物理、化学、生物、地理、医学等专业知识甚至一些高科技知识，要证明行为与损害事实之间的因果关系，必须具备相关的专门科学技术知识和仪器设备，这些知识、技术和仪器并非平常人所能具备。甚至在一些时候，在现在的科学技术条件下，一些环境污染损害的因果关系还无法认定。第四，在确定因果关系时，多因一果的现象经常出现，如数家工厂向同一河流排污，河水被污染致使饮用该河水的居民感染疾病，在这种情况下，受害人很难或根本无法证明谁是致害人，证明因果关系更困难。

本案涉及的举证责任的分配，根据《最高人民法院关于适用〈中华人民共和国民事诉讼法〉若干问题的意见》[①] 第七十四条，

---

① 本司法解释已失效。

《最高人民法院关于民事诉讼证据的若干规定》第四条之规定，应适用举证责任倒置，即原告就其损害事实进行举证即可；而被告应就法律规定的免责事由及其行为与损害结果之间不存在因果关系进行举证。

环境污染具有易逝性、扩散性，污染事件发生后，必须尽快收集、固定相关证据。环境保护行政主管部门依职权或应当事人申请对污染者、污染物、排污设备、环境介质等进行查封、扣押、记录、检测、处罚，形成的行政文书有助于法院准确认定案件事实。本案污染事故发生后，政府相关部门应及时介入，出具调查报告，固定、保全证据，为法院准确认定案件事实奠定了基础。本案中原告虽然不用承担被告的排污行为和自己所遭受的损害事实之间具有因果关系的举证责任，但仍应当对自己遭受损害的事实以及所造成的具体损失数额承担举证责任。

由于原告在鱼死亡时及时向有关行政部门进行了投诉、报案，行政部门及时对现场进行了调查，故原告的举证责任已经完成大部分。而行政机关源于现场的调查取证实际上也证明了被告污染事实的存在，使得原告的举证更具有说服力。被告在无法举证证明其侵权行为与损害后果不存在因果关系或者法律规定的免责事由成立的情况下，应承担举证不能的法律后果。

2. 原告损失数额的认定

原告的损失数额，应当包括直接损失和间接损失两部分的全部赔偿。我国损害赔偿理论认为，对赔偿责任的范围并不取决于行为人的过错程度，而是以行为人对其行为所造成的财产损失的大小为依据，承担全部赔偿责任。损失包括直接损失和间接损失两部分，前者是对现有财产的直接减少，后者则是在正常情况下实际可以得到的收益。一般地讲，赔偿标准应该参照当地同类行业的一般标准确定。在环境污染事故发生时，受害人往往因为法律知识的欠缺，无法及时维护自己的合法权益，造成诉讼阶段对自己的损失不能提供充分、确切的证据证实。而鉴于一些环境污染案件的特殊性，使得鉴定标的已经灭失，在诉讼中已无鉴定的可能。对此若原告能够举证证明自己的合理损失，被告即使提出异议，因客观情况的不准许，原告的合理损失亦应得到支持。

关于新旧法律衔接的说明，本案所适用的法律条文主要是《中华人民共和国侵权责任法》第六十五条、第六十六条，已分别被《中华人民共和国民法典》第一千二百二十九条、第一千二百三十条所取代，但内容未变化。

编写人：福建省厦门市翔安区人民法院　张春雷

十、饲养动物损害责任纠纷

148 非接触性饲养动物侵权的认定

——朱某诉孙某、于某饲养动物损害责任案

【案件基本信息】

1. 裁判书字号

北京市西城区人民法院（2019）京0102民初7347号民事判决书

2. 案由：饲养动物损害责任纠纷

3. 当事人

原告：朱某

被告：孙某、于某

【基本案情】

2018年1月27日21时许，朱某（女，65岁）在其居住的小区8楼西侧电梯间等候电梯。电梯门打开后，从电梯内冲出一只大型边牧犬，该犬扑向朱某携带的小狗。朱某在提着小狗后退时摔倒受伤，经医院诊断为腰1、腰2椎体压缩性骨折。2018年12月7日，北京法源司法科学证据鉴定中心出具鉴定意见书，内容为朱某腰1、腰2椎体压缩性骨折椎体成形术后，评定为九级伤残；护理期为60~90日，营养期为60~90日。经查，该大型边牧犬的饲养者为孙某、于某。

朱某起诉，要求孙某、于某承担损害赔偿责任；孙某、于某认为朱某的受伤与自己无关，不同意朱某主张的诉讼请求。

【案件焦点】

非接触性饲养动物侵权如何认定因果关系。

【法院裁判要旨】

北京市西城区人民法院经审理认为：饲养的动物造成他人损害的，动物饲养人或者管理人应当承担侵权责任。违反管理规定，未对动物采取安全措施造成他人损害的，动物饲养人或者管理人应当承担侵权责任，禁止饲养的烈性犬等危险动物造成他人损害的，动物饲养人或者管理人应当承担侵权责任。孙某、于某主张朱某的受伤与自己没有关系，但从本案现有证据可以认定：2018 年 1 月 27 日晚，于某携带边牧犬进入电梯后电梯在 8 层开门，边牧犬跑出电梯与 8 层牵着小狗的朱某相遇，边牧犬扑向朱某牵着的小狗，朱某提着小狗后退时摔倒受伤。根据《北京市养犬管理规定》，本市重点区域内，不得饲养大型犬、烈性犬，携犬出户时应当束犬链，携犬人应当携带养犬登记证，并应当避让老年人、残疾人和孕妇。对烈性犬、大型犬实行拴养或圈养，不得出户遛犬。孙某、于某作为边牧犬的饲养人、管理人违反了上述规定，造成朱某受伤，应当承担全部侵权责任。

北京市西城区人民法院依照《中华人民共和国侵权责任法》第六条、第十六条、第七十八条，《中华人民共和国民事诉讼法》第六十四条第一款之规定，判决如下：

一、本判决生效之日起十五日内，被告孙某、于某赔偿原告朱某医疗费 53991.92 元、住院伙食补助费 400 元、护理费 7820 元、营养费 2250 元、残疾赔偿金 217568 元、精神损害抚慰金 10000 元、鉴定费 3150 元、交通费 93 元，合计 295272.92 元；

二、驳回原告朱某的其他诉讼请求。

【法官后语】

近些年，随着人民生活水平的提高，越来越多的人开始饲养宠物，尤其在大城市，动物饲养的数量呈逐年上升趋势，动物已由单纯的维持生计的工具转化为生活的伴侣和助手。与此同时，因动物而导致他人人身权、财产权的损害问题也渐渐增多。《中华人民共和国民法典》第一千二百四十五条规定，饲养的动物造成他人损害的，动物饲养人或者管理人应当承担侵权责任；但是，能够证明损害是因被侵权人故意或者重大过失造成的，可以不承担或者减轻责任。从上述规定中可以看出，动物饲养人或者管理人承担的是无过错责任，即一般情况下只要是饲养的动物给他人造成损害，饲养人应当承担赔偿责任，除非损害系受害人过错或者第三人过错导致。构成动物侵权应符合以下构成要件：第一，存在动物加害行为；第二，存在损害后果；第三，动物加害行为与损害后果具有因果关系；第四，不存在免责事由。动物加害行为不仅是认定侵权构成的要件，亦是认定动物饲养人赔偿责任的关键。这里的动物侵害行为并不单指动物与被侵权人直接接触致损的情况，亦包括不直接发生动物冲撞、扑咬等直接接触的侵害。例如，一般观念中，饲养的宠物狗致人受伤基本上是狗咬伤人，而在本案中，孙某、于某饲养的大型边牧犬根本未与伤者朱某接触，而是接触了朱某的小狗，朱某是在慌乱中提着小狗后退时摔倒受伤的。

在认定因果关系上，这类案件比较特殊。本案中，朱某虽未与孙某、于某饲养的大型边牧犬直接接触，但根据本案发生的实际情境，很难不认定朱某后退时摔伤与大型边牧犬冲出电梯有因果关系。由于大型边牧犬冲出电梯直接扑向朱某的小狗，此时牵着小狗的朱某第一反应是将小狗提起拉回，这种举动符合一般人的生活常识，也是一个理性人遇见此情况会采取的正常措施，而在此过程中朱某摔倒受伤，这从另一方面说明大型边牧犬扑向小狗、朱某拉起小狗后退是一个完整的连贯过程，因此根据相当因果关系理论，大型边牧犬扑向小狗与朱某受伤有因果关系。

这类案件中另一典型情况为被侵权人因看到动物产生恐惧、惊吓、紧张的心理，最终造成损害后果。例如，行动不便的老年人因受到饲养人牵引的宠物狗惊吓而摔倒，最终导致伤残的严重后果。由于被侵权人年老，行动不便，即使宠物狗并未直接接触被侵权人，亦足以造成被侵权人恐惧、紧张的心理，从而致使被侵权人在躲避宠物狗过程中摔倒，此情况下亦应认定被侵权人受伤的后果是因宠物狗引起。当然，对这种因看到动物产生恐惧、惊吓、紧张的心理而造成损害后果的处理方式不是一成不变的，而要根据受害人的特征、年纪、身体状况，动物的体型、危险程度等综合考虑，同时也要从一个正常的理性人的生活经验去具体衡量所受伤害与看到动物之间的关系。例如，某正常成年人被路边的温顺的宠物狗吓到并在逃跑的过程中发生损害，应否认因果关系的存在。

编写人：北京市西城区人民法院　孙学武

149　“好心”饲喂遗弃动物可在一定范围内被认定为该动物管理人

——崔某诉罗某、温某饲养动物损害责任案

【案件基本信息】

1. 裁判书字号

北京市石景山区人民法院（2019）京0107民初14294号民事判决书

2. 案由：饲养动物损害责任纠纷

3. 当事人

原告：崔某

被告：罗某、温某

【基本案情】

2018年8月8日，崔某在某小区院内散步，被一条约1米长的黄色比特犬咬伤臂部、腿部等处。崔某呼叫救命，吕甲前来赶走了比特犬及周围的几条流浪狗。随后，崔某前往某中医院、某总医院治疗。某中医院诊断崔某的病情为犬咬伤，三级暴露。某总医院急诊病历载明：冲洗消毒伤口，注射狂犬病免疫球蛋白，抗炎治疗，缝合引流伤口，隔2日换药，14天拆线。崔某报警后，涉案比特犬在罗某的配合下被抓捕。

2019年4月29日，崔某将罗某诉至法院。为查明案件事实，法院追加温某作为被告参加诉讼。经释明，崔某坚持只要求罗某赔偿损失。崔某认可温某已经赔偿其6.5万元。

法院调取了石景山公安分局模式口派出所的询问笔录。“吕甲的询问笔录”载明：“吕甲答：2018年8月8日14时30分，我准备去干活，听见有人喊救命。我赶紧过去看，当时看见有好多狗围着一名女子。我就大喊一声，那女子冲我跑了过来。问：黄狗是哪里来的？答：平时在维修队院里拴着的，最近都是散养的。问：这条狗是谁的？答：不知道。问：这条狗平时谁喂？答：好多人都喂。主要是院里的罗某喂。”“吕乙的询问笔录”载明：“问：你的工作单位？答：现在已经退休了，但我每天还在部队大院内工程队上班。问：这条狗为什么会在工程队的门口？答：这条狗在院里有好几个月了，平时都在院的西南角待着，大部分的时候是拴着的。院里有个干活的罗某，每次他来就把狗放开了。问：这条狗平时谁在喂？答：平时罗某喂，有时候有当兵的来看狗。问：这条狗是谁的？答：我不知道。”“罗某的询问笔录”载明：“问：狗为什么没拴在修理队南库？答：2018 年 3 月，李某、徐某、温某三个人带着狗跟我说这个地方没人管，狗就放这里。当时把狗拴树上了。有时候我喂狗，有时候别的住在院里的人也喂狗。问：李某、徐某、温某三人把狗放在院子里是卖给你还是让你寄养的？答：都不是。问：你喂过这只狗几次？答：我做饭吃剩下的就喂这只狗。”

诉讼中，温某主张比特犬已送给罗某，但未提供证据证实。经释明，崔某不申请对其伤情进行鉴定。

【案件焦点】

1. 罗某对被遗弃的烈性犬存在饲喂行为，能否被界定为动物的管理人；2. 涉案烈性犬伤害他人，责任应该如何划分。

【法院裁判要旨】

北京市石景山区人民法院经审理认为：公民的生命健康权应当受法律保护。《中华人民共和国侵权责任法》第八十条和第八十二条规定：“禁止饲养的烈性犬等危险动物造成他人损害的，动物饲养人或者管理人应当承担侵权责任。”“遗弃、逃逸的动物在遗弃、逃逸期间造成他人损害的，由原动物饲养人或者管理人承担侵权责任。”随着社会经济的发展和居民生活水平的提升，人们对精神生活越来越重视，饲养动物的人群和家庭日益增多。然而，动物是具有生命力和攻击力但缺乏理智的特殊主体，其饲养人和管理人在享受乐趣的同时，也应承担较高的管理责任。饲养人、管理人应严格遵守相关管理及安全规定，以降低饲养动物给公民健康和人身安全带来的危险性，营造安全的居住环境，维护社会公共秩序。《中华人民共和国侵权责任法》（现为《中华人民共和国民法典》侵权责任编）立法的目标之一亦在于救济受害人，维护公共安全。其中明确规定禁止饲养的烈性犬等危险动物造成他人损害的，动物饲养人或者管理人应当承担严格的无过错责任。因此，造成他人损害，无论受害人有无过错，动物饲养人或管理人均应承担侵权责任。《北京市养犬管理规定》第十条也明确规定，在重点管理区内，每户只准养一只犬，不得养烈性犬、大型犬。石景山区为北京市养犬重点管理区，在该区域不得喂养烈性犬。

本案中将崔某咬伤的狗为比特犬。比特犬是作为斗犬而繁殖培养出来的一种具有强大杀伤力的凶猛犬种，属于我市禁止饲养的烈性犬。温某在明知比特犬为烈性犬的情况下仍购买并饲养，且在部队不允许饲养后，温某未妥善处理比特犬，随意将狗安放在维修队的院落里，放任了危害后果的发生。故认定温某为比特犬的饲养人，应当对崔某的损失承担主要责任。此外，现有证据能够证实，不只罗某一人喂养涉案比特犬。但罗某是主要的无偿管理人。事发当天，罗某未将比特犬拴住，造成了崔某的损伤。故罗某应当对崔某的损失承担次要责任。

以原告的实际损失为基础，并考虑崔某不向温某主张的事实，对罗某应当赔偿崔某的各项损失认定为 1 万元。另外，温某已经赔偿崔某 6.5 万元，因温某、崔某未在本案主张，故不予处理。

北京市石景山区人民法院依照《中华人民共和国侵权责任法》第八十条、第八十四条之规定，作出如下判决：

一、罗某于本判决生效后七日内赔偿崔某医疗费、护理费、营养费、交通费、连衣裙和鞋的损失共计8000元；

二、驳回崔某的其他诉讼请求。

判决后，双方当事人均未上诉，本判决现已生效。

【法官后语】

禁止饲养的烈性犬等危险动物造成他人损害的，动物饲养人或者管理人应当承担侵权责任。遗弃、逃逸的动物在遗弃、逃逸期间造成他人损害的，由动物原饲养人或者管理人承担侵权责任。立法虽明确规定禁止饲养烈性犬，被遗弃的烈性犬造成他人损害的，原饲养人或管理人应当承担侵权责任。然而，如何解释动物饲养人或管理人，在本案中存在较大争议。

1. 饲喂被遗弃烈犬的“好心人”能否被界定为动物的管理人

立法并未直接规定动物致人损伤的责任主体仅为动物的所有人，而是采用了饲养人或管理人的表述。这是因为，人们常常出于享受乐趣、表达爱心等各种目的，在不囿于只是所有人的情况下，去管理和饲养动物。故而，动物的管理人、饲养人的范畴应当大于所有人的范畴。同时，立法也是出于严格规定动物管理人或饲养人的责任，降低饲养动物给公民健康和人身安全带来的危险性，营造安全的居住环境，维护社会公共秩序之需要。探究立法本意，笔者认为，饲养人或管理人应该包含下列特征：(1) 为特定的动物提供食物与照料；(2) 对该动物具有一定控制力。本案中，比特犬的原所有人温某因不具备饲养条件，将其网购的比特犬随意遗弃在工作单位的一个院落里。现无证据证实温某在遗弃比特犬之前，曾与罗某就饲养、管理比特犬达成合意。而该院落还有其他流浪狗，院落里的很多住户常常出于"好心"投喂这些流浪狗。罗某即"好心"人之一。但经查实，罗某与普通的"好心"人具有明显的区别。首先，罗某对涉案比特犬的喂养较多；其次，平时罗某将比特犬拴起来，罗某来看狗时会将狗放开，故罗某对涉案比特犬有管理的行为；最后，罗某对涉案比特犬有一定控制力，该犬伤人后，罗某协助警察完成了抓捕工作。鉴此，罗某虽非涉案比特犬的所有人，也不是温某委托的管理人、饲养人，但罗某的饲喂成为该犬在被遗弃后主要的食物来源，经常性的管理也让罗某对该犬具有一定的控制力，故罗某应被认定为管理人。

2. 被遗弃的烈性犬伤害他人，责任如何划分问题

案发当天，涉案比特犬因散养在院落，失去管控咬伤崔某。本案中，温某为比特犬的购买人，罗某为"好心"管理人。烈犬伤人后，责任该如何划分？

《北京市养犬管理规定》第十条明确规定，在重点管理区内，每户只准养一只犬，不得养烈性犬、大型犬。案发地为北京市养犬重点管理区，在该区域不得喂养烈性犬。温某作为原饲养人，未妥善处理比特犬，随意将烈性犬遗弃在工作单位的院落里，放任了危害后果的发生，对崔某损失的发生具有较大过错，应当承担主要责任。而罗某应当知道涉案犬为禁止饲养的烈性犬，仍管理、饲养该比特犬，故对事故发生也应当承担责任。但罗某是无偿的、非固定的管理人。该比特犬是处于被遗弃状态，事发当天，罗某未拴住比特犬，导致比特犬失控，造成了崔某的损伤。对事故发生也应当承担责任。但罗某是无偿的、非固定的管理人，该比特犬仍处于被遗弃状态，故罗某应当对崔某的损失承担次要责任。

近年来，随着居民生活水平的提升，人们对精神生活越来越重

视，很多居民选择饲养宠物。宠物数量的增加、类型的多样化，致使宠物致人损害的案件呈现复杂化趋势。尤其动物在遭人遗弃或丢失之后，又致人损害的，受害者往往因为找不到原饲养人而导致损失得不到赔偿。在司法实践中，有些受害人选择将饲喂人作为被告诉至法院，但是被遗弃、丢失动物的饲喂人是否可以直接等同于法律规定的饲养人或管理人，在理论和实践上都存在一定争议。比如，爱心人士对流浪猫狗进行饲喂。有观点认为，饲喂不一定以所有或占有为目的，饲喂面向不特性的动物，饲喂人对特定的动物不具有控制力，因此饲喂人不能被认定为饲养人或管理人。需要指出，饲喂人是否能被认定为法律规定的饲养人或管理人，不宜仅以是否存在饲喂行为、饲喂行为是否长期存在为唯一要件，还应考量该动物对饲喂人的生存依赖度以及饲喂人对动物的控制力等综合因素。饲养动物是相对于野生动物的概念，饲养动物的生存依赖于人类的饲养行为，且饲养人对饲养动物的管理、控制是其承担责任的来源。而对于照顾流浪动物的爱心人士，不应对其过于苛责。本案中，涉案比特犬固定饲养在同一个地方，平时用绳拴住，与在相当面积的范围内（可能横跨几个居民小区）自由活动的流浪动物相比，饲喂人对二者的控制力是不同的，饲喂人对前者具有更高的控制力。

《中华人民共和国民法典》施行后，对于饲养动物损害责任的相关规定，基本上吸收、沿袭了原《中华人民共和国侵权责任法》的相关规定，但将原《中华人民共和国侵权责任法》第八十二条规定中的“原动物饲养人或者管理人”修改为“动物原饲养人或者管理人”，使责任主体更加清晰。

对于遗弃、逃逸动物致人损害是否具有抗辩事由的问题。一般来说，动物致害适用无过错责任原则，减免责事由应当具体区分动物的类型适用《中华人民共和国民法典》第九章中不同的规定。对于本案中的比特犬，属于北京市禁止在城六区内饲养的大型犬、烈性犬范畴，应当适用《中华人民共和国民法典》第一千二百四十七条规定，原饲养人、管理人应当承担更高的注意义务和社会责任，而受害人是否具有过失不是减免责的法定事由。

大量的宠物与人共同生活在一个城市空间中，对城市的环境、公共卫生、社会秩序等方面都提出了挑战，如何管理好数量庞大的宠物群体是城市管理者必须面对的问题之一。笔者提出以下建议：第一，对宠物实行登记注册免疫制度，并建立可追溯饲养人的系统，保证在宠物脱离控制时，可以对其饲养人进行追溯；第二，加强法制宣传，严格落实城市养犬等相关的规章制度，培育文明饲养宠物的良好社会风气；第三，引导民众科学看待流浪动物，政府应对街面上的流浪动物进行排查和收容，鼓励民众以领养代替购买；第四，不饲养法律法规所禁止饲养的动物。

编写人：北京市石景山区人民法院　孙紫淇　沈霞

150 未对动物采取安全措施与被侵权人存在重大过失竞合时的责任认定

——赵甲诉赵乙、严某饲养动物损害责任案

【案件基本信息】

1. 裁判书字号

北京市房山区人民法院（2019）京0111民初13069号民事判决书

2. 案由：饲养动物损害责任纠纷

3. 当事人

原告：赵甲

被告：赵乙、严某

【基本案情】

赵甲和赵乙均系北京市房山区十渡镇××村村民，二人利用各自饲养的马匹在××村委会无偿提供的场地内以出租马匹供游客骑玩的方式从事经营活动。

2018年10月2日14时许，游客严某租骑赵乙的马匹在上述场地内跑圈游玩。第一圈，赵乙牵领马匹供严某骑玩；第二圈，赵乙应严某要求，没有牵领，严某遂独自骑行跑圈。与此同时，赵甲为看顾场中马匹进入跑道，被正在骑马跑圈的严某撞倒。

赵甲的伤情被北京市房山区第一医院诊断为：急性胸部闭合性损伤，左侧第1-10肋骨骨折，右侧第1-5肋骨骨折，双侧创伤性血胸，肺挫伤，左侧后胸壁伤口不愈合蛛网膜下腔出血，左锁骨骨折，头面部皮擦伤，岗上肌腱损伤肩胛下肌肌腱损伤，左肩关节积液，左肩关节周围软组织损伤，脑胶质瘤术后。2018年10月2日至2018年11月17日，赵甲在北京市房山区第一医院住院治疗，产生医疗费127081.11元、护理费1200元。赵乙负担了赵甲住院期间的医疗费用28000元。赵甲出院后陆续在医疗机构继续治疗产生医疗费804.59元。2019年6月24日，中天司法鉴定中心出具司法鉴定意见书，鉴定意见为：（1）赵甲12根以上肋骨骨折的伤残等级为九级，左肩关节功能丧失25%以上的伤残等级为十级，综合赔偿指数为25%；（2）赵甲的误工期评定为150日，护理期评定为60日，营养期评定为90日。赵甲支付鉴定费3350元。

【案件焦点】

1. 动物管理人、直接控制人及被侵权人三方均存在重大过失时的责任认定问题；2. 赵甲虽存在擅入跑道的重大过失行为，但能否基于赵乙放任严某独自骑玩而未对其经营管理的马匹采取安全措施的事实免于自负相应责任。

【法院裁判要旨】

北京市房山区人民法院经审理认为：本案系因饲养的动物造成他人损害产生的纠纷，故应为饲养动物损害责任纠纷。根据查明事实，赵甲的人身受到损害系赵乙饲养的马匹造成的，对此赵乙应当承担侵权责任；赵甲疏于注意自身安全，存在重大过失，可以减轻动物饲养人的责任；严某过于自信独自控制马匹跑圈撞倒赵甲，对于损害结果的发生存在过失，亦应承担一定责任。故关于责任的划分，赵乙承担40%的责任，严某承担30%的责任，赵甲自担30%的责任。

关于赔偿范围：（1）医疗费根据医疗机构出具的医药费、住院费等收款凭证，结合病历和诊断证明等相关证据确定。经核算，医疗费合计127885.70元。（2）误工费根据受害人的误工时间和收入状况确定。鉴定意见评定的误工期为150日，赵甲无固定收入亦未举证证明最近三年的平均收入状况，故其收入状况参照北京市职工最低工资标准每月2120元计算。经核算，误工费应为10600元。（3）护理费根据护理人员的收入状况和护理人数、护理期限确定；护理人员有收入的，参照误工费的规定计算；护理人员没有收入或者雇用护工的，参照当地护工从事同等级别护理的劳务报酬标准计算。鉴定意见评定护理期为60日，按每日100元计算，护理费为6000元。(4)营养费根据受害人的伤残情况参照医疗机构的意见确定;出院医嘱建议适当加强营养,鉴定意见评定营养期为90日,按每日50元计算,营养费为4500元。(5)交通费根据受害人及其必要的陪护人员因就医或者转院治疗实际发生的费用计算。交通费应当以正式票据为凭;有关凭据应当与就医地点、时间、人数、次数相符合。法院酌情确定交通费500元。(6)住院伙食补助费,住院病案首页显示实际住院46天,按每日100元计算,合计4600元。(7)残疾赔偿金根据受害人伤残等级,按照受诉法院所在地上一年度农村居民人均纯收入标准,自定残之日起按二十年计算。鉴定意见确定赵甲12根以上肋骨骨折的伤残等级为九级,左肩关节功能丧失25%以上的伤残等级为十级,综合赔偿指数为25%,2018年年度农村居民人均可支配收入26490元,残疾赔偿金为132450元。(8)关于精神损害抚慰金,应给予精神损害抚慰金12500元。(9)经审查,医疗器械费用实为住院期间产生的合理费用,应为1291.6元。

根据已确定的医疗费、误工费、护理费、营养费、交通费、住院伙食补助费、残疾赔偿金及精神损害抚慰金、住院治疗期间与愈伤有关的合理费用等各项费用,合计300327.3元。结合责任比例确定赔偿义务人和受害人应予分担赔偿数额如下:赵乙应赔偿包括医疗费、误工费、护理费、营养费、交通费、住院伙食补助费、残疾赔偿金、精神损害抚慰金、住院期间因愈伤产生的日用品费用在内的赔偿总额为120130.92元;严某赔偿总额为90098.19元;赵甲自行承担费用为90098.19元。

北京市房山区人民法院依照《中华人民共和国侵权责任法》第十六条,《最高人民法院关于适用〈中华人民共和国民事诉讼法〉

的解释》第九十条规定，判决如下：

一、赵乙于本判决生效之日起十日内赔偿赵甲医疗费、误工费、护理费、营养费、交通费、住院伙食补助费、残疾赔偿金、精神损害抚慰金、住院期间产生的合理费用，以上共计120130.92元；

二、严某于本判决生效之日起十日内赔偿赵甲医疗费、误工费、护理费、营养费、交通费、住院伙食补助费、残疾赔偿金、精神损害抚慰金、住院期间产生的合理费用，以上共计90098.19元；

三、驳回赵甲的其他诉讼请求。

判决后，双方当事人均未上诉，本判决现已生效。

【法官后语】

本案处理重点在于侵权责任比例的划分。

首先，严某作为马匹的直接控制人在游玩时未遵守安全管理规定，要求独自骑行，并因其对自身骑术过于自信直接导致了损害结果的发生，应承担相应赔偿责任。其次，赵乙作为马匹的管理人和经营者，同意严某独自骑行，放任马匹脱离必要的安全防护措施进入场地，最终导致了损害结果的发生，其应承担重于严某的赔偿责任。然本案核心在于赵甲是否应基于其擅入跑道的重大过失行为自负部分责任的问题。

原《中华人民共和国侵权责任法》第七十八条对饲养动物损害责任进行了一般规定，即饲养的动物造成他人损害的，动物饲养人或者管理人应当承担侵权责任，但能够证明损害是因被侵权人故意或者重大过失造成的，可以不承担或者减轻责任。第七十九条则对饲养人、管理人未采取安全措施的情形进行了特殊规定，即违反管理规定，未对动物采取安全措施造成他人损害的，动物饲养人或者管理人应当承担侵权责任。就立法目的判断，虽然我们理解立法者显然在动物饲养人或管理人能够基于被侵权人故意而免除或减轻责任的情况下，又对该项免除或减轻的情形作了限制，即在动物饲养人或管理人未对动物采取安全措施的情形下，对其科以更重的责任认定规则。但结合上述两条规则来看，原《中华人民共和国侵权责任法》亦未直接认定当动物管理人未对动物采取安全措施与被侵权人存在故意或重大过失两种情况竞合时，被侵权人当然免除其自负责任，且不与动物管理人进行过失相抵。

因此，在适用该条规定免除被侵权人自负责任时，对以下两点情形加以考察，当能在尊重立法目的的基础上，最大限度地实现个案公平：（1）应考察动物管理人是否基于动物所处场所客观上已是特定非公共区域而解除了对动物采取的安全措施；（2）应考察被侵权人出现重大过失时，是否应基于其特定的职能、身份而被科以较常人更高的注意义务。

本案中，赵乙放任严某独自骑行却使马匹脱离了安全措施管控，但基于马场跑道及外围场地的防护措施来看，在严某独自骑行时，如有其余人员欲进入跑道，亦必须经由马场经营者组织带领。因此，针对特定的时间、空间条件，该场地对于可能在场的马场经营者赵乙、赵甲及游客严某而言实际上已经构成了特定的非公共区域；另外赵甲作为马场的经营者之一，其在严某骑行时进入跑道的动因是为看顾场地中心区域散放的马匹，实属经营行为，此时其更应意识到跑道中有游客骑行时，擅自进入跑道可能会导致的严重后果。根据上述两点特殊情形，赵甲应为其特定重大过失行为导致的损害结果自负部分责任。

与一般饲养动物损害责任纠纷类案件的审理思路不同，承办法官始终坚持法律效果与社会效果相统一的原则处理本案。从立法自身逻辑入手，剖析法律规定内涵及深层次立法目的，同时严格依据本案的特殊事实情况来认定各方责任划分的比例。本案判决后，承办法官对各方进行了深入的事实分析和法理论述，各方当事人均服判息诉，履行了相应的赔偿责任。

本案所涉及的未对动物采取安全措施与被侵权人存在重大过失竞合时责任认定的问题，在新旧法衔接上存在新的变化。即在《中华人民共和国民法典》实施之后也取得了与本案判决同向变化，即关于未采取安全措施的侵权责任划分问题进一步细化。《中华人民共和国民法典》第一千二百四十六条变更规定为：违反管理规定，未对动物采取安全措施造成他人损害的，动物饲养人或者管理人应当承担侵权责任；但是，能够证明损害是因被侵权人故意造成的，可以减轻责任。新法规则在侵权责任比例划分的框架下，可以理解为有意将动物饲养人、管理人和被侵权人三者的责任竞合予以区分，并进行单独评价。在此基础上，本案对相应侵权责任比例划分的立法原意判断亦基本符合立法的变化方向。

编写人：北京市房山区人民法院　周扬

151　饲养动物侵权案件中责任比例的认定

——张甲诉张乙、单某饲养动物损害责任案

【案件基本信息】

1. 裁判书字号

北京市石景山区人民法院（2018）京0107民再5号民事判决书

2. 案由：饲养动物损害责任纠纷

3. 当事人

原告：张甲

被告：张乙、单某

【基本案情】

2015年6月8日5时22分，在北京市石景山区某小区南门附近的道路上，张甲由北往南行走，单某用绳索牵着自己的犬亦在该处与张甲同方向行走。张乙之犬在未被绳索牵制的情况下从张甲、单某右侧跑过来，与单某之犬进行打闹。在两只犬打闹过程中，单某的手松开了拴犬的绳索，两只犬一边打闹一边朝张甲的方向前行。张乙之犬在打闹、前行过程中从后面撞到张甲腿部，张甲摔倒在地，单某上前拉住自己犬的绳索，将其控制；张乙之犬跑向右侧，随后张乙上前。事发当天，张乙先将张甲送至首都医科大学附属北京某医院，后至北京石景山医院进行检查，检查结果为：（1）左膝关节外侧半月板撕裂伤，内侧半月板II-III度损伤；（2）左腿膝关节外侧副韧带轻度损伤；（3）左膝关节退行性改变，左膝关节髌骨、股骨及胫骨多发骨髓水肿或囊变信号；（4）左膝关节囊积液，滑膜皱襞形成，滑膜炎不除外，关节周围软组织稍肿胀。同年8月12日至8月19日，张甲至北京石景山医院治疗。经委托，北京中正司法鉴定所就张甲因被犬撞伤所致伤情进行鉴定，出具鉴定意见：张甲损伤程度为轻伤二级。诉讼中，张甲向法院申请对张甲的左膝关节外侧半月板撕裂、内侧半月板II-III度损伤、左膝关节外侧副韧带轻度损伤与2015年6月8日被张乙和单某两犬撞倒之间是否存在因果关系、参与度、护理期、营养期及由此产生的医疗费的必要性进行鉴定。司法鉴定所出具司法鉴定意见书，鉴定意见为：（1）张甲伤残等级为十级；（2）建议护理期60~90日，营养期30~60日；（3）张甲左膝关节外侧半月板撕裂、内侧半月板II-III度损伤、左膝关节外侧副韧带轻度损伤主要由2015年6月8日外力所致，先天不利因素占次要作用，建议外伤参与度为E级（60%~90%）；（4）医疗费必要性详见分析说明。经查，张乙之犬已经办理了养犬证。

张甲将张乙、单某诉至法院，请求法院判决二人赔偿其各项费用13万余元及精神损失费2万元。

【案件焦点】

1. 单某是否需承担侵权责任；2 若张乙和单某均需承担责任，则二人承担连带责任还是按份责任。

【法院裁判要旨】

北京市石景山区人民法院经审理认为：饲养的动物造成他人损害的，动物饲养人或者管理人应当承担侵权责任，但能够证明损害是因被侵权人故意或者重大过失造成的，可以不承担或者减轻责任。本案中，依据录像、病例、鉴定意见书等足以证明张甲系因被张乙饲养的犬撞倒，导致左膝关节等受伤并构成十级伤残的事实。且依据相关规定，携犬出户时，应当对犬束牵引带，由成年人牵领，并应当避让行人。事发时，张乙并未对犬加以管理造成损害的发生，对此应承担赔偿责任。

北京市石景山区人民法院依照《中华人民共和国侵权责任法》第六条、第十六条规定，作出如下判决：

一、张乙于本判决生效后七日内赔偿张甲医疗费、护理费、交通费、住院伙食补助费、营养费、伤残赔偿金、精神损害抚慰金共计 89469. 82 元；

二、驳回张甲的其他诉讼请求。

张乙对判决不服，向北京市人民检察院第一分院申诉。北京市人民检察院第一分院向北京市第一中级人民法院提出抗诉。北京市第一中级人民法院作出（2018）京 01 民抗 1 号民事裁定书，裁定指令北京市石景山区人民法院再审。

北京市石景山区人民法院经再审认为：

一、本案基本事实的认定

依据小区监控录像可以明显看出，单某牵引着自己之犬在路上正常行走，而张乙携犬未对其犬束牵引带。在两犬打闹时，单某松开牵引犬的绳索，张乙亦未对两犬打闹加以制止和管理，最终导致张乙之犬撞倒张甲的客观事实。

再审期间，张乙否认撞倒张甲的犬是自己的犬，这与张乙在原审审理中自认其犬撞倒张甲相互矛盾，根据监控录像显示及相关证据规则规定，张乙对其相互矛盾的陈述应承担对其不利的后果，故对其否认其犬撞倒张甲一节，不予采信。

二、损害后果的责任认定

本案为侵权行为造成的损害，应根据行为人的过错承担侵权责任。饲养动物应当遵守法律，尊重社会公德，不得妨害他人生活；饲养的动物造成他人损害的，动物饲养人或者管理人应当承担侵权责任，但能够证明损害是因被侵权人故意或者重大过失造成的，可以不承担或者减轻责任；未对动物采取安全措施造成他人损害的，动物饲养人或者管理人应当承担侵权责任。而本案中，造成张甲受伤的损害后果为张乙之犬直接撞倒所致，故张乙对此应承担相应责任，对张甲由此造成的合理经济损失应予以赔偿。而单某在两犬打闹过程中未能管控好自己的犬将绳索松开，放任两犬打闹，故单某对张甲受伤存在一定过错，应在其过错范围内承担赔偿责任。考虑张乙、单某对张甲损害的责任大小予以认定张乙承担80%的责任，单某承担20%的责任。

三、合理经济损失的认定

经重新计算，合理损失医疗费用18851.77元、住院伙食补助费280元、护理费5000元、营养费1800元、交通费150元、残疾赔偿金100432.1元。关于犬的撞击与张甲伤情之间的因果关系参与度为70%，即张乙、单某承担张甲上述合理经济损失70%的赔偿责任，同时张乙已负担的140元医疗费用一并予以扣除。

四、精神损害抚慰金数额的认定与原审一致

北京市石景山区人民法院依照《中华人民共和国民事诉讼法》第二百零七条第一款，《中华人民共和国侵权责任法》第六条、第十六条、第二十二条、第七十八条、第七十九条、第八十条、第八十四条规定，作出如下判决：

一、撤销（2015）石民初字第6593号民事判决；

二、张乙于本判决生效后七日内赔偿张甲医疗费、住院伙食补助费、营养费、交通费、护理费、残疾赔偿金共计70847.77元（其中已支付140元）；

三、单某于本判决生效后七日内赔偿张甲医疗费、住院伙食补助费、营养费、交通费、护理费、残疾赔偿金共计17711.94元；

四、张乙于本判决生效后七日内赔偿张甲精神损害抚慰金、鉴定费共计9480元；

五、单某于本判决生效后七日内赔偿张甲精神损害抚慰金、鉴定费共计 2370 元；

六、驳回张甲的其他诉讼请求。

【法官后语】

一、单某在本案中是否应该承担侵权责任

本案为《中华人民共和国民法典》实施之前的侵权行为造成的损害，应根据原《中华人民共和国侵权责任法》等相关法律承担侵权责任。根据原《中华人民共和国侵权责任法》第七十八条规定，原审认为，两只犬在打闹过程中，张乙之犬撞倒张甲，故张乙是侵权行为人，其应该承担责任。单某之犬虽与张乙之犬互相打闹，但单某之犬未将张甲撞倒，其不是侵权行为人，与造成张甲受伤的后果没有直接因果关系。

但是，原《中华人民共和国侵权责任法》第七十九条规定："违反管理规定，未对动物采取安全措施造成他人损害的，动物饲养人或者管理人应当承担侵权责任。"本案中，单某未能提供养犬证，未对其犬进行登记、年检，在遛犬期间未能持续对狗进行牵引，应认定其饲养动物明显不符合《北京市养犬管理规定》，应依据原《中华人民共和国侵权责任法》第七十九条规定，承担无过错责任；且单某在两犬打闹过程中未能管控好自己的犬将绳索松开，放任两犬打闹，导致张乙之犬在与其犬打闹过程中将张甲撞倒，故单某对张甲受伤具有相当因果关系。再审中，法院采纳了检察院抗诉书中的该部分抗诉意见。

《中华人民共和国民法典》仍然单章规定了"饲养动物损害责任"，第一千二百四十五条、第一千二百四十六条沿袭了原侵权责任法第七十八条、第七十九条的规定，其中，在关于动物饲养人或管理人违反规定未对动物采取安全措施致人损害的规定方面，增加了但书关于减轻责任的内容，明确规定能够证明损害是因被侵权人故意造成的则可以减轻责任，但是不能免除民事责任。在此意义上，立法延续了对动物饲养人或者管理人分配危险预防义务的立场，在动物饲养人违反管理规定、未对动物采取安全措施的情况下，可径行认定其过错在先且过错程度较高，被侵权人的过错仅作为责任减轻事由。

二、张乙和单某二人承担连带责任还是按份责任

检察院的抗诉意见中认为，张乙和单某在居民小区遛狗违反了相关规定，其行为均具有主观过错且危及他人人身、财产安全；张乙之犬和单某之犬均对张甲受伤有责任，故应承担连带责任；再审审理中，合议庭中亦有人认为张乙和单某是共同危险行为，在此事件中无法确定张乙和单某谁是侵权行为人，两人责任划分不易，应该承担连带责任。但观看事发时监控视频，能够确定是张乙未将其犬束缚，其犬从后面跑上前与单某之犬打闹，最终张乙之犬将张甲撞倒在地，可明显判断出造成张甲受伤的损害系张乙之犬直接撞倒所致，故张乙是侵权行为人，且对此应承担主要责任；单某之犬虽不是直接将张甲撞倒，但其养犬不符合规定，且对其犬监管不力，亦是侵权行为人，应该承担次要责任，两人责任大小能够进行区分。

原《中华人民共和国侵权责任法》第十条规定了共同危险行为及其责任承担，共同危险行为是数人共同实施危及他人人身、财产安全的行为并造成损害结果，而实际侵害行为人又无法确定的侵权行为。实际侵害行为人无法确定是共同危险行为的要件，因为实际侵害行为人无法确定，进而无法根据具体侵害行为等方面来确定应该承担的责任。《中华人民共和国民法典》第一千一百七十条承继了

原侵权责任法中关于共同危险行为的规定，未对条文作出修改，依然明确了加害人不明是共同危险行为区别于共同侵权行为的主要特征。实践中，共同危险行为的标准应该严格把握，在根据法律规定能够确定具体侵权行为人时不应该适用共同危险行为条款；在具体侵权人明确，但他们各自对受害人造成的损害份额不易分辨的情况下，亦不能滥用共同危险行为相关规定。本案属于饲养动物损害责任纠纷，根据事发当场视频和庭审证据等，能够确定具体的侵权行为人及其责任比例，因此应该根据责任比例对被害人承担按份责任，而不应该由两名侵权行为人共同承担连带责任。

编写人：北京市石景山区人民法院　付天娇

十一、建筑物和物件损害责任纠纷

152 建筑物和物件损害中管理人的过错认定

——邱某俊诉物业公司建筑物和物件损害责任案

【案件基本信息】

1. 裁判书字号

北京市丰台区人民法院（2020）京0106民初第22125号民事判决书

2. 案由：建筑物和物件损害责任纠纷

3. 当事人

原告：邱某俊

被告：物业公司

【基本案情】

邱某俊系某小区业主，物业公司为该小区物业管理企业。2020年3月18日，邱某俊所有的京LX01××号小汽车停放于某小区内。当日，小区楼房顶部油毡瓦因刮大风掉落，导致该车辆前挡风玻璃压条、左侧A柱、左侧后门等多处损坏。案件审理过程中，邱某俊将涉案车辆进行维修，实际支出维修费用9186元。

【案件焦点】

物业公司作为油毡瓦的管理维护方，是否尽到了相应的管理责任，是否应承担相应的民事赔偿责任。

【法院裁判要旨】

北京市丰台区人民法院经审理认为：建筑物、构筑物或者其他设施及其搁置物、悬挂物发生脱落、坠落造成他人损害，所有人、管理人或者使用人不能证明自己没有过错的，应当承担侵权责任。本案因楼顶粘贴的油毡瓦脱落导致损害的发生，依法属于推定过错责任，物业公司作为油毡瓦的管理维护方，是否尽到了相应的管理责任，是否应承担相应的民事赔偿责任，本院认定如下：

首先，从在案所查实的事发原因来看，导致油毡瓦掉落的直接原因虽系当日的八级大风所导致，但物业公司系油毡瓦加固、维护的单位。自然因素虽一般不可避免，但并非一切自然因素均为免责情形，只有在已经尽到自身应尽的法律义务的前提下，仍未能避免自然因素导致事件的发生，方可称之为人力所不能及的意外。故物业公司将事件的发生完全归因于自然因素，系对其管理义务的推诿，本院不予采信。其次，从可预见性角度看，物业公司在得知将有大风来临的情况发生后，虽对小区内的居民进行了通知和提醒，但并未对其工作管理范围内的楼房屋顶油毡稳固程度进行有效的防控和检查，存在工作中的疏漏。最后，从应尽的管理义务程度来看，物业公司系专门从事物业管理的企业，油毡瓦的维护系其物业管理工作的范围。其作为商业主体，对于发生于其自身经营业务领域的风险防范，本身即应负有高于一般人程度的风险注意义务。涉案损害的发生源于油毡瓦的掉落，属于高空坠物，在本案中虽仅导致了车辆损坏的财产损失结果，但此种发生于住宅小区的高空坠物亦有较大危及业主的生命权、健康权等人生权益的风险，且现实中常见此类悲剧的发生，其危险性不言而喻。正是此种较高危险性，侵权责任法将之作为专门的侵权类型加以规范。基于此类事故具有较高的危险性及多发性，亦基于物业公司作为专业的物业管理企业的身份，物业公司应当加强对此类可能同时导致人身损害的风险发生情况负有高度的注意和防范义务。

综上，物业公司虽进行了日常维护和风险排除工作，但未完全做到对油毡瓦安全的维护及防范，对大风造成油毡瓦脱落致邱某俊车辆损失的发生，物业公司应承担相应的赔偿责任。

北京市丰台区人民法院依照《中华人民共和国侵权责任法》第六条、第八十五条规定，判决如下：

一、物业公司于本判决生效之日起十日内向邱某俊支付维修费用损失 9186 元；

二、驳回邱某俊的其他诉讼请求。

判决后，双方当事人均未上诉，本判决现已生效。

【法官后语】

近年来，有关高空坠物，“头顶上的安全”一直是社会大众关注的问题，如何有效地防范头顶上的风险，为群众头顶上的安全提供法律保障，是值得法律界关注的问题。《中华人民共和国民法典》回应社会关切，强化“头顶上的安全”，沿用了原《中华人民共和国侵权责任法》中关于高空坠物的相关法律规定，同时完善了高空抛物的相关规则，强化了物业等管理人的责任。结合本案，在司法实务中，如何对此类高空坠物事故进行准确合理的过错归责，追究相关责任，强化法律的社会规制是值得探讨的问题。

《中华人民共和国民法典》第一千二百五十三条沿用《中华人民共和国侵权责任法》第八十五条规定，建筑物、构筑物或者其他设施及其搁置物、悬挂物发生脱落、坠落造成他人损害，所有人、管理人或者使用人不能证明自己没有过错的，应当承担侵权责任。所有人、管理人或者使用人赔偿后，有其他责任人的，有权向其他责任人追偿。本条规定是过错推定原则在高空坠物中的应用，过错推定原则是指损害发生后，某种基本客观事实或条件而推定行为人具有过错，如果行为人不能推翻该过错之推定证明自己没有过错，则需承担侵权责任。在过错推定责任中，使被告承担责任的归责事由依然是过错，被告是否能够证明自身没有过错则是最终是否承担侵权赔偿责任的关键所在。

在高空坠物案件中，判断被告是否具有过错时，有主观过错理论和客观过错理论为法官的断案裁判提供指导。依据主观过错理论，应从认识因素和意愿要素两个角度进行过错分析。认识因素，即可预见性，主要是指行为人能够或者应当预见到其行为会侵害他人的民事权益。意愿要素，即可避免性，是指行为人具有避免侵害他人民事权益的可能性。

本案中，物业公司在得知将有八级大风来临时，曾提醒业主检查阳台堆积物等避免高空坠物、关闭门窗、减少外出、外出行走时尽量减少走风力较大的高楼间等，说明物业公司在认识层面已经预见到大风天气存在高空坠物的可能性。在意愿层面，物业公司若对屋顶油毡瓦采取防控、检查和加固处理，便具有避免损害发生的可能性，但其基于2011年至2014年有过相应的维修，2019年11月对部分楼房公共区域进行了“楼屋面排水沟及杂物清理”，即认为自身已经尽到了管理义务，已经采取了安全预防措施，进而未采取任何加固措施，因过于自信的过失导致了损害结果的发生。综上，从认识要素和意愿要素两个方面来看，物业公司具有一定的过错，理应承担损害赔偿责任。

在主观过错理论中，判断过失的重心在于行为人对于损害的发生能否预见，在判断行为人能够具有此种预见的可能性时，还需要综合考虑行为人的具体特征，环境、时间等因素。进入二十世纪以来，主观过失理论的缺陷日益凸显，过失的证明日益困难，通过研究加害人的心理活动去考察加害人的过失也是困难的，为此，客观过失理论出现。根据客观过失理论，在认定行为人是否具有过失时不再探究其主观心理状态，也不因行为人的年龄、性别、健康、知识水平等主观因素不同而有差异，而是统一采纳某种基于社会生活共同需要而提出的客观标准，即"善良管理人"理论。根据"善良管理人"概念，在个人中判断过失时，应综合考量行为人的身份及其所属职业或团体应有的注意义务水平，行为人预防与控制损害发生的成本，损害程度等，法律经济学上的汉德公式就是对这一理论的运用。

本案中，物业公司作为专业的物业管理企业，长期从事建筑物的管理、维护工作，对高空坠物可能同时导致的人身和财产损害的风险发生情况较于常人负有更高的注意和防范义务，在有八级大风临近的情况下，其仅通过某社交软件向业主发出预警，主观上却放任了危险的发生，忽视了自身的安全注意义务；另外，物业公司采取安全预防措施加固楼顶油毡瓦的成本应是小于八级大风下本小区油毡瓦坠落的概率与本次损害事故的实际损失乘积，根据汉德公式，也可认定物业公司在客观上存在一般过失，应当承担损害赔偿责任。

编写人：北京市丰台区人民法院　易小香

153 因建筑物等设施脱落、坠落造成他人损害责任认定

——李某诉某酒店等物件脱落、坠落损害责任案

【案件基本信息】

1. 裁判书字号

四川省成都市中级人民法院（2019）川01民终20121号民事判决书

2. 案由：物件脱落、坠落损害责任纠纷

3. 当事人

原告（被上诉人）：李某

被告（上诉人）：某酒店

被告（被上诉人）：投资公司、物业公司

【基本案情】

投资公司系某酒店的业主。2018年1月1日，投资公司与物业公司签订《物业管理委托合同》，约定投资公司将某小区委托物业公司进行物业管理。委托管理事项包括房屋建筑共用部位的维修、养护和管理，具体部位包括楼盖、屋顶、外墙面、承重结构、楼梯间、走廊通道、门厅、保安监察亭，其中每季度检查1次外墙贴饰面或抹灰、屋檐、阳台、雨罩、空调室外机支撑构件等；委托期限为3年，自2018年1月1日起至2020年12月31日止。

2018年5月11日，李某在前往补课的途中经过某酒店门口时，被某酒店所在建筑二楼顶部脱落的外墙大理石砖砸中头部，当场昏迷。随后，李某被送至双流区中医院进行治疗。当日，因病情严重转至四川大学华西医院上锦院区进行住院治疗至2018年5月21日。出院诊断为：左顶部开放性颅脑损伤，左顶急性硬膜

外血肿、左顶骨折、左顶部头皮挫裂伤。2018 年 5 月 21 日，李某至某医院住院治疗至 2018 年 6 月 16 日出院。

在李某治疗期间，共产生医疗费 54109.97 元，其中投资公司垫付 43728.97 元，李某垫付 10381 元。2018 年 12 月 26 日，根据李某的法定代理人的申请，四川西南司法鉴定中心出具鉴定意见书，载明李某的脑外伤为十级伤残，李某为此支付鉴定费 3150 元。

【案件焦点】

1. 投资公司、物业公司及某酒店是否应当对李某承担赔偿责任；2. 李某主张的各项损失是否应当支持。

【法院裁判要旨】

四川省成都市双流区人民法院经审理认为：物业公司作为小区的物业管理人，对某小区的外墙瓷砖负有日常安全管理、维修、养护之职责，但其并未提交任何证据证明其已经尽到物业安全管理义务，且物业公司疏于管理，未及时发现、排除隐患，导致案涉脱落的外墙瓷砖砸伤李某。故物业公司未尽到管理责任是导致事故发生的主要原因，其应当对李某承担主要赔偿责任。

投资公司作为某小区的业主，负有防止该建筑物不得对他人造成损害、及时排除安全隐患等职责。但在无证据证明存在外力影响的情况下，某小区的外墙瓷砖自行脱落，从而导致李某被砸伤。故投资公司作为建筑物的所有人，对事故的发生也存在过错。至于投资公司已委托物业公司对某小区进行物业管理，系投资公司与物业公司之间内部的问题，不能以此抗辩无过错的李某的赔偿主张，故投资公司对李某应当承担次要赔偿责任。

此外，虽然某酒店的经营场所为室内，但砸伤李某的瓷砖系自某酒店使用的房屋外墙脱落；且根据现场照片显示，某酒店也在脱落瓷砖部位的外墙处悬挂了某酒店的招牌，其并非完全未使用房屋外墙部分。因此，作为案涉房屋外墙的使用人，某酒店与物业公司共同负有对案涉外墙瓷砖日常安全管理，及时排除使用建筑范围内的安全隐患之职责，在发现安全隐患后，某酒店应及时报告、处理。但因某酒店并未举证证明其已尽到安全管理职责，故也应当对李某承担次要赔偿责任。

四川省成都市双流区人民法院依照《中华人民共和国侵权责任法》第六条、第十六条、第八十五条，《最高人民法院关于审理人身损害赔偿案件适用法律若干问题的解释》第十八条、第十九条、第二十一条、第二十二条、第二十三条、第二十四条、第二十五条之规定，判决如下：

一、物业公司于本判决生效之日起十日内向李某赔偿各项损失共计69722.21元；

二、某酒店于本判决生效之日起十日内向李某赔偿各项损失共计20020.8元；

三、物业公司于本判决生效之日起十日内向投资公司返还垫付的费用23708.17元。

二审法院同意一审法院裁判意见。

【法官后语】

本案的裁判规则[①]为：（1）因建筑物等设施脱落、坠落造成他

① 本案所涉及的建筑物等设施脱落、坠落造成他人损害的《中华人民共和国侵权责任法》第八十五条的规定与《中华人民共和国民法典》一千二百五十二条的规定相一致，故不存在新旧法规定不一致的问题。

人损害，所有人、管理人或者使用人不能证明自己没有过错的，应根据其过错大小、与损害发生的因果关系程度、与设施的接触度等按份承担侵权责任；（2）建筑物等设施的所有人不因将建筑物等设施委托给专业物业管理机构而当然免除其安全管理责任，在其不能证明自己没有过错时，仍应根据过错推定原则承担相适应的侵权责任。

1. 侵权责任领域的连带责任需要法律的明确规定

在侵权法领域，连带责任是一种法定责任，其具有法定性，司法机关在裁判确定承担连带责任时，也必须以有法律规定为明确前提。本案中，因为法律并没有明确所有人、管理人或者使用人承担的是连带责任，所以承办人在裁判时也不能认定投资公司、物业公司、某酒店对李某的损害承担连带责任。

那么根据侵权行为承担责任的一般原则，此时根据所有人、管理人或者使用人在事件中的过错大小、与损害发生的因果关系程度、与设施的接触度等按份承担侵权责任既具有合理性也具有可操作性。物业公司作为专业的物业管理公司，应当定期巡视外墙，排除隐患，而不应以管理范围超出其管理能力为由置之不理，现案涉建筑物的外墙砖出现脱落致人损害，判定物业公司承担主要责任（70%）并无不妥。某酒店作为案涉建筑物的使用人，对设施的接触度最高，并且其还在脱落瓷砖的外墙处悬挂了招牌，并非完全没有使用案涉建筑物的外墙部分，但鉴于其过错大小、与损害发生的因果关系程度较之物业公司为轻，所以裁判其承担15%的责任也无不妥。

2. 建筑物等设施的所有人承担的安全管理职责不因其将该职责委托给其他机构即当然免责

当前一些建筑物业主聘请专业的物业管理机构对建筑物等进行

管理已成为常态，那么此时如果发生建筑物等设施脱落、坠落致人损害时，建筑物所有人并非当然能够免除责任。理由如下：（1）权利与义务应当相对等，作为所有权的享有者，在享有其权利的同时，也应当承担相对等的义务。本案中，投资公司作为案涉建筑物的业主，负有防止该建筑物不得对他人造成损害的义务，这项义务不因其委托物业公司进行管理而免除。（2）投资公司与物业公司之间就责任承担有事前约定，但这项约定仅具有内部效力，不可对抗受害人李某的主张。（3）根据过错推定原则，在投资公司没有证明自己在维护或者管理案涉建筑物方面不存在过错的情况下，推定其依法承担次要责任与本案案情相适宜。（4）从社会效果上来看，建筑物等设施的所有人委托专业物业管理机构进行管理，不应当成为所有人转嫁风险的手段和途径，此案的处理能够警示建筑物等设施的所有人，即使委托了专业物业管理机构，也不可以当“甩手掌柜”，该尽到的安全管理义务仍应尽到，否则就可能承担相对应的责任。

编写人：四川省成都市双流区人民法院　黎莎

154　物件脱落损害案中责任主体的认定

——龚某诉管委会物件脱落损害责任案

【案件基本信息】

1. 裁判书字号

江苏省南通市中级人民法院（2019）苏06民终1351号民事判决书

2. 案由：物件脱落损害责任纠纷

3. 当事人

原告（被上诉人）：龚某

被告（上诉人）：管委会

【基本案情】

2018 年 2 月 12 日，管委会委托广告公司在其管理范围内的庙效村过渡房前安装了一幅红色布质“欢度春节”横幅，横幅挂置在过渡房便民服务站的南侧，南北走向，横跨过渡房前埭路，每一端均用尼龙绳穿套分别固定在埭路两侧的电线杆上，下沿离地约 4.5 米，安装时由其所属拆迁办下设的庙效村过渡房管理组工作人员负责现场交接。当日启东市天气晴好，无大风（日极大风 6 级，风向西），10 时 40 分许，横幅北侧一端曾脱落，一货车司机陈某将其重新挂在埭路北侧彩钢房的钢管上；13 时 20 分许，龚某驾驶电动自行车从庙效村十四组家中出发去市区购物，沿着埭路由西向东行驶至过渡房前路段时，上述横幅的北侧一端绞到电动自行车的后轮，致龚某倒地受伤、车辆受损。后龚某报警，被送往医院救治。2018 年 3 月 1 日，交警部门出具《道路交通事故证明》，记载了龚某对事故的陈述及管委会系事故路段“欢度春节”横幅的管理单位，并表述因路上方悬挂横幅脱落的成因无法查清，故交通事故责任无法认定。事发时龚某车速为 40 千米/小时。

龚某认为管委会作为横幅的安装单位，负有管理维护之责，而管委会未及时排除安全隐患，造成其发生事故而受伤，应对其损失承担赔偿责任。管委会则认为原告逆向行驶、严重超速、未尽到谨慎驾驶义务，对事故的发生存在严重过错，且货车司机陈某将横幅挂回后未通知管委会，也未把横幅再次系牢，对本案事故的发生有过错，故应由原告与第三人承担事故责任。

【案件焦点】

物件脱落致人损害案中可能存在多个责任主体对侵权责任承担的认定。

【法院裁判要旨】

江苏省启东市人民法院经审理认为：建筑物、构筑物或者其他设施及其搁置物、悬挂物发生脱落、坠落造成他人损害，所有人、管理人或者使用人不能证明自己没有过错的，应当承担侵权责任。管委会作为横幅这一致害物件的所有人和管理人，应当维护其安全，确保不会产生不合理的危险。现因横幅导致损害而涉讼，其作为横幅的维护义务主体依法应当对自己无过错承担证明责任。其提供情况说明以证明其委托专业的广告公司负责安装横幅，横幅高度能满足各种车辆的通行，横幅的强度能抵御本地各种风力，其对本案事故的发生不应承担责任。然，该证据对管委会无过错不能产生证明力——横幅的北侧一端在事发当日 10 时 40 分许被他人重新系在北侧彩钢房上，而龚某被横幅绊倒受伤是在 13 时 20 分许，其间存在两个多小时的间隔，且横幅悬挂位置位于管委会下属庙效村过渡房便民服务站前，当日又系正常工作日，无论是从维护时间的充足性还是维护人员的便利性来判断，负有维护义务的管委会都完全有可能及时发现一端重系的横幅松垮所带来的危险并及时消除危险，但是其没有尽到本该尽到的义务，又未能提供有效证据来证明其无过错，故依法应承担侵权责任。其以案外人陈某对事故发生负有责任为由主张追加陈某为第三人，然陈某重新系起横幅与龚某发生事故间隔两小时以上，据此当然排除陈某的行为与事故的直接因果关系；从“多因一果”的标准来判断两者因果关系，关联性程度也较弱。《中华人民共和国侵权责任法》第八十五条规定：“……所有人、管理人或者使用人赔偿后，有其他责任人的，有权向其他责任人追偿”，可见物件脱落损害的责任承担存在先后顺序，本案中应先由维护义务主体即管委会承担侵权责任，如还存在其他侵权人，管委会在承担侵权责任后可向其他责任人追偿。即便案外人陈某的行为是导致事故发生的原因之一，也不妨碍龚某只向管委会主张侵权责任。故陈某与本案无直接利害关系，陈某不参加诉讼不影响本案的审理，对管委会的追加申请不予采纳。

事发时龚某行车超速较严重，其对自身损害的发生存在一定的过错。管委会辩称龚某逆向行驶，但其只是由龚某的跌倒位置来推测，没有事实依据支撑，其推测不能排除龚某在事故中因惯性由中心线附近运动至路北侧最终跌倒的可能性，其亦未能证明逆行行驶与条幅绞至电动自行车后轮事故的因果关系，故无法得出正常行驶就能避免事故发生的结论。管委会辩称事发时横幅的一端已经脱落在地，龚某未谨慎注意，然假使事发前横幅一端已经脱落，则应是横在埭路上，此时要求一辆以较快速度骑行的电动自行车注意避让，是勉为其难，过于严苛。综上，管委会对横幅存在管理维护缺陷，且横幅脱落与龚某受伤存在直接的因果关系，管委会又未能举证证明自己不存在过错，其应依法承担民事赔偿责任。同时，因龚某对自身损害结果的发生也存在一定程度的过错，应承担相应的民事责任，并相应减轻管委会的赔偿责任。法院酌定由管委会对龚某的损失承担70%的赔偿责任，其余由龚某自负。

江苏省启东市人民法院依照《中华人民共和国侵权责任法》第十六条、第八十五条，《最高人民法院关于民事诉讼证据的若干规定》第四条，《最高人民法院关于适用〈中华人民共和国民事诉讼法〉的解释》第九十条规定，作出如下判决：

一、被告管委会于本判决生效之日起十日内赔偿原告龚某损失175176.79元；

二、驳回原告龚某的其他诉讼请求。

管委会持原审抗辩意见提起上诉。江苏省南通市中级人民法院经审理认为：龚某驾驶电动自行车以较快速度骑行，依法应当尽到谨慎注意义务，其未能及时注意观察路面状况，采取适当措施避免事故发生，存有一定责任，一审判决认定龚某已尽到谨慎注意义务不当，但实体处理正确，应予维持。其他同意一审法院裁判意见。依照《中华人民共和国民事诉讼法》第一百七十条第一款第一项规定，判决如下：

驳回上诉，维持原判。

【法官后语】

本案处理重点在于物件损害案件中在可能存在多个责任主体的情形下如何确定责任的承担。对此，理论与实践均未能达成共识，分歧在于：其一，《中华人民共和国民法典》第一千二百五十三条规定的责任人包括所有人、管理人、使用人以及有可能被追偿的其他责任人。与本案相关的则是其他责任人如何承担责任：其他责任人只能是被追偿的责任主体还是可以作为直接责任人向受害人承担损害赔偿责任？前述责任主体并存时的责任承担关系又当如何？其二，物件脱落致人损害责任采用过错推定的归责原则，但是管委会应当如何证明其无过错？法官应当如何去确信责任人的设置、管理义务应达到的标准？因本案中致人损害的物件的所有人、管理人、使用人同一，均为管委会，故对所有人、管理人、使用人分离时的责任承担情形不再赘述。《中华人民共和国民法典》第一千二百五十三条规定："……所有人、管理人或者使用人赔偿后，有其他责任人的，有权向其他责任人追偿。"根据文义，其他责任人并非物件损害责任的责任主体，在物件损害责任主体赔偿后向其追偿时，其他责任人因其一般侵权行为而对权利主体（即在物件损害责任中承担责任的所有人、管理人、使用人）承担责任。因为该其他责任人承担责任的基础在于其过错行为，而非对物件管控义务的违反，所以受害人不能依据《中华人民共和国民法典》第一千二百五十三条规定要求其他责任人承担物件损害责任。

对受害人而言，物件设置人、管理义务人与其他责任人构成不真正连带责任。受害人可以向物件设置人或管理义务人主张物件损害责任，也可以向其他债权人主张一般侵权责任。此外，即便第三人过错责任成立，也并不意味着物件设置人、管理义务人不存在过错，原因在于第三人与物件损害责任人所违反义务的性质和内容并不相同，第三人是否存在过错与物件设置人、管理义务人是否存在过错并无直接关系。就本案审理过程而言，管委会仅举证证明了其设置致害物时已达到了相关行业标准，但是对其有无尽到管理义务未能举证证明，推定其在管理上存在瑕疵，故自然成为物件致害的责任承担主体。

本案一审、二审法院在对上述问题的审理思路基本一致：即便可能存在第三人原因，但是管委会在地理条件上有可能、在时间上有机会对致害物的瑕疵进行消除，而其未能及时消除，导致龚某受害，故管委会应当对处于其管控下的物件致害承担相应的法律后果。第三人与管理义务人承担不真正连带责任，在管理义务人向受害人承担物件致害责任后，管理义务人可向第三人主张要求赔偿其因承担侵权责任所遭受的财产减少的损失。

编写人：江苏省启东市人民法院　彭凡

155　承揽活动中遭受物件损害的裁判规则

——唐甲等诉吕甲等侵权责任案

【案件基本信息】

1. 裁判书字号

江苏省无锡市中级人民法院（2018）苏02民终1835号民事判决书

2. 案由：侵权责任纠纷

3. 当事人

原告（上诉人）：唐甲、徐某、唐丙

被告（被上诉人）：吕甲、吕乙、司马某、张某、某澳公司、某母公司

【基本案情】

2002年开始，司马某向吕甲租赁厂房开办某母公司，租赁期间封闭窗户，从窗台开始砌墙。2017年5月，双方解除了租赁关系，但未办理交接，司马某也未拆除堵窗的砖墙。

2017年5月4日，吕甲与某澳公司的代理人张某签订厂房租赁协议，租期自2017年6月1日起至2020年5月31日止。

2017 年 5 月 15 日，张某经吕乙介绍，将承租厂房的清洁、粉刷工作交由唐乙完成。2017 年 5 月 16 日，唐乙作业时，因砖墙倒塌致伤，经抢救无效死亡。

唐乙的父亲唐甲、妻子徐某、女儿唐丙作为被侵权人近亲属诉至法院，请求判令吕甲、吕乙、司马某、张某、某澳公司、某母公司共同赔偿 1223045.6 元。

【案件焦点】

承揽活动中遭受物件损害，能否基于承揽关系和物件致人损害之规定同时要求定作人及物件责任人承担赔偿责任。

【法院裁判要旨】

江苏省无锡市锡山区人民法院经审理认为：根据唐乙与某澳公司对工作范围、结算方式的约定，双方为加工承揽关系，某澳公司为发包人，唐乙为承揽人。从现场图片看，砖墙为整面倒塌，倒塌原因应为在墙上作业及与墙体与窗户结合不够紧密。砖墙为司马某承租时搭建，但司马某与吕甲已解除了租赁关系。该二人虽未办理书面交接手续，但司马某已实际归还了厂房，砖墙作为添附物也随之转移。吕甲与某澳公司签订的定金合同虽然约定了租赁期限自 2017 年 6 月 1 日起，但吕甲同意某澳公司于 2017 年 5 月 15 日找人对厂房进行清洁、粉刷，可视为厂房已实际交付给某澳公司。

唐乙在承揽作业时未采取安全保护措施因砖墙倒塌而受伤死亡，且作业不当，是发生事故的主要原因；吕甲作为厂房和砖墙的实际权利人，存在管理不当的过错；某澳公司作为厂房的实际使用人，提供的作业地点存在安全隐患，也未尽到相应的注意义务。综上，吕甲和某澳公司各承担20%的赔偿责任。介绍人吕乙、前承租人司马某、某母公司无过错，不应承担赔偿责任。

江苏省无锡市锡山区人民法院依照《中华人民共和国侵权责任法》第十二条、第十六条、第十八条、第二十二条、第二十六条，《中华人民共和国民事诉讼法》第六十四条、第一百四十二条规定，作出如下判决：

一、吕甲于判决生效之日起十日内向唐甲、徐某、唐丙赔偿189313元，扣除已经支付的150000元，还需支付39313元；

二、某澳公司于判决生效之日起十日内向唐甲、徐某、唐丙赔偿189313元；

三、驳回唐甲、徐某、唐丙的其他诉讼请求。

唐甲、徐某、唐丙不服一审判决，持原审意见提起上诉。江苏省无锡市中级人民法院经审理认为：因唐乙死亡造成的损失，权利人既可以基于物件损害向搭建人司马某、出租人吕甲行使赔偿请求权，也可以基于承揽关系向定作人某澳公司行使赔偿请求权，属于请求权竞合。

第一，基于物件致人损害，责任主体是搭建人司马某和出租人吕甲。《中华人民共和国侵权责任法》第八十六条规定，建筑物、构筑物或者其他设施倒塌造成他人损害的，由建设单位与施工单位承担连带责任。建设单位、施工单位赔偿后，有其他责任人的，有权向其他责任人追偿。本案墙体属于法条中的“其他设施”，墙体倒塌是与窗台结合部的底基不牢固造成的，属于墙体施工质量问题，故本案适用该法条。据此，司马某作为物件搭建人，搭建的墙体存在安全隐患，将厂房交付时也未特别提示吕甲，故对该墙体整面倒塌造成的人身损害应承担主要责任；吕甲作为房屋的管理人，与司马某交接时怠于检验，致使再次租赁给某澳公司时未履行危险提示义务，故应承担次要责任。

第二，基于承揽关系，责任主体是定作人某澳公司，某澳公司承担赔偿责任后，有权向搭建人司马某、出租人吕甲追偿。唐乙在承揽活动中，是因定作人某澳公司提供的定作物本身具有危险性而非因自身承揽行为不当遭受损害。从生活经验可知，某澳公司向吕甲新租赁厂房，要求唐乙粉刷一新，其中当然包括将墙面上无关紧要的物品去除，确保墙面的整洁美观。被拆除的木条既不是涉案墙体的装饰物，也不具有功能性，唐乙去除墙体上的木条符合粉刷的一般规程。经查，墙体倒塌是墙体与窗台结合部的底基不牢固造成的，从一般人的预见能力而言，仅以拆除膨胀螺丝（栓）固定的木条的强力尚不足以造成墙体的整体倒塌。另外，唐乙的死亡证明载明死亡原因是围墙压伤，而非仅是颅脑损伤，其死亡结果的发生不是佩戴安全帽可以阻却的。故唐乙虽没有佩戴安全帽，但该瑕疵与整体墙体倒塌相比，不足以认定唐乙对自身死亡存在过错。据此，唐乙在施工过程中没有过错，对自身损害不应承担责任，定作人某澳公司应承担全部责任。某澳公司承担赔偿后，可以向物件搭建人司马某和管理人吕甲进行追偿。搭建人司马某和管理人吕甲应是本案赔偿责任的终局责任人。

综上，因唐乙死亡造成的损失，权利人的请求权竞合，应择一而诉。经法院释明，权利人选择直接向侵权终局责任人司马某、吕甲主张赔偿，法院予以准许。故唐甲、徐某、唐丙因唐乙人身损害遭受的损失合计946565.5元，由司马某赔偿662595.5元，吕甲赔偿283970元。吕甲已支付150000元，还需支付133970元。

江苏省无锡市中级人民法院依照《中华人民共和国侵权责任法》

第十一条、第十四条、第二十八条、第八十六条，《中华人民共和国民事诉讼法》第一百七十条第一款第二项规定，作出如下判决：

一、撤销无锡市锡山区人民法院（2017）苏0205民初3471号民事判决；

二、司马某于判决发生法律效力之日起十日内赔偿唐甲、徐某、唐丙662595.5元；

三、吕甲于判决发生法律效力之日起十日内赔偿唐甲、徐某、唐丙133970元；

四、驳回唐甲、徐某、唐丙的其他诉讼请求。

【法官后语】

承揽人在从事承揽活动中遭受物件损害，向定作人及物件所有人、管理人主张权利的，人民法院应当就请求权竞合问题进行释明，权利人请求终局责任人直接承担赔偿责任的，人民法院应予准许。

本案承揽人唐乙在承揽活动中遭受损害，权利人为取得最大赔偿利益，尽可能多地罗列了被告交由法院筛选，致使法律关系错综复杂、请求权不明。本案权利人罗列了六名被告：出租人吕甲、物件搭建人司马某、使用人某母公司、承揽介绍人吕乙、定作代理人张某、定作人某澳公司。一审判决径自选择承揽关系判令定作人某澳公司、出租人吕甲承担赔偿责任；二审判决则厘清物件致人损害和承揽不同的法律关系存在请求权竞合的情况，通过释明，由受害人选择终局责任人直接承担赔偿责任。

通过对不同请求权的分析，虽然终局责任殊途同归，但对于权利人诉讼的难度和实际受偿度却有重大影响。当事人有权选择有利于自己的请求权：一是减轻己方的举证责任，提高胜诉概率；二是降低履行不能的风险，提高赔偿到位率。一审判决基于承揽关系确定责任主体，由作为承揽人的受害人对定作人的过错承担举证责任，赔偿主体是定作人某澳公司；二审中受害人选择物件损害责任主张赔偿，根据原《中华人民共和国侵权责任法》第八十六条的规定，建筑物倒塌致人损害适用无过错归责原则，受害人只需证明所受损害系倒塌物所致即可。本案倒塌的墙体搭建人系司马某，最终归属于吕甲，倒塌原因是搭建结合处不够紧密，故司马某和吕甲是终局责任人。二审中法院依职权就请求权竞合向权利人作释明，并根据权利人的选择确定了最优救济途径，不仅减轻了受害人的举证责任，还由更具有赔偿能力的终局责任人直接承担责任，最大限度地保护了受害人的权益，也减轻了不同责任主体之间追偿的诉累。

本案裁判适用的是当时的法律即《中华人民共和国侵权责任法》的规定，在民法典颁布实施后，相关建筑物、构筑物或者其他设施及其搁置物、悬挂物脱落、坠落致害责任，及承揽关系中的侵权责任的规定，在民法典条文中并无变化，本案裁判符合新法规定。

编写人：江苏省无锡市中级人民法院　薛崴　杨志

156　被征收房屋的所有权人、管理权人如何认定

——吴某红诉赵某元等物件损害责任案

【案件基本信息】

1. 裁判书字号

湖南省张家界市中级人民法院（2017）湘08民终25号民事判决书

2. 案由：物件损害责任纠纷

3. 当事人

原告（上诉人）：吴某红

被告（上诉人）：赵某元、樊某宏、樊某福、樊某华

被告（被上诉人）：某区政府、某区征收办、某区住建局、建设公司

【基本案情】

赵某元有一栋房屋被列入张家界市永定区沿河城市棚户区改造项目规划红线范围内。2014年5月12日，某区征收办与建设公司签订《承包合同》，双方就拆除项目、验收要求、施工日期、施工安全措施等进行了约定，涉案房屋属于拆除对象。

2015年3月18日，赵某元出具房屋分割协议，将该房屋分配给儿子樊某华、女儿樊某福。2015年4月10日，赵某元、樊某华作为乙方与某区征收办（甲方）签订《房屋征收补偿协议》约定：被征收房屋总面积222.38m^2，乙方选择两套产权调换房，甲方另补偿乙方259075.92元，腾房让地奖金6671.4元，乙方需在领取补偿款后三十日内必须履行腾房让地义务。2015年5月14日、21日，某区征收办分别将补偿款和腾房让地奖金汇入樊某华的银行账户中。

2015年5月29日下午，樊某宏（赵某元的丈夫）叫吴某红到该被征收房屋中收废旧物品。当吴某红走到该房屋门口时，被该房屋上掉下来的檩子木头砸中其头部，导致吴某红当场昏迷。后被送往张家界市某医院住院治疗19日，经诊断为：（1）颅脑损伤：脑挫伤，蛛网膜下腔出血，右侧颞顶部硬膜外血肿，颅骨骨折，

头皮血肿；(2) 全身多处软组织损伤；(3) 电解质代谢紊乱。吴某红住院期间共花费医疗费 28743.59 元，其中樊某华支付了 2000 元，剩余医疗费由张家界市永定区沿河城市棚户区改造项目崇文片区指挥部支付。2016 年 3 月 28 日，司法鉴定所出具鉴定意见书，载明：吴某红头部外伤后致脑挫裂伤，右侧颞顶部硬膜外血肿，综合评定为八级伤残，颅骨骨折，评定为十级伤残。吴某红支付鉴定费 700 元。

本案事故发生时，建设公司尚未对涉案房屋实施拆除，赵某元、樊某宏、樊某福、樊某华也未移交涉案房屋钥匙。

吴某红诉请判令八被告共同赔偿 263029 元。

【案件焦点】

对吴某红的损害后果承担责任的主体有哪些；责任如何承担。

【法院裁判要旨】

湖南省张家界市永定区人民法院经审理认为：本案中，根据各方提交的证据及当事人的陈述、证人证言，从高度盖然性上分析可以确认吴某红是被赵某元所有的被征收房屋中的房屋檩子砸伤的。樊某宏叫吴某红去属于拆迁范围内的被征收房屋中收废旧物品，本应清楚自家房屋的安全现状及危险程度，而未告知吴某红，导致吴某红被砸伤，应对吴某红受伤承担相应的赔偿责任。赵某元、樊某华虽然已经和房屋征收部门签订拆迁补偿协议，但因其尚未移交房屋钥匙，房屋未拆除，事发当天樊某华等人也在房屋内，故在此特定时刻，赵某元、樊某华、樊某福作为被征收房屋的原所有人，对该被征收房屋尚存在着管理义务，应视为该房屋的管理人，而三人均未提交证据证明其没有过错，故赵某元、樊某华、樊某福对吴某红的受伤造成的损失也应当承担相应的赔偿责任。吴某红系成年人，且长年从事收捡破烂工作，应当能预见到在棚户区改造项目被征收房屋内收捡废旧物品存在高度危险，但其仍然去往涉案房屋中收废旧物品，而未尽到必要的安全注意义务导致受伤，对其自身损害存在一定过错，应承担相应责任。某区政府、某区征收办、某区住建局虽系涉案房屋所处地段征收主体、征收实施主体和安全监督主体，但某区征收办已将包括涉案房屋在内的拆除工程发包给建设公司，吴某红受伤时涉案房屋并不处于在拆状态，其受伤也不是因为拆除作业所致，故某区政府、某区征收办、某区住建局不应对吴某红受伤造成的损失承担赔偿责任。建设公司作为涉案房屋所处拆除工程的承包人，因被征收人未移交拆迁房屋钥匙，建设公司尚未实际拆除涉案房屋，也无法预见未被拆除房屋可能存在安全隐患，吴某红的受伤并非因为建设公司正在实施的拆迁工程所致，因而与建设公司设置安全防护设施及警示标志与否没有因果关系，故建设公司在本案中无过错，不应对吴某红受伤造成的损失承担赔偿责任。结合本案实际和双方的过错确定吴某红自行承担40%的责任，赵某元、樊某宏、樊某福、樊某华共同承担60%的赔偿责任。

湖南省张家界市永定区人民法院依照《中华人民共和国侵权责任法》第六条第二款、第十六条、第二十六条、第八十五条，《最高人民法院关于审理人身损害赔偿案件适用法律若干问题的解释》第二十条、第二十一条、第二十三条、第二十五条，《最高人民法院关于确定民事侵权精神损害赔偿责任若干问题的解释》第十一条及《最高人民法院关于适用〈中华人民共和国民事诉讼法〉的解释》第九十条之规定，作出如下判决：

一、被告赵某元、樊某宏、樊某福、樊某华共同赔偿原告吴某红医疗费2000元、误工费2041.67元、护理费2212.02元、营养费570元、住院伙食补助费1140元、残疾赔偿金68156.6元、鉴定费700元、精神损害抚慰金2000元，合计78820.29中的60%为47292.17元，已支付2000元，还应支付45292.17元，于判决生效后十日内付清；

二、驳回原告吴某红的其他诉讼请求。

吴某红及赵某元、樊某宏、樊某福、樊某华持原审起诉意见提起上诉。湖南省张家界市中级人民法院经审理认为：吴某红收废旧物品时被房屋上掉落的檩子砸伤的事实清楚，根据《最高人民法院关于印发修改后的〈民事案件案由规定〉的通知》，在确定侵权责任纠纷具体案由时，应当先适用《民事案件案由规定》第九部分"侵权责任纠纷"项下的具体案由，没有相应案由的，才适用"人格权纠纷"项下的案由。故本案案由应定性为物件损害责任纠纷，原判将案由定性为健康权纠纷不当，予以纠正。

虽然涉案房屋原登记在赵某元名下，但某区政府已于2014年1月22日对该房屋进行了征收，根据《中华人民共和国物权法》第二十八条："因人民法院、仲裁委员会的法律文书或者人民政府的征收决定等，导致物权设立、变更、转让或者消灭的，自法律文书或者人民政府的征收决定等生效时发生效力"的规定，该房屋的所有权已自2014年1月22日转移给某区政府。从张家界市永定区沿河城市棚户区改造项目崇文片区指挥部对樊某福下达的《限期腾房奖励领取通知书》的内容可以看出，赵某元一家人已于2015年5月10日前完成了腾房让地，某区征收办已于2015年5月21日将腾房让地奖金支付至樊某华的银行账户。一审法院对沿河居委会主任张某某所作的调查笔录亦可证实，吴某红受伤时，该房屋已交付给了某区征收办。另外，本案二审时，某区政府当庭认可房屋征收后由某区征收办管理。根据上述事实并结合某区征收办系棚户区改造项目房屋征收工作部门的事实，可以认定吴某红受伤前，赵某元一家人已腾让房屋，房屋的管理义务已转移给某区征收办。虽然赵某元一家人未向某区征收办移交房屋钥匙，但双方签订的《房屋征收补偿协议》并未将交钥匙约定为完成腾房让地的条件，张家界市永定区沿河城市棚户区改造项目崇文片区指挥部作出的《限期腾房奖励领取通知书》及沿河居委会主任张××的证言均可证实，赵某元一家人已完成腾房让地，同为拆迁户的代某某、朱某某亦当庭证实，其房屋被拆迁并没有交钥匙，故某区征收办以未收到房屋钥匙为由，辩称其对房屋不具有管理权，不予支持。某区政府作为该房屋的所有人，某区征收办作为该房屋的管理人，未管理好房屋，亦未针对拟拆除房屋的危险性设置警示标志，致使已对房屋不具有产权的赵某元一家人拆除屋顶并造成吴某红被檩子砸伤，故某区政府、某区征收办对吴某红的受伤具有过错，根据《中华人民共和国侵权责任法》第六条第一款的规定，行为人因过错侵害他人民事权益，应当承担侵权责任。酌情确定某区政府对吴某红的损失承担10%的赔偿责任，某区征收办对吴某红的损失承担20%的赔偿责任。原判认定某区政府、某区征收办不承担赔偿责任不当，予以纠正。

从证人王某某的证言、律师对樊某宏的录像及张家界市永定区沿河城市棚户区改造项目崇文片区指挥部出具的情况说明，并结合樊某华将吴某红送至医院并支付2000元医疗费的事实，可以证实砸伤吴某红的檩子系赵某元一家人在拆除该房屋屋顶时所放置，故致吴某红受伤的危险源系赵某元一家人所开启。赵某元一家人在开启危险源后，既未采取有效的措施防止危险的发生，亦未将房屋的危险状况告知房屋的所有人、管理人或吴某红，致使吴某红被砸伤，可见赵某元一家人对吴某红的受伤具有过错。根据《中华人民共和国侵权责任法》第六条第一款的规定，赵某元、樊某宏、樊某福、樊某华应当对吴某红的损害承担赔偿责任，酌情确定其对吴某红的损失承担50%的赔偿责任。赵某元、樊某宏、樊某福、樊某华上诉请求改判驳回吴某红对其诉讼请求，不予支持。

吴某红作为完全民事行为能力人，应当能预见在棚户区改造项目被征收房屋内收捡废旧物品存在高度危险，但其仍然自甘风险，导致自己受伤，其自身具有过错，根据《中华人民共和国侵权责任法》第二十六条的规定，可以减轻侵权人的责任。考虑到相关部门并未在该处设置提醒防止危险之类的警示标志，酌情确定吴某红自行承担20%的责任，原判确定其自行承担40%的责任过重，予以纠正。

某区住建局系国家住房和城乡建设行政管理部门，其对涉案房屋不具有民事上的管理和维护义务，吴某红的伤亦不是其造成，其与吴某红之间不产生民事上的法律关系，故某区住建局在本案中不具有过错，不应承担民事赔偿责任。吴某红上诉请求某区住建局承担民事赔偿责任，不予支持。

通过庭审查明，虽然建设公司系沿河城市棚户区改造项目房屋拆除工程的拆除施工单位，但吴某红受伤时，建设公司还没有开始对涉案房屋进行拆除施工，故吴某红的人身损害与建设公司的行为无法律上的因果关系，建设公司在本案中不具有过错，原判认定其不承担赔偿责任，予以确认。吴某红及赵某元、樊某宏、樊某福、樊某华上诉请求建设公司承担民事赔偿责任，不予支持。

湖南省张家界市中级人民法院依照《中华人民共和国侵权责任

法》第六条第一款、第十二条、第二十六条，《中华人民共和国物权法》第二十八条，《中华人民共和国民事诉讼法》第一百七十条第一款第二项，《最高人民法院关于适用〈中华人民共和国民事诉讼法〉的解释》第九十条第二款之规定，作出如下判决：

一、撤销张家界市永定区人民法院（2016）湘 0802 民初 2463 号民事判决第二项；

二、变更张家界市永定区人民法院（2016）湘 0802 民初 2463 号民事判决第一项为上诉人赵某元、樊某宏、樊某福、樊某华共同赔偿上诉人吴某红医疗费、误工费、护理费、营养费、住院伙食补助费、残疾赔偿金、鉴定费、精神损害抚慰金共计 37410.14 元；

三、被上诉人张家界市永定区人民政府赔偿上诉人吴某红医疗费、误工费、护理费、营养费、住院伙食补助费、残疾赔偿金、鉴定费、精神损害抚慰金共计 7882.02 元；

四、被上诉人张家界市永定区房屋征收与补偿管理办公室赔偿上诉人吴某红医疗费、误工费、护理费、营养费、住院伙食补助费、残疾赔偿金、鉴定费、精神损害抚慰金共计 15764.05 元；

五、驳回上诉人吴某红的其他诉讼请求。

【法官后语】

《中华人民共和国民法典》于 2021 年 1 月 1 日起施行，本案系民法典施行前发生的纠纷，人民法院按当时法律、司法解释的规定进行审理裁判。

审判实践中，往往对案由的确定不太重视，认为案由是否恰当并不影响案件的处理结果，这种认识应当予以纠正。案由反映了所涉的民事法律关系的性质，是将诉讼争议所包含的法律关系进行的概括，选对了案由，才能找准相应的法律依据。最高人民法院在《最高人民法院关于印发修改后的〈民事案件案由规定〉的通知》中，对案由如何适用进行了详细的说明。本案二审法院根据《最高人民法院关于印发修改后的〈民事案件案由规定〉的通知》，将一审法院确定的“健康权纠纷”案由修改为“物件损害责任纠纷”，更为恰当。

审理物件损害责任纠纷，应找准侵权责任主体，重点应查清该物件的所有人、管理人或使用人，现实中往往存在所有人、管理人或使用人不一致的情形。根据原《中华人民共和国物权法》第九条的规定，不动产物权的变动一般以登记为公示原则，但原《中华人民共和国物权法》第二十八条、第二十九条、第三十条同时规定了几种例外情形，其中第二十八条就规定了因人民政府的征收决定导致物权设立、变更、转让或者消灭的，自人民政府的征收决定生效时发生效力。本案所涉房屋在事发前已被当地政府征收，即该房屋的所有权已转移至当地政府。虽然当地政府系该房屋的所有人，但当地政府并非该房屋的管理人，该房屋的管理人是征收补偿管理办公室。在找准房屋所有人、房屋管理人等相应的责任主体后，才能对其进行相应的法律后果评判。本案原告要求承担责任的被告较多，各被告是否均应对原告的损害承担责任，以及承担多大的责任才能与其侵权程度相适应，均须从事实和法律上认真分析。本案二审从物权的转移、危险源的开启、受害人自身的过错、因果关系、证据是否充分等角度，详细论证了各被告有无责任及承担多大的责任，理顺了法律关系，合理确定了各侵权主体的责任，起到了各方服判息诉的效果。

编写人：湖南省张家界市中级人民法院　符兆敏

157 通信公司未经有利害关系的业主同意将住宅改变为通讯机房不受法律保护

——唐某亮等诉通信公司桂林市分公司建筑物区分所有权案

【案件基本信息】

1. 裁判书字号

广西壮族自治区桂林市中级人民法院（2017）桂 03 民终 2869 号民事判决书

2. 案由：建筑物区分所有权纠纷

3. 当事人

原告（被上诉人）：唐某亮、赵某林、蒋某辉、经某、唐某、经某军、经某某、马某海、肖某娥、蒋某荣、周某凤

被告（上诉人）：通信公司桂林市分公司

【基本案情】

唐某亮、赵某林、蒋某辉、经某、唐某、经某军、经某某、马某海、肖某娥、蒋某荣、周某凤与通信公司桂林市分公司均系全州县全州镇环城路百家井菱角塘市场对面楼房第 1 幢住宅楼内的业主，彼此的房屋虽楼层、房号不同，但都属于同一幢住宅楼内的邻居。2016 年下半年，通信公司桂林市分公司在未征得其他业主同意的情况下，开始将其住宅用房改成机房以及通信设备用房。其他业主虽多次阻止通信公司桂林市分公司的施工，但没有实际效果，现通信公司桂林市分公司的机房以及通信设备已安装完毕并投入使用。唐某亮、赵某林、蒋某辉、经某、唐某、经某军、经某某、马某海、肖某娥、蒋某荣、周某凤认为通信公司桂

林市分公司将其住宅改成机房以及通信设备用房，其经营过程中产生的辐射、噪声、用电安全等问题已经严重影响了该幢住宅楼内其他业主的正常生活，故起诉至法院，请求法院判令通信公司桂林市分公司立即拆除位于全州县全州镇环城路百家井菱角塘市场对面第1幢第2层2××号房屋的机房以及通信设备，恢复房屋住宅用途。

【案件焦点】

1. 通信公司桂林市分公司在房屋内安装机房以及通信设备的行为是否属于将住宅改变为经营性用房；2. 通信公司桂林市分公司在房屋内安装机房以及通信设备是否应当经过该幢住宅楼内其他业主的同意。

【法院裁判要旨】

广西壮族自治区桂林市全州县人民法院经审理认为：普通住宅与经营性用房在用途上有本质的区别。通信公司桂林市分公司在涉诉住宅内安装机房及通信设备，不是为了改善居住条件，而是为了满足周边居民对宽带及固定电话接入业务的需求，该行为属于将住宅改变为经营性用房。

业主将住宅改变为经营性用房的，除遵守法律、法规以及管理规约外，应当经有利害关系的业主同意。唐某亮等11位当事人居住在涉诉住宅楼内，依法应认定为有利害关系的业主。通信公司桂林市分公司在涉诉房屋内安装机房及通信设备的行为因未经上述有利害关系的业主同意而不具备合法性，其应当拆除涉诉房屋内的机房及通信设备，恢复该房屋的住宅用途。

广西壮族自治区桂林市全州县人民法院依照《中华人民共和国

物权法》第七十七条，《最高人民法院关于审理建筑物区分所有权纠纷案件具体应用法律若干问题的解释》第十条第一款、第十一条之规定，作出如下判决：

通信公司桂林市分公司于本判决生效后三十日内拆除位于全州县全州镇环城路百家井菱角塘市场对面第1幢第2层2××号房屋的机房以及通信设备，恢复房屋住宅用途。

通信公司桂林市分公司不服一审判决，提出上诉。

广西壮族自治区桂林市中级人民法院经审理认为：通信公司桂林市分公司未经有利害关系的业主同意在涉诉房屋内安装机器、通信设备，其最终目的是从事经营性活动，以收取通信费用，为其公司产生经济收益，一审判决认定其改造涉诉房屋的行为属于将住宅改变为经营性用房正确。从现场情况来看，通信公司桂林市分公司在涉诉房屋内放置了大量的通信设备及空调等，其在本案中虽举证证明了涉诉房屋不存在辐射风险，但危及涉诉住宅楼内其他住户安全的因素不只是辐射，还有噪声、用电、消防等方面的因素。因此，唐某亮等当事人在本案中提出的诉讼请求有事实和法律依据，一审判决通信公司桂林市分公司拆除涉诉房屋的机房及通信设备，恢复房屋住宅用途正确，二审法院应予以维持。

广西壮族自治区桂林市中级人民法院依照《中华人民共和国民事诉讼法》第一百七十条第一款第一项之规定，作出如下判决：

驳回上诉，维持原判。

【法官后语】

随着广大用户对移动通信需求的海量增加，通信公司的基站、机房建设也相应地大量增加，甚至有许多通信机房已落户于居民小区之中，与小区业主普通住宅零距离并存，进而导致小区普通住宅业主与通信机房业主矛盾频发。近年来，各地法院受理小区普通住宅业主诉请通信公司拆除机房、恢复原状等类型案件的数量亦呈现出上升趋势。具体到该案中，对在小区住宅内建设通信机房是否属于将住宅改变为经营性用房，以及改造行为是否应当经过小区业主同意是主要的争议焦点。该案的公正判决对于法院处理此类纠纷具有一定的示范性价值。

审理建筑物区分所有权案件时，只要诉争房屋的用途发生改变，由专供个人、家庭日常生活居住使用改变为用于商业、工业、办公等经营性用房，即可认定该行为影响了业主的安宁生活。而通信公司在小区住宅内安装通信设备，将住宅改造成通信机房，其最终目的是从事经营性活动，以收取通信费用，为公司产生经济收益，其行为与其他将住宅改造成商业、工业、办公等经营性用房性质上一致，也显然会影响到其他业主的安宁生活，应当认定属于业主将住宅改变为经营性用房的情形。依据《中华人民共和国民法典》第二百七十九条“业主不得违反法律、法规以及管理规约，将住宅改变为经营性用房。业主将住宅改变为经营性用房的，除遵守法律、法规以及管理规约外，应当经有利害关系的业主一致同意。”的规定，通信公司将住宅改变为经营性的通信机房即使未违反法律、法规以及管理规约，只要没有经过利害关系的业主同意，通信公司改造房屋的行为仍不具备合法性。

依照《最高人民法院关于审理建筑物区分所有权纠纷案件具体应用法律若干问题的解释》第十条“业主将住宅改变为经营性用房，未按照物权法第七十七条的规定经有利害关系的业主同意，有利害关系的业主请求排除妨害、消除危险、恢复原状或者赔偿损失的，人民法院应予支持”；第十一条“业主将住宅改变为经营性用房，本栋建筑物内的其他业主，应当认定为物权法第七十七条所称‘有利害关系的业主’”的规定，该案中唐某亮等原告（被上诉人）均属于“有利害关系的业主”，由于被告（上诉人）通信公司桂林市分公司在涉诉房屋内安装机房及通信设备的行为未经唐某亮等有利害关系的业主同意，唐某亮等主张拆除涉诉房屋内通信设备，恢复该房屋的住宅用途有事实和法律依据，应当予以支持。通信公司桂林市分公司主张经其改造过的涉诉房屋不存在辐射风险，机房内通信设备不应被拆除并恢复原状，但通信公司桂林市分公司在涉诉房屋内安装的大量的通信设备及空调等，除辐射外，危及涉诉住宅楼内其他相邻住户安宁生活的还有噪声、用电、消防等方面的因素，故通信公司桂林市分公司的该项主张理由不充分，没有法律依据，不应得到支持。

编写人：广西壮族自治区桂林市中级人民法院　张芳

158　物件损害责任的归责原则及责任划分

——姜某平、姜某翔诉某公路局物件损害责任案

【案件基本信息】

1. 裁判书字号

湖北省宜昌市中级人民法院（2016）鄂05民终886号民事判决书

2. 案由：物件损害责任纠纷

3. 当事人

原告（上诉人）：姜某平、姜某翔

被告（上诉人）：某公路局

【基本案情】

死者闵某珠系某集团退休职工，姜某平为其夫，姜某翔为其子。2015 年 6 月 6 日，闵某珠与骑友一行共计 6 人在神农架境内进行骑行活动。当日中午，闵某珠与骑友王某新、柯某峰三人骑行至神农顶景区游客集散中心吃午饭休息后，三人依次按王某新第一、闵某珠第二、柯某峰第三的顺序沿 G209 国道向神农架林区木鱼镇方向行驶，当爬坡约 2 千米时下起了雨，三人全部停车换雨衣后继续出发，此后路段属长下坡、连续弯道约 2.4 千米。闵某珠下坡骑行到滴水岩宾馆餐厅上方路段，由于该路段属高填路段，路基下陷、路面纵向开裂成长短不一、不规则的多道裂缝，被告某公路局在该路段设置了“高填路段、过渡路基”的标识牌，但闵某珠还是不慎从自行车上摔到路右侧一道纵向较深的裂缝旁并当场昏迷。柯某峰发现后叫住最前面的王某新赶到现场，经路过的行人报警，木鱼派出所民警赶到后对现场进行了拍照录像，并帮助 120 进行施救。闵某珠被送至木鱼中医院进行抢救，由于闵某珠伤情严重，随即被转至兴山县某医院救治。2015 年 6 月 7 日，闵某珠在兴山县某医院经抢救无效死亡。原告方为此共支出医疗费 2707.39 元。

事发后被告对该路段进行了施工维修。维修后路面仍出现多条纵向不规则裂缝，被告又用沥青对裂缝进行了浇缝，使裂缝变成一道道不规则黑色纹路。现该路段上的裂缝已修复，路面平整完好。

【案件焦点】

受害人闵某珠摔倒致死与被告某公路局管理的公路存在裂缝是否存在因果关系，双方的责任如何划分。

【法院裁判要旨】

湖北省神农架林区人民法院经审理认为：本案被告作为事发道路的管理、养护部门，具有保障该道路安全、畅通的法定义务。该路段出现坍塌时被告进行了维修，并设置了“高填路段、过渡路基”的标识牌，后因路基不稳路面出现裂缝，被告虽又进行了沥青浇缝，但路面裂缝仍存在。对于这种状况，被告某公路局未及时设置相应的警示标志、标识，也未对裂缝进行彻底整修，导致受害人闵某珠骑行摔伤后死亡，被告的行为与受害人受害存在一定的因果关系，被告亦未提供充足证据证明自己无过错，遂应当承担一定的赔偿责任。同时，受害人闵某珠作为多年自行车骑行人员，在山区骑行时，更应对山区的路况、天气条件等因素有比较充分的认识和防范。由于其在坡陡弯急的事发路段骑行时，对路面情况观察不周、未尽到足够的安全注意义务，对事故发生存在一定过错，亦应承担相应的责任，故本院酌情确定由被告某公路局承担60%的责任，受害人闵某珠自行承担40%的责任。

湖北省神农架林区人民法院依照《中华人民共和国侵权责任法》第八十五条，《中华人民共和国道路交通安全法》第三十条第一款、第三十八条、第一百零五条，《最高人民法院关于审理人身损害赔偿案件适用法律若干问题的解释》第十六条第一款第一项、第十七条、第二十七条，《最高人民法院关于确定民事侵权精神损害赔偿责任若干问题的解释》第十一条之规定，作出如下判决：

一、被告神农架林区公路管理局赔偿原告姜某平、姜某翔医疗费、死亡赔偿金、丧葬费、精神损害抚慰金共计318813.50元，限本判决生效后三十日内付清；

二、驳回原告姜某平、姜某翔的其他诉讼请求。

双方持起诉、答辩意见提起上诉。湖北省宜昌市中级人民法院经审理认为：（1）姜某平、姜某翔以受害人闵某珠在公路骑行中自行车车轮卡入公路裂缝中摔倒致死为由，向公路管理人某公路局提起诉讼，属物件损害责任纠纷。根据木鱼派出所民警的现场拍照录像，证人柯某峰、刘某强的证言等证据可以证明受害人闵某珠摔倒致死与某公路局管理的公路存在裂缝有因果关系。依照《中华人民共和国侵权责任法》第八十五条规定，本案应适用过错推定的归责原则，某公路局认为其没有过错，应依法承担相应的举证责任，但某公路局没有提交充分的证据证实其没有过错，故对闵某珠因裂缝摔伤致死的法律后果应依法承担侵权赔偿责任。（2）根据查明的事实、受害人闵某珠作为多年自行车骑行人员，在山区骑行时应对山区的路况、天气条件等因素有比较充分的认识和防范，但其在坡陡弯急的事发路段骑行时，对路面情况观察不周、未尽到足够的安全注意义务，对事故发生存在一定过错。《中华人民共和国侵权责任法》第二十六条规定："被侵权人对损害的发生也有过错的，可以减轻侵权人的责任。"原审根据本案具体情况酌情确定由某公路局承担60%的责任，受害人闵某珠自行承担40%的责任以及由某公路局赔偿姜某平、姜某翔精神损害抚慰金6000元并无不当，本院予以确认。综上理由，姜某平、姜某翔、某公路局的上诉均没有事实和法律依据，本院均不予支持。

湖北省宜昌市中级人民法院依照《中华人民共和国民事诉讼法》第一百七十条第一款第一项之规定，判决：

驳回上诉，维持原判。

【法官后语】

1. 关于物件损害责任的因果关系认定

原《中华人民共和国侵权责任法》第八十五条规定："建筑物、构筑物或者其他设施及其搁置物、悬挂物发生脱落、坠落造成他人损害，所有人、管理人或者使用人不能证明自己没有过错的，应当承担侵权责任。所有人、管理人或者使用人赔偿后，有其他责任人的，有权向其他责任人追偿。"所以在物件损害责任纠纷中，采用的是过错推定责任原则。当受害人请求赔偿时，只需举证证明道路、桥梁、构筑物、堆放物、树木等管理瑕疵造成损害的事实，以及所有人、管理人对这些物件存在支配关系，无须证明所有人、管理人在主观上存在过错。所有人、管理人如果认为自己无过错，则应自己举证证明。如所有人、管理人不能证明自己没有过错或证据不足，则推定过错成立，应当承担赔偿责任；能够证明自己无过错的，则免除其赔偿责任。本案中，被告某公路局作为事发道路的管理、养护部门，具有保障该道路安全、畅通的法定义务。该路段出现坍塌时被告进行了维修，并设置了"高填路段、过渡路基"的标识牌，后因路基不稳路面出现裂缝，被告虽又进行了沥青浇缝，但路面裂缝仍存在，对于这种状况，被告某公路局未及时设置相应的警示标志、标识，也未对裂缝进行彻底整修，导致受害人闵某珠骑行摔伤后死亡，被告的行为属于瑕疵管理，故对闵某珠因裂缝摔伤致死的法律后果应依法承担侵权赔偿责任。

2. 关于侵权责任划分

原《中华人民共和国侵权责任法》第二十六条规定："被侵权人对损害的发生也有过错的，可以减轻侵权人的责任。"本条是关于过失相抵的规定。被侵权人对于损害的发生也有过错的，让侵权人承担全部赔偿责任，有失公允。因此，侵权人可以被侵权人的过错为由进行抗辩，要求减轻自己的侵权责任，主要是减少损害赔偿的数额。且过失相抵仅适用于过错责任。原《中华人民共和国民法通则》第一百三十一条规定："受害人对于损害的发生也有过错的，可以减轻侵害人的民事责任。"从该条中的"也"字可以看出，侵权人因为过错责任侵害他人民事权益造成损害的，受害人对于损害的发生也有过错的，才减轻侵权人的民事责任。即侵权人有过错，才能谈得上受害人也有过错。该条实质上强调了侵权人的过错责任。本案中，受害人闵某珠作为多年自行车骑行人员，在山区骑行时，更应对山区的路况、天气条件等因素有比较充分的认识和防范。由于其在坡陡弯急的事发路段骑行时，对路面情况观察不周、未尽到足够的安全注意义务，对事故发生存在一定过错，亦应承担相应的责任，故一审法院酌情确定由被告某公路局承担60%的责任，受害人闵某珠自行承担40%的责任。

3. 关于新旧法衔接

《中华人民共和国民法典》于2021年1月1日起施行，《中华人民共和国民法典》施行后，之前规定民事法律行为的《中华人民共和国民法通则》《中华人民共和国侵权责任法》等法律已废止。本案发生于《中华人民共和国民法典》实施之前，故适用当时的《中华人民共和国民法通则》《中华人民共和国侵权责任法》《人身损害赔偿司法解释》等相关规定。现《中华人民共和国侵权责任法》相关内容已被《中华人民共和国民法典》侵权责任编吸收，《人身损害赔偿司法解释》也做了相应修改。《中华人民共和国侵权责任法》第八十五条对应《中华人民共和国民法典》第一千二百五十三条："建筑物、构筑物或者其他设施及其搁置物、悬挂物发生脱落、坠落造成他人损害，所有人、管理人或者使用人不能证明自己没有过错的，应当承担侵权责任。所有人、管理人或者使用人赔偿后，有其他责任人的，有权向其他责任人追偿。”《中华人民共和国侵权责任法》第二十六条、《中华人民共和国民法通则》第一百三十一条对应《中华人民共和国民法典》第一千一百七十三条：“被侵权人对同一损害的发生或者扩大有过错的，可以减轻侵权人的责任。”新修改的《人身损害赔偿司法解释》也删除了原司法解释第十六条关于道路、桥梁、隧道等人工建造的构筑物因维护、管理瑕疵致人损害的，由所有人或者管理人承担赔偿责任的规定，该条款也被《中华人民共和国民法典》第一千二百五十三条所吸收。

编写人：湖北省神农架林区人民法院　徐淦

159　林木致害责任纠纷案件中的责任主体、归责原则和免责事由的把握与判断

——梁某芬、杨某燕诉张某昌等林木折断损害责任案

【案件基本信息】

1. 裁判书字号

云南省楚雄彝族自治州中级人民法院（2016）云23民终1173号民事判决书

2. 案由：林木折断损害责任纠纷

3. 当事人

原告（被上诉人）：梁某芬、杨某燕

被告（上诉人）：张某昌、某地方公路管理段

被告：某交通运输局

【基本案情】

2015 年 8 月 12 日，杨某燕乘坐梁某芬驾驶的属于杨某燕所有的电动自行车从大龙口街驶往栋川镇，当行至姚安县田坝心烤房群路段时，二人被路边风吹倒的桉树打伤。事故经姚安县交通警察大队调查后，认定此事故不属于交通事故。梁某芬受伤后于当天被送达姚安县某医院住院治疗，同年 9 月 9 日出院，住院 28 天。经姚安县某医院治疗，伤情被诊断为右尺桡骨远端粉碎性骨折，第四腰椎双侧横突骨折，左侧骶骨骨折，行右尺桡骨端骨折切开复位内固定术及内固定取出术治疗，好转出院。新农合减免后支付了医药费 4957.6 元，后又于 2016 年 3 月 10 日到姚安县中医院住院疗伤，住院 11 天，新农合减免后支付医药费 1197.35 元。梁某芬所受之伤经司法鉴定中心鉴定，构成九级伤残一个、十级伤残一个，后期治疗费评估为 3000 元，护理期评定为 60 天。杨某燕受伤后也于当天被送到某医院住院治疗，同年 10 月 21 日出院。所受之伤经姚安县某医院治疗，伤情诊断为双小腿、左足皮肤撕脱伤、右锁骨骨折；行左小腿皮肤植皮术治疗，住院 70 天，好转出院。新农合减免后支付了医药费 3439.3 元。杨某燕所受之伤经司法鉴定中心鉴定，损伤程度构成十级伤残，后期治疗费评估为 4000 元，营养期评定为 90 天。

另外查明，2015 年 8 月 12 日的日平均气温为 19.6℃，最高气温 22.2℃，日最低气温为 17.4℃；日降水量为 35.9 毫米；日最大风速为 24.1 米/秒，风向为 ENE[①]，出现时间为 16 时 59 分。涉案

---

① ENE，即为 east-northeast，（向）东北偏东的方向，下文对此不再提示。

的姚安县仁草公路属于县道，路产路权属于某交通运输局，管养的责任主体系地方公路管理段。涉案桉树的所有人系被告张某昌。

【案件焦点】

本案的桉树所有人张某昌、涉案地方公路管理段在本案中是否存在法定免责事由，是否应对原告梁某芬、杨某燕的经济损失承担赔偿责任。

【法院裁判要旨】

云南省姚安县人民法院经审理认为：本案中，砸伤原告梁某芬、杨某燕的桉树属于被告张某昌所有，被告张某昌作为林木所有人，应对栽种在公路边的桉树进行管理维护，防止危害他人人身或财产安全的状况发生。根据现场照片，涉案树木从根部到树梢已有部分枯死，树根已腐烂，表明被告张某昌未能尽到对其所有桉树的管理职责，也未能举证证明自己在本案中没有过错，故依法应当对原告梁某芬、杨某燕的损失承担主要赔偿责任，即承担80%的赔偿责任。地方公路管理段作为公共道路管理部门对其管辖的路产、路权具有保障公共道路安全和畅通的法定义务。涉案桉树虽非姚安县公路管理段栽种，并非行道树，但该桉树种植在公路边，客观上起到了行道树的作用，涉案桉树从根部到树梢已有枯死痕迹，会发生倾倒折断的可能，可能会对公路上的行人和车辆造成危害，姚安县公路管理段未能尽到安全排查、通知及警示义务，及时消除安全隐患，致使在公路上正常通行的二原告受伤，应承担道路管理者的瑕疵责任，即承担20%的赔偿责任。涉案桉树种植在公路边，且存在桉树从树根到树梢已部分枯死的迹象，客观上存在发生折断或者倾倒而伤及过路行人的可能，作为该公路的管理者，虽对倾倒的桉树没有管理义务，但在日常工作中未发现生长在公路边的桉树已枯死，作为该条县乡公路的管理人，事实上未对树木所有人被告张某昌尽到警示、提醒义务，在管理方面存在瑕疵，与本案损害事实的发生存在一定因果关系，存在过错，应当在其过错范围内承担相应的赔偿责任。虽然事发当天，下雨时吹起了24.1米/秒的大风，但根据《中华人民共和国侵权责任法》第二十九条的规定，不可抗力是指“不能预见、不能避免并不能克服的客观情况”。它要求从主客观两个方面来认定不可抗力。一般自然力虽属客观情况，但并非不能预见、不能避免并不能克服。只有当事人已尽到最大努力和采取一切应当采取的措施后仍不能避免某种事件的发生并克服该事件造成的损害后果的情况下，才构成法律规定的不可抗力，故被告地方公路管理段的辩解本院不予采纳。原告杨某燕的财产损失结合车辆的损害程度和使用年限等因素，本院酌定车辆损失的价值为2400元。对梁某芬诉请赔偿医药费6173.38元的请求，由本院依据其治疗医院出具的诊断证明、医药费清单、住院费收据等证据予以相互印证为据，认定应赔偿的医药费为第一次住院期间的住院费和门诊费合计4976.03元；对第二次住院的医药费1197.35元，因其未提交病情诊断证明等证据予以证实，本院不予支持。二原告的护理费、营养费损失由本院结合二人的住院天数及当地生活水平等因素予以确定。误工费损失结合二原告身体的致残程度并参照鉴定机构的意见予以确定，被抚养人生活费依据被抚养人的实际年龄及受害人的身份予以计算，二原告诉讼请求内的赔偿项目和赔偿标准，在其请求范围内由本院依据其诉请和证据证明的案件事实予以认定。原告梁某芬的各种经济损失依法认定为62895.69元。原告杨某燕经济损失依法认定为55000.4元。

云南省楚雄彝族自治州姚安县人民法院依据《中华人民共和国

侵权责任法》第六条、第十二条、第十六条、第十九条、第九十条，《中华人民共和国公路法》第三十五条，《最高人民法院关于审理道路交通损害赔偿案件适用法律若干问题的解释》第九条，《最高人民法院关于审理人身损害赔偿案件适用法律若干问题的解释》第十九条、第二十条、第二十一条、第二十二条、第二十三条、第二十四条、第二十五条、第二十八条之规定，作出如下判决：

一、由被告张某昌在判决生效后十五日内赔偿原告梁某芬各种经济损失 50326.55 元，由被告地方公路管理段赔偿原告梁某芬各种经济损失 12579.14 元；

二、由被告张某昌在判决生效后十五日内赔偿原告杨某燕各种经济损失 44000.32 元；由被告地方公路管理段赔偿原告杨某燕 11000.08 元；

三、驳回原告梁某芬、杨某燕的其他诉讼请求。

该案判决后，被告张某昌、地方公路管理段不服一审判决，依法提起上诉，此案经二审法院审理认为一审法院认定事实清楚，适用法律正确，依法驳回被告张某昌、地方公路管理段的上诉，维持原判。

【法官后语】

林木致害责任是指因林木折断造成他人损害，所有人或者管理人承担的侵权责任。原《中华人民共和国侵权责任法》第九十条规定："因林木折断造成他人损害，林木的所有人或者管理人不能证明自己没有过错的，应当承担侵权责任。"现《中华人民共和国民法典》第一千二百五十七条规定："因林木折断、倾倒或者果实坠落等造成他人损害，林木的所有人或者管理人不能证明自己没有过错的，应当承担侵权责任。"原《中华人民共和国侵权责任法》规定，林木损害责任只有林木折断一种情形，有所遗漏。而《中华人民共和国民法典》第一千二百五十七条规定为“因林木折断、倾倒或者果实坠落等造成他人损害”，增加了林木损害的内容，扩大了条文的适用范围，但其他内容为作出新的规定。此类案件在法庭审理中的主要核心问题是责任主体、归责原则和免责事由的把握与判断。

1. 林木折断、倾倒致害责任的主体

原《中华人民共和国侵权责任法》第九十条规定（现《中华人民共和国民法典》条文为第一千二百五十七条），因林木折断、倾倒或者果实坠落等造成他人损害，林木的所有人或者管理人不能证明自己没有过错的，应当承担侵权责任。本条所说的林木，包括自然生长和人工种植的林木。法律并未限制林木生长的范围，林地中的林木，公共道路旁的林木及住户院落周围生长的树木等折断造成损害的都可以适用。林木的所有人是指对林木享有占有、使用、收益和处分的人，其直接占有、管理林木，自然是承担责任的主体。管理人则是依照法律或者合同约定对林木进行管理的人。本案中，被告张某昌作为林木所有人，对栽种在公路边的桉树有管理维护的职责。根据现场照片，涉案树木从根部到树梢已有部分枯死，树根已腐烂，表明被告张某昌未能尽到对其所有桉树的管理职责，他也未能举证证明自己在本案中没有过错，故依法应当对原告梁某芬、杨某燕的损失承担主要赔偿责任，即承担80%的赔偿责任。地方公路管理段作为公共道路管理部门，对其管辖的路产、路权具有保障公共道路安全和畅通的法定义务，涉案桉树虽非姚安县公路管理段栽种，并非行道树，但该桉树种植在公路边，客观上起到了行道树的作用，涉案桉树从根部到树梢已有枯死痕迹，会发生倾倒折断的可能，可能会对公路上的行人和车辆造成危害，姚安县公路管理段未能尽到安全排查、通知及警示义务，及时消除安全隐患，致使在公路上正常通行的二原告受伤，应承担道路管理者的瑕疵责任，即承担20%的赔偿责任。被告某交通运输局不属于涉案桉树的所有人或者管理人，也并非涉案公路的管理维护者，某交通运输局依法不承担赔偿责任，故二原告此诉讼请求法院不予支持。

2. 林木折断致害责任适用过错推定责任原则和免责事由

（1）林木折断致害责任适用过错推定原则，意味着受害人只需证明系林木的所有人或管理人因其所有或管理的林木折断受到损害即可，无须证明林木的所有人和管理人主观上存在过错。所有人或者管理人作为被告主张自己无过错的，应当举证证明；不能举证证明或举证不充分的，则推定其存在过错，承担相应的侵权责任。本案中，事发路段的姚安县仁草公路（仁和至草海）属于县道，路产路权属于某交通运输局，管养主体为姚安县公路管理段，树木所有人系本案被告张某昌，双方当事人对此均无异议。此时被告已完成举证责任，被告张某昌和地方公路管理段如果想免责或者减轻责任必须证明自己无过错，但在庭审中被告张某昌和地方公路管理段并未提交相应证据予以证明。

（2）林木折断致害案件林木所有人或管理人的免责事由

一是所有人或者管理人没有过错。林木折断多因自然原因所致，但林木的所有人和管理人能举证证明自己已尽到维护、管理义务的，换言之，能举证证明自己没有过错的，可免予承担侵权责任。

二是不可抗力。在案件审理中，应当严格区分不可抗力与一般自然力原因的区别，不可抗力必须是林木的所有人或者管理人不能预见、也不能避免的，如果林木折断是因不可抗力造成的，免除其所有人、管理人的赔偿责任。根据原《中华人民共和国民法通则》

第一百五十三条、原《中华人民共和国侵权责任法》第二十九规定，不可抗力是指“不能预见、不能避免并不能克服的客观情况”。它要求从主客观两个方面来认定不可抗力。一般自然力虽属客观情况，但并非不能预见、不能避免并不能克服。只有当事人已经尽到最大努力和采取一切应当采取的措施后仍不能避免某种事件的发生并克服该事件造成的损害后果的情况下，才构成不可抗力。在认定不可抗力时，应注意：第一，具体情况具体分析，在案件审理中应结合具体的案件予以认定。第二，即使构成不可抗力，也并非完全免责。林木的所有人或管理人有过错的，也应承担一定的责任。故对被告地方公路管理段的辩解本院不予采纳。

三是第三人过错和受害人过错。如果损害的发生是由第三人的过错造成的，则由第三人承担责任。对于林木折断致人损害，受害人有过失的，应适用过失相抵规则。需注意的是，第三人的过错须构成损害发生的直接原因和充分原因，才能对抗受害人的主张。通常情况下，林木的所有人或者管理人不得以造成损害的瑕疵是在其获得林木的所有权或者管理权之前便已经存在，并在此后无法得知其存在瑕疵为理由，请求免除责任。如果第三人的过错行为与林木的所有人或者管理人的过错行为相结合而发生损害后果，应当依照原《中华人民共和国侵权责任法》第十一条、第十二条（现《中华人民共和国民法典》条文为第一千一百七十一条、第一千一百七十二条）关于数人侵权责任的规定，根据结合的程度不同，确定相应的责任类型及其份额。

如损害全部系受害人自己的过错，致使林木折断造成自己损害的，此种情况下应当免除林木的所有人或者管理人的损害赔偿责任。但是如果损害是由双方过错行为造成的，则应依据《中华人民共和国侵权责任法》第二十六条（现《中华人民共和国民法典》条文为第一千一百七十三条）关于过失相抵的规则确定责任分担。本案中，被告张某昌辩解系二原告在折断的大树下避雨时正好桉树被大风吹倒所致，二原告对损害的发生存在重大过错的辩解与有关法律规定的免责事由不符，法院不予采纳。

另外必须指出本案判决书法条的适用问题：《中华人民共和国民法典》实施后，本案所依据的法条及相应的司法解释已经废止或者修改，故对本判决书相对应的法条作如下说明：

1.《中华人民共和国侵权责任法》（已废止）第六条（现《中华人民共和国民法典》条文为第一千一百六十五条）、第十二条（现《中华人民共和国民法典》条文为第一千一百七十二条）、第十六条（现《中华人民共和国民法典》条文为第一千一百七十九条）、第十九条（现《中华人民共和国民法典》条文为第一千一百八十四条）、第九十条（现《中华人民共和国民法典》条文为第一千二百五十七条）。

2.《最高人民法院关于审理人身损害赔偿案件适用法律若干问题的解释》法条的引用问题。《最高人民法院关于审理人身损害赔偿案件适用法律若干问题的解释》（2022 年，以下简称《决定》），于 2022 年 5 月 1 日起施行。因此该案引用的原司法解释条文对应的新司法解释的条文为：第六条、第七条、第八条、第九条、第十条、第十一条、第十二条、第十六条、第十七条。

3.《最高人民法院关于审理道路交通损害赔偿案件适用法律若干问题的解释》第九条。根据《最高人民法院关于审理道路交通事故损害赔偿案件适用法律若干问题的解释》（2020 年），现引用条文为该司法解释的第七条。

编写人：云南省姚安县人民法院　卢学荣

160 楼顶上掉下冰块砸坏车辆谁赔偿

——詹某平诉卢某丽财产损害赔偿案

【案件基本信息】

1. 裁判书字号

新疆生产建设兵团第八师中级人民法院（2016）兵08民终398号民事判决书

2. 案由：财产损害赔偿纠纷

3. 当事人

原告（被上诉人）：詹某平

被告（上诉人）：卢某丽

【基本案情】

2014年3月18日，被告卢某丽购买了位于某小区××栋××号房屋一套，其在购买该房屋前，原房主在同单元楼顶部建造了一套简易房屋，被告卢某丽购买该房屋后，其楼顶部的简易房屋由被告卢某丽管理使用。原告詹某平居住在某小区39栋111号，与被告卢某丽居住的××栋××号属于同一幢楼。

2015年2月26日，原告中午下班后将自己所有的新C8××××号"丰田"牌小型客车停放在（车头向外）四小区××栋××单元背面被告在楼顶使用的简易房屋下面。同日15点左右，被告的简易房顶部的冰块由于天气回暖原因开始滑落至楼下，将停放在×单元下面原告的新C8××××号车辆的天窗顶尾部、行李架、后尾灯砸坏。2015年7月22日，原告向该小区物业公司出具情况说明一份，内容为："物业公司领导：我是该小区（×-××-××号）房主，在2015年2月26日下午3时左右，×单元（×-××-××号）顶楼违章建筑上的冰块滑落，将我家停放在楼下的新C8××××号车辆的顶部、行李架及后尾灯砸坏。物业公司当时出面看现场并报警，望领导予以确认。物业公司（盖章）。情况属实。四小区物业。杨某玲。2015年7月28日。”事故发生后，原告在汽车销售公司进行修理，花费车辆修理费11980元，其中包括烤铆喷漆2900元、天窗4800元、铰链滑轮1200元、尾灯880元、行李架1400元、前挡风玻璃800元。审理过程中，原告陈述，被告楼顶简易房上的冰块砸中原告车顶后部，除砸坏车辆尾灯、车顶铰链滑轮、车顶行李架外，车顶天窗及车辆前方玻璃完好。

诉前，原、被告曾前往乌鲁木齐市车辆修理部门进行咨询，对赔偿事宜进行协商，因双方分歧较大，协商未果。

【案件焦点】

被告卢某丽在本案中是否承担赔偿责任。

【法院裁判要旨】

新疆维吾尔自治区石河子市人民法院经审理认为：建筑物、构筑物或者其他设施及其搁置物、悬挂物发生脱落、坠落造成他人损害，所有人、管理人或者使用人不能证明自己没有过错的，应当承担侵权责任。被告卢某丽作为其屋顶简易房的管理人和使用人，其应对其使用的楼顶简易房整体负有管理和维护的责任。事发前，被告并没有对其管理和使用的简易房尽到必要的管理和维护职责，导致其使用和管理的简易房上的冰块因气温回升而掉落，进而将原告詹某平停放在楼下的车辆砸坏，造成原告詹某平车辆受损，故被告卢某丽应当对冰块掉落导致原告詹某平车辆受损承担责任。

根据本案查明的事实，结合原告本人的陈述及现场照片等证据和原告的车辆受损部位，原告的修理费损失本院综合酌定为10000元为宜。

新疆维吾尔自治区石河子市人民法院依据《中华人民共和国侵权责任法》第六条、第十九条、第八十五条之规定，判决如下：

被告卢某丽赔偿原告詹某平车辆修理费10000元，于本判决生效之日起十日内给付原告詹某平。

判决书送达后，被告卢某丽不服提起上诉。新疆生产建设兵团第八师中级人民法院作出判决：

驳回上诉，维持原判。

【法官后语】

近年来，高空坠物伤人毁物事件时有发生。此类事件发生事故造成人物损失的，又该由谁来承担赔偿责任？物件损害责任的构成要件：第一，必须是由物件自然脱落、坠落造成损害且该物件的范围是建筑物、构筑物或者其他设施及其搁置物、悬挂物。如果系有人使用这些物件致害则属于行为侵权而不能适用本条规定，因为此时物已经是行为人实施侵权行为的工具。第二，有损害事实。此处的损害，应当理解为包括人身损害、财产损害和精神损害。第三，受害人的损害结果与上述物件的脱落、坠落等有因果关系。既包括物件脱落、坠落直接造成受害人人身伤害或财产损害，有时候物件的脱落、坠落虽并未直接作用于他人的人身及财产，但是由此引发他人遭受损害的，也应当认定为存在因果关系。第四，物件所有人、管理人或者使用人不能证明自己没有过错。此处的过错，通常是指所有人、管理人、使用人对本条所称之物在维护和管理方面存在不完全、不完备状态，行为人应当证明自己没有过错。关于承担义务的主体问题，法律规定承担义务的主体为所有人、管理人、使用人。实务中对于因借用、租赁等法律关系而实际控制建筑物、构筑物并负有相应的管理、维护义务的人，发生纠纷时应当首先将其作为本条规定的赔偿义务人。本案中，由于发生物件损害的部位为被告自行搭建的房屋上的冰掉落造成原告车辆受损，被告应当为赔偿责任的主体。

现行的《中华人民共和国民法典》第一千二百五十三条和已经失效的《中华人民共和国侵权责任法》第八十五条中的法律条文是一致的，均规定的是一种特殊侵权责任，均实行的是过错推定的归责原则。所谓过错推定，是指若受害人有证据证明其受到的损害是由行为人所致，而行为人不能证明自己没有过错，法律上就应推定行为人有过错并承担民事赔偿责任。过错推定实行的是举证责任倒置，通过过错推定责任原则，从损害事实中推定行为人有过错，受害人仅承担一般的举证责任，而行为人则应承担自己对损害的发生没有过错的举证责任，如果行为人能够举证证明其对损害的发生没有过错的，行为人就免除赔偿责任，如果行为人不能证明其对损害的发生没有过错的，其就要担责。法律上这样规定的目的在于要求行为人对其所有的或者管理或者使用的建筑物，特别是高层建筑物内外的物件及附属设施进行谨慎的安全管理，避免因管理不善造成他人损害，从立法层面上看更有利于保护受害人的合法权益。

本案中，被告卢某丽对自己楼顶的简易房屋应当进行安全管理，因管理不当或者疏于管理，给他人造成损失的，且不能证明自己没有过错的，应当承担赔偿责任。由于被告卢某丽对自己楼顶的简易房上的积冰没有及时进行安全处理，在融雪过程中，致使简易房顶部形成的积冰发生掉落，砸坏停在楼下的原告的车辆，被告应当对原告财产损失的合理部分给予赔偿。

编写人：新疆维吾尔自治区石河子市人民法院 杜世成

161 脱落、坠落物致害责任主体的认定

——魏某琴诉科技公司等物件脱落、坠落损害责任案

【案件基本信息】

1. 裁判书字号

北京市第二中级人民法院（2011）二中民终字第20305号民事判决书

2. 案由：物件脱落、坠落损害责任纠纷

3. 当事人

原告（被上诉人）：魏某琴

被告（被上诉人）：物业公司

被告（上诉人）：科技公司、安全技术公司

【基本案情】

2011年6月18日凌晨，丰台区西罗园南甲××号院内科技公司办公楼东侧四层南外墙墙皮脱落，将魏某琴所有的停放于楼下的机动车砸坏，事后魏某琴对受损车辆进行了修理，花去修理费28500元。后魏某琴将墙皮脱落楼栋的所有人即科技公司、小区物业即物业公司、车辆管理方安全技术公司共同告上法庭，要求三被告赔偿其修理费用28500元。

科技公司认为：（1）涉案楼房确系科技公司产权，我方已明

确通知不允许非公司人员停车，如果违反后果自负；(2) 我公司每年都向物业公司交纳物业费，物业公司对墙体疏于管理和维修，应由其承担赔偿责任；(3) 我公司多次安装地桩，居民还是乱停车，停车位并不是我公司划的，我公司也未收取过停车费，不应对原告的损失承担赔偿责任。

物业公司认为自己对墙皮脱落无法预见，且和管理无关。公司收取的物业费中并不包括停车费用，我们不管停车这一块，对涉案楼栋也没有产权，原告的损失与我方无关。

安全技术公司提出自己虽收取了停车管理费，但停车线不是自己划定的，且脱落位置是在四层，根本无法预见。原告应该向车辆的保险公司主张索赔。

【案件焦点】

三被告对原告的损失是否存在过错，如有过错是否构成共同侵权，责任比例如何划分。

【法院裁判要旨】

北京市丰台区人民法院经审理认为：物业公司聘用安全技术公司对涉案小区的车辆进行管理，其应对安全技术公司的选聘及做出的指示承担责任。经本院审查，安全技术公司的经营范围确有“机动车停车场服务”一项，故物业公司已履行了基本的审核义务，其对安全技术公司的选聘符合相关法律规定。且也不能看出安全技术公司是受物业公司的指示，要求魏某琴将车辆停放在案发位置，故物业公司对魏某琴的损失不应承担赔偿责任。

安全技术公司虽未与原告魏某琴签订书面的车辆管理合同，但实际上已收取了原告的停车管理费，应视为双方已形成了事实上的停车管理服务关系，科技公司应为原告提供安全、有效的管理服务。后原告将车辆停放在涉案场地上导致车辆受损，科技公司认为原告停放车辆的位置并非自己指定，而是原告私自停放，所以其损失与科技公司无关。但关于车辆应停放的位置双方并未以书面方式确定，科技公司也未能提供证据证明其已明确告知原告不能在涉案场地上停车，故科技公司作为车辆管理方未尽到与其专业相对应的管理义务，与原告车辆受损有一定的因果关系，应对原告的损失承担一定的赔偿责任。

本案中，涉案楼栋的所有人和使用人均为科技公司，从科技公司与物业公司签订的物业管理合同内容可以看出，涉案楼栋的管理人也应为科技公司。涉案楼栋发生墙皮脱落与原告车辆受损之间有直接的因果关系，作为涉案楼栋的所有人、使用人和管理人，科技公司未能证明自己对楼栋外墙已经尽到了日常的管理、检查和维修的义务，视为其有过错，应对墙皮脱落给他人造成的损害承担相应的侵权责任。科技公司主张其于事发前张贴过禁止业主停车的《停车告知书》的证据不够充分，本院对此项答辩意见难以采信，科技公司对业主的停车行为持有的应是默许的态度；科技公司虽未收取业主的停车费用，仍应为其默许业主停车的行为负责，对原告因停车发生的损失承担一定的赔偿责任。

上述两种侵权行为主体在主观上对损害的发生虽没有共同的过错联系，但客观上其行为对损害后果的发生分别产生作用，造成了同一个损害结果，应当按照责任大小承担按份责任。根据两公司从原告的停车行为中是否获益的情况，本院酌定安全技术公司和科技公司按 6∶4 的比例对原告的损失承担赔偿责任。

北京市丰台区人民法院依照《中华人民共和国侵权责任法》第

十二条、第八十五条之规定，作出如下判决：

一、被告科技公司于本判决生效后十日内向原告魏某琴支付车辆赔偿款 11400 元；

二、被告安全技术公司第一分部于本判决生效后十日内向原告魏某琴支付车辆赔偿款 17100 元；

三、驳回原告魏某琴的其他诉讼请求。

科技公司、安全技术公司持原审起诉意见提起上诉。北京市第二中级人民法院经审理认为：科技公司的述称内容及提供的材料均不能否定墙皮脱落楼房系该公司所有及小区业主车辆在该公司办公楼周围停放的事实情况，不足以表明该公司不应承担墙皮脱落致魏某琴车辆受损的赔偿责任。安全技术公司的述称内容及提供的材料难以表明该公司提供停车管理服务的安全性、有效性，不能表明该公司提出的上诉主张成立。

北京市第二中级人民法院依照《中华人民共和国民事诉讼法》第一百五十三条第一款第一项之规定，作出如下判决：驳回上诉，维持原判。

【法官后语】

本案的焦点在于对多因一果的共同加害行为，其责任主体如何认定及责任比例如何划分。在此，我们想以本案为例为处理此类案件进行一些归纳性的分析和经验上的总结。

首先，对于将停车管理项目对外委托的物业管理公司来说，其应对车辆管理服务公司的选聘及所作的指示承担责任。物业管理公司在与业主签订物业管理合同后，一般会将小区安保，包括车辆管理等专业性工作委托给相关公司来做，如本案中物业公司授权安全技术公司进行治安管理、停车管理等服务项目。这实质上是一种转委托，受托人即物业公司仅就安保公司的选任及其作出的指示承担责任。安保公司的选任，应看其是否有从事停车管理服务的资质，如没有资质或其经营范围中并不包括停车管理服务项目，则物业公司对该类公司的选任就有瑕疵，发生损害事件时物业公司应与安保公司一起承担连带赔偿责任。例如，物业公司要求安保公司从事委托权限范围外的行为，或因委托权限不明导致发生损害事件，则物业公司也应承担连带赔偿责任。显然，物业公司对安全技术公司的选聘本身不存在瑕疵，且物业公司也未作出超出委托权限的指示行为，故其对魏某琴车辆被砸的损失不应承担赔偿责任。

其次，脱落、坠落物的所有人、管理人或使用人承担的是过错推定责任，应由其对自己没有过错进行举证。物件损害责任是一种特殊侵权责任，在责任性质上都适用过错推定责任，其免责事由也只包括不可抗力、受害人故意以及第三人原因造成损害发生。导致魏某琴车辆受损的脱落墙皮的楼栋所有人、使用人和管理人均为科技公司，故应推定科技公司有过错，由其对自己没有过错，即已经尽到了管理和维修的义务或存在其他免责事由进行举证。从科技公司的举证情况来看，不能证明其对涉案楼栋外墙进行检查和维修，也不存在其他免责事由，故其应对墙皮脱落给魏某琴造成的损失承担一定的赔偿责任。

再次，车辆管理公司未能提供安全、合格的服务，业主有权选择以侵权之诉或违约之诉起诉。业主与车辆管理公司之间系服务合同关系，车辆管理公司应为业主提供安全、合格的车辆管理服务。本案中，安全技术公司收取魏某琴车辆管理费的行为，应视为双方已形成事实上的车辆管理服务合同关系，安全技术公司未能为魏某琴提供与其职务相符的车辆管理服务，魏某琴有权以违约之诉或侵权之诉要求安全技术公司予以赔偿。

最后，侵权行为间接结合发生同一损害后果的，应由各责任主体按过失大小承担按份责任。所谓间接结合，即指行为人之间主观上没有共同的过错，但客观上其实施的数个行为间接结合发生了同一损害后果。鉴于原侵权责任法第十二条的立法传统，且民法典总则编第一百七十七条已经就按份责任的承担方式作出了明确规定，因此民法典侵权责任编第一千一百七十二条仍然对于典型的分别侵权行为予以明确规定，该条规定确立的典型的分别侵权行为责任分担规则，不是连带责任，而是按份责任，即“各负其责”。本案中，科技公司有对楼栋外墙管理不善的过错，安全技术公司有未能提供安全、合格的管理服务的过错，这两种过错虽没有任何共同之处，但两个主体因各自过错而实施的侵权行为结合在一起，共同导致了魏某琴车辆受损的损害后果，可以说这是一种无过错联系的共同加害行为，共同加害行为人依照各自行为的原因力、过失大小确定责任份额。关于原侵权责任法第十二条作为第一层次的“比例分担”，则需要通过确定每一侵权人的责任大小来完成。最终责任所体现的是侵权法的补偿价值，对应的就是侵权责任分担理论，因此分担标准应当是“以原因力比例为主、可责难性比例为辅”。本案中，考虑到安全技术公司收取停车管理费系受益方，应承担较重的注意义务，而科技公司并未从停车行为中受益，法院最后酌定科技公司与安全技术公司之间按6:4的比例承担赔偿责任。

编写人：北京市丰台区人民法院　杨筝　全敏敏

十二、触电人身损害责任纠纷

162 高度危险活动致害中各责任方按过错、原因力大小确定赔偿责任

——李某华诉石材厂等触电人身损害赔偿案

【案件基本信息】

1. 裁判书字号

江苏省无锡市中级人民法院（2020）苏02民终2657号民事判决书

2. 案由：触电人身损害赔偿纠纷

3. 当事人

原告（被上诉人）：李某华

被告（上诉人）：石材厂、罗某廷

被告（被上诉人）：季某光、电力公司

第三人：某医院

【基本案情】

石材厂设立于2015年11月23日，设立后租用土地一块用于经营，设立后不久即在租用土地上搭建水稳流水生产线一条。该处土地上方有电力公司运营的10千伏高压架空输电线，电线杆下方有“高压危险，严禁攀登”的标志，流水线位于两根电线杆中间部位下方位置，距离警示标志位置较远，不在同一个场院内。2017年11月，石材厂因其水稳流水生产线需加盖彩钢瓦大棚，其

经营者贺某经王某波介绍认识罗某廷，双方口头约定工程包工包料，工程款50000元；罗某廷将上述工程以包工不包料的方式分包给季某光，双方口头约定地面人工费15元/平方米、封板人工费10元/平方米，按实际测量面积结算。2017年12月初，季某光即带人进场施工。2017年12月6日14时许，季某光及其工人范某辉、李某华、马某宝、顾某法在现场施工，现场在高压线下方（远离两端电线杆位置）架设了五米多高的脚手架；李某华在未采取任何安全防护措施的情况下爬上脚手架，准备焊接钢管时遭受电击从3米多高的脚手架坠地受伤。2017年12月13日贺某与罗某廷补签协议书一份，协议内容与双方此前的口头约定一致。

李某华受伤后，即送至某医院住院治疗，病史记载李某华因“电击后高处坠落致伤约半小时”入院。后于2019年5月15日出院。李某华住院期间尚欠某医院医疗费456888.78元。事故发生后，石材厂向李某华垫付303000元，罗某廷垫付60000元，季某光垫付11500元。

另查明，李某华受伤后，某区安全生产监督管理局对事故发生的原因认定为：（1）直接原因，李某华在进行高处作业时，未采取任何安全防护措施，在作业过程中不慎失足坠落，直接导致事故的发生；（2）间接原因，罗某廷在未依法取得相应资质证书情况下承揽钢结构工程，未按规定向李某华等作业人员配备劳动防护用品，未按规定对作业人员进行安全生产教育和培训；石材厂未认真审核钢结构承包单位的施工资质，将钢结构工程发包给不具有相应资质条件的个人。

法院认定李某华的各项损失合计3019123.91元。

【案件焦点】

各责任方的赔偿责任比例如何确定。

【法院裁判要旨】

江苏省无锡市锡山区人民法院经审理认为:《中华人民共和国侵权责任法》第七十三条规定，电力公司作为涉案高压线经营者，按照无过错责任原则承担侵权责任。本案中，事故发生时李某华处在《电力设施保护条例》规定的高压线下方架空电力线路保护区。石材厂未经电力管理部门批准在架空电力线路保护区内兴建生产流水线、又在流水线上方加盖彩钢瓦，属违法行为，对李某华遭受电击存在过错。罗某廷承包违法工程，又将违法工程分包给季某光，李某华进行违法作业，均属违法行为，对李某华遭受电击均存在过错，以上当事人的过错可以减轻电力公司的赔偿责任。

另外，电力公司应当依法对高压电沿线可能存在的安全隐患进行定期排查，对架空电力线路保护区内搭建流水线、加盖彩钢瓦的行为应当及时发现并予以制止。然本案中电力公司既未发现亦未制止该违法行为，同样也存在过错。

除此之外，李某华向季某光提供劳务时未采取任何安全防护措施，李某华与季某光对此均存在过错。石材厂未认真审核罗某廷的施工资质，将彩钢瓦大棚的搭建工程发包给无资质的罗某廷，罗某廷在未取得相应资质的情况下承包工程，又违法分包给季某光进行施工，均属违法行为。根据《最高人民法院关于审理人身损害赔偿案件适用法律若干问题的解释》第十一条第二款之规定，石材厂、罗某廷、季某光对李某华的赔偿责任应负连带责任。

综上所述，考虑到各方当事人过错大小及各自行为致损害结果发生的原因力比例，法院认定李某华自行承担20%的损失，石材厂、罗某廷、季某光承担60%的连带赔偿责任（三人各承担20%，如支付超过自己赔偿数额的连带责任人有权向其他连带责任人追偿），电力公司承担20%的赔偿责任。同时李某华应向某医院支付所欠医疗费。

江苏省无锡市锡山区人民法院依照《中华人民共和国侵权责任法》第十二条、第十三条、第十四条、第十六条、第二十二条、第二十六条、第三十五条、第七十三条，《中华人民共和国电力法》第三十二条、第五十三条第二款、第五十四条，国务院《电力设施保护条例》第四条第二款、第十条第一款、第十五条第三款，《最高人民法院关于审理人身损害赔偿案件适用法律若干问题的解释》第十一条第二款规定，判决如下：

一、石材厂、罗某廷、季某光应连带赔偿李某华1811474.35元，三人已垫付374500元，还应连带赔偿1436974.35元；

二、电力公司向李某华赔偿603824.78元；

三、石材厂、罗某廷、季某光三人承担的连带责任中各自应承担603824.78元，支付超过自己赔偿数额的连带责任人有权向其他连带责任人追偿；

四、李某华在收到的上述赔偿款中向某医院支付医疗费456888.78元；

五、驳回李某华的其他诉讼请求。

石材厂、罗某廷不服一审判决，提起上诉。

二审法院同意一审法院的裁判意见。

【法官后语】

高度危险活动致害是一类较为少见的侵权，实践中此类案件常常存在受害人受损严重、侵权主体众多、责任难以认定等难点。本案属于较为典型的多方责任主体引发的触电事故，本案的裁判思路，可供其他高度危险责任的审理作参考。

一、高度危险活动致害责任的归责原则

高度危险活动包括高空、高压、地下挖掘活动或者使用高速轨道运输工具，适用特殊侵权的归责原则，即无过错责任，《中华人民共和国民法典》第一千二百四十条对此有所规定。因此过错不是高度危险活动致害责任的构成要件，例如，本案中不论电力公司是否存在过错，只因李某华在电力公司经营的高压线上触电受伤，电力公司即应对李某华承担侵权责任。

法律的规定有政策价值考量，高度危险活动经营者通常为具有财力的企业组织，通过高度危险作业获得利益，其对作业的危险性可识别、可控制。对其适用无过错责任更有利于督促经营者加强管理、改进措施以减少损害，从而更有利于保障社会安全。

二、高度危险活动致害责任的免责事由

我国法律对高度危险活动的免责事由规定不尽相同：原《中华人民共和国民法通则》第一百二十三条规定的是受害人故意；《中华人民共和国电力法》第六十条规定的是不可抗力、用户自身的过错；原《中华人民共和国侵权责任法》第七十三条规定的是受害人故意、不可抗力；《中华人民共和国民法典》沿用了原《中华人民共和国侵权责任法》的规定。以上法律对于不可抗力、受害人故意的免责事由规定是一致的，而对于受害人过失的情况下（如本案）经营者能否免责规定不一致，此时究竟该适用哪一条规定？

笔者认为，本案应适用《中华人民共和国侵权法责任法》第七十三条的规定（本案审理时《中华人民共和国民法典》尚未生效）。

理由如下：第一，根据新法优于旧法的原则，《中华人民共和国侵权责任法》属于新法；第二，如果受害人只是有过失，经营者就不承担责任，对受害人不公平；第三，即便在一般侵权中，受害人对损害的发生有过失的，也仅是可以减轻侵权人的责任，何况是高度危险责任，经营者的责任不可能比一般侵权人更轻。

三、高度危险活动致害责任的过失相抵

在经营者责任减轻方面，原《中华人民共和国侵权责任法》规定，当被侵权人对损害的发生有过失的，可以减轻经营者的责任。《中华人民共和国民法典》将本条的过失改为重大过失，缩小了经营者减责的适用范围，对经营者课以更为严苛的责任，体现出立法者对法益的重新衡量。

对于何谓重大过失，何谓一般过失，法律没有明确规定，应留待法官根据案件实际情况自行判断。但法律明确规定了未经许可进入高度危险活动区域的责任减免，可以作为对高度危险责任一般条款的补充。对此，新旧法律也作出了不同规定：原《中华人民共和国侵权责任法》第七十六条规定，管理人已经采取安全措施并尽到警示义务的，可以减轻或者不承担责任；《中华人民共和国民法典》第一千二百四十三条规定，管理人能够证明已经采取足够安全措施并尽到充分警示义务的，可以减轻或者不承担责任。《中华人民共和国民法典》的修改，一是明确了本条适用举证责任倒置的规则；二是“足够安全措施”“充分警示义务”提高了经营者的注意义务水平，这与第一千二百四十条的减责范围缩小以加重经营者责任的背后逻辑是一致的。

四、第三人责任承担

实践中，高度危险活动损害往往不是单一原因造成的，第三人侵权行为也可能是造成损害的原因之一，但法律、司法解释对于第三人过失能否减轻经营者责任均未作出规定。仅在原《最高人民法院关于审理触电人身损害赔偿案件若干问题的解释》第二条第二款规定，对因高压电引起的人身损害是由多个原因造成的，按照致害人的行为与损害结果之间的原因力确定各自的责任。而该司法解释已于2013年4月8日废止，那么能否适用原《中华人民共和国侵权责任法》第二十八条“损害是因第三人造成的，第三人应当承担侵权责任”的规定呢？

笔者认为，第三人亦应按其行为与损害结果之间的原因力确定责任。理由是：第一，该司法解释废止后已经没有高度危险责任的专门司法解释，立法精神尚在；第二，如果仍要求经营者承担全部责任，对经营者明显不公；第三，无过错责任的设立初衷是保护受害人权益，并非第三人权益，不能因为高度危险活动适用无过错责任就免除第三人的责任。

编写人：江苏省无锡市锡山区人民法院　邹吟冰

163 高压活动中经营者的认定以及约定所有权实现风险转移的法律后果

——薛甲等诉供电公司、村委会触电人身损害赔偿责任案

【案件基本信息】

1. 裁判书字号

四川省宜宾市中级人民法院（2019）川15民终1691号民事判决书

2. 案由：触电人身损害赔偿责任纠纷

3. 当事人

原告（被上诉人）：薛甲、练某、薛乙

被告（上诉人）：供电公司

被告（被上诉人）：村委会

【基本案情】

薛某系薛甲之子，系练某之夫，系薛乙之父。

2016年11月17日，被告村委会与被告供电公司签订《供电方案协议》。该协议约定："供电方电源提供和产权分界点……产权分界点分别为10千伏电源'T'接点的长镇线先锋支线17#、20#杆和天台3社台区处，分界点电源侧的供电设施由供电方建设（含柱上开关、熔断器等开断设备及其他附属设备）。分界点受电源侧的受电工程由用电方建设，由用电方负责运行维护并承担产权范围内受电设施上发生事故等引起的法律责任……"同日，二被告签订《电费结算协议》，约定了电费交纳时间及方式。2017年6月5日，二被告签订《高压供用电合同》，该合同约定：供用电设施产权分界点为南溪区长兴镇天台村、长兴镇先锋村专线17#、20#杆处；"T"接头引流线0.1米或智能分解开关出线端头（隔离刀闸静触头）螺栓处及以后属用电人；责任划分为双方依本合同所约定的分界点电源侧产权属供电人，分界点负荷侧产权属用电人，双方各自承担产权范围内供用电设施的运行维护管理责任，并承担各自产权范围内供用电设施上发生事故等所引起的法律责任。

宜宾市南溪区长兴镇天台村（3组、4组、5组）电灌站架空高压线建成后，从长兴镇天台村4社"黑凼子"（又称"滩子口"）

水库旁边经过，其电线杆上标明有“10KV 先锋天台 4 支线”字样，“黑凼子”水库临近高压线路一侧设有隔离围栏，在围栏上悬挂禁止垂钓的图文标示两幅，并在围栏外专门设置立柱一根，立柱上标注“禁止在高压线下钓鱼”。该架空高压线垂直地面距离不低于6.6米。

2018年10月14日上午，薛某前往“黑凼子”水库钓鱼，在垂钓前的准备过程中，薛某伸出的鱼竿不慎触碰到案涉高压线，薛某被电击身亡。薛某鱼竿所触碰的高压线位于高压线路受电侧一方、宜宾市南溪区长兴镇天台村（3组、4组、5组）电灌站架空高压线配电室之前。

【案件焦点】

1. 本案的赔偿责任主体；2. 本案的赔偿比例。

【法院裁判要旨】

四川省宜宾市南溪区人民法院经审理认为：第一，本案系从事高压活动引发触电身亡的人身损害赔偿纠纷，应当由经营者承担赔偿责任。被告供电公司为案涉高压线提供电力产品，收取电费获取经营利益，是案涉高压活动的经营者，也是案涉高压线路的维护、管理者。被告供电公司与被告村委会虽然签署了在各自产权范围内承担法律责任的书面协议，但对受害人不具有法律约束力。因此，赔偿责任主体应当确定为被告供电公司。

第二，本案无证据证实薛某的死亡系不可抗力和故意行为所致，被告供电公司应当依法承担无过错赔偿责任。薛某作为具有完全民事行为能力的人，应当意识到在高压线下垂钓的危害性，但薛某的过于自信和疏忽大意导致了本次事故的发生，薛某具有重大过错。

结合案件实际，法院酌情确定被告供电公司承担的责任比例为30%。薛某因本次事故死亡，其损失法院确定为728942元，由被告供电公司赔偿30%即218682.6元。

四川省宜宾市南溪区人民法院依照《中华人民共和国电力法》第六十条，《中华人民共和国侵权责任法》第二条、第十六条、第六十九条、第七十三条和《中华人民共和国民事诉讼法》第六十四条第一款之规定，判决如下：

一、供电公司赔偿薛甲、练某、薛乙各项损失共计218682.6元；

二、驳回薛甲、练某、薛乙的其他诉讼请求。

供电公司不服，提起上诉。四川省宜宾市中级人民法院经审理认为：供电公司作为供电企业向村委会输送电能并获取收益，发生事故的输电线路上存在的高压电能为供电公司经营，故供电公司系所供电能的经营者。受害人薛某在垂钓过程中因自身过失导致触电死亡，供电公司未能提供证据证明薛某的死亡系故意或者不可抗力造成，供电公司应当承担无过错责任，一审判决结合受害人过错程度，认定供电公司承担30%的赔偿责任，并无不当。

电力设施的产权人系该设施的管理人，对于未经许可进入高压电力设施保护区并受到损害的被侵权人，该设施产权人应当对其承担赔偿责任。村委会在发生事故的输电线路保护区内设置有隔离围栏和警示标志，已经采取安全措施并尽到警示义务，薛某未经许可进入该区域，村委会无须承担赔偿责任。

四川省宜宾市中级人民法院依照《中华人民共和国民事诉讼法》第一百七十条第一款第一项之规定，判决如下：

驳回上诉，维持原判。

【法官后语】

本案判决于《中华人民共和国民法典》实施以前，《中华人民共和国民法典》实施以后，本案适用法律条文被选编于侵权责任编第八章高度危险责任中，其立法原则、立法本意及文义均无变化。《中华人民共和国民法典》对于高压触电人身损害案件承担无过错责任的主体依然沿用了原《中华人民共和国侵权责任法》中规定的经营者，但对于经营者的内涵和定义在法律法规中并无统一界定，司法实践对“经营者”的认定仍是有一定争议的。

高压触电人身损害的致害源是高压电能，而非高压电路设备，故高压致害的侵权人应着重从致害源，而非单纯从线路等电力设备的产权情况来认定，谁对致害源即电力电能具有维护管控能力和维护管控义务即由谁担无过错责任。同时，高压电能的经营者并非仅指供电企业，可根据触电事故发生时的情况具体划分为发电企业、输电企业、配电电业及用电企业四类。具体而言，在高压发电设备、高压输电线路、高压配电设备及高压用电设备发生的触电事故，侵权责任主体分别为发电企业、输电企业、配电企业及用电企业。在审判实践中，应结合侵权事故发生的具体情况，找出经营者，确定侵权责任主体。

高危活动区域的管理人对高压等高危活动侵权承担的是过错责任，即管理人的责任在于其应在高危区域范围内采取相应的安全措施和履行提示的义务。同时，管理人身份的确定应或是基于其所有人身份，或是基于所有人委托管理的责任人。无过错归责原则的本质出发点是对特殊的社会责任主体的一种严苛的社会责任，目的在于通过公平原则对损失进行适当弥补和强化特殊社会责任主体的社会责任感。无过错责任主体往往对危险源负有管理、维护及特殊注意义务，且具备一定的管控资质和管控能力。由此，该类责任关于责任主体和规则方式的规定应是强制性的，当事人不得通过权属约定的方式将法律确定的风险进行规避，并转嫁给一般社会主体（保险公司等具有特殊利益的主体除外），否则可能对交易安全和社会稳定带来一定负面影响。

本案中，供电公司作为电力电能的经营者，通过高压线等电力产品收取电费、获取经营利益，且具备对高压线等设施设备进行维护、管理的专业技能性要求，如果允许通过约定以所有权定风险，其一，将不利于高危设施设备的正常维护，毕竟一般主体（如本案的村委会）并无相关管理维护资质及能力；其二，可能导致基于公平考量等对受害者适当补偿的立法本意无法得以实现，如村委会等主体并无偿付能力，受害方的权益将无法得到有效弥补；其三，风险受让一方主体的权利义务将会有所失衡，村委会实质是案涉电灌站的使用人，其责任形式体现为对相关区域承担安全保障义务，如以产权权属将经营者的无过错责任转让给使用人，将导致村委会承担双重责任，由此承担的责任相对其享有的使用电灌站利益则畸重，不符合权利义务相统一的司法原则。

本案对高压活动的经营者的认定以及民事活动中经常存在的特殊社会主体的应承担的无过错责任风险转移到一般社会主体中的处理，不仅有利于强化民事活动中特殊主体的法律责任感，更促进其履行相应的管理维护义务，避免触电事故的频繁发生，从而真正实现法律的公平、正义的价值目标。

编写人：四川省宜宾市南溪区人民法院　张丽萍　胡其勤

164 高度危险作业中受害人故意的认定标准

——温某风等诉轨道交通公司、电力公司触电人身损害责任案

【案件基本信息】

1. 裁判书字号

北京市第二中级人民法院（2016）京02民终9815号民事判决书

2. 案由：触电人身损害责任纠纷

3. 当事人

原告（上诉人）：温某风、申某某

原告（被上诉人）：申某道、周某仙

被告（上诉人）：轨道交通公司

被告（被上诉人）：电力公司

【基本案情】

2016年2月5日晚，申某发带其弟到丰台区万丰路拆卸Y电线杆上的“废弃”（一端断开）电缆。拆电缆过程中，申某发被电线杆上面的高压电电击死亡。2016年2月8日，丰台公安分局出具了申某发系电击死亡，不属于刑事案件的鉴定及调查结论。事发时，涉案的电线杆的电力设施属于轨道交通公司的产权范围。但轨道交通公司称其公司于2015年10月21日向电力公司申请报拆上述供电设施，是电力公司未及时拆除供电设施，电力公司否认收到轨道交通公司的报拆申请。

轨道交通公司、电力公司称申某发自身存在过错，温某风等称申某发并未故意造成自身损害后果。

【案件焦点】

1. 轨道交通公司是否因“受害人故意”而免除其责任；2. 如果不能免除其责任，那么被告应该承担多大的责任比例。

【法院裁判要旨】

北京市丰台区人民法院经审理认为：从事高压活动造成他人损害的，经营者应当承担侵权责任。申某发攀爬电线杆去拆除“废弃”电缆，致使自己触电死亡，轨道交通公司报装涉案供电设施，其作为经营者应承担侵权责任。轨道交通公司称其已经向电力公司报拆供电设施，电力公司未及时拆除供电设施，电力公司否认收到轨道交通公司的报拆申请，综合双方提供的证据，本院对轨道交通公司的意见难以采信，且即便轨道交通公司申请拆除供电设施，在供电设施拆除之前，其仍应承担供电设施经营者的相应责任。从案发经过来看，申某发系为了拆除“废弃”电缆，难以证明申某发故意造成自身触电的损害后果，但申某发作为成年人，攀爬上电线杆去拆除“废弃”电缆，致使自己触电死亡，申某发对此存在明显过错，可以减轻轨道交通公司的责任，综合本案的具体情况，轨道交通公司应对申某发的死亡承担10%的赔偿责任。温某风等要求电力公司承担赔偿责任的诉讼请求，缺乏依据，本院不予支持。申某发死亡，轨道交通公司应赔偿死亡赔偿金、丧葬费、被抚养人生活费，具体数额由本院依法确定，温某风等人主张的申某道的被抚养人生活费，缺乏依据，本院不予支持，主张的申某某的被抚养人生活费计入死亡赔偿金。申某发死亡给温某风等人造成严重精神损害后果，轨道交通公司应赔偿精神损害抚慰金，具体数额由本院酌情确定。温某风等人主张的车旅费，证据不足，本院不予支持。

综上，依照《中华人民共和国侵权责任法》第十六条、第二十二条、第七十三条之规定，判决如下：

一、轨道交通公司于本判决生效后七日内赔偿温某风等死亡赔偿金 136864 元、丧葬费 4624 元、精神损害抚慰金 20000 元；

二、驳回温某风等人的其他诉讼请求。

温某风、申某某、轨道交通公司不服原审判决，提起上诉。北京市第二中级人民法院认为：申某发承担的责任比例是否过高、轨道交通公司对申某发的死亡是否应承担民事责任，是本案各方当事人争议的焦点。

《中华人民共和国侵权责任法》第七十三条规定："从事高空、高压、地下挖掘活动或者使用高速轨道运输工具造成他人损害的，经营者应当承担侵权责任，但能够证明损害是因受害人故意或者不可抗力造成的，不承担责任。被侵权人对损害的发生有过失的，可以减轻经营者的责任。"依照上述法律规定，轨道交通公司所承担的责任属于无过错责任。损害事故的发生除了高压输电线路和高压设施致人损害，不排除受害人故意或者重大过失所致，故法律上规定了从事高压活动在出现法定情形时，可以减轻或免除经营者的责任。但因《中华人民共和国侵权责任法》第七十三条适用无过错原则，故应由侵权人就相关免责事项承担举证责任，即由轨道交通公司对本案事件系申某发故意或过失所致承担举证责任。轨道交通公司虽主张申某发的行为具有违法性，属于其故意造成，但未提交相关证据予以证明，本院对其该上诉意见难以采信。申某发作为完全民事行为能力人，对其自行拆卸电缆的后果应有明确的认知，其对自身损害存在重大过错，一审判决确定其自行承担大部分的责任比例并无不当。申某某及其法定代理人温某风的上诉意见于法无据，本院不予支持。综上所述，申某某及其法定代理人温某风、轨道交通公司的上诉请求均不能成立，应予驳回；一审判决认定事实清楚，适用法律正确，应予维持。依照《中华人民共和国民事诉讼法》第一百七十条第一款第一项之规定，判决如下：

驳回上诉，维持原判。

【法官后语】

事故发生时的相关法律规定。原《中华人民共和国民法通则》第一百二十三条规定，从事高空、高压、易燃、易爆、剧毒、放射性、高速运输工具等对周围环境有高度危险的作业造成他人损害的，应当承担民事责任；如果能够证明损害是由受害人故意造成的，不承担民事责任。原《中华人民共和国侵权责任法》第七十三条规定，从事高空、高压、地下挖掘活动或者使用高速轨道运输工具造成他人损害的，经营者应当承担侵权责任，但能够证明损害是因受害人故意或者不可抗力造成的，不承担责任。被侵权人对损害的发生有过失的，可以减轻经营者的责任。

《中华人民共和国民法典》第一千二百四十条规定，从事高空、高压、地下挖掘活动或者使用高速轨道运输工具造成他人损害的，经营者应当承担侵权责任；但是，能够证明损害是因受害人故意或者不可抗力造成的，不承担责任。被侵权人对损害的发生有重大过失的，可以减轻经营者的责任。

由此可知，无论是《中华人民共和国侵权责任法》还是《中华人民共和国民法典》的规定，高压电致害适用无过错归责原则。受害人故意是高度危险责任的免责事由之一。可以减轻经营者的责任的情形，由《中华人民共和国侵权责任法》规定的被侵权人有过失变为被侵权人有重大过失。

本案中申某发是否是故意，还是对损害的发生有过失，直接影响轨道交通公司不承担责任还是可以减轻其责任。那么，申某发深夜去拆除“废弃”电缆是否可以被认定为“受害人故意”呢？这也是本案中双方最大的争议点。2001 年 1 月 21 日开始实施的《最高法院关于审理触电人身损害赔偿案件若干问题的解释》（以下简称《触电损害赔偿解释》）第三条规定了免责的四种情形：（1）不可抗力；（2）受害人以触电方式自杀、自伤；（3）受害人盗窃电能，盗窃、破坏电力设施或者因其他犯罪行为而引起触电事故；（4）受害人在电力设施保护区从事法律、行政法规所禁止的行为。但是这一司法解释已于 2013 年 2 月 26 日被明确废止。《中华人民共和国侵权责任法》和《中华人民共和国民法典》规定的免责事由只有两种：一是不可抗力；二是受害人故意，那么高压电致害中的受害人故意，是否还包含《触电损害赔偿解释》第三条第三项和第四项？一种观点认为不包含，两个法条是相互矛盾的，既然前者已被废止，那么应以《中华人民共和国侵权责任法》为准，受害人故意仅是指自杀或者自伤行为。另一种观点认为受害人故意是包含自杀或者自伤和从事与高度危险作业有关的犯罪活动。笔者认同第一种观点。从法理角度上看，受害人故意，通常是指明知因其行为可能遭受损害却追求或者放任此种损害后果的发生。《触电损害赔偿解释》第三条第三项和第四项规定，行为人对于实施违法犯罪是故意，如故意盗窃电能、故意破坏电力设施，但对于自身触电的损害后果，既不追求也不放任，而是“抗拒”发生，实践中行为人一般是基于过失而产生触电的损害后果。从立法变迁和立法原意上看，《触电损害赔偿解释》已被明确废止，相应的《中华人民共和国侵权责任法》颁布出台，包括此后的《中华人民共和国民法典》亦延续侵权责任法规定的免责事由，二者关于高压电致害的免责事由的表述明显冲突，应以当时施行的《中华人民共和国侵权责任法》为准。2010 年 3 月 16 日实施的《最高人民法院关于审理铁路运输人身损害赔偿纠纷案件适用法律若干问题的解释》规定，只有在两种情况下铁路运输企业不承担赔偿责任：一是不可抗力造成的；二是受害人故意以卧轨、碰撞等方式造成的。《中华人民共和国侵权责任法》和《中华人民共和国民法典》均将高空、高压活动和使用高速轨道运输工具归责原则归为一类，那么以铁路运输造成人身损害的司法解释的立法原意类推高空、高压造成人身损害的免责事由比较恰当。本案中，申某发虽然是故意拆除“废旧”电缆，但是并非故意以触碰电缆的方式自杀或者自伤，因此不能认定为受害人故意而使得轨道交通公司免责。

申某发作为成年人，攀爬上电线杆去拆除“废弃”电缆，致使自己触电死亡，申某发对此存在明显过错，可以减轻轨道交通公司的责任。依据此后施行的《中华人民共和国民法典》，需审查被侵权人是否存在重大过失。申某发深夜攀爬电线杆拆除“废弃”电缆行为，存在明显过错，应认定为重大过失，可以减轻经营者的责任。

编写人：北京市丰台区人民法院　周海平　刘畅

165 多因触电致亡的归责问题

——肖某平诉侯某忠等触电人身损害责任案

【案件基本信息】

1. 裁判书字号

广西壮族自治区贺州市中级人民法院（2016）桂11民终604号民事判决书

2. 案由：触电人身损害责任纠纷

3. 当事人

原告（上诉人）：肖某平

被告（上诉人）：侯某忠、农林投资公司

被告（被上诉人）：水电公司、保险公司、某研究所、物流公司

【基本案情】

2016年6月29日，被告侯某忠用货车运载（司机肖某、随车人员何某，何某是原告肖某平之子）木屑到被告农林投资公司厂区木屑堆放区后做拆除雨布工作，何某在拆除雨布过程中，触碰到从车厢顶部横过的水电公司10千伏线路，导致触电倒下，何某经抢救无效死亡。事故发生后，贺州市八步区人民政府对事故进行调查，认定该事故属于生产安全责任事故。被告侯某忠向原告肖某平赔偿了42500元。原告认为，被告侯某忠、农林投资公司、水电公司对何某的死亡存在过错，对原告遭受的损失应予以赔偿，为维护自身合法权益向法院提起诉讼。

在诉讼过程中，被告侯某忠认为保险公司、某研究所与本案

有法律上的利害关系，申请追加保险公司、某研究所作为被告参加诉讼，一审法院于2016年10月25日依法追加保险公司、某研究所作为被告参加诉讼，并于同日依职权追加物流公司作为被告参加诉讼。原告于一审庭审中变更请求六被告对原告的损失承担连带赔偿责任。原告在一审、二审中请求判决支持死亡赔偿金528320元、丧葬费27492元、误工费6248元、交通费2000元、被扶养人生活费163210元、精神抚慰金30000元，以上共计757270元，由所有被告共同连带赔偿80%，即605816元；

【案件焦点】

1. 六被告对受害人何某的死亡应否承担责任，若应承担责任，该如何承担；2. 原告的损失数额该如何确定。

【法院裁判要旨】

广西壮族自治区贺州市昭平县人民法院经审理认为：（1）被告侯某忠运载货物时未尽注意义务，致拆除雨布的何某触电死亡，存在过错。对事故的发生应承担相应责任。本案中，何某拆除雨布的行为是帮工行为，被告侯某忠是被帮工人。依照《最高人民法院关于审理人身损害赔偿案件适用法律若干问题的解释》第十四条第一款“帮工人因帮工活动遭受人身损害的，被帮工人应当承担赔偿责任。被帮工人明确拒绝帮工的，不承担赔偿责任；但可以在受益范围内予以适当补偿”之规定，被告侯某忠无证据证实其拒绝帮工，何某在帮工过程中触电死亡，其作为被帮工人对何某的死亡应承担赔偿责任。（2）被告农林投资公司是侯某忠运输货物（木屑）的收货方，其应提供符合安全生产要求的工作场所，而被告农林投资公司未指挥车辆停放在安全合理场地，未对场所安全环境作出交待，对不利于安全的停车行为没有及时有效地制止，未在厂区内存在较大危险因素的生产经营场所设置明显的安全警示标志，存在过错，应对何某的死亡承担相应的赔偿责任。（3）被告水电公司是该高压线路管理部门，被告农林投资公司需要在该高压线路下作业，被告侯某忠运载超过 4 米高度的车辆通过架空电力线路，没有向电力管理部门报告，也没有获得相关部门批准。被告水电公司不可能预见何某的危险行为，也无法采取暂时停电或其他相关安全措施。根据《中华人民共和国侵权责任法》第七十六条“未经许可进入高度危险活动区域或者高度危险物存放区域受到损害，管理人已经采取安全措施并尽到警示义务的，可以减轻或者不承担责任”的规定，原告主张被告水电公司对此次事故承担连带赔偿责任没有事实和法律依据，故不予支持。（4）被告某研究所是被告农林投资公司厂房所在场地的出租方即事故发生场地的出租方，某研究所已向农林投资公司提供了符合约定用途的场地，架空高压线路与地面距离符合安全规定且不属某研究所管辖，对于农林投资公司的经营活动，其无权管理，故对何某的死亡其不应承担责任。（5）根据查明的事实，本案所涉事故是在被告农林投资公司的厂区内发生，并不是在规定的道路上，不属于道路交通事故；受害人何某是随车人员，不是第三者；受害人何某在拆卸雨布过程中触电死亡，属安全生产责任事故，不是在使用被保险机动车辆中遭受意外。综上，本案所涉事故不属机动车交通事故责任强制保险、第三者责任险、车上乘客责任险的赔偿责任范围。故被告保险公司不应对本事故承担赔偿责任。（6）被告物流公司是涉案车辆的登记车主，被告侯某忠是实际车主，被告物流公司与侯某忠之间是车辆委托服务合同关系，车辆不在物流公司的实际控制下，物流公司也不享受车辆的运营利益，且事故不是因车辆问题导致，而是因触电所致，物流公司对事故发生无过错，不应承担赔偿责任。

广西壮族自治区贺州市昭平县人民法院依照《中华人民共和国安全生产法》第一百一十一条，《中华人民共和国民法通则》第一百零六条第二款，《中华人民共和国侵权责任法》第六条、第十二条、第十六条、第二十二条、第二十六条、第七十六条，《最高人民法院关于审理人身损害赔偿案件适用法律若干问题的解释》第十四条第一款、第十七条第三款、第十八条第一款，《最高人民法院关于确定民事侵权精神损害赔偿责任若干问题的解释》第十一条，《中华人民共和国民事诉讼法》第六十四条、第一百四十四条之规定，作出如下判决：

一、被告侯某忠于本判决生效之日起十日内赔偿原告肖某平损失 107295.09 元，扣除已支付的 42500 元，尚应支付 64795.09 元；

二、被告农林投资公司于本判决生效之日起十日内赔偿原告损失 86457.46 元；

三、驳回原告肖某平要求被告水电公司、被告保险公司贺州中心支公司、被告某研究所、被告物流公司承担连带赔偿责任的请求。

肖某平、侯某忠、农林投资公司不服一审判决，提出上诉。

广西壮族自治区贺州市中级人民法院经审理认为：同意一审法院的裁判意见，依照《中华人民共和国民事诉讼法》第一百七十条第一款第一项之规定，作出如下判决：

驳回上诉，维持原判。

【法官后语】

首先关于本案案由问题。本案属因触电死亡提起损害赔偿的案件，应适用侵权责任纠纷项下的触电人身损害责任纠纷，而不适用原定案由生命权纠纷。

本案争议的焦点之一在于六被告对受害人何某的死亡应否承担责任？如何承担？本案中六被告与受害人、六被告之间的关系不尽相同，应该分别讨论，明确各自的过错责任。

1. 被告侯某忠与受害人的关系。原告在诉状中主张受害人何某是被告侯某忠的随车帮工人员，而在庭审中又主张两者之间存在雇佣关系，综合本案的证据及当事人的陈述，原告并未提供双方存在雇佣关系的证据，故何某拆除雨布的行为应认定为帮工行为。本案中，何某在帮工过程中触电死亡，侯某忠作为被帮工人没有明确拒绝帮工的除外事由，应对何某的死亡承担赔偿责任。特别说明，本案发生在《最高人民法院关于审理人身损害赔偿案件适用法律若干问题的解释》（2022 年修正）施行以前，故适用《最高人民法院关于审理人身损害赔偿案件适用法律若干问题的解释》（法释〔2003〕20 号）第十四条“帮工人因帮工活动遭受人身损害的，被帮工人应当承担赔偿责任”的规定。因《最高人民法院关于审理人身损害赔偿案件适用法律若干问题的解释》（2022 年修正）第五条“无偿提供劳务的帮工人因帮工活动遭受人身损害的，根据帮工人和被帮工人各自的过错承担相应的责任”对该条规定作了修改，提醒新的司法解释修正后，除要审查是否构成义务帮工外，还需要重点审查帮工人与被帮工人的过错确定相应的责任承担。

2. 被告农林投资公司需要在该高压线路下作业，在被告侯某忠运载超过 4 米高度的车辆通过架空电力线路前，没有向电力管理部门报告，也没有获得相关部门批准。被告水电公司不可能预见何某的危险行为，也无法采取暂时停电或其他相关安全措施。根据《中华人民共和国侵权责任法》第七十六条（现为《中华人民共和国民法典》第一千二百四十三条）“未经许可进入高度危险活动区域或者高度危险物存放区域受到损害，管理人已经采取安全措施并尽到警示义务的，可以减轻或者不承担责任”的规定，原告主张被告水电公司对此次事故承担连带赔偿责任没有事实和法律依据，故不予支持。

3. 被告农林投资公司是侯某忠运输货物（木屑）的收货方，被告侯某忠的车辆经农林投资公司内人员开门后进入公司封闭的厂区，应视为经农林投资公司同意进入厂区，车辆在农林投资公司堆放木屑的位置前停放，准备卸货，依照《中华人民共和国安全生产法》第四条“生产经营单位必须遵守本法和其他有关安全生产的法律、法规，加强安全生产管理，建立健全全员安全生产责任制和安全生产规章制度，加大对安全生产资金、物资、技术、人员的投入保障力度，改善安全生产条件，加强安全生产标准化、信息化建设，构建安全风险分级管控和隐患排查治理双重预防机制，健全风险防范化解机制，提高安全生产水平，确保安全生产”之规定，被告农林投资公司应提供符合安全生产要求的工作场所，而被告农林投资公司未指挥车辆停放在安全合理场地，未对场所安全环境作出交代，对不利于安全的停车行为没有及时有效地制止，未在厂区内存在较大危险因素的生产经营场所设置明显的安全警示标志，存在过错，依照《中华人民共和国安全生产法》第一百一十一条（现为第一百一十六条）“生产经营单位发生生产安全事故造成人员伤亡、他人财产损失的，应当依法承担赔偿责任；拒不承担或者其负责人逃匿的，由人民法院依法强制执行”；《中华人民共和国民法通则》第一百零六条第二款（现为《中华人民共和国民法典》第一千一百六十五条第一款）“公民、法人由于过错侵害国家的、集体的财产，侵害他人财产、人身的，应当承担民事责任”之规定，被告农林投资公司应对何某的死亡承担相应的赔偿责任。被告农林投资公司辩称被告侯某忠未经允许进入厂区，对车辆拉货、卸货的事情不知情，故不应承担责任。本院认为，被告农林投资公司厂区属封闭式，被告侯某忠的车辆经农林投资公司厂区内人员开门后进入，应视为农林投资公司对被告侯某忠拉货到公司是知情的，故对被告农林投资公司的辩驳，不予采信。

4. 被告某研究所是被告农林投资公司厂房所在场地的出租方即事故发生场地的出租方，某研究所已向农林投资公司提供了符合约定用途的场地，架空高压线路与地面距离符合安全规定且不属某研究所管辖，对于农林投资公司的经营活动，其无权管理，故对何某的死亡其不应承担责任。

5. 水电公司是该高压线路管理部门，事故发生地属非居民区，经勘测事发现场高压线与地面的距离超过5米，符合《电力设施保护条例》关于电力保护区的距离规定。根据《中华人民共和国电力法》第五十四条的规定，任何单位和个人需要在依法划定的电力设施保护区内进行可能危及电力设施安全的作业时，应当经电力管理部门批准并采取安全措施后，方可进行作业；《中华人民共和国电力设施保护条例实施细则》第十四条规定，超过4米高度的车辆或机械通过架空电力线路时，必须采取安全措施，并经县级以上的电力管理部门批准之规定，因此水电公司不承担责任。

6. 被告保险公司是否应承担赔偿责任？根据查明的事实，本案所涉事故是在被告农林投资公司的厂区内发生，并不是在规定的道路上，不属于道路交通事故；受害人何某是随车人员，不是第三者；受害人何某，在拆卸雨布过程中触电死亡，属安全生产责任事故，不是在使用被保险机动车辆中遭受意外。综上，本案所涉事故不属机动车交通事故责任强制保险、第三者责任险、车上乘客责任险的赔偿责任范围。故被告保险公司不应对本事故承担赔偿责任。另外，被告物流公司是否应承担赔偿责任？被告物流公司是涉案车辆的登记车主，被告侯某忠是实际车主，被告物流公司与侯某忠之间是车辆委托服务合同关系，车辆不在物流公司的实际控制下，物流公司也不享受车辆的运营利益，且事故不是因车辆问题导致，而是因触电所致，物流公司对事故发生无过错，不应承担赔偿责任。

综上，造成何某死亡的后果，被告侯某忠、农林投资公司均有责任。原告主张各被告承担连带赔偿责任，因被告间并不存在共同实施侵权行为以及法律规定的其他应承担连带责任的情形，故对原告的此主张不予支持。

除此之外，原告的损失数额该如何确定是本案焦点之二，特别是计算损失的标准。原告提供的昭平县昭平镇人民政府出具的证明，该证明的主要内容是原告住所地已列入昭平镇城镇规划范围，但其住所地是否已达到城镇的条件并已归属城镇行列，原告未能提供相关证据证实，原告也没有提供其他证据证实其符合按城镇居民标准计算损失的条件，故不能证实何某的死亡赔偿标准应按城镇居民标准计算，故应按农村居民标准计算相关损失。特别说明，《最高人民法院关于审理人身损害赔偿案件适用法律若干问题的解释》自2022年修正后，对于死亡赔偿金的标准不再区分城镇标准和农村标准，统一按照受诉法院所在地上一年度城镇居民人均可支配收入计算，体现出经济社会发展对“法律面前人人平等”原则在社会生活中深入实现的推动作用，反映出全面依法治国必须坚持为了人民的根本立场。

编写人：广西壮族自治区贺州市昭平县人民法院　莫素红

166 电力公司对他人产权的不符合技术规程的电力设备验收并供电的应当承担责任

——刘某等诉村委会、电力公司触电人身损害责任案

【案件基本信息】

1. 裁判书字号

北京市第二中级人民法院（2016）京02民终8120号民事判决书

2. 案由：触电人身损害责任纠纷

3. 当事人

原告（上诉人）：刘某、韩某国、王某云、韩某、韩某1

被告（上诉人）：村委会、电力公司

【基本案情】

韩某国、王某云系韩某华父母，刘某系韩某华配偶，韩某、韩某1系韩某华子女。2015年3月19日7时30分许，韩某华与燕某礼轮流驾驶一辆半挂牵引货车（车牌号为鲁D718××、挂车车牌号为鲁DN0××挂）拉载货物（树苗）行驶至北京市通州区于家务回族乡北辛店村村口牌楼处。牌楼标明限高4.5米，牌楼上方设有架空电线。因载货超高，车上装载树苗与道路上方电线接触刮碰，车辆无法通过，韩某华遂爬到货物上面试图将树苗与电线分离，同时同车司机燕某礼以低速驾驶货车，在此过程中韩某华死亡。韩某华死因经北京市通州区公安司法鉴定中心鉴定为电击死亡。

该处电线为380伏低压电线，无绝缘外护层，所有人及管理人系村委会，电力公司为供电方。电线附近的村口牌楼上有“限高

4.5米”的标牌。被告村委会陈述，事故地点临近乡级公路，处于乡级公路与村庄道路的交叉点附近。

关于涉案电线的高度，被告村委会主张为5.2米，原告不认可该高度。经本院调查，北京电视台法治进行时栏目记者赵某向本院证实，事发第二天早上，赵某在采访、调查本案时对涉案电线的高度进行了测量，根据赵某的陈述及有关测量经过的视频资料，赵某在测量前先行对所用长竿的长度进行了测量，测量时长竿垂直于地面，测量结果为电线未被剐蹭下来的部分高度高于5米，因事故被剐蹭下来的电线高度接近5米。

关于事发经过，证人燕某礼出庭陈述：当时他（韩某华）开车，我坐在一边，车无法通行的时候他说上去看看，说如果你听到叫声就往前开车，我说行，但我没听到叫声。公安机关的询问笔录显示燕某礼在2015年3月30日陈述：“韩某华开车到通州区于家务北辛店村村口的时候，把我叫了起来，说车被电线给刮住了，他去看看，让我来开车，我就开车慢慢向前，韩某华还喊走、走，后来突然听不见他的声音了，我从后视镜看见他的头部，发现他躺在车上的树枝上了，后来我就报警了，消防员把他从车上抬下来的，下来后我才发现韩某华已经死亡了。”在事发后燕某礼接受北京电视台法治进行时栏目记者赵某采访时陈述：“他在上面看电线，我是开车往前走的……我开得挺慢的，用半档开着的。”原、被告对询问笔录和采访视频的真实性均不持异议。

另查，韩某华于1972年7月28日出生，系农业户籍，枣庄市市中区中心街街道薛庄社区居民委员会出具的证明显示韩某华与刘某夫妇于2009年2月至2014年11月在该社区居住。韩某华之父韩某国于1953年8月15日出生，系农业户籍。韩某华之母王某云于1952年7月10日出生，系农业户籍。韩某国、王某云共育有子女三人，即长子韩某华、次子韩某伟、女儿韩某屏。韩某华之女韩某于1997年12月22日出生，系农业户籍。韩某华之子韩某1于1999年10月30日出生，系农业户籍。枣庄市市中区光明路街道石碑社区居民委员会出具的证明信证明，韩某国和王某云体弱多病，无劳动能力，无任何收入来源；韩某与韩某1均就读于中学，无任何经济收入。

五原告提交韩某华亲属来京处理事故的交通费票据共计840元。

【案件焦点】

1. 非电力公司产权的电力设备发生触电事故，触电者、产权人、电力公司的责任应当如何分担；2. 技术规程在侵权案件中应如何适用。

【法院裁判要旨】

北京市西城区人民法院经审理认为：本案事故为380伏低压触电事故，应遵循产权归属原则和过错原则。

首先，韩某华应自行承担部分责任。其一，电线附近的村口牌楼上有“限高4.5米”的标牌，韩某华驾驶载货高度超高的货车，强行通过有限高标志的牌楼，与牌楼上方的电线刮碰导致事故的发生。其二，韩某华作为完全民事行为能力人，在不具备安全措施的情况下徒手触碰情况不明的电线，因此触电身亡，其自身对事故的发生存在过错。其三，在韩某华爬到货物上处理货车与电线的刮碰时，货车仍在低速开动，增加了其行为的危险性，韩某华及同车司机应对此自行承担一定责任。

其次，被告村委会作为涉案电线的产权人和管理人，应在其过错范围内承担赔偿责任。其一，本案涉案电线临近公路，高度为超出 5 米，不足 6 米，不符合相关技术规程关于应高于 6 米的规定，是事故发生的原因之一。其二，本案中涉案电线位于道路上方，电线下方时有车辆通过，在此处架设无绝缘外护层的裸导线，确实具有一定危险性，村委会亦未设置警示标志以防范触电事故发生，故村委会对涉案电线未尽到管理义务。

最后，被告电力公司对其负责供电的送电装置，未尽监督、检验职责，应承担一定赔偿责任。供电企业对其负责供电用户的送电装置负有监督、检验的义务。电力公司对村委会架设的不符合技术规程的电线批准通过并予以供电，未尽到监督、检验的义务，存在一定的过错。

原告的各项损失，由五原告和被告村委会、被告电力公司按照 60%、30%、10%的责任比例分别予以承担。

北京市西城区人民法院依照《中华人民共和国侵权责任法》第六条、第二十六条、第十二条、第十六条，《最高人民法院关于审理人身损害赔偿案件适用法律若干问题的解释》第十七条、第二十七条、第二十八条、第二十九条，《最高人民法院关于确定民事侵权精神损害赔偿责任若干问题的解释》第八条之规定，作出如下判决：

一、本判决生效之日起十五日内，被告北京市通州区于家务回族乡北辛店村民委员会赔偿原告刘某、韩某国、王某云、韩某、韩某 1 死亡赔偿金 375496 元、丧葬费 10487 元、交通费 252 元、精神损害抚慰金 45000 元，以上共计人民币 431235 元；

二、本判决生效之日起十五日内，被告电力公司赔偿原告刘某、韩某国、王某云、韩某、韩某 1 死亡赔偿 125165 元、丧葬费 3496 元、交通费 84 元、精神损害抚慰金 15000 元，以上共计人民币 143745 元；

三、驳回原告刘某、韩某国、王某云、韩某、韩某1的其他诉讼请求。

韩某等不服一审判决，上诉至北京市第二中级人民法院，北京市第二中级人民法院经审理认为韩某等的上诉理由不能成立，判决驳回上诉，维持原判。

【法官后语】

该案例为触电人身损害责任纠纷，涉案电线是380伏低压电线，低压触电事故属于一般侵权行为，归责原则适用过错责任原则。民法典施行后，对低压触电事故的归责原则并无修改，仍然适用过错责任原则。本案涉及以下几个法律问题值得思考：

1. 电力公司对他人产权的电力设备发生的触电事故是否应当承担责任

本案涉案电线产权人和管理人均为村委会，因涉案电线的产权人和管理人非电力公司，在电力公司是否应当承担责任问题上，双方存在较大争议。

（1）电力公司不是电力管理部门，不具备对系他人产权的电力设备的监管职责。2015年修正的《中华人民共和国电力法》规定，电力主管部门是县级以上地方人民政府经济综合主管部门，电力建设企业、电力生产企业、电网经营企业依法实行自主经营、自负盈亏。

（2）判断电力公司过错应以他人产权的电力设备是否符合技术规程的要求作为重要标准，如果涉案电力设备不符合技术规程导致发生触电事故，即便涉案电力设备产权不属于电力公司，电力公司也要因其对该电力设备验收并供电而承担责任。

2. 技术规程在侵权案件中如何适用

涉案电力设备是否违反相关技术规程直接影响对行为人过错的认定，如何认定需要区分不同情况予以分析。

（1）电力设备违反技术规程的强制性标准，应当认定行为人存在过错。电力设备如果违反强制性技术规程，无疑增加了电力设备对社会生活、生产的危险性，侵权纠纷中应当认定电力设备的建设方具有过错，应当承担相应责任。

（2）电力设备不违反技术规程的强制性标准，不意味行为人不存在过错。电力技术规程中电力设备应当符合最低标准，不违反强制性规定不必然等同于不具有过错，是否存在过错，应结合案件中特定事实和特定环境因素进行判定。

（3）技术规程相冲突时的处理原则。从技术规程的效力上讲，不同的技术规程均由相同级别单位作出，不存在上位法和下位法的关系，只要没有明令废止，均应予以适用，结果就是以最严格的规定为准。

编写人：北京市西城区人民法院　郭威

167　未成年人被高压电灼伤，经营者是否承担责任

——罗某诉供电公司触电人身损害赔偿案

【案件基本信息】

1. 裁判书字号

云南省昭通市中级人民法院（2017）云06民终70号民事判决书

2. 案由：触电人身损害赔偿纠纷

3. 当事人

原告（上诉人）：罗某

被告（被上诉人）：供电公司

【基本案情】

2013 年 5 月，原告的父亲罗某林在被告早已架设好的 10 千伏高压输电线下违章修建房屋，因存在严重的安全隐患，被告及万和村委会阻止其建房，但罗某林不听劝告和阻止，仍将房屋建设完工。2015 年 7 月 16 日，因罗某林所新建的房屋楼门未关闭，原告爬上房顶玩耍，触及被告架设的 10 千伏高压线，发生触电事故，造成原告双手双脚和全身多处被高压电灼伤。受伤后，原告被送往四川省宜宾市第二某医院医治，经检查诊断为双手双足电烧重伤。住院 52 天，于 2015 年 9 月 6 日好转出院。原告的损伤经鉴定为：因双足、双手被电烧伤，现遗留双手功能完全丧失，鉴定为五级伤残；双腕关节功能完全丧失，鉴定为七级伤残；左足第五趾缺失，右足第 5 趾大部分缺失，右足 1~4 趾活动不能，鉴定为九级伤残；二级长期护理依赖；后续医疗费 12 万元。原告为此诉至本院。罗某林的房屋屋顶与被告架设的高压输电线距离为 1.1 米，高压线离地面为 10.7 米。

【案件焦点】

原告受伤造成的损失责任主体是谁。

【法院裁判要旨】

云南省盐津县人民法院经审理认为：依照《中华人民共和国侵权责任法》第七十三条规定："从事高空、高压、地下挖掘活动或者使用高速轨道运输工具造成他人损害的，经营者应当承担侵权责任，但能够证明损害是因受害人故意或者不可抗力造成的，不承担责任。被侵权人对损害的发生有过失的，可以减轻经营者的责任。”经营者应承担无过错责任，免责事由仅为损害的发生是因受害人故意或者不可抗力造成的。本案被告是高压输电线的经营者，该输电线造成原告损害。原告属未成年人，不可能对触摸高压线会导致触电伤害的常理有所认识，且该触电事故的发生也未存在不可抗力因素。据此，被告作为高压线的经营者应当承担无过错赔偿责任。但依照《最高人民法院关于审理触电人身损害赔偿案件若干问题的解释》第二条“因高压电造成人身损害的案件，由电力设施产权人依照民法通则第一百二十三条的规定承担民事责任。但对因高压线引起的人身损害是由多个原因造成的，按照致害人的行为与损害结果之间的原因力确定各自的责任。致害人的行为是损害后果发生的主要原因，应当承担主要责任；致害人的行为是损害后果发生的非主要原因，则承担相应的责任”的规定，本案原告的父亲罗某林将房屋违章建设在被告早已架设好的10千伏高压输电线下，使被告的输电线离罗某林的房屋楼顶仅有1.1米，存在重大的安全隐患，也才使原告很轻易就触及到高压线，导致事故发生。此外，原告在事故发生时未满4周岁，属于未成年人，作为原告的监护人罗某林对其未尽到监护责任，使原告脱离监护而爬上新建的楼顶，进入安全隐患区域，也是事故发生的原因之一。故原告的父亲罗某林的过错成为事故发生的主要原因，据此，对造成原告的损失，应减轻被告80%的赔偿责任。

对原告的合理损失本院确认如下：医疗费以票据确认为25274元；原告住院52天，住院期间护理费为5200元（52天×100元/

天)；住院伙食补助费5200元（52天×100元/天)；伤残赔偿金应计算为108794.40元（20年×8242元/年×66%)；精神抚慰金10000元；鉴定费1900元，符合法律规定，本院予以支持。后续治疗费和生活护理依赖均属于定残后将来发生的财产损失，因未实际产生，待今后产生后再主张其权利。

综上所述，原告主张被告赔偿其损失的请求部分成立，本院支持156368.40元，因原告的父亲罗某林对原告造成的损失承担主要责任，减轻被告80%的赔偿责任，被告应赔偿原告损失20%的责任，即31273.68元。云南省盐津县人民法院依照《中华人民共和国侵权责任法》第十六条、第七十三条，《最高人民法院关于审理触电人身损害赔偿案件若干问题的解释》第二条，《最高人民法院关于审理人身损害赔偿案件适用法律若干问题的解释》第十七条、第十九条、第二十一条、第二十三条、第二十五条，《中华人民共和国民事诉讼法》第六十四条之规定，判决如下：

一、由被告赔偿原告罗某因触电造成的人身损失而产生的各项损失合计31273.68元，限于判决生效后三十日内一次性付清；

二、驳回原告罗某的其他诉讼请求。

原告罗某持原审起诉意见提出上诉。云南省昭通市中级人民法院经审理认为：《中华人民共和国侵权责任法》第七十三条规定："从事高空、高压、地下挖掘活动或者使用高速轨道运输工具造成他人损害的，经营者应当承担侵权责任，但能够证明损害是因受害人故意或者不可抗力造成的，不承担责任。被侵权人对损害的发生有过失的，可以减轻经营者的责任。"经营者应承担无过错责任，免责事由仅为损害的发生是因受害人故意或者不可抗力造成的。本案被告是高压输电线的经营者，该输电线造成原告损害。原告属未成年人，不可能对触摸高压线会导致触电伤害的常理有所认识，故被告作为高压线的经营者应当承担无过错赔偿责任。原告的父亲罗某林将房屋违章建设在被告早已架设好的10千伏高压输电线下，使输电线离罗某林的房屋楼顶仅有1.1米，让房屋存在重大安全隐患，且罗某林未尽到监护责任，让原告独自爬上新建楼顶，进入安全隐患区域被电灼伤，原告的父亲罗某林的过错成为事故发生的主要原因，故对原告的损失，被告可减轻80%的赔偿责任。原审法院适用《中华人民共和国侵权责任法》第七十三条的规定正确，适用《最高人民法院关于审理触电人身损害赔偿案件若干问题的解释》错误，本院在此予以纠正，但原判结果正确，依法应予以维持。故被上诉人认为其不应当承担20%的责任，应当由罗某的监护人承担完全责任的理由，不能成立，本院不予采纳。故原审判决认定事实清楚，审判程序合法，判决恰当。

云南省昭通市中级人民法院依照《中华人民共和国民事诉讼法》第一百七十条第一款第一项之规定，作出如下判决：

驳回上诉，维持原判。

【法官后语】

本案处理重点主要在于对原《中华人民共和国侵权责任法》第七十三条[①]之规定的理解。该条规定："从事高空、高压、地下挖掘活动或者使用高速轨道运输工具造成他人损害的，经营者应当承担侵权责任，但能够证明损害是因受害人故意或者不可抗力造成的，不承担责任。被侵权人对损害的发生有过失的，可以减轻经营者的责任。"经营者应承担无过错责任，免责事由仅为损害的发生是因受

① 对应《中华人民共和国民法典》第一千二百四十条。

害人故意或者不可抗力造成的。受害人属未成年人，不可能对触摸高压线会导致触电伤害的常理有所认识，而故意去触摸高压线而导致损害的发生，经营者应当承担无过错赔偿责任。

值得引起注意的是，本案中受害人的父亲将房屋违章建设在经营者早已架设好的高压输电线下，使输电线与房屋楼顶出现不安全的距离，存在重大安全隐患，又因受害人的监护人未尽到监护责任，让其独自进入安全隐患区域被电灼伤，受害者监护人的过错成为事故发生的主要原因，可减轻经营者的赔偿责任。

编写人：云南省盐津县人民法院　刘明刚

168 触电引发的共同侵权中责任主体的确定及比例划分

——郑某国诉王某军等触电人身损害责任案

【案件基本信息】

1. 裁判书字号

新疆生产建设兵团第八师中级人民法院（2016）兵民终524号民事判决书

2. 案由：触电人身损害责任纠纷

3. 当事人

原告（被上诉人）：郑某国

被告（上诉人）：王某军、高某萍、农电公司

【基本案情】

原告与被告王某军、高某萍系朋友关系。2014年10月27日上午，被告王某军请原告去帮助抬其位于某团劳改队附近的变压

器，原告在帮忙的过程中被高压电击伤。被告王某军将原告送至石河子大学医学院第一附属医院治疗，因原告伤情较重，被告王某军、高某萍将原告转送至某医院接受治疗。原告双脚被击伤，右肢被截肢。经鉴定原告的伤残等级为五级、十级、十级。

另查明：（1）王某军请郑某国帮忙拆卸其具有产权的涉案变压器。（2）郑某国拆卸上述变压器时，该变压器未与高压电线路连接，本身不带电。（3）郑某国并非接触变压器导致触电，而是在触碰旁边垂下的高压电线时触电。（4）郑某国在石河子大学医学院第一附属医院和某医院住院期间的医疗费共计168336.79元，并由王某军、高某萍支付。（5）王某军、高某萍虽持有假肢安装款票据原件，但该款确由郑某国交付康复机构。（6）康复器材公司乌鲁木齐分公司向郑某国出具了安装证明。（7）司法鉴定中心司法鉴定意见，假肢安装总费用为人民币426951元。

【案件焦点】

1. 农电公司是否应当承担赔偿责任；2. 王某军、高某萍承担的责任比例是否过高。

【法院裁判要旨】

新疆生产建设兵团下野地垦区人民法院经审理认为：关于争议焦点一，被告农电公司是否为本案适格主体。被告农电公司在答辩中称不是本案适格主体。该院调查的事实可以确定，原告受伤是被告农电公司经营的10千伏高压线击伤所致，因此被告农电公司的辩称，该院不予采信。关于争议焦点二，王某军让原告帮助抬自家的变压器，原告为帮工人，王某军、高某萍为被帮工人。帮工人在帮工活动中遭受人身损害的，被帮工人应当承担赔偿责任。王某军、高某萍辩称其明确拒绝帮工，被告未提供证据予以证明且与该院查明的事实不符，对此该院不予采信。农电公司辩称无过错，不承担赔偿责任。根据该院查明的事实，农电公司为高压线路的经营者，只有损害是受害人故意或者不可抗力造成的，经营者才不承担责任。农电公司作为10千伏高压线的经营者，其未举证证明损害是因受害人故意或者不可抗力造成的，应承担无过错赔偿责任。郑某国作为完全民事行为能力人，农电公司经营的10千伏高压线与原告要移动的变压器之间距离很近，原告帮助王某军移动变压器时没有注意自身的安全，其在帮助过程中也未采取必要的安全防护措施，导致自己触碰高压线，因此原告对触电的发生具有重大过错，应减轻赔偿义务人的赔偿责任。对于赔偿的比例，结合本案案情，该院酌情确定王某军、高某萍承担50%赔偿责任，农电公司承担20%赔偿责任，原告承担30%的损失。关于争议焦点三，对于原告的损失该院核定821400.23元，原告承担30%，即246420.10元；王某军、高某萍承担50%，即410700.12元，加上精神抚慰金10000元，合计420700.12元，因王某军、高某萍已支付140602.93元，故还需支付270097.20元；农电公司承担20%，即164280元，加上精神抚慰金5000元，合计169280元。

新疆生产建设兵团下野地垦区人民法院依照《中华人民共和国民法通则》第一百三十一条，《中华人民共和国侵权责任法》第六条、第七条、第十六条、第二十二条、第七十三条，《最高人民法院关于审理人身损害赔偿案件适用法律若干问题的解释》第十七条、第十九条、第二十条、第二十一条、第二十二条、第二十三条、第二十五条、第二十六条，《最高人民法院关于确定民事侵权精神损害赔偿责任若干问题的解释》第十条之规定，作出如下判决：

一、被告王某军、高某萍于本判决生效之日起二十日内赔偿原告郑某国伤残赔偿金、误工费、护理费等各项损失合计270097.20元；

二、被告石河子市农电公司于本判决生效之日起二十日内赔偿原告郑某国伤残赔偿金、误工费、护理费等各项损失合计169280元；

三、驳回原告郑某国的其他诉讼请求。

王某军、高某萍和农电公司以“责任比例划分不当、不为适格的责任主体以及对残疾辅助用具的价值及实际损失确定有异议”为由提起上诉。新疆生产建设兵团第八师中级人民法院经审理认为：关于焦点一，根据《中华人民共和国侵权责任法》第七十三条的规定，从事高压活动造成他人损害的，经营者应当承担侵权责任。虽然依据《高压供用电合同》，郑某国拆卸的变压器的产权归王某军、高某萍所有，但郑某国并非接触该变压器而导致直接触电，而是在触碰旁边垂下的高压电线时触电。因农电公司未对郑某国如何触电作出合理解释并提供相应证据，故农电公司作为高压线路的经营者，对因此造成郑某国的损害应当承担侵权责任。依据法律意义上对“故意”的理解，郑某国在主观上并没有追求或者放任损害后果发生的故意，只能是过失。农电公司的责任可以减轻，但不能免责。因此，农电公司该上诉理由不成立，原判决确定农电公司承担20%的责任并无不当。关于焦点二，郑某国是在给王某军、高某萍帮工过程中受到的损害。虽然对于自行拆卸变压器可能导致的危险，王某军、高某萍和郑某国均应当知晓，但王某军、高某萍作为被帮工人是受益者，且对其变压器及周边情况应当更加了解，对于损害的产生，其过错程度更高。故原判决确定王某军、高某萍承担50%的责任并无不当。关于焦点三，《最高人民法院关于审理人身损害赔偿案件适用法律若干问题的解释》第二十六条关于残疾辅助器具费的规定，郑某国主张残疾辅助用具费 426951 元，其计算方法参照了配置机构的意见，不违反法律规定，该院予以支持。王某军、高某萍支付郑某国在石河子大学医学院第一附属医院和乌鲁木齐总医院住院期间的医疗费为 168336.79 元，应计入郑某国的总损失，并在实际支付时予以扣除。双方当事人对于原判决确定的郑某国其他损失数额无异议，该院予以确认。故郑某国的经济损失为医疗费 168477.59 元、住院伙食补助费 2775 元、伤残赔偿金 172732 元、误工费 49668 元、护理费应为 20411.50 元、营养费 1350 元、鉴定费 3100 元、交通费 3000 元、残疾辅助用具费 426951 元、住宿费 280 元、复印费 389 元，合计 849134.09 元。精神抚慰金酌定为 15000 元。王某军、高某萍赔偿郑某国经济损失的 50%，即 424567.04 元，加上精神抚慰金 10000 元，合计 434567.04 元，减去已支付的 168336.79 元，王某军、高某萍实际支付郑某国 266230.25 元。农电公司赔偿郑某国经济损失的 20%，即 169826.81 元，加上精神抚慰金 5000 元，合计 174826.81 元。综上，上诉人王某军、高某萍的上诉请求部分成立，上诉人农电公司的上诉请求不成立。

新疆生产建设兵团第八师中级人民法院依照《中华人民共和国民事诉讼法》第一百七十条第一款第二项之规定，作出如下判决：

一、撤销新疆生产建设兵团下野地垦区人民法院（2015）下民初字第 679 号民事判决；

二、上诉人王某军、高某萍于本判决生效之日起二十日内赔偿被上诉人郑某国伤残赔偿金、误工费、护理费等各项损失合计 266230.25 元；

三、上诉人石河子市天富农电有限责任公司于本判决生效之日起二十日内赔偿原告郑某国伤残赔偿金、误工费、护理费等各项损

失合计 174826.81 元;

四、驳回被上诉人郑某国一审其他诉讼请求。

【法官后语】

本案争议的问题是:(1)农电公司是否应该承担赔偿责任;(2)王某军、高某萍承担的责任比例是否过高。

本案根据原《中华人民共和国侵权责任法》第七十三条①的规定,从事高压活动造成他人损害的,经营者应当承担侵权责任。虽然依据《高压供用电合同》,郑某国拆卸的变压器的产权归王某军、高某萍所有,但郑某国并非接触该变压器导致直接触电,而是在触碰旁边垂下的高压电线时触电。因农电公司未对郑某国如何触电作出合理解释并提供相应证据,故农电公司作为高压线路的经营者,对因此造成郑某国的损害应当承担侵权责任。农电公司上诉称事故发生是因郑某国和王某军、高某萍共同故意实施违法行为导致,因此无论农电公司是否是经营者均应免责。法律上的故意是指行为人明知其行为必将产生某一后果而追求该后果的发生或行为人明知行为可能发生某种后果却放任该后果的发生。显然,郑某国在主观上并没有追求或者放任损害后果发生的故意,只能是过失。农电公司的责任可以减轻,但不能免责。因此,农电公司承担20%的责任是具有事实和法律依据的。

郑某国作为完全民事行为能力人,在帮助王某军、高某萍移动变压器时没有注意自身的安全,其在帮助工程中也未采取必要的安全防护措施,导致自己触碰高压线,其自身具有重大过错,应减轻赔偿义务人的赔偿责任。对于自行拆卸变压器可能导致的危险,王某

① 对应《中华人民共和国民法典》第一千二百四十条。

军、高某萍和郑某国均应当知晓，但王某军、高某萍作为被帮工人是受益者，且对其变压器及周边情况应当更加了解，对于损害的产生，其过错程度更高，遂王某军、高某萍承担50%赔偿责任并无不当。

编写人：新疆生产建设兵团下野地垦区人民法院　王广志

169　触电事故中电力设施管理者的责任承担

——吴炳某诉供电公司等触电人身损害赔偿责任案

【案件基本信息】

1. 裁判书字号

江苏省苏州市中级人民法院（2014）苏中民终字第1724号民事判决书

2. 案由：触电人身损害赔偿责任纠纷

3. 当事人

原告（被上诉人）：吴炳某

被告（上诉人）：供电公司

被告（被上诉人）：杜某荣、李某明

【基本案情】

2011年7月底，被告杜某荣将其两层楼房建造工程承包给李某明，后李某明雇用吴炳某、姜某林、任某林等人施工。2010年8月6日中午，吴炳某与杜某荣等人一起吃饭喝酒。饭后，吴炳某继续在该二层楼房上施工，使用钢卷尺测量房顶彩钢屋面板时，卷尺被风吹到二楼北墙外缘的10千伏高压线，吴炳某遂触电坠落到一楼平台受伤。事故发生后，吴炳某被送往太仓市第一某医院住院治疗，入院诊断为多发伤、电击伤、重型颅脑外伤、原发性脑干伤、外伤性蛛血、右枕骨骨折、头皮裂伤、左侧多发肋骨骨折、左侧血气胸肺挫伤，经治疗后于2010年9月4日出院。受太仓市沙溪法律服务所委托，苏州同济司法鉴定所对吴炳某的伤残等级、误工、营养、护理时限及护理人数进行鉴定，并于2012年7月9日出具司法鉴定意见书，鉴定意见为：（1）吴炳某因电击后高坠致重型颅脑损伤，遗留轻度智能减退构成八级伤残，左侧肢体偏瘫构成八级伤残，上述损伤综合评定为七级残疾。（2）吴炳某的误工期限为自受伤之日起至定残前一日止；护理期限为住院期间二人护理，出院后一人护理三个月；补充营养期限为五个月。原告吴炳某为此支付鉴定费2520元。

另查明：1. 王某英（出生于1943年10月）、吴某智（已于2000年6月去世）系吴炳某的母亲和父亲，二人育有两名子女：儿子即原告吴炳某，女儿吴某华。

2. 被告供电公司系涉案的10千伏高压线（编号为118直双线）的经营者，该线路为东西走向，已架设多年，事发后该段高压线已拆除。供电公司陈述拆除的原因是当时适逢农村电力改造就把高压线搬走了。

3. 被告杜某荣所建造房屋处于电力设施保护区内，并且未经电力管理部门和建筑规划部门批准。该房屋坐东朝西，原告吴炳某称二楼北墙外缘距离10千伏高压线的水平距离为40厘米左右，被告供电公司、杜某荣、李某明认为水平距离为1.5米左右，证人姜某林认为是1米多一点。审理中，被告供电公司提供了一份电力行业标准即《10千伏及以下架空配电线路设计技术规程》，该文件显示导线与地面或水面的最小距离：居民区，1~10千伏线压电路为6.5米；非居民区，1~10千伏线压电路为5.5米。经法院实地测量，被告杜某荣所建楼房房顶距地面6.06米，对该测量结果，原告与三被告均表示认可。

4. 本案事故发生后，被告杜某荣、李某明向原告支付了部分费用。原告认可被告杜某荣向其支付过13000元，李某明向其支付过14500元，并表示同意在本案中一并结算。被告杜某荣陈述其确向原告支付了13000元，李某明陈述其向原告支付的是54895元，但二人均表示无法提供证据证明向原告支付款项的具体金额。本案原告的损失包括医疗费28842.10元、营养费2700元、住院伙食补助费504元、护理费7300元、误工费34500元、残疾赔偿金244292元、鉴定费2520元、精神损害抚慰金20000元，合计人民币340658.10元。

【案件焦点】

1. 触电致人损害案件中，供电公司承担责任的归责原则；2. 存在多方责任主体的情况下责任如何分担。

【法院裁判要旨】

江苏省太仓市人民法院经审理认为：从事高空、高压、地下挖掘活动或者使用高速轨道运输工具造成他人损害的，经营者应当承担侵权责任，但能够证明损害是因受害人故意或者不可抗力造成的，不承担责任。被侵权人对损害的发生有过失的，可以减轻经营者的责任。根据规定，"高压"包括1千伏及其以上电压等级的高压电，以高压运送电力属于高压作业。本案涉案线路为10千伏，为高压线路，原告吴炳某在该线路上触电受伤，被告供电公司作为该高压输电线路的经营者应当承担高度危险责任。被告供电公司辩称原告以及被告杜某荣在电力设施保护区从事法律禁止的行为，而且是明知的，故供电公司不应当承担责任。法院认为，尽管从本案双方当事人提供的证据来看，并无证据证明供电公司对原告的损害存在过错，但由于本案系高压电致人损害的特殊侵权案件，适用无过错原则，其免责事由仅包括受害人故意和不可抗力。被告供电公司并无证据证明受害人的受伤系其主动追求损害后果等故意行为或不可抗力所致，故供电公司作为电力设施的经营者应当对原告吴炳某触电受伤造成的损害后果承担民事赔偿责任。原告吴炳某作为完全民事行为能力人，酒后忽视自身安全登高施工，并在风力较大的情况下不听他人劝阻导致其卷尺碰到高压线后受伤，未尽到合理的注意义务，其自身对损害的发生存在较大过失，故应当依法减轻供电公司的责任。

同时，《电力设施保护条例》第十条规定，架空电力线路保护区：导线边线向外侧水平延伸并垂直于地面所形成的两平行面内的区域，在一般地区各级电压导线的边线延伸距离如下：1~10 千伏 5 米，35~110 千伏 10 米，154~330 千伏 15 米，500 千伏 20 米……第十五条第三项规定，任何单位或个人在架空电力线路保护区内，不得兴建建筑物、构筑物。《中华人民共和国电力法》第五十三条第二款规定："任何单位和个人不得在依法划定的电力设施保护区内修建可能危及电力设施安全的建筑物、构筑物，不得种植可能危及电力设施安全的植物，不得堆放可能危及电力设施安全的物品。"第五十四条规定："任何单位和个人需要在依法划定的电力设施保护区内进行可能危及电力设施安全的作业时，应当经电力管理部门批准并采取安全措施后，方可进行作业。"虽然本案当事人对房屋与高压线之间的水平距离陈述不一，但均未超出 10 千伏高压线路 5 米电力设施保护区的范围。故被告杜某荣未经审批违章建筑，且明知所在房屋在高压线附近，擅自在电力设施保护区内建造房屋，对事故的发生存在重要过错，应承担相应的赔偿责任。被告李某明作为原告吴炳某的雇主，明知杜某荣的建筑物在高压线范围内未对雇员进行安全教育，同时其参与饮酒，且在原告吴炳某酒后高处施工时并未采取足够的安全防范设施，以防事故的发生，主观上亦有过错，也应对原告的损害承担相应的赔偿责任。

因此，原告因高压电造成损害系由多个原因造成，原告自身存在重大过错，法院依法减轻被告供电公司的责任，同时被告杜某荣和李某明的过错对供电公司的责任也可以部分相抵。综上所述，法院根据原告、被告杜某荣、李某明的过错，且考虑各过错行为与损害后果之间的原因力比例，依法确定被告供电公司、杜某荣、李某明分别承担 10%、35%、10%的责任，其余 45%的责任由原告自负。故被告供电公司、杜某荣、李某明应分别赔偿原告 34065. 81 元、119230. 34 元、34065. 81 元。本案审理中，被告李某明主张其向原告支付过 54895 元但并未提供任何证据证明其主张，法院对其意见不予采纳。原告自认事发后被告杜某荣、李某明分别向其支付 13000 元和 14500 元，并同意在本案中一并结算。因此被告杜某荣实际还应赔偿原告 106230. 34 元，李某明实际还应赔偿原告 19565. 81 元。被告李某明经法院合法传唤无正当理由拒不到庭，依照《中华人民共和国民法通则》第一百一十九条、第一百二十三条、第一百三十一条，《中华人民共和国侵权责任法》第十六条、第二十二条、第二十六条、第七十三条，《中华人民共和国电力法》第五十三条第二款、第五十四条，《电力设施保护条例》第十条、第十五条，《最高人民法院关于审理人身损害赔偿案件适用法律若干问题的解释》第十七条第一款、第二款，第十八条，第十九条，第二十条，第二十一条，第二十三条，第二十四条，第二十五条，第二十八条，《最高人民法院关于确定民事侵权精神损害赔偿责任若干问题的解释》第八条、第十条、第十一条，《中华人民共和国民事诉讼法》第一百四十四条之规定，判决如下：

一、被告供电公司于本判决生效后十日内赔偿原告吴炳某34065.81元；

二、被告杜某荣于本判决生效后十日内赔偿原告吴炳某106230.34元；

三、被告李某明于本判决生效后十日内赔偿原告吴炳某19565.81元。

供电公司不服，提起上诉。江苏省苏州市中级人民法院经审理认为：吴炳某触电受伤，供电公司认为吴炳某、杜某荣以及李某明在电力设施保护区实施了法律法规所禁止的行为，供电公司不应承担责任，本案应适用《中华人民共和国电力法》《江苏省电力设施保护条例》等相关规定。对此，法院认为，《中华人民共和国侵权责任法》第五条规定："其他法律对侵权责任另有特别规定的，依照其规定。"其中，"其他法律"仅指全国人民代表大会及其常务委员会通过的法律，而不包括行政法规等其他规范性文件。《中华人民共和国电力法》虽为特别法，其规定的免责事由与《中华人民共和国侵权责任法》不一致，但《中华人民共和国侵权责任法》属于新法，依据"新法优于旧法"的原则，原审法院适用《中华人民共和国侵权责任法》并无不当。根据《中华人民共和国侵权责任法》的相关规定，本案系高压电致人损害的特殊侵权案件，适用无过错原则，其免责事由仅包括受害人故意和不可抗力。供电公司并无证据证明吴炳某的受伤系其主动追求损害后果等故意行为或不可抗力所致，故供电公司应当对吴炳某触电受伤造成的损害后果承担民事赔偿责任。但吴炳某作为完全民事责任能力人，酒后登高作业，未尽到合理的谨慎注意义务，其自身对损害的发生存在较大过失，故应当依法减轻供电公司的责任。杜某荣未经批准，在电力设施保护区内建造房屋，对事故的发生存在重要过错，李某明作为吴炳某的雇主，明知杜某荣的建筑物在高压线范围内，但并未采取足够的安全防范设施，以防事故的发生，主观上亦有过错，因此杜某荣、李某明对吴炳某的损害均应承担相应的赔偿责任，减轻供电公司的责任。原审法院根据各方当事人各自过错行为与损害后果之间的原因力比例，确定供电公司、杜某荣、李某明分别承担10%、35%、10%的责任，其余45%的责任由吴炳某自负，系原审法院自由裁量权，并无不当。杜某荣虽有异议，但并未提出上诉，视为对原判决结果认可。综上，上诉人供电公司的上诉理由依据不足，法院不予支持。据此，依照《中华人民共和国民事诉讼法》第一百七十条第一款第一项之规定，判决如下：

驳回上诉，维持原判。

【法官后语】

1. 因高压触电引发的人身损害赔偿纠纷的归责原则与免责事由

本案发生在《中华人民共和国民法典》施行之前，适用原《中华人民共和国侵权责任法》的规定。原《中华人民共和国侵权责任法》第七十三条规定："从事高空、高压、地下挖掘活动或者使用高速轨道运输工具造成他人损害的，经营者应当承担侵权责任，但能够证明损害是由受害人故意或者不可抗力造成的，不承担责任。被侵权人对损害的发生有过失的，可以减轻经营者的责任。”根据该条规定，高度危险作业的民事责任适用无过错责任原则。该归责原则主要不是根据作业人的过错，而是根据损害的客观存在、作业人的活动及所从事的业务危险性质与所造成的损害结果的因果关系，从而加重作业人的责任，使无辜受害人得到赔偿。

本案被告供电公司作为涉案的10千伏高压输电线的经营者，应对原告吴炳某在该线路上触电受伤承担侵权责任。虽然《中华人民共和国电力法》《江苏省电力设施保护条例》等相关法律法规对电力企业的免责事由有其他规定，但《中华人民共和国侵权责任法》施行在后，根据“新法优于旧法”的原则，本案作为高压电致人损害侵权案件，应适用《中华人民共和国侵权责任法》规定的无过错原则，免责事由仅包括受害人故意和不可抗力，被告供电公司主张不承担责任无法律依据。

2. 受害人、第三人过错多重关系交织下的责任分担

根据原《中华人民共和国侵权责任法》的规定，被侵权人对损害的发生有过失的，可以减轻经营者的过错。但实践中往往情况较为复杂，如本案中原告的受伤不仅有其个人的过错，也有雇主李某明和房东杜某荣等第三人的过错。根据上述分析，第三人的过错不能成为高压作业经营者的免责事由和条件。但法院可以根据第三人过错的程度，减轻经营者的相应赔偿责任。

因此，在受害人存在过错以外，第三人对受害人的损失也有责任的，法院应在受害人和第三人的过错范围内相应减轻高度危险作业经营者的赔偿责任，并根据当事人各自过错行为与损害后果间的原因力比例，确定各赔偿主体应承担的责任比例。本案原告

作为具有多年工作经验的泥瓦工，理应知晓登高作业应注意的事项，但其不听他人劝阻仍然酒后登高作业，因行动不便从高处跌落受伤，应承担较大部分责任。被告杜某荣违反法律规定，强行在电力保护设施区内建造房屋，对事故的发生也存在重大过错。被告李某明作为原告的雇主，没有采取足够安全防范措施以防事故的发生也应承担一定责任。此类多方混合过错关系下的触电伤害案件的责任分摊原则也适用于其他高度危险作业导致的受害人损害案件。

3.《中华人民共和国民法典》的规则变化与适用

《中华人民共和国民法典》第一千二百四十条基本沿用《中华人民共和国侵权责任法》第七十三条的内容，对高度危险作业致人损害责任进行了规定，但对有关减责事由作了重大修改，将原来的“被侵权人对损害的发生有过失的，可以减轻经营者的责任”修改为“被侵权人对损害的发生有重大过失的，可以减轻经营者的责任”。《中华人民共和国民法典》将此种情形下的减轻责任的情形，严格限定为受害人的“重大过失”，受害人有一般过失的，不能减轻经营者的赔偿责任，提高了侵权人减责的门槛。从新旧法适用结果的对比来看，本案如适用《中华人民共和国民法典》，因原告酒后不听劝阻登高作业，进而触电从高处坠落受伤，应当认定其对损害发生存在重大过失，亦可减轻被告供电公司的责任，裁判结果没有变化。

编写人：江苏省太仓市人民法院　王坤

170 机动车不能直接到达的事发地点是否属于交通困难区

——杨某波等诉煤电公司等触电人身损害责任案

【案件基本信息】

1. 裁判书字号

黑龙江省七台河市中级人民法院（2012）七民终字第49号民事判决书

2. 案由：触电人身损害责任纠纷

3. 当事人

原告（被上诉人）：杨某波、胡某楠、胡某凤

被告（被上诉人）：姜某有

被告（上诉人）：村委会、煤电公司

【基本案情】

2011年9月7日，胡某平在姜某有经营管理的鱼池钓鱼时意外死亡。经公安机关现场勘查并进行尸体检验，确认胡某平系电击致死。鱼池上方的电力线路距地面高度为4.63米。该鱼池为村委会所有，由姜某有经营管理。架空电力线路归煤电公司所有，运行电压为6千伏。死者胡某平亲属有妻子杨某波，女儿胡某楠、胡某凤。

【案件焦点】

机动车不能直接到达的地点是否属于交通困难地区。

【法院裁判要旨】

黑龙江省七台河市新兴区人民法院经审理认为：受害人胡某平触电死亡，作为输电线路的管理人煤电公司自述在发现输电线路下

有鱼池并对外开放垂钓的情况下，告知鱼池经营者不能在高压线下垂钓，但未采取积极措施改造线路以消除安全隐患，也未采取消极防范措施设立警示标志，因疏于管理以致发生受害人触电死亡的事故，对事故的发生存在过错，应承担本案赔偿责任。姜某有经营管理鱼池，并对外开放经营，允许受害人进入其经营场所垂钓，应消除经营场所的不安全因素，保证垂钓者的安全。姜某有疏于管理，致使受害人意外死亡，应承担与其过错相应的赔偿责任。村委会作为村水库的所有者，自述该水库作为村办焦化厂的附属设施一并对外承包，属该水库的直接受益人，对姜某有放养鱼苗并对外开放经营，收费垂钓行为默许，应督促其改善设施，保证安全。因现场存在不安全因素，发生受害人电击致死的事故，村委会负有管理义务，应与姜某有承担连带责任。受害人胡某平作为成年人，应对日常生活中存在的危险有识别能力及防范意识，由于其疏忽，在电力线路附近垂钓，发生意外触电死亡，自身存在过失，应自行承担一定责任。结合本案中各方当事人在事故中的过错程度，确定受害人胡某平自行承担30%的责任，姜某有承担30%的责任，煤电公司承担40%的责任，村委会与姜某有承担连带责任。

黑龙江省七台河市新兴区人民法院依据《中华人民共和国民法通则》第一百一十九条、第一百二十三条、第一百三十一条，《中华人民共和国侵权责任法》第十六条、第十八条、第二十六条、第七十三条，《最高人民法院关于审理触电人身损害赔偿案件若干问题的解释》第四条之规定，作出判决如下：

一、煤电公司于本判决生效后十日内赔偿杨某波、胡某楠、胡某凤因胡某平死亡产生的死亡赔偿金277130.00元、丧葬费14801.00元、被抚养人生活费85471.20元，合计377402.20元的40%即150960.88元；

二、姜某有于本判决生效后十日内赔偿杨某波、胡某楠、胡某凤因胡某平死亡产生的各项损失377402.20元的30%即113220.66元；

三、村委会与姜某有承担连带责任；

四、杨某波、胡某楠、胡某凤自行承担各项损失377402.20元的30%即113220.66元；

五、驳回杨某波、胡某楠、胡某凤其他诉讼请求。

村委会与煤电公司不服该判决，分别向本院提起上诉。

村委会上诉称：2008年长城公司承租经营村委会焦化厂，并对该厂的全部设施进行实际的经营管理，姜某有作为长城公司所派出的工作人员，常年驻守水库泵房，对库区水面进行管理，并向厂区送水，村委会与姜某有之间不存在任何管理关系，姜某有的对外放钓行为与村委会不存在任何关系。请二审法院判决村委会不承担民事责任和诉讼费用。

煤电公司上诉称：经公安机关对现场架空线路高度进行测量，受害人死亡地点即坝上距最低点线路的垂直距离为4.68米。现场环境的视听资料和照片，明显地看到案发现场的交通极为不便，汽车等交通工具均无法到达。依据《架空配电线路设计技术规程》（SDJ206—87）的要求，即在交通困难地区导线与地面或水面的最小距离为4.5米。这就说明煤电公司在案发地的架线高度完全符合国家的标准。同时，按照国家经贸委《关于触电事故有关问题的复函》中的意思，在电力线路保护区内甩杆钓鱼行为属于违反国务院颁布的《电力设施保护条例》第十四条规定的禁止，以及《最高人民法院关于审理触电人身损害赔偿案件若干问题的解释》第三条的规定，煤电公司已经具备法定的免责条件，请二审法院依法改判煤电公司无责任。

黑龙江省七台河市中级人民法院经审理认为：煤电公司从事的6

千伏高压电供电作业，对周围环境存在高度危险，依照《中华人民共和国民法通则》第一百二十三条的规定，煤电公司应当对其高压电运行中造成的损害后果承担无过错责任。本案中，胡某平虽因手持能导电的鱼竿触电死亡，但煤电公司并未能提供证据证明胡某平的死亡属于自己的故意行为。同时，煤电公司未在触电事故发生处按照规定要求设立电力设施保护区的警示标志，胡某平钓鱼的行为也不属于电力设施保护区内禁止的行为。因此，煤电公司对胡某平触电死亡的损害，不具有免责事由。胡某平作为完全民事行为能力人应当知道在高压电线路下面钓鱼存在高度危险，却疏忽大意，仍然使用能导电的鱼竿钓鱼，对其触电身亡存在一定的过错。姜某有未经审批，在高压线下从事放钓活动，对胡某平的死亡亦存在过错，原审判决根据各方当事人的过错程度判令其承担40%的民事责任适当，本院依法予以维持。

关于村委会是否应对姜某有的赔偿责任承担连带责任的问题。村委会作为鱼池的所有权人，明知姜某有的放钓行为存在严重的安全隐患，而未采取相应的措施，应对姜某有的责任承担连带责任。村委会虽主张已将鱼池承包给案外人长城公司，但其在一审中未提供相应的证据支持该项主张，因此，一审法院未追加长城公司为本案的共同被告。其在二审中虽提供了承包合同，但在事故发生时已经超过该合同约定的承包期，故本院对其该项上诉主张不予支持。如村委会确实已将该鱼池租赁给案外人长城公司，其可在承担连带责任后，另行向长城公司主张权利。

黑龙江省七台河市中级人民法院依据《中华人民共和国民事诉讼法》第一百五十三条第一款第一项之规定，判决如下：

驳回上诉，维持原判。

【法官后语】

煤电公司从事的6千伏高压电供电作业，对周围环境存在高度危险，依照事发时施行的《中华人民共和国民法通则》第一百二十三条“从事高空、高压、易燃、易爆、剧毒、放射性、高速运输工具等对周围环境有高度危险的作业造成他人损害的，应当承担民事责任；如果能够证明损害是由受害人故意造成的，不承担民事责任”的规定，作为本案发生触电事故的电力线路产权人，煤电公司应当对其高压电运行中造成的损害后果承担无过错责任。

本案争议焦点之一是煤电公司架设的高压线路的高度是否符合技术规范。煤电公司主张事发地属于交通困难区，鱼池上方的线路高度为4.63米，符合《架空配电线路设计技术规程》（SDJ206—87）的通知当中的要求，即在交通困难地区导线与地面或水面的最小距离为4.5米。煤电公司架设线路的事实发生在20世纪70年代，现在的交通状况与当时相比发生了很大的变化。从本院现场勘察情况来看，该鱼塘位于公路东侧，鱼池的西、北两侧车辆可以直接开到鱼池边，鱼池东侧为农田。按照《架空配电线路设计技术规程》这一国家标准解释：交通困难地区主要是指车辆、农业机械不能到达的地区，故事发地并非煤电公司所称的交通困难区。煤电公司未在触电事故发生处，按照规定的要求设立电力设施保护区的警示标志，胡某平钓鱼的行为也不属于电力设施保护区内禁止的行为，在没有证据证明胡某平存在故意的情况下，应判令煤电公司承担无过错责任。村委会主张已经将鱼池转包给案外人长城公司，一审中未提供承包合同，二审中虽提供承包合同，但在事故发生时已经超过该合同约定的承包期，故对其该项上诉主张不予支持。

本案损害事实发生在2011年，终审判决时间为2012年，判决生效后，当时适用的法律、司法解释均有较大的变化，但基本原则没有改变。2021年1月1日《中华人民共和国民法典》施行后，《中华人民共和国民法通则》废止，但《中华人民共和国民法典》第一千二百四十条规定："从事高空、高压、地下挖掘活动或者使用高速轨道运输工具造成他人损害的，经营者应当承担侵权责任；但是，能够证明损害是因受害人故意或者不可抗力造成的，不承担责任。被侵权人对损害的发生有重大过失的，可以减轻经营者的责任。"依照该条规定，高压输电线路和高压设施致人损害，仍属于高度危险责任，应当承担无过错责任。本案裁判时系依据当时施行的《最高人民法院关于审理触电人身损害赔偿案件若干问题的解释》第四条确定的赔偿范围。同时，本案审理后《中华人民共和国民事诉讼法》进行了修改，判决时引用的第一百五十三条第一款第一项，2021年12月24日修正后为第一百七十七条第一款第一项。

编写人：黑龙江省七台河市中级人民法院　董树全

171 高压电触电损害案件中举证原则的适用

——林某君诉水力发电站等触电人身损害赔偿案

【案件基本信息】

1. 裁判书字号

福建省漳州市中级人民法院（2011）漳民终字第408号民事判决书

2. 案由：触电人身损害赔偿纠纷

3. 当事人

原告：林某君

被告：水力发电站、林某文、林某山

【基本案情】

原告林某君诉称，原告于2010年6月20日在以日工资100元受被告林某文雇佣，在其承包的工程作业中，不慎碰触被告水力发电站的高压电线从8米处坠落，致电击伤、全身多处骨折、胸8神经受损、双肺挫裂伤、右肾破裂，并截瘫、大小便障碍等严重伤残。被告水力发电站没有提供相应手续证明其合法经营，被告林某山的板材厂施工前后近一年，从未实施劝阻或提醒义务，违反电力设施产权人、管理人对电力设施应尽的安全维护责任，且因本案是高度危险作业，应适用无过错原则，要求被告水力发电站赔偿原告各项经济损失人民币2078485元，被告林某文承担连带赔偿责任。原告因触电事故造成的损失具体为医疗费129368元、住院护理费12750元、住院伙食补助费3750元、误工费14400元、继续治疗费100000元、营养费108000元、残疾赔偿金375825元、残疾生活辅助器具费6000元、精神损害抚慰金80000元、出院后护理费1224000元、器官功能训练费20000元、鉴定费1200元、交通费1472元。原告不要求工程业主被告林某山承担赔偿责任，被告林某山应承担责任由共同侵权人被告水力发电站承担，并由被告林某文承担连带赔偿责任。

【案件焦点】

本案是否属于高压电触电损害赔偿案件，是否适用举证责任倒置原则。

【法院裁判要旨】

福建省漳州市长泰县人民法院经审理认为：当事人对自己提出的主张，有责任提供相应证据予以证明，原告认为其受伤是因遭被告水力发电站高压线电击造成的，其提供的原告事故现场照片、受伤照片以及住院疾病证明等证据虽能证明原告受到电击伤的事实，但由于原告是在被告林某山在建石材加工厂工棚屋顶上从事电焊工作，其受到电击的可能性不是唯一的，也即除了遭被告水力发电站高压线击伤的可能，还有被电焊机电源电击伤的可能，原告的举证不能排除这种可能性，也不能直接证明原告的电击伤系由被告水力发电站造成。因原告高位截瘫不能到庭，为进一步查清案情，本院于2010年11月2日到原告住处询问原告，其陈述是在林某山在建石材加工场工棚屋顶靠北最后一格（南起第四个）屋架的中梁靠西2米的地方倒退工作，右手握电焊钳要甩电焊线时，右手食指根部不小心碰触到被告水力发电站的高压线而被电击伤，电焊钳没有碰到高压线。根据司法鉴定所鉴定意见书载明的内容，原告"意识清醒、应答切题"，因此原告的该陈述是其清醒时的真实意思表示。但现场勘验结果表明，原告表述的触电位置与水力发电站的最低高压线垂直距离达1.41米，坐在屋架该位置上右手伸直都不能触到高压线。而在庭审质证本院对原告的询问笔录时，原告代理人又对原告的这一陈述提出异议，认为原告触电位置是在屋架中梁处，其前后陈述自相矛盾，不能自圆其说。但原告是在中梁处要焊接屋架靠西第二根横格条时摔下的事实在庭审时得到各方当事人的确认，且与现场焊接工作进展程度相符，该事实可以认定。而勘验结果表明，原告工作的屋架中梁处靠南方向与被告水力发电站最低高压线的水平距离达1.40米，原告的手也不可能触到高压线。再者，根据各方当事人上述确认的原告是在中梁处要往西焊接第二根横格条时摔下的事实，结合被告林某文证实其是坐在已经焊接好横格条的屋架（南起第三个）上与原告对应往西焊接的陈述，原告触电时是面向西，则原告右手是在屋架北面，而被告水力发电站最低高压线是在屋架南面，原告右手更不可能碰触到高压线。原告要求被告水力发电站承担赔偿其因高压电触伤导致人身损害所造成的全部损失，并由被告林某文承担连带赔偿责任的请求，因其举证不能，本院不予采纳。综上，判决驳回原告的诉讼请求。

福建省漳州市中级人民法院查明：本案双方当事人对一审判决查明的事实除“右手虎口被电弧击伤”有异议外，其余事实均无异议，本院对无异议的事实予以确认。

福建省漳州市中级人民法院经审理认为：根据《最高人民法院关于民事诉讼证据的若干规定》及《最高人民法院关于审理触电人身损害赔偿案件若干问题的解释》的规定，上诉人应承担其因高压电的危险作业而受到损害的举证责任，也就是说只有举证证实其系被高压电所击伤，才可以依据举证责任倒置的法律规定，由水力发电站就法律规定的免责事由及其行为与损害结果之间不存在因果关系承担举证责任。上诉人并未能提供证据证实其就是被高压电电击所伤，且上诉人受伤时也在从事电焊作业，是否存在别的原因无法断定，故原审判决以原告未就其受损害的事实与被告所从事的高压电作业之间的因果关系提供证据，属举证不能。另据上诉人自述事故发生的位置，原审法院实地予以勘验，结论为不可能发生如上诉人所述的右手食指根部不小心碰到电线的情况。况且，上诉人被电击伤部分在虎口，而不在食指根部，而虎口部分正好是手握电焊枪的紧靠部分，不排除电焊枪漏电遭电击的可能。本案事故发生已久，上诉人的电击部分已愈合，已不具备鉴定条件。原审判决驳回其诉讼请求正确，应予维持。

福建省漳州市中级人民法院依照《中华人民共和国民事诉讼法》第一百五十三条之规定，作出如下判决：

驳回上诉，维持原判。

【法官后语】

本案不适用举证责任倒置原则，原告是否被高压电触电导致损害的事实应当由原告承担举证责任。高压电触电损害案件属特殊侵权案件，适用举证责任倒置原则，但前提是要确定本案是高压电触电导致的损害。结合本案，原告林某君被雇用从事电焊工作，只有在确定原告林某君是被告水力发电站高压电触电造成的损害的基础上，才能适用无过错责任，然后由电力设施产权人即被告水力发电站就原告林某君是否故意造成损害的事实承担举证责任。而证明是否高压电触电损害的事实，并不属举证责任倒置的情形，而是应按照《中华人民共和国民事诉讼法》第六十七条第一款（注：旧民诉法规定在第六十四条）规定的“谁主张，谁举证”的原则，由原告承担举证责任。而原告所举的事故现场照片、受伤照片以及住院疾病证明等证据虽能证明原告受到电击伤的事实，但不能直接证明原告损害是被被告水力发电站高压电触伤的事实。因为本案原告作业现场除了被告水力发电站的高压电之外还有原告作业用的电焊机电源，所以不能用排除法确认原告受的伤是被水力发电站的高压电触电所致。根据原告陈述的事故经过，法院组织进行事故现场勘验，结论也是因为不可能发生如原告所述的右手食指根部被高压电触伤的情况。而且原告在诉讼中就事故发生过程的陈述前后矛盾，不能自圆其说。就是根据庭审中各方当事人一致确认的事故地点判断，也不可能发生原告右手被高压电触伤的事故。本案在经法院释明后，原告坚持按照高压触电损害赔偿的法律关系起诉。因此，两审法院以证据不足驳回原告的诉讼请求，是符合法律规定的。

编写人：福建省漳州市长泰区人民法院　戴阿福

十三、义务帮工人受害责任纠纷

172 义务帮工关系的认定

——王某诉粮食集团义务帮工人受害责任案

【案件基本信息】

1. 裁判书字号

辽宁省营口市中级人民法院（2020）辽08民终321号民事判决书

2. 案由：义务帮工人受害责任纠纷

3. 当事人

原告（上诉人）：王某

被告（被上诉人）：粮食集团

【基本案情】

2015年9月1日，王某经营的货站（乙方）与粮食集团（甲方）签订了《仓储业务合同》，合同约定仓储费按季度交付，每季度7500元，仓储存放期限自2015年9月1日至2016年8月31日，合同第十二条约定："乙方在使用仓库场地的过程中，如非因乙方过错，房地产或其附属设施出现发生妨碍安全正常使用的损坏故障时，乙方应及时通知甲方并采取可能之有效措施防止损失的进一步扩大；甲方应当在接到乙方通知后及时进行维修或径直委托乙方代表维修；乙方无法通知甲方或甲方接到通知后不履行维修义务的，经有效确认后乙方可代为维修。发生特别紧急情况必须立即进行维修的，乙方应先行代为维修并及时将有关情况通知甲方。上述两款规定情形下发生的维修费用（包括乙方代为维修及因防止损失扩大而支出的合理费用）由甲方承担。乙方未尽上述两款规定义务，未能及时通知或采取可能之有效措施，导致损失扩大的，该（扩大）部分维修费用由乙方自行承担。”2016 年 1 月 16 日，仓库场地出现线路故障，王某雇用的孟某在维修线路时从梯子上滑落受伤。为此，孟某向辽宁省营口市站前区人民法院起诉王某赔偿损失，法院经审理，依法作出（2017）辽 0802 民初 1537 号民事判决书，其中事实认定部分写明孟某是经本案王某指派帮助维修电线，法院认为部分写明孟某与本案王某已形成雇佣关系，雇员在从事雇佣活动中受到伤害，应由雇主承担责任，该判决书已发生法律效力。

【案件焦点】

在从事雇佣活动中受雇主指派对外从事帮助的行为是否能认定为帮工。

【法院裁判要旨】

辽宁省营口市站前区人民法院经审理认为：本案争议的焦点为孟某是帮助王某维修电线还是帮助粮食集团维修电线。因生效的（2017）辽 0802 民初 1537 号民事判决书已经认定孟某系受王某指派帮助维修电线，且认定孟某帮助维修电线的行为是从事雇佣活动，进而确认了王某的雇主责任，故据此应认定孟某是在帮助王某维修电线。根据货站（乙方）与粮食集团（甲方）签订的《仓储业务合同》约定可知，乙方代为维修时，甲方针对乙方代为维修一事应承担的责任仅限于维修费用，王某主张的损失并不是维修费，故王某的诉请缺乏依据，法院不予支持。

综上，辽宁省营口市站前区人民法院依照《中华人民共和国民事诉讼法》第六十四条规定，判决如下：

驳回王某的诉讼请求。

王某不服一审判决，提起上诉。

辽宁省营口市中级人民法院经审理认为：本案的争议焦点是孟某是受王某指派维修电线还是帮助粮食集团维修电线。（2017）辽0802民初1537号民事判决书已经生效，其中对孟某的受伤事实认定为："经王某指派，孟某帮助粮库维修电线时，不慎从梯子上滑落，导致王某受伤。"从该案的判决结果可以看出，该案认定的是孟某与王某之间的法律关系。而本案需要解决的是王某与粮食集团之间的法律关系。王某主张孟某与粮食集团之间是帮工的法律关系，其作为雇主在向孟某赔偿完毕之后，向被帮工人履行追偿的权利。对此，法院认为，认定帮工活动一般应以不收取报酬、无偿提供劳务为前提，被帮工人是受益人，帮工活动的结果是被帮工人获得利益。结合本案，依据王某与粮食集团之间签订的《仓储业务合同》可知，系王某租赁粮食集团的仓库从事经营活动，同时，依据该合同第十二条可知，粮食集团承担仓库的维修责任。二审期间，根据案情的需要，法院依法传唤刘某作为证人出庭，接受法庭询问和双方当事人质证。刘某陈述，"因为公司人少，供电的工作由我负责""王某说晚上没有电，拉个临时电，因为从变电所拉电远就没有拉成，王某让员工从隔壁库房拉电""拉电源必须开库房，我就给开库房提供电源"。结合证人刘某的证言，刘某虽然陈述了没有要求王某派人帮助维修电线，但是其陈述自己负责案涉仓库园区内的供电工作，事发当天按王某的要求接临时电，将王某仓库隔壁的库房打开，给王某提供电源、让王某接临时电。虽然刘某、粮食集团没有及时将电线问题维修完毕，但对于仓库接临时电、维修电线等内容，粮食集团是受益人，王某的雇员孟某在工作中受王某指派帮助维修电线，其帮助维修电线的目的和结果最终使粮食集团获得利益。综上，可以认定孟某是在王某的指派下，在向粮食集团从事帮工的过程中受到了伤害，孟某和王某应视为一个统一的整体对外从事帮工，故本案案由应为义务帮工人受害责任纠纷，一审法院立案案由错误，应予纠正。《最高人民法院关于审理人身损害赔偿案件适用法律若干问题的解释》第十四条第一款规定："帮工人因帮工活动遭受人身损害的，被帮工人应当承担赔偿责任。被帮工人明确拒绝帮工的，不承担赔偿责任；但可以在受益范围内予以适当补偿。"本案中，依据刘某的证人证言，在孟某从事帮工活动中，刘某并未明确阻止王某、孟某接临时电，故粮食集团作为被帮工人，理应承担相应的责任。同时，鉴于王某指派没有供电维修资质的孟某帮助粮食集团接临时电，亦应承担部分责任。依据本案实际情况，法院酌定王某应自负30%的责任、粮食集团应承担70%的责任为宜。另案中，孟某的损失为69274元，故粮食集团应承担48491.8元。同时，鉴于孟某的相关损失已由王某在另案中给付完毕，故粮食集团应向王某给付其所应当承担的赔偿份额。关于王某主张粮食集团应赔偿其营业损失5324.54元的诉请，因王某所提供的证据仅为一份手写的误工损失，误工损失内所记载的人员并未作为证人出庭作证，法院无法核实该证据是否真实，故对于王某的该项上诉请求，法院不予支持。

综上所述，对王某的上诉请求，部分予以支持。辽宁省营口市中级人民法院依照《中华人民共和国民事诉讼法》第一百七十条第一款第一项规定，判决如下：

一、撤销辽宁省营口市站前区人民法院民事判决；

二、粮食集团于本判决生效之日起十日内一次性给付王某人民币 48491.8 元;

三、驳回王某的其他诉讼请求。

【法官后语】

一、雇佣关系和帮工关系的基本特征

(一) 雇佣关系的基本特征

雇佣关系是指雇员向雇主提供劳务,且雇员根据雇主的要求提供相应的劳务,雇主向雇员支付报酬,不管雇主的最终目的是否实现,都要向雇员支付相应的报酬。

雇佣合同是双务有偿合同。双方当事人均享有各自的权利,亦应履行相应的义务。雇主享有接受雇员提供劳务的权利,同时也需要履行提供报酬的义务;雇员享有请求雇主及时足额支付劳动报酬的权利,同时也需要根据雇主的要求按时按量完成劳务。

雇佣合同是诺成合同、不要式合同。雇佣合同只需要雇主和雇员双方经过自愿平等协商达成一致,就可以成立生效。同时,雇佣合同也是不要式合同,没有特定的格式要求,既可以是书面方式也可以是口头方式。

雇佣合同具有特定的人身性。劳务的提供需要与雇员的人生高度依附,雇员必须在约定期间内根据雇主要求提供劳务,包括时间、地点,雇员自身没有自由选择期间的权利。

(二) 帮工关系的基本特征

帮工,也称义务帮工,是指为了帮助被帮工人生产和生活的需要,不以追求报酬为目的,为被帮工人无偿提供劳务的行为。帮工人向被帮工人提供劳务的主观目的并非追求经济价值,而是出于道义感情等方面的因素。

帮工合同是无偿的，具有明确的无偿性特征，帮工人从事办公活动后，不向被帮工人索要相应的报酬。

帮工合同是单务合同。帮工关系中，仅要求帮工人一方负担义务，不需要被帮工人向帮工提供某种给付作为相应的对价。

帮工合同具有互助性、临时性、一次性提供等特点。

二、如何准确界定义务帮工人

认定帮工活动一般应以不取报酬、无偿提供劳务为前提，即帮工人的出发点是基于帮助行为。被帮工人成为受益人，帮工活动的结果是被帮工人获得相应的利益。

本案中，虽然粮食集团一直否认孟某与其形成帮工关系，但依据王某与粮食集团之间签订的《仓储业务合同》，粮食集团承担仓库的维修责任，现因电路问题，王某无法正常经营，粮食集团理应承担对电路的维修责任。虽然粮食集团负责供电维修工作的刘某没有要求王某派人帮助其维修电线，但王某的雇员孟某在工作中受王某指派帮助刘某维修电线，其帮助维修电线的目的和结果最终使粮食集团获得利益，也就是说，粮食集团公司是最终的受益人，此时应当将王某、孟某视为一个统一的整体，对粮食集团从事义务帮工，故对于孟某的受伤，粮食集团作为被帮工人，应承担相应的责任。

三、对帮工人的责任认定

原《最高人民法院关于审理人身损害赔偿案件适用法律若干问题的解释》第十四条第一款中规定："帮工人因帮工活动遭受人身损害的，被帮工人应当承担赔偿责任。"《最高人民法院关于审理人身损害赔偿案件适用法律若干问题的解释》（2022 修正）第五条第一款规定："无偿提供劳务的帮工人因帮工活动遭受人身损害的，根据帮工人和被帮工人各自的过错承担相应的责任；被帮工人明确拒绝帮工的，被帮工人不承担赔偿责任，但可以在受益范围内予以适当补偿。”在新修正的司法解释中，明确了帮工人和被帮工人承担相应责任的内容，这种规定也是与《中华人民共和国民法典》第一千一百九十二条规定的精神保持一致。在义务帮工法律关系中，帮工人与被帮工人之间的关系较劳动关系、雇佣关系中劳动者与用工主体之间的关系而言，隶属性较弱、自主性较强，不应对无偿帮工人苛以严格的无过错责任。因为不论帮工人基于什么出发点从事帮工行为，但其未从中获取报酬，故应当对其行为瑕疵留有一定宽容程度，与此同时，如帮工人在帮工过程中对自身安全疏于防范，存在重大过失的，那么，也应当减轻被帮工人的赔偿责任，故根据帮工人与被帮工人的过错程度分担责任，对双方更为公平。

本案中，鉴于孟某没有从事供电维修的资质，王某仍指派孟某去帮助粮食集团维修电线，帮工行为存在较高的风险，应自行承担相应的责任。

编写人：辽宁省营口市中级人民法院　张文生

173　义务帮工人受害责任纠纷在个案中的认定

——李某栋诉杨某国等义务帮工人受害责任案

【案件基本信息】

1. 裁判书字号

云南省祥云县人民法院（2019）云2923民初1063号民事判决书

2. 案由：义务帮工人受害责任纠纷

3. 当事人

原告：李某栋

被告：杨某国、杨某华、杨某宏

第三人：李某武

【基本案情】

李某栋、杨某国、杨某华、杨某宏、李某武均系同村村民。杨某华从事生猪屠宰工作，杨某宏系杨某华的二哥，2018 年 12 月 18 日，杨某华雇请杨某宏帮忙杀猪，并支付杨某宏工资 200 元/天。当天，杨某华为李某武杀了两头猪并分解猪肉，双方约定杀猪费为 150 元/头，合计费用 300 元。在杀完李某武户的两头猪后，杨某华接着为杨某国户杀一头猪，双方约定杀猪费为 200 元。李某武户的猪杀好后，李某武请李某栋帮忙挑（肩挑）分解好的猪肉，李某栋在挑第二头猪的猪肉时，恰好杨某华正在杀杨某国户的猪。由于人手不够，杨某华让杨某宏请李某栋、李某武等帮忙一起拉猪。李某栋在帮忙拉猪的过程中，左脚滑入开水锅中，导致左脚烫伤。李某栋受伤后被送往当地卫生院治疗，因伤情严重，卫生院工作人员建议转院，后被送往医院救治。经医院诊断，李某栋的伤情为：左足Ⅱ度烫伤，面积约 3%，住院治疗 17 天后出院，医嘱：（1）注意休息，避免体力劳动；（2）清淡饮食；（3）门诊随诊换药，不适随诊。住院期间，李某栋支出担架轮椅服务费 15 元。此外，李某栋还在医院、卫生室进行门诊治疗，李某栋为治疗共支出门诊及住院费用 7821.81 元。李某武为李某栋垫付医疗费 3000 元，还为李某栋购买拐杖、坐便器支出费用 195 元。治疗过程中，李某栋报销了城乡居民基本医疗保险费用 2996.78

元。2019 年 4 月 23 日，经司法鉴定中心鉴定，李某栋此次损伤未达伤残，后续治疗费需 3000 元至 3200 元，护理期为 17 日，营养期为 25 日。李某栋为此支出鉴定费 2600 元。李某栋为治疗支出了部分交通费。

【案件焦点】

1. 李某栋与杨某国、杨某华、杨某宏是否形成义务帮工关系；2. 李某栋对自己的损失是否有过错；3. 李某栋与李某武是否形成义务帮工关系；4. 本案的赔偿项目及赔偿标准。

【法院裁判要旨】

云南省祥云县人民法院经审理认为：《最高人民法院关于审理人身损害赔偿案件适用法律若干问题的解释》第十四条规定，帮工人因帮工活动遭受人身损害的，被帮工人应当承担赔偿责任。李某栋帮杨某华拉猪，双方形成义务帮工关系，李某栋在义务帮工过程中受伤，杨某华作为被帮工人应当承担赔偿责任。李某栋在义务帮工过程中，安全意识不够，未尽到合理的注意义务，存在一定的过错，亦应自行承担相应的责任，根据本案事实，法院确定李某栋的损失由杨某华承担 80%的赔偿责任，由李某栋自行承担 20%的责任。杨某华、杨某宏关于李某栋系自己失误造成烫伤，应负主要责任的答辩意见与本案事实和法律规定不符，法院不予采纳。

杨某华为杨某国杀一头猪，双方约定杀猪费为 200 元，杨某国支付杨某华杀猪费 200 元，杨某华负责杀猪、分解猪肉，二人之间形成承揽关系，杨某华系承揽人，杨某国系定作人，杨某华在完成工作过程中对李某栋造成损害的，应由杨某华承担赔偿责任，定作人即杨某国，对定作、指示或者选任无过失，不应承担赔偿责任。同时，杨某宏系杨某华雇请帮忙杀猪的工人，杨某宏受杨某华的指示请李某栋帮忙拉猪，李某栋在拉猪过程中受伤，由此导致的法律后果应由杨某华承担。故李某栋主张由杨某国、杨某宏承担赔偿责任的诉讼请求无事实和法律依据，法院不予支持。

李某栋虽最初受雇于李某武，为李某武挑猪肉，但自杨某华让杨某宏请李某栋帮忙拉猪时起，法律关系即已由李某栋与李某武之间的劳务关系转变为李某栋与杨某华之间的义务帮工关系，李某栋在义务帮工过程中受伤，应由被帮工人杨某华承担赔偿责任，李某武无须承担赔偿责任。故杨某华、杨某宏关于李某栋系李某武雇请的工人，李某武应承担赔偿责任的答辩意见与本案事实和法律规定不符，法院不予采纳。

关于李某栋主张的误工费应否支持的问题。李某栋在受伤时年满 62 周岁，且李某栋并无其他证据证明其仍有收入来源，故对李某栋主张的误工费，法院不予支持。

关于李某栋主张的精神损害抚慰金应否支持的问题。精神损害赔偿以自然人人身权益受到不法侵害为前提，并以产生严重精神损害为基本条件，本案中，李某栋并未构成伤残且其损伤并非因不法侵害行为导致，故李某栋主张的精神损害抚慰金，法院不予支持。

根据在案证据及法院认定的事实，法院确认李某栋的损失如下：（1）医疗费 7821.81 元；（2）担架轮椅服务费 15 元；（3）拐杖、坐便器费 195 元；（4）护理费 2724.42 元；（5）营养费 500 元；（6）住院伙食补助费 850 元；（7）后续治疗费 3100 元；（8）鉴定费 2600 元；（9）交通费 300 元（根据李某栋医治实际情况确定），上述九项合计 18106.23 元，该损失由杨某华承担 80%，即 14484.98 元；

李某栋自行承担20%，即3621.25元。

云南省祥云县人民法院依照《中华人民共和国民法通则》第一百零六条第三款、第一百一十九条、第一百三十一条，《最高人民法院关于审理人身损害赔偿案件适用法律若干问题的解释》第二条、第九条、第十条、第十四条、第十七条、第十九条、第二十一条、第二十二条、第二十三条、第二十四条，《中华人民共和国民事诉讼法》第六十四条规定，判决如下：

一、杨某华于本判决生效之日起十五日内赔偿李某栋医疗费、护理费、住院伙食补助费、后续治疗费、鉴定费、交通费等费用合计人民币14484.98元；

二、驳回李某栋的其他诉讼请求。

【法官后语】

一、分析案件中的法律关系，明确责任主体

提供劳务者受害责任，是指提供劳务一方在劳务过程中受到损害，接受劳务一方对提供劳务一方的损害承担赔偿责任。在提供劳务者受害责任纠纷中，雇主是指接受劳务的一方，包含单位或者个人；雇员是指提供劳务的一方。

（一）承揽关系的分析

承揽关系是基于承揽人按照定作人的指示，以完成一定的工作成果作为合同标的用来交付的法律关系。

本案中，杨某华与杨某国之间形成承揽关系，杨某华系承揽人，杨某国系定作人，杨某华在完成工作过程中对李某栋造成损害的，应由杨某华承担赔偿责任，定作人即杨某国，对定作、指示或者选任无过失，不应承担赔偿责任。杨某国仅对于定作、指示或者选任有过失时才承担责任，适用的是一般过错归责原则。本案中，杨某国没有过失，则其不承担责任。

（二）提供劳务者受害责任的分析

本案中，李某栋帮杨某华拉猪，双方形成义务帮工关系，李某栋在义务帮工过程中受伤。根据法律的规定，杨某华作为被帮工人应当承担赔偿责任。

李某栋在义务帮工过程中，安全意识不够，未尽到合理的注意义务，存在一定的过错，亦应自行承担相应的责任。

二、劳务关系和承揽关系的区分

劳务关系中，接受劳务一方对提供劳务一方的工作时间、工作内容、工资均有规定；而承揽关系中，定作人最主要关注的是工作成果，对于承揽人的工资、时间等在所不问。

劳务关系中，提供劳务者对于接受劳务一方具有人身依赖性，主要是按照接受劳务一方的指示工作，自主决策性小。本案中，杨某华让杨某宏请李某栋、李某武等帮忙一起拉猪，李某栋按照杨某华的指示，完成工作，但是在工作的过程中受伤。李某栋与杨某华形成义务帮工关系。

承揽关系中的承揽人是独立完成自己的工作量，具有一定程度的自主性。本案中，杨某华为杨某国杀一头猪，杨某华负责将猪杀死并分解猪肉，二人之间形成承揽关系，杨某华系承揽人，杨某国系定作人。定作人杨某国最关注的主要承揽人杨某华的工作成果。

三、新旧法及司法解释的衔接与对比

（一）新旧法的衔接与对比

《中华人民共和国民法典》第一千一百七十九条相较于《中华人民共和国侵权责任法》第十六条的规定，增加了营养费和住院伙食补助费两个人身损害赔偿项目，更有助于明确受害人享有的权利。

（二）新旧司法解释的衔接

《中华人民共和国民法典》侵权责任编中并没有规定义务帮工的责任承担问题，而仍然用司法解释予以规范。

1. 帮工人因帮工活动遭受损害时，新旧司法解释中被帮工人责任的衔接

《最高人民法院关于审理人身损害赔偿案件适用法律若干问题的解释》（以下简称《人身损害赔偿解释》）（2003）第十四条①规定，帮工人因帮工活动遭受人身损害的，被帮工人应当承担赔偿责任。《人身损害赔偿解释》（2022年修正）第五条②规定，无偿提供劳务的帮工人因帮工活动遭受人身损害的，根据帮工人和被帮工人各自的过错承担相应的赔偿责任。由此可以看到，新的司法解释，一是更加强调了帮工人无偿性的特征。二是帮工人因帮工活动遭受人身损害，由被帮工人承担“全有或全无”的责任，转变为帮工人与被帮工人承担按照各自过错区分的“比例式”责任。不过，无论如何改变，司法解释始终认为，被帮工人对帮工人需要保障帮工人不因帮工活动而受损。

---

① 参见《人身损害赔偿解释》（2003）第十四条，帮工人因帮工活动遭受人身损害的，被帮工人应当承担赔偿责任。被帮工人明确拒绝帮工的，不承担赔偿责任；但可以在受益范围内予以适用补偿。

帮工人因第三人侵权遭受人身损害的，由第三人承担赔偿责任。第三人不能确定或者没有赔偿能力的，可以由被帮工人予以适当补偿。

② 参见《人身损害赔偿解释》（2022年修正）第五条，无偿提供劳务的帮工人因帮工活动遭受人身损害的，根据帮工人和被帮工人各自的过错承担相应的责任；被帮工人明确拒绝帮工的，被帮工人不承担赔偿责任，但可以在受益范围内予以适当补偿。

帮工人在帮工活动中因第三人的行为遭受人身损害的，有权请求第三人承担赔偿责任，也有权请求被帮工人予以适当补偿。被帮工人补偿后，可以向第三人追偿。

2. 帮工人造成他人损害时，新旧司法解释中被帮工人对外承担责任的衔接

《人身损害赔偿解释》（2003）第十三条[①]的规定是在帮工人存在故意和重大过失的情况下，其与被帮工人对外承担连带赔偿责任。《人身损害赔偿解释》（2022年修正）第四条[②]规定，在帮工人造成第三人损害的情形下，被帮工人是赔偿义务人，即便在帮工人存在故意或者重大过失的情况下，也是由被帮工人对外承担责任，但被帮工人对外承担责任后可以向帮工人追偿。新修改的司法解释中将被帮工人确定为唯一对外承担责任的主体，更加体现了帮工人和被帮工人对外的一体性，使义务帮工的对外关系和内部关系的区分更加清晰。

3. 第三人侵权导致帮工人损害时，新旧司法解释中赔偿责任人的衔接

《人身损害赔偿解释》（2003年）第十四条第二款规定，帮工人因第三人侵权遭受人身损害的，由第三人承担赔偿责任。第三人不能确定或者没有赔偿能力的，可以由被帮工人予以适当补偿。《人身损害赔偿解释》（2022年修正）第五条第二款规定，帮工人在帮工活动中因第三人的行为遭受人身损害的，有权请求第三人承担赔偿责任，也有权请求被帮工人予以适当补偿。被帮工人补偿后，可以向第三人追偿。新修改的司法解释删除了被帮工人“可以”在“第三人不能确定或者

---

① 参见《人身损害赔偿解释》（2003）第十三条，为他人无偿提供劳务的帮工人，在从事帮工活动中致人损害的，被帮工人应当承担赔偿责任。被帮工人明确拒绝帮工的，不承担赔偿责任。帮工人存在故意或者重大过失，赔偿权利人请求帮工人和被帮工人承担连带责任的，人民法院予以支持。

② 参见《人身损害赔偿解释》（2022年修正）第四条，无偿提供劳务的帮工人，在从事帮工活动中致人损害的，被帮工人应当承担赔偿责任。被帮工人承担赔偿责任后向有故意或者重大过失的帮工人追偿的，人民法院应予支持。被帮工人明确拒绝帮工的，不承担赔偿责任。

没有能力”时“适当补偿”给帮工人，改为“帮工人有权请求被帮工人予以适当补偿”。由此可以看到，因第三人侵权导致帮工人自身受到损害时，帮工人的选择权。此时，第三人是基于侵权责任，而被帮工人是基于公平责任。同时，确定了被帮工人可以向第三人的追偿权。

编写人：云南省大理白族自治州祥云县人民法院 杨昆良 曹琴

174 义务帮工人在帮工过程中受损害应得到赔偿
——蒙某胜诉装饰公司等义务帮工人受害责任案

【案件基本信息】

1. 裁判书字号

广西壮族自治区贵港市中级人民法院（2020）桂08民终2758号民事判决书

2. 案由：义务帮工人受害责任纠纷

3. 当事人

原告（被上诉人）：蒙某胜

被告（上诉人）：装饰公司

被告：甲玻璃公司经营部、乙玻璃公司、丙玻璃公司

【基本案情】

乙玻璃公司是经工商登记批准经营生产、加工、批发、零售玻璃的有限责任公司；丙玻璃公司是经工商登记批准经营建筑玻璃、玻璃制品及配件销售的有限责任公司；甲玻璃公司经营部是经工商登记批准经营玻璃加工的有限责任公司分公司；装饰公司是经工商登记批准经营室内装修工程、室内装修设计服务的有限责

任公司。涉案玻璃系乙玻璃公司销售给丙玻璃公司，丙玻璃公司销售给甲玻璃公司经营部，甲玻璃公司经营部销售给装饰公司的。蒙某胜是从事交通货物运输的承运人。2019年10月31日，蒙某胜通过网络平台接单的形式与乙玻璃公司签署货物运输协议，约定乙玻璃公司委托蒙某胜运输一批14.5吨的木架玻璃，装货地为A地点，卸货地为B地点，一装一卸，总运费为2500元。蒙某胜于2019年11月1日将货物送至指定地点。蒙某胜在托住一捆玻璃卸货的过程中，因玻璃倾斜压中蒙某胜右小腿致伤。后被送至医院，并于当日转院住院治疗，住院26天，花费医疗费共计26984.73元。出院医嘱记载：建议全休3个月，住院期间全程1人陪护。蒙某胜发生事故受伤后，与装饰公司的法定代表人多次协商赔偿事宜，装饰公司曾支付5000元给蒙某胜。

庭审中，当事人陈述，卸货需要用吊车。装饰公司自认，卸货的吊车司机是装饰公司工地的工人找的，吊车司机的吊车费用由装饰公司支付给甲玻璃公司经营部老板的。

【案件焦点】

1. 蒙某胜是否构成义务帮工行为；2. 谁为被帮工人，即谁为卸货义务人；3. 蒙某胜的损失如何认定，装饰公司、甲玻璃公司经营部、乙玻璃公司、丙玻璃公司是否应承担赔偿责任。

【法院裁判要旨】

广西壮族自治区桂平市人民法院经审理认为：义务帮工是指帮工人自愿、无偿向被帮工人提供劳务，突出特点为无偿性。蒙某胜通过网络平台接单的形式与乙玻璃公司形成运输合同关系，并根据乙玻璃公司的指示将货物送至装饰公司指定的地点，在其与乙玻璃公司的运输合同关系中，并未特别约定其需装货或者卸货。在蒙某胜不负卸货义务的情况下，蒙某胜帮助卸货，实为义务帮工人，其在帮工过程中受到损害，属于义务帮工人受损害责任纠纷。装饰公司与甲玻璃公司经营部通过网络聊天达成购买涉案玻璃的协议，虽然双方并未就卸货义务作出明确的约定，但是根据甲玻璃公司经营部提供的聊天记录，甲玻璃公司经营部给装饰公司的货物报价上，明确说明“不含税和卸车”。根据当事人的陈述和现有证据，装饰公司在庭审中自认，是其工地的工人找的吊车司机，也是装饰公司支付吊车司机的费用 500 元给甲玻璃公司经营部，事故发生后，由于吊车司机离场没有收取吊车费用，甲玻璃公司经营部已经将费用退回给装饰公司，可见本次交易，装饰公司负有卸货义务。并且，事故发生后，蒙某胜多次与装饰公司的法定代表人联系，协商赔偿事宜，装饰公司也曾支付 5000 元给蒙某胜，也可推定装饰公司是本案的卸货义务人。蒙某胜在义务帮工过程中受到损害，装饰公司作为义务帮工人应当承担相应的赔偿责任。另，根据当事人的陈述，卸货需要借助吊车，蒙某胜作为完全行为能力人，应该预见到徒手卸货会存在安全隐患，其自身并未尽到安全注意义务，蒙某胜本身存在过错，也应承担相应责任。法院核定蒙某胜的经济损失为 49603 元，由装饰公司承担 60%的责任，蒙某胜承担 40%的责任，装饰公司已经支付的 5000 元，应从装饰公司承担的赔偿数额里面相应扣减。即装饰公司应赔偿经济损失 24761.8 元给蒙某胜，蒙某胜多出部分的主张，法院依法不予支持。

广西壮族自治区桂平市人民法院依照《中华人民共和国民法通则》第一百三十一条，《中华人民共和国合同法》第六十一条，《中华人民共和国侵权责任法》第二十六条，《最高人民法院〈关于审理人身损害赔偿案件适用法律若干问题的解释〉》第十四条第一款、

第十七条第一款、第十九条、第二十条、第二十一条，《中华人民共和国民事诉讼法》第六十四条、第一百四十四条规定，判决如下：

一、装饰公司赔偿经济损失 24761.8 元给蒙某胜；

二、驳回蒙某胜的其他诉讼请求。

装饰公司不服一审判决，提起上诉。

广西壮族自治区贵港市中级人民法院经审理同意一审法院裁判意见，依照《中华人民共和国民事诉讼法》第一百七十条第一款第一项规定，判决如下：

驳回上诉，维持原判。

【法官后语】

根据《最高人民法院关于审理人身损害赔偿案件适用法律若干问题的解释》（2022 年修正）第五条[①]“无偿提供劳务的帮工人因帮工活动遭受人身损害的，根据帮工人和被帮工人各自的过错承担相应的责任”的规定，为他人无偿提供劳务的，属于义务帮工行为。被帮工人实际为帮工行为的义务人或者受益人，被帮工人应根据过错承担赔偿责任。本案中，谁负赔偿义务，关键在于谁是本案的卸货义务人或者受益人。综合本案证据，笔者认为本案中蒙某胜的行为已构成义务帮工，装饰公司系卸货义务人，应对蒙某胜在义务帮工过程中受到的损伤承担赔偿责任。主要理由如下：

1. 蒙某胜作为承运人，承运的是十几吨的玻璃，运输难度大，运输路程远，且装卸玻璃需要专业的工具辅助装卸，蒙某胜作为承

---

① 《最高人民法院关于审理人身损害赔偿案件适用法律若干问题的解释》（法释〔2003〕20 号）第十四条“帮工人因帮工活动遭受人身损害的，被帮工人应当承担赔偿责任”，事故发生在司法解释修正之前，适用事故发生时的司法解释第十四条。

运人，在不熟悉装卸流程的情况下，按照常理也不会承担如此专业且难度较大的装卸任务。且根据其收取的运输费，结合运输路程几百公里来看，剔除运输成本，利润一般，按照交易习惯也不会承担装卸的义务。因此，在蒙某胜不负装卸义务的前提下，其帮助卸货，构成义务帮工无疑。

2. 蒙某胜帮助卸玻璃的行为构成义务帮工，其在义务帮工过程中身体受到损伤，根据《最高人民法院关于审理人身损害赔偿案件适用法律若干问题的解释》（2022 年修正）第五条及互帮互助的善良风俗习惯和公平原则来考量，被帮工人应承担赔偿责任。

3. 装饰公司向甲玻璃公司经营部购买涉案玻璃，玻璃运至装饰公司指定地点，由装饰公司雇请工人和吊车来卸载玻璃，费用也由装饰公司负担，且装饰公司与甲玻璃公司经营部网络聊天记录也记载，货款不包含税和卸货。根据交易便利原则，装饰公司作为收货方，由其承担卸货义务更为便利。且蒙某胜受伤住院后，装饰公司也赔付过其 5000 元。可见，装饰公司确为货物的卸货义务人，应承担蒙某胜在帮工过程中损伤的赔偿责任。

综上所述，蒙某胜在本次事故中构成义务帮工，装饰公司作为被帮工人应当承担赔偿责任。

特别说明，本案发生在《最高人民法院关于审理人身损害赔偿案件适用法律若干问题的解释》（2022 年修正）施行以前，故适用《最高人民法院关于审理人身损害赔偿案件适用法律若干问题的解释》（2003 年）第十四条“帮工人因帮工活动遭受人身损害的，被帮工人应当承担赔偿责任”的规定。因《最高人民法院关于审理人身损害赔偿案件适用法律若干问题的解释》（2022 年修正）第五条“无偿提供劳务的帮工人因帮工活动遭受人身损害的，根据帮工人和被帮工人各自的过错承担相应的责任”对该条规定作了修改，提醒新的司法解释修正后，除要审查是否构成义务帮工外，还需要重点审查帮工人与被帮工人的过错确定相应的责任承担。

《中华人民共和国民法典》第一千一百七十三条与《中华人民共和国侵权责任法》第二十六条的规定并无变化，体现了被侵权人存在过错的情形要自行承担相应的责任立法精神。

编写人：广西壮族自治区桂平市人民法院　谢红钊

175　被帮工人身份成立的判断标准

——魏某栓诉董某明等义务帮工人受害责任案

【案件基本信息】

1. 裁判书字号

北京市第一中级人民法院（2020）京01民终2424号民事判决书

2. 案由：义务帮工人受害责任纠纷

3. 当事人

原告（被上诉人）：魏某栓

被告（上诉人）：董某明、李某平

被告：李某昌

【基本案情】

魏某栓、董某明、李某昌系同村邻居，李某昌租住在李某平家北房，董某明与李某平丈夫系叔侄关系，管理使用李某平家的院落。2018年8月3日17时，董某明发现李某平家太阳能热水器漏水，董某明找到魏某栓让其帮忙修理，当天李某昌亦在家。魏某栓在屋顶查看太阳能热水器问题时因房顶石棉瓦塌陷折断不慎跌落，导致受伤，随即被董某明和邻居送往医院救治。2019 年 6 月 4 日，司法鉴定所出具司法鉴定意见：被鉴定人魏某栓的伤残等级为人体损伤致残程度十级伤残。魏某栓将董某明等人诉至法院，要求其对自身损害承担赔偿责任。

【案件焦点】

如何确定被帮工人身份成立。

【法院裁判要旨】

北京市延庆区人民法院经审理认为：首先，根据一般情理，魏某栓不可能在未经他人告知的情况下知晓别人家中太阳能热水器发生故障，亦不可能在未经他人同意的情况下到别人家中帮忙修理，故法院对董某明的答辩意见不予采信。在本次事故中，董某明作为被帮工人，没有明确拒绝魏某栓的帮工行为，故其应当承担相应的赔偿责任。其次，李某平是涉案房屋的所有者，其虽将房屋出租给李某昌，但其仍为本次帮工行为的受益者。事实上，魏某栓的帮工行为有助于其获益或减少损失。故李某平作为本案的被帮工人，亦应承担相应的赔偿责任。李某昌虽为相关房屋的承租人，但称其只租赁北房，与房主李某平并未签订房屋租赁合同，双方对装有太阳能热水器的南房没有具体约定，双方当事人均未提供李某昌使用南房太阳能热水器的相关证据，故难以认定其是受益人。根据“谁主张、谁举证”的一般举证规则，法院对魏某栓要求李某昌承担连带责任的诉讼请求不予支持。根据魏某栓受伤的起因、过程并结合各方的过错程度，法院确定对于魏某栓受伤所遭受的损失，魏某栓承担 30%的责任，董某明与李某平连带承担 70%的责任。

北京市延庆区人民法院依照《中华人民共和国侵权责任法》第八条、第十六条，《最高人民法院关于审理人身损害赔偿案件适用法律若干问题的解释》第十四条、第十七条、第十八条、第十九条、第二十条、第二十一条、第二十二条、第二十三条、第二十四条、第二十五条，《中华人民共和国民事诉讼法》第六十四条规定，判决如下：

一、董某明与李某平连带赔偿魏某栓医疗费、住院伙食补助费、营养费、护理费、误工费、伤残赔偿金、鉴定费、交通费、精神损害抚慰金共计113695.55元（于本判决生效后十日内履行）；

二、驳回魏某栓的其他诉讼请求。

董某明、李某平不服一审判决，提起上诉。

北京市第一中级人民法院经审理认为：关于本案是否构成义务帮工的问题。本案中，魏某栓在修理热水器的过程中坠落受伤。魏某栓主张系董某明找其帮忙，其在帮忙的过程中坠地。董某明、李某平对此予以否认，并认为系魏某栓未经允许闯入他人住宅，在未经董某明、李某平允许的情况下维修热水器时发生坠落。鉴于魏某栓维修的热水器并非其本人所有，魏某栓亦不使用案涉热水器，故董某明、李某平主张魏某栓未经允许强行闯入他人住宅并维修他人的热水器，该陈述与魏某栓的陈述相比较，魏某栓的陈述更为合理。一审法院关于魏某栓系经董某明请求进入案涉场所，并在帮工过程中发生坠落受伤的判断符合日常生活经验，法院予以确认。

关于本案的责任主体问题。虽案涉房屋归李某平所有，但李某平并不在涉案房屋内居住，魏某栓实施的帮工行为李某平并不知情，双方之间不存在帮工与被帮工的法律关系。一审法院以李某平受益为由，判决李某平承担责任没有法律依据，法院予以更正。

关于魏某栓的过错问题。一审判决对此已作认定并酌情减轻了董某明的赔偿责任，法院认为一审判决酌情认定的董某明、魏某栓各自的责任比例适当，法院予以维持。

北京市第一中级人民法院依照《中华人民共和国民法总则》第一百八十八条，《中华人民共和国侵权责任法》第十六条，《最高人民法院关于审理人身损害赔偿案件适用法律若干问题的解释》第十四条、第十七条、第十八条、第十九条、第二十条、第二十一条、第二十二条、第二十三条、第二十四条、第二十五条，《最高人民法院关于适用〈中华人民共和国民法总则〉诉讼时效制度若干问题的解释》第一条，《最高人民法院关于审理民事案件适用诉讼时效制度若干问题的规定》第四条第一款，《最高人民法院关于适用〈中华人民共和国民事诉讼法〉的解释》第一百零五条、第一百零八条，《中华人民共和国民事诉讼法》第六十四条、第一百七十条第一款第二项规定，判决如下：

一、撤销北京市延庆区人民法院民事判决；

二、董某明于本判决生效后十日内赔偿魏某栓医疗费、住院伙食补助费、营养费、护理费、误工费、伤残赔偿金、鉴定费、交通费、精神损害抚慰金共计113695.55元；

三、驳回魏某栓的其他诉讼请求；

四、驳回董某明的上诉请求。

【法官后语】

关于确定被帮工人认定标准时应考量的因素，有以下几点：

一、帮工活动是否符合该主体明示或可推知的意思——由“明确表示拒绝”引发的思考

在私法上，利他性越明显，突破自己责任、打破意思自治的可

能性和收益就越大，反之，利己性越明显，坚持自己责任、尊重意思自治和契约自由的必要性就越重要。帮工行为与见义勇为相比，虽均具有利他性，但因发生的典型场合不同、直接受益人和潜在受益人的范围有所不同，利他性的程度存有区别。因此，帮工活动更多发生在熟人、朋友和邻里乡亲之间，作为一项私法规范，还是应该更多地坚持意思自治和自由。按照帮工活动是否依据特定主体的请求作出，可将帮工活动划分为主动帮工和应特定主体请求帮工两种类型。对于后者而言，特定主体发出请求的这一行为本身即表明，帮工人所从事的帮工活动是符合该主体意思的，对于前者而言则稍显复杂。笔者认为，若特定主体事后追认或有证据表明特定主体未明确表示拒绝帮工的，则应当认定帮工人从事帮工活动是符合该主体可推知的意思。这样的考量，可以尽量避免被帮工人强制获益的情形发生，也与帮工活动所具有的利他性程度相适应。本案中，从全案证据、房屋所有权人李某平的陈述、事先不知情的客观事实以及其提起上诉的行为本身，都很难作出魏某栓修理其房屋热水器的帮工行为符合其明示或可推知意思的判断。

二、该主体是否可以对帮工人及帮工活动进行选任、指示、管理和控制——由“被帮工人应当承担赔偿责任”引发的思考

被帮工人责任其实是一种用人者责任，而关于用人者责任，我国并未采取通过雇主责任有效地调整包括帮工责任在内的全部用人者责任问题的路径[①]，而是基于主体性质、有偿与否、签订劳动合同与否以及提供劳务的内容不同，将用人者责任划分为个人帮工关系、个人劳务关系、用人单位责任等不同类别，彼此区分但又有相似之处。

---

① 尹飞：《论义务帮工责任的独立地位》，载《法学杂志》2009 年第 3 期。

回归法条本身便可知，《最高人民法院关于审理人身损害赔偿案件适用法律若干问题的解释》第四条（2022年修正）[①] 规定了被帮工人的外部责任，即帮工人因帮工活动致使他人遭受损害的，被帮工人应当承担赔偿责任。第五条[②]规定了被帮工人的内部责任，即帮工人因帮工活动遭受自身损害的，被帮工人应当承担赔偿责任。综合上述两个条文可以看出，前者被帮工人承担的是“用人单位责任”“雇主（接受劳务一方）责任”，属替代责任，后者被帮工人承担的是“赔偿责任”而非“补偿责任”，更加佐证了在认定被帮工人时应将其他用人者责任中的“用人者”因素考虑在内，因为被帮工人未明确表示拒绝帮工的情况下，从承担责任的结果来看，与其他用人者责任无本质区别。[③]本案中，请求魏某栓来李某平家修理太阳能热水器的是基于与李某平的约定对房屋有照看职责的董某明，相较于不在场亦对帮工活动不知情的房屋所有人李某平而言，董某明是决定帮工人选、决定帮工活动的地点和内容、熟悉帮工地点周围情况以及直接对帮工人魏

① 《最高人民法院关于审理人身损害赔偿案件适用法律若干问题的解释》（2022年修正）第四条规定，无偿提供劳务的帮工人，在从事帮工活动中致人损害的，被帮工人应当承担赔偿责任。被帮工人承担赔偿责任后向有故意或者重大过失的帮工人追偿的，人民法院应予支持。被帮工人明确拒绝帮工的，不承担赔偿责任。

② 《最高人民法院关于审理人身损害赔偿案件适用法律若干问题的解释》（2022年修正）第五条规定，无偿提供劳务的帮工人因帮工活动遭受人身损害的，根据帮工人和被帮工人各自的过错承担相应的责任；被帮工人明确拒绝帮工的，被帮工人不承担赔偿责任，但可以在受益范围内予以适当补偿。帮工人在帮工活动中因第三人的行为遭受人身损害的，有权请求第三人承担赔偿责任，也有权请求被帮工人予以适当补偿。被帮工人补偿后，可以向第三人追偿。

③ 《最高人民法院关于审理人身损害赔偿案件适用法律若干问题的解释》关于义务帮工的规定，在民法典施行后是做了修改的，且关于义务帮工的法律规定，迄今为止也是只规定在了人身损害赔偿司法解释中。与侵权责任法时代相比，民法典时代的义务帮工法律规定具有如下特点：一是在外部责任中，增加了被帮工人承担赔偿责任后，有向有故意或者重大过失的帮工人追偿权利的规定；二是在内部责任中，在帮工人自损的情况下，从原来的由“被帮工人承担赔偿责任”修改为“根据帮工人和被帮工人各自的过错承担相应的责任”；三是在第三人侵权的情形中，明确了被帮工人、第三人的赔偿顺序，即帮工人有权请求第三人承担赔偿责任，也有权请求被帮工人予以适当补偿。被帮工人补偿后，可以向第三人追偿。

某进行指引和控制的主体，从这个层面进行考量，房屋所有人李某平不宜认定为被帮工人。

三、该主体是否因帮工活动而获益——由“在受益范围内”引发的思考

法律对被帮工人课以赔偿责任和明确表示拒绝帮工时在受益范围内的补偿责任，不至于使双方之间利益过于失衡的原因，正是在于被帮工人的权益因帮工活动获得了增值或免于减损，只不过在被帮工人明确表示拒绝帮工的情形下，这样的获益虽然客观存在、符合社会民众对获益与否的通常认知但并非被帮工人主动追求的结果而已。这是法律能够在同为自然人的私主体之间安置一个兼具公法和私法属性、具有较强社会价值的规范的根本原因所在，也是本案中一审法院将房屋所有权人李某平界定为被帮工人的依据所在。可综合关于帮工法律关系的规范可知，特定主体对帮工人承担赔偿责任的依据是其被帮工人的身份而非受益人的身份。首先，从逻辑上看，被帮工人一定是受益人，但受益人不一定是被帮工人。因为受益与否虽是法律对客观事实的一种评价，但它更是客观存在的一种状态，并且按照事物之间是普遍联系的观点，因特定活动受益以及受益最大的主体，可能都不是特定事件的当事人而是局外人。离开了法律的评价，仍可以在客观世界中找到一种名为“获益”的与法律规定内容完全相同的感觉和状态。被帮工人则是法律上的一个特定概念，现行法律规范中规定了被帮工人身份成立时应具备的几个条件。因此，离开了法律的评价，无法在客观世界中找到一个名为“被帮工人”的与法律规定内容完全相同的主体。其次，从法律规范本身上看，“在受益范围内”是在被帮工人明确表示拒绝帮工、承担补偿责任时应考量的因素。根据《最高人民法院关于审理人身损害

赔偿案件适用法律若干问题的解释》（2022年修正）第五条第一款规定的内容可知，在被帮工人未明确表示拒绝帮工的情况下，其因帮工活动受益与否并不是其对内向帮工人承担赔偿责任须考虑的因素。再次，从民法典时代对利他性较为明显的法律行为或事实的规定来看，对广义上的救助人进行私法救济，即判断特定主体对救助人的赔偿责任或补偿责任是否成立时，受益结果的弱化是司法实践中采取的倾向性作法，也是学界较为支持的观点①，且受益结果的弱化程度与民事法律行为或事实利他性的程度成正比。最后，不完全以受益结果的最终归属作为判断赔偿义务人主体的做法也是此类法律规范所共享的立法选择。典型例子便是承揽法律关系。根据《中华人民共和国民法典》第一千一百九十三条的规定，定作人只有在对定作、指示或者选任有过错时，才对承揽人造成的损害承担赔偿责任。具体到本案，虽然维修的是房屋所有权人李某平家的热水器，李某平的财产因魏某栓的帮工行为而及时止损，但这种获益只是一种客观状态，就个案而言，基于李某平的委托对房屋有看护职责的董某明，才是因魏某栓的帮工行为直接获益的主体。如果再从法律关系分析方法的角度来看，魏某栓和董某明之间是帮工法律关系，董某明和李某平之间是代理或委托合同关系，在本案中判决由董某明一人对魏某栓的损失承担赔偿责任，不仅不会损害帮工人魏某栓获得损失填平的权利，而且也未有悖于帮工法律规范的立法本意，同时也有助于不同性质法律关系的厘清，最终使案件得到公正的审理。

编写人：北京市第一中级人民法院　张丽君

---

① 宋宗宇、张晨原：《救助他人受到损害私法救济的法制构造——兼评〈民法典（草案）〉第183条》，载《法学评论》2020年第3期。

十四、紧急避险损害责任纠纷

176 为排洪在他人建筑物旁挖渠是否构成紧急避险
——张某诉某村委会、刘某侵权责任案

【案件基本信息】

1. 裁判书字号

山东省淄博市中级人民法院（2020）鲁03民终4250号民事判决书

2. 案由：侵权责任纠纷

3. 当事人

原告（上诉人）：张某

被告（被上诉人）：某村委会、刘某

【基本案情】

张某从某村委会承包土地建设大棚，用于农业种植。2019年8月，因排洪需要，某村委会的法定代表人刘某从张某大棚西侧挖沟渠引水，拐到大棚南侧排到村外。张某主张某村委会、刘某以抗洪名义，恶意损害其财产，造成张某的一个大棚完全毁损，故提起本案诉讼要求赔偿其损失21.5万元和租金损失1.5万元。

张某提供的证据显示涉案大棚建于2013年6月，初期建造价值为21.5万元，张某称该价值是整个大棚的造价，是其根据所有的建造材料、人工费算出来报农业局审核，农业局蔬菜办公室根据进材料的发票、单子计算出来的。张某从2017年开始拖欠部分村民的承包费，经法院审理判决，已经进入执行程序，张某暂时无力支付。张某于2019年6月4日出具一份声明，承诺在2019年6月至2020年春节期间分多次付清村民承包费，否则自愿放弃地上附属物的所有权。2020年4月1日，涉案大棚所占用土地的村民为张某出具证明一份，证实2019年8月1日，涉案大棚因失去价值，故没有向张某主张大棚的所有权，涉案大棚也未折抵承包费。

【案件焦点】

某村委会从张某大棚西侧挖沟渠引水的行为是否构成紧急避险。

【法院裁判要旨】

山东省淄博市临淄区人民法院经审理认为：张某在声明若未履行债务则放弃涉案大棚的所有权后，又提交村民证明一份，证实村民并未同意接收涉案大棚抵债，主张仍享有涉案大棚的所有权。张某提交的村民证明可以证实其与村民之间就涉案大棚抵债一事达成新的协议，其仍享有涉案大棚的所有权。行为人因过错侵害他人民事权益，应承担侵权责任。张某诉称某村委会、刘某故意将洪水引至其大棚内实施侵权行为，但某村委会、刘某并未将洪水引至其大棚内，且张某也未提供证据证实某村委会、刘某存在损坏涉案大棚的故意，故应认定因村内排洪需要从涉案大棚南侧排水，系紧急避险行为。根据《中华人民共和国侵权责任法》第三十一条之规定，因紧急避险造成损害的，由引起险情发生的人承担责任。如果危险是由自然原因引起的，紧急避险人不承担责任或者给予适当补偿。张某并未提供充分证据证实大棚损失完全因为排洪行为导致，其提供的证据也不足以证实其实际损失，但根据生活经验，可以判定排洪行为是涉案大棚内积水过深的一方面因素，张某大棚损坏主要系自然灾害导致。因此，酌定某村委会向张某适当补偿5000元。张某主张刘某也系侵权人，但相关证据足以证实刘某实施的行为系职务行为，故对张某的上述主张，不予采信。

山东省淄博市临淄区人民法院依照《中华人民共和国侵权责任法》第六条、第三十一条，《中华人民共和国民事诉讼法》第六十四条规定，判决如下：

一、某村委会向张某补偿5000元，于本判决生效后十日内付清；

二、驳回张某的其他诉讼请求。

张某不服一审判决，提起上诉。山东省淄博市中级人民法院经审理认为：首先，张某不能提供证据证实其大棚损失是某村委会故意将洪水引至其大棚造成。根据本案查明的事实，张某的损失主要由突发洪水造成，某村委会的排洪只是造成后来大棚内积水加深的部分原因，一审根据以上情况认定某村委会排水的行为为紧急避险，并根据相应法律规定，判决某村委会对张某的损失承担补偿责任，并酌定为5000元，亦无不当。其次，张某主张刘某也应当对其损失承担赔偿责任，但刘某系某村委会的主任，刘某组织人员实施本案的排洪行为，系其在担任村委主任期间对村集体事务的管理工作，应属于职务行为，故对张某要求刘某承担赔偿责任的上诉主张不予支持。

山东省淄博市中级人民法院依照《中华人民共和国民事诉讼法》第一百七十条第一款第一项规定，判决如下：

驳回上诉，维持原判。

【法官后语】

本案主要涉及因自然灾害而实施紧急避险行为的责任认定问题。

日常生活中发生自然灾害的情况并不鲜见。尤其是在出现台风等极端恶劣天气的情况下，长时间的强对流天气往往会造成持续降雨，进而造成洪涝灾害。如本案就是因台风造成洪水导致涉案大棚受到损害。审理的关键是对于大棚的损害，被告的行为是否属于紧急避险。

紧急避险是指为了社会公共利益、本人或他人的合法权益免于受到更大程度的损害，而在不得已的情况下所采取的造成他人少量损失的行为。紧急避险是一种合法行为，是在两种合法利益不可能兼顾保护的情况下，不得已而采用牺牲其中较轻的利益，保全较重大的利益的行为。紧急避险是各国民事立法赋予公民的一项重要的私力救济权利，已被各国法律普遍认可为侵权责任的抗辩事由之一，我国亦不例外。在我国，从1987年施行的《中华人民共和国民法通则》、2010年施行的《中华人民共和国侵权责任法》、2017年施行的《中华人民共和国民法总则》，到2021年施行的《中华人民共和国民法典》，都对紧急避险作出了明确规定。原《中华人民共和国民法通则》第一百二十九条规定："因紧急避险造成损害的，由引起险情发生的人承担民事责任。如果危险是由自然原因引起的，紧急避险人不承担民事责任或者承担适当的民事责任。因紧急避险采取措施不当或者超过必要的限度，造成不应有的损害的，紧急避险人应当承担适当的民事责任。"原《中华人民共和国侵权责任法》第三十一条规定："因紧急避险造成损害的，由引起险情发生的人承担责任。如果危险是由自然原因引起的，紧急避险人不承担责任或者给予适当补偿。紧急避险采取措施不当或者超过必要的限度，造成不应有的损害的，紧急避险人应当承担适当的责任。”原《中华人民共和国民法总则》第一百八十二条和《中华人民共和国民法典》第一百八十二条则均规定：“因紧急避险造成损害的，由引起险情发生的人承担民事责任。危险由自然原因引起的，紧急避险人不承担民事责任，可以给予适当补偿。紧急避险采取措施不当或者超过必要的限度，造成不应有的损害的，紧急避险人应当承担适当的民事责任。”

从以上关于紧急避险的法律规定内容来看，紧急避险属于侵权责任领域的合法抗辩事由。“紧急避险不是侵权行为、不承担民事责任的根本原因在于，当法律所保护的利益遭遇紧急危险而不可能采取其他措施予以避免时，不得已损害另一较小利益来保护较大利益，虽然造成了较小利益的损害，但联系到具体事态来观察，从行为的整体效果来考量，紧急避险行为具有正当性。”因此，在侵权案件审判实践中，当出现被告抗辩其行为属于紧急避险行为而要求免除或减轻其责任时，人民法院应当对于涉案行为是否属于紧急避险行为作出正确认定。从上述民事法律规定的条文内容来看，并未对紧急避险的构成要件进行规定，但实践中对此则一般都是借鉴《中华人民共和国刑法》第二十一条第一款和第二款规定的内容，从而对紧急避险的构成要件进行合理把握：一是必须是为了使社会公共利益、本人或他人的合法权益免受危险的损害；二是必须是对正在发生的危险而采取的避险行为；三是必须是在不得已的情况下采取避险措施；四是避险行为不能超过必要限度。如在本案中，某村委会并非故意将洪水引入张某大棚中，而是在出现台风造成洪涝自然灾害的背景下，为了排洪才迫不得已从张某大棚西侧挖沟渠引水，从而将雨水通过该沟渠排出。虽然在客观上造成张某大棚中积水加深，但一方面，这并不是涉案大棚被损坏的根本原因，其根本原因还是在于洪水这一自然灾害本身所致；另一方面，某村委会的挖渠排洪行为是为了全体村民的利益这一更大的利益。因此，某村委会在张某大棚西侧挖沟渠引水排洪的行为符合上述紧急避险的构成要件，一、二审法院认定该行为系紧急避险行为是正确的。

值得注意的一点是，在通常情况下，如果险情是人为引起的，根据《中华人民共和国民法典》第一百八十二条的规定，因紧急避险造成损害的，由引起险情发生的人承担民事责任。但在像本案这种因自然灾害这种自然原因引发险情的案件中，明显不存在引起险情的人，此时紧急避险人依法并不承担民事责任，但《中华人民共和国民法典》第一百八十二条的规定，紧急避险人可以给予受害人适当补偿，从而体现公平正义。如在本案中，虽然某村委会的行为被法院认定为紧急避险行为而依法可以不承担侵权赔偿责任，但考虑到案件实际情况，法院酌情确定由避险人某村委会向张某适当补偿5000元。该最终处理结果既符合法律规定，同时也是合理适当的。

编写人：山东省淄博市中级人民法院　荣明潇

山东省淄博市临淄区人民法院　张文革

ISBN 978-7-5216-2977-4

侵权纠纷裁判规则理解与适用 / 国家法官学院，最高人民法院司法案例研究院编 .—北京：中国法制出版社，2023.3

（中国法院年度案例集成丛书）

ISBN 978-7-5216-2977-4

Ⅰ. ①侵… Ⅱ. ①国…②最… Ⅲ. ①侵权行为-民事纠纷-审判-案例-中国 Ⅳ. ①D923.05

中国版本图书馆 CIP 数据核字（2022）第 193744 号

策划编辑：李小草　韩璐玮（hanluwei666@163.com）
责任编辑：韩璐玮　　　　封面设计：李　宁

侵权纠纷裁判规则理解与适用
QINQUAN JIUFEN CAIPAN GUIZE LIJIE YU SHIYONG

编者/国家法官学院　最高人民法院司法案例研究院
经销/新华书店
印刷/三河市紫恒印装有限公司
开本/880 毫米×1230 毫米　32 开　　　　印张/ 33.5　字数/ 681 千
版次/2023 年 3 月第 1 版　　　　2023 年 3 月第 1 次印刷

中国法制出版社出版
书号 ISBN 978-7-5216-2977-4　　　　定价：150.00 元

北京市西城区西便门西里甲 16 号西便门办公区
邮政编码：100053　　　　传真：010-63141600
网址：**http：//www.zgfzs.com**　　　　**编辑部电话：010-63141792**
市场营销部电话：010-63141612　　　　**印务部电话：010-63141606**

（如有印装质量问题，请与本社印务部联系。）